民法总则专论

ON THE GENERAL PROVISIONS
OF
THE CIVIL LAW

张　驰／著

法律出版社 LAW PRESS · CHINA

CONTENTS 目 录

第一章　民法性质和基本理念

民法作为重要的法律部门，是一切市场经济国家最为完备和基本的法律。民法主要源自罗马法，产生于宪政运动之前，与商品经济的发展和发达息息相关，在绝大多数国家中都备受重视。民法博大精深，担负着维护人的尊严、保障平等自由和合理分配各种利益的重大使命，涉及市民生活的方方面面。可以毫不夸张地说，我们的生活中处处有民法。要全面了解和把握民法，前提是掌握民法的性质及其基本理念。

第一节　民 法 性 质

性质是一事物区别于他事物的根本属性。[①] 民法性质无疑应是与其他法律相区别的根本属性体现。但民法历史悠久，体系庞大，内容纷繁复杂，要概括出其根本属性并得到普遍认同，确非易事。何况，我国大陆对民法性质的研究始于20世纪末，[②]之后才逐渐引起人们的关注。可以说，学界至今对民法性质的具体表现尚无定论，有的认为民法本质应反映为市民社会法、私法、行为规范兼裁判规范法、实体法。[③] 有的认为民法性质是国内法、私法、普通法、实体法。[④] 有的认为民法是权利法、私法（原则上）、市民法。[⑤] 而更多的大陆法系学者仅强调民法是私法。的确，

---

① 中国社会科学院语言研究所词典编辑室编：《现代汉语词典》，商务印书馆1996年第3次修订版，第1412页。

② 即1994年的司法部统编教材首次提出民法性质。参见彭方林主编：《民法学》，中国政法大学出版社1994年版，第10～14页。

③ 梁慧星：《民法总论》，法律出版社2001年第2版，第27～33页。

④ 胡长清：《中国民法总论》，中国政法大学出版社1997年版，第9～10页。

⑤ 彭万林主编：《民法学》，中国政法大学出版社2002年修订第3版，第22～26页。原1994年版称市民法为人法，于1999年第2次修订版改为市民法。

一事物与他事物相区别的属性可从不同角度切入评析，但若要揭示事物的根本属性，则应紧紧抓住该事物内在固有属性予以考量。事实上将民法性质定位于国内法、实体法、普通法、行为规范兼裁判规范法，均无法反映民法独有属性，如普通法与特别法实质是适用依据问题；又如凡法律均应是行为规范兼裁判规范法，只不过不同法律侧重点不同而已。因此，深究民法性质，应以市民社会法（或称人法）、私法和权利法等民法独有属性入手。以下就这三方面及其关系分述之。

一、民法性质的具体表现形式

（一）民法为市民社会法

法律作为行为规范一般都是以人与人之间所形成的社会关系为调整对象，通过对人行为的调整，以达规制人的行为之目的。但当出现政治国家和市民社会的区分后，①人在群体生活中所扮演的角色就不同，这也就产生了法律对人在不同情形下的不同要求。譬如，在政治国家，人被称为公民，法律对公民的要求是强调奉献，一切听从国家召唤。而在市民社会中，人被称为市民，②具有自利性，受利益驱动，为生存而努力。法律将合理地追求自己利益最大化的人称为“经济人”，通常对其提出不得为恶的“毋害他人”的较低要求，而不以道德和宗教“爱你邻人”为标准。但为追求当事人之间利益的平衡和当事人与社会利益的平衡，尽力达到社会和谐团结的目的，法律亦会对“经济人”加以限制，要求当事人“爱人如己”，以对待自己事务的注意处理他人事务，如无因管理等。③ 法律对人的不同要求，必然使之所规定的内容、涉及的利益以及逻辑起点等有所不同。为此，我们将以市民社会中经济人之间形成的财产关系和人身关系为主要调整对象，并以人为出发点，以规制人的行为和关怀人为其终极日的，亦即将使命定位于确定和保护合理人性的法律，称为市民社会法。

但之所以仅将民法定位为市民社会法，关键在于民法调整的人（行为主体）是法律地位平等的人。这须从法律、经济和人性三方面进一步说明，因为法律的背后是经济，经济的背后是人性。④ 具体地说，首先，在所有法律中，唯有民法将平等主

---

① 对于为何出现政治国家和市民社会，及对其如何认识，限于篇幅本书不加讨论。可参见徐国栋：《市民社会与市民法》，中国法学会民法学经济法学研究会 1994 年年会论文，第 5、6 页。

② 行为主体最初是自然人，以后才有法人等。

③ 参见彭万林主编：《民法学》，中国政法大学出版社 2002 年修订第 3 版，第 26 页。

④ 参见李锡鹤：《民法基本理论若干问题》，人民出版社 2007 年版，第 24 页。

体之间的财产关系和人身关系作为自身的调整对象,将平等原则作为贯穿始终的基本原则,以体现平等、自由和博爱等精神作为其最终目标。例如,民法强调当事人法律地位平等、权利能力平等,明确当事人均能受法律平等保护等。其次,民法重视当事人地位平等,迎合了市场经济形成和发展的需要。法律作为上层建筑是经济基础的必然反映。市场是各种不同主体间不同商品(实质上是不同利益)交换的总和。商品要在市场交换,前提是有人将该商品带到市场,且他对该商品可直接支配;不同商品的交换必然取决于双方的合意,而达成合意的基础是当事人地位平等。这用民法术语表达,即表现为人格或能力、所有权和契约。因此,人格、所有权和契约自由等制度是民法的精髓所在,自民法产生以来无论如何发展变化,这些内容则始终被保留。这也表明民法演进与商品经济的形成与发展息息相关。最后,民法关注平等是人的本性使然。资产阶级为推翻封建主义强调"天赋人权""人生而平等",但其未回答人为何生而平等。事实上,人与动物的区别就在于人有意识,有独立意志。意志虽属主观范畴,但不同个体的意志是各自大脑对客观世界的反映,是独立和自主的,而任何个体的意志都无法直接支配其他个体意志的实践或形成却是客观的,体现了天然和固有的平等关系。[①] 同时,人的"理性",不仅是人类认识可感知世界的事物及其规律性的能力,而且也包括人类识别道德要求并根据道德要求处世行事的能力。在康德看来,道德要求的本质就是理性本身。人类的绝对价值,即人的尊严,就是以人所有的这种能力为基础的。[②] 因此,意志独立,即在意志实践或形成时不受他人干预,是人之所以为人的原因所在,每个人要受到别人尊重,必须先尊重他人,这是人之所以为人的内在要求。"人生而平等"所体现的人格可称为自然人格,由法律赋予并调整的主体资格是法律人格。正因民法所确认的法律人格是强调当事人地位平等,故与自然人格相接近。[③] 换言之,确认当事人地位平等并尽力让其独立意志得以充分体现是市民社会独有现象,而民法又恰是以此为己任,这是其他法律制度所不具备的。

(二)民法属私法

法律区分为公法与私法,是自罗马法以来西方法律史上源远流长的分类,但

① 参见李锡鹤:《民法基本理论若干问题》,人民出版社2007年版,第16~19页。

② [德]卡尔·拉伦茨:《德国民法通论》(上册),王晓晔等译,法律出版社2003年版,第46页。

③ 民法的发展虽始终在为当事人地位平等努力斗争,但到目前为止,我们只能说法律人格与自然人格接近,而不能将二者画等号,因在不少方面依然存在地位不平等的现象。

分类标准众说纷纭，且各说均有利弊。① 特别法规说认为，将国家或机关等公权力主体地位作为法律关系主体所适用的法律是公法，对任何人皆可适用的法律是私法。该说旨在克服其他各说不足，现已渐受重视。② 尽管公法与私法的区分标准存有争议，但其区分意义不容忽视。具体实益为：

其一，可大致分清公与私两条主线。有学者认为公与私是相对而言的，即以国家为公，则人民为私；以政府为公，则社会为私；以行政为公，则民事为私；以政治为公，则经济为私；以团体为公，则个体为私。由此为社会主义市场经济法律体系的建立奠定坚实的理论基础，进而正确理解民法的精神，协调好"公"和"私"的利益。③ 故可将民法、公司法、票据法等定为私法；与私法相对应的为公法，可包括宪法、行政法和刑法等。

其二，可认清公法与私法在实体法上的基本特性。一般在私法上占主导地位的是决策自由，即通常是不需要说明理由即可自由决定，具体以契约自由和权利行

---

① (1)目的说以保护公益还是私益为目的区分公法和私法。但公益与私益有时难以截然区分。(2)效力说以使生权力关系还是平等对立关系为标准区分公法和私法。但规定平等对立关系的国际法属公法；属私法的亲属关系和社团法人对社员的关系则有权力服从关系。(3)主体说以规定国家或其他公共团体(至少为一方的主体时)还是规定私人相互间的关系为标准区分公法和私法。但国家等也有为私的交易需要。(4)统治关系说以规定国家或其他公共团体的统治关系还是非统治关系为标准区分公法和私法。但属公法的国际法非规定统治关系。(5)生活关系说以规定国家生活还是社会生活关系为标准区分公法和私法。组织及维持国家团体生活的人类生活为国家生活，以种族生存继续为目的的人类生活为社会生活，但国家生活亦为社会生活的一形态，也难以截然区别，而且个人的国家生活即国民为国家主权者生活，是否亦包括在内，亦不甚明晰。也有观点认为，规定国民生活关系为公法，规定人类生活关系为私法。但超过国民生活关系的团体本身的法律关系，例如，国际法上国家间的条约订立，国内法上省县市乡镇间的境界争执，不能包括在内。(6)统治主体说以规定统治主体还是非统治主体生活关系为标准区分公法和私法。兹所谓统治主体生活关系，包括统治主体(国家及其公共团体)相互间的生活关系，及统治主体与被统治者，及国民以统治权(主权)者的资格对于国家及其公共团体的关系。此说兼采第(3)(4)(5)说之长。依此定义，可包括国际法在内。非统治关系相当于第(4)说的非统治关系、第(5)说的社会生活乃至人类生活的生活关系。故国家以国家资格以与私人对等之地位为交易时，亦等于私法关系。因而宪法、行政法、刑法、民事诉讼法、刑事诉讼法、国际法等为公法，民法(包括民事特别法)为私法。依余所见，以此说为当。参见史尚宽：《民法总论》，中国政法大学出版社2000年版，第4~5页。其他常见分类有：利益说、意思说和主体说。参见梁慧星：《民法总论》，法律出版社2001年第2版，第29~31页。

② 譬如，利益说即规定国家共同利益是公法，规定私人利益是私法。其无法明确交易安全利益、司法利益、易于识别性和可证明性利益如土地登记簿制度等形式方面规定，社会秩序如婚姻家庭等稳定利益，社会照顾利益如租赁法中对承租人照顾等公益，民法也要兼顾；同样公法也涉及个人利益。从属规范说认为规范上下从属关系者是公法，规范平等关系者是私法。其难以说明父母与未成年子女存在的强制服从关系，民法也要调整，且公法中也存在平等主体之间的关系如行政合同。主体说认为法律关系的主体中至少有一方是国家或国家授予公权者为公法，法律关系主体双方均为私人的是私法。其不能解释政府所从事购买物品等私的行为。参见［德］卡尔·拉伦茨：《德国民法通论》(上册)，王晓晔等译，法律出版社2003年版，第3~6页；王泽鉴：《民法总则》，北京大学出版社2010年版，第10页。

③ 参见梁慧星：《民法总论》，法律出版社2001年第2版，第31页。

使自由为支柱。而公法中占主导地位的是受约束的决策，即法律对大部分决定都作出了具体详尽的明确规定，对决策自由进行严格限制。这是因为，国家或国家机关拥有权力，实力远在个人之上，如对此不予限制就会使之过于极端而无法忍受。此外，在私法范畴，每个自主决定者都应承担由此产生的风险和法律后果。而在公法领域中，决策所生法律后果都不归属于决策者。①

其三，可明确公法与私法不同的救济程序和调整手段。② 在我国，私法纠纷由民事审判庭管辖，适用民事诉讼程序；公法案件则由刑事或行政审判庭管辖，适用刑事或行政诉讼程序。而且，在公法中应体现国家直接干预，而在私法中则应体现国家的间接干预。也就是说，对私的利益纠纷，国家原则上不直接干预，主要由当事人自行协商解决，只有在当事人不能协商解决时，才由司法机关以中立者的身份出面予以裁判。

其四，为处理公法与私法的并存关系明确方向。当公法和私法关系并存时，如强调公法优位，将私法包含在公法中，实质上是专制国家的法制。在现代法治国家的制度中，应遵循"有疑义时为自由"的原则，强调对个人自由和权利的保障，国家政府无法律明文规定，无重大正当事由，不经法定程序不得干预或限制私权。因此公与私关系冲突时应体现私法优位。③

由此也说明，划分标准的争论，或有公与私融合的现象，甚至有人反对公法与私法分类，都不影响将民法定为私法。因民法旨在规范私人利益，以平等为基础，其主体非基于公权力的地位，且对任何人皆适用。④ 但应注意，公法与私法的划分不是一成不变，也不是须将任何法律均作此划分，⑤更不是在任何法律秩序中均存在。⑥

---

① 参见［德］迪特尔·梅迪库斯：《德国民法总论》，邵建东译，法律出版社 2000 年版，第 9 ~ 10 页。但卡尔·拉伦茨认为，公法是关于受约束决定的法，而私法是关于自由决定的法。然而，在执行公务的公务员为国家或为他所代表的组织订立一项私法合同时，他所作出的决定也是"受约束的"。因此，这个标准也不能产生令人满意的结果。当然，公权行为必须严格遵守指示，而私法行为则主要是自决、自治的行为——这一观点还是正确的。参见［德］卡尔·拉伦茨：《德国民法通论》（上册），王晓晔等译，法律出版社 2003 年版，第 6 页［注 2］。

② 参见王泽鉴：《民法总则》，北京大学出版社 2009 年版，第 11 页。

③ 参见王泽鉴：《民法总则》，北京大学出版社 2009 年版，第 12 ~ 13 页。

④ 参见王泽鉴：《民法总则》，北京大学出版社 2009 年版，第 11 页。

⑤ 关于诉讼法多数将它归为公法，因司法涉及公权力的活动，当事人与法院的关系处于上下从属关系。但在民事诉讼中当事人间处于平等的对立关系，民事诉讼法也允许当事人享有一定的处分权限，是否仍应属私法？民法学界存有疑问。德国学者拉伦茨认为，对诉讼法无必要区分公法和私法。参见［德］卡尔·拉伦茨：《德国民法通论》（上册），王晓晔等译，法律出版社 2003 年版，第 8 ~ 9 页。

⑥ 在社会主义社会，私法几全部溶解于公法之中。反之，在无政府主义，社会唯要求私法的存在。参见史尚宽：《民法总论》，中国政法大学出版社 2000 年版，第 5 页。

(三)民法是权利法

民法是权利的宣言书,民法学就是权利之学,将民法称为权利法似乎不言而喻,这也许是多数学者在论述民法性质中未提及此点特性的原因所在。该性质可从如下方面得到证实:①

首先,就民事立法的体系而言,民法的一切制度都是以权利为轴心而构建的。譬如,民法规定了民事权利主体和客体的范围;规定了民事权利的种类如各种人身权和财产权及其产生原因(各种法律事实);规定了民事权利的行使方式(如可代理行使)及其权利行使的限制,包括实质限制(如权利不得滥用等)和时间限制(如诉讼时效和除斥期间等);规定了权利转让、保护方式及其民事责任等。诸如此类均说明民法基本是以民事权利为中心而形成的。

其次,从民事立法的法条性质来看,民法中任意性规范和授权性规范居多。②任意性规范、授权性规范(肯定被授权者有完成这样或那样积极行为的权利)与禁止性规范和强制性规范不同。前者注重当事人自由意志的体现,强调法无明文禁止即自由的精神;注重鼓励民事主体积极主动参与民事活动并对此予以引导。后者则体现为主体不为一定行为的义务或者必须依法定方式进行,重在对民事主体行为的限制。二者立足点的不同,决定了民法是以权利为本位的法。但这并非说民法规范都是任意性和授权性规范。

最后,就民事立法目的而言,它是实现人权的手段。人权作为人的应有权利,只有由制定法加以规定才能变为现实权利。民法中规定的人身权(如名誉权、姓名权、肖像权等)和财产权(物权、债权等),都是人权的具体化。因此,要提高我国对人权的保护水平,切实保障人权,就须完善民法的有关制度,增强民法意识即权利意识。

二、市民社会法、私法和权利法三者的关系

把握民法性质,不仅在于了解民法区别于其他法律的特性,更重要的是在于揭示民法的本质。对于民法性质固然可从不同角度来阐释,但事物本质是隐蔽的,难以从现象来表现,也不能从多种角度来解释,必须透过现象去认识才可切实掌握。

---

① 参见彭万林主编:《民法学》,中国政法大学出版社 2002 年修订第 3 版,第 23 ~ 24 页。

② 尽管我国民事法律尚未充分体现此点,但作为以后完善的方向应不容置疑。何况在近年有关民事立法中这方面已有重大改观。

因为本质是事物本身所固有的、决定事物的性质、面貌和发展的根本属性。[①] 它应是某种事物的根基所在和逻辑起点。其实,市民社会法、私法和权利法虽是从不同角度体现民法性质,但仔细分析就可发现这三者之间关系密不可分,存在内在联系。而由内在联系推论出的最终指向也就是民法的本质所在。具体可如此解释市民社会法、私法和权利法的关系:市民社会法是根基,私法是其表现形式,权利法是私法的逻辑结果。换言之,只有在市民社会中,当事人地位才可能体现为平等,才会形成私的利益;只有在当事人地位平等的前提下,才能运用私法自治原则来处置私的利益。这种私的利益,用法律术语加以表达即为权利和自由。因此,当事人地位平等是民法调整社会关系本质属性的反映。[②]

三、研究民法性质的意义

理论研究的目的在于为实践服务,具体实践都离不开理论指导。离开实践的理论等同于空中楼阁,缺乏理论指导的实践则容易误入歧途。因此,对民法性质的研究和阐释,不是单纯为了定义某事物或构建相应的逻辑体系,而是为了清楚地理解和把握民法的基本理念,更好地为民事立法和司法实践服务,以体现法律所追求的公平和正义。

(一)掌握民法性质在民事立法中的作用

1. 当事人地位平等是民事立法的第一要义。这意味着当事人地位平等是民法调整关系的本质所在,离开此基点就无真正意义的民法。但平等的目的在于实现自由(我国民法称自愿)。[③] 平等是自由的基础或前提,自由是平等的具体表现和结果,其真谛是尊重选择,即当事人可依自己意志和理性判断,形成各种私法上的权

---

① 参见中国社会科学院语言研究所词典编辑室编:《现代汉语词典》,商务印书馆1996年第3次修订版,第61页。

② 《民法典》第4条规定,民事主体在民事活动中的法律地位一律平等。我国原《民法通则》第3条也有相似规定。需要说明的是,我国《民法典》施行后,《民法通则》《合同法》《物权法》《侵权责任法》《民法总则》等单行法规同时废止,但由于本书主要是对民法体系中总则部分相关理论问题的梳理和探讨,《民法典》总则编与《民法总则》内容基本相同,书中涉及的其他单行法条文也多是为进行此种梳理和探讨所引,不强调其时效性,故本书在行文时通常引用《民法典》相关规定,必要时括注相应单行法规的条款序码,以便读者对照。另随着最高人民法院在2020年12月23日通过《关于废止部分司法解释及相关规范性文件的决定》,众多与上述单行法规有关的司法解释也被废止,但为阐述或介绍特定立法和司法态度或状况的需要,本书仍保留之。

③ 原《民法通则》第4条规定,"民事活动应遵循自愿原则"实质就是体现主体的意志自由。1999年颁布施行的《合同法》第4条也强调了此原则。《民法典》在第5条又重申了自愿原则:"民事主体从事民事活动,应当遵循自愿原则,按照自己的意思设立、变更、终止民事法律关系。"

利义务关系。由此说明,无当事人地位平等就无自由意志的体现(无意思自治),而无自由也就无权利存在的必要。因此,当事人地位平等是大陆法系(以制定法为模式构建民法体系)的基础,民法的基本理念都是由此展开。(后详述)

2. 当事人地位平等是区分民法和其他法律部门的分水岭。法律部门的分类尤其是民法和经济法的关系,历来是我国理论和实践中争论的焦点。[①] 其实,任何法律要成为一个独立的法律部门取决于其是否有自己独特的体系,而判断该法律独特体系存在与否的关键,在于其有无自身特定的调整对象。这是因为,法律体系构成所需考虑的要素如法律制度内容的形成及其调整手段的取舍等,都是围绕着调整对象而创设。

具体而言,各个独立主体在利益驱动下充分发挥自己的主观能动性,是人类社会发展进步的动因,而独立意志的体现离不开地位平等。在现代经济社会中,利益多元,而对利益存在与否及其取舍均属主体的主观判断,且不乏私密性。若将此类关系由国家通过计划安排,不仅是对人的认知能力提出不切实际的要求,而且历史发展也已证明这并非良策。相反,由地位平等的当事人彼此就法律关系的安排提出己见,寻找相应平衡点,达到和谐统一,即以自治的方法来安排相互之间的关系则更为妥当。缘此,唯有民法将平等主体之间发生的人身和财产关系作为其调整对象;[②]也只有民法将规范权利义务关系为己任。民法在以“法不明文禁止即自由”原则规范法律关系时,通常不像其他法律(尤其是属公法的法律部门)那样多采用制定方法推出具体规定,而是以认可方法来反映相应内容。因民法所涉及的“私的关系”往往是先有事实后才有法律的具体规定,即法律一般是在当事人具体实践后才作出是否允许其存在的判断,而在公法领域,立法者对其需要规范的行为通常均易事先了解。故公法常用制定方法形成法律,而私法则多用认可方法形成法律。而且,无论民法采用的是事先还是事后调整手段,其主要是引导和修补法律关系正常运作,而非断然加以否认,即通常是体现为第二次干预。因此,将民法定为独立的法律部门毋庸置疑。

需说明的是,民法作为私法虽与市场经济息息相关,但这不是说民法是唯一调整市场经济的法律。维护相应的财产和人身关系,稳定社会秩序是各个法律

---

① 参见佟柔主编:《中国民法学·民法总则》,中国人民公安大学出版社 1990 年版,第 24 页。另司法实践中法院系统曾较长时间存在民庭与经济庭并列的局面,且这种状态是以主体不同为划分标准的。

② 原《民法通则》第 2 条规定:中华人民共和国民法调整平等主体的公民之间、法人之间、公民与法人之间的财产关系和人身关系。《民法典》第 2 条对此予以完善和强调:“民法调整平等主体的自然人、法人和非法人组织之间的人身关系和财产关系。”

部门的共同责任，只不过各自作用有所不同。市场经济的核心是竞争，而各个当事人在利益驱动下进行公平、公开和公正竞争的前提，是当事人地位平等，此类关系即属不存在服从与被服从的横向关系，当然属私法范畴，由民商法调整。但无须讳言，人们无法保证市场竞争行为始终处于理想状态，利益的驱动必然会使人敢采取不正当竞争手段。另由于种种因素的存在，某些主体已独占对一些资源的分配和控制，加之竞争后优胜劣汰的结果也使某些主体逐渐取得垄断地位，故一旦市场失去正当的自由竞争，市场经济就难以存在。为维护和延续公平正当的竞争关系，就需法律加以纵向干预。此外，某些主体因先天或后天的因素处于弱势致其不能正常参与竞争时，国家法律也应为其提供相应的保障。此类纵向的干预关系和对弱势群体的保护则属于公法范畴，应由经济法或行政法等来调整。① 显然，要使市场经济正常运作，非民法所能独当，而需要各个法律部门的共同作用。因此，区分各个法律部门以明确各自调整对象，进而明确相应调整手段等至关重要。

（二）掌握民法性质在民事司法中的作用

人类社会是人与人共生的环境，由于受利益驱动的诱惑，以及人的主观意识和客观环境差异的影响，人们在相互交往中发生争议和纠纷在所难免。无疑，冲突是一种非正常状态，但一旦发生，人们就须寻找相关途径和方式加以解决，而民事诉讼不仅是解决纠纷的主要途径，而且也是最为公正和有效的方法。民法独有的性质也决定了民事诉讼与其他法律部门在适用法律程序、处理争议的手段和法院所处地位等众多方面存在不同。总体而言，当事人地位平等的基本精神必然在民事诉讼中得到延伸和体现，法院通常是居中裁判，注重体现当事人的意志自由，尽量让其自己决定权益的取舍。② 国家干预表现为间接的、第二位的干预。其主要表现为不告不理和一告即理。所谓不告不理，顾名思义是诉讼只能始于当事人行使起诉权。它是民事诉讼处分原则应有之义。这与公法领域所体现的国家直接干预区别显著，如行政职能部门对违反行政法的具体行政行为必须及时作出处理，否则须承担不作为的后果。又如对犯罪行为，司法机关也应代表国家提起公诉，不能熟视无睹。所谓一告即理，指法院对符合起诉条件的民事案件不能拒绝受理和裁判。

① 此处所说的经济法既不是苏联现代经济学者所说的经济法，也不是我国曾广为流行的“纵横统一”的经济法，而是以维持公正自由竞争秩序为目标的经济法体系。详见梁慧星：《民法学说判例与立法研究》，中国政法大学出版社 1993 年版，第 53 页。

② 通常各国民事诉讼法将当事人平等原则、辨认原则和处分原则作为民事诉讼的基本原则。参见张卫平：《民事诉讼法》，法律出版社 2004 年版，第 19～29 页。

对于不告不理相关论著阐释较多,也易理解,不再赘述;对于一告即理则有进一步说明的必要。

民事诉讼是一种当事人对立的结构,法院处于中立地位。在当事人符合起诉条件的情况下,即使争议事实不清楚或者法律没有明文规定,法院都不能以此为由拒绝对该民事案件进行审理和裁判。这一理念早在《法国民法典》中就已形成,《法国民法典》第4条规定:"法官借口法律无规定、不明确或不完备而拒绝审判者,得以拒绝审判罪追诉之。"①之所以如此要求,是因为每个人都有请求法院予以裁判的权利,法院是解决民事纠纷的最后一道防线,如法院不予解决,当事人则无救济之道,得不到具体说法;而当事人矛盾冲突得不到处理既会影响当事人之间的关系,也会影响社会的稳定和谐。何况,民法作为制定法只能就共性问题作出具体规定,难以全面顾及各事物的特殊性。而且民法涉及的关系纷繁复杂,千变万化,立法者本身无法也不能一一预先规定,同时为保证法律稳定性和权威性,又不能经常修改法律。由此民法(制定法)不周延、不合目的和滞后的弊端显露无遗,②而这些弊端又势必导致某些民事纠纷欠缺相关处理依据,即出现法律漏洞和价值漏洞。一方面当事人有纠纷须法院受理并裁判,另一方面法律又欠缺处理的依据,面对两难的局面,现代民法改当初法国坚持民法典是处理有关纠纷唯一依据的做法(一元论),③而采法律渊源多元论并适度赋予法官一定自由裁量权,以弥补法律漏洞和价值漏洞。④

具体地说,在司法过程中当遇到具体纠纷法律没有明文规定时,作为法官,在解决该纠纷时,不再是只能依据民法典(形式民法),而是可在民法典没有规定或规定不明确时,选择依据习惯、判例和学说(或法理)等补充性法律渊源加以适用。⑤例如,《瑞士民法典》第1条法律的适用规定:"……(二)如本法无相应规定时,法官应依据惯例;如无惯例时,依据自己作为立法人所提出的规则裁判。(三)在前款情

---

① 《法国民法典》(上册),罗结珍译,法律出版社2005年版,第31~32页。

② 参见徐国栋:《民法基本原则解释》,中国政法大学出版社1992年版,第137~142页。

③ 《法国民法典》第5条规定:"禁止法官对其审理的案件以一般的规则性条款进行判决。"参见《法国民法典》(上册),罗结珍译,法律出版社2005年版,第33页。

④ 参见彭万林主编:《民法学》,中国政法大学出版社2002年修订第3版,第29~30页。

⑤ 扩大法律渊源以弥补制定法局限性,是当今立法的普遍做法,我国《民法典》第10条"处理民事纠纷,应当依照法律;法律没有规定的,可以适用习惯,但是不得违背公序良俗"的规定,也体现了这一理念。但与他域立法比较,我们的规定似乎仍显不足,不仅未关注法理,甚至连判例都未作为渊源。这不仅与司法实践不一致,也不利于对法律漏洞和价值漏洞的补救。

况下，法官应依据经过实践确定的学理和惯例。”①我国台湾地区“民法”也有相似规定。② 此外，在私法领域内还允许以类推适用的方法来解决相关纠纷，即使是在如物权法以强制性规范占主要地位的领域，照样允许法无明文规定时可类推适用债权有关规定。如此做法，显然与公法领域尤其是刑法所倡导并强调的“罪刑法定、疑罪从无和不能以类推适用方式适用法律”等法治理念和司法手段截然不同。究其原因在于，统治者对公法领域中须维护的利益和秩序本身较易明确和把握，而且违反公法规定将可能涉及对人身自由的制裁，故在法律没有明文规定的前提下，就不能加以制裁。而私法领域通常仅关涉当事人个体利益，此种利益形态又是人类理性难以事先预料的，制定法无法概括无遗，故在法律无规定时以补充性、间接性法律渊源弥补直接渊源的不足，同时淡化立法与司法两大权力的严格分离，给予法官适度自由裁量权，以寻找相应依据并作出具体裁判，应是可取的救济路径。由此说明，把握民法性质，对于深入理解不同性质的法律部门必然采用不同的救济程序、方法和法律适用规则，也是大有裨益。

须说明的是，从立法和司法层面阐释研究民法性质的意义，纯粹是为行文的方便起见，无意将实体法和程序法截然割裂，事实上在法律制定和运用中，实体法和程序法是一辆车的两个轮子，缺一不可。无正当的程序，实体的公正也难以实现。此外，在我国整个法治环境逐渐完善健全时，势必还有许多方面的问题难以作出科学合理的界定，即使在公法领域也会出现法律规定缺失或不明确的现象。因此，当出现法律未明文规定或规定不明确的情况时，应牢记：只有私法范畴才可根据法律精神加以解释，或依据法理等间接渊源弥补法律漏洞和价值漏洞，而在公法领域中只能依法律明文规定及其相应程序办事，亦即法律未规定的即不能干预。唯有树立正确的理念，才能对待处案件作出正确判断并选择合理的解决途径，才能真正推进法治的建设和完善。

---

① 《瑞士民法典》，殷生根译，艾棠校，法律出版社 1987 年版，第 1 页。对该条第 2、3 项另一种译法是：本法未规定者，审判官依习惯，无习惯者，依自居于立法者之地位所应行制定之法规判断之。于此情形，法院须恪遵稳妥之学说与判例。参见王泽鉴：《民法学说与判例研究》（第 2 册），台北，三民书局 1994 年版，第 5 页。法理与学说是法的精神的反映，当然应包括对民法基本原则的解释与运用，这也是弥补制定法局限性的良方。参见彭万林主编：《民法学》，中国政法大学出版社 2002 年修订第 3 版，第 43 页。

② 我国台湾地区“民法”第 1 条规定：“民事法律所未规定者，依习惯，无习惯者，依法理。”参见五南法学研究中心编辑，杨淑文、张丽卿、洪家段、谢易宏监修：《最新简明六法》，台北，五南图书出版股份有限公司 2010 年版，二 - 第 3 页。

第二节 民法的基本理念

民法的基本理念与民法性质密切相关,深入了解民法基本理念,对全面掌握民法的体系和有关制度包括民事立法和司法的原则均大有裨益。根据对民法性质的分析,可推导出民法的基本理念为:当事人地位平等、意思自治和权利本位。

一、当事人地位平等

(一)民法上平等的基本含义

我国原《民法通则》和原《民法总则》都强调,民事主体在民事活动中的法律地位一律平等。这表明民法上平等是当事人地位平等,它强调的是法律资格平等,体现为民事权利能力的平等。其包括三层意思:一是参加民事活动的当事人无论是自然人还是法人抑或非法人团体、其所有制性质如何、其经济实力强弱,在法律上地位一律平等,任何一方都不得把自己的意志强加给对方;二是民法上形成的权利义务内容应一致对等;三是民法对当事人提供同等的救济手段和平等的法律保护,民事责任的承担通常都以对受害人的同质救济为宗旨。①

(二)民法上平等的要点

1. 民法上平等既是民法本质属性使然,也是体现宪法规定"公民在法律面前一律平等"原则的需要。但须明确的是,我国宪法规定的平等是现代法律制度的总原则,是任何法律均要遵循的原则,而民法中的平等是民事立法和司法所要遵守的基本原则;宪法规定的"公民在法律面前一律平等"重点在于对任何人都应平等地适用法律,即"案件相似裁判应相似",而民法中的平等除体现平等地适用法律外,还关注法律人格的平等。

2. 民法上平等体现了反特权、反身份立法的需要。平等是特权的对立物。特权意味着特权者可不受普遍性法律的约束,而平等则强调社会所有成员同受普遍性法律的约束。平等又是身份的对立物。所谓身份,指自然人在群体中所处的据

---

① 同质救济指在权利被侵害不能恢复原状时,应按价值规律以金钱赔偿实际损失,主要体现了对受害人直接救济性和补偿性。这与行政和刑事责任体现对社会秩序和安全的保护和对加害人的惩罚有所不同。

之适用特别规范的地位。不同身份的人,适用规范也不同。[①] 这说明身份关系有平等性和非平等性之分,前者是现代民法各种身份权(如亲权、配偶权等)发生的依据,是家庭成员关系的具体反映。这种身份原也有不平等性,但随着社会文明的进步已大有改观,对此民事立法均予保留。[②] 后者是依托特权的身份。不同身份有着不同机会,壁垒森严的社会等级不可逾越。因此,民法上平等,不是否认身份关系存在,而是强调社会所有成员同受普遍性法律的约束,取消或排斥特权者可不受普遍性法律约束的做法,反对或抑制依不同身份给予不同机会的立法。

3. 关注平等,并非指实质和结果平等,而是指形式和程序平等。实质平等观认为,无论人的天赋、才能、机遇等如何,民事活动产生的结果应是均等的。程序平等认为,只要社会向人们提供的机会同等即可。[③] 市民社会是竞争的社会,竞争的结果是优胜劣汰。在社会发展没有达到理想的按需分配状态时,实质平等将会保护落后,使有才能者失去进取性,使社会整体处于低水平的平均状态。而程序平等在尽量缩小起跑线不平等的前提下,充分发挥人们的聪明才智,激发人们的潜能,推动社会的整体进步。当然,追求实质平等应是法律终极目标,因此法律中出现关于实质平等的规定也不足为怪。例如,征用遗产税就可缩小大笔遗产继承者与普通人之间起跑线不平等的差距。

4. 强调平等要体现为同等保护和同质救济。即在当事人间发生纠纷时,法律提供的保护方式和手段是同等的;在权利被侵害不能以恢复原状救济时,应按价值规律,采用以金钱赔偿实际损失方式对受害人加以救济。亦即损失多少赔多少,既不能不赔或少赔,也不能多赔,否则将与当事人地位平等不相吻合。此外,与行政责任和刑事责任相比较,民事责任的同质救济的特性体现了对受害人的直接救济,而行政责任或刑事责任尽管比民事责任严厉,但其主要在于对社会秩序和安全的保护,不是对受害人的救济。但立法不应死扣逻辑,还应兼顾各种利益的平衡以及现实需要。缘此,立法为制约某种行为而采惩罚性赔偿未尝不可,[④]但这不能作为否定同质救济的理由,它仅是一种例外,且应从严控制,必须以明文规定为前提,不得做任何扩大解释或类推适用。

---

① 参见张俊浩主编:《民法学原理》(上册),中国政法大学出版社 2000 年修订第 3 版,第 11 页。

② 尽管在父母与未成年子女之间依然会存在服从关系,但这不影响亲属关系上总体的平等性。何况父母对未成年子女的管束符合社会伦理的需要,且仅限于未成年阶段。

③ 参见彭万林主编:《民法学》,中国政法大学出版社 2002 年修订第 3 版,第 47 页。

④ 如我国《民法典》第 1207 条(原《侵权责任法》第 47 条)规定,明知产品存在缺陷仍然生产、销售,或者没有依据前条规定采取有效补救措施,造成他人死亡或者健康严重损害的,被侵权人有权请求相应的惩罚性赔偿。

(三)在立法和司法中强调当事人地位平等的难点

现实中关注平等不是为了体现绝对的公正,而仅是注重或追求相对的公正。的确,公平正义是法永不泯灭的追求,但对真理的认识和判断受制于人们(包括立法者)有限的理性,受制于其他众多的因素干扰,而且消除不平等亦非一朝一夕之事。此外,也唯有在相对公正的前提下,才有兼顾效率的可能。由此说明,对当事人地位平等的正确定位至关重要,任何急躁情绪和冒进的行为都是危险的。这就决定了民事立法通常只能做到选择最为合适的,而非最好的,从而也难免出现与民法基本理念不一致的情形。法律的处境往往如此,在追求一定价值的同时不得不以牺牲其他某些价值为代价。平衡各方利益,掌握和控制相应的"度",始终是民事立法的难点和关键所在。目前,立法和司法的难点主要体现为:

1. 关于主体立法与行为立法。① 无须讳言,经济体制改革前,我国民事立法未充分体现平等原则,以行政手段管理经济,经济关系往往表现为支配与被支配的纵向身份关系,立法模式也体现为主体立法的方式,如按不同所有制形式规定所有权制度和企业制度,这种不同所有制区别规定,目的就在于区别对待亦即不平等对待。而强调平等就应改主体立法为行为立法。的确,经济体制改革后,我们许多主体立法都变为行为立法,如随着公司法、企业法等的完善,已将原来的全民所有企业、集体所有企业和私营企业,逐渐改为以责任形式来区分各类企业,把身份关系变为平等关系或是契约关系,使主体立法转变为行为立法。虽然此项工作效果显著,但仍不能说已经完成。譬如,我国物权法仍依主体划分,规定了国家、集体和个人所有权,且此种样态在相当期间内不会改变,因这涉及国情与体制改革的方向。

2. 关于民事权利能力平等的理解。我们说平等即指权利能力平等,且不因年龄、性别、民族、信仰、家庭出身、文化程度、财产状况等而有区别。但这不是说法律对当事人的能力完全不得限制,对弱者也得一视同仁,不得加以扶持。事实上,法律对某些人的权利能力的限制,如对享有权力者经商能力的限制,或者对弱者扶持如对消费者给予特殊保护,诸如此类都恰恰是为了更好地体现平等。但民事立法一旦对原有立法逻辑有所背离,就易产生负面效应,如原《消费者权益保护法》第49条规定,经营者提供商品或者服务有欺诈行为的,消费者可要求"退一赔一",②由此

---

① 参见彭万林主编:《民法学》,中国政法大学出版社2002年修订第3版,第48页。

② 自2014年3月15日起施行的《消费者权益保护法》第55条第1款规定:"经营者提供商品或者服务有欺诈行为的,应当按照消费者的要求增加赔偿其受到的损失,增加赔偿的金额为消费者购买商品的价款或者接受服务的费用的三倍;增加赔偿的金额不足五百元的,为五百元。法律另有规定的,依照其规定。"

导致实践中"知假买假"现象出现,并引发了理论界与实务界的讨论与关注。[①] 因此,在立法和司法如何平衡各方利益值得深思。

3. 关于效率和成本的兼顾。强调当事人地位平等,目的在于体现自愿,实现公平。但民事立法和司法中在不少地方尤其在交易过程中还须兼顾效率和成本。但公平正义与效率和成本如何兼顾,始终为民事立法和司法中颇为棘手之事。譬如,在涉及团体性利益时往往允许采多数决的规则决定利益取舍,但多数决规则是否可运用至对个体当事人权利的处分,则是民事立法中所遇到的难题。

二、自由——私法自治或意思自治

(一)私法自治或意思自治的基本含义

我国原《民法通则》和原《民法总则》均规定,民事活动应遵循自愿原则,这是私法自治或意思自治的法律表现形式。自愿就是主体的意志自由。自由的真谛是赋予每个人更多的价值,强调自主独立,甘冒风险,不干涉邻人事务,以及对他人的宽容和合作。法律保障自由,不仅意味着主体在私人领域有法律上的自由,可与他人形成彼此间的法律关系,而且也说明其应对行为自主负责。[②] 可见,私法自治或意思自治是自由的应有含义,尊重当事人的选择、强调其自由意志不受他人的非法干预是自由的必然反映,而自主参与和自主责任则是基本点。

自主参与,即自主判断与选择。选择是参与的前提,参与又使选择得以实现。在市民社会中,当事人可广泛地自主参与各项民事活动,意思自治的精神在民事领域得到了充分体现,在民法的相关制度中贯穿始终。例如,所有权自由即所有人在法定范围内可自由使用、收益和处分所有物;遗嘱自由即个人于生前得以遗嘱处分自己所有的财产,决定其死后该财产的归属。最重要的是契约自由,包括是否缔结契约、选择与谁缔结、决定缔结何种内容契约和以何种方式缔结契约等自由。[③] 在市场经济中,身份平等的人进入市场目的在于追求利益的最大化,但只有彼此自愿接受约束才是唯一选择,其表现形式就是契约。契约体现了合作性和对待的互惠性,市场的本质即在其中。[④]

自主责任,即自主参与者对参与所致结果负担责任。自主责任是自主参与的

---

① 《知假买假或不再受消法保护引争议 职业打假人该不该适用惩罚性赔偿》,载法制网:http://news.k618.cn/fae/cjyw/201608/t20160808_8532693.html,2016 年 8 月 8 日发布。

② 参见王泽鉴:《民法总则》,北京大学出版社 2009 年版,第 29 页。

③ 参见梁慧星:《民法总论》,法律出版社 2001 年第 2 版,第 35 页。

④ 参见张俊浩主编:《民法学原理》(上册),中国政法大学出版社 2000 年修订第 3 版,第 32 页。

必然结果。具体地说,无论参与给行为者带来财富还是损失,参与者都须自己面对,不能将自己料事失误的风险转嫁他人;更不能推脱自己对他人损害所应负的民事责任。但自主责任的逻辑是,参与者仅对自己有过错的加害行为负赔偿之责,这就是著名的"无过失无责任"的原则。[①] 换言之,自主责任应体现对参与者主观过错的责难。否则,就会束缚参与者的手脚,影响社会的发展和进步。

(二)私法自治或意思自治的必要性和可行性

1. 私法自治或意思自治的必要性。首先,它是对意志自由的尊重。因意志自由是民事主体的本质所在,没有意志自由的人与动物无异,是对人的尊严的极大贬低。没有意志自由的人无法识别判断自身行为的后果,以及承担相关责任。故否定意思自治必然使民法规定的各种制度形同虚设,使民法体系的构建失去根基。其次,它是对立法者认识能力局限性的承认。因私法关系涉及个人,个人所好不同,体现为行为的多样性和复杂性,如同为买卖,就有现货、期货买卖等,即使同种买卖,内容也会有差异。人类历史发展已证明,立法者无法为不可胜数的民事主体之间形成的纷繁复杂利益作出全面明确的立法。故合理的做法是改立法者统一决策为民事主体自己分散决策,以适应社会生活复杂的情况。[②] 最后,私法关系具有隐私性,本质上排斥外界介入安排。因当事人对私法关系所涉及的内容,如雇佣合同的报酬、契约当事人的资力等,通常都不想让他人知晓,故也决定了私法关系由个人依自己意愿安排是最为妥善的路径。

2. 私法自治或意思自治的可行性。因公法关系牵涉到国家、权力机关,基于权力服从的因素,公法关系的当事人地位不平等,只能体现为服从与被服从、支配与被支配的从属关系,无法实现当事人自治。相反,在私法关系中当事人地位平等,其意志不必受权力因素约束,完全可根据自己意志寻找各自平衡点,合理安排彼此间的法律关系以达到和谐统一的目标。当事人能就法律关系提出己见,即为自治。故法律关系的自治,只有在私法领域才属可行。[③]

(三)私法自治或意思自治的流弊与限制

私法自治或意思自治在于尊重人的意志自由,但其实现主要是依赖人类的自私心和自利性,而人的自私和自利是一把"双刃剑"。一旦私法自治的运用超过一

---

① 无过失不负损害赔偿责任,为罗马法上最大之原则。参见胡长清:《中国民法总论》,中国政法大学出版社 1997 年版,第 5 页。

② 参见彭万林主编:《民法学》,中国政法大学出版社 2002 年修订第 3 版,第 49 页。

③ 参见曾世雄:《民法总则之现在与未来》,中国政法大学出版社 2001 年版,第 18 页。

定程度,就可能危及人类社会资源的合理分配,影响他人的生存。可见,任何放任或无度的自由最终结果只能是大家都无自由,而对自由的限制则是真正享有自由的出发点。因此,意思自治也非绝对,对私法自治的流弊及其限制,始终是现代民事立法关注的焦点。主要体现在如下三方面:

1. 对所有权自由的限制。对所有权民事法律有两种态度:一是来自罗马法的自由无限制的观念,二是日耳曼法带有团体色彩的所有权观念。虽然二者各有所长,但因自18世纪个人主义勃兴,所有权无限制说大受欢迎,资产阶级革命取得成功即通过立法继受了罗马法的观念,使日耳曼法关注团体利益的优点也渐渐消失。[①] 如1789年法国《人权宣言》就有"所有权神圣不可侵犯"的规定,1804年施行的《法国民法典》秉承此理念,强调了所有权绝对自由,[②]即所有者在空间上对所有物有上至天穹下至地心的支配权,在时间上可通过遗嘱在其死后支配其遗产。所有权绝对自由促进了资本主义经济组织的发达,也酿成了有产阶级和无产阶级的斗争。于是,在资本主义国家掀起了限制所有权绝对自由,立法要求所有者在行使所有权时,要尊重公共利益、增进福祉,不得以损害他人利益为目的,使社会团体利益备受关注,使所有者的绝对自由渐受制约。社会主义国家曾彻底否定私有财产制度,但实践告诉我们,社会发展尚未达到按需分配就否定财产私有,这是完全背离社会发展要求的立法。因此,现多数社会主义国家(包括我国),一般都承认财产私有,并借鉴资本主义国家的相关立法,对所有者行使所有权加以必要的限制。

限制所有权的具体方法,简言之有二:其一,限制所有权的客体,即禁止流通物增加,公用物、无主物可归公有。其二,限制所有权的效力,即不仅在宪法或民法原则层面强调不得滥用权利,而且对效力具体也加以限制,如相邻关系方面的若干规定即是例证。[③]

2. 对契约自由的限制。在商品经济模式下,古典经济学家认为,市场在运转中会自动调节其所产生的各种结果,即所谓"看不见的手"的原理。[④] 的确,在资产阶级革命成功初期,因个人主义的勃兴、社会分工的发展,个人财富的形成与积累,大部分是他人履行约束的结果。故自近代法国民法施行以来,契约自由就成为各国

---

① 参见胡长清:《中国民法总论》,中国政法大学出版社1997年版,第3页。

② 《法国民法典》第544条规定,"所有权是绝对地享用和处分物的权利,但法律或条例禁止的使用除外"。参见《法国民法典》(上册),罗结珍译,法律出版社2005年版,第453页。

③ 参见胡长清:《中国民法总论》,中国政法大学出版社1997年版,第4页。

④ 参见张俊浩主编:《民法学原理》(上册),中国政法大学出版社2000年修订第3版,第34页。

民法的骨干。[①] 通常认为,契约无论实质和形式如何,只要是当事人自由选择的结果,都应有效。契约成立生效后对缔约者具有与法律相同的约束力。[②] 但因市场的不完全性,当事人的地位难以真正完全平等,双方实力不可能处在均衡状态,故而所谓契约自由,就可能变异为经济支配力强者的自由,而多数经济上的弱者就只能是前者垄断的牺牲品。基于此事实,"看不见的手"的理念被动摇,西方社会普遍放弃自由经济主义政策,国家政府对市场也并非完全不顾,必要的宏观调控应运而生。与此相应,自20世纪上叶始,现代民事立法遂对契约自由加以限制。在社会主义国家,长期以来采纳的是计划经济模式,私法自治基本无体现的余地,计划就是法律,计划即是一切主张的依据,便成为通说。契约自由被视为彻头彻尾的伪善,是资产者的专利,是无产者的陷阱。但随着人们意识到以主观为基础的计划经济并非尽善尽美,我国经济体制发生了根本性改革,以社会主义市场经济取代计划经济,于是对契约自由就有了重新认识的必要。对此,我国民事立法对契约自由,始终给予必要的限制,在具体规定中基本借鉴和吸收了国外民事立法的合理内核。

概言之,各国对契约自由的主要限制是:

第一,保护劳工的立法。考虑到每个劳动者势单力薄,能力上无法对抗挟有雄厚实力资本家,改个人契约为集合(团体)契约,且肯定工会作为契约当事人。[③] 同时不少国家对劳工的基本权利、劳动条件和劳动保障手段等进行专门立法保护,以还平等自由本来面貌。

第二,保护消费者的立法。市场竞争的结果,使不少经营者的生产和经营规模逐渐扩大,取得相对的垄断,进而他们往往利用经济上的优势地位,单方面制定定型化契约如保险、运输、供电、供水、供气等契约条款等,推给广大消费者。这样,对大集团公司而言,既有利于自身利益的维护,又可提高交易效率和节约交易成本。而对广大消费者来说,其契约自由近似架空,只有全面接受或不接受的选择,而不接受也就意味着"买不到"消费品和服务。因此,消费者强烈要求对这种格式合同或条款进行公正审查和社会监督。这就促成了以保护消费者权益为内容的关于契约一般条款的立法,使消费者的弱者地位得到相应强化和提升。

第三,产品责任的立法。社会分工的逐渐细化,商品交换日趋频繁,商品在使用过程中因其瑕疵而加害他人的情况也愈演愈烈。而对于这种加害事故,传统的

---

① 参见胡长清:《中国民法总论》,中国政法大学出版社1997年版,第4页。

② 参见《法国民法典》第1134条。参见《法国民法典》(下册),罗结珍译,法律出版社2005年版,第833页。

③ 参见王泽鉴:《债法原理》,北京大学出版社2009年版,第64页。

契约违约责任制度对受害人的保护非常不充分，于是产生了产品责任制度，通过立法对此予以弥补。该立法确立了两项原则：一为受害人纵然不是契约当事人如买主，也可直接向商品提供者主张赔偿责任；二为商品提供者须负严格责任，即在其不能举证证明自己有免责条件时就得承担民事责任，突破了契约过错归责的限制。

第四，对契约内容和形式加以必要限制。契约的成立生效虽应以当事人的合意为必要，但如其内容不合法，也足以影响社会正常秩序和社会健康进步。为矫正契约绝对自由的弊端，现代各国民事立法均有契约内容不得违反强行法（禁止性和强制性规定）和公序良俗的限制，以体现"法无明文禁止为自由"的现代民法精神。同样，考虑到契约形式对提醒当事人慎重交易、保留证据、明确契约内容和确保法律关系的公开性，以及促进一定债权的流通性都有所裨益，多数国家的民事立法也对契约形式加以必要限制，即在方式自由的原则下适当辅以方式强制，如对某些契约要求采书面形式，甚至须经批准生效。

此外，为使市场经济能正常运作，保证当事人在平等的前提下公开、公平、公正地竞争，各国对治理经济环境的立法也不遗余力，反垄断、反不正当竞争的立法相继出台。这类社会立法在战后工业经济社会相当兴旺，也被称为经济立法。

3. 增加无过错责任归责原则。由罗马法所确立的无过错不负赔偿责任原则，在近代各国民事法律中都被作为侵权赔偿的归责原则。因在常态下，对侵权赔偿采过错归责，足以维护社会的安宁。相反，若不问行为人主观过错，只问结果，则不仅可能抑制行为人的主观能动性，影响社会的发展和进步，而且也与伦理道德以及尊重人的尊严等基本理念相悖。① 但自19世纪以来，因工商业的发达、大企业的兴起以及高速运转的新交通工具被广泛采用，各种涉及高度危险来源的事业不断涌现，即使企业者已尽相当的注意义务，也难以减免对职工和第三人的危险发生，且形成加害规模巨大。如因无过错即可不承担赔偿责任，则无辜职工和第三人在遭遇惨祸后势必无从获得补偿，这于情于理于法均难说妥当。因此，民事立法创制无过错归责原则，以补过错归责之不足。

无过错归责原则适用范围，取决于民法的明确规定。主要指从事高度危险作业所致损害，如从事高空、高压、易燃、易爆、剧毒、放射性、高速运输工具等致他人损害的，以及环境污染、因工伤亡等工业灾害。在现代，加害人对无过错也应承担责任的风险，可通过保险制度进行分散，以保障自身利益。对此，我国民事法律也顺应这一立法趋势，将无过错赔偿责任作为侵权行为的归责原则之一。同时强调，

---

① 参见王泽鉴：《侵权行为法》，北京大学出版社2009年版，第12～13页。

在当事人均无过错,法律又无明文规定具体适用范围时,还可依公平原则要求当事人合理分担损害后果。①

三、坚持权利本位

(一)权利本位的基本含义

法律上的本位,指法律的中心观念或法律的立足点。② 法律是由人制定的规范,特定的需求自应有与其相应的基点。从法制史层面看法律的演进,法律本位可分为三期,民法的本位也大致如此。一是义务本位时期。在人类进化之始,有结成团体以御强敌抗灾害之需,而只有行动一致的团体才具有战斗力,这就决定团体的存在必以牺牲小己、事事服从为前提和要件。义务观念由此产生,并被法律定为中心观念。其特点是,整个社会秩序以家族或团体成员的特定身份关系为基础,在社会各个方面均以家族或团体为单位,个人无独立地位亦无独立意志体现的可能和机会。法律上民刑不分,立法皆是禁止性和义务性规定。③ 二是权利本位时期。由义务本位发展为权利本位是社会日渐进步、家族慢慢解体而个人自由逐渐发达的结果。权利本位使权利在民法体系中成为最基本的核心概念,一般认为法律为规定权利的工具。其特点是,注重平等与自由,社会关系大多可由个人合意形成,义务的负担须基于个体独立意志,昔日强制义务不少转为同意义务,体现了英国法制史学家梅因所谓"由身份到契约"的进步。在此时期,保护个人权利成为法律的最高使命。三是社会本位时期。个人自由主义的法律思想,极大地保护个人财产权,刺激了自由竞争,促成了资本主义市场经济的发达,但也在不知不觉中形成种种弊端,产生劳资对立、贫富悬殊等严重的社会问题。于是有学者主张,法律最终目的不在于保护权利,而在于社会生活的安全和健全,法律的中心观念须随之变化,应以社会为其立足点。其特点是,为增进社会共同社会生活,法律可不顾个体的意愿强使其负担义务,限制甚至剥夺其权利。义务本位是法律最初本位时期,自罗马法至中世纪为其重要阶段。权利本位为第二时期,其始于16世纪,经17世纪、18世纪的孕育,成熟于19世纪。20世纪以来步入社会本位时期。④

相比较而言,义务本位强调服从,忽视个人价值,缺乏激励机制;社会本位又过

---

① 《民法典》第1186条(原《民法通则》第132条、原《侵权责任法》第24条)。虽对此是否属于侵权责任的归责原则理论界有争议,但不妨碍其作为公平原则在侵权责任中的体现。

② 参见胡长清:《中国民法总论》,中国政法大学出版社1997年版,第43页。

③ 参见梁慧星:《民法总论》,法律出版社2001年第2版,第37页。

④ 参见梁慧星:《民法总论》,法律出版社2001年第2版,第36页。

于理想，无法满足当今社会发展的需要。而权利本位不仅凝聚了对个人价值的尊崇，对市场制度的信心，而且表达了对权力、特权和权势的冷静界定和怵惕之心。①因此，坚持权利本位应是当今我国民法的合理选择。事实上，所谓20世纪以来现代民法的规定，尽管对近代民法形成的所有权绝对原则、契约自由原则和过错责任原则加以修正，但绝非义务本位的复活，也不是社会本位的到来。现代民法仍然是权利本位的法制，只不过其矫正了近代民法过分强调个人自由的偏颇，体现了兼顾社会利益的特点。这是因为，本位反映的是法律的中心观点和基点，既然如此就不应也不能出现两个中心或基点。现代民法调整市民社会生活的基本方法，就是肯定平等主体间的正当利益，将复杂多样性的法律生活最终抽象为权利，使之类型化、法律化，并郑重地加以保护。可以说，若将权利概念抽去，则民法这一庞大体系将顷刻倒塌。而且，将来民法的发展趋势也将以谋求个人和社会的和谐为己任，法律只要一日为人类社会的规范，个人和权利观念就必将存在一日。②

（二）坚持权利本位的要点

1. 法律创设民事权利，使之类型化，并对其加以保障。民事权利类型并非一成不变，应是一个开放体系。权利法定与权利类型化相辅相成，是制定法的产物。民事权益具有不可侵性，受法律保护。市民社会中形成的民事权益涉及面非常广泛，一旦某种权益成为法律保护的对象，即意味着其不受任何组织和个人以及任何权力的侵犯，不依正当的法律程序不得限制或剥夺。民事权益受法律保护的关键在于，当权益被侵害后都应有相应的法律救济途径。

2. 权利应受保护和尊重，并非不可限制。在市民社会中基于主体地位的平等，应允许根据己意对私的利益作出取舍，但蕴含于权利的个人自主决定非某一人自己所特有，为体现彼此尊重的伦理，为保障社会秩序的稳定和和谐的社会生活环境，权利及其行使须受限制，应属当然。质言之，凡有权利皆应受限制，无不受限制的权利。这也说明主体自由与权利只有在兼顾他人利益和社会利益前提下，才能得到充分行使和保护。（后详述）

（三）坚持权利本位的难点

强调权利本位，不仅限于了解民事权利静态的享有和归属，更重要的是，须进一步对动态的权利行使和保护加以把握。而在行使权利时发生权利与权利（权力）

---

① 参见张俊浩主编：《民法学原理》（上册），中国政法大学出版社2000年修订第3版，第41页。

② 参见王伯奇编著：《民法总则》，台北，正中书局1979年第8版，第34页。

的冲突应如何处理，以及当数项权利并存时权利应如何行使等问题，正是坚持权利本位的难点所在。（后详述）

另值得一议的是，民法的基本理念概括并体现了民法精神，是民法基本原则的基石，是贯穿于民法体系的灵魂。对民法理念准确把握关乎立法与司法的定位，涉及民法与其他法律部门的分工协作。但遗憾的是，我国学界与立法机关对此缺乏关心和研究，反而热衷于所谓创新，譬如，2017 年《民法总则》第 9 条规定："民事主体从事民事活动，应当有利于节约资源、保护生态环境。"不少学者将它称为"绿色条款"，立法机关也将保护环境定位于民法基本原则，美誉为绿色原则。① 无疑，生态环境的保护涉及人类可持续性的发展，当是人类社会共同关心的内容，但这并不等同于应由民法来担当这一重任。任何一种不恰当的理解和定位，不但会破坏整个民法体系的协调一致，而且也会影响公法与私法的界限，混淆和模糊权利主体属性，最终将会沦为一条宣誓性条款，完全不具备法律的可操作性。科学理性地思考该第 9 条规定，即可得出这一结论。具体分析如下：

首先，将环境保护定位为私法调整范畴，用私法手段来保护，必然混淆公私法界限，导致调整效果难以实现。环境保护主要涉及秩序问题，这就决定了环保的责任应由国家和政府来承担。若归私法保护，不仅私主体无力承担如此重任，更关键的是无法与私法体系相契合。可以想象，如果环境保护关乎环境权，那么谁是环境权的主体？其权利义务是什么？能否正常运用私法手段予以救济？需要指出的是，现行民法中确有环境侵权所致民事责任的规定，但环境污染损害的是民事主体的人身权或财产权，而非环境权，不得将二者混为一谈。

其次，将道德要求归入法律调整，难以实现预期规制行为的效果。以节约能源来实现保护环境的目的，其实就是一种道德要求，是自律的体现，而不能作为法律调整的对象。因为法律通常针对具体可制约的行为，而非抽象的口号。否则民事主体无法预判自己行为的后果，一旦主体对自身行为失去可预见性，法律的运用就会大打折扣，具体操作就易失控。当然，法律与道德并非毫无关联，理想的法治一定有助于个体道德修养的提升，且不会让法治目标与基本道德伦理背道而驰。

既然环境保护作为全人类共同关注对象，那么除国际公约应有所涉及外，在国

① 原《民法总则》的起草说明指出，这样规定既传承了天地人和、人与自然和谐共生的我国优秀传统文化理念，又体现了党的十八大以来的新发展理念，与我国是人口大国、需要长期处理好人与资源生态的矛盾这样一个国情相适应。

内法中就应置于宪法中予以反映,以体现其价值。同时,涉及秩序性的具体问题当由公法调整,民法作为私法仅需关注与民事权利保护相关的部分。如此既体现各个法律部门的分工不同,又能合作完成与人类生存息息相关的重要使命。

第二章　民事权利论

近代以来,民法以人为本位,并围绕着人这一主体确定权利义务等基本内容和有关制度。其中,权利已成为民法的核心概念,[①]可以说民法的一切制度均是以权利为中心而构建。但对于权利这一习以为常的法律构造物,学界至今依然在如何界定、能否类型化、可否并存或冲突以及如何保护等一系列基本问题上莫衷一是,或许这正是权利话题长盛不衰的魅力所在。为此,本章针对相关问题分别加以阐释。

第一节　民事权利的本质

我国古代汉语中,"权"和"利"为两个独立词汇,偶然也有权利并用,但其含义均与现代权利概念相去甚远。[②] 现代汉语"权利"一词,移自日本,日文中"权利"一词又移自欧洲。最初译作"权理",取其事理、道理之意,后译作"权利"。西语中的权利——拉丁文的"*jus*"、德语的"Recht"、法语的"droit"和英语的"right"均蕴含正义和合理,[③]指正当而得有所主张,非"争权夺利",[④]且除英语外,法语、德语和拉丁语的权利一词均同时兼有法律的含义,权利为主观化的法律,法律为客观化的权利,[⑤]足见在西方权利与法律存在密切关系。但理论界对于权利的态度却并非一

---

① 德国著名法学家 v. Tuhr 曾谓:"权利系私法的中心概念,且为多样性法律生活的最终抽象化。"转引自王泽鉴:《民法总则》,北京大学出版社 2009 年版,第 67 页。

② 参见梅仲协:《民法要义》,中国政法大学出版社 1998 年版,第 32 页。

③ 参见郑玉波:《民法总则》,中国政法大学出版社 2003 年版,第 62 页。

④ 参见王泽鉴:《民法总则》,北京大学出版社 2009 年版,第 68 页。

⑤ 参见[德]迪特尔·梅迪库斯:《德国民法总论》,邵建东译,法律出版社 2000 年版,第 58 页。

致，甚至存在权利否认说的观点，如法国学者狄骥认为人们只有依据法律从事社会互助的社会任务，绝无权利可言。[①] 如此观点因过于极端而难以符合现今社会的发展需要，故对民法确定权利未形成影响。相反，鉴于权利机能在于确定保障个人自由活动范围，自主决定组织和安排社会生活，体现私法自治原则等价值，[②]近现代民事立法均肯定权利存在的合理性，我国立法也不例外。[③] 无疑，对权利本质的分析和揭示也是在肯定权利存在的基础上展开。

一、民事权利本质的定位

对民事权利本质的准确定位，取决于对其根本属性的把握。而自 19 世纪以来学者们对于权利本质的探究，学说纷呈。其中有代表性的流派主要包括意思说、利益说和法力说三种。[④] 以下就此予以介绍和评析：

---

① 参见[法]莱翁·狄骥：《宪法论》（第 1 卷），钱克新译，商务印书馆 1959 年第 2 版，第 208 页。

② 参见王泽鉴：《民法总则》，北京大学出版社 2009 年版，第 68 页。

③ 我国《民法典》的总则编基本沿袭了原《民法通则》体系，第 5 章以“民事权利”为标题（第 109 ~ 132 条），用 18 个条款分别列举各种人身权（第 109 ~ 112 条）、财产权（第 113 条），后者又包括物权（第 114 ~ 117 条）、债权（第 118 ~ 122 条）、知识产权（第 123 条）、继承权（第 124 条）、股权或者其他投资性权利（第 125 条）、民事主体享有法定的其他民事权利和法益（第 126 条）。这些条款的基本特点是，既无构成要件，又无法律效果，不具备私法规范的基本属性，属于权利宣示条文。此外，另用 6 个条款规定了某些需要特别保护事项（第 127 ~ 128 条）以及民事权利取得和行使（第 129 ~ 132 条）。但可以说，这些对民事权利的规定无甚亮点。理由是，首先，原《民法通则》是受制于当时特定历史背景，即正处时代转型期，人们缺乏权利意识，也无对民事权利的专门规定，故而设置权利宣示条款有其合理性。何况当初《民法通则》中亦尽力设有规范意义条文或结合其他章节，以补宣誓性条款之不足。但时至今日，在各种权利已有各编详细规定的前提下，再延续如此模式既重复无意义，又欠可操作性。其次，本章中的非权利宣示条款，有的也属于重复规定，且不合体系。如对某些需要特别规范的内容，显然是《民法典》第 11 条“特别法优先于一般法”适用原则的体现，再将它在权利章节中规定，不仅多余且不科学。当然，认为《民法典》第 5 章规定不合理、不科学，并非要否定这些内容，只是强调应由不同的法来体现不同层次的内容，譬如概括性的民事权利可由宪法直接规定，而各项具体民事权利则可在民法分则中结合构成要件和法律效果做具体规定，使之既符合体系性要求，也具有可操作性，真正成为规范主体行为的准则和法官裁判的依据。

④ 除这三种主要学说外，还有权力说、申诉说、期望说、折中说等。参见王利明等：《民法新论》，中国政法大学出版社 1988 年版，第 123 页；佟柔主编：《中国民法学·民法总则》，中国人民公安大学出版社 1990 年版，第 68 页。其中折中说也颇受关注，即将意思说（或法力说）与利益说调和。如称意思支配力（或法律权力）是为满足利益的需要。参见[德]迪特尔·梅迪库斯：《德国民法总论》，邵建东译，法律出版社 2000 年版，第 63 页。我国张俊浩先生原来解释力量说时也立足于调和。参见张俊浩主编：《民法学原理》，中国政法大学出版社 1997 年版，第 74 ~ 75 页。现在则从“体”、“用”和“实证”等不同角度分析权利，且认为权利本质的讨论属于哲学任务，故其书见解未必妥当。参见张俊浩主编：《民法学原理》（上册），中国政法大学出版社 2000 年修订第 3 版，第 66 ~ 67 页。

(一)民事权利本质主要学说简介

1. 意思说

意思说的主要代表人物为德国学者萨维尼(Savigny)和温德夏特(Windscheid),①该说基本观点是权利本质乃意思自由或意思支配。亦即权利为个人意思能自由活动或任意支配的范围。故意思为权利基础,无意思即无权利,权利的本质应归着于意思。② 萨维尼之所以毫不掩饰对意思的重视,关键在于他将意思支配与法律关系相联系,并且认为法律关系的本质就是被确定的个人意志独立支配的领域。个人意志除作用于当事人自己外还可包括外部事物,由此决定意志支配主要可涉及三个对象,即本人、无意思自由的自然人以及他人。③ 显然涉及对象不同,所呈现的法律关系的种类也有异。

与意思说相似的是自由说。该说主张权利本质为自由行为的范围,但其影响力较为逊色。④ 我国大陆目前有学者对自由说予以深入分析,认为权利是法律确认的权利主体实现自己意志的可能性,或者说是法律确认权利主体意志的实现资格。因此权利本质是权利主体特定意志的实现资格,也就是自由。⑤ 其实,自由说与意思说本质相同,都强调了意志或意思在权利中的地位。只是自由说更明确地指出权利乃是意志实现的自由,而非单纯意志自由。因任何人意志均为自由不言而喻,故只有将个人能自由实现的意志定为权利,才具有法律价值。而自由说与意思说之所以密切相关,是因为其均源于黑格尔的法哲学学说。黑格尔虽未直接论述权利与意思的关系,但在阐述意志与法律的关系时,间接证明了权利本质

① 萨维尼是系统阐述权利本质者,温德夏特在学术上是萨维尼的衣钵传人,全面继承了萨维尼的学说观点。

② 参见郑玉波:《民法总则》,中国政法大学出版社 2003 年版,第 60 页。

③ 参见[德]萨维尼:《当代罗马法体系》(第 1 卷),朱虎译,中国法制出版社 2010 年版,第 260 页。

④ 参见胡长清:《中国民法总论》,中国政法大学出版社 1997 年版,第 37 页。书中虽提到"自由说",但解释甚为简陋,亦未能指出此说由谁人所倡及其如何变化发展等。

⑤ 参见李锡鹤:《民法原理论稿》,法律出版社 2009 年版,第 142 页。此外,龙卫球先生也认为,在技术上说,通过所确认的权利,清楚的赋予个人实施活动(生存和幸福的一切活动)的种种具体条件和限度,使个人利益在法律上是现实的、明确的、有保障的。从价值上说,它维护个人在国家的独立空间,并在此空间实现个人利益。由于每一个权利都包含了一个意思自由的范围,所以权利就是自由,民法就是自由法。参见龙卫球:《民法总论》,中国法制出版社 2001 年版,第 135 页。但究其本质仍未脱"意思说"的窠臼,故将之一并介绍。

在于意思自由。①

2. 利益说

利益说的创始人为德国学者耶林(Jhring)。② 此说基本观点是,权利本质为法律所保护的利益,凡依法律归属于个人生活之利益(精神的或物质的)即为权利。③耶林曾明确主张"法权是信法加以保障的利益",更有学者对此进一步说明:"其实主观法权的根本就是一种利益,法权只当利益经法权的享有人或另一人用意思表示在外部证实时,才真正的表现出来。"④按照该观点权利主体与受益主体同一。利益说将社会生活关系中包含的各种利益作为权利,更为直接和客观,故该说在我国大陆很长一段时间中被众多学者认可。⑤

3. 法力说

法力说由德国法学家梅克尔(Merkel)首创。此说基本观点是,权利本质乃享受特定利益的法律上之力。⑥ 也就是说,权利由内容和外形两要素组成。前者为法律上的特定利益,是人类为求生存不得不发生的人类与事物之间的各种关系;后者为法律上之力,即法律为充实其所认许的利益而不能不赋予的一种力量。⑦ 该说立足于实证角度研究法学对象,成为近世有力之说,尤受我国台湾地区学者的推崇。我国台湾地区学者郑玉波先生对此作出进一步的解释,强调法律赋予的法律上之力因受法律支持和保障,而不同于一般实力(私人腕力)。同时,法律以力予人目的在

---

① 黑格尔宣称:"法的基地一般说来是精神的东西,它的确定的地位和出发点是意志。意志是自由的,所以自由就构成法的实体和规定性。"其论述所有权时又指出,"人有权把他的意志体现在任何物中,因而使该物成为我的东西;人具有这种权利作为他的实体性的目的,因为物在其自身中不具有这种目的,而是从我意志中获得它的规定和灵魂的。这就是人对一切物据为己有的绝对权利"。参见[德]黑格尔:《法哲学原理》,范扬、张企泰译,商务印书馆 1996 年版,第 10、52 页。

② 耶林是新功利主义(目的)法学派的创始人,与英国边沁(Bentham)开创的功利主义法学派一脉相承,但其更强调"利益"和"利益衡量"在私法关系的作用,主张应将法的价值判断溶入制定法当中,将"利己心"作为私法体系的普遍要素。在这一点上,耶林与边沁关于立法的根本目的在于增进最大多数人的最大幸福,即追求功利、避苦求乐有异曲同工之妙。参见何勤华:《西方法学史》,中国政法大学出版社 2003 年版,第 208 页。关于边沁的基本法律思想可参见何勤华新所著《西方法学史》第 307 页。

③ 参见郑玉波:《民法总则》,中国政法大学出版社 2003 年版,第 61 页。

④ 参见[法]莱昂·狄骥:《〈拿破仑法典〉以来私法的普通变迁》,徐砥平译,徐菲勘校,中国政法大学出版社 2003 年版,第 11 页。

⑤ 梁慧星先生曾主张利益说。参见梁慧星:《民法总论》,法律出版社 2001 年第 2 版,第 69 页。即使有不同观点,也不完全否定利益说。参见张俊浩主编:《民法学原理》(上册),中国政法大学出版社 2000 年修订第 3 版,第 67 页。

⑥ 参见郑玉波:《民法总则》,中国政法大学出版社 2003 年版,第 62 页。

⑦ 参见胡长清:《中国民法总论》,中国政法大学出版社 1997 年版,第 38 页。

于使人享受特定利益(包括财产和非财产利益)。[①] 因此,不同权利意味着利益和法律上之力也不同。

(二)民事权利本质主要学说评析

关于权利本质的不同学说,学界至今见仁见智,难以完全达成一致看法。

对于"意思说"(或自由说),否定者通常认为该说根本缺陷在于,不强调权利与法律的关系,不能解释道德规范和不依当事人意思的法定权利现象。[②] 也就是说,"意思说"不能合理说明权利与法律谁先存在、无意思能力者是否仍然可作为权利主体、权利得丧是否均须取决于当事人的意思等问题。这是因为,按意思说,只要存在意志就应有权利,但事实上权利的出现晚于法律,在法制史上,早期的法律是以义务为本位而非权利为本位。此外,权利若归结于意思,则未成年人或精神病患者因无意思能力而不应享有权利。但现代民法均以人格平等相标榜,无论权利人精神状态如何,都无例外地为权利主体。[③] 固然,为补正无意思能力人的缺陷,而设法定代理人制度。但以法定代理人意思为被代理人意思,可解决权利行使的问题,却终难说无意思能力人有意思的自由。[④]

对于"利益说",否定者一般认为其主要不足在于易将权利与权利所保护的利益混淆。[⑤] 这是因为,一方面法律保护的利益并不都体现为权利,如交通安全作为一种法律保护的重大利益并未表现为权利,却反映为要求人人遵守交通规则的义务;[⑥]另一方面权利也不总是反映为利益,有时仅反映一种自由,如人们为赠与或捐助行为,以及舍己救人行为等,仅表明行为资格而与利益无关,[⑦]亦即权利与利益无

① 参见郑玉波:《民法总则》,中国政法大学出版社 2003 年版,第 62 ~ 63 页。

② 参见佟柔主编:《中国民法学·民法总则》,中国人民公安大学出版社 1990 年版,第 67 页。

③ 例如,《法国民法典》第 8 条规定:"所有法国人均享有民事权利。"参见《法国民法典》(上册),罗结珍译,法律出版社 2005 年版,第 41 页。《日本民法典》第 3 条第 1 款规定:"私权的享有,始于出生。"参见渠涛编译:《最新日本民法》,法律出版社 2006 年版,第 4 页。《俄罗斯联邦民法典》第 17 条第 1 款规定:"所有公民均被承认平等地享有民事权利和民事义务的能力。"参见《俄罗斯联邦民法典》,黄道秀、李永军、鄢一美译,中国大百科全书出版社 1999 年版,第 10 页。

④ 参见胡长清:《中国民法总论》,中国政法大学出版社 1997 年版,第 37 页。

⑤ 也有观点认为"利益"本身难以界定,在法律领域利益是否仅指财产?如李锡鹤先生认为:利益为身外之物,不属于人身。利益如需法律保护,只能是财产。参见李锡鹤:《民法原理论稿》,法律出版社 2009 年版,第 18 ~ 19 页。但当今众多论著将人身作为利益。

⑥ 参见郑玉波:《民法总则》,中国政法大学出版社 2003 年版,第 61 页。梁慧星:《民法总论》,法律出版社 2001 年第 2 版,第 69 页。

⑦ 参见李锡鹤:《民法原理论稿》,法律出版社 2009 年版,第 139 页。

必然联系。何况，民事法律作为行为规范通常仅规定主体能否为何种行为的界限，而不顾及主体行为的动机和结果等。此外，如不言明该利益是法律所保护的利益，则与“意思说”相同。该说亦以权利先存为基础而不能合理解释法律与权利的关系。

“法力说”以法律先存为基础，强调先有法律后有权利，明确了法律与权利的关系而成为当今通说，但仍然有难以回避的缺陷存在。这是因为，作为权利要素的内容和外形均非权利的本质，即特定利益本身是权利所要达到的目的，法律上之力系达到目的的手段和担保。“目的”仅是行为的结果，而非对“行为”本身的注解；手段是法律的强制作用体现，仅表现为一种现象，同样也不能揭示事物的固有属性。而且，法律上之力只是法律制度对权利人的授权，体现为法律上“可以作为”的某种可能，而非指各种具体权利，且不同法律关系也无法概括出一种具体的权利。①

比较而言，“意思说或自由说”关注主观层面的意志自由，着眼于权利动态；“利益说”侧重于客观层面存在的利益，重视法律保护的对象；“法力说”立足于应用层面，强调法律是权利的发生依据和前提，注重法律上之力的作用。可见，各种学说虽因侧重不同而利弊并存，但仍可根据其基本内容推导出存在价值。三学说中，“意思说或自由说”基本反映了权利本质，“利益说”体现了保护的目的，“法力说”则在明确保护目的的同时，强化了法律的实际应用。因此，唯在关注“法力说”的基础上强调意志自由是权利本质，才能准确定位权利并使之更具实际意义。

如此结论的形成，有两点需要进一步说明：

第一，之所以认可“意思说或自由说”揭示了权利本质，是因为民事法律作为授权性规范，主要是界定行为人“可以作为”的范围，而特定行为的可能性或资格必然反映特定意志的实现自由，且众多具体权利行使与实现也体现为特定主体意志的实践，本质上与“意思说或自由说”如出一辙。但将“意思说或自由说”作为权利本质，并非置法律作用不理。事实上，无论是“意思说”（含自由说）和“利益说”均未脱离法律框架。② 具体而言，强调思想层面任何人皆享有自由者，也充分意识到史上几乎无以约束、规范思想为目的的法律，③单纯意思自由不能被称为权利，仅是思

① 参见[德]卡尔·拉伦茨：《德国民法通论》（上册），王晓晔等译，法律出版社2003年版，第279页。

② 认为“意思说等忽略权利与法律的关系”的观点，有失之偏颇之嫌。

③ 即使法西斯时代有所谓“思想犯”，也并非深入人的内心深处去查证人的思想，仍然是以人外在所表现的行为和言论作为认定标准。

维上的活动不能导致法律关系变动，无法影响权利得丧。法律上能生法律效果的各种事实包括行为和事件，所启动的权利得丧离不开具体法律关系。因此，法律须规范的内容，只有行为的范围、可能性或者自由，也只有这种外在表现意思的客观状态，才能被法律调整和规制。这也是持“意思说”者在确定意志支配领域时，要将之与法律关系相联系的原因所在。同样，持“利益说”者虽也认为权利是法律确认的一种行为可能性，但因法律保护的利益作为一种形式无法显示事物的根本属性。① 更为关键的是，根据生命人格平等的理念，任何意志天然地享有相对于实现资格的表现资格，法律不应过问意志后面的因素，即意志的动机。而“利益说”与“意思说”不同，明确行为的目的是行为人自己的利益，意味着任何不以利己为目的的意志不具有表现资格，由此与现代法学根本原则相悖而无法揭示权利的本质。②

第二，“意思说或自由说”虽认为法律是确认权利的依据，但对法律的具体作用即法律上之力的认识仍显不足，或者说较为模糊。这是因为，即使从正面界定权利本质为自由时，也须强调自由为权利行使的客观界限，而不能只顾权利的主观状态；即使明确权利取得的依据及其范围，也得关注权利能否实现的法律保障措施，否则法律确定权利将失去意义。无疑，“法力说”作为一种手段和措施，仅反映了事物的现象，却无法揭示事物的本质属性。但从实证角度而言，充分关注法律的强制作用对全面把握法律确定权利的意义，似乎比单纯了解权利本质更为重要，这也是法力说成为当今通说的最好注解。然而，对于“法力”，既不能仅简单理解为各种法律关系的具体之力，仅认为不同法律关系的“法力”含义不同，如“直接支配、排他性”就是物权的“法律之力”，“请求”就是债权的“法律之力”；也不能过于扩大“法力”的范围，如将“支配力”解释为既可支配标的物，也可支配他人。③ 理由是，现实生活中所发生的各种法律关系纷繁复杂，意志作用的对象难以一一明了，不同法律关系涉及的各种权利所显示的“法力”应当不同，债权与物权如此，其他权利如形成权等亦复如此。何况，有些权利如人格权，依现代民法所倡导的主体地位平等的精

① 拉伦茨教授指出，权利是为了保护权利人的某种利益的，但它本身并不是利益，只是一种法律形式，可以依此形式主张利益。参见[德]卡尔·拉伦茨：《德国民法通论》（上册），王晓晔等译，法律出版社2003年版，第279页。

② 参见李锡鹤：《民法原理论稿》，法律出版社2009年版，第143页。

③ 参见郑玉波：《民法总则》，中国政法大学出版社2003年版，第63～64页。

神，意味着任何人不得支配其他人。[①] 由此说明在明确不同法律关系可体现不同"法力"的同时，似还应从权利实现角度来理解"法力"。事实上，法律授予主体享有权利，并不意味着权利人就可亲自去实现与权利相适应的状态，如仅有请求权，未必导致债权实现。通常情况下，债权能否实现有赖于债务人的履行，或者请求国家公权力介入的帮助。在例外场合，法律也允许私人以合法的自力行为来实现权利。[②] 可见，对于权利人而言，不仅需要关注权利的有无及其界限，而且更应重视权利能否在法律的保障下得以实现。不过，请求之力（权利）以诉讼方式实现，并非将权利与诉权画等号。诉讼保护不是权利的目的，仅是权利实现的一种手段。因此，法律赋予权利之"法力"应体现为具体和抽象之力的结合。具体之力源自法律规定或意思自治，主要指权利主体对权利客体基于其意志为自由行使和处分的可能或资格，取决于不同法律关系内在效力的表现；[③]抽象之力来自法律规定，为任何权利所共有，表现为权利的外在效果即法律的担保力。[④] 唯如此理解"法力"的独特价值，才能准确地把握法律与权利关系。

二、研究民事权利本质的意义

探究权利本质，并非单纯解释或揭示其根本属性。重要的是，通过分析权利本质各观点之争，寻找各学说存在的合理内核，充分理解法律设置权利及其赋予权利主体享有权利的价值所在。据此可将研究权利本质的意义归纳为如下方面：

（一）界定权利及其特性的需要

大陆法系素来主张体系完整、概念清晰，[⑤]故对作为民法核心内容的权利加以

---

① 参见［德］卡尔·拉伦茨：《德国民法通论》（上册），王晓晔等译，法律出版社 2003 年版，第 278 页。

② 允许自力实现权利的场合通常有二：其一，权利仅存在于法的思维世界里，如形成权的实现；其二，权利如不允许私人自力实现，则可能会导致权利在一定时间内的丧失，如正当防卫和紧急避险。参见［德］迪特尔·梅迪库斯：《德国民法总论》，邵建东译，法律出版社 2000 年版，第 122～123 页。

③ 不同法律关系呈现不同效力，譬如，在物权中为体现支配力，即确定世间不特定之人皆负有不得侵害物权之义务；在债权中为实现请求力等，即规定债务人有按照约定或法律规定为给付的义务。

④ 在权利有不能实现之虞或受到侵害时，权利人得寻求公权力介入给予救济。譬如，物权人对于非法侵扰得行使物上请求权，债权人对于债务人得主张给付请求，并可借助法律的强制手段以最终实现权利。

⑤ 参见何勤华主编：《外国法制史》（第 3 版），法律出版社 2003 年版，第 9 页。

界定理所当然。的确,在现有的法学教科书或辞书中不乏权利定义,[①]但因受权利本质不同学说的影响,迄今为止尚未出现一个能充分概括权利全部内涵和外延并为学界真正接受的定义。尽管如此,但这并不意味着权利不可定义。根据前文对权利本质各说的分析,权利的本质乃意志自由,而自由既应受到法律的约束,又应得到法律之力的保障,故应得到法律的确认。同时,被法律确认和保障的自由在法律层面仅是一种资格或可能性,而非主体意志的现实体现或实现。鉴于此,权利基本可定义为,民法赋予并保障民事主体特定范围的行为资格。

应指出的是,从民法体系层面为权利下定义,只能是一个抽象概念,不能与具体权利相提并论。正如德国学者拉伦茨教授所言,权利形式上的概念,只是根据法律逻辑,而非"权利"的内在意义(法律伦理和法律目的)及其内容,进而他认为权利概念只能是一个"开放式的概念",或者一个"框架概念",这个概念应能适用于不同种类或者不同类型的权利,并且是我们现行法律中所认识的。[②] 而要探求权利具体内在含义,只有结合业已发生的各种具体法律关系加以理解。唯有如此,权利概念才具有兼容性和适应性,能名副其实地被称为私法上的重要工具。[③] 简言之,法律保护的对象非抽象性权利,而是各种法律关系中的具体权利,其必然是主体意志作用于客观现实利益的反映。

然而,这并不意味权利体系层面的抽象定义可有可无。框架性定义虽不能直接显示存在于具体法律关系中各种权利的内涵,但完整权利体系的形成需要一个可统帅各种具体权利的上位概念存在,更重要的是抽象定义可充分揭示各种权利的共性。具体地说,作为权利抽象定义显示的权利共性有如下四项:第一,权利具有特定性,即法律确认的权利总归属于特定主体,包括特定的个体或多数人。这不

① 如权利是法律确认的特定范围的行为资格,参见李锡鹤:《民法原理论稿》,法律出版社 2009 年版,第 136 页。又如民事权利是法律为保障民事主体实现某种利益的意思而允许其行为的界限,参见彭万林主编:《民法学》,中国政法大学出版社 2002 年修订第 3 版,第 58 页。再如民事权利是指民事主体为实现某种利益,依法而为某种行为或不为某种行为的可能性,参见佟柔主编:《中国民法学 · 民法总则》,中国人民公安大学出版社 1990 年版,第 65 页。

② 参见[德]卡尔 · 拉伦茨:《德国民法通论》(上册),王晓晔等译,法律出版社 2003 年版,第 276 页。

③ 梅迪库斯教授指出,就许多行为而言,每个人都有权自由地决定是否去从事。除一般行为自由领域以外,还存在另外一个领域,在这个领域里,只有权利人才能作出具有法律效力的决定。因此,各种类型的权利均成为了私法上的一种重要工具。这种权利授予主体作出特定决定的权限,并同时赋予其价值。参见[德]迪特尔 · 梅迪库斯:《德国民法总论》,邵建东译,法律出版社 2000 年版,第 47 ~ 48 页。

仅是权利作为特定行为实现资格的当然反映，而且也是要将意志作用对象或法律保护效果加以具体落实的需要。否则，无法达到法律设置权利的目的。第二，权利具有关联性，即法律赋予的权利应是个体利益和社会利益结合点。这是因为，即使权利的取得不是源自当事人的意志，而由法律直接规定产生，权利仍是通过权利人特定自由意志去行使与实现。但在现代社会中不存在不受约束的意志自由，即无绝对的自由，哪怕是权利放弃与不行使也不例外，其均应视权利性质和内容而设定其范围。否则，将致整个社会处于无序状态而最终影响权利的行使。第三，权利具有对应性，即原则上有权利就应有义务。这不仅在于权利本身不应包括义务，义务属于权利的逆向表示形式，也在于法律规范的人与人之间的关系中，一方的权利相对于他方就是义务。更为关键的是，与权利作为选择资格不同，义务属于行为强制性资格，本质上体现为不自由。① 义务作为法律上拘束，行为人必须加以遵守或履行，一旦违反权利人可请求强制执行。但强调权利与义务相对应为常态并不意味着没有例外——现有法律关系中既有无对应义务的权利如形成权，也有无对应权利的义务如监督义务。② 第四，权利具有不可侵性，权利通常应受法律的担保，亦即权利原则上应有强制力。当权利的行使有受妨碍之虞或受到侵害时，权利人即可请求公力救济。权利的这一属性符合"无救济则无权利"的基本观念，也符合法律创设权利并予担保的客观事实。但应注意的是，法律上存在自然债务和不真正义务等特殊现象。前者也称为裸体权利，指欠缺强制效力的债，即权利人可在诉讼外请求义务人为特定行为，但不能诉至法院请求法律救济，诉讼时效届满后的债权请求权即是例证。后者也称间接义务或负担性义务，即无强制力保障的强度较弱义务。其特点是，主要限制权利主体，法律不能强制当事人履行该义务，如有违反也不得请求承担损害赔偿义务，一般只是使其失去法律上的有利地位或接受法律上的不利。③

不可否认，权利概念的存在和使用，易与权力、权能和权限等近似概念混淆，故

---

① 参见李锡鹤：《民法原理论稿》，法律出版社2009年版，第144页。

② 参见郑玉波：《民法总则》，中国政法大学出版社2003年版，第75页。但有学者认为，如将义务的内容理解为尊重，则似也可认为有义务与之对应。不过，在义务与权利对立统一的意义上，义务不是指此种对于一般权利尊重的义务。参见张俊浩主编：《民法学原理》（上册），中国政法大学出版社2000年修订第3版，第81～82页。

③ 参见［德］卡尔·拉伦茨：《德国民法通论》（上册），王晓晔等译，法律出版社2003年版，第269页。但有学者认为该通说难以成立。参见李锡鹤：《民法原理论稿》，法律出版社2009年版，第191～193页。

有必要加以区别。权力同样被作为法律确认的特定范围行为资格，最易与权利混为一谈，如有学者将代理权作为权力，[①]或直接将权利定义为权力，[②]但权力的支配或保护对象均不像权利那样归属于市民成员，故而权力概念应限于公法领域。至于权能与权限，前者为权利效力的具体表现形式；后者是权利效力的具体范围。[③]但无论是权能还是权限，必然与各种具体法律关系紧密关联，而非停留于框架层面。同时，单个权利往往包含着不同权能，如权能尚未与权利分离，不能独立地被转让时，就不能作为“权利”，[④]当然也无法确定其效力具体涉及范围。换言之，作为法律关系要素的权利，只能是具有相对独立意义的权能。也只有如此，权利才有可能被转让，或者成为救济的对象。

（二）明确权利构建基础和机能的需要

权利与法律应结合毋庸置疑，但具体到权利与法律谁先存在的问题，学界却说法不一，不同答案形成了对权利构建基础的不同态度。学界观点主要有三种：[⑤]一是权利先存说。该说立足于“天赋人权”，认为权利与人生俱来，有保护权利之目的始有法律之创设。[⑥] 该说关注权利的应然状态和神圣性，对于反对封建专制和培育法治精神意义深远。但其仅为法律理想状态，与现实不符。人类社会的法律发展史显示，早期立法并非出于保护权利的目的，近现代权利直接由法律或司法创设亦为数不少。[⑦] 二是权利与法律同时存在说。该说认为权利与法律乃一事物的两面，

---

① 参见梁慧星：《民法总论》，法律出版社2001年第2版，第242页。

② 参见梅仲协：《民法要义》，中国政法大学出版社1998年版，第32页。

③ 参见李锡鹤：《民法原理论稿》，法律出版社2009年版，第138页。有学者认为权限是法律确认的当事人行为范围。它更接近于资格，但尚未达到权利的程度。参见张俊浩主编：《民法学原理》（上册），中国政法大学出版社2000年修订第3版，第67页。也有学者认为权限是法律所确认的为达到他人享有利益的具有意思支配力的法益，如代理权限、代表权限。权限与行为人自身享有利益无关。参见龙卫球：《民法总论》，中国法制出版社2001年版，第137页。但对于代理权，我国台湾地区学者郑玉波认为，严格言之，它仅属一种地位，但他仍将之归于“可能权”的权利类型。参见郑玉波：《民法总则》，中国政法大学出版社2003年版，第69页。可见对权限学者观点不一，故与其将权限理解为地位等，不如将之作为效力的范围更符合权限本身的字面含义。

④ 参见[德]卡尔·拉伦茨：《德国民法通论》（上册），王晓晔等译，法律出版社2003年版，第263页。

⑤ 参见郑玉波：《民法总则》，中国政法大学出版社2003年版，第76~77页。

⑥ 任何政治结合（为国家的形式）的目的都在于保障这种权利实现。而国家又往往通过立法手段反过来保障人权。参见张宏生、谷春德主编：《西洋法律思想史》，台北，汉兴书局1993年版，第173~174页。

⑦ 如承租人的优先购买权就源自法定，见我国原《合同法》第230条（《民法典》第726条）。日照权等原源于日本司法的提法，我国原《物权法》第89条（《民法典》第293条）也有规定。参见胡康生主编：《中华人民共和国物权法释义》，法律出版社2007年版，第205页。

法律依主观方面观察为权利，权利依客观方面观察为法律。尽管罗马法以来，众多语言如拉丁语、德语、法语等均用同一词汇表达权利与法律，但仅凭此不能有力证明权利和法律同时产生，更不能解释某些由法律直接创设权利的现象。三是法律先存说。该说源自“实证法学派”，强调“法外无权”，①认为权利由法律创造并由法律以其强制力担保。但此说在描述实然法律的同时，也尽显消极因素，无意中为“恶法亦法”提供了论据，且可能抑止人民为权利斗争的积极性。虽然不同观点各有利弊，但在大陆法系语境下，法律先存说最具现实说服力，故受众多学者赞成。②德国法学家耶林更是明确指出，我们深信法律乃是权利的前提，只有法律之抽象原则存在，而后权利才会存在。③

根据法律先存说，我们知道权利是由法律创造并类型化。在大陆法系立法模式和理论体系中，权利体系的建立主要源自“法力说”的思路。但受立法技术和立法者认识能力等各种因素所限，任何制定法都无法涵盖民事主体可能享有的全部特定利益。这说明法律确定权利应是一个发展的过程，不仅须将某种有保护必要的行为自由或利益及时赋予法律之力，而且也应及时调整那些因社会变迁或法律发展而偏离主流伦理的权利内容。同时也说明民事权利体系构建应呈开放状态，权利种类应随着社会变迁而不断充实和发展。唯有不断补充新鲜血液，及时更新权利内容，充实新型权利类型，才能使权利体系具有生命力。当然，新型权利类型的扩展和命名也应有所限制，即除了应符合权利共性特征外，也须体现某类权利个性要素。（后详述）

根据法律先存说，我们应意识到法律确定权利的同时也限定了主体意思自治和权利行使的范围。尽管在基于私法自治原则所组成的市民社会和肯定个人自由的市场经济体制下，蕴含于权利之中的个人自主决定处于核心地位的理念不可动摇。但是，法律赋予主体的权利具有一定的社会功能，而为社会秩序的一部分。这

---

① 分析实证主义法学的代表人物是约翰·奥斯丁。该派主张法学研究的对象仅限于实在法，即由立法者创制的法律，以实在法作为一切法律现象发生的根据和渊源。参见张宏生、谷春德主编：《西洋法律思想史》，台北，汉兴书局1993年版，第326页。

② 我国台湾地区学者郑玉波、史尚宽等力主此说。参见郑玉波：《民法总则》，中国政法大学出版社2003年版，第77页；史尚宽：《民法总论》，中国政法大学出版社2000年版，第18～19页。此说也是中国大陆正统的权利观念，按照权威法学辞典的解释，权利由法律规定或确认，并由法律保护。参见《中华法学大辞典》（简明本）编委会编：《中华法学大辞典》（简明本），中国监察出版社2003年版，第537页。

③ 参见王泽鉴：《民法总则》，北京大学出版社2009年版，第5页。

是因为，在市民社会中每个主体的地位平等，权利与自主决定人皆有之，不能只知有己，不知有人，任何放任自由或过度行使权利，不仅违反彼此尊重的法律伦理原则，而且也将最终令人失去自由陷于无序状态。因此，为保障个人得共存共荣、和谐的社会生活，凡权利皆应受限制。[①] 也就是说，权利的行使或保护应以法律合理和有度赋权为前提，而权利的边界则须在兼顾他人和社会利益的基础上而定。

根据法律先存说，我们还明确为权利斗争亦即为法律而斗争，维护权利的同时，也在维护法律尊严。德国法学家耶林在《为权利而斗争》一文中指出，为权利而斗争，是权利者对自己的义务。对自己生存的主张，是一切生物的最高法则，对人类而言包括肉体生命和精神的生存的主张，不敢主张权利等于自贬人格。为权利而斗争，也是权利者对社会的义务。权利人主张权利不是单纯为了自己的利益，无论是从法律和权利的依附关系，还是从法律的实现方式来说，权利者主张权利都是为了维护法律秩序和法律尊严。质言之，权利人主张或行使权利，既关乎法律的尊严，又蕴含伦理的意义。[②] 因此，在制定和完善法律制度的同时，充分关注对人民法感情和法意识（尤指权利意识）的培育，对于法律赋权的实现有着重大意义。

（三）明确权益保护模式的需要

权利确定及其类型化，是权利体系化的要求，是制定法的产物。但一个完整权利体系的形成，当不可缺少权益保护这一重要组成部分，亦即法律赋予主体权益就应以法力担保之。这意味着无论何种权益均不受任何组织和个人以及任何权力的侵犯，一旦主体的权益被侵害，就应有救济途径。民法在权益被侵害后的救济途径包括私力救济和公力救济，前者指正当防卫、紧急避险和自助行为等，后者指诉讼。

通常，公力救济民法的思维方式是，区分不同“特定利益”而设定权利类型，并赋予不同的法力和救济手段，将权利类型与保护方式直接衔接。显然，以有限权利类型调整纷繁复杂的无限利益冲突，必然会对某些被法律确认“遗漏”的应保护利益有救济不能或保护不周之虞。如果系人为因素使“应然”与“实然”割裂，使某些利益得不到法律全面充分的保护，则是立法和司法的遗憾和悲哀。因此，大陆法系立法不仅关注各种具体权利特性及其体系构建，以明确权利的特定内容和法力作

① 参见王泽鉴：《民法总则》，北京大学出版社 2009 年版，第 436 页。

② 参见［德］鲁道夫·冯·耶林：《为权利而斗争》，胡宝海译，载梁慧星主编：《民商法论丛》（第 2 卷），法律出版社 1994 年版，第 12～59 页。

用,而且针对权利类型化的弊端以探寻和完善权益救济路径和保护机制——其中对法定权利外某些利益的保护模式的设计尤为重要。[①]（后详述）

综上所述,认可主体具有独立意志并鼓励其追求和实现自身价值,意味着权利的本质应体现为自由或意思,但全面满足或迎合"应然"状态的需求显然与现实不符。人们过度地追求自我,必然会损及他人的利益,由此主体行为资格理应受到法律约束,亦即权利或自由只能经法律这一媒介赋予和限定范围。但法律创设权利不仅仅是为了确定意志自由的范围,使之在法律的担保下能得到实现;在遇到侵害时能受到充分保护,也应是题中之义。因此,唯有充分关注人类发展的各种合理需求,将自由或意思与法律规定紧密结合,使"应然"与"实然"有机对接并赋予合理的法律之力,才能充分体现私法的功能和价值,真正实现构建和谐社会的理想。

第二节 民事权利的类型化

权利可根据不同标准进行分类,组成体系,以认识各种权利特征及其区别与关联。[②] 标准不同,权利类型也不同。譬如:依权利的效力所及范围为标准,可将之分为绝对权与相对权;依权利的内容为标准,可将之分为财产权与非财产权;依权利的作用为标准,可将之分为支配权、请求权、形成权和抗辩权。诸如此类,在众多教科书中均有详尽表述,在此不赘。但将不同类型的权利组成体系的基本思路是,先从"法力说"考虑权利的两要素即"特定利益"和"法律上之力"着眼,前者属权利标的区分为静的观察,后者属权利作用区分为动的考察,后复可依其他种种标准加以区分,明确私权的分类,[③]以最终构建如图 1 所示权利类型化的体系。

然而,从分析权利概念到明确权利类型化的目的,不是仅仅为了解释权利体系化的构建模式,也不是单纯说明各种权利的特定内容和具体法力作用,更为关键的是要明确类型化的利弊,进而探寻权利救济的合理路径,以求完善我国民事立法和司法运行机制,全面保护权利的行使与实现。

---

① 《民法典》第 126 条规定:"民事主体享有法律规定的其他民事权利和利益。"这就清晰地指出法律需要保护的对象除法定权利外还包括利益(法益)。

② 参见王泽鉴:《民法总则》,北京大学出版社 2009 年版,第 69 页。

③ 参见郑玉波:《民法总则》,中国政法大学出版社 2003 年版,第 65 页。

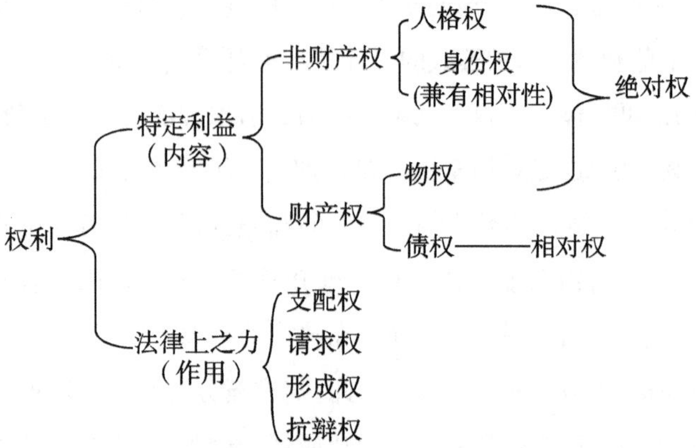

图1　权利类型化体系

一、权利类型化是制定法产物

权利类型化的传统,最早似可追溯到罗马时代。罗马时代对法律体系的关注为权利类型化提供了技术条件,随着简单商品经济的形成和发展而渐成的权利观念也为权利类型化提供了思想基础。但因罗马时代尚未形成抽象的权利概念,对权利及其体系的认识仍处于萌芽状态,故不可能真正形成类型化的权利体系。直至近代资产阶级革命成功,在更先进的社会经济基础上确立新的法律秩序后,才为权利类型化提供了可能。在私法领域中,大陆法系和英美法系对各国民商立法影响颇巨。但两大法系由于在理论基础、思维方式、价值取向、操作程序等众多方面的不同,致使其对权利是否需类型化及对权利保护的态度截然不同。

英美法系总体上奉行遵循先例、自由心证的原则,以先例和衡平观念作为法官判断的依据。法官既是司法者又是立法者,法官造法功能得到充分发挥。① 英美法系如此态度的形成,原因在于其推崇经验主义的法哲学传统,正如霍姆斯法官所说:“法律的生命不是逻辑而是经验。”②因此英美法系较之大陆法系更加注重对案件“个别化”的考量。由此也使之对权利体系和权利类型的看法与大陆法系有着较大分歧。当然,这不是说英美法系不存在权利类型化的现象,比如英美法的财产权

① 约翰·奥斯丁指出,在实在法不能提供任何指导或参考意见的情况下,法官所能做的一切就是像立法者一样行事,并创制能完满地处理这个问题的新规则。参见[美]E. 博登海默:《法理学——法哲学与法律方法》,邓正来译,中国政法大学出版社 1999 年版,第 443 页。

② Holmes, The Common Law, 1981. 转引自王泽鉴:《民法总则》,北京大学出版社 2009 年版,第 395 页。

就有固定的类型,[①]在侵权行为法和契约法中也有很多权利类型。[②] 但这些权利类型并不存在一个逻辑缜密、完整封闭的权利体系。当现实生活中出现某种利益需要保护而法律或判例对此均无反映时,法官就可依自由心证原则径行将其认定为权利并予以保护。若这种对权利认定合乎衡平原则,则该种权利类型即可被判例确认,反之则会被新的判例推翻。英美法系的做法其实与权利类型相对无限、富于变化的特点相适应。

大陆法系奉行法典化传统,一切皆本于典籍。先例援引、法官自由裁量的余地均甚为狭窄。其原因在于大陆法系对制定法存有过分预期。实证主义法学家和分析法学家确信,实在法(某种意义上也可理解为制定法)制度乃是一种全面的、详尽的、在逻辑上自恰的规范体系,而且该规范体系为法院所可能面临的一切法律问题都提供了答案。[③] 简言之,就是出于对唯理主义的尊崇并防止法官造法。在这种思想指导下,大陆法系采制定一系列体例完备的法典的模式,并围绕此形成和发展一整套逻辑严密而又相对封闭的理论体系。权利作为民法的核心概念,自然应依法律先存于权利的理念由法律直接确认,并根据概念的位阶使之成为内部协调的体系。可以说,权利类型化与权利法定相辅相成,并最终形成权利体系,均是制定法的必然产物。

二、权利类型化的利弊分析

大陆法系的法学家们殚精竭虑,苦心致力于概括、抽象,终于演绎出今日之由各种类型而组成的权利体系。但限于立法技术和立法者的认识能力,或出于公共政策和利益衡量的考虑,法律不可能将主体的全部利益都纳入其中,这说明权利体系应是开放性的,权利种类应随着社会变迁而不断充实和发展。[④] 但受制定法"法外无权"观念的影响,权利类型又无法无限地自由发展。唯有符合权利特征并被制

---

① Thomas W. Merrill and Henry E. Smith, "Optimal Standardization in the Law of Property: The Numerus Clausus Principle", *The Yale Law Journal*, Vol. 110:1 2000.

② 如承诺权即是其契约法中明确概念。参见杨桢:《英美契约法论》,北京大学出版社 1997 年版,第 67 页。

③ 参见[美]E. 博登海默:《法理学——法哲学与法律方法》,邓正来译,中国政法大学出版社 1999 年版,第 442 页。

④ 许多权利,并非在法律上均有直接依据,若干类型是在法律发展过程中逐渐形成的。最近才被发现者有之(如形成权),有些是因为新的交易形态而受到特别重视(如期待权),易言之,权利是一个具有发展性的概念,某种利益在交易上具有重要性时,或直接经由立法,或间接经由判例学说而被赋予法律效力,使其成为权利,加以保护,以尽其社会功能。参见王泽鉴:《民法实例研习丛书 · 民法总则》,台北,三民书局 1996 年版,第 42 页。

定法认可的民事利益,才可能正式被纳入权利类型。于是,在权利能否类型化方面人们遇到了一对无法回避的悖论,故有必要就其利弊作比较分析。

权利类型化的优点显而易见。首先,基于大陆法系的唯理主义传统,权利类型化将有助于法律体系的完整和法律的适用。在大陆法系,法官是适用法律的机器。[①] 越是完整精确的法律,就越是易于为法官所理解和适用。立法权正是通过对解决现在或将来纠纷的法律预设,达到制约司法权的目的。而且,通过法律明确规定来处理实践中千姿百态的案件,也能在相当大的程度上保证裁判公正性,使之符合一般正义要求。其次,因每种权利都有其确定的名称和权利体系中的固有地位,故比英美法系更容易形成法律共同体的共同语言,也更加容易为一般人所理解和掌握,具有降低交易成本的作用。另外,对权利加以类型化并形成体系,也有利于法学研究和教学。[②]

权利类型化的弊端则是容易导致僵化,只要拘泥于现有法定权利类型,民事主体的其他合理诉求就难以得到周全保护。这是因为,主体的意志自由性和诉求无限性,以及客观现实生活的复杂性,必然使法律无法完全将所有诉求作为权利并类型化,必然会存在一些未被法律确认而实际上法律又应在目前或将来给予确认和保护的利益。[③] 换言之,这些应受法律保护的利益其实已基本具备法定权利的价值基础和相应特征,只是在学说上未作讨论和归纳,在立法中立法者也受制于主客观条件未能或难以将之明确归入现行权利体系而已。

事实上,大陆法系对于权利类型化的弊端,并非熟视无睹。就理论上而言,在私法领域中,除立法者明文禁止保护外,通常对某些被法律"遗漏的权利"均可求助于"权利推定原则",即依法不禁止者就属权利,以解法定权利不足以应付现实需要之困。由此说明只要主体诉求正当且具可保护性,即使法律未确认其为固定的权利类型,也可作为法律的保护对象。在一定意义上,"权利推定原则"的确立,既是对权利类型化的补救,也是对权利类型化的部分否定。但应指出的是,这种略带浪漫主义色彩的推定做法有两点值得推敲:一是权利推定时是否应按现有的权利类型为推定并归类,二是推定的权利是否与法定权利应得到同等保护。如果对此都

---

① 参见徐国栋:《市民法典与权力控制》,载杨振山、[意]斯奇巴尼主编:《罗马法·中国法与民法法典化》,中国政法大学出版社 1995 年版,第 80 页。

② 参见张俊浩主编:《民法学原理》,中国政法大学出版社 1997 年版,第 33～34 页。

③ 体系化是制定法的重要标志,而制定法的一个重要缺陷是过于关注共性的抽象化和一般化,而抹杀了具体法律关系的个性,从而导致对个案适用的困难或不公。而权利类型化的弊端其实也是制定法关注体系化所带来的局限性的延伸。

能得到肯定回答，想必无须通过推定，只要通过解释就可弥补权利类型化的弊端；否则仍然会因欠缺可操作性而使之流于形式。基于此，为解决权利类型化所带来的救济不周或不能的问题，为缓和权利推定原则引发的矫枉过正的矛盾，大陆法系的主要代表德国提出了“法益”的概念。所谓法益即法定权利外一切受法律保护的利益。① 关于法益的成文法根据，一般认为是《德国民法典》第 823 条第 2 项和第 826 条之规定。② 德国有关规定区分三种侵权行为类型：权利侵犯型、法律违反型、善良风俗违反型。③ 第一种是侵害具体权利，而后两种则是侵害法益。关于法益的理论根源，则是受利益说和法力说的影响。两说虽对权利本质认识不同，但均认为法律设置权利离不开对特定利益的保护。不过，正是因为利益内容多元性，才有权利形态的多样性；也正是因为利益范畴的复杂性，才使现有权利体系难以涵盖各种法律须保护利益并将之类型化。而不同权利应有不同的法力体现，同样权利与法益的保护也应呈现不同。法益的创设，反映了德国法学家周密严谨的理论抽象能力和一定程度的前瞻预测性。

同样，如不对权利进行类型化，依然也是利弊并存。其优点是，对权利保护可不拘泥于法律规定或学说公认的权利类型，而是由法官依据民法原理、公共政策和利益衡量作出判断，凡合法应予保护的利益均能视作权利，给予一体保护。这对民事主体利益尊重和维护之意甚为明显。但其弊端也不可否认，无权利类型化和体系化的设计，在对权利是否保护以及保护程度的认定上，势必依赖于法官的自由心证。倘若法官自身素质有限，难以进行高质量的自由裁量，那么同样可能使“应有权利”被扭曲甚至遗漏而造成保护不周。一旦出现此种后果，实质上是国家权力对权利或其他法律保护对象的堂而皇之的侵犯，是更严重的侵权。因此，为减少不采权利类型化所带来的负面效应，必对法官的素质要求颇高，且更注重程序规则的正

---

① 我国学者一般认为有划分权利和法益的必要，但对法益理解有所不同。有的认为应从资源的角度界定法益。法益指法律上主体得享有的经法律消极承认之特定生活资源。所谓消极承认，一方面肯定其合法性，他方面则提供相对薄弱之保护。参见曾世雄：《民法总则之现在与未来》，中国政法大学出版社 2001 年版，第 62 页。有的认为法益可有广义和狭义两种理解，前者指一切受法律保护的利益，后者指权利外受法律保护的利益。参见孙维飞：《弹性的法学移植——以侵权行为法学中“法益”学院之发展为个案的考察》，载《中外法学》2009 年第 6 期。本书持狭义概念，按广义理解法益应当包括权利，而如此理解意义不大。因区分权利与法益，意味着法律保护的程度有所不一。

② 在《德国民法典》第 823 条第 1 项中，用列举方式规定故意或过失以违法方式侵害他人生命、身体、健康、自由、所有权或其他权利者，应负损害赔偿之责。第 2 项作为第 1 项的补充宣称，违反以保护他人为目的的法律者，负同样之责。第 826 条规定故意以违反善良风俗方式对他人施加侵害者，同样要承担损害赔偿之责。参见《德国民法典》，陈卫佐译注，法律出版社 2004 年版，第 265 ~ 266 页。

③ 参见宋春雨：《齐玉苓案宪法适用的法理思考》，载《人民法院报》2001 年 8 月 13 日，B1 版。

当和合理。

权利类型化面临的困境是已有权利种类永远不能满足现实需要,即使通过法律解释的方法依然如此。故而不仅需要不断地"造权"以填补权利体系的空白,而且需要在法定权利外界定法益以济其穷。而不进行权利类型化,无非就是一个更为直接的"造权"过程,其实此时已与权利类型化殊途同归,区别仅在于"造权"任务是由法官还是立法者完成。由此可见,权利类型化使某种利益遗漏保护的弊端,不是问题症结,只要赋予立法机构或法官具有相应"造权"职责就可弥补。而问题的关键在于,法律在保护方式和强度等方面对"造权"与法定权利的保护态度是否应有所不同。这关系到民事权利保护机制的设计。

三、权利类型化下我国保护机制的构建

如前所述,英美法系与大陆法系不同的赋权方式,直接影响权利保护机制的构建。在英美法系中确认权利和保护手段的援用均充分体现了法官自由心证,而在大陆法系中权利确认和保护都须遵循体系化的要求,依法律规定的路径处理。如此局面的形成,取决于不同的法律制度模式。模式不变,其赋权和救济手段等也不会变动。但改变法制模式,对业已形成的法律秩序影响巨大,并非稳妥和明智的选择。因此,基本沿袭大法陆系传统的我国民法,也将一如既往地注重制定法的作用,注重法律体系的完整性和安定性。这一精神不仅历来在实务中得到始终贯彻,①而且在民法典制定中也会继续得到体现。②

按照法律制度体系化的思维,法律区分不同利益内容而设定权利类型,并赋予不同的法力和救济手段,将权利类型与保护方式直接衔接。但纯靠有限权利类型调整近乎无限的利益冲突,必有救济不能或保护不周之虞。而对于法定权利外的法益也应保护,业已成为立法界和理论界的共识。因此,法律尤其是侵权法对权利与法益的保护设计必成关注焦点。有学者主张对侵权规则中的权利概念采广义理解,那些仅仅通过个别强行规定得到法律保护的法律状态,也应视作权利,以扩大

① 如最高人民法院2011年2月18日《关于修改〈民事案件案由规定〉的决定》(法〔2011〕41号)就明确,每一个立案理由对应着一个或一组民事权利,只有受侵害或发生争议的民事权利符合"立案理由"中的某个案由的规定,法院才能受理立案,给予法律保护,否则将被"驳回起诉"。这种做法与英国早期的"令状"制度颇为相似,但"令状"制度由于过分注重形式且范围狭窄不能周到保护民事主体的权利而早被普通法所抛弃。

② 参见梁慧星:《关于制定中国民法典的思考》,载《人民法院报》2000年2月5日,第3版。

侵权法上的损害赔偿范围。① 这种观点其实已将权利视作不受妨碍的对象，②外延涉及客观应然的状态即“应有权利”。③ 如此理解，积极和消极因素并存。积极因素在于为那些法定权利外实有保护必要的人格尊严和财产利益提供了依据；消极因素在于不加区分地将人类一切应受且能受保护的利益给予同等救济，则将过度限制他人自由。缘此，有的学者明确反对这种“泛权利”的保护观，提出了在权利之外存在效力较弱的“框架权利”，④其特点是，侵害这种框架权利的行为本身尚不表明行为具有违法性，认定行为是否违法必须对权利和利益进行衡量。由此也决定了法律应将其区别于法定权利而提供程度不同的保护。

根据以上分析可见，权利类型化不是可有可无的思维手段，其对于明确权利内容和救济手段至关重要。权利类型化的固有缺陷尚不足以对其构成否定。同样，确定法益或“框架权利”为保护对象以弥补权利类型化的缺陷，也不是对权利类型化本身的否定理由。这仅意味着法律应视权利和法益或“框架权利”的不同特点而在保护方式和力度等方面有所区别。因此，在了解权利类型化的作用和局限后，应吸收和整合不同法系中关于权利保护的精华部分，探索和构建一种更为有效和周到的民事权利保护机制。

具体思路是，立法和司法对权益保护机制的设计原则上由三个层次构成：第一层次是将由法律认可的具体和有名权利类型化作为权利保护的第一道防线，与现有权利保护体系所确定的相关保护手段等直接挂钩，按照不同法律关系所生的请求权基础赋予不同的救济路径。⑤ 这一任务主要通过立法完成，即立法应将各种理论和实践中出现的新型权利做适当归类，尽量避免遗漏可类型化的权利。同时，应

① 参见［德］迪特尔·梅迪库斯：《德国民法总论》，邵建东译，法律出版社2000年版，第63页。

② 米尔恩就曾经强调，任何能称之为“权利”的现象，都必须有可能说出何种作为或者不作为将构成对它的侵犯。如果没有这种作为或者不作为可以证实，那么就不存在一项权利。转引自眭鸿明：《权利确认与民法机理》，法律出版社2003年版，第3页。

③ 所谓应有权利表现为社会主体在一定社会条件的作用下所形成的直接的社会权利要求，这种权利要求是人的价值和尊严的确证。认知、过滤和筛选应有权利，通过有效的法律创设机制确认应有权利，使得本源于社会物质生活条件的法权关系真实、全面地为现实国家立法所确认。参见眭鸿明：《权利确认与民法机理》，法律出版社2003年版，第79页。

④ 梅迪库斯教授认为，均视作权利保护的做法实在有点矫枉过正了。要是坚决贯彻这一权利，那么任何竞争都会被窒息。……因此人们对这样一种所谓的权利，必须作出重大的、有一部分是不明不白的限制。根据司法判例，该“权利”仅仅构成了一项“起码的要件”，今天，人们常常称此种权利为“框架权利”（Rahmenrecht）。参见［德］迪特尔·梅迪库斯：《德国民法总论》，邵建东译，法律出版社2000年版，第63～64页。

⑤ 在权利类型化之前，面对个性需求人们须思考其是否可作为保护对象。但类型化权利体系确立后，就只须考虑个别权利需求能否归入既有权利类型或体系。

坚持权利类型化是开放性体系的观念，不断吸收新权利以充实权利体系。通常在立法未修改前，对新型权利的吸收，可由最高人民法院以司法解释的方式完成。第二层次是针对法定权利外存在的效力较弱的“法益”或“框架权利”，民事立法可通过设置一般条款等方式将保护范围扩大至“法益”，为“法益”的保护提供适用依据。如此设计与侵权法规范采取何种模式无必然关系，①关键须依附于司法活动的具体落实。换言之，在司法具体适用一般条款时，应区别对待“法益”和法定权利，对“法益”的保护手段与程度应视具体情况并综合考虑各种因素而定。② 以一般条款方式作为保护权益的第二道防线，既可在现有法律体系内最大限度地解决类型化权利外的利益保护问题，以维护制定法的稳定和权威，又可使法官无须过度在法律外另寻救济途径，以适应当前我国司法的现状。③ 第三层次的设计是在前两个层次均无法为主体提供足够救济达到保护目的时，可考虑引入英美法系的做法，赋予法官一定程度的自由心证权将某些正当合理诉求径行确认为保护对象，以达法律救济之目的。④ 但自由心证是把“双刃剑”，法官任何一点认识缺陷、偏好或成见都会造成裁判不公。故对法官的自由心证予以必要限制不言而喻，尤其是面对我国法官整体素质参差不齐的现状，相关限制更是必不可少。具体而言，一方面应要求法官根据民法及其原则体现的精神或理念，参酌衡平、正义观念判断有关诉求的合理性和正当性，并结合诉求的可主张性和可保护性以确定保护方式和力度。另一方面也应强调判例等间接渊源可作为适用依据，以引导并限制法官自由心证适度而为。须强调的是，为使法律应保护的权益得到全面和合理的保护，保护机制设计的三个层次应有适用的顺序，任何跳跃顺序的做法都不具有法律效力。

总之，面对我国法官整体素质有待提高的现状，同时也为避免对现有体系过度

---

① 与英美法系列举式规范模式不同，大陆法系以概括性条款调整一般侵权行为。依概括性的强度不同大致分为两类模式：一是以法国为代表采单一概括性条款，并不排除对法益保护；二是以德国为代表，采区别权利与法益的数个概括性条款（三段论保护模式）。我国侵权责任法现采模式类似法国。参见高富平主编：《民法学》，法律出版社 2009 年第 2 版，第 778 ~ 779 页。

② 通常保护时应斟酌的主要因素是，该法益是否被特别的保护性法规纳入其保护范围；侵权人侵害该法益的主观状态是否为故意；行为人是否与受害人存在一定紧密关系可合理预见行为结果或使受害人产生合理信赖；界定保护利益范围是否过度影响行为人行为自由等。

③ 如最高人民法院的一则司法解释曾确认侵犯公民受教育的权利也应承担相应的民事赔偿责任（现因涉及宪法司法化而被废止）。参见《人民法院报》2001 年 8 月 13 日，头版。虽然对于此权利属于何种类型化权利存在不同看法，但接受教育与否关乎当事人意志自由，作为一般人格权的内容似乎更为合理。若此，即可按照一般人格权这一“框架权利”推出理念确定受教育利益的保护方式和程度。

④ 即使强调法益应受保护，依然可能有所遗漏。如对某种利益不存在以保护他人为目的的法律，则此种利益将陷于保护不能。同样如违反善良风俗的情形只限于通常较为固定的几种类型，不能做扩大解释，也易使有关利益难以被纳入保护范围。

冲击，坚持以制定法模式对民事权利进行类型化应是上策；但在保护机制的构建时，似应借鉴域外立法和司法的经验，给予法官适度的自由心证的余地，以求对法律须保护的利益全面保护。

第三节　民事权利的行使和并存

民事权利的行使是实现权利内容的重要环节。法律赋予当事人的权利不会自动实现，要实现权利内容通常需通过权利主体自身行为，以体现其意志和法律之力的实现。当事人行使权利的行为方式与权利类型化密切相关，法律不仅根据不同权利确定不同的行使方式，而且对行使范围也应做必要限定。此外，现实中存在的权利竞合等现象又使权利的行使更为复杂。本节在对权利行使的基本含义和内容进行分析的基础上，重点讨论权利行使的难点问题——权利并存或竞合。

一、民事权利的行使

法律根据现实需要赋予特定内容（利益）以不同法力，将之定为不同类型的权利。特定当事人则须依不同事由而享有具体的权利，并在法定范围内通过自身行使（或他人代理）以实现权利。无疑，自当事人享有权利至权利实现，其间涉及不少环节，权利行使仅是其中不可或缺的一环。而不同环节均有不同的法律用语加以表述。因此，明确相关概念，合理界定权利行使，对于全面理解民事权利这一体系化的产物至关重要。

（一）权利行使的界定

权利行使即权利主体具体实现其内容，是法律上之力的现实化。[①] 权利的取得可由不同的法律事实（包括事件和行为）引发，但须实现取得权利之内容时，则均应以正当行为完成。可以说权利的行使都属于行为。

基于此理解，可先将权利行使与近似概念相区别。一是与权利享有不同。权利享有同于权利取得，指主体对权利内容（所含特定利益）的享有，是从静态角度考虑权利的归属。这意味享有者必限于权利人本人。而权利行使是从动态角度强调权利内容的实现行为，这说明行使者不能仅限于本人，代理人亦可为行使。二是与

① 参见史尚宽：《民法总论》，中国政法大学出版社 2000 年版，第 31 页。

权利实现不同。权利实现指权利内容已经实现，侧重结果，而权利行使仅指为实现其内容所为的行为，侧重过程。换言之，有行使权利的行为并不意味权利已实现，同样权利最终实现也并不仅依靠行使权利的行为，如债权的实现，就须依债务人的履行，而非仅因债权人的请求。又如撤销权的实现，除权利人行使外还需有法院的裁判。① 可见，权利的行使仅体现了权利人的意志，但权利实现有时还需要借助外力的配合。

对于权利行使，理论上还存在广义和狭义之争。前者指一切以权利存在为前提的行为都是权利行使，包括权利主张与权利处分。后者强调为或不为某事法律上之力现实化，不包括权利主张与权利处分。广义说认为处分是权利所包含的内容之一，是法律赋予主体实现权利所得的利益；权利主张是一定情况下为实现权利必须采取的步骤。将它们排斥在权利行使之外，权利本身就有残缺，与尊重当事人意志、保护权益的民法原则不符。② 狭义说认为权利的处分和主张有其自身内容，与权利行使不同。具体而言，权利处分指使权利消灭、移转或受限制的行为，如抛弃、让与或出质权利。它既不是实现权利内容的行为，也不是要求他人为或不为一定行为。其与权利行使的主要区别在于以下三点：一是内容、客体不同。权利行使表现为法力现实化，客体因权利性质而定，不同权利涉及不同客体，且体现不同的法力；权利处分体现为权利消灭、移转或被限制，客体只是涉及权利本身。权利能否处分受制于法律和性质上的限制，如通常人身权、具有人身的性质的债权均不能处分。二是条件、方式不同。权利行使的行为方式多样化，包括事实行为和法律行为等，只要不是依法律行为方式行使权利就不受有无行为能力的条件制约；权利处分方式具有单一性，要求以法律行为为之，并受行为能力的制约。③ 三是效果不同。权利行使主要针对使用价值，对己往往不生法律负担。权利处分主要针对价值，通常对己可生法律负担。

权利主张是要求他人承认自己权利存在，通常是权利行使的前提。权利主张是权利不确定，或权利行使恐有障碍的情形下，使特定人承认其权利的行为，即表现为权利人向相对人或法院表示自己是某项权利享有者的行为。④ 其与权利行使的主要区别在于：一是目的不同。权利主张可存在于享有和行使两个阶段，目的在于明确权利归属。同时权利主张并非权利行使的必要步骤，只有当权利行使遇障

① 参见郑玉波：《民法总则》，中国政法大学出版社 2003 年版，第 545 页。

② 参见佟柔主编：《中国民法学 · 民法总则》，中国人民公安大学出版社 1990 年版，第 73 ~ 74 页。

③ 此处所言行为能力是指狭义行为能力，即以自己名义实施法律行为的资格或能力。

④ 参见梁慧星：《民法总论》，法律出版社 2001 年第 2 版，第 256 页。

碍时，才须主张权利。而行使权利目的在于使法力现实化。二是方式和条件不同。权利主张包括自力或公力救济；权利行使则只有权利人的行为。这意味着若权利主张以公力救济手段进行时，通常须以有诉讼上能力为条件，而权利行使则并不必然以此为条件。三是期限性质不同。在我国，权利主张主要受最长保护期间（20年）的限制，权利行使则因权利性质不同可受包括时效期间或除斥期间等在内的期间限制。当权利归属不明确时，权利主体缺乏行使的前提，也无以一定期间限制其行使的必要。

（二）权利行使的方式

权利行使方式与法力表现内容相关，取决于权利的效用和性质。根据权利的效用通常将民事权利分为支配权、请求权、形成权和抗辩权。[①] 权利效用不同使不同权利显示各自特性，最终必然影响权利的行使方式。具体分析如下：

1. 支配权即权利人能直接支配标的物并具有排他性的权利。此类权利的效用有二：积极方面可无须他人行为介入而直接支配标的物；消极方面可排除他人妨碍支配。[②] 权利体系中物权是最为典型的支配权，其他如准物权、知识产权等也属于支配权。[③] 支配权的显著特点是，其行使不需他人协助，即可将自己意志直接作用于标的物，排他性仅是维护权利圆满状态令权利人意志直接体现的手段而已。由此决定其行使方式通常以事实行为为之，[④]且一般不需通过诉讼。即使通过法院以拍卖方式行使抵押权，也不影响其直接支配性，法院均以非诉程序进行。[⑤]

2. 请求权指要求他人为特定行为（作为和不作为）的权利。[⑥] 请求权作为私法

---

① 尽管学者对以其效用划分有不同看法，有的将形成权、抗辩权和可能权归为一类，统称为变动权，与支配权和请求权相提并论。参见郑玉波：《民法总则》，中国政法大学出版社2003年版，第67～70页；梁慧星：《民法总论》，法律出版社2001年第2版，第72～74页。但更多学者还是从效用上将之分为四类，原因在于如此更能看清各种权利效用尤其是形成权与抗辩权的不同。参见彭万林主编：《民法学》，中国政法大学出版社2002年修订第3版，第59页；张俊浩主编：《民法学原理》（上册），中国政法大学出版社2000年修订第3版，第70页以下；史尚宽：《民法总论》，中国政法大学出版社2000年版，第25页。

② 参见郑玉波：《民法总则》，中国政法大学出版社2003年版，第66页。

③ 有学者将人格权与身份权也归在支配权范畴，参见梁慧星：《民法总论》，法律出版社2001年第2版，第71页。但在近现代民事立法中这类提法有悖于人格平等原则。

④ 尽管在所有权的处分权能中包括事实上处分和法律上处分，但前者是指向具体标的物，后者是指向所有权，在转移所有权时才应用法律行为中的处分行为为之。以权利为处分对象，应是非专有财产权之共性，而非所有权独有。参见谢在全：《民法物权论》（上册），中国政法大学出版社1999年版，第124页。

⑤ 即无须经过诉讼全过程，法院通过对抵押权登记等证据的审查即可裁判实行抵押权。参见黄松有主编，最高人民法院物权法研究小组编著：《〈中华人民共和国物权法〉条文理解与适用》，人民法院出版社2007年版，第583页。

⑥ 参见郑玉波：《民法总则》，中国政法大学出版社2003年版，第67页。

的实体权利是由德国学者温德夏特提出的。① 请求权不同于物权、债权、知识产权、人身权等基础权利,它是因基础权利存在而发生,不同基础权利会产生不同的请求权(如物上请求权、债权请求权等)。可以说任何民事权利为发挥其功能或维护其圆满状态都与请求权相关联。请求权也不同于诉权,诉权作为程序上的权利是为保护请求权而设置,目的在于促成司法权的发动,属于公权而非私权。而请求权应是连接诉权的桥梁,但为实现请求权的诉权应限于给付之诉。② 故请求权在权利体系中处于枢纽地位,③不容忽视。虽然请求权有独立与非独立之分(前者可不依赖基础权利而独立存在且自身具有一定功能,可独立转让,如债权请求权;后者指为其他权利服务如物上请求权等),④虽然不同请求权的基础、功能和效果等不尽相同,但请求权的行使与实现都需他人协助,⑤由此也决定了请求权行使方式为意思通知(准法律行为),且除法律另有规定外,一般为便于请求权行使,法律对其行使方式不会限制过严。

3. 形成权指可依权利人一方意思表示而使法律关系发生、内容变更或消灭的权利。⑥ 其特点是,法律赋权给权利人可依其单方意思而形成一定法律效果的法律之力,相对人并不负有相对应义务,仅受其拘束,须容忍此项形成及其法律效果。之所以允许权利人单方形成权利,是因为其存在要么是基于当事人双方的事先同意,要么是为了交易效率或者保护相关弱者利益,即均有其存在合理性。⑦ 通常,形成权的行使方式是以单方法律行为或准法律行为为之。⑧ 在特殊情况下,形成权行使若须以诉讼方式为之,即为形成之诉。行使形成权常会涉及相对人利益,故形成

---

① 参见[德]卡尔·拉伦茨:《德国民法通论》(上册),王晓晔等译,法律出版社 2003 年版,第 323 页。

② 参见史尚宽:《民法总论》,中国政法大学出版社 2000 年版,第 28 页。

③ 参见王泽鉴:《民法总则》,北京大学出版社 2009 年版,第 74 页。

④ 参见[德]卡尔·拉伦茨:《德国民法通论》(上册),王晓晔等译,法律出版社 2003 年版,第 325 页。

⑤ 债权的实现,功能上要求体现为请求权,但不能将请求权与债权画等号。一是产生依据不同,债权概念取自权利标的,请求权概念取自权利作用。二是权能内容不一,债权不仅具有请求权能,还包括受领、保全、处分等权能,请求权是其主要权能,而非唯一。三是基础范围不一,请求权不是债权所独有,其他权利如物权、人身权皆有。参见郑玉波:《民法债编总则》,中国政法大学出版社 2004 年版,第 5 页。也有学者认为二者实质相同。参见[德]迪特尔·梅迪库斯:《德国民法总论》,邵建东译,法律出版社 2000 年版,第 69 页。

⑥ 参见王泽鉴:《民法总则》,北京大学出版社 2009 年版,第 78 页。

⑦ [德]迪特尔·梅迪库斯:《德国民法总论》,邵建东译,法律出版社 2000 年版,第 75 页。

⑧ 其他以一方行为变动法律关系的,如先占无主物等,我国台湾地区学者史尚宽将之归为能权的行使,而不直接表达为形成权,能权指用一方行为变动一定法律关系,形成权指用单方法律行为变动一定法律关系。故能权应是形成权的上位概念。参见史尚宽:《民法总论》,中国政法大学出版社 2000 年版,第 23 页。德国学者卡尔·拉伦茨则将之另称为物权取得权,以区别于形成权。参见[德]卡尔·拉伦茨:《德国民法通论》(上册),王晓晔等译,法律出版社 2003 年版,第 222 ~ 223 页。

权一般不得附条件或期限。同时形成权的行使目的在于变动法律关系，由此也说明形成权与法律关系具有不可分性，不能分别单独转让。①

4. 抗辩权指对已存在的请求权发生对抗效力的权利。② 抗辩权的作用在于防御，而非进攻，③故抗辩权与请求权密切相关，其行使方式应当与请求权一致，也是以意思通知等方式为之。但应注意的是，民事上的抗辩并不就是指抗辩权，其可分为程序上和实体上的抗辩。实体上的抗辩又可分为权利否认的抗辩和抗辩权的抗辩，前者不属于抗辩权，包括权利障碍和权利毁灭抗辩，④后者属于抗辩权，包括暂时性和永久性抗辩。⑤ 区分意义在于，抗辩权的行使与否，法官无权干预，取决当事人自己；但权利否认之抗辩，当事人即使未表明，法官也应依职权查明。⑥ 缘此，有学者也将之分为需主张的抗辩和不需主张的抗辩。⑦

（三）权利行使的限制

1. 权利行使限制的依据

权利行使自由本属于私法自治的应有之义，罗马法上有“行使自己之权利，无论对于何人，皆非不法”的法谚。⑧ 法兰西大革命以来，倡行个人尊严与自由平等保障，形成了“权利绝对”的思想。⑨ 但19世纪末以来，民法观念发生变化，认为法律赋权并予以保障，固在谋取个人的利益，但也得维护社会秩序，如果权利行使不顾他人和社会公共利益，则违反权利存在的理由。因此，修正权利行使绝对自由，强调权利行使应受一定限制，以防共同生活秩序被破坏，已成为各国或地区

① 参见王泽鉴：《民法总则》，北京大学出版社2009年版，第80页。

② 参见王泽鉴：《民法总则》，北京大学出版社2009年版，第77页。

③ 参见郑玉波：《民法总则》，中国政法大学出版社2003年版，第69页。

④ 权利障碍的抗辩指主张请求权根本不发生，如契约不成立等；权利毁灭的抗辩指主张请求权曾一度发生但嗣后已归于消灭，如因履行债的关系消灭等。参见王泽鉴：《民法总则》，北京大学出版社2009年版，第77页。

⑤ 暂时或一时抗辩指非永久拒绝相对人的请求，只是使请求权一时不能行使，如合同同时履行抗辩权、后履行抗辩权和不安抗辩权等。永久抗辩指可使请求权的行使，永被排除，如我国台湾地区“民法”规定消灭时效抗辩权（第144条第1项）、对侵权行为取得债权之拒绝履行权（第198条）。参见王泽鉴：《民法总则》，北京大学出版社2009年版，第77页。德国法中抗辩权可分三种：永久抗辩权、暂时抗辩权和限制请求权抗辩权。参见[德]卡尔·拉伦茨：《德国民法通论》（上册），王晓晔等译，法律出版社2003年版，第329～330页。

⑥ 参见梅仲协：《民法要义》，中国政法大学出版社1998年版，第39～40页。

⑦ [德]迪特尔·梅迪库斯：《德国民法总论》，邵建东译，法律出版社2000年版，第82～84页。

⑧ 转引自郑玉波：《民法总则》，中国政法大学出版社2003年版，第568页。

⑨ 参见史尚宽：《民法总论》，中国政法大学出版社2000年版，第714页。

的立法原则。[①] 我国现有民事立法也与此相同。[②] 权利限制原存在外部和内部限制两种路径,前者认为权利本身包含义务,以《德国魏玛宪法》第153条规定的所有权负有义务为滥觞,但该观点不仅混淆权利与义务的性质,而且易成为否定权利的工具而偏离社会现实生活,故在现有法律制度中不再提倡。外部限制为权利行使限制的主要路径,其在承认和保障权利不可侵性和权利行使自由的前提下,以公法措施适当限制权利不可侵性;以民法基本原则限制权利行使的自由性。[③]

权利行使的限制包括公法和私法限制。既然法律赋权不是单纯以个人为本位,权利赋予已成为社会秩序的组成部分,那么宪法和其他公法将权利行使作为其所关注的内容自不待言。其中,宪法的限制主要表现为对一般人格权的关注,如对言论、结社自由等权利的限制,有时也涉及财产使用类型或处分上的限制,[④]有的国家还反映了父母对子女照顾和教育权利的限制。[⑤] 其他公法的限制主要体现为金融、建筑、办学等许可方面的限制。值得关注的是,当民事法律无明文规定时,可否直接适用宪法作为裁判依据?对此理论界有不同观点,实务中也较为犹豫。[⑥] 其实,单纯就宪法地位而言,其在法律体系中具有最高法律效力,对国家机构、政治组织、社会团体及公民个人的行为均有制约作用,当可作为调整民事法律关系的渊源之一。[⑦] 但从宪法规范的性质来说,其在法学方法论上为不完全法条,客观上无法

---

① 《德国民法典》第226~231、242条(《德国民法典》,陈卫佐译注,法律出版社2004年版,第65~66、74页);《法国民法典》第1133~1134条(《法国民法典》,罗结珍译,法律出版社2005年版,第830~833页);《瑞士民法典》第2条(《瑞士民法典》,殷生根译,艾棠校,法律出版社1987年版,第1页);《日本民法典》第1条(渠涛编译:《最新日本民法》,法律出版社2006年版,第3页)。我国台湾地区"民法"1982年1月4日对总则进行修正后,第148条规定:(1)权利之行使,不得违反公共利益,或以损害他人为主要目的。(2)行使权利、履行义务,应以诚实及信用方法。参见王泽鉴:《民法总则》,北京大学出版社2009年版,第437页。

② 参见《民法通则》第4~7条,《民法总则》第132条。

③ 参见梁慧星:《民法总论》,法律出版社2001年第2版,第257~258页。

④ 参见《宪法》第33~39条,第9、10条。

⑤ 参见[德]卡尔·拉伦茨:《德国民法通论》(上册),王晓晔等译,法律出版社2003年版,第305页。

⑥ 最高人民法院2008年12月废止两项有关宪法适用的司法解释:《关于解放前劳动人民之间宅基地租赁契约是否承认和保护问题的批复》,被废理由为"情况已变化,不再适用";《关于以侵犯姓名权的手段侵犯宪法保护的公民受教育的基本权利是否应承担民事责任的批复》,被废理由是"已停止适用"。参见最高人民法院《关于废止2007年底以前发布的有关司法解释(第七批)的决定》(法释〔2008〕15号,2008年12月24日起施行)。这一方面反映了我国曾援用宪法法条作为裁判依据,另一方面也说明现逐渐倾向于不直接适用宪法。

⑦ 参见彭万林主编:《民法学》,中国政法大学出版社2002年修订第3版,第31页。

作为裁判依据,只有与其他法条相结合,才能具备共同创设法效果的力量。[①] 此外,若法院能仅依宪法裁判,则意味着任何事情都可在宪法上找到依据,但实际上也并非如此。故为维护宪法的权威和法治的稳定,避免因找不到依据而经常修宪,应不宜直接援用宪法作为裁判依据,而是尽可能通过部门法解释等手段来弥补法律的漏洞。民法解释中当然包括合宪解释。[②]

私法限制主要源自民事法律规定和当事人约定以及权利自身的性质。其中,法律规定的限制包括具体限制(含时间上限制,此内容将在时效制度中详述)和基本原则限制。权利限制又可分为特别限制和共同限制两种。前者仅适用于某种权利,可来自权利自身的性质、法律规定和约定;后者适用于所有权利,多为法律规定如正当防卫等。前者是对权利行使本身的限制,后者是对权利保护(自力救济)的限制。[③]

不必讳言,在私法限制的各种手段中,源自法律具体规定、当事人约定或权利性质的限制,因其限制内容具体明确,故通常易于把握和适用。相对而言,以法定基本原则限制权利行使就较难掌控。对于权利行使限制主要涉及公序良俗、诚信和权利不得滥用三项原则,主要有三点值得关注:

一是基本原则能否重复适用?[④] 学界针对诚信原则与权利不得滥用原则的关系,存在肯定与否定两说。否定说认为各原则有其自身适用领域,权利不得滥用原则适用于物权法领域,诚实信用原则适用于债法领域,[⑤]或者主张在契约当事人之间,尤其在夫妻、父母、子女及其他以特殊法律关系结合者之间,主要适用诚信原则,在无此关系时适用权利不得滥用原则。[⑥] 肯定说认为诚信原则与权利不得滥用原则可并用而不悖,违反诚信原则的权利行使即为权利滥用。[⑦] 的确,法律所赋予

---

① 每个法秩序都包含了规范个体行为的规则,若这些规则同时是裁判规范,则裁判者也需将此作为解决争端的依据。法律规则表现为法条,但并非任一法条都符合具体法律规则的形式要求即构成要件和法律效果,成为完全法条,亦即并非任一法条都可成为完整的法律规则或裁判规范。参见[德]卡尔·拉伦茨:《法学方法论》,陈爱娥译,商务印书馆2004年版,第132~138页。

② 我国《宪法》第67条第1款规定:全国人民代表大会常务委员会解释宪法,监督宪法的实施。但这一解释权与最高人民法院和最高人民检察院的宪法解释权不同。前者属于立法解释权和违宪审查解释权,具有专属性和排他性;后者是应用性解释权和合宪解释权。

③ 参见王泽鉴:《民法总则》,北京大学出版社2009年版,第436页。

④ 如出租人因承租人擅自大规模整修房屋而终止契约,是适用诚实信用原则还是权利不得滥用原则,或者二者均可适用?

⑤ 参见梁慧星:《民法总论》,法律出版社2001年第2版,第269页。

⑥ 参见史尚宽:《民法总论》,中国政法大学出版社2000年版,第715页。

⑦ 参见史尚宽:《民法总论》,中国政法大学出版社2000年版,第715页。

的权利受制于公共利益,为调整社会一般利益和私人利益的冲突,法律规定权利不得滥用原则,而原本诚实信用原则主要关乎私人利益冲突的协调,其虽含公共利益,但非直接指向之,由此确定相关原则各自适用的领域有一定合理性。但是,作为基本原则本身具有模糊性,其界限难以明定,何况某些原则的内涵和外延已发生极大变化,如诚实信用原则的适用,由协调私人利益冲突转变为当事人之间和当事人与社会之间的利益平衡,由债权行使和债务履行扩大及于权利行使和义务履行。[①] 这也使得不少国家在民法中直接将诚实信用等作为民法基本原则。[②] 既然立法将之定位于基本原则,就表明其应贯彻于立法和司法的始终。因此,在我国采肯定说即允许重复适用更为妥当。

二是基本原则是否应选择适用或有无位次?有学者认为,以基本原则限制权利行使在对个案适用上会发生重叠情形,届时原则上固得选择适用,但在方法论上应先适用权利不得滥用的次级规范,避免直接诉诸有“帝王条款”之称的诚实信用原则。[③] 诚然,基于基本原则边界不清的客观因素,在对个案的适用上应有所选择无可厚非,但由此推出基本原则的适用位次值得商榷。其实,原则的适用也需合理并令人信服,而适用的合理与否,不仅取决于具体选择哪一原则作为适用依据,而且更为关键的是离不开社会实践的检验。因此,除对基本原则本身内容作合理解释外,以往某一原则常用于特定领域的适用经验总结,将成为某一原则能否被优先考虑的决定性因素。[④] 换言之,在债法领域中诚实信用原则可能会被更多适用,而权利不得滥用原则可能会常用于物权法领域。[⑤]

三是援用基本原则限制权利行使的限定。首先,无论适用那一基本原则限制权利行使,其前提是,法律无明定或当事人无约定具体限制理由,且无法类推适用或有相关判例可遵循。否则,应限制以原则来判断当事人权利行使行为是否属于滥用。其次,对基本原则的解释,尤其是对伦理道德在法律上反映的具体内容如善

---

① 参见[日]我妻荣:《我妻荣民法讲义 - Ⅳ - 新订债权总论》,王燚译,中国法制出版社 2008 年版,第 12 页。

② 如《瑞士民法典》第 2 条(参见《瑞士民法典》,殷生根译,艾棠校,法律出版社 1987 年版,第 1 页)、《日本民法典》第 1 条(参见渠涛编译:《最新日本民法》,法律出版社 2006 年版,第 3 页)。

③ 参见王泽鉴:《民法总则》,北京大学出版社 2009 年版,第 437 ~ 438 页。

④ 如一所城堡的所有人和他儿子关系不和,而不允许其儿子到城堡花园来看望自己母亲的坟墓。作为所有人拒绝的理由是,他有严重的心脏病,不能看到其儿子出现在他的领域。帝国法院认为是所有人恶意行使权利,而学界认为应属于违背善良风俗。参见[德]卡尔·拉伦茨:《德国民法通论》(上册),王晓晔等译,法律出版社 2003 年版,第 307 页。

⑤ 《民法典》将权利不得滥用置于总则编的第 5 章,似乎改变了其作为基本原则的地位,立法是否有意使之成为次级规范存疑。

良风俗等，应关注其妥当性的体现，不宜以过高要求来衡量，而是应将社会基本理念为判断标准，以防当事人有关权利得不到应有保护。①

2. 权利行使的限制的要件

通常权利行使的限制需具备以下三要件：须以存在合法权利为前提；须权利人有积极或消极行为；其行为须有堪称滥用的违法性，②也就是说，唯有权利人逾越权利边界滥用权利时，才须加以限制。

对于这三要件在把握时应注意的是：首先，权利行使的滥用与一般侵权不同。尽管滥用权利最终也会导致侵权后果发生，但一般侵权本身不以存在合法权利为前提，仅须违反法定义务即可，一般侵权若涉及损害赔偿责任还需要有损害和其他要件构成，而滥用权利不考虑具体损害是否发生，仅关注是否有损害的可能性存在。其次，权利人的滥用包括作为或不作为。虽滥用权利通常均表现为作为，但权利行使以不妨害公共秩序、公共利益为前提，解释上当有为公共利益利用的责任，若无正当理由而拒绝行使权利即可构成不作为的权利滥用，如在我国取得土地使用权后常年荒废不利用，即是不作为滥用权利的适例。最后，权利由法律赋予并有其法定目的，行使权利超出目的即为滥用。但判断权利是否滥用不能仅限于主观标准。易言之，恶意行使权利固为滥用，以其他有悖于诚实信用、公序良俗等基本原则的方式行使也应为滥用。由此也表明权利滥用的构成，已从主观意思认定进入客观利益衡量的判断。需明确的是，考虑到权利行使具有社会化的内涵、伦理的性质及客观的判断标准，虽实际上有无权利滥用多由当事人主张，但应由法院依职权调查深究之。③

3. 权利行使滥用的后果

权利行使超越法定目的者，仅是“行使”的行为为法律所不容，而非“权利”本身为不法。故滥用权利的后果，原则上不应影响权利，亦即不消灭原有权利，只是要求权利人恢复到原有状态，依法律所允许的方式行使。④ 但也有例外情况存在，譬如，汽车生产商与销售商签订附所有权保留条款的汽车贩卖契约，后用户从零售商处购得汽车且价金支付完毕。由于零售商未向批发商支付价金，批发商基于所保留的所有权对用户请求交付汽车。日本最高裁判所昭和五十年（1975 年）2 月 28

① 如一装修工吊死在业主的婚用新房内。诉讼中，业主主张该房已不适合作为新婚房居住，若认为这是迷信有悖公序良俗而不予保护，就较为不合理。

② 参见史尚宽：《民法总论》，中国政法大学出版社 2000 年版，第 716 页。

③ 参见王泽鉴：《民法总则》，北京大学出版社 2009 年版，第 437 页。

④ 参见王泽鉴：《民法总则》，北京大学出版社 2009 年版，第 439 页。

日判决,认定此交付请求系批发商将自己所负担的价金回收不能的危险转嫁给用户,使已支付了价金的用户遭受不测之损害,属于权利滥用,判决该批发商不得请求交付汽车。[①] 又如,我国1982年《国家建设征用土地条例》(已废止)第21条规定:"已征用二年还不使用的土地,除经原批准征地的机关同意延期使用的土地外,当地县、市人民政府有权收回,并报原批准机关备案。"该条即剥夺滥用土地使用权者之土地使用权。[②] 需指出的是,若权利行使构成滥用的,当不受法律保护,其效力视具体个案情形而定。有的仅使法律行为无效,或者导致权利失效;有的构成侵权的则应停止侵害,如有损害发生,还应承担损害赔偿责任。

二、权利的并存及其处理模式

在现实社会中,时常可见同一或不同当事人基于同一或不同事实而享有数项权利,并由此发生权利并存的情形。归纳之,其主要呈现为不同主体和同一主体的权利并存两种类型。前者如不同当事人的知情权与隐私权或债权和物权的并存等;后者如同一主体享有数个请求权的情况等。无疑,权利并存并不必然导致权利冲突,即使有冲突也并不意味着需要以相同的手段或方式予以解决。现有法制中,针对权利并存的不同情况区别对待应是常见的做法。譬如,在不同主体权利并存时,法律可根据当事人权利的不同性质赋予某些权利优先效力以明定途径,也可由法官基于利益平衡作取舍。同样,在同一主体权利并存时,或让当事人自己决定在数个权利中择一而行,或由法律确定权利行使的规则,各种做法也有其存在的价值。由此引发的问题是,一国立法和司法应如何分清各种情形并确定相应处理模式。在此欲通过比较和实证等研究手段,从权利并存不同类型的视角切入作具体分析,以探求合理的解决路径和运作方式。

(一)不同主体的权利并存

基于不同法律事实,不同主体当可享有不同权利,自不待言。但当主体为实现权利所含特定利益而为行使时,不同权利就会受各种因素影响而出现难以共存的现象。此时立法或司法的应对态度和方式将直接成为不同主体合理行使权利的方向标,故有必要分析之。

---

① 参见[日]北川善太郎:《民法总则》,有斐阁1993年版,第20~21页。转引自梁慧星:《民法总论》,法律出版社2001年第2版,第270页。

② 彭万林主编:《民法学》,中国政法大学出版社2002年修订第3版,第54页。

1. 不同主体权利并存的基本认知

不同主体享有的权利会出现并存的情况，主要有：一是在同一特定物上出现债权和物权享有者不统一或者有数个抵押权人等情形。对于此类情况通常在物权立法中规定某项权利具有优先效力，以解决权利并存冲突问题，故实质上各种权利基于不同性质或顺位而处于不同地位，已经不可能发生冲突。对此民事立法更应重视的是，法律赋予某种权利优先效力是否合理和科学的问题，而该命题非本处探讨所涉范围，在此不赘。二是不同主体对于相同或不同客体享有不同权利的情形，如知情权与隐私权、同一肖像载体上分属于不同主体的著作权、肖像权、所有权等。此类不同主体享有不同权利均有其受法律确认的权限，如知情权是获取不受法律保护的信息的权利。隐私权是支配隐私的权利，而隐私是受法律保护的私人信息。二者权限范围并不重叠，各权利可以也应该并存。同样，同一肖像载体上存在多项权利，如对作品的著作权，对肖像的肖像权，对肖像载体的所有权，各有自己的客体和权利范围；若分属于不同主体，也可并存且不冲突。① 如果发生“冲突”，至少一方滥用了权利，构成侵权。对此情形较易在立法和司法中予以预防或处理，也无须过多阐释。三是不同主体的权利因法律无法或难以明确其边界而在行使中并存冲突的情形，如不同主体的名誉权或隐私权与言论自由权或知情权等在行使中的冲突现象。此类情形因涉及司法中法官如何利用衡平手段协调权利冲突的问题，值得重点关注。

在分析不同主体权利并存冲突解决路径前，必须先明确的问题是，权利能否并存冲突？对此学界看法不一。否定者认为，权利冲突实际上是一场误会，是一个伪问题。因任何权利都有自己特定边界（范围），只要人们找到边界，不越雷池一步就不会发生权利冲突。② 肯定者认为，权利是交叉重叠的，在两个权利之间无法找到一个互不侵犯的界限，除非我们专断地认定一个界限并声称这就是互不侵犯的界限。即使做了这样的界定，也只能在字面上保持权利的互不侵犯，没有而且不可能改变权利的相互性。③ 显然按照否定者的观点，当无必要进一步探讨权利并存冲突的有关问题。的确，就理论上而言，在民事权利体系中，各种权利原则上都受到限制，这意味着任何权利应有边界，其界限主要来自法律和当事人约定所详细规定的内容。④ 但现实社会中，有关法律难以清晰限定权利边界却是一个不争的事实。不

① 参见李锡鹤：《民法原理论稿》，法律出版社 2009 年版，第 194 页。

② 参见郝铁川：《权利冲突：一个不成为问题的问题》，载《法学》2004 年第 9 期。

③ 参见朱苏力：《〈秋菊打官司〉案、邱氏鼠药案和言论自由》，载《法学研究》1996 年第 3 期。

④ 参见[德]卡尔·拉伦茨：《德国民法通论》（上册），王晓晔等译，法律出版社 2003 年版，第 304 页。

难判断,有关权利冲突通常均为法律赋权不清所致。亦即与其说是权利冲突,不如说是立法冲突。① 无疑,若权利冲突是由立法冲突所致,当应先从立法层面寻找解决之道,但单纯试图通过立法预先规制来解决权利冲突也难以成立。这是因为,致使立法冲突或者不明晰的因素众多,包括立法者有限的认识能力难以顾及民事利益的复杂性和多元性,理论研究的偏差和观念影响,以及语言表达模糊性制约等,甚至若立法强行预先设置一些权利位阶,则可能形成新的不平等和不公正。因此,权利并存冲突的解决既是立法问题,也是一个重要的司法协调和平衡问题;而在立法和司法层面如何应对并解决各种权利并存冲突现象,更是当今学界不容回避的问题。

2. 不同主体权利并存冲突的形态和处理模式

所谓不同主体权利并存冲突指两个以上不同主体的权利在运行中,各权利所含利益发生对立而无法得到满足,一项利益的实现须以对方利益克减甚至放弃为条件的情形。此类情形的界定可考虑如下因素:一是存在两个以上的权利且归属于不同主体。如有两个以上权利归属同一主体,则属权利竞合现象(后详述)。二是法律无专门规定哪一种权利处于优先位阶或者无法明晰该权利边界。否则,即可根据法定优先效力明确某一权利可优先行使,或者依法直接判断滥用权利或权利的一方构成侵权,而不会形成权利冲突。三是存在两个以上正当权利且在行使中,即至少其中一项权利处于动态。因没有正当权利存在就不可能有不同权利的碰撞,若非权利行使而有侵害他人利益的行为,一般可直接依违反法定义务而认定侵权。同时,若无权利行使行为,处于静态中的权利同样也不会形成权利冲突。四是权利内容所体现的特定利益形成冲突,亦即权利冲突的实质是不同利益互相对立。若权利内容无冲突,则各自相安无事,无须司法衡量与协调。

实践中存在权利并存冲突的形态基本可分成两大类:其一,公权与私权并存冲突。包括典型公权与私权,如行政职权和私权的冲突;②非典型如学校管理权与师

---

① 权利是法律确认的行为资格,受法律保护。权利主体依法行使权利,不得妨碍。权利主体可请求任何权利妨碍人排除妨碍。任何人均不享有妨碍他人依法行使权利的"权利"。这意味着除立法冲突外,权利不可能冲突。参见李锡鹤:《民法原理论稿》,法律出版社2009年版,第193~194页。

② 2009年9月16日,张某搭载自称胃痛路人被指非法运营;10月14日,孙某某遭钓鱼执法为证清白砍手腕。26日,浦东宣布孙某某事件初步调查结论与事实不符。11月19日,张某状告闵行交通执法大队案宣判,交通执法大队被判违法。参见《上海钓鱼执法事件》,载新浪网:http://news.sina.com.cn/z/shdiaoyuzhifa,2010年11月15日最后访问。

生权利或单位管理权与职工权利的冲突。① 这类情况严格意义上是扩张解释的结果，在此不作重点论述。通常对于典型的公权与私权的冲突，关键在于限制和防范公权的滥用，亦即公权力的行使应以存在法律规定为前提，以按正当程序进行为必要，否则均可认定为侵权。对于非典型的管理权与私权的冲突，则可兼顾公权与私权冲突和私权与私权冲突的处理规则予以对待。其二，私权与私权并存冲突。包括财产权与财产权的冲突，如相邻关系中不同所有权人权利的扩张与容忍；人身权与人身权的冲突，如名誉权或隐私权与言论自由权或知情权的碰撞；②人身权与财产权的冲突，如作家发表作品以获取报酬的权利与他人隐私权或肖像权的对立等。③ 显然，法律无法或难以明定其边界的领域颇为广泛，包括职能部门、企事业单位与个人等不同主体之间的权利冲突形态，但面对各种权利冲突，法院不能拒之不理，而受理后立法又无明确处理依据。因此，在司法层面确定权利冲突的处理规则，对一些权利边界难以判断的个案，以法益衡量法弥补立法不周之局限是较为科学合理的选择。④ 亦即由法官对各方的冲突利益依轻重加以权衡和取舍，协调不同主体的利益，以明确各自权利的边界并使之得以合理行使。

具体而言，对于不同主体之间各方利益的互相冲突情况，司法协调的方法为利益平衡，即法院应区分各自利益的轻重以决定各方的让渡程度。利益平衡需考量的因素可分一般与特殊因素两类：一般因素主要是区分人身利益与财产利益，个人利益与社会利益。当人身利益与财产利益发生冲突，应当明确人身利益优于财产利益，且在人身利益中生命健康法益最为重要，如对患者或家属的知情同意权的保护均不能超越对患者的生命健康法益的保护。这既是立法精神的要求，⑤也是司法平衡利益的底线。至于财产利益则可根据本身价值大小或多少而定。当个人利益与社会利益发生冲突时，则应明确社会利益优于个人利益，亦即强调个人利益应让渡于公共利益或受制于他人利益，但对公共利益的解释不能过于扩张，否则众多私

---

① 湖南外语外贸学院六学生因受处分状告学院名誉侵权，法院一审判令学院赔偿二十多万元，这一引人注目的案子终审有果：长沙市中级人民法院作出了撤销一审判决，驳回原审六原告起诉的裁定。参见《湖南酒后失态六学生状告学院名誉侵权案终审》，载新浪网：http://news. sina. com. cn/society/2000 - 3 - 10/70400. html，2017 年 12 月 23 日最后访问。

② 例如，2002 年范志毅诉文汇新民联合报业集团侵犯名誉权案。

③ 参见人体模特缪某诉徐某某、C 出版社侵犯其肖像权案，载最高人民法院中国应用法学研究所编：《人民法院案例选》(2004 年民事专辑)，人民法院出版社 2005 年版，第 363 页。

④ 参见［德］卡尔·拉伦茨：《法学方法论》，陈爱娥译，商务印书馆 2003 年版，第 279 页。

⑤ 我国原《侵权责任法》第 56 条规定：因抢救生命垂危的患者等紧急情况，不能取得患者或者其近亲属意见的，经医疗机构负责人或者授权的负责人批准，可以立即实施相应的医疗措施。

权的规定将徒有其名。对他人利益也须考虑关系的紧密程度以平衡各方利益,如患者新患的某种疾病会影响其配偶生命健康权益,医院方就可将病情告知患者的配偶而降低对患者的隐私保护。同时,应关注当事人之间有无约定情形。如有约定,则需依契约优先的思路处理,[①]但应注意契约是否合法有效或有悖公序良俗以及一般社会理念、是否存在事先告知说明、知情者有无保密义务等,亦即契约的效力与内容同样会影响不同主体利益的取舍。特殊因素主要包括当事人的年龄、身份或性别,行为发生的场合及防范成本等。譬如,成年人与未成年人的识别判断和承受能力均不同,在平衡利益时应对未成年人有所倾斜;又如,名誉权保护就应区分公众人物与普通百姓,且即使对公众人物也应区分不同类型而区别对待。[②] 诸如此类,不胜枚举。简言之,在不同情况下,为求利益平衡的合理性,还须兼顾权衡其他相关因素。不必讳言,个案中法官依相关因素平衡各方利益也存在难以公平对待的司法风险。因此,除要求法官充分全面考虑相关因素外,最高人民法院应及时推出司法解释或以判例示范,最终形成间接法律渊源,以弥补制定法之不足,并防止法官滥用自由裁量权。

(二)同一主体的权利并存(竞合)[③]

对于权利竞合的提法,学界有不同意见。有的学者认为,同一事实分别被两个以上法条规定,实际上只是规范相遇而已,并不能断言必然冲突或必然不冲突,无论称竞合还是聚合均属以偏概全。[④] 此言有其合理性,但众多用语均是在特定语境中生成,且有其特定含义,只要在同一平台上人们达成共识,使用何种表达其实并不重要。缘此,此处依然按习惯用法“权利竞合”来讨论有关问题。

1. 权利竞合的基本含义与形态

权利并存或竞合是指数个权利,有同一目的,依其行使发生同一结果的情形。[⑤]性质上,这属于狭义的权利竞合。其与不同主体的权利并存不同,权利并存或竞合关注的是同一主体基于同一事实所享有数个权利的行使问题。权利竞合的主要特

---

① 如前例所引的人体模特与画院之间有约定,画家发表的作品可使用其肖像,即可以此特别约定而认定画家在行使著作权时不构成对模特肖像权的侵害。

② 如国家官员、娱乐明星,以及意外中奖者等都可归于公众人物,但法律对各自名誉权、隐私权等的保护程度不应完全相同。

③ 不少学者将权利并存与竞合作为同一概念使用。参见佟柔主编:《中国民法学·民法总则》,中国人民公安大学出版社 1990 年版,第 74 页;史尚宽:《民法总论》,中国政法大学出版社 2000 年版,第 29 页。但此处为叙述的方便,将直接使用“权利竞合”的表达,以区别其他并存情形。

④ 参见李锡鹤:《民法原理论稿》,法律出版社 2009 年版,第 194 ~ 195 页。

⑤ 参见史尚宽:《民法总论》,中国政法大学出版社 2000 年版,第 29 页。

点有：一是通常因同一事实发生数个权利；二是数个权利由同一当事人享有；三是数个权利有同一目的；四是当事人行使任一权利均发生同一结果，他权利因主体已达目的而消灭。

权利竞合的现象在众多权利中均可发生，但最为常见的是请求权竞合。据此，可将权利竞合大致分为两类：其一，请求权竞合，包括物权请求权与债权请求权竞合，如承租人在租赁关系终止后不返还租赁物时，出租人同时享有所有物返还请求权和租赁物返还请求权；数个物权请求权竞合，如所有权人的占有被侵害时，则其同时享有所有物返还请求权和占有物返还请求权；数个债权请求权竞合，如承租人因过失损害租赁物，则违约赔偿责任和侵权赔偿责任并存。[①] 其二，其他权利的竞合，数个消灭权如撤销权与解除权的竞合；数个抗辩权并存，以及在担保同一债权的数个质权或抵押权之间也存在并存情形。[②] 考虑到请求权竞合为权利竞合的常见形态，以及请求权在权利体系中的重要性、处理模式的互通性和可参照性等因素，此处讨论也将主要围绕请求权竞合展开。

请求权竞合与法规竞合关系密切。同一生活事实能发生数个请求权的原因在于，该事实可构成不同请求权发生的规范要件，亦即不同规范下，该事实均能引发相同法律效果。这说明法规竞合是请求权竞合的原因，即请求权竞合必定是法规竞合，但法规竞合并不一定是请求权竞合，二者不能等同。因对于这种事实是仅适用一种规范还是两种规范，立法或司法仍有选择的空间。若只能适用一种规范，则仅发生一个多因所致的请求权；若需适用两个以上的规范，则发生多个请求权。唯此种情形下，才有发生请求权竞合的可能。故法规竞合情况较为复杂，不同情况可呈现不同结果。根据德国学者卡尔·拉伦茨对法规竞合所列情形，[③]大致可分类如图 2 所示：

- 法规竞合
  - 累积的规范竞合（请求权聚合）
  - 非累积的规范竞合
    - 规范排除的竞合
    - 选择或替代竞合
    - 请求权竞合

图 2　法规竞合分类

---

① 参见郑玉波：《民法总则》，中国政法大学出版社 2003 年版，第 72 ~ 73 页。

② 参见史尚宽：《民法总论》，中国政法大学出版社 2000 年版，第 30 页。

③ 参见［德］卡尔·拉伦茨：《德国民法通论》（上册），王晓晔等译，法律出版社 2003 年版，第 348 ~ 356 页。

解读图2可见，法规竞合可分为累积与非累积的规范竞合。前者也称请求权聚合，指同一事实根据不同法律规定可发生不同请求权，且各种请求权都可行使而不冲突的情形。例如，民事主体名誉受侵害，即可依法发生停止侵害请求权、赔偿损失请求权、赔礼道歉请求权、恢复名誉请求权的聚合，①当然各请求权须在同一诉讼中行使。后者指同一事实根据不同法律所生请求权不能同步行使的情形，又可分为三种：一是规范排除的竞合，即一种请求权规范排除另一种请求权规范，致使只能适用一种法律规范。如此，实质上权利人只有一个请求权，并未发生数个请求权。例如，第一请求权规范相对于第二请求权规范而言属于特别规范，即可依特别法优于普通法的法律适用规则，排除由普通法规范发生请求权的适用。二是选择或替代竞合，即法律规定基于某一事实权利人享有两个以上权利，但最终其只能使一种权利得以实现。这种情形不仅限于存在数个请求权之时，还可发生于一个请求权和一个形成权并存之时，如涉及两个请求权时，则称为多种或替代请求权。②亦即权利人首先有两种权利，但这两种权利的法律后果不可能同时发生，至于发生何种法律后果则由权利人选择而定。例如，当事人给付标的不符合质量规定，权利人可在减价或调换要求中进行选择即是适例。③ 三是请求权竞合。这是真正意义上数个请求权竞合的情形，与前述权利竞合基本含义相符合，其中违约责任与侵权责任的竞合（也称救济权竞合、责任竞合）是常态。它与请求权聚合的区别在于，不能同步行使并实现数种请求权，而只能实现其中一项权利；它与规范排除竞合的区别在于，存在数个可供选择行使的请求权，而非只有一个请求权；它与替代竞合的区别在于，无须择一而终，仅在一权利行使已达目的时他权利才消灭，否则仍可行使。它与其他广义权利竞合（如不真正连带债务）的区别在于，其通常均因同一事实而生数个同一目的请求权，而非因数个事实形成数个同一目的权利。④

---

① 原《侵权责任法》第15条，《民法典》第179条均呈现了权利聚合的规定。

② 如原《德国民法典》第325、326条规定债权人在对方不履行时，要么要求损害赔偿，要么解除合同，但不能两种都要求。此即请求权与形成权选择竞合的例子之一。参见［德］卡尔·拉伦茨：《德国民法通论》（上册），王晓晔等译，法律出版社2003年版，第349页。但现德国债法已改损害赔偿与解除“择一而行”为“两立并存”。参见《德国民法典》，陈卫佐译注，法律出版社2004年版，第105页。

③ 参见原《合同法》第110条（《民法典》第580条）。

④ 真正连带债务也可能因数个事实而发生数个同一目的的权利，如连带保证责任，或因并存债务承担而形成连带责任的情形，对此能否归于狭义权利竞合值得讨论。基于其存在必然牵连关系，似归属为狭义权利竞合更为妥当。另一种做法就是将这类法定或约定的连带债务依然称为不真正连带债务，以维持逻辑一致。

2. 请求权竞合处理模式的比较分析

请求权竞合尤其违约与侵权等双重责任竞合时应如何处理，迄今为止依然是民法界争论不休的问题，各国或有关地区的立法或司法态度也不尽相同。对于有关处理模式，法国学者托尼·威尔将之形象地比喻为“发放通行证”，即认为在禁止竞合的国家，原告只有一个通行证，且通行途径是既定的；在允许竞合和选择请求权的国家，原告有两个可自由选择的通行证；而在实行有限制的选择诉讼制度的国家，原告可有两个通行证，但在入口处须交出一个，有时法律还指令其须交出哪一个。① 不同处理模式均由不同理论学说支撑，具体而言大致可分为三类：

首先，法国的判例学说倾向于采法条竞合说，即发放一张既定路径的通行证。他们认为对规范竞合应以规范排除方式来处理。合同违反的约定义务是特别义务；侵权违反的法定义务是一般义务。因此，以特别法优于普通法的适用法律原则，当事人只能诉违约，不能诉侵权。法国实务采此处理模式，与其侵权责任采概括规定关系密切。② 若不加禁止，则众多违约行为都可作为侵权行为处理。但禁止竞合的效果并不理想。原因在于，只能行使基于合同发生的请求权，势必要求每次诉讼都须先审查合同有效与否，而如此处理既可能增加诉讼成本，降低效率，又难以达到全面保护受害人之目的。更令人忧虑的是，在大陆法系注重立法体系化的背景下，将同属于债法的合同法比作特别法，将侵权责任法比作一般法，则有破坏民法自身逻辑体系之嫌疑。

其次，德国实务采请求权竞合说，认为同一事实充分满足侵权行为和债务不履行的要件时，可就各个规范判断赋予两个独立并存的请求权，即发放两张通行证由权利人自由选择。其中又有请求权自由竞合说和请求权相互影响说两种不同理论做支撑。采请求权自由竞合说者认为，不同规范产生的两个独立请求权可由当事人择一行使，一请求权因目的已达消灭时，他请求权也随之消灭。反之，就一请求权成立存有障碍或因目的达到以外的原因而消灭时，则他请求权仍然存在。③ 这种做法强调全面保护权利人的利益，但因德国不少学者认为这两个请求权彼此绝对独立，可分别处分或让与，由此即引发争论且受到批判。显然，如将其中一个请求权转让给他人，则可能致基于同一目的的请求权有两个主体可为诉讼，这与诉讼法

① 《国际比较法百科全书·侵权行为·多重责任》第 25 页。转引自王利明：《违约责任论》，中国政法大学出版社 1996 年版，第 297 页。

② 参见王泽鉴：《民法学说与判例研究》（第 1 册），台北，三民书局 1996 年第 10 版，第 402 页。

③ 参见史尚宽：《债法总论》，中国政法大学出版社 2000 年版，第 230 页。

原理相悖。[①] 另外，给当事人选择权，也会引发法院难以把握释明程度的问题。法院行使释明权有助于实现实质正义，但一旦过度也可能有损于程序公正。[②] 为此，德国实务和判例通说认为两个绝对独立的请求权理论不符合实际且有违法规目的，从而采两个请求权互相影响的见解，明确不同规范发生的不同请求权可互相作用以弥补各自不足，从而克服两个请求权之间的不协调和矛盾。[③] 然而，请求权相互影响说至多解决当事人难以选择和法院难以释明的问题，但无法根治同一目的请求权可能被不同主体行使而带来的累讼问题。故而，德国学者卡尔·拉伦茨在认同对请求权自由竞合说的质疑的同时，也指出了请求权相互影响说存在与请求权竞合理论难以协调的不足，并在此基础上建立了请求权规范竞合说，认为责任竞合是两个规范竞合，但仅应生一个请求权，其性质是损害赔偿请求权，故无须给予两个请求权，一个请求权只能为一次诉讼。[④] 该理论虽颇受学界推崇，但也有两点值得推敲：一是与权利竞合不相符合。因在规范竞合后如仅给予一个请求权，则不存在权利竞合的余地，这与权利竞合的逻辑不符。[⑤] 二是如仅给予一个请求权，则完全可能忽略不同规范赋予不同请求权的原意，而背离立法本意或有损受害人利益。也正因如此，该观点不仅在德国理论界未达到一致认同，[⑥]而且德国实务界至今也未改请求权竞合说的运作方式。

最后，在英国采用有限制的选择诉讼制度，即当事人(原告)可有两张通行证，但一旦选定就需交出另一张通行证。英国法原则上承认同一违法行为可构成合同和侵权双重诉因，且即使二者结果并不完全相同，也不意味两种赔偿责任相互排斥。同时，英国法又给当事人选择诉讼提供有关便利，如可有较长的诉讼时效，可要求破产调查或诉请破产赔偿等。总体来看，英国法主要从诉讼制度上给予诉讼

---

① 参见[德]卡尔·拉伦茨：《德国民法通论》(上册)，王晓晔等译，法律出版社2003年版，第352页。

② 参见张卫平：《民事诉讼法》，法律出版社2004年版，第60页。

③ 参见王泽鉴：《民法学说与判例研究》(第1册)，台北，三民书局1996年第10版，第403页。

④ “如果同样的一个请求，既可以根据合同责任的规定，也可以根据侵权责任的规定，还可以根据危险责任的规定提出的话，这主要是由于存在多种债法上的请求权基础，这时，应该不说是多种请求权，从而不说是请求权竞合，而说是一个单一的、建立在多种基础上的请求权，把它称为多数请求权基础，或请求权规范竞合。”参见[德]卡尔·拉伦茨：《德国民法通论》(上册)，王晓晔等译，法律出版社2003年版，第354～355页。

⑤ 这也是不少学者在分析相关处理模式时不将请求权规范竞合说放在请求权竞合中叙述的原因所在。因其实质上不承认形式上有两个请求权并存。参见王泽鉴：《民法学说与判例研究》(第1册)，台北，三民书局1996年第10版，第402～404页；韩世远：《合同法总论》，法律出版社2008年第2版，第642～644页。

⑥ 参见[德]迪特尔·梅迪库斯：《德国债法总论》，杜景林、卢谌译，法律出版社2004年版，第273～274页。

形式的选择权以解决责任竞合，而且一般要求对不同诉因选定后，一旦进入诉讼程序，则须择一而终。同时对于选择之诉的适用范围有严格限制，即在一定领域，只能诉违约或只能诉侵权。如无偿借用人不得向提供具有表面瑕疵物品的出借人提起合同之诉；而当事人疏忽行为或非暴力行为造成的损失一般不构成侵权等。① 由此说明，英国法侧重于程序层面，并未真正从实体法上解决责任竞合。而且，完全由当事人选择，既有当事人难以选择之困，又有请求权不能实现而无法提起另一诉讼之虞。更何况，即使能在实体法上明确限制某规范的适用范围以解决责任竞合，也易发生法律文义与适用范围矛盾和特别规定过多等影响法律自身逻辑体系的负面效应。

值得指出的是，在倡导当事人地位平等并以此为基础的民法体系中，除法律有特别规定外，强调的是同质救济。由此说明无论是禁止还是允许竞合，实质上都应排斥权利人可同时实现两项请求权，否则意味着同一行为形成同一结果可获得双重赔偿，这对加害人是显失公平，对受害人则有获取不当得利之嫌，从而有悖于大陆法系的民法性质和宗旨。

3. 我国的立法现状与完善建议

请求权竞合的情形在我国现有立法中并不鲜见，如物权法的物上请求权与侵权责任法的侵权请求权或者与合同法中请求权有竞合、侵权责任法的请求权与合同法中的请求权有竞合等。究其原因，一方面，社会生活的多样性决定了不同生活关系必然呈现不同特性，面对不同关系立法应当以不同手段加以规制。譬如，违约责任与侵权责任在归责原则、举证责任、构成要件、责任形式、赔偿范围、义务内容、时效、对第三人责任、免责条件、管辖等诸多方面存在区别，立法根据需要明确二者分别由合同法和侵权行为法调整应无可指责。另一方面，基于各种生活关系的复杂性，众多因素相互交叉融合，也就使请求权竞合难以避免，如侵权性违约和违约性侵权等现象在合同法领域已举不胜举，同时为全面保护债权人利益，立法依诚信原则又强调义务人应履行附随义务，这使责任竞合的可能随之增加。因此，目前立法环境下请求权竞合基本无法杜绝。

既然立法无法完全消除请求权竞合的现象，那么就需承认并面对该现象以求合理解决之道。与国外或有关地区通常依据判例或依靠法官自由裁量予以解决的做法有所不同，我国合同立法明定责任竞合的一般处理模式，以解决侵权与违约责

① 参见王利明：《违约责任论》，中国政法大学出版社 1996 年版，第 296～297 页。

任竞合的问题。[①] 分析我国立法和相关司法解释可知,我国现有处理方式既没有采用法条竞合说和请求权法规竞合说,也未采有限制的选择诉讼制度,而是采纳了请求权竞合说。之所以如此理解,是因为根据我国原《合同法》第 122 条规定的"受损害方有权选择依照本法要求其承担违约责任或者依照其他法律要求其承担侵权责任"的文义,显然是给予受损方两个请求权,而不像法规竞合说那样以一法规排除他法规的适用,也不同于请求权规范竞合说仅给予受损方一个请求权。此外,依最高人民法院司法解释有关规定反推,[②]人民法院应不准许当事人在一审开庭后再为诉请变更,但这不能得出我国采有限制选择诉讼制度的结论,因该司法解释目的在于避免引发由变更诉请而带来违反诉讼管辖的问题,使实体法与程序法的相关规定能相互衔接,而不是限制当事人选择某种诉请。相反,从该司法解释用"请求权竞合"的条标来说,恰恰印证了我国系采请求权竞合说。至于我国目前允许请求权竞合的理论基础是采请求权自由竞合说还是相互影响说,这在立法和司法实践中并不明朗。

但不可否认的是,各国或有关地区所采用的各种处理请求权竞合模式及其学说都是利弊并存,难以达到十全十美的境界。因此,立法的选择只能相对合理,而非完美。我国立法目前所选处理模式将充分保护债权人利益作为首要目标,无疑是符合我国现有立法体系和国情的。何况,请求权竞合说自身的不足也不是无法修正或弥补之症。对于实践中选择难的问题,主要可借鉴请求权相互影响说的思路,尽量减少两种请求权的实质上差距,如提起违约之诉也可获取精神损害赔偿,又如无偿合同中故意或重大过失始负责任的做法也应在侵权责任中得到体现。必要时,甚至还可适当运用有限制选择诉讼制度的做法,明定某种违法行为只能选择既定诉因。例如,应尊重当事人之间存在排除某项诉因的有效约定,又如应区分产品瑕疵形成损害的各种情况进而确定能否适用侵权责任等,诸如此类情形均可通过立法或司法解释手段来完善。对于同一目的的两个请求权并存如何处分转让的问题,这属于理解和解释的问题。尽管,对于转让并存请求权中一请求权时他请求权是否也随之转让,法律上无明确规定,原理中也无当然移转之理,但如无特别约定,作为同一目的的请求权应解释为有一并转让的意思。而且即使有特别约定可

① 参见《民法典》第 186 条(原《合同法》第 122 条)。

② 最高人民法院《关于适用〈中华人民共和国合同法〉若干问题的解释(一)》第 30 条规定:"债权人依照合同法第一百二十二条的规定向人民法院起诉时作出选择后,在一审开庭以前又变更诉讼请求的,人民法院应当准许。对方当事人提出管辖权异议,经审查异议成立的,人民法院应当驳回起诉。"

分别转让,也应解释为不得给债务人以不利益。[①] 这样解释依然是由民法当事人地位平等的特性所决定的。在此理念支配下,任何人都不能仅凭自己意志而为别人设定或加重负担。也唯有如此,请求权竞合说维护债权人利益的长处才可得到充分发挥,无端增加违约方负担的负面因素才会受到有效制约,实体法与诉讼法的基本规则才能相互协调形成合力。

综上所述,当现有权利体系中无法完全消除同一或不同主体之间权利并存现象时,就意味积极寻找权利并存冲突或竞合的处理模式是现有立法或司法的唯一选择,而无论是以立法分配不同利益还是以司法权衡不同利益,均无法做到绝对的公平,至多是选择相对合理且符合国情或民情的做法,并尽量趋利避害将相关效用发挥到最佳状态。基于此,在面对不同主体的权利并存冲突时,以司法手段区分并权衡各自利益轻重而定保护对象和范围,应是较为合理有效的处理方式;在应对同一主体权利竞合时,允许请求权竞合并通过立法或司法解释等手段补正其不足,应是一条较为妥善的解决路径。

① 参见史尚宽:《债法总论》,中国政法大学出版社 2000 年版,第 230 页。

第三章　民事主体论

民事主体指法律上的人格。人格作为法律概念源自罗马法。关于人，罗马法有生物意义上的人（uomo）和法律上的人（persona）之分，前者包括奴隶在内的一切人，但在法律上奴隶不是人，是客体。Persona 原指演员扮演角色所戴的假面具，后被用来指称各种法律关系上的身份。“当罗马法上称一个人为 Persona，这个人已经具有人格。人格是一个 uomo 被视为 Persona 并进入罗马的各种社会关系中得以扮演各种角色的前提条件。”[①]罗马法用“Caput”（意为头颅）表示法律人格，寓意人格对人来说犹如头颅对于人的生命那样重要。人格（Caput）是法律上人之为人的资格，具有 Caput 的个人才是法律上的 Persona。[②] 可见，罗马法的人格理论使生物人与法律人分立，使现实存在与法律存在分立。法律上的人其实是法律的构造物。这对后世民法主体制度的完善影响深远。

民法上的权利必依附于一定主体，而有法律人格者才是民事权利的归属所在，即只有民事主体才能成为权利的享有者。成为民事主体的前提是，既要迎合社会发展的需要，又得经过法律的认可。[③] 虽有适合社会存在的需要，但法律不认可，即使是自然人也不能成为民事主体（如罗马法上的奴隶），反而只要法律认可又有社会存在基础，即使是超自然的物、动物和无生物者，在古代法中也能被认可为主体。昔日在近代法律制度中，法律上的人格以自然人为限，而今随着社会发展的需要，人格已不仅限于自然人，作为社会组织体的法人也应包括在内。故近现代民法中所谓主体通常包括自然人和法人，前者指依自然规律产生有血肉之躯的生命体，后者指由法律拟制而产生的组织体。

对于民事主体，各国和有关地区立法的称谓也不同。有的直接称私权主体或

---

① 俞江：《近代中国民法学中的私法理论》，北京大学出版社 2003 年版，第 134 页。

② 参见胡长清：《中国民法总论》，中国政法大学出版社 1997 年版，第 55 页注[2]。

③ 参见梁慧星：《民法总论》，法律出版社 2001 年第 2 版，第 57 页。

人而不区别自然人和法人，且仅认自然人为私权主体，如法国民法；①有的区别自然人和法人而无共通称谓，如日本、瑞士等；有的区别自然人和法人而统称人，如德国和我国台湾地区。② 如此，民法中的“人”从广义上可泛指自然人和法人，如当事人、第三人、权利人、义务人、利害关系人，从狭义上仅指自然人如失踪人、成年人或未成年人、限制行为能人或禁治产人等。须注意的是，在我国原《民法通则》中曾经使用“公民（自然人）”的表达方法，这并非将二者画等号，仅是考虑到人们难以马上接受自然人概念而采用的权宜之计，因不同的用语承载着不同的制度价值，反映了不同的法律思想底蕴。当出现政治国家和市民社会的分离，法律可划分为公法和私法后，民法中的自然人就应指市民社会的成员，而公民则是政治国家的身份体现。故随着法律意识的普及，我国原《合同法》中已开始直接使用自然人的概念，而不再使用体现政治身份的公民概念，否则，将影响民法体系的科学性。③ 但无论如何称谓，实质上仍有共同点，即均以有民事权利能力为取得主体资格的前提，具体的民事权利与权利能力不可分。因此，有无权利能力，以及如何规定权利能力范畴应是民事主体中的关键问题。本章也将主要针对自然人、法人包括非法人团体的权利能力方面加以阐释，并同时讨论民事主体行为能力等相关问题。

第一节　自然人的能力

能力在法学领域通常解释为法律资格或地位，即法律上的能力指在法的世界中作为法律主体进行活动，所应具备的地位或资格。④ 而在词义上，能力是能胜任

① 《法国民法典》当初仅规定自然人为主体，而未规定法人，仅在某些条款中间接承认了其地位。

② 参见胡长清：《中国民法总论》，中国政法大学出版社 1997 年版，第 56 页。现《俄罗斯联邦民法典》的规定大致同于德国。参见《俄罗斯联邦民法典》，黄道秀、李永军、鄢一美译，中国大百科全书出版社 1999 年版，第 10 ~ 34 页。

③ 关于外国人的私法主体地位有三种主义：(1)禁止主义，即无论何种私权外国人都不得享有；(2)相互主义，含法律和条约相互主义，即凡外国人本国依法律或条约给我国以私权的，我国也照样给外国人私权；(3)平等主义，即无论何种私权外国人与本国人同等享有，但法律可对外国人加以适当限制。参见胡长清：《中国民法总论》，中国政法大学出版社 1997 年版，第 63 页。我国原《民法通则》基本采第三种观点，允许外国人在法律未限制的前提下享有私权。据此，原《民法通则》第 8 条第 2 款规定：“本法关于公民的规定，适用于在中华人民共和国领域内的外国人、无国籍人，法律另有规定的除外。”如继续使用公民概念而不用自然人，则易产生歧义，因只有具有某国国籍的人，才能称为该国公民。显然外国人不是我国公民，故在民法中用自然人概念取代公民概念，既能体现私法的特性，又能保证民法体系的一致性。

④ 参见梁慧星：《民法总论》，法律出版社 2001 年第 2 版，第 70 页。

某项任务的主观条件。[①] 换言之，法律上的能力就是当社会认为某主体有条件胜任某项任务时依法所赋予其的地位或资格。因此，民事能力其实是主体取得法律资格的主观条件或根据，法律资格则是法律对主体能力的确认，或者说是主体各种能力的法律表现。[②] 19世纪德国法学家曾将主体的民事能力分为权利能力、意思能力、行为能力和责任能力等，[③]但现今在民事立法层面则通常将能力归纳为权利能力和行为能力两方面。我国的立法也不例外，但遗憾的是，我国理论界对其他能力的研究则较为缺乏。事实上，对各种能力的理解，对于全面把握民事主体的地位至关重要。以下在分述自然人权利能力和行为能力的同时，将一并研讨主体的其他能力。

一、自然人的权利能力

（一）权利能力的始与终

权利能力（Rechtsfähigkeit）的使用首创于德国民法典。[④] 在法国民法典中仅规定了私权享有者的地位，[⑤]日本民法从之。但理论上法国已将权利能力用于解释人格的含义。[⑥] 对于权利能力的性质，学界有不同看法，有认为权利能力为人格权（即权利）者，有的则认为是享有权利的资格。[⑦] 但在法律上，权利能力是指一个人作为法律关系主体的能力，即作为权利享有者和法律义务承担者的能力；[⑧]也被称为人格，与具体权利有别。当今社会注重主体地位的平等，强调人的权利能力不因性别、年龄、身份、种族、国籍等不同而有差别，承认凡是人皆有权利能力。[⑨] 在民事法

① 参见中国社会科学院语言研究所词典编辑室编：《现代汉语词典》，商务印书馆1996年第3次修订版，第921页。

② 参见李锡鹤：《民法基本理论若干问题》，人民出版社2007年版，第76页。

③ 参见张俊浩主编：《民法学原理》（上册），中国政法大学出版社2000年修订第3版，第60页。

④ 参见曾世雄：《民法总则之现在与未来》，中国政法大学出版社2001年版，第76页。但学术界观点不一，有的认为是学者弗朗兹·冯·蔡勒（Franz von Zeiller，1753～1828年）所起草的《奥地利民法典》第一次使用。参见梁慧星：《民法总论》，法律出版社2001年第2版，第64页。

⑤ 《法国民法典》第8条规定，所有法国人均享有民事权利。参见《法国民法典》（上册），罗结珍译，法律出版社2005年版，第41页。

⑥ 参见曾世雄：《民法总则之现在与未来》，中国政法大学出版社2001年版，第75～76页。

⑦ 参见胡长清：《中国民法总论》，中国政法大学出版社1997年版，第57页。

⑧ 参见［德］卡尔·拉伦茨：《德国民法通论》（上册），王晓晔等译，法律出版社2003年版，第119～120页。

⑨ 法国民法规定法国人为私权享有者，外国人能否享有私权取决于《法国民法典》第11条的规定。参见曾世雄：《民法总则之现在与未来》，中国政法大学出版社2001年版，第75页。

律中,通常都规定自然人的权利能力始于出生,终于死亡。①

1. 权利能力的开始

权利能力始于出生。与天赋人权不同,权利能力事实上并非仅基于出生,而是由法律赋予。按理,"人即人的资格,无须法律确认。法律只能以确认自然人格为宗旨,以法律人格取代自然人格是原始平等到不平等的过程,是人格的第一次否定,而以自然人格否定法律人格是人格从不平等到自觉平等的过程,是人格的否定之否定。"②但就各国法律规定而言,法律人格与自然人格越来越接近,而完全回归于自然人格还有待时日,这说明目前的权利能力仍然体现为由法律赋予。自然人的权利能力虽为法律赋予,但毕竟是人的尊严表现,是人的价值和主体的基础,由此也决定了权利能力不得以自己意思而抛弃,即使法律须限制,也得以有正当理由为前提。③

然而,对于自然人的权利能力是始于出生时还是受孕时,有不同立法例。大陆法系中多数国家立法规定为权利能力始于出生,而匈牙利民法典规定为受孕时可取得权利能力。④ 理论界也颇有争论。有人认为将权利能力定为始于出生有悖自然法。依自然法,人的权利能力应始于受胎,因一个人类的新生命产生于受胎时,意味着人即将形成,如同哺乳婴儿都是发展中的人,故胎儿的权利能力并不取决于其以后是否能活着出生。的确,胎儿在人的形成中需要保护,且对其将来的权利也有保护的必要,但人们不需要在其出生之前,不管其能否活着出生就赋予其权利能力。这是因为,法律需要尽可能清楚地确定权利主体存在的时刻,而人的"人格"发展开端,即意识、自我意识、意志和理智的开端只在其出生时才能确定。相反如把受胎时作为权利能力的开始就难以精确确定和证明这一时刻。⑤ 因此,出生作为判断法律给予主体权利能力的时点,仍得到多数国家立法的认可,我国也不例外。但这并不意味否定胎儿的生命意义(法律在必要时还须保护胎儿利益),只不过应将

① 《德国民法典》第1条规定了权利能力始于出生完成,却未明确在死亡时终结,但这可从第1922条第1款推断出来。参见[德]卡尔·拉伦茨:《德国民法通论》(上册),王晓晔等译,法律出版社2003年版,第124页。

② 参见李锡鹤:《民法基本理论若干问题》,人民出版社2007年版,第40页。

③ 参见王泽鉴:《民法总则》,北京大学出版社2010年版,第84页。

④ 《匈牙利民法典》规定:"人,如活着出生,其权利能力应从受孕时算起,出生前300天算作受孕时间,但是允许证明受孕时间早于或迟于第300天,出生日包括在300天内。"参见王利明、郭明瑞、方流芳:《民法新论》,法律出版社1988年版,第148页。匈牙利民法虽将权利能力规定为受孕时起算,但以活着出生为条件,其实也是附条件地认定胎儿享有权利能力(后详述)。

⑤ 参见[德]卡尔·拉伦茨:《德国民法通论》(上册),王晓晔等译,法律出版社2003年版,第124~125页。

生物上与法律上的生命意义有所区分,以保证法律能准确告知权利能力的开始时间。

对于出生,在历史和比较法的角度看,存在初声说、断带说、部分露出说、全部露出说、独立呼吸说等各种观点,但现今民法基本认可全部露出及独立呼吸说,即出生作为法律事实中事件依然须具备法律上“出”与“生”两个要件,“出”即完全脱离母体,“生”即能独立呼吸,①符合这两个因素就能享有权利能力,具有民事主体资格。这说明判断自然人有无权利能力与其他因素无关,如不需考虑是以何种方式出生、出生后是否为户籍登记、出生时间的长短,也不需考虑是否达到了相应年龄。不过,对于结婚和劳动能力理论上有不同观点。有的认为结婚权利能力是始于法定年龄,而非始于出生,是权利能力始于出生的例外情况,属法律对自然人权利能力取得的限制,有的则认为这是对自然人行为能力的限制,结婚的权利能力依然为出生时取得。坚持结婚是权利能力而非行为能力者指出,若以有权利能力而无行为能力的观点推断,自然人在未达到法定婚龄前,可由他人代理结婚,这显然不合事理。② 结婚固然是对权利能力取得的限制,但以此理由加以否认并不具有说服力,因限制他人代理涉及民事主体身份上的行为已成为民事立法的规则,故反对者的担忧无产生的余地,即使有此事实也无法律上的效果。其实,若认为能力是民事主体能胜任某事的能力,则权利能力拥有者也应具备享有权利和承担义务的能力,至少能享有权利。但自然人自出生时无论是在生理还是心理上都缺乏结婚的能力。同理,若将劳动能力作为谋生手段而不是普通劳动行为看待,那么民事主体在其出生时也不能具备如此能力。这说明即使法律允许此类情况可为代理行为,其也无法承受代理的效果,即无法享有该权利,更不用说能承担相关义务和责任。因此,从根本上将结婚和劳动能力定位于法律对权利能力的限制,远比先认可其有权利能力再从行为能力角度加以限制的辗转做法,更为直接和具有说服力。

2. 权利能力的终止

自然人的能力在罗马法上有人格减少制度,在德国法上有丧失自由和舍身宗教制度,在英国法上有无保护制度,③在法国法上有民事死亡制度。④ 这些制度基本上已被本国民事立法所否认,也不为各国民事立法所采纳。现各国民事立法通常将死

① 参见郑玉波:《民法总则》,中国政法大学出版社 2003 年版,第 101 页。

② 参见彭万林主编:《民法学》,中国政法大学出版社 2002 年修订第 3 版,第 68 页。

③ 参见胡长清:《中国民法总论》,中国政法大学出版社 1997 年版,第 60 页。

④ 经 1854 年 5 月 31 日关于废除民事死亡的法律废除。参见《法国民法典》,马育民译,北京大学出版社 1982 年版,第 4 页。

亡作为自然人权利能力终止的原因。权利能力终止,既关乎主体地位存在与否,也涉及与他人之间法律关系效果的认定,意义重大。因此法律除强调对死亡事实的举证责任外,更重视死亡判断标准的确定以及死亡时间(尤其是同时死亡)的认定。

(1)关于死亡的判断标准

对于死亡的判断标准理论上有心脏停止说、呼吸停止说,心肺停止说、脑死亡说等各种观点,而在法律上则普遍采纳的是心肺停止说,即心脏和呼吸停止为死亡。现今理论上有争论的是,脑死亡是否可作为死亡的判断标准,因脑死亡与心死亡之间毕竟存在时间上的差异。支持脑死亡为判断标准的主要理由是,其既有利于社会资源尤其是医疗资源的合理分配,又可有效缓解器官移植供体不足而谋利于社会,①同时还能使患者死得有尊严。反对者的主要理由是,科学技术的发展还不具有强识别能力,尤其是对神经系统的研究;更重要的是应给予患者更多生的期望,否则伦理上难以接受。② 的确,现代医学技术的发展,不仅能使一些脑组织处于不可逆转坏死者继续保持呼吸、心跳乃至妊娠,而且也能为心脏病患者进行心脏移植手术。一方面将脑死亡者定为死亡有伦理上的争议,③另一方面单纯以心死亡为死亡标准也有法律上困境,④法律面对如此难题该何去何从,确应慎重选择。相对而言,从避免资源浪费和人类尊重生命意义等观念来说,突破脑死亡的法律禁区应是明智之举,但脑死亡判断标准的制定,不仅应借鉴国际卫生组织和他国的经验,更重要的是与我国国情相适合。⑤ 同时应明确的是,采脑死亡说不是对心肺停止说的否定,脑死亡仅是死亡事实判断的一种标准,其如与当事人生前"预嘱"相结合,则可能更易被我国大众所接受。

(2)关于同时死亡的认定

对于多人死于同一事件而不能确定各自死亡时间先后的,我国继承法有关司

---

① 脑死亡时为器官移植的效果接近于活体移植。但现实中不少愿在其遭遇不幸时捐赠自己器官者,在脑死亡时器官移植却不能进行,原因是即缺乏脑死亡判断标准而只能等到心肺停止后才被认定死亡。

② 参见钮怿:《脑死亡:伦理与科学的争辩》,载《文汇报》2002 年 10 月 30 日。

③ 武汉同济医院按世界权威机构对脑死亡的定义以及我国卫生部脑死亡起草小组的最新标准,在征得病人家属同意后所做的我国首例脑死亡认定,使死者家属承受巨大压力。参见方琳等:《首例脑死亡遭遇非议》,载《北京青年报》2003 年 4 月 14 日。

④ 接受心脏移植手术之人,其本人之心脏已死,现在的心脏本属于他人,如坚持心脏死为死亡判断标准,必然限于困境;若改为以脑死作为死亡判断标准,问题即可迎刃而解。参见梁慧星:《民法总论》,法律出版社 2001 年第 2 版,第 99 ~ 100 页。

⑤ 我国卫生部所拟的判断标准:(1)先决条件,排除各种可逆性昏迷原因。(2)临床诊断,深昏迷、脑干反射全消失、无自主呼吸,以上须全部具备。(3)确认试验:脑电图平直,经颅脑多普勒超声呈脑死亡图形。体感诱发电位 P14 以上波形消失,此三项中必须有一项阳性。(4)观察时间,首次确诊 12 小时无变化。参见钮怿:《脑死亡:伦理与科学的争辩》,载《文汇报》2002 年 10 月 30 日。

法解释确定了推定规则,该规则也为《民法典》继承编所吸收。① 但问题是,若涉及的不是继承而是其他法律关系时,该推定规则是否有适用余地?譬如,被保险人与受益人于同一事件中遇难,却无法确定谁先死时应如何处理?显然,在法律的适用规则无法找到相关依据。因继承法与保险法不是普通法与特别法的关系,在保险法未作具体规定时,②不能适用继承法的推定规则。何况,同时死亡的认定仍与主体地位相关。因此,将推定规则纳入权利能力规定范畴,不仅使之更符合体系化的要求,而且也可解决法律的适用问题,因关于权利能力的规定通常均规定在民法典的总则编,其具有普通法的地位,在特别法未规定时可适用普通法。③

与同时死亡推定规则相关问题有三:

第一,法律应如何推定?就大陆法系主要代表国的相关立法可见,推定规则适用的主要目的在于,尽量使家庭财产不外流,即家庭财产有人继承,不成为无主财产。具体模式曾经有二:一是法国式,其考虑因素众多:先根据各种具体情况判断死亡时间的先后,如不能分出先后则区分年龄;如年龄相同或相近的再考虑性别。④二是以德国、瑞士等为代表,不考虑各种具体因素,只要无法确定死亡先后时间即

---

① 参见最高人民法院《关于贯彻执行〈中华人民共和国继承法〉若干问题的意见》第 2 条规定:“相互有继承关系的几个人在同一事件中死亡,如不能确定死亡先后时间的,推定没有继承人的人先死亡。死亡人各自都有继承人的,如几个死亡人辈份不同,推定长辈先死亡;几个死亡人辈份相同,推定同时死亡,彼此不发生继承,由他们各自的继承人分别继承。”《民法典》第 1121 条第 2 款有相似规定。

② 我国 2002 年《保险法》第 64 条规定:“被保险人死亡后,遇有下列情形之一的,保险金作为被保险人的遗产,由保险人向被保险人的继承人履行给付保险金的义务:(一)没有指定受益人的;(二)受益人先于被保险人死亡,没有其他受益人的;(三)受益人依法丧失受益权或者放弃受益权,没有其他受益人的。”该规定中无推定规则的内容体现。2009 年 10 月 1 日施行的《保险法》第 42 条规定:“被保险人死亡后,有下列情形之一的,保险金作为被保险人的遗产,由保险人依照《中华人民共和国继承法》的规定履行给付保险金的义务:(一)没有指定受益人,或者受益人指定不明无法确定的;(二)受益人先于被保险人死亡,没有其他受益人的;(三)受益人依法丧失受益权或者放弃受益权,没有其他受益人的。受益人与被保险人在同一事件中死亡,且不能确定死亡先后顺序的,推定受益人死亡在先。”

③ 我国《保险法》明文规定被保险人和受益人在同一事件中死亡不能确定死亡先后时,推定受益人先死,但对该规定仍值得进一步讨论。因人身保险合同中投保人与被保险人通常是一人,其在与保险人订约时所反映的意志是想将保险理赔金给受益人,故法律推定受益人后死与投保人意思相符,如此可体现意思自治的原则。

④ 原《法国民法典》第 720 ~ 722 条。第 720 条规定,如相互有继承权的数人在同一事件中死亡,无从了解何人死亡在先时,对死亡在后的推定依具体事实情况确定;无此种事实情形后嗣,依年龄和性别确定之。第 721 条规定,在同一事件中死亡的人数均不满 15 岁时,推定其中年龄最大的为后死者;同一事件中死亡的数人年龄均在 60 岁以上时,推定其中年龄最小的为后死者;同一事件中死亡的数人有的年龄不满 15 岁,有的年龄在 60 岁以上时,推定年幼者为后死者。第 722 条规定,同一事件中死亡的数人年龄在 15 岁以上,60 岁以下而且年龄相同,或者年龄相差不到 1 岁时,推定男性为后死者。同一事件中死去的熟人性别相同时,应当采用能够使继承按照自然顺序开始的推定,以此确定后死亡者;依此而定,推定年轻者后死于年长者。参见《法国民法典》(上册),罗结珍译,法律出版社 2005 年版,第 577 页。

推定为同时死亡。[1] 前者尽管较为烦琐,但该立法思想源于罗马法,即抵抗力强者后死,弱者先死,[2]其内容逻辑清晰,强调适者生存,尊重并较符合自然规律。后者则化繁为简,注重操作的便利性。可谓均有其存在的合理性。反观我国目前的推定规则,既无基本逻辑可寻,又过于烦琐,有修正必要。从总体考量,我国拟采德国式为妥,理由是:根据具体情况判断实质上属事实认定问题,需依相关证据而定,这更多与程序法相关;另以性别为判断依据有违背当事人地位平等之嫌。事实上法国在2001年修改相关条文时也将先前规定删除,而以接近德国和瑞士的做法取而代之。[3] 何况,推定为同时死亡也基本能解决家族财产不外流的问题。[4]

第二,同时死亡的推定应与宣告死亡的效果协调。与自然死亡不同,宣告死亡是法律为稳定法律关系而作出的推定。虽然宣告死亡具有发生财产继承和婚姻关系解除等效果,但应不涉及权利能力终止。然而,因宣告死亡制度须在符合法定要件并经法院宣告才能产生相应法律后果,尤其是在我国司法实践中曾将法院判决宣告之日定为被宣告死亡的人死亡日期,[5]故会产生与同时死亡推定规则的不协调。譬如,夫妻同乘巴士外出时发生车祸,车辆翻落至山下河边。现场仅见夫尸体,未见妻尸体。此时对丈夫即可认定为死亡,而对妻子则须采用宣告死亡,由此将导致两人虽同时遇难却无法适用同时死亡的推定规则,因妻子按宣告死亡加以推定必然得出晚于丈夫死亡的结论,这又势必对夫妻遗产继承产生重大影响,出现对夫妻遗产处理符合法律却悖于情理的结果。既然确定死亡时间是宣告死亡推定的重要内容,那么无疑应由法院经公告程序判决来确定。但它应是依调查结果被认为失踪人最可能死亡的时间,如在意外事故中失踪的,则意外事故发生日就是失踪人最有可能死亡的日期,[6]如同时又无法证明数人死亡时间先后,则应一并采用

---

① 原《德国民法典》第20条规定(后由《德国失踪法》第11条取代),《瑞士民法典》第32条第2款。参见史尚宽:《民法总论》,中国政法大学出版社2000年版,第91页。

② 罗马法及德国普通法,均认父或祖父,与子或孙同时遇难者,未成年人的子或孙,先于父或祖父而死亡,成年的子或孙,后于父或祖父而死亡。参见梅仲协:《民法要义》,中国政法大学出版社1998年版,第54页。

③ 《法国民法典》第725-1条规定,相互有继承权的两人在同一事件中死亡,死亡之先后得以任何方式证明之;如死亡之先后无从确定,其中每一个人的遗产均予转归,而不由其中另一个人继承。参见《法国民法典》(上册),罗结珍译,法律出版社2005年版,第567页。

④ 若确实存在家族财产外流的可能,可用但书规定加以解决,即在以推定同时死亡的原则下,就例外情况规定无继承人先死亡。

⑤ 参见最高人民法院《关于贯彻执行〈中华人民共和国民法通则〉若干问题的意见(试行)》第36条。

⑥ 推定本身有两层意思,即在推定宣告死亡者于某特定时间死亡的同时,也推定该失踪者在此时间前还活着。如有人认为其已死亡的,应就此举证。

同时死亡推定规则,推定其同时死亡。唯有如此,方能合理协调宣告死亡制度和同时死亡推定规则的运用,使法律规定与情理相符。①

第三,不同事件中是否可适用同时死亡推定?如夫妻均出差坐不同班机,但却同时遇难且无法确定时间先后。事实上死亡推定规则主要解决死亡事实的确认问题,既然在不同事件中也会发生同时死亡的推定,就不应仅以同一事件为要件。这在德国失踪法中已有体现,其改变了原德国民法典强调“在同一事件遇难”的规定,而只关注能否证实某人在多数人死亡时可幸存,如不能证明即推定为同时死亡。②

另在理解自然人权利能力开始与终止时,还存在两方面法律难点,即胎儿的法律地位及其保护范围和死者的利益保护。对此有进一步讨论必要。

(二)胎儿的法律地位及其保护范围

胎儿孕育于母体之中,是母体的一部分,不能独立生存。依权利能力始于出生的判断标准,胎儿应无权利能力。但胎儿毕竟迟早要出生,直接保护胎儿利益,就是间接保护将来出生的人类。③ 但是,在保护胎儿利益时,是否应有限制地给予胎儿法律地位,或者是有例外地加以认可?这在各国立法例中有不同态度,在理论和实务上争论也十分激烈,且常常涉及医学、科学、伦理学方面。④ 尤其是在我国的司法实践中更为突出。⑤ 究其原因,不仅是我国有关胎儿保护的法律少之又少,⑥而且我国民法学界也缺乏对胎儿法律地位及其保护范围的研究。这既给法院审理案件形成障碍,又导致胎儿权益得不到有力的保护。例如,甲妇怀孕七月。某日,其夫乙开车送甲去医院作定期检查。途中,因丙驾车违规变道致两车相撞。乙不治身亡,甲受伤,医生检查确定胎儿脑部受损须经特别治疗。甲之父(外祖父)知道后,

---

① 我国《民法典》第48条规定:“被宣告死亡的人,人民法院宣告死亡的判决作出之日视为其死亡的日期;因意外事件下落不明宣告死亡的,意外事件发生之日视为其死亡的日期。”立法者以如此方式解决原《民法通则》规定的不足。

② 参见[德]卡尔·拉伦茨:《德国民法通论》(上册),王晓晔等译,法律出版社2003年版,第131~132页。

③ 参见胡长清:《中国民法总论》,中国政法大学出版社1997年版,第60页。

④ 参见黄立:《民法总则》,中国政法大学出版社2002年版,第76页。

⑤ 目前胎儿受侵害事件屡有发生。例如,2001年7月新浪网上报道,某市一怀孕六个月的女子被摩托车撞到腹部致胎儿早产,健康状况极差,免疫功能低下。1992年,四川省新津县人民法院曾审理一案,胎儿父亲被汽车撞死,胎儿出生后要求被告承担抚养费。对此,司法界有两种截然不同的意见:一是严格依法律条文判案,胎儿不具有权利能力,不能享有权利,不是适格原告,只能通过保护其母亲而间接保护胎儿;二是为保护胎儿利益,应承认胎儿的主体地位,是适格的诉讼主体。参见傅鼎生:《胎儿利益——法律的先期保护》,载《法治时代》2002年第11期;刘传山:《论胎儿的损害赔偿请求权》,载https://wenku.baidu.com/view/9c0097a9f78a6529657d539b.html,2017年12月23日最后访问。

⑥ 我国涉及胎儿利益保护的规定原来只有一条,即原《继承法》第28条。

基于同情，表示愿将其租房所获租金赠与该胎儿直到其成年。另乙有遗产百万元。其中，在继承、损害赔偿、接受赠与等不同方面都涉及胎儿的利益。对此，立法是否应赋予胎儿主体地位，以及以何方式在什么领域确定并保护胎儿利益等，确有深入分析的必要。

1. 关于胎儿法律地位

在大陆法系国家的民事立法中，对胎儿的地位主要有三种立法主义：

一是总括保护主义，也称一般主义。认为胎儿虽未出生，但为保护其利益可将胎儿视为已出生，并与已出生婴儿一样赋予其民事权利能力。如此立法源自罗马法所确立的一项原则。罗马法时期著名法学家保罗就指出："当涉及胎儿利益时，母体中的胎儿像活人一样被对待，尽管在他出生以前这对他毫无裨益。"①近代以来，大陆法系中部分国家和地区继承了罗马法的传统，在对胎儿的利益进行保护时，采取总括主义保护模式。其中具有代表性的有瑞士、土耳其、泰国等，②如《瑞士民法典》第 31 条规定："（一）权利能力自出生开始，死亡终止；（二）胎儿，只要其出生时尚生存，出生前即具有权利能力的条件。"③

二是个别保护主义，也称列举主义。原则上不承认胎儿具有权利能力，仅在继承、损害赔偿、遗赠等法律关系中涉及胎儿利益时，才赋予胎儿权利能力为个别保护。采用此种立法例的有德国、法国、日本、意大利等国家。但在哪些方面可例外给予胎儿权利能力，对胎儿权益加以保护，各国规定不尽相同。例如，《德国民法典》第 844 条第 2 款规定："在侵害发生时，死者与第三人处于其据以对该第三人依照法律规定负有扶养义务或可负有扶养义务的关系中，且因死者被杀害，第三人被剥夺扶养请求权的，赔偿义务人即必须在死者推测的生存期间会负有扶养义务的限度内，通过支付定期金向该第三人给以损害赔偿；准用第 843 条第 2 款至第 4 款的规定。即使在侵害发生时第三人已被孕育成胎儿但尚未出生，赔偿义务也发

① ［意］彼德罗·彭梵得：《罗马法教科书》，黄风译，中国政法大学出版社 1992 年版，第 30～31 页。从罗马法的各处思想中，很早就形成了一项规则，即只要对胎儿有利，就应当将胎儿视作已经出生。参见［德］迪特尔·梅迪库斯：《德国民法总论》，邵建东译，法律出版社 2000 年版，第 784 页。

② 参见胡长清：《中国民法总论》，中国政法大学出版社 1997 年版，第 61 页。

③ 《瑞士民法典》，殷生根译，艾棠校，法律出版社 1987 年版，第 8 页。此外，原《捷克斯洛伐克民法典》第 7 条规定："胎儿如果活着出生，也具有权利能力。"《匈牙利民法典》规定："人，如活着出生，其权利能力应从受孕时算起，出生前 300 天算作受孕时间，但是允许证明受孕时间早于或迟于第 300 天，出生日包括在 300 天内。"参见王利明、郭明瑞、方流芳：《民法新论》，法律出版社 1988 年版，第 148 页。我国台湾地区"民法"第 7 条规定："胎儿以将来非死产者为限，关于其个人利益之保护，视为既已出生。"参见五南法学研究中心编辑，杨淑文、张丽卿、洪家殷、谢易宏监修：《最新简明六法》，台北，五南图书出版股份有限公司 2010 年版，二－第 4 页。

生。”同法第1923条第2项规定：“在继承开始时尚未出世但已被孕育成胎儿的人，视为在继承开始前已经出生。”①可见，德国法律规定仅在继承权和因抚养人死亡而产生的损害赔偿请求权两方面赋予胎儿权利能力。又如，《法国民法典》第725条规定：“只有在继承开始时生存的人始能继承。依此规定，下列情形无能力继承：1. 尚未受胎者；2. 出生时未存活的婴儿。”第906条规定：“仅需在生前赠与之时已经受孕的胎儿，即有能力接受对其生前赠与。在遗嘱人死亡时已经受孕的胎儿，有按照遗嘱接受遗产的能力。但是，仅在婴儿出生时是生存者，赠与或遗嘱始产生效力。”②这意味着法国在赠与和继承等方面认可胎儿的权利能力。再如，《日本民法典》，在第886条与第965条承认对胎儿继承权和受遗赠权保护的同时，还明确规定在侵权领域也保护胎儿，如该法典在第721条规定：“胎儿在损害赔偿请求权上视为已经出生。”③这在胎儿利益保护上独具匠心。此外，《意大利民法典》也在认领、接受赠与、遗产和遗赠等方面规定保护胎儿的合法权益。④

三是绝对主义。即严格贯彻出生是民事权利能力开始的原则，不承认胎儿有任何民事权利能力。《苏俄民法典》属于这种立法主义。我国民事立法原也是采如此模式，不承认胎儿主体地位，仅对胎儿出生后的未来利益设有特殊规定，即在继承法中强调，遗产分割时应当保留胎儿的继承份额。⑤

在对胎儿保护三种立法例中，总括主义体现了凡涉及胎儿利益均给予其权利能力的理念，列举主义反映了法律列举范围给予胎儿权利能力并加以保护的思路，而绝对主义则强调了不承认胎儿有权利能力而仅保护其未来利益的做法。这说明总括主义和列举主义均承认胎儿可取得权利能力，可称为胎儿主体地位肯定说。二者略有不同的是，总括主义只要涉及胎儿利益即可赋予其主体地位，而列举主义

① 《德国民法典》，陈卫佐译注，法律出版社2004年版，第269～270、503页。

② 《法国民法典》，罗结珍译，法律出版社2005年版，第579、697页。

③ 渠涛编译：《最新日本民法》，法律出版社2006年版，第192页（第886条）、第209页（第965条）和第176页（第721条）。

④ 认领（第254条）、代理和管理（第320条）、被动遗嘱能力（第462条）、由于意外出现的子女而作出的撤销决定（第687条）、对未出世的受赠人的赠与（第784条）。参见《意大利民法典》，费安玲、丁玫译，中国政法大学出版社1997年版，第64、93、132、194、219页。

⑤ 我国原《继承法》第28条规定：“遗产分割时，应当保留胎儿的继承份额。胎儿出生时是死体的，保留的份额按照法定继承办理。”（《民法典》第1155条有相同规定。）《苏俄民法典》第530条规定，继承人可以是：在依法继承的情况下——被继承人死亡时健在的公民，以及被继承人死亡后出生的子女；在依遗嘱继承的情况下，被继承人死亡时健在的公民，以及被继承人生前怀孕在其死后出生的公民。参见中国社会科学院法学研究所民法研究室编：《苏俄民法典》，中国社会科学出版社1980年版，第171～172页。

仅在法律认定胎儿利益保护范围内赋予其主体地位。反观绝对主义不给予胎儿权利能力,可称为胎儿主体地位否定说。在我国原否定胎儿主体地位,显然是严格遵循我国原《民法通则》第 9 条规定"公民从出生时起到死亡时止,具有民事权利能力,依法享有民事权利,承担民事义务"的结果。因一旦承认胎儿主体地位,就意味着其既可行使权利又须承担义务,但胎儿是绝对不可能承担义务的。故给予胎儿主体地位不仅有悖立法逻辑,而且也违背社会公平理念,不利于对胎儿的保护。[①]但将否定说与肯定说相比较可见,否定说显然过多关注了立法的逻辑,而未全面顾及胎儿利益的保护,其实无论总括主义还是个别主义给予胎儿主体地位都以涉及胎儿利益为前提,而不是在任何情况下给予无原则的认可,这表明当涉及胎儿利益时仍不给予主体地位,反而既不能真正保护胎儿权益,也有悖情理。毕竟胎儿通常最终将成为人,若不对胎儿利益加以相应保护,则必然会影响其将来的成长和发展。因此,我国在原《民法总则》立法时修改原有规定可谓顺应了立法发展趋势。但修改方向是定位于总括主义还是个别主义,这也是学界和立法者关注的重点。学者认为就三种立法主义对胎儿利益保护而言,总括主义最有力,个别主义次之,绝对主义最次;德、日等国学者也觉个别主义对胎儿利益保护不力,故建议我国也应采总括主义,以强化对胎儿利益的保护,顺乎人情及民法进步的潮流。[②] 但总括主义显然失之太宽,易生流弊,尤其是在我国目前法官素质参差不齐的情况下,为维护司法的公正性和法律的权威性,确实应谨慎从事,过于前瞻性的规定未必能达到预期效果。何况至今为止尚未发现胎儿有更多的权益须保护,即使有需要保护仍可依判例等间接渊源来弥补。缘此,我国民法似采个别主义为妥。就 2017 年颁布的《民法总则》及现《民法典》规定内容而言,其最终采取的也是个别主义立法。其第 16 条规定:"涉及遗产继承、接受赠与等胎儿利益保护的,胎儿视为具有民事权利能力。但是胎儿娩出时为死体的,其民事权利能力自始不存在。"[③]

然而,各国和相关地区民法在涉及胎儿利益时给予其主体地位,使之具有权利能力的理论根据究竟何在?民法理论界也是众说纷纭,但主要观点大致可分为拟制说和条件说两大类:前者为法国和日本学者所主张,认为胎儿的权利能力乃法律所拟制,于出生前就存在。后者多为德国和我国台湾地区学者所主张,认为胎儿的

---

① 参见王利明、郭明瑞、方流芳:《民法新论》,法律出版社 1988 年版,第 151 页。

② 参见梁慧星:《民法总论》,法律出版社 2001 年第 2 版,第 98 页。

③ 也有学者认为,我国民法规定是采概括主义立法模式。参见李宇:《民法总则要义》,法律出版社 2017 年版,第 87 页。

权利能力乃以出生为条件。日本学者亦兼采此说。① 条件说又可分为两种情形:一是胎儿在出生前已取得权利能力,唯将来如系死产则溯及地丧失其权利能力,即胎儿的权利能力附法定解除条件(当然享有附解除条件);二是出生前胎儿未取得权利能力,若出生时是活体则溯及至出生前取得权利能力,即胎儿的权利能力附法定停止条件(溯及享有附停止条件)。②

比较分析拟制说和条件说可见,拟制说之利在于,符合自然法则,使权利能力始于胚胎的形成,同时保证了法律逻辑完整,使之不需要设定例外就能及时将利益归属于胎儿。但其弊在于,欠缺拟制的法律依据,亦即在法律未改变权利能力始于出生的情况下,直接认定胎儿取得权利能力无实体法依据,而要突破此项规定本身又相当困难(如前所述,权利能力规定为始于受胎时,其开始时间将难以精确)。何况,在未区分胎儿出生是死产还是活产等情况由法律直接拟制,也有考虑不周之嫌。反观条件说,既能适度维持现有权利能力始于出生规定,原则上坚持胎儿无权利能力的民法根基,又能针对胎儿是否死产、是否涉及胎儿利益等不同情况而确定是否应予保护,无疑更为科学和更具有操作性。

至于两种条件说也是利弊并存,这决定了采何种条件说乃是政策考量和利益衡量的结果,应不属对与错的判断问题。就当然享有附解除条件说而言,胎儿在出生前已取得权利能力,当其权益受到侵害时:其法定代理人即可为其主张个人利益,这无疑对胎儿保护更为直接有力,但其有可能导致循环诉讼,如当胎儿不是活着出生时,胎儿的父母以胎儿名义所领受的损害赔偿,就应依不当得利规定加以返还。③ 而溯及享有附停止条件说基于胎儿活着出生才可溯及至胎儿时有权利能力,当然不存在不当得利返还的问题,但却有对胎儿保护不利之嫌,因在出生前胎儿无权利能力就不能主张个人权益。因此,我国台湾地区学者基于对胎儿权益保护周全的考虑以解除条件说为通说,而日本学者以停止条件说为通说,④有些德国学者也赞同此说,如迪特尔·梅迪库斯先生认为,在胎儿依《德国民法典》第1923条第2款规定享有未来(更确切地说:附出生并且成活之延缓条件的)权利的情况下,通常由胎儿的父母行使这些权利。⑤

那么,我国立法是采解除条件说还是停止条件说?就《民法典》第16条规定内

---

① 参见胡长清:《中国民法总论》,中国政法大学出版社1997年版,第61页。

② 参见王泽鉴:《民法总则》,北京大学出版社2009年版,第87页。

③ 参见王泽鉴:《对未出生者之保护》,载王泽鉴:《民法学说与判例研究》(第4册),台北,三民书局1994年版,第257~258页。

④ 参见史尚宽:《民法总论》,中国政法大学出版社2000年版,第89页;王泽鉴:《民法总则》,北京大学出版社2009年版,第88页。

⑤ 参见[德]迪特尔·梅迪库斯:《德国民法总论》,邵建东译,法律出版社2000年版,第785页。

容而言,其采纳的是解除条件说,但结合我国具体立法和相关国策似乎采停止条件说更符合我国国情。具体理由有三。首先,尽管两种条件说都是对权利能力始于出生的例外规定,但相对而言,停止条件说毕竟是未先承认胎儿已取得权利能力,而是将胎儿作为"权利主体地位待定者",如此更利于维护我国民法概念的严谨性和体系的完整性,且也对其他法律规定影响较小,如认为胎儿有权利能力则有保护其生命权必要,自然流产或人为流产也将引起侵害生命权的法律运用,①这将牵一发而动全身,使法律之间难以协调。何况,实行计划生育是我国的基本国策,如认为胎儿已取得权利能力,可能发生与国家政策相冲突的问题。② 其次,就我国目前诉讼资源来说仍相对有限,如按解除条件说将有可能引发不必要诉讼而增加法院的负担。虽然在胎儿未出生时会涉及胎儿利益,但对胎儿须立即保护的情况,其实主要在于胎儿损害赔偿救济方面,其他如继承、接受赠与等方面待胎儿出生后再保护并无实质影响。有必要对胎儿将来权利为保护时可设管理人,即使在继承开始时,母亲不能自行维持生计,也可通过赋予母亲从胎儿应继份额中享有抚养费请求权来加以解决。③ 至于胎儿受侵害时的赔偿请求权,因其通常都涉及母体被侵害,其与胎儿利益受损并非竞合,故受害人在行使请求权时也可兼顾胎儿利益的保护。何况,我国《民法典》也并未直接将胎儿损害赔偿请求权纳入保护范围,而对此是否应纳入保护范围,是胎儿利益保护范围中需进一步讨论的问题。

2. 胎儿利益保护范围的界定

如前所述,无论采用何种立法模式,都涉及对胎儿保护利益的选择和确定。就有关国家或地区现有对胎儿利益保护范围而言,主要涉及继承、赠与、侵权领域以及因抚养人死亡而发生的损害赔偿请求权四个方面,而我国《民法典》规定列举的内容涉及两项,但在列举后规定"等"字,对此是作"等外"还是"等内"解释,关乎个别主义保护范围的理解,以下作具体分析之。

---

① 这正是某些国家禁止堕胎的立法依据所在。甚至如他人非法行为侵害母体而致胎死腹中的还可能构成杀人罪。

② 参见冯恺:《胎儿的损害赔偿请求权探究(一)》,载中国民商法律网:http://old.civillaw.com.cn/article/default.asp? id = 13225,2017 年 7 月 15 日最后访问。即使现在允许生二胎,也涉及法律之间的互相协调配套的问题。

③ 《德国民法典》第 1912 条第 1 款规定:胎儿将来的权利需要照料的,可以为其将来的权利而获得保佐人。第 1963 条规定:在继承开始时,可期待一个继承人出生的,在母不能自行维持生计的情况下,母可以从遗产中,或者,其他人也有资格做继承人的,从该子女的继承份额中请求适当的抚养费,直到分娩时为止。计算继承份时,必须认为只有一个子女出生。参见《德国民法典》,陈卫佐译注,法律出版社 2004 年版,第 498、510 页。

(1)关于胎儿继承利益

在胎儿继承利益的保护方面,因可有效平衡家庭职能与社会职能,使胎儿出生后不致失去物质上支撑,将原本属于家庭抚养范畴之事推向社会而增加社会的负担,故各国立法均无争议;即使否定胎儿主体地位者,也将之作为胎儿未来利益纳入保护范围,仅在提法和保护手段上与肯定说有所不同而已。按我国原《继承法》第28条规定,被继承人死亡时胎儿未出生的,在遗产分割时应保留胎儿继承份额。若胎儿出生是死体,该保留份额按照法定继承办理。即由原来的法定继承人继承,而不是由胎儿先继承,并在其为死体时由胎儿的法定继承人继承,由此反映了我国原规定未赋予胎儿权利能力。但按照解除条件说,胎儿应作为主体继承遗产,因其未活着出生而溯及地丧失权利能力,该继承的遗产应作为不当得利返还,然后由其他继承人继承,而依停止条件说,在继承开始时若胎儿未出生,也应先为其保留份额,待其出生为活体时溯及至胎儿时即可直接享有该继承份额,若其未活着出生则由其他继承人按法定继承办理。故而,在我国《民法典》明确胎儿继承利益应保护后,继承法的相关规定应与之配套,不能因理解不一而致法律规定适用不统一。

(2)关于杀害抚养义务人的损害赔偿请求权

尽管现只有《德国民法典》第844条有规定,原来《苏俄民法典》第460条第3款也有类似规定,赋予间接受害人包括在死者死后出生的子女有损害赔偿请求权;①但不可否认的是,只要胎儿的法定抚养人在胎儿出生时不死,基于他们之间血缘关系而形成的抚养与被抚养关系就不可改变。在胎儿出生后将他(她)抚养成人,既是抚养人的愿望,也是抚养人的法定义务。当抚养人被杀害,被抚养人要求赔偿相关必要抚养费用应无任何法律障碍,现将时间前移至胎儿阶段也符合人之常理。因无论胎儿出生后是丧父还是丧母(如母亲在生产时因医疗事故而死亡但胎儿却活着出生),其结果也都必然会使胎儿出生后欠缺精神和物质方面的照顾,故在此种情形下保护胎儿利益,使之能依法向加害人请求赔偿直接和间接损失,应值得赞同,这也体现了德国立法的严谨与周密。至于此种情形是侵害胎儿何种法益,赔偿范围是否应涉及精神抚慰金则有不同看法,侵权致人死亡使死者近亲属受到损害,由此造成物质和精神损失须给予赔偿应无疑问。② 问

---

① 参见中国社会科学院法学研究所民法研究室编:《苏俄民法典》,中国社会科学出版社1980年版,第144页。

② 因失去亲人会使人的精神、情感受到创伤而产生心灵痛苦,且与侵权行为间具有法律上的因果关系是不言而喻的。我国最高人民法院《关于确定民事侵权精神损害赔偿责任若干问题的解释》第7条规定:自然人因侵权行为致死,死者的配偶、父母和子女向人民法院起诉请求赔偿精神损害的,列其配偶、父母和子女为原告;没有配偶、父母和子女的,可以由其他近亲属提起诉讼,列其他近亲属为原告。

题是,胎儿作为间接受害人能否有精神损害赔偿请求权?对此,学界有不同观点。有的认为除抚养费请求权外,应包括抚慰金请求权,不得以子女为胎儿或年幼无知为不赔偿或减低赔偿的依据。① 有的认为应对胎儿的精神损害赔偿请求权加以限制,因精神损害表现为受害人失去亲人后的心灵痛苦,而胎儿欠缺感知能力而无痛苦感受,故不能请求精神损害赔偿。那么能否待其长大成人有痛苦时再为请求赔偿?又有受诉讼时效限制和成人后精神损害发生概率、程度难定的问题。② 德国有学者认为第 844 条第 2 款的适用不涉及健康损害,故应无精神抚慰金适用的余地。③ 其实,抚养义务人被杀害时胎儿虽未出生,但当其出生后其缺乏生父或生母的状况不会改变,且此种状态延续不会因时间的推移而使人们产生合理信赖,认为心灵损害不构成,如此就无时效限制的必要。至于此类情形下是否必然发生精神痛苦以及如何衡量的问题,只要根据社会的一般理念即可作出判断,因法律规定是以关注人类常态为标准,只须依社会一般理念为尺度,何况精神损害本身就无法像财产损害那样可以金钱来衡量,且我国目前司法实践中的主流观点也不将主体的年龄等作为精神损害有无或多少的考量因素。④ 真正能影响精神抚慰金赔偿的原因在于,对于法益保护的射程远近判断,如有的国家如德国、瑞士等规定人格权的保护只能在法律明定的情况下要求赔偿精神损失,⑤以此推论侵害法益应不包括精神抚慰金赔偿。但我国目前无此规定,故完全可根据个案判断决定是否要赔以及赔多少,何况德国对此规定也有不同意见,也正在寻求相关突破。2002 年修正损害赔偿法条文一方面增订第 253 条第 2 项规定,明确身体、健康、自由或性行为自主遭受侵害得请求相当金钱赔偿;另一方面固守实务所创原则,对一般人格权受侵害时,以基本法为依据,并限于侵害重大又无其他适当救济方法的情形,给予金钱赔偿请求权。⑥

---

① 参见王泽鉴:《民法总则》,北京大学出版社 2009 年版,第 87 页。详见王泽鉴:《侵害生命权之损害赔偿》,载王泽鉴:《民法学说与判例研究》(第 4 册),台北,三民书局 1994 年版,第 290 页。

② 参见邓瑞平:《人身伤亡精神损害赔偿研究》,载《现代法学》1999 年第 3 期。

③ 对第 844 条第 2 款第 2 句不能够作反推解释。该句规定只涉及因丧失抚养债务人而产生的财产损失,而不涉及第 823 条规定的对健康的损害。参见[德]迪特尔·梅迪库斯:《德国民法总论》,邵建东译,法律出版社 2000 年版,第 786 ~ 787 页。未对他人健康有损害的,当无精神抚慰的必要。

④ 参见我国最高人民法院《关于确定民事侵权精神损害赔偿责任若干问题的解释》第 10 条规定。

⑤ 《德国民法典》第 253 条第 1 项规定,只有在法律所规定的情形下,才能因非财产损害而请求金钱赔偿。参见《德国民法典》,陈卫佐译注,法律出版社 2004 年版,第 76 页。《瑞士民法典》第 28 条第 2 项规定,诉请损害赔偿或给付一定数额的抚慰金,只有在本法明确规定的情况下,始得允许。参见《瑞士民法典》,殷生根译,艾棠校,法律出版社 1987 年版,第 7 页。

⑥ 参见王泽鉴:《人格权法:法释义学、比较法、案例研究》,北京大学出版社 2013 年版,第 280 页。

(3)关于胎儿损害赔偿请求权

大陆法系国家中若采总括主义立法理念,通常都给予胎儿损害赔偿请求权,但在采个别主义的立法中明文列举的,唯有《日本民法典》第721条,且该条规定别具一格。其特殊性在于,只要损害赔偿请求权发生,胎儿即可视为已出生。① 这表明即使胎儿以后不会活着出生仍应给予损害赔偿请求权。故按停止条件说解释,能给予胎儿地位的条件并不仅限于活着出生,还应包括以损害赔偿请求权发生为条件。② 此外,在英美法系中也从早期的不保护而转为对胎儿损害赔偿请求权的支持。在美国19世纪后叶发生了不少出生前侵害(prenatal injuries)的案例。早期不少州法院认为胎儿为母体一部分,不属法律上之"人",加害人对胎儿无注意义务,且加害人的过失与损害之间是否有因果关系实难断定,不免有发生虚伪诉讼之虞。故在处理胎儿索赔案时多采否定性判决。但1946年哥伦比亚特区法院在Bonbrest v. Kotz一案中,肯定了加害人就胎儿期间的侵害应负损害赔偿责任。后绝大多数州也陆续废弃先例,认为胎儿出生为活体的,就其出生前所受侵害而生的后果,可请求损害赔偿,③形成了"每个人都被保护,不受侵权行为之害,包括胎儿在内"的判例法规定。④ 另从20世纪70年代左右,美国普通法区分"不当出生"与"不当生命",仅赋予不当出生者有损害赔偿请求权,而对不当生命者则未给予损害赔偿请求权,且随着2000年几个禁止性的议案提出和通过,美国以成文法形式否定了判例法中的该类诉讼。⑤ 同样,20世纪70年代初,英国对于胎儿利益的保护开始重视,并于1976年经英国议会通过施行《生而残障民事责任法》,该法系目前世界各国关

---

① 参见渠涛编译:《最新日本民法》,法律出版社2006年版,第153页。

② 参见史尚宽:《民法总则》,中国政法大学出版社2001年版,第89页。

③ Dieterrich v. Northampton, 138 Mass. 14 - 52 Am Rep. 242 (Supre me Judicial Court of Massachusetts 1884). 本案中,某怀孕五个月的妇女,在被告管理不周的道路上跌倒,因受惊吓而致流产,胎儿发育未全,10~15分钟即告死亡。马萨诸塞州最高法院法官奥利弗·温德尔·霍姆斯(Oliver Wendell Holmes)以胎儿系母体的一部分,非属马萨诸塞州法律所称的"人"为理由,判决原告败诉。Allaire v. St. Luke's Hospital(Supreme Court of Illinois 1900),56 N. E. 638. 本案中,原告之母因生产住院,在电梯中遭受伤害,致原告出生后患有残疾。伊利诺伊州最高法院也否定原告的损害赔偿请求权。Bonbrest v. Kotz(Distr. Court of The United States, D. C. 1946),65, F. Supp, 138. 转引自王泽鉴:《对未出生者之保护》,载王泽鉴:《民法学说与判例研究》(第4册),台北,三民书局1994年版,第250~251页。

④ 参见[美]彼得·哈伊:《美国法概论》,沈宗灵译,北京大学出版社1983年版,第91页。

⑤ 如在马萨诸塞州,在"不当出生"的情形,一个生下来就具有遗传性缺陷或由于绝育措施不成功等原因而出生的孩子的父母可基于该"不当出生"的事实要求损害赔偿。在"不当生命"的情形下,该州尚未承认一个孩子对因过失导致其出生的人享有请求赔偿的权利。参见冯恺:《胎儿的损害赔偿请求权探究(一)》,载中国民商法网:http://old.civillaw.com.cn/article/default.asp? id=13225,2017年7月15日最后访问。

于出生前侵害民事责任的唯一立法例。[①]

在德国,立法虽无具体规定,但20世纪50年代后在实务中曾有判例支持,[②]为此在德国引起了关于胎儿利益法律保护的空前讨论,争论焦点依然是胎儿能否有权利能力或在特殊情况下能取得权利能力。两种观点分庭抗礼,见仁见智。赞成胎儿有权利能力者,不仅从"自然法的复兴"、医学、科学及伦理学等角度提供依据,而且还从比较法或方法论等方面加以论证。相反,塞伯(Selb)于1966年发表的《出生前之侵害——权利能力之问题?》一文中指出,胎儿出生前受侵害能否请求损害赔偿的问题,不是胎儿有无权利能力问题,而是侵害(verletzung)问题。[③] 该观点在德国学者中备受重视。如迪特尔·梅迪库斯先生认为,受害人在损害行为发生时

---

① 《生而残障民事责任法》共设5条规定,第1条规定对生而患有残障儿童的民事责任;第2条规定怀孕妇女驾驶时对胎儿所生侵害的责任;第3条为补充规定;第4条为解释规定;第5条为简称与适用范围。对此应说明者有四:(1)可主张此项民事赔偿权利者,系已出生之人,胎儿不享有此种权利。(2)任何对被害人之父、母的侵权行为,导致被害人于出生前受有侵害者,不论其为故意、过失或违反法定义务,加害人均应负损害赔偿,纵被害人之父、母未受有到可请求赔偿的损害,亦然。(3)此项侵害行为,究发生于被害人受胎之前,或于其母亲怀孕期间及实际生产过程中,均非所问。(4)被害人非生存达48小时者,不得依本法请求关于生命期待丧失的损害赔偿。转引自王泽鉴:《对未出生者之保护》,载王泽鉴:《民法学说与判例研究》(第4册),台北,三民书局1994年版,第255~256页。

② 因"生父传染梅毒于子案"(OLG Schleswig CNJW 1950,388),即A明知自己患有梅毒,仍与其妻B性交,致出生之子C感染梅毒。B以其子C的名义,提起诉讼,向A请求损害赔偿。地方法院认为被告为侵害行为之时,原告尚未出生,无权利能力,不符合《德国民法典》第823条第1项规定侵权行为成立要件。而Schleswig高等法院支持原告请求权,认为"侵害行为"与"损害"不须同时发生,加害人侵害的,不是胎儿权利,而是其后出生者的权利。被告与被害人之母性交之时,侵害行为既已存在,则虽损害在被害人出生后始行发生,也并不影响侵权行为成立。后德国最高法院废弃Schleswig高等法院这一判决,认为侵权行为的成立,须以侵害行为时一个具有权利能力被害人的存在为要件。但在"医院输血案"(BG HZ 8,243,1946年9月9日因被告医院过错致使原告之母在输血时感染梅毒,1947年10月23日出生的原告亦受感染。原告请求损害赔偿,历经三审均获胜)中,德国最高法院一改以往态度认为,原告的损害与被告(医院)使原告之母感染梅毒的加害行为(输血行为)之间有相当因果关系,侵害的对象是生命法益,并援引帝国法院1902年(RGZ 51,372)判决中所采纳的普兰克(Plank)的观点指出,生命法益有与所有权等绝对权不同的特质。对于绝对权,法律设有明确界限,若所有权发生前已遭损害,在概念上可谓不可能,但胎儿生命法益先于法律存在,为自然赋予,具有生物自体的本质,任何人都可享有,法律应承认这种自然效力。对原告而言这种损害因出生完成而发生,其不是一个胎儿遭受损害,而是一个患有梅毒而出生了的自然人遭受损害。参见王泽鉴:《对未出生者之保护》,载王泽鉴:《民法学说与判例研究》(第4册),台北,三民书局1994年版,第245~247页。

③ 如著名法理学及刑法学者威尔泽尔(Welzel)从"自然法的复兴"方面强调胎儿有权利能力;沃尔夫(Wolf)则从医学、科学及伦理学角度提倡胎儿有权利能力;德尼(Deynet)及黑德日茨(Heidrich)从《德意志联邦共和国基本法》第1条第1项及第2项规定提出主张;斯托尔(Stoll)从比较法立场立论;朴罗斯基(Pawloiski)则主张类推适用《德国民法典》第1923条第2项及第844条第2项第2款规定。参见王泽鉴:《对未出生者之保护》,载王泽鉴:《民法学说与判例研究》(第4册),台北,三民书局1994年版,第247~248页。

是否已出生或者孕育,在侵权法方面是毫无意义的,即使损害在出生前立即发生,其后果也只能在出生后显示。出生时有病的婴儿从未健康过这一事实无足轻重,因为未受损害的状态是由自然界事先给定的,没有必要实际存在过。[①] 又如卡尔·拉伦茨先生也认为自然人未出生前受侵害性与其权利能力无关,人的生命何时开始,自何时起应受法律保护,与其自何时起开始以自然人身份存在并享有权利能力不同。民法规定权利能力始于出生,但未规定自然人作为生命体而存在也始于出生。一个生物有机体出生前所受侵害,对发展中的生物体的成长及功能所发生的不利影响,在自然人出生后仍会继续,由此可认定一个人因受出生前不利影响致健康遭侵害。当然,该损害赔偿请求权须由因生命而取得权利能力的主体来行使,时间上应向后延伸至受害人出生。[②] 可见,多数德国法学家还是捍卫传统,主流实践亦然,强调对胎儿的损害与主体的权利能力无关,仅是损害的认定问题。而胎儿的生命有延续性,按常态无特殊情况胎儿出生应无损害,故认定时间可延后至活着出生,但只要有损害就应有救济。因此,在《德国民法典》中至今未赋予胎儿权利能力;在法律解释上,胎儿受侵害后也不能以胎儿名义寻求救济,只有出生后的自然人才可享有侵权损害赔偿请求权。

德国学者以胎儿损害赔偿请求权仅是损害认定问题而与权利能力无关的说法,使胎儿权利能力有无的争论变为侵权法中的损害认定问题。由此真正须关注的是对加害人注意义务的范围确定。事实上,英美法系区分"不当出生"与"不当生命",目的也是在于明确医院在胎儿出生为残障时是否构成侵权。何况,大陆法系的民事立法为体系化产物,民法上侵权构成一般均以侵害绝对权如物权、人身权等为对象。这是因为,绝对权基于对物的占有、登记或与特定人密不可分等因素,极易从外观上认知权利享有者,法律据此要求不特定义务人承担不侵害或干预他人的注意义务顺理成章。而胎儿作为母体的一部分,须经十月怀胎才能出生,在外观上难以辨认(尤其是怀孕初期);若在欠缺外观认知的前提下,要求他人承担如此法定注意义务,则与情理相悖,与法理不符。简言之,即使从侵权法层面也不能将相应注意义务予以明确规定。因此,为维护民法体系的完整性和科学性,与其将之进行个别列举保护,不如就个案分析以判例确定保护的具体情形,以此弥补成文法的缺陷。

---

① 参见[德]迪特尔·梅迪库斯:《德国民法总论》,邵建东译,法律出版社2000年版,第786~787页。

② 参见[德]卡尔·拉伦茨:《德国民法通论》(上册),王晓晔等译,法律出版社2003年版,第127页。

另须指出的有二：一是胎儿有生物学意义上生命，而无法律意义上的生命，法律保护的是胚胎生命。① 法律上的生命仅指出生后自然人的生命，这意味只有出生后的自然人可享有生命权，而胎儿不能成为生命权的享有者。同理，胎儿也只有健康法益，而无健康权。因此胎儿以生命和健康法益为法律保护的基础，而非生命健康权。二是对于胎儿侵权保护，理应排除来自父母的遗传性疾病或者其他侵害，即自然人在出生后不能就胎儿期间或受孕之前父母明知或因过失不知自己易患遗传性疾病的事实，享有对父母的损害赔偿请求权。因为父母毕竟给予孩子生命，无父母孕育，就无孩子的生命获得。②

(4)关于赠与

赠与是合同，属双方法律行为，需有一方赠与和另一方接受赠与的意思表示一致才能形成。换言之，仅有赠与人表示赠与的意思，或仅有受赠人愿意接受赠与，赠与合同都不能成立。由此胎儿能否为接受赠与的问题就无法回避。否认胎儿有权接受赠与的理由主要是，胎儿只是母体的一部分，无诸如"行为""合意"等意思表示的可能，不能成为订约主体，不符合赠与合同的构成要件。如此想法注重逻辑不无道理。但法律为保护胎儿利益，一旦赋予胎儿接受赠与的权利能力，胎儿地位就相当于"无行为能力人"。此时，胎儿父母即可作为法定代理人代为表示接受赠与。因此，如像《法国民法典》第906条那样规定已受孕的胎儿有能力接受对其生前赠与，那么胎儿成为赠与合同当事人应可成立。但该赠与合同的效力应以胎儿活着出生为条件，即此时胎儿活着出生不仅是胎儿获得权利能力的条件，而且也是赠与合同的生效条件，③若不如此认定，势必会使该受赠财产的归属确认复杂化。譬如，接受赠与后胎儿未活着出生，若受赠财产按赠与合意形成时生效，即涉及赠与人须依约交付赠与物，发生标的物所有权的变动。当胎儿出生是死体时，该赠与合同就因胎儿未取得权利能力(按条件说)欠缺当事人而不成立(父母因无当事人当然也不能为代理)，于是该受赠财产就须加以返还，徒增不必要的麻烦。相反，若规定胎儿活着出生为赠与合同的生效条件，即在胎儿活着出生前赠与合同未生效，赠与人就无交付赠与标的物的义务，也就不存在交付后再予返还的问题。据此，《法国民法典》第906条在规定胎儿可为赠与合同当事人的同时，进一步指出仅在婴儿出生时是生存者，赠与始产生效力。

---

① 参见邱仁志：《生命伦理学》，上海人民出版社1987年版，第51页。

② 参见[德]迪特尔·梅迪库斯：《德国民法总论》，邵建东译，法律出版社2000年版，第787页。

③ 《法国民法典》(上册)，罗结珍译，法律出版社2005年版，第697页。

须注意的是,赠与和遗赠有所不同,遗赠为单方法律行为所生之债,其成立不以相对人同意为要件。遗赠人依遗嘱指定受遗赠人,只要受遗赠人接受遗赠时只享有权利而不负担债务,故受孕的胎儿也可作为受遗赠人。同时为保护胎儿作为受遗赠人的利益,所有与胎儿利益有关的事宜,通常应由其父母代为行使。对此国外立法也有类似的规定。[①] 如父母不能行使,则可设置一名保佐人为代管人。[②] 同理,如胎儿出生时是死体的,则不具有关于接受遗赠的权利能力,遗赠也就不成立。故为避免胎儿父母代为接受赠与的财产辗转周折,受遗赠人所依据的遗嘱效力也应在胎儿活着出生后生效,而非在遗赠人死后生效并发生遗赠财产所有权移转至胎儿的事实。换言之,若遗赠人死亡而胎儿未活体出生,遗赠财产只能由遗赠人的法定继承人依法定继承规定继承,而不由胎儿的父母代为接受。对此《法国民法典》第906条也规定,遗嘱仅在婴儿出生时是生存者始生效力。

那么,胎儿的父母能否表示拒绝接受赠与或放弃遗赠?因《法国民法典》未对当事人能力作细分,故第906条仅规定在生前赠与或遗嘱人死亡时已受孕的胎儿有接受生前赠与或依遗嘱接受遗产的能力,而未进一步说明其可否准用纯获法律利益行为的规则。若可准用,则父母只得表示接受,因行为人在其行为能力受到限制时,只要该法律行为属纯获法律利益行为,多数国家的民事法律都认为其对限制行为能力人仍然有效,故父母不能证明对胎儿有法律上不利益的情形时就无法给予拒绝。如此运作的前提是,将限制行为能力人有纯获法律利益的能力作扩张解释至胎儿。但问题症结是,该规则能否适用于无行为能力人已有疑问,更何况是胎儿。[③] 的确,就法律逻辑而言,无行为能力人不能为任何法律行为,如确实需要则须由其父母代为法律行为,而限制行为能力人已可为与其年龄和智力相应的行为,前提不同当然效力也应不同,而且是否对未成年人有利,法律已规定了由其父母来判断。但民事法律的目的并不是单纯维护其逻辑完整,更为关键的是须合理分配和

① 例如,《德国民法典》第1912条规定:"(1)胎儿将来的权利需要照料的,可以为维护其将来权利而获得保佐人。(2)在假如子女已经出生父母会有权进行照顾的限度内,父母享有照料权。"参见《德国民法典》,陈卫佐译注,法律出版社2004年版,第498页。

② 参见[德]迪特尔·梅迪库斯:《德国民法总论》,邵建东译,法律出版社2000年版,第785页。

③ 我国原《合同法》第47条(《民法典》第145条)规定:"限制民事行为能力人订立的合同,经法定代理人追认后,该合同有效,但纯获利益的合同或者与其年龄、智力、精神健康状况相适应而订立的合同,不必经法定代理人追认。"该规定未涉及无民事行为能力人。原《民法总则》第19条规定,限制行为能力人可为纯获利益的民事法律行为。该规定同样未涉及无行为能力人。其第20条强调无民事行为能力人由其法定代理人代理实施民事法律行为。而我国最高人民法院《关于贯彻执行〈中华人民共和国民法通则〉若干问题的意见(试行)》第6条规定:"无民事行为能力人、限制民事行为能力人接受奖励、赠与、报酬,他人不得以行为人无民事行为能力、限制民事行为能力为由,主张以上行为无效。"

平衡相关的利益，使之更能符合民心和人情。拒绝无行为能力人取得纯获法律利益的行为，本身从伦理上并无唯一绝对的结论，不同父母完全可能会有不同的判断。譬如，当他人向孩子赠与玩具时，父母为教育和培养孩子可能不希望他无偿接受他人物品而为拒绝，但简单拒绝也可能使孩子因失去玩具心生不满而致父母信任危机，更难以教育孩子。何况，赠与者多数不是居心叵测，善良的意愿毕竟会给孩子带来更多机会和幸福。更重要的是，从立法目的上强调纯获法律利益行为对未成年人有效，由此不会使未成年人因欠缺识别判断能力和社会经验而遭受不利益，以致影响未成年人的利益和交易秩序。① 如将该规则扩张解释至无行为能力人能够成立，想必再进一步扩张至胎儿应也无大碍。

综上所述，从各国立法和司法发展趋势来看，坚持有力保护胎儿利益已是共识，我国立法作出改观和完善也符合潮流。关键是，在法律制定胎儿利益保护的依据时应寻找合适的落脚点——既要借鉴世界各国先进经验，又要关注保护手段的操作性；既要减少与我国现行法律体系的冲突，又要符合我国国情和司法实践。比较而言，选择个别主义模式，具体列举因抚养人死亡而生损害赔偿请求权，赠与以及继承包括遗赠等胎儿利益为保护内容，②并附停止条件地赋予胎儿权利能力，较为妥当。至于胎儿损害赔偿请求权则与权利能力无关，可在侵权法中以判例确定保护情形。质言之，一方面应延续大陆法系的做法，尽量将严谨的制定法作为法律主要渊源，合理解释法律，要求法官须严格依法律规定办事；另一方面也应借鉴英美法系，适度给予法官自由裁量权，使之在司法中创制相应判例以弥补立法不足。③

（三）死者利益的法律保护

按照民法理论通说，自然人具有权利能力才具有法律人格，具有法律人格成为民事主体才可享有具体权利。自然人的死亡致其权利能力终止，主体资格丧失使其不能再享有民事权利。亦即民事权利的享有与权利能力的存在不可分离。但于20世纪80年代后期起，我国司法实践中发生的侵害死者名誉案，却引发了人们对这一传统理论观念的挑战，促使理论界对此展开争论。我国目前主要学说有：

1. 权利保护说，即自然人的权利能力并非与其出生和死亡相始终，人死后仍有权利能力，可继续享有权利。④ 其理由是：首先，权利由法律认可和保护。法律权利

① 参见梁慧星：《民法总论》，法律出版社2001年第2版，第101页。

② 即对《民法典》规定的“等”字作“等外”解释，以合理全面地保护胎儿利益。

③ 随着生命科技发展，与胎儿有关的法学问题也增多，诸如人工、无性生殖等都有研究必要，在此不赘。

④ 参见郭林等：《试论我国民法对死者名誉权的保护》，载《上海法学研究》1991年第6期。

的存在以各种观念为基础，包含名誉等精神利益，而且法律利益有可变性和延续性，精神利益永存是不争的客观事实，因此不论死者还是生者的精神利益都可通过法律予以认可、保护（外国法中有立法先例）。其次，死者可成为主体。来自社会实践的法律和立法技术早就突破了原来的民事主体资格理论，除赋予自然人、法人等权利主体地位（实在的权利主体）外，并不排除在特殊情况下存在假定的权利主体（名义或形式的权利主体）如胎儿等，将死者作为形式主体才能与其具有的某些权利相匹配。①

2. 近亲属利益保护说，即保护死者名誉实质是保护死者配偶、子女和父母等近亲属利益。死者名誉的好坏，往往影响对其近亲属的评价，故与其说是对死者名誉保护，不如说是对其近亲属权益的保护。② 也就是说，自然人于死亡同时，其名誉也丧失其权利能力；而对死者名誉毁损，往往侵害遗族的名誉，应可以就对遗族名誉的侵害请求损害赔偿，但此与死者权利能力无关。③

3. 家庭利益保护说，即死者名誉遭到损害时，其遗属的名誉也往往会遭到损害。这二者之间的连接点就是家庭名誉，个人名誉是家庭名誉的组成部分，家庭名誉是对家庭成员名誉权的一种抽象，家庭名誉并不因其成员的死亡而消灭，④家庭名誉是将亲属间关系联结起来的纽带，对死者的侵害，实为对整个家庭利益的侵害。

4. 法益保护说，即现行法律规定下，死者不能成为民事主体，更不享有权利，对死者法律保护的是法益，法律不仅保护权利，而且还保护超出权利范围的合法权益。保护死者法益，这不仅是死者自身利益的需要，而且还是社会利益需要。因此死者名誉应作为一种合法利益而存在。⑤ 亦即人死亡后，实质保护的是法益而非权利，权利能力已因死亡而终止。

5. 延伸保护说，即自然人在其诞生前和消灭后，存在与人身权利相联系的先期和延续的人身法益，其与人身权利相互衔接，构成自然人完整的人身利益。这些人身法益虽与自然人的人身权利有所不同，但维护这些人身法益对于维护该主体的法律人格具有重要意义。法律以对自然人人身权利的保护为中心，并向前和向后

---

① 但作者在赋予死者形式主体地位的同时，却认为死者无权利能力和诉讼权利能力。仅在诉讼过程中或在法律文书上被提及和记载。参见关今华、庄仲希：《精神损害赔偿实务》，人民法院出版社 1992 年版，第 78～83 页。

② 参见魏振瀛：《侵害名誉权的认定》，载《中外法学》1990 年第 1 期。

③ 参见史尚宽：《民法总论》，中国政法大学出版社 2000 年版，第 93 页。

④ 参见陈爽：《浅论死者名誉和家庭名誉》，载《法学研究生》1991 年第 9 期。

⑤ 参见王利明主编：《人格权法新论》，吉林人民出版社 1994 年版，第 444～445 页。

延伸，才能够维护自然人人格的完整性和统一性，建立社会统一的价值观，维护社会利益。①

归纳之，以上观点在对死者名誉应保护上无冲突，但在保护的理论依据以及保护的对象上有所区别。其中，权利保护说基本认为死者有权利能力可成为民事主体，继续享有权利，但该观点与现有法律规定的权利能力终于死亡相悖，故其只有在充分说明死者有必要成为主体、享有权利能力的前提下始能成立。而近亲属利益保护说与权利能力和权利享有不可分的原则并不矛盾，但已改变了保护对象，即侵害死者名誉同时会损害近亲属的利益，故近亲属可以自己利益被侵害而请求保护。家庭利益保护说关注了个人名誉与亲属间的连结点，但只能是对近亲属利益保护说的补充，否则再创制一个新主体——家庭，有叠床架屋之嫌。法益保护说仅强调了法律保护的对象是法益而非权利，却未明确法益的归属，即在否认死者主体地位时，对该法律所保护利益最终由谁享有并无具体说法。延伸保护说的立足点与法益保护说相同，只是进一步说明对人身权保护应包括胎儿、生存期间和死亡后三个阶段，以体现其保护的完整性和统一性，但依然未明确先期和后期的法益究竟能否归属于胎儿或死者。因此，上述观点大致可分为肯定和否定两大类：前者认为自然人的权利能力因死亡而终止，法律保护死者名誉而非名誉权；后者认为法律保护死者名誉权而非名誉。其中又有不同依据，有的认为死者仍然有权利能力，有的则认为权利能力和权利享有可适度分离。对此，我国最高人民法院相关复函和司法解释也不尽一致，如1988年最高人民法院在“荷花女案”复函天津市高级人民法院和1990年就“海灯法师案”复函四川高级人民法院时均指出，人死亡后其名誉权应依法保护。② 而最高人民法院在1993年有关司法解释中仅强调，死者的名誉受到损害，其近亲属有权向人民法院起诉，而不再用“死者名誉权”应保护的说法。③ 两种提法虽只是一字之差，但其与

① 参见杨立新：《公民身体权及其民法保护》，载《法律科学》1994年第6期。另在杨立新所著《人身权论》（中国检察出版社1996年版）第279～280页中对各种观点有介绍和评析。

② “吉文贞（艺名荷花女）死亡后，其名誉权应依法保护，其母陈秀琴有权向人民法院起诉。”“海灯死亡后，其名誉权应依法保护，作为海灯法师的养子范应莲有权向人民法院提起诉讼。”详见1989年4月12日和1990年10月27日最高人民法院关于处理“荷花女”和“海灯法师”名誉权纠纷案的复函。（现“荷花女案”复函已废止）

③ 详见最高人民法院《关于审理名誉权案件若干问题的解答》（最高人民法院审判委员会第579次会议讨论通过，1993年8月7日法发〔1993〕15号）。另最高人民法院《关于确定民事侵权精神损害赔偿责任若干问题的解答》（2001年2月26日最高人民法院审判委员会第1161次会议通过，自2001年3月10日起施行，法释〔2001〕7号）中也仅用“侵害死者姓名、肖像、名誉、荣誉”的表述方法。

理论界争论相同,还是涉及人死亡后有无权利能力的问题,或者说权利能力和具体权利享有是否可适度分离,以及法律保护的是法益还是权利等问题。尽管这些观点和司法解释主要是围绕着死者名誉保护而产生,但其与死者其他利益如姓名、肖像等的保护本质相同,此类问题的解决不仅关系到对死者利益的保护,还牵涉立法和理论体系的维护,应属于理论和实务中不容回避的问题,而以死者名誉保护为切入点加以探讨,则可达到触类旁通和事半功倍的效果。下就死者的法律地位及其利益保护路径等加以讨论。

关于死者的法律地位,虽有人死后其人格仍然留存,继续有权利能力的说法,①但在目前各国相关立法例中多未采纳此种观点,我国民事立法规定也不例外,②都强调自然人的权利能力终于死亡。那么是否有必要在特殊情况下如同赋予胎儿权利能力那样,也给予死者民事主体地位呢?答案是否定的。

为抵抗自然界的各种因素干扰,人类群居而生,而人们在交往或对有限物质资源的利用中就有发生纷争的可能,由此就需要有解决纷争的制度,其中法律是人类解决纷争的主要规则。民事法律赋予具有享有权利和承担义务能力者主体地位,并将其彼此间形成的权利义务关系作为规范对象,就必然产生权利能力和权利享有不可分的结果。究其原因主要是:

首先,从法律赋予自然人主体资格而言,除有伦理的需要外,自然人作为主体是以其有独立意志和独立财产为法律要件。人类有独立意志不仅使其区别于动物,而且也是其能在万物竞争中占据统治地位的关键。而独立财产则是其生存和参加具体活动的物质基础,同时也是其承担行为后果的法律担保。虽然人们可能身无分文,但其应具备劳动能力,若将劳动力作为财产,③则每个人都应具备。从而独立意志和独立财产理应成为法律赋予主体地位(取得权利能力)的基本判断要素。无疑,意志存在需有载体,财产存在需有归属,而从唯物主义角度来说,人死而不能复生,其意志已无载体,其财产也无法控制,法律再将之作为主体就成为无本之木,而有悖于法律本义及其逻辑。但之所以在特殊情况下将胎儿作为主体,是因为胎儿如活着出生,就与无行为能力人相同。尽管胎儿也无独立意志

① 参见史尚宽:《民法总论》,中国政法大学出版社2000年版,第92页。

② 原《民法通则》第9条,《民法典》第13条。但《民法典》第185条规定,侵害英雄烈士等的姓名、肖像、名誉、荣誉,损害社会公共利益的,应当承担民事责任。显然确定了死者的利益应该予以保护。但该条款规定的合理性值得质疑,即不能只顾保护英雄烈士。

③ 在劳动力市场已经形成的条件下,个人内在的财货反映为具有一定素质的劳动力,也是财产。参见彭万林主编:《民法学》,中国政法大学出版社2002年修订第3版,第14页。

和独立财产，但其毕竟有美好的前景，现在暂时没有并不意味将来也永久没有，而且在其无独立意志体现时，可有法定代理人的意志代入行使，至其活着出生后再享有。

其次，权利能力既是成为民事主体的条件，也是取得权利的前提。也就是说，民事权利归属于特定民事主体的情形，只有在具体民事法律关系形成后才得以体现，任何脱离民事法律关系的权利不可能具体存在。这是因为，只有在主体交往中或者说主体作用于相应客体时，才会在主体间形成法律上的权利义务关系。如无主体或主体已无法作用于客体，就无形成权利与义务的需要，当然也不成立法律关系。同时，法律关系的参与者无疑也应是权利享有者或义务承担者，否则法律对其无保护之必要。民法理论所言，民事法律关系由主体、客体和内容三要素构成，缺一不可，应是最好的诠释。一旦权利能力丧失，犹如多米诺骨牌效应，即引起民事主体资格消灭，再致该民事法律关系不成立，进而使原有内容(权利义务)缺乏生存空间而最终消灭。因此，权利能力与民事权利不可分的理论作为民事主体制度的基石，有其无可争议的正确性。民事权利能力是主体参加民事法律关系并取得权利的前提，而民事权利则是民事权利能力在民事法律关系中具体实现，就是二者辩证关系的必然反映。①

然而，强调权利能力与权利享有不可分，并不意味着可置死者利益而不顾。客观上人死后其名誉、姓名、肖像等人格利益会延续，有的甚至可通过相应载体加以固定，而不会随着人的死亡而消亡。对于这些利益法律若熟视无睹不予保护，不但会损害死者近亲属的精神和物质利益，而且也会破坏业已形成的道德观和价值观致整个社会秩序受到影响。由此也说明人死后依然存在需保护的利益是毋庸置疑的。但应明确的是，存在法律需保护的利益，不是说皆应体现为权利，也不是说此种利益均应归死者享有，更不是说对该利益保护之责都应由民法承担。我们知道，法律保护的利益大致可分为公与私两个方面，对于影响社会稳定和社会秩序健全等公的利益保护，因其不存在寻找利益归属者的问题，故完全可由刑法等公法直接介入加以保护，以体现各法律部门的分工合作，如对死者的诽谤、侮辱包括侮辱尸体等也可构成犯罪。当然，对此保护应取决于刑法等公法的明文规定自不待言。② 对于与死者相关的私的利益无疑仍然应由私法保护，但此时法

---

① 参见孙鹏:《民事权利与民事权利能力不可分》，载《政治与法律》1996 年第 1 期。

② 我国《刑法》第 246 条诽谤罪的侵害对象并不包括死者，第 302 条盗窃、侮辱、故意毁坏尸体、尸骨、骨灰罪也主要是将尸体等作为物质形态看待。但我国台湾地区“刑法”第 312 条则明确规定侮辱诽谤死者罪，其他国家则通过规定扰乱死者安宁罪加以规范干预。

律保护的利益为法益而非权利。这是由现行法律制度仅将权利归属于生者的逻辑和理念所决定。① 不可否认的是,即使法益也应有相应的承载者,而人因死亡后就无法作为承载者继续享有该法益。鉴于此,对侵害死者而产生的私的利益保护路径则有进一步研究的必要,总体思路是以保护生者权利来间接达到维护死者法益的目的。具体路径应根据不同情况而定,大致有二。

其一,以保护遗属人格权而间接维护死者利益。在侵害死者利益的众多情况下,往往都会同时侵害遗属的利益,此时的保护与其说是保护死者,不如说是保护生者。譬如,人死亡后对死者名誉的毁损通常会呈现三种情形:一是仅造成死者的社会评价降低,而未影响生者的任何利益,对此不构成侵害人格权的侵权行为,民事法律就无保护的必要;二是侵害死者名誉的同时也使社会对遗属的评价降低,这就构成了对生者名誉的侵害,遗属可以自己名誉权被侵害为由请求加害人承担赔偿责任;三是侵害死者名誉虽未同时损害遗属名誉,但损及遗属对死者的敬爱追慕之情而产生心灵痛苦,此时遗属即可以自己的一般人格权被侵害为由请求加害人承担赔偿和恢复名誉等责任。但因对先人的感情会随时间推移而淡薄,故应限制有权提起请求的遗属范围。② 为此,2001 年最高人民法院《关于确定民事侵权精神损害赔偿责任若干问题的解释》第 3 条规定:"自然人死亡后,其近亲属因下列侵权行为遭受精神痛苦,向人民法院起诉请求赔偿精神损害的,人民法院应当依法予以受理:(一)以侮辱、诽谤、贬损、丑化或者违反社会公共利益、社会公德的其他方式,侵害死者姓名、肖像、名誉、荣誉;(二)非法披露、利用死者隐私,或者以违反社会公共利益、社会公德的其他方式侵害死者隐私;(三)非法利用、损害遗体、遗骨,或者以违反社会公共利益、社会公德的其他方式侵害遗体、遗骨。"由该条规定可见,死者的近亲属在死者名誉、肖像等受侵害时有权要求法律保护;法律对其保护与对一般权利保护的前提不同,即应以侵害人"违反社会公共利益、社会公德"方式实施侮

---

① 法益是受法律保护权利以外的利益。在死者名誉保护问题借鉴此词语的推理过程是:死者名誉应受保护,但死亡人丧失权利能力即不能再享有权利,进而推出受到保护的死者名誉应非死者权利,而是"法益"。参见杨立新、王海英、孙博:《人身权的延伸法律保护》,载《法学研究》1995 年第 2 期。但如此解读并非不可质疑,即在借鉴的德国法或我国台湾地区"民法"关于权利和利益相区别的分析框架中,并未适用于分析死者名誉保护的问题,仅涉及解决某些未被法律类型化为权利的利益是否保护及其如何保护的问题,解决办法是对权利之外的利益保护程度有所减弱,即仅在法律有明确保护性规定或侵害人故意以违背公序良俗方式侵害此类利益时才予以救济。因此,借鉴者事实上已赋予"法益"新的意义。

② 参见梁慧星:《民法总论》,法律出版社 2001 年第 2 版,第 117 ~ 118 页。

辱、诽谤等行为为要件。[①] 同样,侵害他人生命健康而致人死亡时也会引起其亲属的心灵痛苦,故也应赋予遗属非财产损害的金钱赔偿请求权。但此类请求权与人身攸关,具有专属性,故不得转让和继承。[②]

其二,将人格利益转化为财产利益,以保护继承人利益而达维护死者利益的目的。譬如,姓名权、肖像权等人格权在人类交往中(尤其是在陌生人社会)作为将个体人特定化的手段或符号,具有区别彼此的作用。但人死后,此种识别性人格权就无存在的意义,而且作为人格利益与特定人密不可分,既不能转让,也不能继承,只能随着该主体的权利能力终止而不复存在,对此法律也无保护的必要。这是因为如果有人非法使用死者姓名而损害他人名誉的,即可以侵害死者名誉为由走私法救济的途径加以解决;如果因此影响整个社会秩序的,则可由刑法等公法加以干预。不应忽视的是,在现实社会中死者的姓名或肖像等还存在特定的利用价值,即人们可借助死者姓名或肖像等所代表特定人的感召力,吸引消费者购买其产品或接受其服务。对此仍应纳入民法调整范围。但此时姓名等已不是原来意义上人身区别符号,已经从人格利益转化为财产利益。[③] 换言之,如死者的姓名或肖像等在商业活动中被使用,民法予以调整和保护的内容与原本意义截然不同,其保护的是财产利益。此类利益在英美法上被称为形象权。[④] 既然此时姓名等人格利益已淡化或转变为财产利益,那么就可转让或由其继承人继承。但在目前我国并没有形

---

① 对于该规定有学者认为实际采纳的是"近亲属权利保护说"。参见葛云松:《死者生前人格利益的保护》,载《比较法研究》2002年第4期。但司法解释制定者的观点与之不同,其认为:"法律和司法解释保护的,不是死者近亲属的民事权利。现代民法理论认为,自然人生命终止以后,继续存在着某些与该自然人作为民事主体存续期间已经取得和享有的与其人身权相联系的利益……在法律不够完备的情况下、以司法解释的形式,确认对自然人的人身权益给予民法的延伸保护,体现了法律对民事主体权益保护的完整性。"参见最高人民法院民事审判第一庭编著:《最高人民法院〈关于确定民事侵权精神损害赔偿责任若干问题的解释〉的理解与适用》,人民法院出版社2001年版,第42~43页。显然此解释是对前述"法益说"和"延伸保护说"的接纳。即使如此,该解释与"法益说"和"延伸保护说"仍有不同,因其理论基础不仅是强调权利和利益相区分,而且增加了相关要件。这回归了权利和利益区分框架中的最初意义,即对权利和利益保护的程度有所不同,对利益的保护程度低于对权利的保护。这一要件的增加系对我国台湾地区"民法"和德国法模式的模仿。

② 参见王泽鉴:《民法总则》,北京大学出版社2010年版,第54页。另我国台湾地区"民法"第194条规定,不法侵害他人致死者,被害人之父、母、子、女及配偶,虽非财产上的损害,亦得请求赔偿相当的金额。

③ 参见董炳和:《死者姓名的民法保护》,载《法学》1997年第12期。

④ 形象权源自美国的司法实践,也称商品化权利,指将形象用于商业性使用而产生的权利。包括真人形象、虚构人的形象、创作出的人和动物形象、人体形象等。尽管我国某些法上对其无具体规定,但司法实践中已有所涉及,值得关注。可参见郑成思:《知识产权法》,法律出版社1997年版,第32~33页;吴汉东:《形象的商品化与商品化的形象》,载《法学》2004年第10期;等等。

象权的规定前提下,可考虑借鉴德国做法,即认为对人格权(一般人格权)保护,就是在于保护人格的精神利益和财产利益,人格的财产利益部分,在人格权主体死亡后仍继续存在,相应权限移转于人格权主体的继承人。① 这与英美法系的做法殊途同归,稍有不同的是,在德国人格所包含的财产利益可继承,但不得转让。② 另与此相同的是对死者著作权的法律保护。著作权中的财产利益也可像其他有体财产一样由继承人继承,并于法定期限届满前得到保护。

值得强调的是,以间接保护方式调整与死者有关的利益,同设置法律的意义在于以具体法律关系存在为保护对象的理念相一致。而民事法律关系通常不是始终处于静止状态,一成不变,而是随着新的法律事实出现和变化。一个关系的结束往往是另一个关系继起,继起或转化的法律关系势必改变原由关系的要素,主体的变更也意味权利归属的变动。因此,以公法直接保护与私法间接保护相结合的方式,构建对死者利益保护的制度,不仅有效地顾及了各方面的利益,而且具有可操作性,更重要的是可维护民法原有体系的完整性。

二、自然人的行为能力

自然人的行为能力关乎行为效力与责任确定。譬如,未成年人甲(14 岁)与乙(7 岁)是邻居,甲用 500 元向乙购买价值数千元的新款电器。一日乙父问乙该电器的去处,乙谎称被甲借用。乙担心父追查即将 500 元退还给甲,并要求甲返还该电器,但甲拒绝退还,且在争执中将乙打伤。本例中即涉及两方面的法律关系:一是甲乙之间的买卖关系;二是甲乙之间的侵权赔偿关系。甲乙之间的买卖行为效力如何认定,以及甲是否应对自己加害行为承担赔偿责任,各国或有关地区因立法理念不同而处理结果也有所不同,尤其是在侵权责任的认定方面更为显著。如在德国等国或我国台湾地区甲就须对自己的加害行为承担赔偿责任,③而在我国大陆则是由甲的监护人承担赔偿责任。④

如此差异的形成,究其原因乃是立法者对自然人的行为能力存在不同理解。民法理论上自然人权利能力与行为能力的区分,是经德国学者普赫塔(Puchta)与德

① 参见王泽鉴:《人格权法:法释义学、比较法、案例研究》,北京大学出版社 2013 年版,第 289 页。

② 参见王泽鉴:《人格权法:法释义学、比较法、案例研究》,北京大学出版社 2013 年版,第 297 页。

③ 参见王泽鉴:《侵权行为法》,北京大学出版社 2001 年版,第 256 ~ 257 页;《德国民法典》,陈卫佐译注,法律出版社 2004 年版,第 266 页。

④ 参见彭万林主编:《民法学》,中国政法大学出版社 2002 年修订第 3 版,第 534 页;原《民法通则》第 133 条;《民法典》第 1188 条。

恩堡(Dernburg)的努力,最终由德国著名法学家萨维尼(Savigny)在其名著《当代罗马法系》中体现。权利能力被定义为能够持有权利的可能性,行为能力则作为人自由行为的前提,被理解为取得权利的可能性。[①] 但这种区分仅停留于名称上初级阶段,而非真正意义的概念区分,即无法就此确定其内涵和外延。而后人尤其是我国民法界对此则未作深入研究,且对行为能力的表达较为混乱,以致影响了行为能力制度的完善,制约了相关法律规定正常适用,破坏了民法的自身逻辑体系。因此,为明确行为能力的范围,厘清其与其他民事能力的关系,科学合理构建相关制度,剖析自然人的行为能力及其样态至关重要。

(一)自然人行为能力的界定

自然人因一定行为取得权利、承担义务是常态,而行为本身有合法和违法之分,在合法行为中又可分为法律行为和事实行为。对于自然人行为能力的理解和界定,涉及其究竟以何种行为取得权利承担义务,不同理解必然范围不同。现有理论存在三种见解:一是广义的,即兼指合法行为能力与违法行为能力;二是狭义的,单指合法行为能力;三是最狭义的,唯指实施法律行为的行为能力,不包含法律行为以外的合法行为能力。[②] 其中,狭义说因既无法体现行为本质属性又难以满足民法逻辑体系要求,主张者较少,故对自然人行为能力的不同见解,主要反映为广义和最狭义之争(为行文方便,下将最狭义直接称为狭义)。在我国原《民法通则》中对自然人行为能力没有明确定义,而大多数的教科书中通常是采广义说,将民事行为能力定义为:主体以自己的行为取得民事权利、承担民事义务的资格。[③] 有的学者虽强调民事行为能力是主体以自己的独立行为行使民事权利的能力,[④]但就行为范围而言仍未与广义说有实质性的区别。而德国和我国台湾地区主要采狭义说,即将行为能力定义为得以自己的意思表示,使其行为发生法律上效果的资格。[⑤] 目前我国学界赞成狭义说者也逐渐增多,如梁慧星教授原认为狭义说是仅指为合法行为的能力,[⑥]后改为狭义说仅指实施法律行为的能力,进而指出我国原《民法通

① 参见张俊浩主编:《民法学原理》(上册),中国政法大学出版社 2000 年修订第 3 版,第 60 页注[1]。

② 参见胡长清:《中国民法总论》,中国政法大学出版社 1997 年版,第 73 页。

③ 参见佟柔主编:《中国民法学·民法总则》,中国人民公安大学出版社 1990 年版,第 99 页;魏振瀛主编:《民法》,北京大学出版社、高等教育出版社 2000 年版,第 55 页;彭万林主编:《民法学》,中国政法大学出版社 2002 年修订第 3 版,第 69 页。

④ 参见郭明瑞主编:《民法学》,北京大学出版社 2001 年版,第 44 页。

⑤ 参见王泽鉴:《民法总则》,北京大学出版社 2009 年版,第 95 页。

⑥ 参见梁慧星:《民法总论》,法律出版社 1996 年版,第 58 页。

则》虽未对民事行为能力下定义,但依解释应为狭义概念。① 2017年《民法总则》和现有《民法典》也均体现了狭义概念。② 欠缺的是,我国理论界对自然人行为能力仅限于不同表达却未见深入系统分析。如此结果,忽视了广义行为能力存在的基本价值,使人易生狭义与广义概念相互排斥之念,以致最终混淆广义与狭义行为能力的关系,同时也无法与自然人的其他能力作出清晰的区分。

其实,德国民法在规定自然人权利能力(Rechtsfähigkeit)、法律行为能力(Geschäftsfähigkeit)和不法行为能力或侵权行为能力(Deliketsfähigkeit)的同时,在民法理论中明确说明存在以法律行为能力和不法行为能力或侵权行为能力为表现形式的广义的行为能力(Handlungsfähigkeit)。且强调广义的行为能力原则上也是人的本质属性之一。③ 我国台湾地区学者也认为,行为能力自广义而言,是依自己意思活动可引起法律上效果的能力。除法律行为能力外,包括违法行为能力和单纯适法行为能力。但因我国台湾地区"民法"未规定广义的行为能力概念,仅就法律行为能力与责任能力分别作规定,故其所谓行为能力是指法律行为能力,即可单独确定为完全有效法律行为的资格。④

显然,对于自然人广义行为能力的存在,民法学界并不持否定态度,而仅是在各国和有关地区的民法中未作或少作具体规定而已。民法理论之所以认可广义行为能力的存在,是因为其与自然法则和人类伦理相符;与人们基本生活经验一致。具体地说,人与动物的区别就在于,人有意志,并可在自己意志支配下独立活动,而在法律调整范畴内,人有意识的身体动静(动谓之作为,静谓之不作为)可称为行为,凡是人有意识的活动包括合法行为和不法行为都能发生法律效果,即合法行为受法律保护,不法行为受法律制裁。⑤ 也就是说,不独是为法律行为才能发生法律

① 参见梁慧星:《民法总论》,法律出版社2001年第2版,第65页。民事行为能力其实是独立实施法律行为的能力。参见张俊浩主编:《民法学原理》(上册),中国政法大学出版社2000年修订第3版,第61~62页。尹田教授也认为,行为能力为法律赋予自然人以独立实施法律行为的一种概括性的资格,是自然人在民事活动中法律地位的确认。参见尹田:《自然人的行为能力、意思能力、责任能力的辨析》,载《河南省政法管理干部学院学报》2001年第6期。

② 《民法典》第18~22条。

③ 参见[德]卡尔·拉伦茨:《德国民法通论》(上册),王晓晔等译,法律出版社2003年版,第120~121页。

④ 参见史尚宽:《民法总论》,中国政法大学出版社2000年版,第108页。但此书中所译广义行为能力(Geschäftsfähigkeit)和法律行为能力(Rechtsgeschäftsfähaigkeit)与《德国民法通论》(上册)不同。事实上,Geschäftsfähigkeit与Rechtsgeschäftsfähaigkeit均应为最狭义的行为能力,只不过法律关注角度稍有不同,前者反映交易行为的能力,后者体现适法行为的能力。而交易行为在法律上通常应定性为法律行为。

⑤ 参见郑玉波:《民法总则》,中国政法大学出版社2003年版,第119~120页。

后果,法律行为与事实行为相比,只是在是否需要以意思表示为要件上有所不同,但事实行为同样是人有意识的活动,是意志的表现;法律行为与不法行为的区别主要在于,法律行为产生受法律保护的行为人预期后果,而不法行为则发生受法律制裁的后果。但这不等于否定不法行为属行为。因此,所谓广义的行为能力,实质上是主体表示意志的动作或为行为的资格,即法律确认该动作表示了主体的意志,具有行为意义,行为人可借此行使相应的权利。[①] 其作为一种概括性、抽象性的行为资格,不仅同权利能力一样不存在允许放弃的法律规定,而且还有别于实施某种具体法律行为的资格。[②] 它强调的是,若主体具有行为能力,则表示意志的动作是行为,反之则不是行为。亦即广义行为能力是包括所有行为的抽象行为资格,而不仅仅是为"民事法律行为"的资格。但如果立法规定广义行为能力,强调在法律调整的行为范畴内需有行为资格,无疑等同于对自然法则的重述,其价值不大。这也就是各国或有关地区对于广义行为能力在民事实体法少有规定甚至不规定的原因所在。换言之,除实施法律行为外,民事立法无须为行为人进行其他各种行为统一确定行为能力资格,并将它作为衡量行为是否发生效力或者是否须承担后果的要件。

然而,民事法律在不规定广义行为能力的前提下,却为何针对法律行为另设狭义行为能力呢?究其成因,可以说民法上狭义行为能力实质上就是为辅助法律行为制度而设,是民法体系化需求的产物。具体而言,人的愿望纷繁复杂且千变万化,法律难以也无须一一考虑。其只能将行为分门别类,根据其不同性质赋予相关后果或效力,并配套以各种辅助性的制度措施,从而构建相应的法律体系。在大陆法系的民事立法中,通常采取的模式是,一方面留有空间让当事人自己根据具体需求确定相应效力,以体现私法自治的精神,德国民事立法为此创设了法律行为制度;另一方面可根据以往经验或社会的一般理念由法律直接规定某种行为的具体后果,或者由法官根据证据认定事实充分符合相应法定条件以确定当事人应承担的责任。比较而言,不法行为或其他合法行为(如事实行为),其效果取决于法律的直接规定,并不将当事人意愿作为法律考量因素,因此无须考虑行为能力问题。正如梁慧星教授所言,因非法行为如侵权行为,唯发生行为人的责任问题,而不发生行为是否生效问题,不要求有民事行为能力;至于合法行为中的事实行为,亦仅有

---

① 参见李锡鹤:《民法基本理论若干问题》,人民出版社2007年版,第86页。

② 法国学者特别强调,行为能力不同于"授权证书"(pouvoir)。授权证书,是当事人实施某种具体法律行为的资格。参见尹田:《自然人的行为能力、意思能力、责任能力的辨析》,载《河南省政法管理干部学院学报》2001年第6期。

构成问题,而无效力问题,也不要求有民事行为能力。① 反观,法律行为的效力确定与其他行为不同。法律行为特点在于,以意思表示为基本要素,且产生行为人自己预期追求的法律效果。在日常生活实践中法律行为是最重要和常见的行为,其效力的有无,既关系到行为人自身利益能否实现,又涉及与之发生关系的相对人利益和整个交易秩序的维护。但自然人对行为后果的识别判断能力会因年龄和智力状况不同而呈现各种情形。倘若,行为人在为法律行为时,缺乏一个统一的行为能力判断标准,就可能出现两方面后果:或者是行为人因缺乏正常判断识别能力而负担对自己不利的后果,或者是因过分关注行为人识别判断能力而增加交易成本和影响交易效率。无论出现其中任何一个结果,都会阻碍交易的有序进行。据此,为体现民法的意思自治原则,并在兼顾行为人的识别判断能力的同时,使交易更为便利和迅捷,就有必要通过立法技术确定一个行为能力制度,狭义的行为能力概念也就应运而生。亦即法律根据年龄和智力两方面因素作为行为能力的判断标准,并明定狭义行为能力是法律行为的有效要件之一,行为人有无行为能力直接关系到法律行为效力的认定。

归纳之,从维护法律体系以显示规定行为能力的作用而言,狭义说有着积极意义。强调狭义行为能力并非对广义行为能力的否定,而仅是为了解决法律行为效力的判断,由此说明广义与狭义行为能力有各自内涵和外延,有各自存在的作用。广义行为能力更符合人的本质属性和自然法则,应是真正意义上的行为能力;狭义行为能力不过是法技术化的产物,仅是协调大陆法系现有法律制度的需要。但从民事立法和司法角度出发,狭义行为能力的确立在现行民法体系中更具有实际操作意义。

(二)行为能力(狭义)与其他能力的关系

在民法体系中出现和使用狭义行为能力概念后,势必对当事人能力的理解呈现更为复杂的局面,而明确各种能力的相互关系及其区别,对于相关法律制度的构建和完善,以及正确运用有关法律依据均有裨益。因此有必要进一步厘清狭义行为能力与其他能力的关系。目前理论探讨和法律规定的自然人能力,主要涉及权利能力、行为能力、意思能力和责任能力等。对此逐一分析如下。

1. 行为能力与权利能力

权利能力是自然人依法取得权利和承担义务的资格;行为能力自狭义而言则

① 参见梁慧星:《民法总论》,法律出版社 2001 年第 2 版,第 65 页。

是自然人为法律行为的资格，二者均是主体依法所享有的资格，不容自行抛弃，但又有不同。其主要区别是：(1)性质不同。权利能力是连接自然人格和法律人格的桥梁，虽也是法律规定的产物，但权利能力的确定与人的本质属性相符，与社会伦理一致。而狭义的行为能力的设计不像广义行为能力那样与人的本质属性相关，纯粹是法技术化的产物。(2)产生和终止依据不同。权利能力基于出生而享有，因死亡而终止，不以意思能力有无为前提；行为能力不仅以有权利能力存在为前提，而且以意思能力有无和程度不同而有差异。(3)范围和内容不同。权利能力凡人生而皆有，且平等；行为能力非人人皆有，且有行为能力彼此也未必内容相同。这意味着有权利能力者并非都有行为能力，欠缺行为能力者，欲取得具体权利或承担相应义务，则须由法定代理人代而为之或依法补正。(4)效用不同。权利能力虽是承担法律后果的基础，但有无行为能力则可决定其承担法律后果的范围。有权利能力无行为能力，可享有权利而不必然承担义务，即未必承担消极后果；而既有权利能力又有行为能力则对积极和消极后果均应承担。也就是说，有权利能力可享有具体权利，但未必承担违法行为所生后果，即责任能力与权利能力无关，而与意思能力或行为能力有关。

2. 行为能力与意思能力

意思能力系对于自己行为或其效果，能正常判断、识别及预期之精神能力，亦称为识别能力。① 主要包括识别、判断与预期能力，三者的结构顺序组合与人们的思维习惯相符。通常，对事物的认识总是以识别为起点，接着判断决定是否为相应行为，然后对行为效果产生预期。按理，人的行为都是其意志的外部表现，行为效果应以意思能力有无而定，而意思能力的有无则应按人的具体行为审核，才符合实际。亦即行为能力若从广义理解与意思能力应属同类，二者关系密切本应一致，相互之间也无区别的必要。但当民法体系设计了法律行为制度，将法律行为与其他行为加以区别时，仍依行为人具体识别判断能力为前提而确定法律行为的效果，则势必费时费事，有碍交易的迅捷和便利。② 于是，大陆法系中以德国民法为代表，将

---

① 参见洪逊欣：《中国民法总则》，台北，三民书局 1992 年再修订第 4 版，第 81 页。其他学者如胡长清认为意思能力指能判断自己行为效果的能力。参见胡长清：《中国民法总论》，中国政法大学出版社 1997 年版，第 74 页。又如郑玉波称，意思能力者，能判断自己行为生如何结果之精神的能力也，包括正常的认识力及预期力两者。参见郑玉波：《民法总则》，中国政法大学出版社 2003 年版，第 121 页。再如梁慧星称，意思能力为自然人认识自己行为的动机与结果，并根据此认识决定其正常的意思之能力。参见梁慧星：《民法总论》，法律出版社 2001 年第 2 版，第 66 页。学者表述时虽有差异，但内容实质基本一致。

② 参见郑玉波：《民法总则》，中国政法大学出版社 2003 年版，第 121 页。

人的年龄和智力规定为法律行为能力的判断标准，并将之分为完全行为能力、限制行为能力和无行为能力三类，而不顾行为人实际情况，以迎合现实交易的需要。由此也使意思能力与狭义行为能力出现了差异，有了区分的需要。具体表现为，二者的形成和判断依据不同。意思能力有无是具体、客观的事实判断，并无统一基础和判断标准。若行为人为有意识的活动且属于法律规范范畴，则该具体行为就应对行为人产生法律后果；反之若该行为不是意志支配的活动，除以公平原则分担后果外，对行为人无法律后果。而行为能力作为法技术化的产物，是法律对客观现实的抽象理解。行为能力有无可依具体标准（年龄和智力）来确定。虽然法律规定行为能力判断标准时依然继续关注意思能力，但二者已无法完全对应。此时，意思能力原则上已成为行为能力有无的前提，一方面有意思能力始有行为能力，无意思能力就无行为能力；另一方面无意思能力者固无行为能力，但无行为能力者却未必无意思能力。由此，若某人有意思能力但不符法定行为能力标准，则仍应按无意思能力处理而否定其所为法律行为的效力，除非法律另有规定。[①] 显然，民事立法设计创制行为能力概念的意图，并不是要割裂意思能力和行为能力的关系，而仅在于保护智虑不周之人，并兼顾交易安全与迅捷。由此也说明，民法为区分不同行为能力人，以年龄与智力作为判断标准仅具有形式意义，而意思能力才是决定行为能力的实质依归。离开意思能力，分析行为能力将变得毫无意义。

3. 行为能力与责任能力

所谓责任能力指因违反法律规定而应负责的能力。包括侵权能力和债务不履行能力。[②] 有的学者认为仅指侵权能力。[③] 责任能力的性质虽有争论，但通常认为是责任的归属能力，即确定不法行为的制裁后果是否可由行为人承担的能力。[④] 一个人在法律上是否承担责任，并不是说其行为是否构成不法，而是取决于制裁对其能否发生。民事责任能力是意思自治原则的体现，着重反映了自主责任的价值，而法律确定行为人是否应承担责任的前提，应是其对行为是否有识别判断能力，意识到行为违法，亦即行为人有过错。故责任能力实质上是关于违法行为的意思能力。

---

① 多数国家或地区都规定，在行为时确缺乏意思能力的，则不使该法律行为生效。如《德国民法典》第 105 条、我国台湾地区“民法”第 75 条。我国最高人民法院也曾在《关于贯彻执行〈中华人民共和国民法通则〉若干问题的意见（试行）》第 67 条第 2 款规定，行为人在神志不清的状态下所实施的民事行为，应当认定无效。

② 参见王泽鉴：《民法总则》，北京大学出版社 2009 年版，第 97 页。

③ 参见梁慧星：《民法总论》，法律出版社 2001 年第 2 版，第 67 页。

④ “为不法行为的能力，在德文中往往用‘归责’（zurechnung）概念来加以表示。”参见凯尔森：《法与国家的一般理论》，沈宗灵译，中国大百科全书出版社 1996 年版，第 103 页。

我国民事立法虽未使用责任能力这一术语,但并不意味着其否认责任能力的存在。[①] 相反,只要承认过错制度也就等于认同责任能力制度。缘此,将责任能力称为过错能力或侵权行为能力并不为过,且从表达上更为准确。[②] 责任能力与行为能力原本应属于共生关系,即使是狭义行为能力的设计,也是依意思能力为基础,有行为能力当应有责任能力,但现因确定狭义行为能力与判断法律行为效力挂钩而使二者分属不同能力,故不应混淆。行为能力与侵权行为能力的主要区别有:一是设立目的不同。行为能力是为行为人追求自身利益而设,而侵权行为能力是为维护他人和社会利益而设。二是适用效力不同。行为能力是判断法律行为有效与否的依据,而侵权行为能力是决定行为人是否承担责任的依据。三是认定标准不同。行为能力有统一判断标准,可明确法律行为具体效力的范围;而侵权行为能力没有统一抽象尺度,难定具体法律后果的范围。[③] 由此形成的理论体系是,侵权行为能力的有无与意思能力相关,即须以行为人进行具体行为时有无识别判断能力为准,决定其是否应承担侵权或债务不履行责任。

4. 行为能力与其他能力

法律行为外的其他适法行为能力,通常在民法中均未予具体规定,对此应根据不同行为性质决定其能否类推适用狭义行为能力的规定,如对意思通知、观念通知等准法律行为应可类推适用,而事实行为则否;对于意思受领能力(即于他人意思表示时,使其意思表示发生效力的法律上资格),此时受领者虽处于消极地位,但依意思表示的受领,受领人有请求其处置的必要,故仍应按狭义行为能力有无决定其是否可为直接受领。关于处分能力(即有处分权限),财产主体原则上有处分权,但处分有事实上处分和法律上处分之分,法律上处分以实施法律行为为常态,应当以狭义行为能力有无而定,但事实上处分则不需要。至于诉讼能力(指有效为诉讼的能力,亦即当事人能单独进行诉讼的能力),诉讼行为属公法行为故与行为能力不同,但一般认为有行为能力者有诉讼能力。[④]

界定行为能力的概念和范围,并说明其与各种能力的关系,不仅是为了解决理

---

① 参见张俊浩主编:《民法学原理》(上册),北京大学出版社 2000 年修订第 3 版,第 63 页。

② (Verschuldensfähigkeitd 的传统译法"责任能力"不确切,易引起歧义。因为在德国法中,判断是否具有这种能力是在过错层面上进行,也就是说,在判定过错之前,先要根据行为人自身情况来判定其行为是否可以过错为理由而受谴责,这时思维内容还未涉及行为人的责任,故不存在"责任能力"的问题。——译者著)参见[德]马克西米利安·福克斯:《侵权行为法》,齐晓琨译,法律出版社 2004 年第 5 版,第 86 ~ 87 页。

③ 参见梁慧星:《民法总论》,法律出版社 2001 年第 2 版,第 67 页。

④ 参见史尚宽:《民法总论》,中国政法大学出版社 2000 年版,第 108 页。

论上对某事物的定义,更重要的是为了厘清其与相关制度的关系,以使我国民法体系构建更为科学和合理,使相关法律的具体运用更为准确到位。行为能力制度的设计模式选择及编制,对民法体系构建的影响主要体现在如下两方面:

首先,关于行为能力制度设计模式的选择。就目前大陆法系主要代表国家的立法模式而言,大致有如下情形:法国民法没有确定当事人的能力,仅强调所有法国人均可享有民事权利(《法国民法典》第8条),①同时也未明确规定法律行为制度,但具体立法和司法实践中已逐渐关注法律行为存在;②日本和瑞士民法均承认并区分自然人权利能力和行为能力,且均将行为能力直接规定在权利能力条款之后,③但日本民法总则有法律行为制度,而瑞士民法总则无法律行为制度,故各自对行为能力的表述仍有不同。《瑞士民法典》第12条规定,有行为能力人,亦有能力通过自己的行为享有权利及承担义务。④ 日本民法对行为能力没有具体定义,但理论上将“法律按照自然人智能发育程度决定其能否自己进行那样行为”的能力,⑤称为行为能力。德国民法规定了自然人的权利能力,但却未在其后同时规定行为能力,而将狭义行为能力的有无与法律行为的效力直接挂钩。⑥ 我国台湾地区“民法”与之相似,只是其在自然人权利能力后规定了未成年人及其行为能力和禁治产人能力的同时,在法律行为章节再规定行为能力与法律行为效力的关系,⑦而该行为能力规定均明确为狭义理解。

比较而言,法、日、瑞等国未明确规定狭义的行为能力,即使有行为能力的规定也仅是注重行为是否属意思支配的结果,亦即从某种意义上这些国家立法或理论上所谓的行为能力更接近于广义行为能力概念,故将之规定于自然人权利能力之后,符合人的本质属性,有其存在的合理性。但是如此设计,必须同时对自然人所为的法律行为另设无能力制度,以保护意思无能力人,并同时警戒与之交易的相对方。⑧ 事实上,

① 参见《法国民法典》(上册),罗结珍译,法律出版社2005年版,第41页。

② 参见《法国民法典》(上册),罗结珍译,法律出版社2005年版,第6页。

③ 参见渠涛编译:《最新日本民法》,法律出版社2006年版,第4页;《瑞士民法典》,殷生根译,艾棠校,法律出版社1987年版,第4页。

④ 参见《瑞士民法典》,殷生根译,艾棠校,法律出版社1987年版,第4页。

⑤ 参见[日]我妻荣:《我妻荣民法讲义-Ⅰ-新订民法总则》,于敏译,中国法制出版社2008年版,第43页。

⑥ 参见《德国民法典》,陈卫佐译注,法律出版社2004年版,第3、30页。

⑦ 参见五南法学研究中心编辑,杨淑文、张丽卿、洪家殷、谢易宏监修:《最新简明六法》,台北,五南图书出版股份有限公司2010年版,二-第5页、二-第15页。

⑧ [日]我妻荣:《我妻荣民法讲义-Ⅰ-新订民法总则》,于敏译,中国法制出版社2008年版,第56页。

这些国家中通常也都根据年龄和智力状况来确定法律行为效力的有无。虽然这些国家的民法未将狭义行为能力作为法律行为有效与否的要件之一,但强调未成年人或禁治产人所为法律行为的效力可能被撤销或宣告无效,等同于对自然人的行为能力加以相应限制,如此极易使人对行为能力的理解出现偏差,而混淆行为能力的广义与狭义之分。而以德国为代表的将行为能力有无及其效力分别规定在自然人和法律行为章节的模式,虽在编制上有割裂权利能力和行为能力之嫌,但在适用上却有便利之效。如此编制可清晰地告诉人们法律对狭义行为能力规定仅是一种配套措施,目的在于使狭义行为能力成为判断法律行为效力的要件之一。至于其他行为的效力或后果均无须受狭义行为能力有无的制约。故而在民法中专门规定法律行为制度的国家,将行为能力从狭义角度理解并直接与法律行为效力相衔接,则更具有可操作性,由此呈现的法律逻辑体系也顺理成章。我国以往民事立法时,曾将行为能力规定于权利能力之后,同时又在法律行为制度中明确行为人具有相应行为能力是为法律行为的要件之一。① 该模式与我国台湾地区"民法"较接近,单就该编制模式本身而言难说优劣。问题是,当初我国原《民法通则》并未明确行为能力本身的含义,以致对行为能力究竟是广义的还是狭义的在理解上易生混淆。其实,任何法律体系的构建,与其存在的经济制度和调整的关系都息息相关,与其有关的法律制度密不可分。自然人狭义的行为能力制度设计,同样取决于该国的经济运行模式和法治的基本理念。例如,在强调生活资源分配均由国家等公权力组织体统筹安排的国家,狭义行为能力制度并非绝对必要,如在须借助当事人自治实现生活资源分配的国家,狭义行为能力制度则是不可或缺。② 这是因为,要奉行意思自治,鼓励行为人通过自己意志创设或变动法律关系,法律制度就须承认表意人所表示的意思价值,而该意思理应以表意人有理智地形成意思能力为前提。③ 如此就需要一个具体制度,通过与心理认识能力有关的资格筛选,既保护参与交易的主体,又兼顾健全自由交易的市场功能,以体现自治在于尊重社会生活本性的真正价值。④ 目前,我国已改计划经济体制为社会主义市场经济体制,民法又提倡私法自治,承认法律行为制度,其体系和相关制度基本借鉴德国。因此,对行为能力制度的设计模式理应更接近于德国,即应明确行为能力作为法律行为的有效要件需从狭义角度界定,以合理衔接相关制度。我国《民法典》的制定已体现这一改观,明

① 原《民法通则》第10~14条和第55条。

② 参见曾世雄:《民法总则之现在与未来》,中国政法大学出版社2001年版,第141页。

③ 参见[德]迪特尔·梅迪库斯:《德国民法总论》,邵建东译,法律出版社2000年版,第409页。

④ 参见龙卫球:《民法总论》,中国法制出版社2001年版,第251页。

确了狭义行为能力的概念,并将之与法律行为的效力直接挂钩;但其似乎完全忽略了广义行为能力的存在。

其次,关于行为能力与侵权民事责任的关系。如前所述,行为能力自广义理解与意思能力无实质性差异,这意味着按广义说将行为能力与侵权责任相关联并无不可,①但当民法中出现狭义行为能力的概念并使之成为判断法律行为效力的要件之一时,侵权责任究竟应与何种能力相关的问题就不容回避。就大陆法系主要国家和有关地区民事立法而言,无论有无行为能力制度,也不管其是否承认狭义行为能力概念,通常都强调侵权责任应与意思能力关联。而且,绝大多数国家的立法例都认为未成年人或禁治产人也应对自己的侵权行为承担侵权赔偿责任。② 这不仅利于实现权利与义务或责任的均衡状态,避免出现义务与责任的真空地带,更重要的是"主动承担责任以及被对方要求承担责任,是人的特权,也是人的负担",③但该侵权责任承担原则上应以行为人有过错为逻辑起点。正如 19 世纪德国法学家耶林所说,"使人负损害赔偿的,不是因为有损害,而是因为有过失,其道理犹如化学上之原则,使蜡烛燃烧的,不是光,而是氧一般的浅显明白"。④ 过错是一种应受谴责的主观心理状态。行为人有过错,便有道德上的可受责难性;行为人有意识自己行为后果的过错能力,便可将责任归咎之。由此也说明侵权责任承担应以意思能力即"足以辨识自己的行为结果的精神能力"为前提。⑤ 但遗憾的是,我国原《民法通则》却将侵权责任能力与行为能力相联系,⑥现制定的《民法典》依然维持以往做法,⑦而

---

① "侵权行为能力属广义行为能力……"参见王泽鉴:《侵权行为法》,北京大学出版社 2009 年版,第 256 页。

② 《德国民法典》第 827 条规定:"在丧失知觉的状况下或者不能自由决定意思的精神错乱的状况下加害他人的人,不对该损害负责任。……"参见《德国民法典》,陈卫佐译注,法律出版社 2004 年版,第 266 页。《日本民法典》第 712 条规定:"未成年人给他人造成损害,如果是因为不具备足以辨识自己的行为责任的智能,则不对其行为负赔偿责任。"第 713 条规定:"因精神上的障碍,在处于对自己的行为欠缺辨识能力的状态下给他人造成了损害的人,不负其赔偿责任。……"参见渠涛编译:《最新日本民法》,法律出版社 2006 年版,第 151 ~ 152 页。

③ [德]卡尔·拉伦茨:《德国民法通论》(上册),王晓晔等译,法律出版社 2003 年版,第 51 页。

④ Rudolf von Jhering, Das Schuldmoment im rŏmischen Privatrecht, 1867, S. 40: "Nicht der Schaden verpflichete zum Schadensersatz, sondern die Schuld, ein einfacher Satz, ebenso einfach wie derjenige des Chemikers, dass nicht das Licht brennt, sondern der Sauerstoff der Luft. "转引自王泽鉴:《民法学说与判例研究》(第 2 册),台北,三民书局 1994 年版,第 150 页。

⑤ 参见于敏:《日本侵权行为法》,法律出版社 2006 年第 2 版,第 85 页。

⑥ 原《民法通则》第 133 条。

⑦ 《民法典》第 1188 条(原《侵权责任法》第 32 条)规定:无民事行为能力人、限制行为能力人造成他人损害的,由监护人承担侵权责任。监护人尽到监护责任的,可以减轻其侵权责任。有财产的无民事行为能力人、限制行为能力人造成他人损害的,从本人财产中支付赔偿费用。不足部分,由监护人赔偿。

且该行为能力并非从广义理解。对此学界中表示肯定者也居多,如有学者认为理论通说“着重于个人之保护,但难免有所偏颇,实践中徒增纷扰,不利于对他人和社会之保护,且民事责任仅涉及责任人的财产利益,不及于人身,与刑事责任有别。以行为能力之有无,作为判断责任能力之根据,实有利于实务及对他人和社会利益之保护。因此较通说更优”。① 但按如此理解,一方面与该学者所言的狭义行为能力定义形成逻辑上的悖论,即行为能力包括不法能力怎能继续称为狭义?另一方面在立法上也难以自圆其说,即无行为能力人既然无责任能力就无须承担责任,但为何在其有财产时却须以其财产来承担责任?据此,不法责任能力仍应以意思能力为前提,就行为人各个具体行为审查其有无识别判断能力而确定其责任。行为人包括未成年人或禁治产人,若能意识到行为后果,就应自己承担责任;既然自己应承担责任,则应当用自己的财产来赔偿。② 唯有如此,才能使法律制度一以贯之。应指出的是,以意思能力确定行为人是否承担侵权责任,不是说采用个案一一判断模式是唯一途径。为提高办案效率,立法以一定年龄标准为行为人有无意思能力界限未尝不可,如《德国民法典》第 828 条规定:“(1)未满七岁的人不对其所加给他人的损害负责任。(2)已满七岁但不满十岁的人,对其在汽车、有轨交通工具或者悬空缆车的事故中加给他人的损害不负责任。已满七岁但未满十岁的人故意地引起侵害的,不适用前句规定。(3)以未满十八岁的人的责任未被依照第 1 款或者第 2 款加以排除为限,其在实施加害行为时缺乏辨别责任的必要判断力的即不对其加给他人的损害负责任。”③但这仅是确定某年龄段的人或者在为某事时有无意思能力的依据,而非以有无行为能力为确定侵权责任的划一标准。因此,关于侵权行为不应以划一的标准来规定无能力人,而应在各个场合通过审查行为人的意思能力有无来决定其责任有无。因为对侵权行为设置无能力制度几乎不可能,也无必要。④

综上所述,狭义行为能力纯属立法技术化的产物,主要解决法律行为效力判断

① 参见梁慧星:《民法总论》,法律出版社 2001 年第 2 版,第 67 ~ 68 页。

② 未成年人通常缺乏财产,且要求其承担责任尤其是较重的赔偿责任会影响其成长,但这不应成为否定其承担责任的理由。因成年人同样也会欠缺财产,难道也可因此而回避责任的承担吗?显然答案是否定的。另外,要求未成年人自己承担责任,并非完全排斥监护人责任,只不过监护人也应承担过错责任而已。当然在未成年人无意思能力和监护人无过错时也不能完全置被害人于不顾,对此应引进公平责任来解决。

③ 《德国民法典》,陈卫佐译注,法律出版社 2004 年版,第 266 页。

④ 参见[日]我妻荣:《我妻荣民法讲义 - Ⅰ - 新订民法总则》,于敏译,中国法制出版社 2008 年版,第 56 页。

标准的统一问题，对于侵权责任则应根据行为人有无意思能力来判断，而不应以行为能力有无作为划一标准。如此设计和编制关键是受制于业已形成的法律体系。这是因为法律体系一旦形成，就犹如"纸枷锁"必将固定众多业已存在的制度及其内在联系，改变该体系中的某些内容，势必牵一发而动全身，最终将影响该体系正常运转。

(三)行为能力的样态比较分析

在大陆法系的国家和地区中，行为能力制度的设计虽有所不一，但对交易秩序的维护乃是各国家和地区民事立法都需关注的重点。即使没有规定狭义行为能力或根本不规定行为能力的国家，也会对于未成年人或智力有缺欠者作出相应的保护规定。为行文方便起见，在此不做区分一并阐释。通常，在大陆法系各国和有关地区的民法典编制模式中，对于行为能力的内容，大多以年龄和智力作为判断标准而作相应区分。原则上行为能力有无以年龄长幼为标准(一般标准)，例外以人的精神状态为标准(非一般标准)。就年龄标准而言，有单级制和复级制之分。前者仅分为成年和未成年二级，如法国、日本等；后者将行为能力分为三级即完全行为能力人、限制行为能力人和无行为能力人，如德国等。其实，单级制与复级制各有利弊，单级制易规定和判断，复级制则难为规定和判断，但复级制更注重民法的教化功能，有利于鼓励未成年人参加相应的交易活动。就智力标准而言，可分禁治产制和准禁治产制，如法国、日本等，但德国原仅设禁治产制。① 对相关内容，法国、瑞士、日本、泰国等直接规定在自然人章节中；德国原将成年、禁治产等内容规定于自然人章节中(后将禁治产制度废除)，将行为能力的具体划分则规定在法律行为中。我国台湾地区仅将行为能力的有无规定在自然人中，同时又在法律行为制度中区分不同行为能力人，并与法律行为效力直接挂钩。我国民事立法在年龄标准上采复级制，在智力标准方面未设禁治产制度，但有类似的无行为能力和限制行为能力的宣告制度，②具体编排与我国台湾地区相似。下以比较方式逐一分析各种行为能力及禁治产制度的具体内容。

1. 完全行为能力

通常各国民法均以成年作为自然人取得完全行为能力的标准。自然人达到成年年龄，已积累了相应的知识和社会经验，且开始独立生活，在社会交往中应具有识别判断和预见自己行为后果的能力。法律赋予成年人有独立以法律行为取得权

---

① 参见郑玉波：《民法总则》，中国政法大学出版社 2003 年版，第 123 ~ 124 页。

② 《民法典》体例上与原《民法通则》相似，只是直接体现了狭义行为能力的概念。

利承担义务的资格,符合社会理念和自然规律。但各国法律基于人民生理发育等差异,对成年年龄规定不一,最高规定为25岁如丹麦,最低为18岁如土耳其等,现已有逐渐降低的趋势,如荷兰改23岁为21岁,①法国、德国改21岁为18岁。② 成年年龄在各国规定较多的是:21岁如奥地利、意大利、比利时、荷兰、泰国等;20岁如瑞士、日本等;18岁如德国、法国、英国、土耳其、匈牙利、罗马尼亚、保加利亚等国。③ 我国民事立法一直规定18周岁为成年人,有完全行为能力。④ 以一定年龄为界限定成年与否,并决定有无行为能力,在单级制的国家,势必出现一日间行为能力从无到有的转变现象。此种现象与理难合,因人的心智是逐渐发达,而非一日成熟。即使在复级制的国家同样也会遇到难题,即在法律规定婚龄低于成年年龄,或者就业和服役的年龄低于成年年龄时,若该自然人仍不能享有完全行为能力,还需要其法定代理人为代理。也与社会需求和实践不符。因此,设定未成年缓冲制度就不容回避。所谓未成年缓冲制度指未成年人符合法律规定的条件时可视为成年人或在为某种法律行为时有与成年人相同的能力。各国采用的未成年缓冲制度主要有:

其一,解除亲权制,即未成年人因一定事由而解除亲权,包括当然解除和依法解除。如《法国民法典》规定:未成年人因结婚当然解除亲权;未成年人虽未结婚,但年满16周岁,可依父母意思由监护法官宣告解除亲权,若无父母可由亲属会议请求依相同方式解除亲权。⑤ 成年或未解除亲权的未成年人原本处于父母的权力之下,但一旦解除亲权其原则上就如同成年人可有进行所有民事行为的能力,除法律有特别规定外。⑥ 因解除亲权使未成年人能不受父母亲权力控制而自己管理自己

---

① 原《荷兰民法典》第385条规定23岁为成年(参见胡长清:《中国民法总论》,中国政法大学出版社1997年版,第75页),后改为21岁为成年(参见梁慧星:《民法总论》,法律出版社2001年第2版,第100页)。

② 《法国民法典》第488条规定(1974年1月3日第68－5号法律)年满18周岁为成年。年满18周岁的人有能力实施民事生活的所有行为。参见《法国民法典》(上册),罗结珍译,法律出版社2005年版,第403页。《德国民法典》第2条。也有相关规定。参见《德国民法典》,陈卫佐译注,法律出版社2004年版,第3页。

③ 参见梁慧星:《民法总论》,法律出版社2001年第2版,第100页;郑玉波:《民法总则》,中国政法大学出版社2003年版,第126页。

④ 原《民法通则》第11条,《民法典》第17条。我国台湾地区则沿中国古代“男子二十而冠,女子二十而笄”的古礼规定20岁为成年。

⑤ 《法国民法典》第476～478条规定。参见《法国民法典》(上册),罗结珍译,法律出版社2005年版,第400～401页。

⑥ 《法国民法典》第487条。参见《法国民法典》(上册),罗结珍译,法律出版社2005年版,第402页。

事务,故学者将此也称为自治产制。[①]

其二,结婚成年制,即未成年人因结婚而成年。如《日本民法典》第753条规定,未成年人因其已经结婚而视为已达成年。[②]《瑞士民法典》第14条第2款也有相同规定。[③] 其强调未成年人因结婚即可像成年人一样参加各种民事活动。但赋予未成年人有成年人的行为能力,未必一定直接拟制为成年。因此,我国台湾地区"民法"仅规定因结婚而有行为能力,而非因之成年。[④]

其三,成年宣告制,即未成年人达到相当年龄可由法院宣告为成年。在罗马法中25周岁为成年与否的界限,但男达20周岁,女达18周岁,即可从君主处获得"年龄恩准"(venia etatis)。[⑤]《瑞士民法典》仿效罗马法,其第15条第1款规定:"年满18岁的人,可在其本人同意及其父母的赞同下,由监护监督官厅宣布为成年人。"[⑥] 成年宣告制强调未成年人符合法定条件并经法定宣告程序,可作为成年人,而非仅享有行为能力。但同样也有立法规定宣告不是使未成年人视为成年,而使之成为完全行为能力人。例如,《俄罗斯联邦民法典》第27条规定,年满16岁的未成年人,依劳动合同包括其他合同工作,或经父母、收养人或保护人同意从事经营活动,可被宣告为具有完全行为能力。宣告未成年人取得完全行为能力,经父母双方、收养人或保护人同意的,根据监护和保护机关的决议进行,无父母、收养人或保护人同意的,须根据法院的判决进行。未成年人取得完全行为能力后,父母、收养人或保护人对其债务包括致人损害而发生的债不再承担责任。[⑦]

其四,法定行为能力制,即符合法律规定的条件者直接视为完全行为能力人。如我国原《民法通则》第11条第2款规定,16周岁以上不满18周岁的公民,以自己的劳动收入为主要生活来源的,视为完全民事行为能力人。《民法典》也如此规定。[⑧] 其特殊之处在于,未成年人只要符合法律规定要件,即可直接被拟制为完全行为能力人,而不需要经过法定的宣告程序。

---

① 参见郑玉波:《民法总则》,中国政法大学出版社2003年版,第129页。

② 参见渠涛编译:《最新日本民法》,法律出版社2006年版,第160页。

③ "(二)未成年已结婚的人,亦为成年。"参见《瑞士民法典》,殷生根译,艾棠校,法律出版社1987年版,第5页。

④ 参见郑玉波:《民法总则》,中国政法大学出版社2003年版,第130页。

⑤ 参见黄风:《罗马法私法导论》,中国政法大学出版社2003年版,第105页。

⑥ 《瑞士民法典》,殷生根译,艾棠校,法律出版社1987年版,第5页。原《德国民法典》第3条规定,对年满18岁(当初其成年为21岁)以上的未成年人可由监护法院宣告为成年。该条款现已废除。

⑦ 参见《俄罗斯联邦民法典》,黄道秀、李永军、鄢一美译,中国大百科全书出版社1999年版,第14页。

⑧ 《民法典》第18条第2款。

比较各国和有关地区的缓冲制度可见,尽管对于缓冲手段是同时并用还是仅取其一,各国和有关地区的民事立法规定不尽相同,有的仅采某一种,有的则是两种并用,但总体上都不排斥和否认未成年缓冲制度。其中,法国模式注重社会理念和实际问题的解决,不仅全面考虑了结婚和依法解除亲权两种可能,而且仅涉及未成年人能否自己管理财产的能力问题,不直接使之成年。但瑞士等国的做法与之稍有不同,其更关注成年与行为能力的法律逻辑关系,通过宣告将未成年人拟制为成年人,而非仅享有行为能力,以保证成年才有行为能力的体系一致性。但瑞士等如此质的改变似乎有矫枉过正之嫌,恐怕难以有效控制或限制其离婚和其他法律行为如商业投资行为等。因为既然已拟制为成年人,则所有事务都应由其自己决定,但事实上其毕竟未达成年年龄,所以在为某些行为时仍不能完全与成年人等同看待。如我国台湾地区"民法"规定,因结婚取得行为能力者,在离婚时仍应取得其法定代理人同意。[①] 至于立法是否应规定结婚解除亲权或结婚成年制,则取决于该国家和地区规定的婚龄是否低于成年年龄,[②]如未成年人结婚后仍受亲权控制与情理不符。与此同时,应关注未成年人婚姻因配偶死亡或离婚等而消灭时是否使其行为能力随之丧失的问题。理论上虽有观点认为,结婚成年是一种拟制,婚姻关系消灭时应回复至原来未成年人状态,但一般认为结婚后离婚的,仍应作为完全行为能力人;如未达法定婚龄且没被撤销的,应视为完全行为能力人;未达法定婚龄被撤销的,撤销不具有溯及力,撤销前为有行为能力,撤销后为无行为能力(另一种观点是法律拟制的行为能力继续有效);撤销时已达婚龄或已怀孕的,则不得撤销;撤销时已达成年年龄的继续有行为能力。[③] 国外和有关地区民事法律规定的缓冲手段和范围虽有不同,但因都具有相应的外观标志存在,而对判断未成年人有无行为能力进而认定法律行为效力不会形成大碍,故均能对以一定年龄界定成年的刚性规定起到缓冲作用。此外,很多国家法律中还采用特许等方式赋予未成年人相应能力,即法律规定在某些领域未成年人与成年人有同一能力。如德国、日本等民法规定营业许可的范围内未成年人与成年人有同一能力。[④] 法国等规定年满 16 周岁

① 参见郑玉波:《民法总则》,中国政法大学出版社 2003 年版,第 128 页。

② 众多国家都规定婚龄低于成年年龄,如法国民法规定,男年满 18 岁,女年满 15 岁可结婚,而其成年年龄原为 21 岁,现为 18 岁。瑞士规定也如此。各国如此做法并非自找麻烦,而是顾及人的生理发展和合理维护现有伦理秩序的需要。

③ 参见史尚宽:《民法总论》,中国政法大学出版社 2000 年版,第 114 ~ 115 页。这与我国婚姻法规定的未到法定婚龄婚姻无效有别,我国台湾地区规定为可撤销。

④ 《日本民法典》第 6 条(参见渠涛编译:《最新日本民法》,法律出版社 2006 年版,第 4 ~ 5 页)、《德国民法典》第 112 条(参见《德国民法典》,陈卫佐译注,法律出版社 2004 年版,第 32 页)。

的未成年人有以遗嘱处分财产半数能力,应征参军者不受此限制。① 亦即年满16周岁的未成年人有用遗嘱处分自己一半财产的能力,但一旦应征参军后,就如同成年人有处分自己全部财产的能力。诸如此类方式也较好地达到了未成年的缓冲效果。

反观我国民法规定则显不足。我国将未成年人视为完全行为能力人的要件细分有三:一是年龄因素须年满16周岁;二是参加劳动或工作;三是有稳定收入即可依劳动谋生。但在这三者中除劳动稍有公示效果外,其他均难以从外观上作出辨析,②如此最终必然影响对行为能力有无和法律行为效力的判断。而且,一旦依法直接将未成年人视为完全行为能力人,对其又欠缺相关要件如不再劳动或无稳定收入时是否依然为完全行为能力人这一问题也难得出唯一结论。一般如经法定程序宣告为成年人或完全行为能力人的,如不经相应程序即不可否认其行为能力,即法律的推定拟制应属于不可逆转,但我国规定未经相应程序,而只是依据相关因素直接拟制,则不能推导出该拟制具有不可逆转性。③ 因此,借鉴国外立法,完善我国的未成年缓冲制度刻不容缓。此是其一。

其二,我国对其他特殊情形的未成年人行为能力有无考虑也缺乏关注。尽管我国规定婚龄晚于成年年龄,且1994年后不再认可未达婚龄结婚的事实婚姻效力,但为保护交易秩序,同时避免“双重”监护等情形出现,④仍须考虑他们有无行为能力。这说明国外和有关地区当然解除亲权制度或结婚成年制,尤其是对未达婚龄而结婚的处理规则对解决我国未成年人结婚后有无行为能力的判断问题仍有一定意义。同样,对于在某些特定领域是否应赋予未成年人与成年人相同能力的问题的处理,也有值得我国借鉴之处。

2. 无行为能力

无行为能力人绝对不具有独立为民事法律行为的能力,其民事活动应由法定代理人代理。在各国和有关地区的民事立法中,有两类人即未满法定年龄的未成年人和智力有障碍的成年人可被认定为无行为能力人。

从年龄确定主体为无行为能力人,仅在对行为能力判断采复级制的模式中须讨论,因单级制中未成年人行为都受控于父母亲权。而首当其冲的问题是,该年龄

---

① 《法国民法典》第904条(参见《法国民法典》(上册),罗结珍译,法律出版社2005年版,第697页)。

② 因现在不少孩子发育较早,故对一些“小大人”难以从年龄方面加以判断;又因家庭条件的改善,不少孩子可从继承遗产或接受赠与等方面获取稳定的生活来源,故就此也难以得出正常的判断结论。

③ 推定式拟制实际上是一种法律上的推定,其推定之特征在于通过拟制的方式,使之不因反证而被推翻。参见黄茂荣:《法学方法与现代民法》,中国政法大学出版社2001年版,第163页。

④ 所谓“双重”监护并不是一个法律概念,仅是属于事实描述,即未成年人的父母既要担任未成年子女的监护人,又需对未成年人的子女(外、孙子女)加以监护。

应定在几岁？我国原《民法通则》规定未满10周岁的未成年人为无行为能力人，而《民法典》规定不满8周岁。[①] 但在德国和我国台湾地区均规定为未满7周岁者为无行为能力人。[②] 不同的规定对法律行为的效力认定不同。譬如，一不满8周岁小学生用五角钱在文具店买一本练习本的行为，若以我国现有规定就应无效，而若以德国等规定判断就应有效。二者相较，我国现有规定显然脱离生活实践不尽合理。[③] 民事立法之所以如此规定，是因为在对未成年人和交易安全两方面利益的考量时，采取了对未成年人的保护优于交易安全原则。但德国学者卡纳里斯认为如此规定因违反宪法规定的禁止过度（Übermaβverbot，《德国基本法》第2条第1款）而失效。对无行为能力人应类推适用限制行为能力人的有关条款。因为事实上许多情况下法定代理人会同意无行为能力人参与交易，更重要的是儿童能有效进行法律行为的前提条件无论如何是其"天生的行为能力"。[④] 的确，不满7周岁的无行为能力人也可能得到父母同意参与交易，或支配零用钱，但如果认定该法律行为有效，则使年龄界限不确定，令人对狭义的行为能力究竟产生于何时存有疑问。而这种过于弹性的标准不是人们所期待的立法。事实上，立法也无法总是面面俱到，其体系安排时应顾及常态，对于非常态情况则可通过例外规定，或以判例、司法解释等间接渊源来补救。

禁治产制度是兼顾保护禁治产人权益和交易安全的产物。所谓禁治产人指因精神障碍致不能处理自己事务，法院因申请权人的申请，宣告其禁治产，而使之成为无行为能力或限制行为能力的自然人。显然，禁治产制度与自然人民事行为能力制度关系密切，但就其地位而言，它只是行为能力制度的一个组成部分，且处于补充的地位。这是因为，立法依人的年龄对行为能力分类时，虽符合生理规律又操作简便，但毕竟无法对人的能力状况作出圆满界定，对于已达成年年龄而精神有障

---

① 《民法典》第20条。

② 《德国民法典》第104条规定未满7周岁者无行为能力。参见《德国民法典》，陈卫佐译注，法律出版社2004年版，第30页。而我国台湾地区规定从德国规定。参见胡长清：《中国民法总论》，中国政法大学出版社1997年版，第77页。

③ 在《民法总则》草案中曾将无行为能力人年龄改为7周岁，但在讨论中有人认为太低就又抬高1周岁。这样的做法与当初《民法通则》定位一样，带有随意性，照样会使某些交易即法律行为效力在法律上被认为无效，但事实上却被认可。其实，行为能力的有无不仅关乎法律行为实施与否，而且也关乎社会理念对法定监护人注意义务程度的判断。通常7周岁是入学年龄，一旦入学就难以要求法定监护人全程监护，而在入学前应要求被监护人始终处于监护人或其他有管理职责人控制之下，这就意味7周岁之前的未成年人应由法定代理人代理实施法律行为。

④ 参见[德]卡尔·拉伦茨：《德国民法通论》（上册），王晓晔等译，法律出版社2003年版，第142～143页。

碍者,法律则难以赋予其完全的行为能力。[①] 而精神欠周全者本身又属特殊状态。因此,关于行为能力有无,原则上应以年龄长幼为标准而定,例外情况则以人的精神状态为标准而定,此两大标准为各国民法所同。[②] 由此也决定了依精神状态为标准确定行为能力,是对依年龄划分法不足的补充。

关于禁治产制度,各立法例不尽相同,大致可分为三派:[③]一是宣告上的不同,即区分禁治产宣告和准禁治产宣告,对精神丧失人宣告其为禁治产人,对精神耗弱人、浪费人等宣告为准禁治产人。通常禁治产人为无行为能力人,准禁治产人则为限制行为能力人。如法国(第488~492条)、日本(第7~13条)等。[④] 二是能力上区别,即无禁治产与准禁治产之分,都宣告为禁治产,但因宣告原因不同而对行为能力影响有别,亦即因精神丧失而受禁治产宣告者为无行为能力人,而因精神耗弱、浪费与酗酒而受禁治产宣告者则为限制行为能力人,如德国(原《德国民法典》第6、104、114条)。[⑤] 另瑞士民法也不问宣告原因如何,因其有无判断能力,而法律行为能力有不同,即无判断能力的禁治产人行为,原则上不能引起法律上效力,而有判断能力的禁治产人,经其法定代理人的同意,始得因其行为负担义务。(《瑞士民法典》第18、19条)[⑥]三是不为宣告和能力上区别,凡禁治产人皆为无行为能力,如我国台湾地区"民法"的相关规定。此外,原苏俄民法规定了无行为能力和限制行为能力的宣告制度,对精神病人进行无行为能力宣告,对因酗酒或吸毒而使其家庭物质状况艰难的公民进行限制行为能力宣告。[⑦] 现《俄罗斯联邦民法典》(第29、30条)基本上承继了原苏俄的做法。[⑧] 如此做法虽无禁治产制度之名,但有禁治产

---

① 同样如未达成年年龄,但精神状态影响其判断,亦可通过宣告将之作为无行为能力人。参见我国《民法典》第21条第2款。

② 参见郑玉波:《民法总则》,中国政法大学出版社2003年版,第124页。

③ 参见史尚宽:《民法总论》,中国政法大学出版社2000年版,第119页。

④ 《法国民法典》第488~492条。参见《法国民法典》(上册),罗结珍译,法律出版社2005年版,第403~410页。《日本民法典》第7~13条。参见渠涛编译:《最新日本民法》,法律出版社2006年版,第5~6页。

⑤ 原《德国民法典》第6、114条现已被废止。

⑥ 参见《瑞士民法典》,殷生根译,艾棠校,法律出版社1987年版,第5页。其实《瑞士民法典》与《德国民法典》有别,其不考虑禁治产宣告的原因谓何,而仅以禁治产人有无判断能力为准决定其行为效力。

⑦ 参见中国社会科学院法学研究所民法教研室编:《苏俄民法典》,中国社会科学出版社1980年版,第9页。

⑧ 参见《俄罗斯联邦民法典》,黄道秀、李永军、鄢一美译,中国大百科全书出版社1999年版,第15~16页。

制度之实。这一立法模式与法、日等国更接近。①

我国目前立法虽也未使用禁治产的概念,但探究相关规定和司法解释的实质,应存在类似做法。例如,原《民法通则》第 13 条规定:“不能辨认自己行为的精神病人是无民事行为能力人,由他的法定代理人代理民事活动。不能完全辨认自己行为的精神病人是限制民事行为能力人,可以进行与他的精神健康状况相适应的民事活动;其他民事活动由他的法定代理人代理,或者征得他的法定代理人的同意。”该规定其实就是依意思能力欠缺的程度,将精神病人分为不能辨认与不能完全辨认自己行为后果两个层次,这与禁治产制度所涉及的心神丧失人和精神耗弱人基本对应。同时,原《民法通则》第 19 条对精神病人进行无民事行为能力与限制民事行为能力宣告方面的程序规定,以及最高人民法院司法解释规定的认定标准及其民事活动范围,②也与禁治产制度相似。《民法典》基本延续了原来的规定。③ 因此,如果我国制定的民法典欲规定禁治产制度,应无太大障碍,只要对就现行立法规定稍作整合即可。而立法需关注的重点依然是,禁治产制度的适用对象和法律效果。

虽然,对于禁治产制度各国和有关地区规定并非相同,但因其涉及自然人行为能力限制与剥夺,事关人格意志的实现和交易效力的认定,故有关立法对此都谨慎处置,均要求由法院依法定程序来实现,不能由其他组织或个人凭某些证明自行决定。而法院为禁治产宣告时应具备实质和形式要件:前者主要考察精神障碍是否影响行为人处理自己事务,行为人意思能力的欠缺是否处于常态;后者审查申请者是否有权申请。只有符合形式和实质要件时,法院才可为宣告。一旦被宣告为禁治产人或准禁治产人,该行为人在禁治产被撤销前,就成为无行为能力人或限制行为能力人,一方面须为其设定监护人或保佐人,他方面其所为法律行为的效力也将受到相应制约。④ 应注意的是,禁治产制度顾名思义仅是禁止行为人自己治理其财产,故对身份问题原则上不得适用。⑤ 另因宣告时应考虑行为人是处于精神障碍的

---

① 有学者认为如苏俄民法不以浪费为禁治产原因,则结果同于我国台湾地区“民法”。参见史尚宽:《民法总论》,中国政法大学出版社 2000 年版,第 120 页。其实苏俄民法并无与大陆法系民法完全一样的禁治产制度,而就其区分无行为能力和限制行为能力宣告制度而言,似乎更接近于法、日等国做法。

② 最高人民法院《关于贯彻执行〈中华人民共和国民法通则〉若干问题的意见(试行)》第 4 ~ 8 条。

③ 《民法典》第 21 ~ 24 条。

④ 各国或地区规定的效力也不相同,有的规定不当然无效而仅可撤销如日本,有的规定视宣告原因而定绝对无效与否如德国等,有的规定绝对无效如我国台湾地区。参见史尚宽:《民法总论》,中国政法大学出版社 2000 年版,第 120 ~ 121 页。

⑤ 参见郑玉波:《民法总则》,中国政法大学出版社 2003 年版,第 131 ~ 132 页。

常态,故偶尔或暂时性的精神错乱者不得被宣告为禁治产人。① 反之,对经常处于精神障碍状态仅暂时间歇清醒者,应可适用禁治产制度,否则对其行为效力审查过于烦琐且举证困难,会导致对该行为人和交易安全的保护欠周全。

在禁治产制度中有必要进一步讨论的是,禁治产制度的原因范围以及禁治产制度的完善问题。

对于禁治产的原因,在民法理论上大致可归为三类:一是心神丧失即意思能力全部丧失者;二是精神耗弱即意思能力较为欠缺者;三是浪费人即因挥霍浪费、酗酒或吸毒等不能处理自己事务,致自己或家属限于贫困之虞或危及他人安全者。② 第一、二类性质相同,属于精神障碍类型,其差异仅是程度不同而已,③第三类是被称为"有一定性癖"的人,如浪费、酗酒与行为不检的人。④ 这与精神障碍类型显然不同。⑤ 对于前两类能为禁治产或准禁治产宣告,立法和理论界都无疑义,但对第三类即浪费人等能否适用禁治产制度,各国和有关地区规定不同,法、德、日等国民法都(或曾经)有规定,而我国台湾地区"民法"未规定。理论界也有肯定与否定两种观点。肯定者认为,浪费成癖之人,一方面因浪费使自己陷于穷困,有碍其个性自由发展;另一方面也必因此危及老幼家属的生活,贻害国家社会。⑥ 因此,若一个人缺乏意思能力的事实经法定程序确定,为维护其人格和家属的生活以及他人的安全,需要国家行为的干预,即以宣告禁治产来限制或剥夺其行为能力。

但否定说在我国台湾地区民法界占上风,并致其"民法"未将浪费人纳入禁治产制度的适用范围。其主要理由有四:第一,浪费人与精神病人性质不同。精神病人因精神错乱不能为法律行为,而浪费人则神智清楚,只是用钱无度,故在浪费人

---

① 通常对此类人法律也规定其所为行为无效,但理由是欠缺意思表示而非无行为能力。例如,《德国民法典》第105条规定:"在丧失知觉或者暂时的精神错乱的状况下做出的意思表示无效。"参见《德国民法典》,陈卫佐译注,法律出版社2004年版,第30页。

② 《德国民法典》原第6条规定,区分因酗酒或吸毒而宣告禁治产与因挥霍浪费而宣告禁治产,前者以酗酒或吸毒的嗜好已危及他人安全为要件,即一般宣告禁治产不考虑公共利益。参见[德]卡尔·拉伦茨:《德国民法通论》(上册),王晓晔等译,法律出版社2003年版,第138~139页。

③ 关于心神丧失和精神耗弱的区别标准有争论:有的认为性质有差别即前者是病态后者为病态,仅是判断能力逊于常人;有的认为程度有差别,即前者全然丧失意思能力,后者为意思能力不甚完全。现通说为后者。参见胡长清:《中国民法总论》,中国政法大学出版社1997年版,第79~80页;参见[德]卡尔·拉伦茨:《德国民法通论》(上册),王晓晔等译,法律出版社2003年版,第138页。

④ 参见胡长清:《中国民法总论》,中国政法大学出版社1997年版,第80页注[1]。

⑤ 因性质不同德国民诉法规定的内容也不同,对于精神障碍类型检察官可以参与,而对浪费人的禁治产宣告检察官则不参与。参见[德]卡尔·拉伦茨:《德国民法通论》(上册),王晓晔等译,法律出版社2003年版,第139页。

⑥ 参见洪逊欣:《中国民法总则》,台北,三民书局1992年再修订4版,第81页。

未欠缺意思能力的前提下,对其为禁治产宣告,使之成为无行为能力人或限制行为能力人,限制过严。且社会发展的进程也体现了对浪费人限制渐渐放宽的趋势。①第二,对行为能力限制太多有影响社会健全之嫌,②与现代民事立法倡导发扬个人自由和权利的精神相悖。现代社会强调人格平等、独立和自由,消费程度和方式纯属个人自由范畴。而且,从经济学角度而言,鼓励交易与社会利益增长积累息息相关。何况划分积极消费与浪费界限本身也是难题。故除对精神障碍者行为能力限制外,从注重社会一般利益出发,也不欲在交易上多设限制。③ 第三,浪费成性者意味失去正常识别判断能力,即可解释为因精神耗弱已至不能处理自己事务程度,④无必要再立限制条款。第四,社会变迁和法制完善加强了家属和他人利益的保护方式和预防措施。现代社会以核心家庭为主,亲属法上夫妻财产制度的完善和夫妻人格独立和平等化,不仅减少了家属利益受损害的可能,而且使一人行为影响他人生活情况受到抑制。更重要的是,以私法手段来实现公法的目的效果也并不令人满意。⑤ 各法律部门各司其职,互相协调,效果更佳。由此可见,否定说的理由具有合理性,将浪费人等排除在禁治产的原因之外,并不影响对他们的保护。

另对禁治产制度立法和适用应注意两点:其一,生理机能有欠缺者如盲、聋、哑人等应不能适用禁治产宣告制度。因生理缺陷与精神障碍毕竟不同,生理机能的残缺并不必然影响精神状态。故对生理缺陷但精神状况正常者为禁治产宣告,并使之成为无行为能力人或限制行为能力人有悖于现代立法精神。但如生理缺陷影响当事人自决能力表达时,法国立法认为其仍有得到保护的必要。《法国民法典》第 490 条第 2 款规定:“身体官能受到损坏的情况,如妨碍当事人表达其意志,亦适用相同的保护制度。”⑥该条款事实上是将生理缺陷归结到意思能力的缺陷,并将这种人理解为精神耗弱人,而身体官能受损只是引发精神耗弱的原因。我国台湾地区“民法”第 14 条的规定,也正是沿袭如此思维路径,认为聋盲哑等生理缺陷者作

---

① 在罗马法时期,浪费人有别于精神病人已成特殊调整对象。对其设有保佐制度。立法最初规定,浪费人具有相当于儿童的限制行为能力。到帝政后期则对浪费人的限制放宽,规定除重大行为由保佐人代为进行外,一般行为只要经保佐人同意即可由浪费人自己处理。参见周枏:《罗马法原论》,商务印书馆 1996 年版,第 125 ~ 126 页。

② 参见胡长清:《中国民法总论》,中国政法大学出版社 1997 年版,第 80 页。

③ 参见史尚宽:《民法总论》,中国政法大学出版社 2000 年版,第 118 页。

④ 参见胡长清:《中国民法总论》,中国政法大学出版社 1997 年版,第 80 页。

⑤ 参见[德]卡尔·拉伦茨:《德国民法通论》(上册),王晓晔等译,法律出版社 2003 年版,第 139 页注[13]。

⑥ 《法国民法典》(上册),罗结珍译,法律出版社 2005 年版,第 405 页。

为精神耗弱人，均须达到不能处理自己事务之程度，才能为禁治产宣告。[①] 然而，在科技发达的当今社会，盲聋哑等生理缺陷早已不像以前那样会成为人们自由生活和表达意志的巨大障碍，人们凭借先进的网络通信工具完全可参加各类社交与经济活动。为此《日本民法典》在昭和五十四年（1979 年）经第 68 号法律修订，已在第 11 条关于"准禁治产人"的规定中将聋、哑、盲人予以废除，而只保留了心神耗弱人与浪费人作为准禁治产宣告的对象。[②]

其二，德国于 1992 年 1 月 1 日起废止成年人禁治产制度，以法律照管制度取而代之。它与禁治产制度的主要区别是，被照管人的行为能力并不因此自动丧失或受限制，改善了疾病患者成年人的地位。[③] 日本也在 1999 年底对成年人的监护制度作了重大修改，并在 2000 年 4 月 1 日开始施行。其不仅彻底改变了日本禁治产和准禁治产制度，而且还创设了任意监护、监护登记等制度。[④] 20 世纪末德日等国的立法活动，说明禁治产制度的负面因素已成为该制度存续的障碍。的确，原本禁治产制度的适用，可通过他人协助提升禁治产人的判断能力，利于对弱者的保护。但因禁治产的宣告必然影响当事人的行为能力及其行为效力，而且尽管该制度只是禁止自己处分和管理财产，而非限制其他自由，但因其用词问题则易令人鄙视禁治产人。此外，在操作层面也有问题。一方面该制度下对禁治产的认定费事费力，另一方面对于大量老年人判断能力逐渐退化的情况又无法适应，更重要的是，每一个体的精神障碍类型与程度不会完全相同，而宣告结果却不得不一致。因此，为体现对人性的关怀，对禁治产人进行科学合理的管理照料，以照管制度取代禁治产制度更值得推崇。

不过就我国文化背景和法律意识的现状而言，似乎一步到位不是最合适的选择。这是因为我们不仅难以接受将家人宣告为无行为能力人的事实，而且也不能理解浪费人能被禁治产的概念。如在没有意识到应对其加以保护的前提下直接将之排斥在外，则有操之过急之嫌。基于此，逐步到位的做法可能是更合适的选择，即在立法中应先规定禁治产制度，且将浪费人作为宣告禁治产的原因，当人们逐渐了解禁治产制度后再加以完善。换言之，我国在对禁治产制度作具体规定时，在对

---

① 参见王泽鉴：《民法总则》，中国政法大学出版社 2001 年版，第 120 页。现我国台湾地区"民法"修正条文废除禁止产制度。参见王泽鉴：《民法总则》，北京大学出版社 2010 年版，第 96 页。

② 《日本民法典》，曹为、王书江译，王书江校，法律出版社 1986 年版，第 5 页。

③ 德国在 1992 年 1 月 1 日起施行的 1990 年 9 月 12 日《关于改革对成年人的监护与代管法的法律》中，不但废除了《德国民法典》第 6 条关于"禁治产人"的规定，而且以法律上照管取代之。参见《德国民法典》，陈卫佐译注，法律出版社 2004 年版，第 489 页。

④ 参见渠涛编译：《最新日本民法》，法律出版社 2006 年版，第 423 ~ 424 页。

其原因范围的确定上,可借鉴法国亦即德国修订前的立法模式,将心神丧失、精神耗弱和浪费人等都作为禁治产的事由,同时根据不同原因规定禁治产人有限制行为能力或无行为能力,待时机成熟时再以其他合理制度取而代之。

3. 限制行为能力

限制行为能力介于完全行为能力和无行为能力之间。通常在与其年龄和智力相适应的范围,限制行为能力人的行为能力与成年人相同,故将之作为其他有行为能力的特殊情形未尝不可,[①]但考虑到限制行为能力人虽在知识经验方面比无行为能力人有所进步,可在计较得失、审查利害等方面终究不如成年人周密。[②] 因此,将其单立加以保护更为清晰。

保护的具体方法则是根据年龄与智力确定其实施法律行为的范围。就大陆法系各国和有关地区的立法模式而言,通常都采列举式。列举方法有二:一是列举限制行为能力人可为具体行为的范围,如德国等;二是列举须经监护人或保佐人同意而为行为的范围,如日本。[③] 我国原《民法通则》则采概括式规定,[④]《民法典》有所列举但总体依然属于概括性条款。[⑤] 二者相较,显然概括式过于抽象难于判断,与规定限制行为能力人须兼顾交易安全和便捷的目的不相吻合,且给法官自由裁量权过大也易使保护有失公允。故采列举式更为合理。[⑥] 然而,因规范限制行为能力人所为法律行为的效力属立法政策的重大问题,其须兼顾保护智虑不周者、促进未成年人参与交易,以及交易安全等众多因素,故各国和有关地区对此规定不尽相同。但主要模式是以法定代理制度为基础,即以法定代理人允许为原则,同时设定允许原则的例外。[⑦] 据此,限制行为能力人可为的法律行为主要可分为两大类,法

① 参见史尚宽:《民法总论》,中国政法大学出版社 2000 年版,第 115 ~ 116 页。

② 参见胡长清:《中国民法总论》,中国政法大学出版社 1997 年版,第 84 页。

③ 英美法系虽未区分各种行为能力的样态,但也多采列举方式明确不同年龄阶段的人可为何种行为的做法。

④ 原《民法通则》第 12 条第 1 款规定:“十周岁以上的未成年人是限制民事行为能力人,可以进行与他的年龄、智力相适应的民事活动;其他民事活动由他的法定代理人代理,或者征得他的法定代理人的同意。”

⑤ 《民法典》第 19 条规定:“八周岁以上的未成年人为限制民事行为能力人,实施民事法律行为由其法定代理人代理或者经其法定代理人同意、追认,但是可以独立实施纯获利益的民事法律行为或者与其年龄、智力相适应的民事法律行为。”

⑥ 事实上,我国司法实践也已察觉概括式欠妥,故最高人民法院《关于贯彻执行〈中华人民共和国民法通则〉若干问题的意见(试行)》第 3 条规定:“十周岁以上的未成年人进行的民事活动是否与其年龄、智力状况相适应,可以从行为与本人生活相关联的程度、本人的智力能否理解其行为,并预见相应的行为后果,以及行为标的数额等方面认定。”但该司法解释依然过于抽象。

⑦ 参见王泽鉴:《民法总则》,北京大学出版社 2009 年版,第 258 页。

定代理人允许的行为和不必法定代理人允许的行为。

第一类法定代理人允许的行为包括:(1)法定代理人许可的行为。法定代理人通常由对未成年人能力最为了解的父母担任,与无行为能力人的法定代理人只有代理权不同,限制行为能力人的法定代理人除有法定代理权外,还有能力补充权。[①]故未成年子女所为的法律行为,经法定代理人许可包括事先许可和事后追认,均因限制行为能力人的能力得以补充而有效。法定代理人的许可范围可特定,如购买一辆价格便宜的二手自行车,也可概括,如给一笔钱去旅游即包括许可其签订运送、住宿等合同,但概括许可应有范围限制且可估计,否则将使法律保护限制行为能力人的目的如同虚设。经许可行为有效指对限制行为能力人直接发生效力,而并非法定代理人应对与未成年人交易方承担责任。[②] (2)一定财产处分的允许,如父母给予未成年人零用钱或其他自由支配的金钱,未成年人即可在此范围内实施法律行为。这虽与父母许可相似,但因其无特定或概括许可范围限制而与父母许可又存在不同。此类许可,如未成年人已用自由支配的金钱实现合同给付,则有权要求对方履行合同;如其不能依约或依法有效履行合同义务,除有法定代理人的概括许可,该合同就是无效。[③] 换言之,有父母的概括许可就无须考虑此类许可的有无,未成年人所为行为只要在许可范围内即有效;若无父母概括许可而只有一定财产处分的许可,则须以未成年人的零用钱或自由支配金钱范围为合同有效的限制条件。通常,限制行为能力人就其处分财产所得的财产(替代物)亦得为处分,如可将用父母所给零用钱购买的铅笔等送人。但限制行为能力人若以零用钱购买彩票,对于巨额中奖奖金则不能处分。虽然该奖金也属替代物,但其价额超过允许处分财产甚巨时,应解释为非法定代理人允许处分财产的范围。[④] 此外,一般认为不能利用零用钱为分期付款或赊欠交易等。[⑤] (3)法定或营业许可,如父母许可限制行为能力人独立从事营利活动或与他人发生雇佣或劳务关系等。这类许可与普通

---

① 参见王泽鉴:《民法总则》,北京大学出版社 2009 年版,第 258 页。

② 法定代理人如须对与未成年人交易对方承担责任,则应依其提供保证为前提条件。参见[德]卡尔・拉伦茨:《德国民法通论》(上册),王晓晔等译,法律出版社 2003 年版,第 149 页。

③ 参见[德]卡尔・拉伦茨:《德国民法通论》(上册),王晓晔等译,法律出版社 2003 年版,第 149~150 页。

④ 参见王泽鉴:《民法总则》,北京大学出版社 2009 年版,第 259 页。同样如父母允许限制行为能力人购买彩票也并不意味着其事后可自由处分其远远超出彩票面额的中奖所得。参见[德]迪特尔・梅迪库斯:《德国民法总论》,邵建东译,法律出版社 2000 年版,第 434 页。

⑤ 参见[德]卡尔・拉伦茨:《德国民法通论》(上册),王晓晔等译,法律出版社 2003 年版,第 150 页。

许可相比,不仅其源自法律规定,①而且其包含了一项重要的例外,即一般普通许可并不排除法定代理权。也就是说,在普通许可中法定代理人仍有主管权,可继续代理未成年人实施法律行为,但此类许可意味在限制行为能力人自身享有的行为能力范围内排斥了法定代理权。② 此外有的国家立法如德国民法要求父母许可未成年人独立从事营利活动还须经监护法院许可。但允许未成年人与他人发生劳动或雇佣关系则不必经过监护法院的许可。③ 值得注意的是:第一,营业活动的概念比商行为概念更为宽泛,不仅包括农工商等实业,也包括艺术类职业。而许可与他人发生劳动或雇佣关系则不应包括以培训为目的的学徒合同。第二,与他人发生雇佣或劳动关系应作扩张解释,即如允许未成年人建立劳动或雇佣关系,当应包括允许其调换岗位或终止该关系,同时既然允许未成年人受雇于他人,一般也认为其有加入工会的行为能力。不过,许可与他人发生雇佣或劳动关系虽可理解为未成年人有受领对待给付的能力,包括可从工资账户上提取款项,但不涉及对所得工资使用和处分的行为。④

第二类不必法定代理人允许的行为是允许原则的例外,具体包括纯获法律利益的行为、日常生活所需行为和定型化行为等。由于纯获法律利益的行为仅为未成年人带来利益,而未产生任何法律上的负担,故限制行为能力人可不必经法定代理人的允许而直接为此类法律行为。对于利益的判断标准,有实质与形式之争,前者通常是针对个案从经济角度加以评价,后者则是纯粹以法律上利益为考察标准。就大陆法系主要国家的立法而言,一般采形式判断。理由是:首先,形式判断符合法律的本意。从法律上来说,利益通常体现为权利,而不利益则表现为负担,包括承担某种义务或丧失某项权利。⑤ 其次,形式判断利于维护交易安全和法律稳定。对交易安全保护的前提是,法律关系清晰透明,但如强调从经济上评价利益存在与否,则使法律关系处于模糊状态难以被认识,而对相同或相似的事物作出不同判断,则势必影响法律稳定性。最后,形式判断实质上也不会违反保护限制行为能力人利益的基本目的。因如该行为从总体上的确会给未成年人带来经济利益,仍可

---

① 《德国民法典》第112、113条。参见《德国民法典》,陈卫佐译注,法律出版社2004年版,第32页。《日本民法典》第6条。参见渠涛编译:《最新日本民法》,法律出版社2006年版,第4~5页。

② 参见[德]迪特尔·梅迪库斯:《德国民法总论》,邵建东译,法律出版社2000年版,第436~437页。

③ 参见《德国民法典》,陈卫佐译注,法律出版社2004年版,第32页。

④ 参见[德]迪特尔·梅迪库斯:《德国民法总论》,邵建东译,法律出版社2000年版,第437~438页。

⑤ 参见[德]迪特尔·梅迪库斯:《德国民法总论》,邵建东译,法律出版社2000年版,第423页。

经过其法定代理人决定使之对未成年人有效。纯获法律利益行为可存在于双方或单方法律行为中,前者如赠与,后者如赠与的撤销、使用借贷的终止、利他契约的承认等。对纯获法律利益行为的认定,有些时候会产生疑虑,即这些行为对限制行为能力人的不利,仅是该行为的间接后果或仅在特殊情况下出现,或者只是在该限制行为能力人取得利益的范围内产生。[①] 例如,受赠房屋有抵押权,或者受赠房屋须纳税等,此时是否仍为纯获法律利益的行为?对此判断并不在于区分后果是否由行为直接还是间接产生,关键取决于行为效果是否有悖于保护限制行为能力人的宗旨。换言之,只要行为不会带来负担或仅是减少有利因素而不影响或损害限制行为能力人其余或将来财产,就依然可作为纯获法律利益行为。[②] 另有些行为既不对行为人产生利益,也不产生不利益,即所谓的"中性行为",此类行为也是限制行为能力人可不经法定代理人同意而实施的,因为此时限制行为能力人不是法律保护的对象。[③] 此外,日常生活所需行为之所以可由限制行为能力人不经许可而独立实施,是因为此类行为不仅利于促进未成年人个性自由发展,而且根据社会一般理念应属其意思能力能识别判断范畴。而定型化行为,如利用公共交通工具、自动售货机等,[④]之所以可由限制行为能力人独立实施,是因为其不存在具体磋商过程,对未成年人的识别判断能力无过高要求,故不会对未成年人产生不利。

应注意的是,以上两类行为都是限制行为能力人可为的行为,即其实施后为有效行为。但如应经法定代理人许可而未得允许的行为,其效力如何应视单独行为和契约行为而定。若是单独行为,无论是有相对人还是无相对人,只要未经许可仍是绝对无效,除非是纯获法律利益的单独行为。如此规定是出于保护未成年人利益的考虑,且相对人仍处于原有状态,不至于有何积极不利益。另该无效不能因法定代理人承认而补正,因单独行为多具形成作用,应维持法律行为效力的明确性。若是契约行为则属于效力待定行为,之所以不规定绝对无效,是因为赋予法定代理人承认权,并使相对人有催告权和撤回权,既可保护未成年人利益,又可兼顾相对人利益。[⑤]

---

① 参见[德]迪特尔·梅迪库斯:《德国民法总论》,邵建东译,法律出版社 2000 年版,第 424~428 页。

② 参见[德]卡尔·拉伦茨:《德国民法通论》(上册),王晓晔等译,法律出版社 2003 年版,第 146 页。

③ 参见[德]卡尔·拉伦茨:《德国民法通论》(上册),王晓晔等译,法律出版社 2003 年版,第 147 页。

④ 参见梁慧星:《民法总论》,法律出版社 2001 年第 2 版,第 102 页。

⑤ 参见王泽鉴:《民法总则》,北京大学出版社 2010 年版,第 263~264 页。

各国民法典虽基于人们的思维习惯将具体且有主观可辨性的年龄和精神状态作为划分标准，对行为能力作不同样态归类，但应认识到年龄与精神状态并非行为能力的根基所在，它们只是为确保交易安全与迅捷而提供的客观判断手段。而意思能力才是行为能力实质内容和唯一基础。行为能力的样态如何，只能在意思能力上寻找最终答案。

第二节　法人与其他组织的地位

一、法人的形成与本质

受资产阶级启蒙思想的影响，近现代民法主张人生而平等，自然人作为意志独立的生命实体，依伦理就需要在其出生时被赋予平等独立地位。如此，不仅使法律人格具有伦理性，而且在自然人范畴内，法律人与生物人趋于重合。但团体与自然人不同，这种对自然人生命体具有伦理意义的解释，难以说明法人人格存在的必要。虽然，目前赋予法人独立人格的做法已被各国和地区民事立法普遍认可，我国立法也不例外。[①] 但这并非意味形成团体就当然须赋予独立的主体地位。

赋予团体主体资格的法律实践可追溯至罗马法。在罗马法时代已意识到各种公共团体和某些私团体与自然人意义不同，团体的作用已受重视，但赋予团体以人的资格则是一个渐进的过程，更未直接使用法人术语。1804 年《法国民法典》为防止封建或宗教团体的复辟也有意回避了对团体地位的认定，直到 1900 年《德国民法典》才首次使用了现代意义的法人概念。[②] 作为权利义务承担者的法人，在立法和理论上一般区分为私法法人和公法法人，虽对二者划分标准学者见仁见智，[③]但占主导地位的观点认为其主要区别在于，前者是根据私法的设立行为如设立合同和捐助行为而成立，后者大多数是基于公权力行为即依照法律或法律认可而成立。这不仅意味着二者成员资格取得也不同(前者是依私法行为即意思表示而取得，后者一般则是依法律规定而取得)，而且决定了只有公法人才可(但不是必须)行使主

① 原《民法通则》第 36 条第 1 款规定："法人是具有民事权利能力和民事行为能力，依法独立享有民事权利和承担民事义务的组织。"《民法典》第 57 条作出相同规定。

② 参见龙卫球：《民法总论》，中国法制出版社 2001 年版，第 352～353 页。

③ 拟采综合说即主张综合斟酌各种因素加以认定。这些因素是：设立依据、目的、成员加入的强制性、是否授予公共权力以及是否允许任意解散等。参见张俊浩主编：《民法学原理》(上册)，中国政法大学出版社 2000 年修订第 3 版，第 180 页。

权者的强制手段。不过，无论公法人还是私法人都可划分为联合体（关注成员）与机构和财团（关注“机关”即执行其法定任务的管理人）。[①] 对于私法法人，各国和有关地区重视的主要类型是社团和财团。[②] 团体被作为法人而赋予法律人格，虽不能像自然人那样从伦理意义予以认识，但依然能从其存在价值和符合法律认可主体要素两方面作出合理解释。具体分析如下：

首先，认可团体法律人格迎合了社会发展的需要。在现代法人制度产生前，为体现统治者的意志，便于秩序管理等需要，公团体的地位就早于私团体而受重视。赋予公团体以人格在罗马法时代已完成，只不过未称之为法人而已。[③] 除作为政治机构的公团体外，基于家族财产的继承、交易需要等因素业已存在私的团体，其中最为典型的是合伙，但合伙人平等代表团体对外交易且各合伙人的行为应由全体合伙人承担“无限责任”的模式，限制了资本的集中，妨碍了规模经营的展开。相对于自然人和合伙，由自然人构成的社团法人，作为统一体即因量的增加和结构的组合而获得新质，使之在集资、存续、分散风险和管理等方面具有自然人和合伙等不可比拟的优势。具体地说，社团法人不仅能因集敛巨资而兴办自然人财力难以企及的事业，而且可因团体的永续性而不受成员更替的影响，以完成须经数代人努力才能达成的事业。不仅因团体自行负担经营风险而使投资成员承担有限责任，而且可集众人智慧加强管理，以实现对单个自然人超越的目的。同样，当使用一定财产为特定目的以财团法人形式存在时，其虽不是单个人的集合体，但因其既能使捐助人将财产用于教育、慈善等公益事业的目的得以延续，也因国家严格的监管和财产与管理人的分离，防止和减少了捐助财产价值受侵犯的可能。[④] 因此，无论是赋予社团还是财团以法律人格，均能迎合社会发展的具体需要，存在认可团体为民事主体的价值。

---

① 参见［德］卡尔·拉伦茨：《德国民法通论》（上册），王晓晔等译，法律出版社2003年版，第179页。

② 我国原《民法通则》将法人分为企业法人和非企业法人，这种分类并不科学。主要问题是划分标准不明确，缺乏层次感，难以显示各种法人的特性。《民法典》以营利与非营利为划分标准对法人加以规定，另辅以特别法人的规定，如此设计从整体已经令人感到体系混乱，更为关键的是，其模糊了各类法人的设立目的，影响了对各类法人权利能力的判断，显然不具有科学性。其实传统民法理论的各个层次的分类非常清晰，并无大碍。故本书中的探讨依然按传统理论划分进行。

③ 对于公团体如国家，因其政治机构的特点较早被承认为权利主体，以后又基于同样原因认可自治城和城市委员会等团体地位。私的团体包括社团（associazione）和财团（如基金会，fondazione），前者由数人组成且其存续不依单个人更替为移转的集合体，后者仅以一笔财产使用为目标而存在，其同外界关系中的法律人格是从罗马帝国后期才发展。参见［意］彼德罗·彭梵得：《罗马法教科书》，黄风译，中国政法大学出版社1996年版，第50～52页。

④ 参见张俊浩主编：《民法学原理》（上册），中国政法大学出版社2000年修订第3版，第171～173页。

其次,团体成为法律上的人符合法律对主体的基本要求。法律人格的确立以独立性为基本要素,①主要包括意志独立和财产独立,前者是为独立行为的基础,因法律以规范行为为目标,而无独立意志难以实施具体行为;后者既是为行为的物质基础,也是行为实施后的法律担保,无独立财产就不能承担独立的责任。作为生命体的自然人依伦理即具有独立意志自不待言。同时因自然人通常都具有劳动能力,而劳动能力则是财产的表现形式之一,故其有独立财产或者已存在将来具有独立财产的基础也不容置疑。但是,若以自然人"伦理人格"的理由诠释团体人格显然不能自圆其说。因此,赋予团体以法律人格只能通过法律拟制手段来实现,即由法律直接规定设立团体法律人格的具体要件。分析团体被赋予法人地位的要件可知,其依然是要求团体具有独立性,包括意志和财产的独立。② 也就是说,某个团体只要存在独立意志和财产,就符合了法律要件,存在被赋予主体地位的可能。

公团体体现的是统治者意志而不同于成员意志;公团体的财产来自统治者的划拨而有别于成员财产,其具有独立性不言而喻。而在私团体中,其意志独立性的存在和体现,则因法人的类型不同而有所区别。在社团法人,其团体意志的形成不是成员意志简单相加,也不是成员共同意志的体现,而是以制定章程来体现,通常章程制定则是由社员大会通过的表决机制和方式来保障,即使某些成员表示反对,但因采多数决的原则而使章程得以通过,故反对者也得尊重章程的规定。这意味着一旦制定社团章程,就已完成了将成员意志提炼为团体独立意志的过程。在财团法人,因其不是自然人的集合体,仅为使用特定目的的财产而存在,故其独立意志则体现为捐助人的意志,其他任何人都无法改变捐助人意志而为管理,即使在捐助人死亡后,也得延续并尊重管理人的意志。然而,社团或财团法人的独立意志存在,仍不足以完成对其独立人格的确认,要使各团体之间形成区别,还须从外观形式加以判断。因此,无论是社团还是财团都须有自己独立的名称作为载体,以达区

---

① "具有法人性质的团体"指某种特定的组织形态,其特征是组织本身相对于成员而言具有高度的独立性。具体表现为四个方面:不存在与成员相关的解散事由;成员可以更换;决议适用多数票通过原则;由机关负责对外代表,机关成员也可以由法人成员以外的人充任(所谓"他营机构原则",Fremdorganschaft)。参见[德]迪特尔·梅迪库斯:《德国民法总论》,邵建东译,法律出版社2000年版,第818页。

② 我国原《民法通则》第37条规定,法人应当具备下列条件:(1)依法成立;(2)有必要的财产或者经费;(3)有自己的名称、组织结构和场所;(4)能够独立承担民事责任。概言之,即当具备独立意志和独立财产。应注意的是,法人应具备的条件不同于法人的特征:前者关注法人能否成立,后者强调成立后的特性。但二者关系密切,只有符合成立条件的团体,才能成为法人。《民法典》虽没有明确规定法人成立条件,但在相关条款中依然存在对法人成立的条件要求,如第58、60、63条等。

别不同法人人格的目的,同时需要由执行机构来体现其独立意志,需要相应的场所来保障实现其意志。团体独立财产的形成也受制于法人的类型,但其共性是既独立于成员个人财产,也有别于其他团体的财产。在社团法人,一旦成员出资,其财产就归团体所有;在财团法人,则是以捐助的财产为其独立财产。团体的独立财产是其开展民事活动的物质基础,更是对外承担独立责任的法律保障。因此,社团法人的成员对外以出资额为限承担有限责任,而团体则是以其所有或经营管理财产对外承担独立责任。同样,财团法人的捐助人完成捐助行为后,该捐助财产就与捐助人的财产相分离而归财团所有,财团可以该财产来承担独立责任。

当团体的存在符合社会发展需要和满足法律给予主体地位的基本要素时,即可形成法律上的人格,法人制度也应运而生。法人人格的最终确立,不但说明法律人格不应仅囿于伦理性的需要,伦理性不再是对法律人格确定的唯一决定因素,而且意味着从伦理人到法律人过渡的完成,主体资格可依法律的规定而存在。之所以可如此运作,是因为德国民法典对人的概念形式化的结果,即权利能力成为构成法律上人的连结点。只要法律赋予权利能力,即使是形成物而非伦理意义上的人,也可与自然人一样成为主体,与他人建立法律关系。① 应注意的是,法人与自然人虽均可作为民事主体并存于民事法律之中,且彼此地位平等,但赋予二者人格的理由和基本观念有所不同,赋予团体以法人人格是由关注个人向兼顾团体转变的结果。因此,法人因自身强大而易生专横的弊端应引起立法重视并对其防范,毕竟对自然人的关注是民法的终极目标,法律创设法人旨在为自然人谋求利益,不能本末倒置。②

认可法人具有民事主体的地位在理论界已达成共识,但对法人本质却在19世纪曾经发生激烈争论,当初具有代表性的观点有三:法人拟制说、法人否认说和法人实在说。③ 这种争论现在已渐渐淡化,但作为历史的文化遗产,从中依然可吸取

① 参见[德]卡尔·拉伦茨:《德国民法通论》(上册),王晓晔等译,法律出版社2003年版,第57页。

② 参见张俊浩主编:《民法学原理》(上册),中国政法大学出版社2000年修订第3版,第173页。

③ 法人拟制说通常认为以萨维尼(德)等为代表,认为法人为人是法律的拟制,是为使团体可以享有权利的法律技术产物。法人实在说认为法人并非法律凭其技术拟制抽象的人格,而是性质上宜作权利能力者的社会实在。其中可分为有机体说和组织体说。前者是以吉尔克(德)为代表,认为团体是社会的有机体,如同自然人是自然的有机体一样,有其固有的生命和意思。后者是以米舒等(法)为代表,认为法人有团体意思和代表机关宜于作为权利能力者的组织体。法人否认说否认法人人格的必要性。可细分为三派:一是无主财产说,为布林茨(德)所倡,认为法人无非是奉行一定目的的无主财产;二是受益人主体说以耶林(德),为倡,认为法人财产的受益人才是法人的真正人格,即社团的社员和财团的不特定的多数人;三是管理人主体说以赫尔德等人(德)所倡,认为法人人格者是充任法人财产管理者的自然人。参见张俊浩主编:《民法学原理》(上册),中国政法大学出版社2000年修订第3版,第175页注[1]。

养分,有助于人们认清法人的根本属性。的确,各种学说互相对立且没有一个能完全站得住脚。① 法人拟制说的出发点是,法人在本来意义上仅仅是(自然)人的一种表现,将法人视作法律技术产物而与自然人等同对待。这种观点清楚地说明法人的形成源自法律的拟制,但没能超脱罗马法“非自然人无人格”的观念,也未回答法人本质为何及其在哪些方面和多大程度上与(自然)人相同。法人否认说虽然从拟制的角度极力否认法人人格,但却致力于对法人本质的剖析,指出团体不是真正的意志体现者。法人实在说强调法人不是人为将其等同于自然人的技术手段,而是一种事实真相,是具有像自然人一样坚固而独立的实体——共同体或团体,且因有不同于自然人的团体意思存在,故是一种具有生命力的组织体。② 如此仿佛把由法律规范的社会世界产物——法人看作一种扩大了的人,但避而不谈其与自然界生命体即伦理意义上的自然人之间所存在的差别,也没有进一步深究其本质所在。

不同的学说尤其是拟制说和实在说,在法人权利能力、行为能力以及侵权责任能力的认定上形成了对立,并影响了对法人行为能力和法人机关地位的设计。譬如,在拟制说看来,法人是技术的产物,无意志存在,其主体功能实现须借助于自然人完成,法人本身无行为能力和侵权责任能力。反之,采实在说就认为法人有独立于成员的意志,也有其行为能力和侵权责任能力。据此,德国不少学者认为这是无益之争,更倾向采纳中性的表述:法人就其宗旨而言被视为归属主体。③ 一方面必须承认把法人与人进行比较是不合适的。法人只是一种社会产物,它无论是定期存在的人之联合体还是一个机构或财团,都不同于自然机体,既无自己意识,也无生理意义上的意思。另一方面也应意识到法人作为一个法律实体已存在与其成员相分离的团体意志和职能机关,使之能具有与自然人相同地位,作为法律主体而享有权利和承担义务。但该主体地位仅是形式化意义的人,而不能与最初伦理意义的人作等同理解。简言之,主体地位只是意味着权利能力的授予而已。因此,法人地位的确定不单纯是一种技术手段,而是将适用于自然人的某些规范以有限度的类推方式转适用于法人。④ 对法人主体问题采取如此调和的理解,给法律制度的设计留有相应的空间,体现了德国立法的高明。⑤ 同时也说明任何简单地按某一学说

---

① 参见[德]卡尔·拉伦茨:《德国民法通论》(上册),王晓晔等译,法律出版社 2003 年版,第 180 页。

② 参见龙卫球:《民法总论》,中国法制出版社 2001 年版,第 363 页。

③ 参见[德]迪特尔·梅迪库斯:《德国民法总论》,邵建东译,法律出版社 2000 年版,第 823 页。

④ 参见[德]卡尔·拉伦茨:《德国民法通论》(上册),王晓晔等译,法律出版社 2003 年版,第 180 ~ 182 页。

⑤ 参见龙卫球:《民法总论》,中国法制出版社 2001 年版,第 368 页。

认定法人本质并非为最佳选择。①

二、法人的能力

对于法人的能力，则因法人的形成和本质与具有伦理意义的自然人截然不同，②故在民法理论界和各国或有关地区民事立法中存在不同见解。不同的理解势必产生不同的规范，而不同解决模式和路径又势必造成不同的处理后果。譬如，A公司在以广告宣传本公司产品时虚构事实而贬低B公司的声誉，使B公司产品销售受到影响，产生损失若干。双方为此发生纠纷。在协商解决争议的过程中，B公司提出自己名誉权受到侵害，要求A公司赔偿物质和精神损害。A公司的执行董事在未征得董事会同意的前提下，擅自以公司名义将某些核心技术转让给B公司，以弥补其损失，以致A公司其他董事和股东的利益受到侵害。本例中，既反映了A公司与B公司的外部关系包括侵权与技术转让关系，又存在A公司执行董事与其他董事和股东的内部关系。在这两层关系中所涉及的法人有无人格权、能否请求精神损害赔偿，以及法人有无侵权责任能力等问题，都与法人能力的设计和理解相关。以下分别就法人权利能力及其限制，以及法人行为能力与责任能力的设计等问题作相关剖析，以期有助于我国有关理论和立法的完善。

（一）法人权利能力及其限制

赋予法人民事主体法律地位的前提是，法人应具有权利能力。这在大陆法系的各国和有关地区的民事立法中都有所体现。但法人的法律人格是法律拟制的结果，赋予其主体资格的理由毕竟与自然人不同。因此，在法律依经济需要将团体认可为民事主体的同时，各国和有关地区的法律为规范法人，使社会活动有序运行，也对法人权利能力加以必要限制。其中，瑞士和日本民事立法虽对权利能力限制内容的表述方式不同，但其均采概括方式直接限制。瑞士民法规定法人权利能力原则上与自然人相同，但例外为自然人所专有者，法人不得享有；③日本民法则强调法人仅于目的范围内享有权利能力。④ 而其他各国通常都根据需要具体列举对法

① 我国学者梁慧星认为德国、日本民法采法人拟制说，而我国原《民法通则》采法人实在说中的组织体说。参见梁慧星：《民法总论》，法律出版社2001年第2版，第126~127页。

② 在19世纪曾对法人本质发生激烈争论，各种学说争论现已渐渐淡化且并非完全站得住脚，但作为历史文化遗产，从中依然可汲取养分，有助于人们认清法人制度的设计。

③ 《瑞士民法典》第53条规定，法人享有除性别、年龄或亲属关系以外的以自然人的本质为要件的一切权利义务。参见《瑞士民法典》，殷生根译，艾棠校，法律出版社1987年版，第13页。

④ 《日本民法典》第43条规定："法人依照法令的规定，在章程或捐助行为规则规定的目的范围内，享有权利、承担义务。"参见渠涛编译：《最新日本民法》，法律出版社2006年版，第14页。

人权利能力的限制。我国立法尽管没有明确规定对法人权利能力的限制，或者理论界对某些限制也存在不同看法，[①]但这种限制的存在不容置疑。应说明的是，对法人权利能力限制，不等于说法人只具有限制权利能力，这是因为自然人也可基于性质等因素而使权利能力受到限制，如自然人不得为保险人，但没有人说自然人是限制权利能力人。[②]

对于法人权利能力的限制，理论上包括性质、法令和目的限制三方面。[③] 瑞士民法规定属自然人专有的权利法人不能享有，就是对法人权利能力性质上限制的范例。法人不是生命体，无生理和精神机能，既不能享有与生命等相关的生命健康权、身体权、肖像权等人格权，以及自然人基于亲属身份等所发生的亲权、法定继承权等身份权，也不能享有以人的身体劳务为给付的债务，以及抚养费、赡养费等具有浓厚债权债务性质的财产权。但法人可享有遗赠受领权和其他财产权。[④] 这种理念已被民法学界普遍认同。而法人权利能力既然由法律赋予，故由法律自身限制也自不待言。但与自然人权利能力应以法律限制不同，该限制一般体现为法令（法规）限制，[⑤]或者以特别法如公司法、破产法等规定来实现。[⑥] 至于法令对法人哪些权利能力应予限制，各国或有关地区立法根据自身需要考量完全可有不同回答，[⑦]但为保障法人财产不因不合理因素而流失，保证交易各方的相互信赖以稳定交易秩序，法令限制的必要性不可动摇。法人的目的是法人存在的基本要素，法人目的不同其活动范围也应不同，各国和有关地区的法律对此并无疑义。但目的限制的存废及其性质和范围等则始终是理论和立法关注的重点。因此，值得进一步

---

① 原《民法通则》第42条规定，企业法人应当在核准登记的经营范围内从事经营；第49条规定，企业法人超出登记机关核准登记的经营范围从事非法经营的，可以对法人的法定代表人追究责任。我国学者梁慧星认为，此两条规定应解释为对行为能力的限制，而非对权利能力限制。参见梁慧星：《民法总论》，法律出版社2001年第2版，第134页。

② ［德］迪特尔·梅迪库斯：《德国民法总论》，邵建东译，法律出版社2000年版，第820页。

③ 有的学者称法令上限制为法律上限制。参见张俊浩主编：《民法学原理》（上册），中国政法大学出版社2000年修订第3版，第190页。但如此提法易与自然人权利能力限制以及法人的目的限制混淆。

④ 参见王泽鉴：《民法总则》，北京大学出版社2010年版，第137页。

⑤ 参见郑玉波：《民法总则》，中国政法大学出版社2003年版，第182～183页。

⑥ 参见梁慧星：《民法总论》，法律出版社2001年第2版，第134页。

⑦ 如对法人可否充任无限责任股东，美国统一合伙法中予以肯定。大陆法系中较多立法如瑞士、日本等国的法律则否认。我国1997年《合伙企业法》持否定态度，规定合伙人须是完全民事行为能力人（第9条）。但2006年修订后的《合伙企业法》对此是有限制承认，第2条规定法人和其他组织可成为合伙人，第3条又明确规定国有独资公司、国有企业、上市公司以及公益性的事业单位、社会团体不得成为普通合伙人。又如，对公司在法律或章程规定从事担保业务外的保证，大陆法系的立法也持否定态度，但我国有关担保法律规定中，除对国家机关、事业单位法人的担保加以一定限制外，无其他明确限制规定，实践中公司为保证人比比皆是。

讨论的问题有二：

一是关于法人是否享有人格权的问题。该问题不单纯涉及法人权利能力的限制，也是能否赋予法人人格争论的延续。如采法人拟制说或法人否认说，则法人或者是法律技术的产物，或者就根本不存在，据此均可直接否定团体具有自然人的人格属性，并同时否定其享有人格权。而对于团体的名称权等可像保护商标等无形财产权一样对待，①或者认为名称权属商号权，名誉权、荣誉权等则属竞争地位权，对此侵害只要依据财产损害赔偿即可。② 这些观点从人格本身含义出发将之理解为做人的资格，法人不存在像自然人一样的人格，当无人格权。相反，若采法人实在说则认为法人可享有名称权（同姓名权）等人格权。③ 我国民事立法也一直规定法人可享有名称权、名誉权和荣誉权等人格权。④ 但法人不是伦理意义上的主体，不存在应受保护的私生活，应无一般人格权。⑤ 同时，考虑到法人人格并非基于生理等因素而赋予的特性，在这些人格权被侵害时，法人就不会像自然人那样产生精神痛苦，故也不能请求精神损害赔偿。⑥ 也就是说，即使认为法人有人格权，其享有的内容和保护范围仍与自然人不同，其权利能力在性质上仍应受到相应限制。两种观点出发点不同，结论也就有所不同。

其实，如果淡化对法人本质属性的争论，不过度地纠缠于拟制说或实在说，既不将作为社会产物的法人与自然人在有无意思和生理机能等方面作不适合的比较，同时又明确法人已存在与成员相分离的团体意志和职能机关而能被赋予权利能力，成为形式化意义的人，仅将人格作为主体资格与权利能力相联系的纽带，如此调和解释，即可为立法利用拟制技术手段奠定基础，有限度地将自然人的某些规范类推适用于法人。也就是说，即使法律赋予法人人格的意图与自然人不同，但一旦认可有给予法人主体资格的价值需求，那么法人的权利能力就应是法人人格整体构成中不可或缺的组成部分，自然人的某些人格要素也能有限度融入法人人格

① 参见龙卫球：《民法总论》，中国法制出版社2001年版，第368～369页。

② 参见张俊浩主编：《民法学原理》（上册），中国政法大学出版社2000年修订第3版，第190页注[1]。

③ 参见郑玉波：《民法总则》，中国政法大学出版社2003年版，第183页。

④ 原《民法通则》第99、102条，《民法典》第110条第2款。

⑤ 参见[德]卡尔·拉伦茨：《德国民法通论》（上册），王晓晔等译，法律出版社2003年版，第182页。

⑥ 参见2001年最高人民法院《关于确定民事侵权精神损害赔偿责任若干问题的解释》第5条规定："法人或者其他组织成员以人格权利遭受侵害为由，向人民法院起诉请求赔偿精神损害的，人民法院不予受理。"

之中。何况,理论上对法人名称权(商号权)是财产权还是人身权的性质之争尚未达成共识,竞争地位权也不是现有法律体系已类型化的具体有名权利。因此,法律规定法人有人格并可享有一定的人格权并非完全不合理。但应意识到,法人人格已不能按人格原本含义来理解,法律为规范社会现实生活的需要已赋予其新的含义,尤其是法人作为一个组织体绝对不会享有一般人格权,也不会像自然人那样产生精神痛苦。

总之,在对法人本质及其享有的权利性质和类型尚无定论前提下,无须急于求成,马上彻底否定法人的人格权,而是先确定法人有人格,可享有一定的人格权,并在此基础上,由法律对法人权利能力加以相应限制并提供必要的保护方法。如此做法相对稳妥,既可达到规范法人这类主体并推动社会进步的效果,又能为民事立法留有余地,可在时机成熟后再考虑法人人格权的取舍。

二是关于法人的目的限制问题。该问题因关系到法人与第三人权益衡量,故在各国和有关地区立法、判例和学说中争论激烈。争论的具体指向又涉及两个层面,即目的是否应成为法人活动的限制？如要限制是否属对权利能力限制？《日本民法典》第 43 条法人“在章程或捐助行为所定目的范围内享有权利负担义务”的规定,被理解为法人权利能力受目的限制的代表。① 而且,在早期德国以及英美等国学说或司法实务也都曾经出现肯定法人权利能力受目的限制的做法,且从严控制。如德国学说中法人与自然人权利能力有限制的平等(begrenzte Gleichheit)与英美法的权限外无能力原则(ultre-vitre-Grundsatz)并无太大差异,②以目的范围作为法人是否承受法律关系的界限,强调法人在目的范围外即视为无法律上的存在,法律关系归具体行为人承受,或者认为章程目的事业外的行为无效。但如此做法,不仅因要求法人须一一列举目的范围内种种行为而致交易过于烦琐,而且也对第三人利益有所影响而有害于交易安全。为此,近代各国如美国、加拿大等有废止该原则的趋势,德国的主流理论(除公法人外)也未接受该观点。日本则是对权利能力的限制作扩张解释以缓解目的限制说的弊端,即不仅认为法人为遂行其目的事业所必要的事项也有权利能力,而且还消极地解释在不及于章程或捐助行为所定目的范围内有无限制的能力。③ 苏联通说也认为法人权利能力受到目的限制,构成法人“特殊权利能力原则”,强调社会主义组织的权利能力的内容与所规定的活动目的

① 参见梁慧星:《民法总论》,法律出版社 2001 年第 2 版,第 133 页。
② 参见黄立:《民法总则》,中国政法大学出版社 2002 年版,第 121 页。
③ 参见史尚宽:《民法总论》,中国政法大学出版社 2000 年版,第 154 页。

直接联系在一起(《民事立法纲要》第12条),法人只能取得与设立法人的宗旨和章程所规定相一致的民事权利和民事义务。特殊的权利能力原则是保证达到法人活动目的的民事法律方法,并划定了法人的财产范围。① 现俄罗斯民法依然对法人有目的限制,但同样对法人尤其是商业组织的权利能力范围留有宽泛解释的空间。②我国台湾地区"民法"对此无明文规定,理论界存在肯定说与否定说两种不同观点。前者基于法人为社会实体应有的社会价值,视其有独立执行目的事业及所担当的社会作用而确定法人权利能力应受目的限制;后者则认为既然立法未像外国立法设有明文限制,并为维护交易安全,法人权利能力就不应受目的限制,该观点为多数学者所认可。③

那么,在法律对法人权利能力是否应受目的限制无明确规定,且某些强调或规定目的限制的国家也已否定目的限制或以扩张解释使之渐渐趋于空洞化的今天,除以性质和法令限制法人权利能力外,是否依然应坚持目的限制?这是我国的立法和司法实践必须面对和回答的问题。因为我国现有民法对此也无明文规定,④而且所面临的交易环境与有关国家和地区并无质的差异。诚然,明确法人权利能力受目的限制尤其是过于严苛的限制的做法,不但会使法人欠缺灵活性而影响其具体运作,也会使第三人利益受到损害。但即便如此,目的上的限制仍有存在的必要。具体理由是:第一,法人有"公"与"私"之分,公法人不能与私法人同等对待,⑤这一德国学说和判例的态度,在20世纪50年代就发生了根本变化,对公法人采纳"权限外无能力原则",即公法人在职权范围外无法律上的存在,承认公法人的权利能力受目的限制,软化对具体第三人的保护,强化对公法人代表的公共利益保护。

① [苏]B. Л. 格里巴诺夫、C. M. 科尔涅耶夫主编:《苏联民法》,中国社会科学院法学研究所民法经济法研究室译,法律出版社1984年版,第136页。

② 《俄罗斯联邦民法典》第49条规定,法人能够享有符合其设立文件所规定的活动宗旨的民事权利并承担与此活动有关的义务。商业组织,除单一制企业和法律规定的某几种组织外,可以享有为进行法律不予禁止的任何种类的活动所必须的民事权利并承担民事义务。参见《俄罗斯联邦民法典》,黄道秀、李永军、鄢一美译,中国大百科全书出版社1999年版,第24页。

③ 参见王泽鉴:《民法总则》,北京大学出版社2009年版,第139页。

④ 我国原《民法通则》第42条规定,企业法人应当在核准登记范围内从事经营。这说明企业法人权利能力在目的上受限制,至于非企业法人是否应受到限制,法无明文。但理论上应与企业法人一律。参见张俊浩主编:《民法学原理》(上册),中国政法大学出版社2000年修订第3版,第191页。另外,学者梁慧星认为所谓法人目的的限制,在中国应称为法人的经营范围限制。参见梁慧星:《民法总论》,法律出版社2001年第2版,第134页。但实际上,目的限制不同于经营范围限制。因后者仅限于企业,而法人目的则因法人性质等不同而存在不同的目的。《民法典》尽管从设立目的出发区分营利法人、非营利法人和特别法人,但也没有明确体现目的限制。

⑤ 参见王泽鉴:《民法总则》,北京大学出版社2009年版,第139页注[3]。

因为公法人存在的目的众所周知，在逾越其目的事业活动时，相对人无值得保护的信赖基础。至于何谓职权范围内，德国判例采宽泛的外观说，即以第三人一般判断为准，只要外观上可认为属于目的事业范围内的活动即可。但如属公权力的行使，则不能采纳"权限外无能力原则"，而应适用国家赔偿法理，由公法人以其权利能力承受责任。[①] 第二，即使在私法人中，法人的设立方式也不尽相同，有的可依法直接成立，有的须经核准登记，有的则须经特许方可成立。不同的设立方式，反映了国家对法人成立的不同态度，对于有些法人，尤其是国家限制经营或特许经营的法人，国家就会加强干预力度，由此决定了违反国家禁止性规定或未经特许而从事的经营活动应属无效。[②] 第三，目的限制虽源于法律，但其与法令或性质限制意义不同。前者主要在于明确法人能做什么，属于是否因特定的法律原因取得权利负担义务的问题，而后者则强调法人不能做什么，属于就特定权利义务可否附属法人的问题。法人性质上不得享有亲权，却可取得金钱债权，但金钱债权的取得仅在目的范围内为可能。例如，财团法人可与他人订立受赠10万元的契约，而不能订立为他人建房取得10万元的金钱债权，原因就在于工事承揽超出了财团法人的目的范围。[③] 这说明即使有法令或性质限制，也不至于使目的限制本身功效完全丧失。第四，虽然众多国家或地区并未直接以民法典明文规定法人权利能力受目的限制，但如以宽松解释的姿态看待法律规定，不少国家的法律中包括公司法等特别法，都体现了目的限制的思路，如"法人在清算的必要范围内视为存续""企业法人应当在核准登记范围内从事经营"等规定，都是有力的佐证。归纳之，目的限制仍有存在意义。但在认可目的限制的同时，应权衡各方利益，注意减少其负面因素，使交易安全和便利的目的得到有效实现。

另须说明的是，关于目的限制的性质认定问题。学者梁慧星先生认为，探讨该问题的意义在于确定法人目的外的行为是否有效。对此民法理论中存在权利能力限制说、行为能力限制说、代表权限制说和内部责任说等各种观点。我国学界至今未见深入的讨论，而实务中较长时间坚持的权利能力限制说，即法人在目的外的行为一律无效，显然不利于保护对方当事人和维护交易安全。权衡各种法人目的限

---

① 参见龙卫球：《民法总论》，中国法制出版社2001年版，第391～392页。

② 《民法典》第505条有提示性规定。最高人民法院曾在《关于适用〈中华人民共和国合同法〉若干问题的解释(一)》第10条明确规定："当事人超越经营范围订立合同，人民法院不因此认定合同无效。但违反国家限制经营、特许经营以及法律、行政法规禁止经营规定的除外。"

③ 参见史尚宽：《民法总论》，中国政法大学出版社2000年版，第156页。

制性质的学说,似应采行为能力限制说。[①] 其实,法人逾越权利能力的后果是,该法人被视为无权利能力而豁免承受法律关系,由具体行为人自己承受法律关系,主体豁免与行为效力不能混淆。[②] 何况依行为能力限制说似乎意味着法人的权利能力范围可与行为能力范围不同。但就我国目前的理论和司法实践而言,只要强调法人有行为能力,即认为法人的行为能力与权利能力同步发生且内容范围一致,[③]故而要说明目的限制是对行为能力的限制,就须先解决法人行为能力与权利能力的关系,否则难以自圆其说。然而,即便因主体豁免而使法人不承受相应法律关系,依然存在影响交易便利和安全的弊端。因此,在坚持目的是对权利能力限制的前提下,通过对目的作扩张解释而淡化权利能力范围,尽量将法人行为纳入目的之内而使之难以豁免,同时辅助以表见行为等保护善意第三人的制度,[④]以达便利交易和维护交易安全的目的,应是我国民事立法选择的路径。

(二)法人行为能力与责任能力的设计

法人作为民事主体为现实取得或处置其权利能力范围的权利和义务,就有必要为一定行为。另法人在相关活动中,也可能实施侵害他人权益的行为。这就涉

---

① (1)权利能力限制说认为目的限制的是法人权利能力。该说又因在法人本质问题上的不同立场而分两派:一是基于法人实在说的权利能力限制说,认为法人是社会实在,有权利能力和行为能力,故目的限制是二者的限制。二是基于法人拟制说的权利能力限制说,认为法人只是因法律拟制而为权利主体,无法人行为可言,故法人目的仅限制权利能力,不限制行为能力。(2)行为能力限制说认为,法人权利能力仅受性质和法规限制,目的限制的是法人行为能力。法人目的外行为类似于欠缺行为能力的自然人的行为,应视为一种不确定的无效行为,有被追认的可能。而法人的追认,将发生组织法的手续问题,如主管机关对法人章程变更的许可,股东大会及理事会变更章程的决议等,另也有发生表见代理的余地,如类推适用关于表见代理的规定,但法人目的属于登记事项,对方是否具备信赖保护要件也成为问题。(3)代表权限制说认为法人目的仅是划定法人机关对代表权的范围而已。法人目的外的行为属越权行为应为无效,但存在被追认或适用表见代理的可能。因此该说也将发生与行为能力限制说同样的问题。(4)内部责任说认为,法人目的仅是决定法人机关在法人内部的责任,故法人目的行为外依然有效。参见梁慧星:《民法总论》,法律出版社 2001 年第 2 版,第 135 ~ 136 页。《全国法院民商事审判工作会议纪要》(法〔2019〕254 号,以下简称《九民纪要》)第 17 条认为,违反《公司法》第 16 条构成越权代表,即采代表权限制说。

② 参见龙卫球:《民法总论》,中国法制出版社 2001 年版,第 395 页;史尚宽:《民法总论》,中国政法大学出版社 2000 年版,第 159 页。

③ 参见彭万林主编:《民法学》,中国政法大学出版社 2002 年修订第 3 版,第 89 页;史尚宽:《民法总论》,中国政法大学出版社 2000 年版,第 158 页。

④ 如《民法典》第 504 条规定:"法人的法定代表人或者非法人组织的负责人超越权限订立的合同,除相对人知道或者应当知道其超越权限外,该代表行为有效,订立的合同对法人或者非法人组织发生效力。"该规定即表见行为的具体表现。原《合同法》第 50 条有类似规定。

及法人行为能力和责任能力的设计和规制问题。[①] 对此逐一梳理剖析如下:

1.关于法人行为能力的设计。民事法律是否须规定法人的行为能力问题,与法人本质的理解密切相关,采法人拟制说即认为法人无行为能力,因法人既然是法律拟制,那么其本身自然无意思能力,无意思能力也就无行为能力,故法人活动须依赖代理法理完成,法人机关如董事等就是法人的法定代理人,机关的行为不是法人的行为,而是其自身行为,仅是依代理法则将其效果直接归属于法人而已。相反,依法人实在说则认为法人有行为能力,因法人具有像自然人一样的意思因素——团体意志,法人机关是法人不可分割的组成部分,是团体意志的形成者和执行者。法人机关依团体意思的活动,即可成为法人的行为。[②] 显然,对法人本质的不同理解不仅关系到法人有无行为能力,而且也使法人机关地位属性出现分歧,形成"机关说"和"代理说"两种观点。[③] 前者认为法人机关与法人一体,故法人机关的行为就是法人的行为;后者则认为法人与法人机关分离,法人机关是法人的代理人。这些观点分歧进而影响着各国和有关地区的民事立法。

虽然,单纯依据其中任何一种观点也可得出泾渭分明的结论,但事实上无论是立法还是学界都未出现如此简单明了的局面。就民事立法而言,在英美国家倾向采拟制说且不规定法人行为能力,通常直接将法人机关作为法人的代理人。[④] 而在大陆法系国家或地区中所呈现状况则较为复杂:有的侧重于实在说,承认法人具有行为能力,如《瑞士民法典》第54条规定:"法人依照法律或章程设立必要的机关后,即具有行为能力。"[⑤]我国民法规定与瑞士立法相似,也肯定了法人的行为能力,并明确法人机关的行为就是法人的行为。[⑥] 有的偏向于拟制说,如德国民法就未像承认法人权利能力一样明确规定法人的行为能力,其活动依靠法人机

---

① 自然人的侵权行为能力(责任能力)属广义行为能力与为法律行为的狭义行为能力,原则上均以意思能力为判断标准,但为免举证的困难和交易安全的保护,为法律行为时特设狭义行为能力制度为划一判断标准,而侵权行为能力则仍依据行为人的意思能力而定。参见王泽鉴:《侵权行为》,北京大学出版社2009年版,第256页。据此,在设计法人能力时也区分行为能力和责任能力。

② 参见郑玉波:《民法总则》,中国政法大学出版社2003年版,第184页。

③ 参见黄立:《民法总则》,中国政法大学出版社2002年版,第126页。

④ 参见龙卫球:《民法总论》,中国法制出版社2001年版,第430页。

⑤ 参见《瑞士民法典》,殷生根译,法律出版社1987年版,第13页。

⑥ 原《民法通则》第36、38条,《民法典》第57、59、61条等。原《民法通则》虽在第38条规定使用了法定代表人的字眼,但理解上与法定代理人并不相同。参见彭万林主编:《民法学》,中国政法大学出版社2002年修订第3版,第90页;张俊浩主编:《民法学原理》(上册),中国政法大学出版社2000年修订第3版,第196页。

关代理完成。[①] 又如日本民法虽也无法人行为能力的规定，且根据法人机关为法人代表的规定，[②]似采拟制说，但学者通说则多认为法人机关是法人自体的本质部分，应有行为能力。[③] 同样，我国台湾地区"民法"也没有明确规定法人行为能力的条款，但多数学者观点较为一致，认为既然因法人有存在的社会价值而赋予其法律人格，就应承认法人有行为能力，且行为方式不是以代理为之。[④]

对于法人行为能力有无的问题，之所以会在大陆法系各国和有关地区的立法和学界中呈现如此不统一的说法或做法，是因为关于法人本质的各学说本身并非无懈可击，而且由对法人本质的不同理解而引伸的"机关说"或"代理说"也是利弊并存。具体地说，依实在说强调法人机关与法人为一体，机关行为就是法人行为而非代理关系。既可力求与自然人的行为能力制度保持一致，显示法人存在的社会价值，又可解决法人成员的对外责任问题。但坚持实在说又意味在内部否认法人和机关的分离关系，法人不具有对机关进行制约的独立地位，要想处理机构成员的失职行为，必然得放弃原有逻辑，即承认机构人员与法人的分离关系。此点在瑞士民法典的规定中已有所体现。[⑤] 同样，采拟制说强调法人是法律技术拟制的产物，虽无须承认法人有行为能力，法人与法人机关的关系可依代理法理解决，但如此解释的结果是，与自然人同为民事主体的法人因欠缺连接点而影响主体的体系，而且代理关系无法说明法律行为外的行为结果也须由法人直接承担。这也是善于逻辑思维并强调体系的德国民法，为何在此问题上转而采取中间态度的关键所在。他们对法人机关的地位区分不同情况而定，在法人为法律行为方面，依拟制说的思路认定法人机关为法人的法定代理人，法人作为被代理人取得归属后果；在法人为侵权行为方面，则侧重于实在说观点视法人机关为法人自身的部分，法人以自我行为

---

① 《德国民法典》第26条规定，社团法人必须有董事会，董事会可以由二人以上组成；董事会在裁判上和裁判外代表社团；董事会具有法定代表人的地位。可以以章程限制董事会代表权的范围，并且对第三人发生效力。《德国民法典》，陈卫佐译注，法律出版社2004年版，第8～9页。董事会是一个必要的且由法律强行规定的机关，具有"法定代理人的地位"。参见[德]卡尔·拉伦茨：《德国民法通论》（上册），王晓晔等译，法律出版社2003年版，第213页。但我国台湾地区学者黄立认为德国通说为机关说。参见黄立：《民法总则》，中国政法大学出版社2002年版，第126页。

② 《日本民法典》第43、44、53条规定。参见渠涛编译：《最新日本民法》，法律出版社2006年版，第14、16页。

③ 参见[日]我妻荣：《我妻荣民法讲义－Ⅰ－新订民法总则》，于敏译，中国法制出版社2008年版，第146～147页。

④ 参见史尚宽：《民法总论》，中国政法大学出版社2000年版，第158页；郑玉波：《民法总则》，中国政法大学出版社2003年版，第184页；王泽鉴：《民法总则》，北京大学出版社2009年版，第139页。

⑤ 参见《瑞士民法典》，殷生根译，法律出版社1987年版，第13页。参见龙卫球：《民法总论》，中国法制出版社2001年版，第431页。

名义承担机关责任行为后果。[①] 虽然瑞士和德国解决问题的路径不同且均有不足，但毕竟都能实际运作。这意味法人有行为能力不是依民法规定的当然结论，而是解释的结果。[②] 在某种意义上，法人行为能力有无的设计，不是解决实际问题需要，而是满足主体制度形式体系的需要。既然如此，继续维持我国现有关于行为能力的规定应无障碍。

另须指出的是，若承认法人有行为能力，则必然承认法人行为能力受到限制，且与权利能力限制的范围相同，亦即会受到性质、法令和目的的限制。若不承认法人有行为能力，则发生法人机关代表权限制的问题，除法律有特别规定，法人机关的代表权也应受到性质、法令和目的的限制。[③] 但这种限制归根结底源自法人本身只有部分的权利能力。

2. 关于法人责任能力的设计。法人的责任能力顾名思义是法人对不法行为承担责任的能力。责任是对不法行为的制裁，在私法领域中不法行为的范围包括违约、侵权和缔约过失等行为，法人的责任也理应体现为契约和侵权等责任，[④]但因私法中对主体的制裁主要表现为损害赔偿责任的承担，故理论上法人责任能力的讨论主要以侵权行为能力为对象。我国台湾地区不少论著以侵权行为能力为标题阐述法人责任能力即是例证。[⑤]

对于法人有无责任能力的问题，同样也受到法人本质理解的影响，拟制说认为法人无意思能力，且其只有在法律允许的目的范围内才能成立并存在，逾越法人目的范围的行为不是法人的行为，法人不可能存在侵权行为，故当然也无责任能力。同时法人机关作为法人的法定代理人应以代理合法行为为限，对侵权行为则无代理权可言，从而也决定了法人无侵权的责任能力。[⑥] 实在说肯定法人有自己的意思能力，可发生侵权行为，当应也有责任能力。而且认为尽管法人目的通常受国家法律限制，不会存在不法，但不可能完全杜绝法人为目的外行为。以合法目的设立的

---

① 参见龙卫球：《民法总论》，中国法制出版社 2001 年版，第 422 页。

② 参见曾世雄：《民法总则之现在与未来》，中国政法大学出版社 2001 年版，第 142 ~ 143 页。

③ 如依《德国民法典》第 26 条规定，法人可以章程限制董事代表权，经登记可对抗第三人。但在股份有限公司、有限责任公司，为保护交易安全，对外放弃章程限制，规定对于董事代表权所加的章程限制，不得对抗第三人。参见龙卫球：《民法总论》，中国法制出版社 2001 年版，第 436 页。

④ 参见王泽鉴：《民法总则》，北京大学出版社 2009 年版，第 141 页。

⑤ 参见史尚宽：《民法总论》，中国政法大学出版社 2000 年版，第 160 页；胡长清：《中国民法总论》，中国政法大学出版社 1997 年版，第 109 页。

⑥ 参见胡长清：《中国民法总论》，中国政法大学出版社 1997 年版，第 110 页。

法人作为社会的一员，同样也有可能侵害他人权利，此点与自然人没有差异。[①] 换言之，法人的目的在于说明，法人为目的外的法律行为将会被认定对法人不生效力，而法人若为其他行为将同样产生法人须承担的后果。法人的责任能力就是法人承担侵权行为后果的基础。

理论上对法人本质的不同理解虽形成了对法人责任能力截然不同的两种观点，但各国和有关地区立法却未受影响，都认为法人应有责任能力。例如，《德国民法典》第31条规定，董事会、董事会的一名成员或者其他依社团章程所选任的代表人，以在执行其有权执行的事务中实施的，引起损害赔偿义务的行为加害于第三人的，社团对该损害负责任；[②]并强调国库以及公法上的团体、财团和机构可准用该规定。[③]《瑞士民法典》第55条、《日本民法典》第44条也都规定了法人的责任能力。[④] 不过，深究各国和有关地区法律确定法人责任能力的理由，不仅存在不尽相同之处，而且依然与对法人本质的不同解读有关。采法人实在说的立法将法人机关作为法人的一体，法人机关行为就是法人自身行为，从而决定了法人得自负其责。倾向于法人拟制说的立法，虽从逻辑体系上否认法人的意思能力，但认为仅有法人机关以法人的法定代理人身份来承担责任，既不符合代理制度的基本理念，也不利于对受害人保护，因此为规范法人并保护与之交往中各方利益，以达法人社会作用的最佳效果，从实用主义角度出发确定法人的责任能力。显然，两种观念下确定责任的样态完全不同。以实在说为基础所确定的法人责任，将法人机关的行为作为法人自身行为，不法行为实施者与责任承担者一致，责任由不法行为者直接承担，故法人的责任属于自己责任。而拟制说确定的法人责任是以法人机关的行为与法人分离为前提，法人机关作为法人的代理人，但因代理人无法代理实施法律行为以外的行为，同时法人机关的行为又无法像实在说一样被视为法人自身行为，故只能将法人机关的不法行为作为特殊情况，由与法人机关有特定关系的法人承担，即以转承责任的形态对待。应指出的是，无论是立法还是理论，尽管就法人有责任能力达成一致，但若不加区别地将法人机关行为都归由法人承担，也将使法人不堪负担而影响法人的生存。因此，法人的责任承担应符合法律规定的要件。具体为：

---

① 参见史尚宽：《民法总论》，中国政法大学出版社2000年版，第160页。

② 参见《德国民法典》，陈卫佐译注，法律出版社2004年版，第10页。

③ 《德国民法典》第89条第1款。参见《德国民法典》，陈卫佐译注，法律出版社2004年版，第23页。

④ 参见《瑞士民法典》，殷生根译，法律出版社1987年版，第13页；渠涛编译：《最新日本民法》，法律出版社2006年版，第14页。

第一，须是法人机关的行为。非法人机关的行为要么由行为人自己承担，要么在符合雇主责任时由法人承担转承责任。第二，须是法人机关在执行职务时所为。对职务行为的认定，德国采外观说，包括在外观上足以认为机关的职务行为和与职务行为在社会观念上有牵连关系的行为。第三，须具备其他侵权行为的要件。①

须进一步说明的是，在确定法人应对法人机关行为承担责任的同时，不少国家或地区的法律并不免除法人机关本身的责任。依法人拟制说，董事等代表机关的行为虽属个人行为，但法人机关对法人负善良管理人义务，故法人依法律规定承担责任对董事等个人行为不生影响，董事个人也应负责。而依法人实在说的逻辑，法人机关行为属法人行为，按理构成法人机关的个人应不负责任，但为使法人能追究法人机关的责任，加强对受害者的保护，通常也转而不依原本逻辑，认为机关的行为一方面为法人的行为，发生团体责任，另一方面为自己的行为，发生个人自身责任，且允许从两方面观察可有同一结果。② 故也确定法人机关如法人代表或董事等应对自身行为负责。例如，《瑞士民法典》第 55 条第 3 款规定："行为人失职，行为人另负个人责任。"③然而，确定法人与法人机关都应承担责任的规范模式，在明确了法人与法人机关内部关系的同时，也模糊了法人及其机关与受害人的外部关系。也就是说，在内部关系上，除章程或捐助行为有特别规定法人机关可免责外，为维护法人的财产基础，法人对外承担责任后，可对法人机关有求偿权，以制约构成法人机关成员的过错行为。甚至有的国家如日本为强化赔偿机制，不仅规定法人可向对外为代表行为者追究责任，而且还要求对超越法人目的范围的行为而造成损害的赞成者负连带赔偿责任。④ 韩国民法也有类似规定。⑤ 但在外部关系上，法人与法人机关应承担何种责任则发生疑问，且各国或有关地区的民法规定不一。有的明定法人单独承担责任如《德国民法典》第 31 条；⑥有的规定法人及其机关都要承担，但未明确该责任是连带责任还是不真正连带责任，抑或独自责任，如《瑞士民

① 参见史尚宽：《民法总论》，中国政法大学出版社 2000 年版，第 161 页。

② 参见[日]我妻荣：《我妻荣民法讲义 - Ⅰ - 新订民法总则》，于敏译，中国法制出版社 2008 年版，第 156 页。

③ 《瑞士民法典》，殷生根译，法律出版社 1987 年版，第 13 页。

④ 《日本民法典》第 44 条规定："……②超越法人目的范围的行为对他人造成损害时，赞成就该行为相关事项的决议的社员、理事及履行该项决议的理事以及其他代理人，对损害负连带赔偿责任。"参见渠涛编译：《最新日本民法》，法律出版社 2006 年版，第 14 页。

⑤ 参见史尚宽：《民法总论》，中国政法大学出版社 2000 年版，第 163 页注[1]。

⑥ 这一责任规定并不完全排除个人责任，个人可根据《德国民法典》第 840 条规定确定是否与社团一起承担连带责任。参见[德]迪特尔・梅迪库斯：《德国民法总论》，邵建东译，法律出版社 2001 年版，第 848 页。

法典》第55条;有的则为强化对董事的制约规定法人及其代表机关对外负连带赔偿责任,如我国台湾地区"民法"第28条。[①] 比较而言,确定连带责任固然对受害人和交易安全的保护更有利,但势必在厘清内部和外部关系时过于烦琐,反而影响法律自身逻辑和具体赔偿的操作。具体理由是:首先,在确定法人与其机关责任时先得辨析为何种连带责任。对于不是法人侵权行为,而是就董事等机关行为认定由法人承担赔偿责任的,如法人对其代表所为逾越目的范围行为而承担的责任,不属于共同侵权,性质上为不真正连带责任;对于法人机关为执行职务行为而承担的责任,尽管对此理论上也有不同观点,但通常认为是共同侵权,属于连带责任。如此规范直接影响法律自身逻辑体系。其次,对法人或法人机关追究过失责任时,应针对有过失的董事;过失的董事为数人的,相互之间应承担连带赔偿责任。而无过失董事对外则不应承担责任,否则有失公允。此时,若要求受害人只能对有过失的董事为请求,徒增举证麻烦;但若针对无过失董事也可为请求,则须明确无过失董事承担责任后可向有过失董事为追偿,如此辗转实为多此一举。最后,法人机关为无过失行为时,法人机关与法人同负无过失责任。这与过失责任相反,法人机关对外向受害人为赔偿后,我国台湾地区"民法"强调应准用"受任人处理委任事务,因非归责于自己的事由致受损害者,得向委任人请求赔偿"的规定,法人机关对法人有求偿权。[②] 如此设计徒增运作难度。反之,倘若确定法人对外直接独自承担责任,而法人机关仅对法人承担内部的过错责任,则可避免以上众多不便。而且,通常法人承担责任的能力应与其设立法人的责任财产相匹配,一旦有人想利用法人外衣而规避责任时,还能以否认法人人格的方法加以救济。

我国原《民法通则》规定了法人对外应承担民事责任,并可依法追究法人代表的行政或刑事责任,[③]但不仅未以执行职务范围为限,而且也没明确法人机关地位和责任以及法人对法人机关的内部追偿机制。尽管我国公司法规定,公司可请求在执行职务时违反法定义务的董事等承担赔偿责任,[④]但其适用范围有限,且这种对内责任的确定与内部的追偿制度的建立仍略有不同:前者是公司与董事等代表机关直接对话,后者是公司对外承担责任后的转接。采纳内部追偿机制将利于提高司法效率节约成本,维护公司的资产。因此,我国相关立法在慎重考虑各种规制的利弊后,也明确了法定代表人因执行职务造成他人损害的,由法人承担民事责

① 参见胡长清:《中国民法总论》,中国政法大学出版社1997年版,第111页。

② 参见史尚宽:《民法总论》,中国政法大学出版社2000年版,第163页。

③ 原《民法通则》第43、49条。

④ 《公司法》第151条。

任;法人承担民事责任后可依法律或章程规定向有过错的法定代表人追偿。[①]

综上所述,当法律根据社会发展的需要将法人纳入民事主体范畴后,就应以相对符合自然人体系的方式赋予其有关能力;但考虑其与自然人本质属性的差异,以及法律运作的可操作性,当应对各种能力加以必要调整或限制,以兼顾各方利益和交易秩序的维护。无疑,我国关于法人制度的完善或民法典的制定也应遵循该基本思路,以作出相对合理的选择。

三、非法人团体的法律地位

形成社团却不具备法人资格的实体,即属于非法人团体。[②] 这类情形在现实社会并不鲜见,如某些俱乐部、家属企业等均未经过法人资格登记,但却以团体面貌存在。于是带来的问题是,对于这些未被法律赋予法人地位的组织体应如何规制?这一问题的实质是,对非法人团体的法律定位。对此,在德日等国立法与司法中早就存在讨论,且观点不一,[③]主要观点包括:有的认为非法人团体非民事主体,称为无权利能力的社团,适用关于合伙的规定;[④]有的认为非法人团体是民事主体,对内对外上均可类推适用社团法人规定;[⑤]有的认为非法人团体仅有部分权利能力,即在对外某些方面如作为诉讼当事人、交易主体时具有主体的地位。[⑥] 以上观点,大致可归为肯定与否定两类,前者属于认可其主体地位或者部分认可其主体地位,后者属于否定其主体地位。而主体地位是否具备,则直接关乎适用法律的依据定性。若有主体地位,则适用社团法人的规定(包括部分类推适用);若无主体地位,则应适用合伙合同的规则。从现有的趋势来看,学界观点渐趋一致,大多认为应认可其主体地位,只是在何种范围适用社团法人规定的方面仍有不同。

其实,单纯从主体应具备独立意志和独立财产的法律要素上分析,非法人团体欠缺主体的基本构成要素。具体而言:首先,非法人团体不具有独立意志。这类团体的存在并不必须要求具有章程,很难真正拟制一个团体意志取代各个成员的意志,故即使有团体的代表,其行为往往也是基于合同关系的授权,亦即名为代表实为代理人。其次,非法人团体不具有独立财产,成员财产与团体财产并无明显界

---

① 《民法典》第 62 条规定。

② 参见王泽鉴:《民法总则》,北京大学出版社 2009 年版,第 157 页。

③ 我国台湾地区民法学界众多学者对此的议论也大多是基于德国立法而展开。

④ 参见《德国民法典》第 54 条。参见《德国民法典》,陈卫佐译注,法律出版社 2004 年版,第 14 页。

⑤ 参见王泽鉴:《民法总则》,北京大学出版社 2009 年版,第 158 ~ 160 页。

⑥ [德]迪特尔·施瓦布:《民法导论》,郑冲译,法律出版社 2006 年版,第 112 ~ 113 页;[日]我妻荣:《我妻荣民法讲义 - Ⅰ - 新订民法总则》,于敏译,中国法制出版社 2008 年版,第 124 ~ 125 页。

限,即当团体财产不能清偿有关债务时,成员就需用自己所有财产来承担,也即具有连带债务属性。鉴于此,要否定非法人团体的主体地位,并非无理。然而,这类团体的存在对开展社会经济活动、丰富社会文化活动等,均有裨益和贡献。而且,确定其主体地位又可便于民事交易活动的开展,在纠纷发生时可便于诉讼的进行。何况就合伙的发展而言,其也不仅仅是一种合同关系,其自身也已经可以作为一种非法人团体的形式存在。[①] 因此,为迎合社会需要,便于诉讼和交易,给予这类团体以部分主体地位也无可厚非。换言之,可考虑将其定为部分权利能力的特殊类型主体。

在我国原《民法通则》中并无关于非法人团体的规定,但《民事诉讼法》中将其他组织列为当事人,《著作权法》规定其他组织发表作品可成为著作权人,原《合同法》明确其他组织可作为签约主体。[②] 2017 年颁布的《民法总则》与《民法典》认可非法人组织的地位,在主体部分单独一章规定了非法人组织(共有 7 条),[③]体现了立法者特殊对待之意。但将非法人团体(非法人组织)作为特殊主体,在具体适用相关法律时,需注意两点:

第一,如何区别非法人组织与其他主体?根据《民法典》的规定,非法人组织包括个人独资企业、合伙企业、不具有法人资格的专业服务机构等,[④]从该条款的内容来看,非法人组织类型较为复杂,肯定不能仅作"等内解释"。此外,在他域民事立法或实务中一般以登记与否直接作为某社团是否为非法人团体的判断标准,即经过登记者为法人,未经登记者即属非法人团体。这是因为,非法人团体的出现,通常是认为确立法人设立目的与登记手续相对烦琐所致。[⑤] 相比之下,我国《民法典》第 103 条明确规定:"非法人组织应当依照法律的规定登记。设立非法人组织,法律、行政法规规定须经有关机关批准的,依照其规定。"因此,登记与批准不仅是设立法人的一般要求,也似乎成了非法人组织成立的基本门槛,再以此作为法人与非法人团体的分界线难以成立。而我国理论界把握非法人组织与法人的区别,通常是从非法人团体的构成要件入手,如梁慧星教授认为包括五要件:须是有多数人组成的人合组织体,具有相对的稳定性;须具有自己的目的;须有自己的财产和经费

① 参见王泽鉴:《民法总则》,北京大学出版社 2009 年版,第 157 页。

② 1991 年和 2007 年《民事诉讼法》第 49 条,2013 年 1 月 1 日施行的《民事诉讼法》第 48 条,2001 年与 2010 年《著作权法》第 2 条,原《合同法》第 2 条。

③ 《民法典》第 102 ~ 108 条。

④ 《民法典》第 102 条第 2 款。

⑤ 参见刘得宽:《民法诸问题与新展望》,中国政法大学出版社 2002 年版,第 510 页。

(能独立支配即可);须有代表人或管理人;须以团体的名义为法律行为。[①] 也有观点认为包括依法成立、一定的财产和经费、有自己的名称、组织机构和场所、不具有独立的民事责任能力等要件。[②] 如此做法应是不错的路径,确立一事物的特性往往可以其自身要件作为依据,只是必须真正揭示和把握其根本特征以区别其他主体。据此,设计非法人团体要件时,应以其成立与运作便利为基础,就内外两方面考虑:在内部关系方面,非法人团体的成立以不违法为前提,即其成立应体现为"法无禁止即自由"的原则,只要不违背禁止性规定,有从事民事活动的需要即可成立。当然,既然要成立团体,就应考虑按团体的运作规则行事,但并非与法人运作要求完全相符,否则其便利性不复存在。这意味着我国《民法典》以登记或批准为条件,实质上并不符合非法人团体的存在宗旨。在外部关系方面,须有团体相对独立的财产,但其与成员的财产没有明显的隔离带,即在团体财产不足以负担对外负债时,成员应承担责任;同时须以团体的名义对外活动,且可推选一人或数人代表团体开展相关民事活动,这不仅与自然人主体有别,也与内部团体运行规则的设计相一致。[③] 达到或符合以上要件者,即可成为非法人团体,具体包括:非法人经营体,如筹建中的公司、分支机构,企业集团,铁路部门下设的站、段,银行的分行、支行;非法人企业,如合伙企业、乡镇企业等;非法人公益团体,如业主委员会。[④]

第二,非法人团体在哪些方面可适用或类推适用法人规则?按理,在《民法典》对法律适用有相关规定后,应无需再复述,但考虑到一方面现有规定较为简单,即只是强调非法人组织除适用对其的专门规定外,可参照有关法人的一般规定,另一方面对于非法人团体的定位,本身就是从参照适用合伙向参照适用法人相关规定的转变过程。为此,借鉴他域的立法或司法,结合我国有关实践,将非法人团体能适用法人相关规定的具体方面归纳如下:(1)权利能力和当事人能力。非法人组织不仅可以成为著作权的主体、签约主体,而且还可为起诉或应诉主体。此点在我国的立法和司法传统中均得到认可。[⑤] (2)名称权。[⑥] 非法人团体通常可使用一定名

---

① 参见梁慧星:《民法总论》,法律出版社 2001 年版,第 143 ~ 144 页。

② 参见孔祥俊:《民商法新问题与判解研究》,人民法院出版社 1996 年版,第 51 页。

③ 《民法典》第 104 ~ 105 条。

④ 参见梁慧星:《民法总论》,法律出版社 2001 年第 2 版,第 145 ~ 146 页。

⑤ 关于非法人团体或组织,在我国早期称为其他组织,有关立法或司法对其认可均早于《民法典》。

⑥ 德国、日本等国民法,以及我国台湾地区"民法"通常称为姓名权。参见[德]卡尔·拉伦茨:《德国民法通论》(上册),王晓晔等译,法律出版社 2003 年版,第 237 页;王泽鉴:《民法总则》,北京大学出版社 2009 年版,第 159 页。

称与其他主体相区别,以示其地位独立性,对其名称权包括名誉权、荣誉权等人身权保护,也可按法人保护的原则进行。(3)财产归属。在德国无权利能力社团属于没有权利能力者。这意味着其本身不能作为财产归属的主体,财产权利只能属于全体成员共有;但在取得土地或土地上权利时,以全体社员名义登记后,财产归属会因个别会员加入或退出,产生随时变更的需要,实为不便。为此可寻求的补救路径是,由个别人作为受托人,或为此建立由全体社员合资的法人对外作为权利人。[①]而我国现有立法已经赋予非法人组织有部分权利能力,且通常要求其为登记,故将有关财产归属于非法人团体应无法律障碍。[②] (4)债务责任。对于非法人团体而言,其最为特殊之处就在于团体成员不能承担有限责任,但要求成员承担无限责任,显然不适合于非经济性社团。这是因为,无限责任不仅不是与之发生关系的债权人所要求达到的目的,而且也与加入非经营团体的成员的愿望相反。因此,即使当初德国有关条文规定按照合伙处理时,但在实务中却往往不按此处理,一方面通过限制代表的代理权将责任限在社团财产范围内,另一方面使与之缔约者接受相应的限制责任条款。[③] 但时至今日应可明确解释成员的无限责任模式与非经济团体的设立目的不相吻合,应严格控制适用于经营类团体。(5)机关(代表)的责任。非法人团体允许推举机关(代表)为相应行为,故也应按照法人规则处理,即代表行为就应作为团体的行为,包括代表执行职务时加害他人的,应由非法人团体来承担责任,但应限于社团的财产范围内。

综上所述,认可非法人团体有部分权利能力,并非将它与法人完全等同,只是强调在某些方面可参照法人处理,否则将会模糊二者区别,导致法律适用的混乱,导致民法体系被破坏。

---

① [德]卡尔·拉伦茨:《德国民法通论》(上册),王晓晔等译,法律出版社 2003 年版,第 239 页;王泽鉴:《民法总则》,北京大学出版社 2009 年版,第 159~160 页。

② 因在德国无权利能力社团未经过登记,势必无法在登记簿上显示其权利主体的地位。

③ 参见[德]卡尔·拉伦茨:《德国民法通论》(上册),王晓晔等译,法律出版社 2003 年版,第 242~243 页。

第四章　法律行为制度论

法律行为制度的建立和完善与商品经济的发展息息相关。近代资产阶级革命的胜利，使商品经济得到了长足发展，产生了将具体行为概括为一般模式的需求。尽管近代资产阶级的第一部民法典——《法国民法典》未规定法律行为制度，但其奉行的私法自治原则，已充满了法律行为的气息。此后德国法典主义法学家以其擅长的抽象思维，对众多具体以意思表示为要素的行为进行归纳，概括出共通的构成要素，精心创制了法律行为制度，并反映于《德国民法典》之中，完成了“从身份到契约，从契约到制度”的发展过程。① 可以说，法律行为制度的创造，体现了民法精神，弥补了制定法的局限性，解决了法治与民事活动多样性之间的矛盾，并在民法理论中确立了举足轻重的地位，形成了民法学的辉煌成就，对大陆法系民事立法影响重大。然而，法律行为制度毕竟是立法技术的产物，是抽象概括的结果，即便在德国本土也属最难理解的概念。缘此，各国或地区在借鉴和使用此制度时发生偏离或误解在所难免，我国也不例外。遗憾的是，很长一段时间内，我国民法理论界仅注意对法律行为制度的介绍，而较少深入剖析，尤其是欠缺对那些与传统法律行为制度相比有所变异的规定的合理性研究，以致法律行为制度的效用难以充分显示，甚至受到不必要的制约。本章欲就相关问题稍作阐释以作引玉之砖。

第一节　法律行为制度概说

法律行为制度作为立法技术出色的创造物，在将契约、遗嘱和设立团体等具体行为抽象概括为一般模式的同时，无形中也扩大了民法与社会现实生活的距离，增加了普通民众了解法律行为制度的难度。由此也意味着要全面了解法律行为的功

① 参见苏俊雄、施启杨：《法律与经济发展》，台北，正中书局 1974 年版，第 89 页。

能价值,并对其准确定位,以应付纷繁复杂、瞬息万变、日益翻新的民事活动,就有必要先明确和把握法律行为的基本含义和要件。

一、法律行为的基本含义与价值

潘德克顿体系的创始者海瑟在1807年出版的《民法概念——潘德克顿学说教程》一书中,首次把法律行为概念解释为设权意思表示行为。① 此后,萨维尼在《当代罗马法体系》一书中使法律行为的理论精致化,为法律行为制度的体系形成和完善奠定了坚实基础,并被《德国民法典》采用。② 如今《德国民法典》所谓法律行为即指"私人旨在引起某种法律效果的意思表示。此种效果之所以得依法产生,皆因行为人希冀其发生。法律行为之本质,在于旨在引起法律效果之意思的实现,在于法律制度以承认该意思方式而于法律世界中实现行为人欲然的法律判断"。③ 由此可见,对于法律行为概念大致可从两个层面理解:一是从法律行为内涵(意思表示)角度,说明并揭示法律行为概念及其本质,即强调法律行为的概念是以意思表示为核心,是对总则之下民法各编规定中行为的抽象,是实现民法基本原则——"私法自治"的工具。④ 二是从法律行为功能角度,分析并明确法律行为的地位和具体作用,即表明法律行为是以意思表示为要素而发生私法效果的法律事实。⑤ 显然,前者体现了法律行为与私法自治的关系,后者表明了法律行为与法律事实的关系。但无论从哪一层面表达法律行为,均殊途同归,都有助于对法律行为的准确定位,并体现其存在的价值和功能。

对于法律行为与私法自治的关系,学界的基本共识是,法律行为制度的形成与民法私法自治原则(意思自治原则)一脉相承,从制度上明确了法律行为存在的价

---

① 参见马俊驹、余延满:《民法原论》(第3版),法律出版社2001年版,第179页。

② 该概念于1863年为《撒克逊民法典》在立法中首先采用,然后被《德国民法典》采用。参见张俊浩主编:《民法学原理》,中国政法大学出版社2000年修订第3版,第225页。

③ 参见《德国民法典立法理由书》(第1卷),第126页,载[德]穆格丹(Mugdan)编:《德国民法典资料总汇》,1899年/1900年,第1卷,第421页。转引自[德]迪特尔·梅迪库斯:《德国民法总论》,邵建东译,法律出版社2000年版,第142~143页。

④ 参见[德]卡尔·拉伦茨:《德国民法通论》(下册),王晓晔等译,法律出版社2003年版,第426页。另如温德夏特认为:"法律行为是旨在法律效力的创设的私的意思宣告。"弗卢梅认为,法律行为旨在通过实现私法自治的原则以设定一个调整内容的方式成立、变更或解除一个法律关系。参见王利明:《民法总则研究》,中国人民大学出版社2003年版,第507页。

⑤ 参见王泽鉴:《民法总则》,北京大学出版社2010年版,第200页;郑玉波:《民法总则》,中国政法大学出版社2003年版,第295页;刘得宽:《民法总则》(增订第4版),中国政法大学出版社2006年版,第161页;林城二:《民法总则》(下册),法律出版社2008年版,第293页。

值。所谓私法自治即指法律给个人提供一种受法律保护的自由,允许个人在不违反法律根本精神的前提下可以自己意思自由创设法律关系。而个人创设法律关系最主要的方式就是法律行为。[①] 这是因为,在商品经济社会中,宗教制度的支配力减弱,人身依附关系被摧毁,具有独立人格的主体随之形成。主体地位的平等和意志的自由,为商品交换活动有条不紊地进行奠定了基础,而对商品流转领域各种交换行为高度抽象形成的法律行为,则为各个平等主体自愿进行民事活动提供了一般行为标准和模式。[②] 可以说,商品经济形成与发展为私法自治提供平台,而法律行为则是实现私法自治的有效工具。[③] 当然,自治本身是一种社会活动,必会牵涉到他人的利益和秩序的稳定,由此就使如何合理自治成为立法与司法不可避免的问题。法律行为制度理论通过对法律行为具体构造要素(意思表示、行为能力、标的等)的设计,为判断自治合理与否设定了有关识别标准,形成了相应的评判模型。通常,对于个体实施的具体法律行为,均可通过检验其意思能力、具体的行为意思状态以及其他条件的差异,来判断该行为合理与否及其能否生效,进而决定其可否归入自治范畴。因此,法律行为理论既在抽象的层面服务私法自治,也在具体层面为识别自治的合理与否提供制度标准。[④]

对于法律行为与法律事实的关系,理论上对法律行为概念虽有不同的表达,如有的称为私人意思表示依私法规定可达到所希望的法律效果,[⑤]有的则称为因意思表示而使发生法律上效力的私法上法律要件,[⑥]而未使用法律事实的字眼,但这只是关注角度不同而已,并非否认其法律事实的属性。因效果的发生当应源自法律事实这一原因,而客观现象能被称为法律事实则需要充分法律要件。故实质上学界对法律行为的基本定位也不存在异议,这从具体功能上揭示法律行为的存在意义。解读法律行为的基本含义,其应体现如下特性:其一,法律行为属一种法律事实。实践中大量民事权利或法律关系的变动都是民事主体有意识实施法律行为的

① 参见梁慧星:《民法总论》,法律出版社2001年第2版,第156页。

② 参见李开国:《中国民法学教程》;法律出版社1997年版,第163页。

③ 正如梅迪库斯指出:“意思表示是法律行为的工具,而法律行为又是私法自治的工具。”参见[德]迪特尔·梅迪库斯:《德国民法总论》,邵建东译,法律出版社2000年版,第142~143页。

④ 参见龙卫球:《民法总论》,中国法制出版社2001年版,第481~482页。

⑤ 参见梅仲协:《民法要义》,中国政法大学出版社2004年版,第88页。法律行为,主要是指一个人为了产生一定的法律效果,所做的意思表示。法律效果也因为他的作为以及当事人所表示的意思而产生。参见黄立:《民法总则》,中国政法大学出版社2002年版,第191页。

⑥ 参见史尚宽:《民法总论》,中国政法大学出版社2000年版,第297页。法律行为云者,以意思表示为要素,因意思表示而发生私法效果之法律要件也。参见李宜琛:《民法总则》,中国方正出版社2004年版,第151页。

结果。其二，法律行为以意思表示为要素。任何一种法律行为都是行为人以追求一定法律后果为目的的有意识活动，是行为人内心意志支配的结果，即法律行为必以意思表示为构成要素，无意思表示就不是法律行为。但意思表示仅是法律行为的要素之一，其本身并不等于法律行为（后详述）。其三，法律行为在于产生行为人所预期的私法法律后果，即表现为产生主体意思追求的民事权利得丧变动等私法后果。根据法律行为的这些特性，可将之与其他法律事实作如下区别：

首先，法律行为是人有意识活动的结果，据此即可与自然事实相区别。所谓自然事实是与人的意识无关的客观现象，包括自然事件即具体自然事实和自然状态即抽象自然事实。前者指某种客观现象的发生就直接能引起民事权利变动后果的法律事实，如人的出生、死亡、自然灾害的发生等。后者指某种客观现象须经概括各种因素后才能引起民事权利变动后果的法律事实。其中“时”的持续经过因素尤为重要，但不是唯一要素。如人的下落不明、成年、时效、善意和恶意等均属自然状态。虽然，无论是自然事件还是状态都有人和物之别——人的事件如出生、死亡等，物的事件如天然孳息的分离、物的产出和消灭等，人的状态如生死不明、知与不知等，物的状态如邻地毗连等，[①]但是，即使涉及人的事件或状态，依然不与人的意识相联系，亦即意识有无不关乎法律关系的变动。既然行为关注人的意识支配，那么无意识的活动通常不属人的行为，如人在熟睡或昏迷状态下的动作，因年龄和智力因素而被定位于无行为能力者，或完全行为能力人因意志错乱所为“行为”等，均不属人的行为，也应属自然事件。[②] 当然，不能纳入行为的事实，遑论能否作为法律行为。

其次，人的行为包括民事行为或称民法上的行为即民法规定的行为、行政行为和司法行为即由行政法或诉讼法规定的行为。只要这些行为能引起民事法律后果的发生、变更和消灭，就都可作为民事法律事实，[③]其中，民事行为又可细分为适法行为、违法行为和无过失有赔偿责任的行为。[④] 所谓适法行为指民法或其他法律无禁止规定能引起民事权利变动的行为，包括表示行为和事实行为（非表示行为）。表示行为是表示某种心理状态的行为，一般分知、情、意三方面的表示。知的表示

---

① 参见胡长清：《中国民法总论》，中国政法大学出版社1997年版，第183～184页。

② 参见梁慧星：《民法总论》，法律出版社2001年第2版，第61页。但对无行为能力人无意识所为的“行为”，基于公平的理念，仍须承担损害赔偿责任。另如不以意识存在为要件，无行为能力人所为的事实行为也能使法律关系发生变动。

③ 如某些合同须经行政主管机关的批准行为方可成立生效，法院判决的司法行为可产生损害赔偿责任等。

④ 参见史尚宽：《民法总论》，中国政法大学出版社2000年版，第302～304页。

行为是表示人表示其对某事的观念,也称观念通知。① 情的表示行为指表示人表示其感情的行为。② 意的表示行为指表示人表示其欲望的行为,包括意思通知和意思表示,前者如履行催告、要约拒绝,后者如要约和承诺等。在表示行为中,意思表示作为法律行为的必备要素,虽不能完全等同于法律行为,但可反映法律行为与其他表示行为的区别。意思表示作为意的表示,侧重主观追求且不带感情色彩,而有别于注重客观的知的表示,以及同为主观追求的情的表示;更为重要的是,意思表示所生效果体现为表意人自己的预期追求,而观念通知、情的表示和意思通知所生效果均由法律直接规定。同时,因意思表示与法律行为存在密不可分的关系,故归于法律行为制度。而观念通知、意思通知和情感表示等虽不属意思表示,③但其均表示一定心理状态于外部,该特征又近似法律行为,故学说上称为准法律行为,即可准用法律行为的规则处理。至于在何种范围可类推适用民法关于意思表示和法律行为的规定,应视各该行为的性质而定。④ 事实行为也称非表示行为,指无关心理状态的行为,如无主物的先占、遗失物的拾得等均属非表示行为。其与法律行为的区别在于,事实行为不以意思表示为要件,亦即行为人内心有无效果意思及其是否对外表示,不是行为效果发生需充分的法律要件,而行为效果直接取决于民事法律的直接规定。⑤ 所谓违法行为指违反民法规定或合同约定义务,侵害他人合法权益应承担民事责任的行为,包括侵权行为如侵害物权、人身权等,债务不履行行为如违约行为等,失权行为如监护人丧失监护权的行为等。所谓无过失有赔偿责任的行为指除合法和违法行为外,行为人在无过失的情况下也应承担民事责任的行为,如防卫或避险过当等行为。此种行为应承担赔偿责任,并不基于行为人的过错,即主观上不具有道德上可责难性,故从逻辑上有别于适法行为和违反行为,可单立为一种。法律行为与之区别的关键在于,法律行为所生私法后果是行为人所预期的,是平等民事主体独立意志的自愿体现,而违法行为或无过失有赔偿责任的行为的后果均源自法律直接规定,且法律规定的理由与适法行为中的事实行为等不同,前

---

① 有表示纯粹观念的,如承认他人权利存在;有主张某种事实的,如代理人主张代理权存在;有通知事实,如债权让与通知是对过去事实的通知、赠与标的物有瑕疵是对现在事实的通知、召集股东会是对将来事实的通知。

② 表示感情能发生法律效果并不多见,但也不是绝无仅有,如被继承人对继承人虐待和遗弃行为表示宽恕。

③ 参见张俊浩主编:《民法学原理》(上册),中国政法大学出版社 2000 年修订第 3 版,第 230 ~ 231 页。

④ 参见王泽鉴:《民法总则》,北京大学出版社 2009 年版,第 205 ~ 206 页。

⑤ 参见王泽鉴:《民法总则》,北京大学出版社 2009 年版,第 204 ~ 205 页。

者多体现为对行为本身的否定性评价,而后者则表现立法对其肯定或认可。归纳之,能产生私法后果的行为并不仅限于法律行为,其他行为如事实行为、侵权行为等也能产生私法后果,但其都非行为人主观预期所追求的私法效果。

在传统理论上,法律行为作为与人的意志密切相关的表意行为是一种最常见、最重要的法律事实,它与其他事实的关系和区别应不难界定和分清。但因我国立法对于法律行为的定义有所变异,导致学界对民事行为与法律行为的关系存在不同看法,众说纷纭,因此有进一步讨论和澄清的必要。

二、民事行为与民事法律行为的关系

受到众所周知的历史原因制约,我国商品经济的起步较晚,故体现当事人自由意志的法律行为制度不仅无形成的土壤,而且他国现有成果也不会被重视和借鉴,更不用说完善和创新。但随着经济体制从传统计划经济向社会主义市场经济转变,随着商品经济的大力发展,与之配套的法律行为制度就令法律界无法回避,于是在制定我国《民法通则》时,即采纳和使用了这一制度。尽管我国民事立法对法律行为的规定晚于他国,但在概念的表达和借鉴运用上却与传统理论有所不同,当初我国《民法通则》将民事法律行为定义为"公民或者法人设立、变更、终止民事权利和民事义务的合法行为",并用无效民事行为的概念取代了无效法律行为。① 起初理论界较多学者认为,如此规定解决了传统法律行为理论中自相矛盾之处,即法律行为是合法行为但又可能无效或被撤销的问题。甚至有的学者还认为,我国民事立法使用民事法律行为和民事行为的概念,是对传统法律行为理论的升华和突破。② 但是,这种力图在完善和健全适合社会主义市场经济的法律体系上有所突破的探索效果并不理想。近来不少学者对此提出了异议。他们认为我国《民法通则》的规定未能充分揭示和把握法律行为的本质特征,仅作了表面文章。而这种做法不但未解决原有问题,反而引起了民事理论和立法更大冲突和混乱。③ 具体分析如下:

首先,在理论上引发了新的问题,使相关理解限于进退两难的境地,无法自圆其说。问题之一是如何界定民事行为? 对此现有理论界说法不一。不同的观点,

---

① 原《民法通则》第54、58~61条。

② 参见佟柔主编:《中国民法学·民法总则》,中国人民公安大学出版社1990年版,第207~208页。

③ 参见彭万林主编:《民法学》,中国政法大学出版社2002年修订第3版,第109~110页;高在敏、陈涛:《对民事法律行为本质合法说质疑》,载中国人民大学书报资料中心:《民商法学》1996年第4期。

必然形成对民事行为的不同定义。有的认为民事行为仅指无效和被撤销的民事行为;[①]有的认为民事行为是属概念,民事法律行为、无效民事行为和可撤销的民事行为是种概念,民事行为具有统帅民事法律行为、无效民事行为、可撤销民事行为的地位。[②] 问题之二是在法理学上如何对民事行为定位?就目前相关论著而言,似乎认为民事行为具有统帅地位的观点略占上风。若按这一观点,则又会产生与法理学解释的冲突。因一旦将民事行为作为属概念,就意味着其须以意思表示为构成要素。但在法理学上,民事行为只能被理解为依民法规定而产生一定民事法律后果的一切行为。也就是说,它既应包括表意行为和非表意行为,又应包括合法行为和违法行为。而任意增加一概念的内涵,势必会使之外延缩小。其结果就是难以科学地反映民事行为的概念,无法将民事行为概念融合于法理学的完整体系之中。问题之三是如何解释那些与无效法律行为相关的概念?即使撇开宏观方面的问题不谈,仅从民法体系本身分析,也存在着不可逾越的障碍。因法律行为制度是从合同、遗嘱、收养等具体行为中抽象而成。如果在制度层面废弃无效法律行为概念,以无效民事行为取而代之,那么对于无效合同、无效遗嘱、无效收养等又如何称谓?如果无法用更为合理的方式来表达,那么原有自相矛盾的问题就不能说已得到彻底解决。这种表里不一的规定,治标不治本的做法,无疑与科学可行的要求不相吻合。

其次,在立法上也会产生新的冲突,令人难以解释。根据原《民法通则》的规定,民事法律行为是第四章和第一节的标题,而无效民事行为仅在第一节有关条文中出现。按照逻辑学的属种关系,章节的标题应使用属概念,而非种概念。但原《民法通则》的立法恰好相反。此外,在有关具体条文中规定,民事法律行为可采取口头、书面或其他形式,难道民事行为就不能以上述方式进行吗?答案显然是否定的。由此也反映了某些具体规定的逻辑混乱。

当民法现有规定导致众多新冲突、新矛盾产生时,就迫使理论界去思考问题的症结所在。反省的结果是,原先以为法律行为制度的自相矛盾实际上并不存在,而是一种错觉。由此引申说明民事立法创设民事行为这一新概念是多此一举。这一结论的形成来自两种不同的途径:一是认为法律行为与无效法律行为本身就是两个完全不同的独立概念,均有自己特定的含义,只是相互间储藏特别信息的修辞价

---

① 参见江平、张佩霖编著:《民法教程》,中国政法大学出版社 1986 年版,第 80 页。

② 参见佟柔主编:《中国民法学·民法总则》,中国人民公安大学出版社 1990 年版,第 208 页。

值,并不自相矛盾。[①] 就好比对革命与假革命、人民币与假人民币等概念,人们从未说过其是自相矛盾的一样,借用法律行为并以无效修饰之,也不存在与法律行为概念的冲突。这种观点以"泥人非人,纸马非马"的逻辑命题为依据,简单明了,似乎不无道理,但深究之后又使人难以信服。因为泥人与人毕竟不能等质而论,法律行为与无效法律行为实质上不是"泥人与人"的关系,而是"人与病人"的关系。如果无法证明"病人非人"的命题能够成立,那么就逻辑上而言这种观点仍有欠缺。[②] 二是认为法律行为制度中之所以存在自相矛盾的问题,是因为我国在借鉴苏联民事立法时,未对法律行为成立与生效两个阶段予以区分,并将合法性直接定为法律行为的本质特征所致。这一观点能否成立,涉及对法律行为成立与生效及其关系的理解,有必要深究之。

三、法律行为的成立与生效的关系

在相当一段时期内,我国民法理论与实践并不区分法律行为的成立与生效。学界多以法律行为的有效成立概括法律行为成立和生效全过程,立法上也以法律行为有效要件概括法律行为的成立和生效要件。如此做法虽有简化传统民法规则烦琐性的积极一面,但却产生了对法律行为传统理论认识模糊的消极因素,为此也受一些学者批评和质疑。[③] 直到 1999 年我国《合同法》的颁布施行,立法上才重新关注传统理念,对法律行为的成立与生效作了相应区分。这种认识的转变为反思区分法律行为成立与生效及其意义提供了机会和平台。

(一)法律行为成立与生效的基本认知

在传统民法理论中,法律行为被划分为法律行为成立和生效两个阶段,并确定其具有不同的要件。这意味着法律行为的成立与生效是两个既有联系又有区别的法律范畴。

1. 法律行为的成立

所谓法律行为成立指具备法律行为成立要件的事实发生。法律行为的成立要件是指按照法律规定成立法律行为必不可少的事实要素。[④] 对此我国有学者认为,成立要件甚难理解,且有使人联想到不成立要件之弊,主张以"构成要素"一词替代

---

① 参见张俊浩主编:《民法学原理》(上册),中国政法大学出版社 2000 年修订第 3 版,第 227 页。

② 参见高在敏、陈涛:《对民事法律行为本质合法说质疑》,载中国人民大学书报资料中心:《民商法学》1996 年第 4 期。

③ 参见董安生:《民事法律行为》,中国人民大学出版社 2002 年版,第 133 页。

④ 参见史尚宽:《民法总论》,中国政法大学出版社 2000 年版,第 324 页。

"成立要件"。[①] 其实"构成"与"成立"只是着眼角度不同,并无质的差异,且法律用语均应在特定语境下使用,故而此处依然使用成立要件的表达。大陆法系民法理论通说认为,法律行为的成立要件包括一般(共通)要件与特别要件。

法律行为的一般成立要件指任何法律行为成立都需具备的基本要素。在民法理论界中对于法律行为需要具备一般要件才能成立并无疑义,但法律行为须具备何种一般要件才能成立却说法不一,主要有三种观点:(1)一要件说。该观点认为法律行为一般成立要件为意思表示。[②] (2)两要件说。其中可分为两派:有的认为法律行为成立要件不包括标的,因意思表示作为成立要件已包含标的因素;[③]有的认为以意思表示和标的为一般成立要件,[④]亦即不包括当事人要素。(3)三要件说。该观点认为法律行为的一般成立要件有三项:当事人,标的,意思表示。[⑤] 其实在以上三种观点中,一要件说和二要件说并不当然否定其他要件的存在,仅是强调意思表示必有当事人和标的,以意思表示为法律行为一般成立要件即可涵盖当事人和标的而已。而三要件说则将法律行为成立要素明白无误地加以显示。何况意思表示与法律行为虽关系密切但毕竟不是同一概念,正如我国台湾地区学者史尚宽先生所言,盖无当事人、目的或意思表示的法律行为无从成立,而且法律行为系以意思表示为要素,无意思表示,则不得成立法律行为。然为意思表示成立,必须有意思表示的主体,又须有欲发特定的事项之目的,即法律行为内容。意思表示目的,即为法律目的,故有以法律行为一般成立要件,尽于意思表示。然意思表示与法律行为为不同概念,以当事人及目的为意思表示之要素理由,而否认其为法律行为的成立要件,理由上难谓正当。[⑥] 故而,为使法律行为成立三个要件与其生效要件遥相呼应,且便于人们系统全面地认识法律行为的成立与生效关系,本书采三要件

① 佟柔主编:《中国民法学·民法总则》,中国人民公安大学出版社 1990 年版,第 217 页。

② 参见[德]卡尔·拉伦茨:《德国民法通论》(下册),王晓晔等译,法律出版社 2003 年版,第 426~431 页;[日]山本敬三:《民法讲义》,解亘译,北京大学出版社 2004 年版,第 83 页;胡长清:《中国民法总论》,中国政法大学出版社 1997 年版,第 193 页;张俊浩主编:《民法学原理》,中国政法大学出版社 2000 年修订第 3 版,第 250 页。

③ 王利明主编:《民法》,中国人民大学出版社 2005 年版,第 157 页。

④ 福井正章等持该观点。转引自胡长清:《中国民法总论》,中国政法大学出版社 1997 年版,第 193 页。

⑤ 参见史尚宽:《民法总论》,中国政法大学出版社 2000 年版,第 324 页;王泽鉴:《民法总则》,北京大学出版社 2009 年版,第 201 页;黄立:《民法总则》,中国政法大学出版社 2002 年版,第 195 页;梁慧星:《民法总论》,法律出版社 2001 年第 2 版,第 166 页;郭明瑞、房绍坤、唐广良:《民商法原理》(一),中国人民大学出版社 1999 年版,第 255~256 页;魏振瀛主编:《民法》(第 3 版),北京大学出版社、高等教育出版社 2007 年版,第 155 页。

⑥ 参见史尚宽:《民法总论》,中国政法大学出版社 2000 年版,第 324 页。

说。依据三要件说,法律行为的成立应包括三个要素:一是当事人。当事人一词在不同的语言环境下具有不同的含义,此处仅指法律行为的实施者,并非指该行为后果取得或承担者。无当事人,法律行为就无法成立。二是意思表示。法律行为以意思表示为构成要素,缺失意思表示当无法律行为成立之可能。三是标的即行为内容。[①] 任何一种法律行为均以追求一定法律后果为内容。概言之,一个具体的法律行为不能欠缺上述任何一个要件,若有欠缺,则该行为就不属此处所言的法律行为,亦即法律行为未成立。若法律行为不能成立,则当事人所追求的法律行为效力也就无从谈起。法律行为的特别成立要件是法律针对某些法律行为的特殊性而规定的要件,如要物行为、要式行为等,其成立除具备一般成立要件外,还须交付标的物或符合法定形式,否则法律行为也不成立。

2. 法律行为的生效

所谓法律行为生效指使已成立的法律行为发生完全效力的必要事实。[②] 无疑,法律行为的生效以符合法律规定的有效条件为前提,如法律行为已具备有效条件,就能依法或依约产生行为人所追求目的之效果。反之,已成立的法律行为如不符合或欠缺有效条件,即会影响法律行为的效力。亦即一个法律行为若不符合法定的有效条件,就意味着该行为的当事人一方或双方的利益,或者国家、集体和他人的利益会受到影响。因此为避免此类情形发生,法律才设置无效制度等予以干预。

对于法律行为的生效要件,学界通常认为也包括一般要件和特别要件。一般要件指使业已成立的法律行为能依当事人意思表示内容发生法律效果的共通要件,是所有法律行为发生完全效力所须具备的共同条件。[③] 特别要件指法律就特别情形为特定法律行为所设定的特有生效要件。如立遗嘱行为、附条件法律行为等,

---

① “标的”一词在民法学上含义颇多,法律行为标的即行为内容之谓,易言之,行为人于行为时所欲发生之法律效果是也。参见郑玉波:《民法总则》,中国政法大学出版社 2003 年版,第 307 页。有学者认为,标的为给付原因,应是有因行为的的成立要件,故应属特别成立要件。参见张俊浩主编:《民法学原理》,中国政法大学出版社 1997 年版,第 222 页。但在 2000 年张俊浩主编的《民法学原理》(上册)(修订第 3 版)中,对此未加讨论。该观点值得商榷,理由是:有因和无因行为之分,均是在财产给付为标的的法律行为中存在,该“因”是指给付目的和原因,而非给付行为内容。

② 参见史尚宽:《民法总论》,中国政法大学出版社 2000 年版,第 325 页。

③ 我国许多学者根据原《民法通则》第 55 条规定来界定,即行为人具有相应的民事行为能力、意思表示真实、不违反法律或者社会公共利益,是民事法律行为的一般有效条件。持此见解的例如:李开国:《民法基本问题研究》,法律出版社 1997 年版,第 141 ~ 154 页;彭万林主编:《民法学》,中国政法大学出版社 2002 年修订第 3 版,第 118 ~ 120 页;江平主编:《民法学》,中国政法大学出版社 2000 年版,第 196 ~ 201 页;魏振瀛主编:《民法》,北京大学出版社、高等教育出版社 2000 年版,第 152 ~ 154 页。其中,江平教授与魏振瀛教授所主编的教科书虽将“标的确定和可能”也列为了生效要件,但仍以原《民法通则》第 55 条规定为依据,故也将该观点列在此处。

就是通过法定或约定的方式将民事法律关系对当事人的约束力分解为设定效力和执行效力。但学界对于法律行为生效要件的范围和分类等有不同认识。首先,在生效要件范围方面,主要表现是三要件说和四要件说之争。三要件说认为法律行为一般生效要件应包括三项:(1)行为人具有相应的行为能力;(2)当事人的意思表示真实;(3)不违反法律、行政法规或社会公共利益。① 四要件说则认为法律行为一般生效要件应包括四项:(1)行为人具有相应的民事行为能力;(2)意思表示真实;(3)不得违反法律或社会公共利益;(4)行为的内容必须确定和可能。② 事实上,无论是三要件说还是四要件说并无质的差异,而且这些量的变化纯属人为因素所致,根本没有强有力的理由支撑。具体而言,三要件说或四要件说对于主体应适格即当事人应有行为能力以及意思表示需真实两方面要件的判断并无不同,区别仅在对行为内容(标的)认识或表达有所不一。三要件说对行为内容的表达不尽完善,容易遗漏行为内容的确定、可能和稳妥,影响对法律行为的判断;而四要件说虽齐全地表达了行为内容的范围,但将之分割为两要件则纯属多余。换言之,只要将行为内容从确定、可能、合法、稳妥方面加以判断,就无须采四要件说。③ 其次,在生效要件的分类方面,也有学者认为生效要件性质上是控制法律效果发生的条件,可分为意定生效要件和法定生效要件。前者指当事人以意思表示设定的生效条件,通常体现为"停止条件"或者"始期"的法律行为附款,以及当事人设定的其他条件;后者指法律对某些行为特别要求者,如到达相对人或相对人了解、公示行为、有处分权或代理权,以及遗嘱人死亡等。④ 实际上,该种观点不是对法律行为一般生效要件与特别生效要件的否定,只是换个角度关注法律行为生效要件而已。不过如此也为全面认知法律行为生效要件提供的新的路径,亦即对法律行为的生效要件不仅需要关注法律的具体规定,当事人在法律无禁止性规定的前提下,同样可根据自己的意志确定行为的生效要件。

---

① 参见王利明主编:《民法》,中国人民大学出版社2000年版,第105~106页。有的表述为:(1)行为人具有相应的民事行为能力;(2)意思表示真实;(3)标的合法、可能、确定。郭明瑞、房绍坤、唐广良:《民商法原理(一)》,中国人民大学出版社1999年版,第257~258页。

② 参见彭万林主编:《民法学》,中国政法大学出版社2002年修订第3版,第118~120页。有的表达为:(1)当事人须有相应的行为能力;(2)须意思表示真实;(3)标的须合法;(4)标的须可能和确定。参见梁慧星:《民法总论》,法律出版社2001年第2版,第166页。

③ 《民法典》第143条规定:"具备下列条件的民事法律行为有效:(一)行为人具有相应的民事行为能力;(二)意思表示真实;(三)不违反法律、行政法规的强制性规定,不违背公序良俗。"体现了三要件说。

④ 参见张俊浩主编:《民法学原理》(上册),中国政法大学出版社2000年修订第3版,第255~257页。

另需指出的是,我国台湾地区学者苏永钦教授对法律行为的成立与生效要件有着独特分析的视角。他将法律行为的成立和生效要件(含共通和特别要件)重新组合划分为三种性质不同的法律行为强制规定,即(狭义)成立要件、特别生效要件和阻却生效要件。其中,成立要件与特别生效要件是单纯就行为发生效力所设的最低要求,属于积极要件;阻却生效要件则是为排除反社会行为,避免民法挖公法的墙角,是消极要件。前者是从落实私法自治考量,后者则是从落实国家管制考量。成立要件是民法对所有法律行为的基本要求,是民法总则(或债编通则)对行为主体、能力、客体、意思表示的生效、合致等相关的规定。法律行为具备这些要件就基本成形,且通常可发生当事人所期待的效力。若民法或特别法对于特定行为要求当事人、第三人或国家有一定行为(或发生一定事实)始承认其效力,就是特别生效要件,行为仅仅成立而未具备特别生效要件的,仍不发生法律效力。任何成立或成立且符合特别生效要件的法律行为,都还可能因违反国家强行规范而归于无效。① 苏教授的这一观点利弊并存。其优点在于从宏观角度把握体制功能,充分理解国家干预与意思自治的关系以及国家干预的必要;其不足在于忽略了对法律行为要素的基本定性,使成立与生效要件的判断易于混淆,使体系化功能受到阻碍而难以充分彰显。

(二)法律行为成立与生效的区别

法律行为不具备成立要件无法成立,成立后欠缺有效条件则会影响行为的效力。无论是法律行为不成立还是被确定无效,其均存在相似之处,即不能产生当事人所追求的法律效果。② 但两者毕竟在众多方面有所不同,不能混为一谈。③ 法律行为成立与生效的区别主要表现为:

第一,二者所处阶段和发生时间不同。法律行为的成立是第一步,是确定法律行为是否生效的逻辑前提;法律行为的生效是第二步,是法律行为作为法律事实作用的具体落实,即表明由法律行为引发的法律关系从何时开始对当事人具有约束力。一项法律行为只有成立后,才谈得上进一步衡量其是否有效的问题。④ 通常,法律行为自具备构成要素时即为成立,自符合生效要件时即受法律保护。法律行为的成立与生效时间绝大多数具有一致性,即成立与生效往往是同步的,但有时法

① 参见苏永钦:《走入新世纪的私法自治》,中国政法大学出版社2002年版,第24~25页。

② 据此我国台湾地区学者王伯琦认为法律行为不成立与无效并无区别。转引自王泽鉴:《民法总则》,北京大学出版社2009年版,第203页。

③ 参见彭万林主编:《民法学》,中国政法大学出版社2002年修订第3版,第117~118页。

④ 参见王家福主编:《中国民法学·民法债权》,法律出版社1999年版,第27页。

律行为的成立与生效也存在不一致的现象，如效力待定的法律行为，在行为成立后并非确定生效，其效力的确定有待其他主体补正行为的实施。又如附延缓条件的法律行为，行为成立后效力也未随之发生，其效力的发生取决于条件的成就与否。

第二，二者性质及其判断不同。法律行为的成立要件性质上属于构成部分，着眼于法律行为构成要素在法律上是否客观存在，故而对其判断为事实判断，[①]即仅涉及行为是否存在的问题，在判断时仅以客观事实为依据，结果只有行为成立与不成立两种情况；[②]法律行为的生效要件性质属于效力范畴，着眼于成立的法律行为是否符合法定有效条件而取得法律认许的效力，故而对其判断为价值判断，即关系到行为是否符合法律精神的问题，故在判断时得以法律或法律精神对具体行为的评价或解释为依据，结果呈有效、无效、可撤销和效力待定等多元状态，而非有效与无效的单纯情形。

第三，二者救济措施不同。法律行为的成立一般以行为要素是否存在为前提，取决于基本要素的事实构成，而不依赖于当事人的意志和国家法律的态度，这意味着法律行为欠缺成立要件，只能归于不成立，无法补正；而法律行为的生效要件，无论是对行为能力还是意思表示抑或行为内容的判断，不仅在许多情况下为当事人效力自决留有余地，而且也取决于国家法律的认可程度，由此决定了法律行为若欠缺有效条件，在特定情况下法律允许补正，使之有效。

第四，二者法律后果不同。在法律行为成立且符合生效要件时，法律行为不仅具有法律约束力，即行为人非依法律规定或者取得对方同意，不得擅自变更或者解除，而且应发生当事人预期追求的法律效力，即其当事人应受效力意思的约束。但已成立的法律行为如因欠缺生效要件而无效或被撤销的，则仅产生法定的法律后果，不发生当事人为该法律行为所追求的效力。[③] 此外，在法律行为不成立时，行为人通常仅承担民事责任，如因缔约过失所生之债而承担赔偿责任，或者一方接受他方履行后依不当得利之债负返还责任等，而不会涉及其他方面的责任；法律行为若无效或被撤销，不仅可能因不当得利或缔约过失之债而承担返还财产和赔偿损失

---

① 参见郭明瑞、房绍坤、唐广良：《民商法原理（一）》，中国人民大学出版社 1999 年版，第 254 页。

② 有学者对我国法律行为的成立是事实判断问题提出了质疑。认为实际上，无论是从立法、司法还是价值哲学的层面来讲，法律行为的成立均非事实判断。法律行为成立不能作为“是不是”法律行为的问题，而是“应不应是”法律行为的问题。法律行为的成立之所以易被误认为是事实判断问题，其主要原因在于关于法律行为成立要件的规范属于裁判规范、价值判断语言表述的复杂性且法律行为成立与有效制度分工有异。类如法律行为的有效，法律行为的成立同样也属于价值判断，并且属于价值判断中的规范判断。参见易军：《对民事法律行为成立事实判断说的质疑》，载《法学》2004 年第 9 期。

③ 参见马俊驹、余延满：《民法原论》（第 3 版），法律出版社 2001 年版，第 186 ~ 187 页。

等民事责任,而且还可能要承担被追缴非法所得、罚款等行政责任,有的甚至要承担刑事责任。

显然从理论上而言,对于法律行为的成立和生效可从不同角度或根据论证二者的区别所在。对于法律行为成立与生效的诸多不同,有学者认为有三方面理由与法制实践的联系似乎更为密切。首先,法律行为成立与法律行为效力适用不同的法律规则和判断标准。其次,法律行为效力的起始时间依赖于法律行为的成立。最后,法律行为构成规则与法律行为生效规则其实有不同的内容要求,而后者不能取代前者。① 其实,不同事物必然需要适用不同的法律规则和判断标准,而不同规则当应反映不同的内容要求,个中缘由无须多言。而法律行为成立与生效的以上种种不同,关键在于揭示了法律行为的成立和生效所贯彻的原则全然不同,说明了法律行为是以发生私法效果的意思表示为要素的法律事实,反映了合法性不是法律行为的本质特征。具体地说,法律行为成立实行的是意思自治原则;法律行为生效奉行的是国家干预原则。对于法律行为成立,法律不予干预,实质上是由民法的特性所决定。这是因为,合法性重点体现的是国家意志,是国家对具体行为的法律评价,而民法调整的法律关系是私的生活关系,其纷繁复杂,千变万化,与市场经济的发展和发达密切相关。法律若以合法要件约束之,则是对人类的认识和预期能力提出不切实际的要求,这与客观发展规律不相吻合。何况,民法始终以保护行为人在法定范围内的行为自由为己任,由此也决定了平等主体间的表意行为只能以当事人的自由意志来决定,而不能采用法定主义。当然,任何自由都有限度,若法律行为的实施影响到国家、集体或他人的利益,法律为稳定和保护社会经济、生活秩序,就有干预的必要。可见,国家干预是对意思自治的补救,是为了更好地实现意思自治。鉴于此,民事立法就不能只顾立法技术的简明性和司法操作的简便性,将法律行为的成立和生效合二为一,而应对此予以分别规定。这样,不仅解决了我国某些学者自认为法律行为制度中存在的自相矛盾问题,而且也能理顺法律行为制度的有关内容,使意思自治的民法精神得以发扬光大。2017 年颁布的《民法总则》与《民法典》第 133 条规定,“民事法律行为是民事主体通过意思表示设立、变更、终止民事法律关系的行为”,纠正了原《民法通则》对法律行为概念的表达,使之又回归传统意义。

另须强调的是,法律行为的成立与生效虽有区别,但二者又不是处于完全割裂的状态。应当说它们是两个既有联系又有区别的概念。法律行为成立说明其已具

① 参见董安生:《民事法律行为》,中国人民大学出版社 2002 年版,第 134 ~ 136 页。

备能产生、变更和终止民事法律关系的作用,法律行为生效显示了具体民事法律关系约束力的开始和效力的形成。这好比物理或化学变化一样,当一种现象运动过程完成之际,就是另一新现象运动开始之时。通常除法律行为不具备有效条件外,法律行为的成立也就意味着具体民事法律关系对所涉当事人约束力的开始和效力的形成。反之,法律行为不成立就不具有这种作用。同理,若法律行为成立后不符合法定的有效条件,法律就通过确定行为无效使之不发生作用,让其恢复至原有状态。因此,无论法律行为是有效还是无效,其效力均应溯及法律行为成立之时。当然,社会现象毕竟不同于自然现象来得那么机械,人们可发挥主观能动性来调节和解析法律关系的约束力,即通过法定或约定的方式使法律关系的约束力分解为设定效力和执行效力。即便如此,其与前述的法律行为与法律关系约束力间的关系亦无矛盾。①

第二节 法律行为的核心——意思表示

18 世纪克里斯汀·沃尔夫(Christian Wolff)在《自然法论》一书中首次提出并阐明意思表示这一概念后,②意思表示的理论就受到了德国学者的充分关注,德国早期的法律行为制度理论甚至将意思表示视作法律行为的同义语,③这在德国民法立法理由书中也呈现了如此含义,④且对不少学者所形成的观念仍有影响,使之依然认为法律行为与意思表示的差异即使存在,也是微乎其微的。⑤ 但当代学者多数认为,法律行为形态各异,有的须双方意思表示一致才成立,有的在意思表示一致的前提下还须为交付行为才成立,二者并不等同。⑥ 由此区分了意思表示与法律行

① 参见傅鼎生主编:《中国民商法疑难问题研究》,上海教育出版社 1997 年版,第 42 页。

② 参见沈达明、梁仁洁编著:《德意志法上的法律行为》,对外贸易教育出版社 1992 年版,第 49 页。

③ 法律行为理论集大成者萨维尼持此种见解。参见张俊浩主编:《民法学原理》(上册),中国政法大学出版社 2000 年修订第 3 版,第 233 页。

④ 《德国民法典立法理由书》写道:"就常规而言,意思表示与法律行为为同义之表达方式。使用意思表示者,乃侧重于意思表示之本身过程,或者乃由于某项意思表示仅是某项法律行为事实构成之组成部分而已。"参见《德国民法典立法理由书》(第 1 卷),第 125 页,即[德]穆格丹编:《德国民法典资料总汇》(第 1 卷),第 421 页。转引自[德]迪特尔·梅迪库斯:《德国民法总论》,邵建东译,法律出版社 2000 年版,第 190 页。

⑤ [德]迪特尔·梅迪库斯:《德国民法总论》,邵建东译,法律出版社 2000 年版,第 190 页。

⑥ 参见[德]卡尔·拉伦茨:《德国民法通论》(下册),王晓晔等译,法律出版社 2003 年版,第 427 ~ 428 页;王泽鉴:《民法总则》,北京大学出版社 2009 年版,第 200 ~ 201 页。

为,使之成为法律行为制度中的两个基本概念,且可以认为法律行为概念是意思表示的上位概念。[①] 虽然意思表示与法律行为概念不一,但理论界均认为意思表示与法律行为关系密切,无意思表示就无法律行为。而且,意思表示作为法律行为的必备要素,必然是成立法律行为的意思表示,若仅是孤立的意思表示往往不能产生它所追求的法律效果。这说明了"意思表示只能在更复杂、更广泛的'法律事实总和'内部中起着组成因素的作用",[②]同时也显示了意思表示在法律行为制度中举足轻重地位。另应注意的是,正因意思表示是法律行为不可或缺的构成要素,故有时意思表示一语也可作为法律行为的代称,有些国家或地区立法涉及的所谓意思表示无效实乃法律行为无效之意。[③] 然而,无论如何理解意思表示,均不能撼动其在法律行为制度中的地位,意思表示的相关规则在德国、日本等大陆法系主要代表国家的民事立法中备受重视,通常在他们民法典有关法律行为这一章,都以专节对意思表示加以规定。[④] 我国《民法典》也一改原本对意思表示不太重视的做法,在法律行为章节中,不仅单设意思表示一节(第 137 ~ 142 条),而且也在其他方面如对法律行为效力的影响等凸显其地位,以说明意思表示在法律行为制度中的重要性。

一、意思表示的认知与构成要素

意思表示作为法律行为不可或缺的基本要素,其成立生效与否直接影响法律行为的成立和效力:意思表示成立并生效,法律行为才能成立;若意思表示不生效或无效,则不论单方或双方法律行为均不成立;若意思表示有效但有瑕疵或未采书面形式等,则通常法律行为效力受影响,意思表示效力不受影响。[⑤] 可以说,法律行为的控制规则相当一部分是直接根据意思表示而设置,意思表示理论在法律行为

---

① 参见《德国民法典》,陈卫佐译注,法律出版社 2004 年版,第 30 页注[1];张俊浩主编:《民法学原理》(上册),中国政法大学出版社 2000 年修订第 3 版,第 226 页注[1]。

② 参见沈达明、梁仁洁编著:《德意志法上的法律行为》,对外贸易教育出版社 1992 年版,第 50 页。

③ 参见梅仲协:《民法要义》,中国政法大学出版社 1998 年版,第 89 页。

④ 《德国民法典》第三章为法律行为,其中第二节是意思表示。参见《德国民法典》,陈卫佐译注,法律出版社 2004 年版,第 30、33 页。《日本民法典》第五章为法律行为,其中第二节是意思表示。参见渠涛编译:《最新日本民法》,法律出版社 2006 年版,第 24、25 页。

⑤ 根据德国民法总的观点:意思表示有瑕疵、限制行为能力人作某些意思表示、无代理权人以本人名义对外为意思表示、欠缺法定或约定的形式为意思表示,这些原则上都不会影响合同的成立,且意思表示都有效。因在这些情形下,其民法典条文(第 125、142、518、766 条等)都明确规定法律行为或合同无效,而不是意思表示无效。但依据《德国民法典》第 105 条,无行为能力人为意思表示,合同不成立,因为该条明确规定,意思表示无效,而不是法律行为无效。参见《德国民法典》,陈卫佐译注,法律出版社 2004 年版,第 30、35、42、158、253 页。

制度中属于核心内容,具有不容忽视的重要地位。这也是民法学界对法律行为制度分析主要围绕意思表示展开的原因所在。但遗憾的是,目前我国理论界与实务界对意思表示理论缺乏必要的关注。而要深入研究意思表示理论,其前提是先明确意思表示的构成要素。这是因为,对意思表示构成要素的不同理解,不仅关乎对意思表示如何定义和理解,而且决定了意思表示构成要素的范围;更为重要的是可明确意思表示效力判断所涉及的对象及其后果。为此,本书欲以意思表示构成要素为切入点展开分析,以求对意思表示有全面深入的理解。

(一)意思表示意义的认知

对于意思表示的定义,学者表达不尽一致,但大致可分为两类:一类是复合式概念,基本立足于意思与表示两个构成部分,将意思表示定义为,将企图发生一定私法上效果的意思表示于外部的行为。[①] 在我国,对意思表示概念的表达尽管用词和立足点稍有不一,但通常与复合式概念几乎没有实质区别。[②] 另一类是单一式概念,认为法律行为是一项行为,或若干项具有内在联系的行为,其中至少有一项是旨在引起某种特定的法律后果的意思表示或意思实现。意思表示是指行为人向其他人或某个特定的人表明某种法律行为意思的行为;而简单的意思实现则是指某种没有表示意义的行为,但它同样也能够产生法律效果。[③] 可见,只要意思表示不违背法律制度,表意人向他人发出的表示,即根据其意思的某项特定法律后果(或一系列法律后果)就应发生效力。[④] 以上两种对意思表示不同的定义方式,既有相同之处,又有区别之点。

复合式与单一式定义方式的共性在于,都将意思表示作为法律行为的基本要素,并强调意思表示与法律行为关系密切但存在不同。所谓"与法律行为关系密切",是明确法律行为所生的效果应与表意人意欲追求的私法效果相一致。亦即强调意思表示是私人行为(主体能自我决定并负责的行为),以追求私法特定法律效

---

① 参见王泽鉴:《民法总则》,北京大学出版社 2009 年版,第 266 页。

② 如梁慧星教授认为意思表示指向外部表明意欲发生一定私法上法律效果之意思的行为。参见梁慧星:《民法总论》,法律出版社 2001 年第 2 版,第 189 页。江平教授认为意思表示是指民事主体将欲产生一定民事法律效果的内心意思,通过一定方式表达于外部,从而使对方当事人或社会知晓的活动。参见江平主编:《民法学》,中国政法大学出版社 2000 年版,第 189 ~ 190 页。

③ 参见[德]卡尔·拉伦茨:《德国民法通论》(下册),王晓晔等译,法律出版社 2003 年版,第 431 页。对于意思实现的问题限于篇幅此处不予讨论。有兴趣者可查阅相关文献。

④ 参见[德]卡尔·拉伦茨:《德国民法通论》(下册),王晓晔等译,法律出版社 2003 年版,第 451 页。

果为目的,与政府机构的主权行为不同。[①] 同时,现实生活中人们的行为形态多样,个体自我决定法律生活的行为仅是其中的一类,私人表示是否发生其期待的私法效果应斟酌具体情势而定。[②] 正如尼泊德(Nipperday)所言,意思表示理论的出发点是:人有能力借助于他的各种意思表示,在他所属的法律体系划定的限度内,形成他意愿投入的各种法律关系。[③] 法律通过意思表示的创制,将法律效果与当事人创设法律关系的意愿直接挂钩。所谓"与法律行为存在不同",当今学者多数认为意思表示仅是法律行为的基本要素,是确定法律行为有无的要件之一,而法律关系的效果发生与否则取决于法律行为这一事实,而非意思表示。譬如,合同效果有无,非仅仅依据一方要约或承诺的意思表示是否存在,而是依据要约与承诺合致所构成的双方或多方法律行为。同时,对于意思表示的判断应有其自身的规则,而对于法律行为的判断除意思表示的规则外,还应有其他规则如主体能力是否适格等相配套。[④]

复合式概念与单一式概念的主要区别在于:复合式概念重点关心表意人内心意志,强调意思是产生法律后果的唯一原因,而将表示作为意思的告示,作为一种证明意思体现过程的证据。相反,单一式概念将"追求法律效果的意思"和"对该意思的表达"有机结合,表明意思表示虽由内心意思与外部表达行为所组成,但本质为一体。单一式概念不仅认为意思依表示而客观化,而且强调意思表示不是单纯将内心意思表达出来的告示,而是使内心意志直接发生法律效力的有效表示。表意人的意思表示不仅须被他人理解,而且通常应被信赖。[⑤] 也就是说,内心意志唯

① 凡是政府机关的工作如税务机关征税行为,或系私人行为但以追求公法上效果为目的的行为如投票选举公职人员,均非意思表示。但政府机构也可立于私人地位与他人从事法律行为,如政府与人民从事买卖、借贷或租赁契约,除主体一方为政府外与一般法律行为并无不同。参见黄立:《民法总则》,中国政法大学出版社2002年版,第206页。

② 如外出散步当不属于意思表示,邀请友人聚餐通常当事人也不期望发生私法效果。参见王泽鉴:《民法总则》,北京大学出版社2009年版,第266页。

③ 转引自沈达明、梁仁洁编著:《德意志法上的法律行为》,对外贸易教育出版社1992年版,第49~50页。

④ 张俊浩教授认为意思表示指行为能力适格者发表其自由形成的私法效果意思的行为。参见张俊浩主编:《民法学原理》(上册),中国政法大学出版社2000年修订第3版,第228页。其在概念中注明表意人须适格,而多数学者则强调意思表示是表意人意欲将成立某种法律行为的内心意志表达于外部的行为。这一差异的存在实质是对法律行为与意思表示的关系不同理解所致,若倾向认为法律行为与意思表示是同义语,则会将法律行为的其他要件一并用于意思表示,反之应仅将意思表示作为法律行为的二级概念对待,亦即将行为能力适格与否仅作为法律行为的考量要件。

⑤ 参见[德]卡尔·拉伦茨:《德国民法通论》(下册),王晓晔等译,法律出版社2003年版,第452~453页。

有经表示才可在外部让人们认知；唯有构成一个有效表示才能被信赖且依此可区别于仅仅停留于内心的意思和不含任何效果意思的表达。

比较两种不同定义方式可见，复合式概念清晰地反映了意思表示是由意思与表示两部分组成，其中意思是决定行为后果的根本，表示仅是证明意思存在的手段，说明离开“意思”仅关注“表示”将使“表示”失去基础；同样仅考虑“意思”而忽略“表示”，也将使“意思”失去表征让人难以察觉。而单一式概念因将行为人自我决定的根源（意思）与表示一体考量，并赋予表示具有决定行为效力的功能，不仅说明了意思与表示不能割裂的意义，而且揭示了意思表示存在价值，在于其作为一种社会交往行为，唯有被认知、被信赖，才有保护必要，才符合法律规律人群生活的本质。① 也正因如此，单一式概念已逐渐被当今民法理论界所接受而具有一定影响力。

（二）意思表示的构成要素解析

不可否认，对于意思表示构成要素的分析，受到不同定义方式的影响，亦即不同定义方式对意思表示要素的认识和界定有所不一。尽管目前民法理论界采单一式概念渐露头角，但复合式概念仍居通说地位，且也有便于说明之优点。由此在分析意思表示要素时，持复合说概念者依然坚持意思表示由“内心意思”和“外部表示”两部分组成，并在此基础上讨论哪些要素可影响意思表示的成立或效力，②而采单一式概念者也并不排斥以此入手分析意思表示的构成要素。③ 的确，在区分内外两部分前提下分析意思表示的构成要素，不仅清晰易懂，而且对于理解不同概念模式对构成要素的影响，也有事半功倍之效。故下文将遵循此思路，先从复合式概念着手分析意思表示的构成要素，再以单一式概念视角探求其相关变化。

在复合式概念中，意思表示由意思即主观（内在）要件和表示即客观（外在）要件两部分构成。

1. 意思表示客观要件

意思表示的客观要件即指表意人所为的外部表示行为（Erklärungshandlung）。④ 理论界对表示行为的意义并无分歧，因在社会生活中人之交往均需以外形行为为媒介得以实施，故意思表示要发生效果，也须伴随能使他人判断的表示行为。一般

---

① 参见黄立：《民法总则》，中国政法大学出版社 2002 年版，第 232 页。
② 参见王泽鉴：《民法总则》，北京大学出版社 2009 年版，第 266～267 页。
③ 参见黄立：《民法总则》，中国政法大学出版社 2002 年版，第 222 页。
④ 参见王泽鉴：《民法总则》，北京大学出版社 2009 年版，第 267 页。

认为，作为这种有表示价值的积极或消极行为，只要在客观上可认定表意人是在表示某种法律效果意思，都可称为表示行为。[①] 且表示行为可由他人为之，如由使者传达或电信局发电报等。使者或表示机关所为表示行为能否对本人发生效力取决于其是否取得权限。无权限者擅自为他人为表示行为，自无为本人表示行为的效力，但可类推适用无权代理的有关规定。[②] 但无论是何人为表示都不应忽视表示行为的基本价值——使意思发生作用。如此，不仅要求表意人需将意思向外表达，而且起码做到令他人能了解其所表达的内容。为达此目的，表意人可使用所有交易习惯承认的方式或双方当事人协议确认的方式将内心意思向他方传达。通常，意思主要表达工具包括口头言语或书面文字，如在合同书上签名等，或者其他记号如在拍卖场举手、在自助餐厅取食物食之等。在特定情况下，甚至沉默也可作为有效的表达方式。表意人无论采用明示还是默示的表达方式，关键在于能使他人知晓其内心的意思，而具体方式的运用或选择则取决于个案的不同情况。[③] 无疑，一旦意思表示欠缺外在的表示行为，表意人内心意思就无法推测，内心的意思也就难以发生相应的作用。因此，对于意思表示要件的审查，应先从客观要件着手，一旦意思表示欠缺客观要件，即可认为意思表示不成立，无须再考察审核内心的意思这一主观要件。由此也说明表示作为外部要件，是意思表示不可或缺的构成要素。

2. 意思表示主观要件

意思表示的主观要件即指表意人的内心意思。相对于外部要件而言，因意思的形成存在不同阶段，故理论界对内部要件理解尤其是构成要素的界定就不尽相同，各种观点也相持不下，大致呈现如下说法：有的认为意思就是效果意思；[④]有的认为意思由效果意思、表示意思所组成；[⑤]有的认为意思由效果意思、行为意思和表示意识所组成；[⑥]有的认为意思由目的意思、法效意思、表示意思所组成；[⑦]有的还认为动机是意思表示促成因素。[⑧] 可见，学界对主观要件的认识大致涉及如下因素：动机、目的意思、效果意思、表示意思、行为意思和表示意识。但比较分析之，动机

① 参见[日]我妻荣：《我妻荣民法讲义 - Ⅰ - 新订民法总则》，于敏译，中国法制出版社2008年版，第225页。

② 参见史尚宽：《民法总论》，中国政法大学出版社2000年版，第350～351页。

③ 参见黄立：《民法总则》，中国政法大学出版社2002年版，第223页。

④ 参见金立琪主编：《中国民法教程》，中国政法大学出版社1992年版，第108页。

⑤ 参见郑玉波：《民法总则》，中国政法大学出版社2003年版，第331页。

⑥ 参见王泽鉴：《民法总则》，北京大学出版社2009年版，第267页。

⑦ 参见胡长清：《中国民法总论》，中国政法大学出版社1997年版，第223～226页。

⑧ 参见佟柔主编：《中国民法学・民法总则》，中国人民公安大学出版社1990年版，第218页。

和目的意思在意思的形成过程中似可不必单列。所谓动机是推动人从事某事的因素。[①] 无疑，某种效果或目的意思实际上必因一定动机而形成，但动机仅是促成效果意思的心理等因素，[②]无关乎意思表示的成立。何况，动机是存在于内部未表达的意思内容。即使同一类型的行为，表意人的动机也千差万别难以判断，故动机本身无法决定意思表示的内容和状况，不应作为意思表示的构成要素。目的意思（Zweckwille）指对于经济上一定效果的欲望，如土地取得、金钱赠与等。[③] 其实，经济上的目的从法律角度判断就应与法律效果意思相关联，法效意思是目的意思法律化的结果。[④] 倘若将之与法律效果分离，仅单纯理解为行为人经济上的目的，则作为法律确认要素意义不大。这是因为，在未形成法律上拘束力时无需进一步明确表意人意欲追求何种经济上目的。对于表示意思（Erklärungswillen），[⑤]有学者认为是连结效力意思和表示行为的心理作用，也称表意人自信，缺此自信不能为意思表示。[⑥] 但内心效力意思是否属意思表示成立要件本身值得推敲，即在意思表示之外不存在超然独立的"意思"，在意思之外也无"空白的"表示，[⑦]而表示效力意思作为表示行为的内容，已然包含于表示行为之中，亦即表示行为内容与表示行为已合为一体，无须再依表示意思连结。何况，表示效力意思通常与内心效力意思一致，若二者不一，则属构成要素的判断问题，而非心理作用连接的反映。由此说明表示意思不是连结效力意思与表示行为的心理作用，仅是认识表示行为表示价值而欲

① 参见中国社会科学院语言研究所词典编辑室编：《现代汉语词典》，商务印书馆 1996 年第 3 次修订版，第 302 页。

② 动机指唤起或者指导有目的行为的生理或心理因素，例如饥饿、安全、归属、爱和尊严等。参见张俊浩主编：《民法学原理》（上册），中国政法大学出版社 2000 年修订第 3 版，第 228 页。

③ 目的意思，因其为法律行为之内容，故又称为行为意思（Geschäftswille）。因其为意思表示基础，故又称为基础意思。因其意思在于经济上一定之效果，故又称为效果意思（Erfolgswille）。参见胡长清：《中国民法总论》，中国政法大学出版社 1997 年版，第 223 ~ 224 页。

④ 我国台湾地区学者郑玉波认为："效力意思者欲引起法律上一效力之欲望也，故亦称目的意思或基础意思。"参见郑玉波：《民法总则》，中国政法大学出版社 2003 年版，第 332 页。另应注意的是，胡长清先生所用的行为意思的单词与法效意思相同，却与通常所言的行为意思即应体现行为人的自觉而不同。故将目的意思单立不仅可能与法效意思混淆，而且还可能与行为意思混淆。

⑤ 表示意识，与欲为此外部举止之行为意思结合，谓为表示意思。参见史尚宽：《民法总论》，中国政法大学出版社 2000 年版，第 348 页。

⑥ 参见郑玉波：《民法总则》，中国政法大学出版社 2003 年版，第 333 页。日本学者我妻荣也持该观点，他认为按照意思表示的心理性过程，包含三个要素：(1)个人决定意欲一定效果意思（效果意思）；(2)有发表这种意思的意思（表示意思）；(3)实施作为其意思的发表的有价值行为（表示行为）。参见［日］我妻荣：《我妻荣民法讲义 - Ⅰ - 新订民法总则》，于敏译，中国法制出版社 2008 年版，第 224 页。

⑦ 参见张俊浩主编：《民法学原理》（上册），中国政法大学出版社 2000 年修订第 3 版，第 229 页注［1］。

为之的意思,故得分为行为意思与表示认识。于此意义,表示意思虽名为意思,而实为认识,[①]难以作为独立因素与行为意思并立。而行为意思涉及表示行为是否自觉而为,表示意识则关乎行为意思和表示行为的价值判断,均理应成为意思形成的因素之一。缘此,理论界基本认可意思表示主观要件应由效果意思、行为意思和表示意识等因素组成。而这些因素是否均需作为意思这一主观要件的构成要素而影响意思表示的成立或效力,理论与实务上依据不同的理念仍存争议。分析如下:

(1)效果意思(Geschäftswille)。指行为人欲依其表示发生特定法律效果的意思。[②] 表意人意欲发生的法律效果亦即法效意思或法律行为意思。[③] 效果意思依是否表示可分为内心效果意思和表示效果意思,前者指仅存在于表意人内心的效果意思,后者是客观上已表示的效果意思。相对而言,内心之追求实难探求,故目前所言效果意思应指表示的效果意思。如此,表意人就不能仅有对法律效果的意识,而应达到发生法效的程度,亦即将发生法律效果的目的予以表达。按民法传统理论法效的内容有要素、常素和偶素之别:要素是行为人效力意思中所必备的内容,如买卖关系中关于标的物、数量的内容,要素确定行为类型且不能推定,缺之行为不成立;常素与行为人意思无关而源自法律规定,仅是法律依通常情形所赋予,如买卖合同中瑕疵担保责任的内容、承揽合同中关于承揽物与原材料风险负担等内容,行为人意思中未反映,法律上也当然发生效力,除非行为人有反对意思;偶素是行为人特约的内容,并非由法律制定,法律对其内容不加限制,只要该特约不违反禁止性规定即可发生当事人预期追求的效力。[④] 对于表意人所为的表示欠缺效果意思是否影响意思表示的效力,不同的认识将形成不同的结论:若将效果意思作为意思表示构成要素者,则原则上认为意思表示无效;反之,则认为意思表示效力仅受表示行为这一外观要件的拘束,意思表示不因欠缺效果意思而受影响。

(2)行为意思(Handlungswille)。指体现为表意人自觉地有意从事某项行为。[⑤] 亦即其欲为可被认识为表达效力意思的外部动作意思。[⑥] 行为意思可用语言、举手、点头、作成文书、金钱支付等作为形式体现,也可根据当事人合意或交易习惯将

---

① 参见史尚宽:《民法总论》,中国政法大学出版社 2000 年版,第 348 页注[1]。

② 参见王泽鉴:《民法总则》,北京大学出版社 2009 年版,第 267 页。我国台湾地区学者郑玉波先生将之称为目的意思或基础意思,参见郑玉波:《民法总则》,中国政法大学出版社 2003 年版,第 332 页。

③ 参见史尚宽:《民法总论》,中国政法大学出版社 2000 年版,第 350 页。

④ 参见龙卫球:《民法总论》,中国法制出版社 2001 年版,第 505 页。

⑤ 参见王泽鉴:《民法总则》,北京大学出版社 2009 年版,第 267 页。

⑥ 参见史尚宽:《民法总论》,中国政法大学出版社 2000 年版,第 348 页。

行为人的不作为如沉默等理解为存在行为意思。[①] 但不论行为人以何种方式显示其行为意思,都必须体现为表意人自觉欲为表示动作意思,而有别于完全在强制下的行为或睡眠中动作,如某人受催眠或被强迫后由他人将其手印按在契约上,其虽在外观上有表示效力意思,但非出自表意人的自觉,故不论有无效果意思,均因欠缺表示意欲即欠缺行为意思而不得谓有意思表示。行为意思是以表示为手段的动作意思,既非就其表示价值有认识,也非反映内心追求的效果意思,此点与表示意识和效果意思都不同。因此,行为意思以行为人存在有意为之的动作意思为已足,行为意思的有无将直接决定意思表示能否成立。质言之,无论基于何种理念,行为意思都应作为意思表示的构成部分予以考量。

(3)表示意识(Erklärungsbewusstsein)。指表意人认识其行为有法律行为上的意义。[②] 与行为意思不同,表示意识是行为人就外部举止有无效果意思表示力的认识,即以行为人知悉其行为且他人也会将之与特定效果意思相联系为前提,通常注重表示意识者,均认为无表示意识即无效果意思,如在一家德国白酒拍卖场,甲向其友人乙举手致意,而不知依交易习惯,此举止表示对于正在喊价的一桶酒,提高价格 100 马克,此时甲有行为意思,但无表示意识,亦无效果意思。[③] 表示意识也有别于效果意思,效果意思关注表意人欲依意思表示发生的特定法律效果,而表示意识仅强调行为人对表示有无价值的认识,即表示是否具有某种法律意义的认识。譬如,甲写信给乙欲以 200 万元购 A 房,甲知其表示有某种法律行为的意义,即有表示意识,而其欲以 200 万元购 A 房则为效果意思。若甲误书以 300 万元购 B 房时,其虽仍有表示意识,但该表示与效果意思则不一致。[④] 表示意识在以作为或不作为的意思表示中均可存在,且可由机关为之。若表示行为源自表示机关,则表示意识有无应就实施行为的表示机关定之。[⑤] 至于欠缺表示意识的意思表示能否有效成立,同样在不同理念影响下会形成不同观点,立足意思自主倾向保护表意人利益的,将之作为构成要素,但侧重于交易安全维护的,则否认表示意识为意思表示的构成要素。

(三)不同理念对意思表示构成要素的要求与影响

效力意思一经表示,结果无外乎两类:一是处于理想状态即意思与表示完全一

---

① 参见黄立:《民法总则》,中国政法大学出版社 2002 年版,第 230 页。

② 参见王泽鉴:《民法总则》,北京大学出版社 2009 年版,第 267 页。

③ 参见黄立:《民法总则》,中国政法大学出版社 2002 年版,第 230 ~ 231 页。

④ 参见王泽鉴:《民法总则》,北京大学出版社 2009 年版,第 267 页。

⑤ 参见史尚宽:《民法总论》,中国政法大学出版社 2000 年版,第 349 页。

致。这就不会发生任何问题,无须分析意思表示的构成要素再作判断。二是意思与表示不一致。遇此情形必然发生是以意思还是表示为准的问题,此时势必涉及对意思表示构成要素认识和判断。对此大陆法系民法界一直存有争议,学者争议的焦点从表层而言主要在于对意思表示含义和要素的界定,尤其是对主观的内在意思要素的理解,亦即效果意思和表示意识是否可作为意思表示的构成要素,其欠缺能否影响表示的效力,或者是在何种范围和程度影响意思表示的效力。但透过现象看本质,该争议其实涉及意思自主与信赖保护的意思表示的核心问题,其关乎表意人和相对人利益的平衡和交易秩序的维护。无疑,对意思表示含义的不同理解或者关注的利益不同,对于立法和司法最终判断和确定意思表示的效果影响重大。详言之:

在复合式概念下,如前所述意思表示被分为内外两部分组成,对瑕疵的意思表示判断主要有意思主义、表示主义和折中主义三种观点:①一是意思主义。早期德国学者萨维尼(Savigny)、温德莎伊德(Windscheid)、齐特尔曼(Zitelmann)等多赞成此说。② 例如,萨维尼认为根本上"意思"应被视为唯一重要与有效的,但因"意思"是一个内在无法察觉的过程,故需有一定表征让他人能识别,而让"意思"公开的表征就是"表示"。③ 如此观察意思表示,显然表示只有某种证据的意义,在私法自治的适用范围内,意思才是产生法律后果的唯一原因。④ 这一观点从人类自然法则出发,关注人的意志对行为的影响和作用,立足于保护表意人,认为意思表示虽由内心意思和表示所组成,但其法律效果是法律依表意人的意思而赋予,表示不过是了解表意人意思的方法或手段,故只有表示而不伴随表意人内心效果意思的,应是无效表示,亦即缺少内心意思的意思表示应无效。同时,效果意思以表示意识为存在前提,无表示意识也无效果意思。故坚持意思主义者也认为表示意识是意思的构成要素,欠缺表示意识时,意思表示理应失去存在的前提。⑤ 二是表示主义。此说以贝克(Becker)、科勒(Kohler)、荣哈德(Leonhard)等为代表。⑥ 表示主义以维护交易安全为出发点,认为意思无法直接得知,特别是内心效果意思难以捉摸,唯有通

① 参见梅仲协:《民法要义》,中国政法大学出版社 1998 年版,第 107 ~ 108 页。

② 参见黄立:《民法总则》,中国政法大学出版社 2002 年版,第 231 页。

③ 参见黄立:《民法总则》,中国政法大学出版社 2002 年版,第 223 页注[75]。

④ 参见[德]卡尔·拉伦茨:《德国民法通论》(下册),王晓晔等译,法律出版社 2003 年版,第 452 页。

⑤ 前述德国拍卖场举手与友人打招呼而不知是对正在拍卖之物提价之例,就是出于意思主义而认为欠缺表示意识,即无表示效果。

⑥ 参见黄立:《民法总则》,中国政法大学出版社 2002 年版,第 231 ~ 232 页。

过表示手段才可知晓，这意味不管真意如何，法律上的效果意思原则上应指表示效果意思，以表示行为为标准而赋予法律效果。表意人则应信守表示的外在意义，以维护相对人的信赖，故不允许表意人引据效果意思或表示意识欠缺而免责。据此，效果意思和表示意识就不是意思表示的构成要素。三是折中主义。顿伯格（Dernbueg）、哈德曼（Hartmann）、内格尔斯伯格（Regelsburger）等所主张。[①] 该观点认为极端的意思主义和表示主义均有不妥，为兼顾各方利益应折其中而行之，或以意思主义为原则设有例外，或以表示主义为原则设有例外。在此基础上，效果意思或表示意识原则上依然不能成为意思表示的构成要素而直接影响意思表示的效力，除非法律另有明确规定。换言之，通常当效果意思或表示意识欠缺者，表意人的表示仍应生效，仅在特定条件下发生意思表示无效或者赋予表意人撤销权以排除表示所产生的拘束力，但为兼顾相对人利益，表意人必要时需对相对人的信赖承担赔偿责任。[②]

以上观点中，意思主义是基于意思自治的理论而推导出来，关注意志的价值，过多地强调了个人本位，对意思表示的表意人极其有利，但若相对人信其表示为有效，则会受到不测之损害，且民事活动中事事要探求真意不但难以做到亦有损效率。表示主义则注重对相对人利益的保护，注重交易安全，侧重于对社会秩序的维护。但在保护相对人利益不受损害时，无法全面顾及表意人的真意。折中主义不走极端，又能兼顾当事人双方利益和当事人与社会的利益，故而最体现法律的公正，也最受各国民事立法青睐。至于是以意思主义为原则设有例外，还是以表示主义为原则设有例外，各国民法态度不一。日本、瑞士等民法采以意思主义为原则设有例外，而德国民法则主张以表示主义为原则设有例外。[③] 但随着经济的发展，市场交易日趋频繁和迅捷，交易的形态亦日趋简单，基于财产流转的敏捷和交易的安全，从兼顾交易双方利益及兼顾交易者和社会利益的角度考虑，作为调整平等主体间财产关系的民法，采用以表示主义为原则设有例外的折中主义更为合理。[④]

值得关注的是，近代以来众多学者认为德国民法学中的意思表示理论极其烦琐，对其概念堆砌多持批评态度，并力求在简化概念的基础上吸收其合理因素。为

---

① 参见黄立：《民法总则》，中国政法大学出版社2002年版，第232页。

② 如表意人因错误而为意思表示，即以如此方式兼顾表意人和相对人的利益，使之相对公允。

③ 参见史尚宽：《民法总论》，中国政法大学出版社2000年版，第351页。日本学者我妻荣认为，在效果意思、表示意思和表示行为三个要素中内心效果意思是本体，但如此会使对方当事人蒙受意外损失之虞，故不得不承认诸多例外……参见［日］我妻荣：《我妻荣民法讲义－Ⅰ－新订民法总则》，于敏译，中国法制出版社2008年版，第224～225页。

④ 参见傅鼎生主编：《中国民商法疑难问题研究》，上海教育出版社1997年版，第42页。

达到化繁为简定义意思表示的目的,理论界出现了改复合式概念为单一式概念的趋势。在单一式概念中不再以意思与表示的对立性为出发点,而是强调意思与表示的协力,构成功能上的一体性,认为法律行为的意思仅能在表示之中获得法律承认。表示不是证明法律行为意志存在的证据,而是直接引起法律后果产生的基础。[①] 对表意人而言,单一式概念下的意思表示具有双重功能:一方面,这种有效的表示是有法律拘束效力的决定性行为,使表意人可自主决定各种私法行为。之所以不再将表示看作是探求意思的手段或表征,而作为确定或宣告意思表示效力的定局性行为,是因为如此理解符合法律规范人群生活的内在要求。意思表示作为一种社会交际行为,不仅表明表意人对该意思表示有自己理解,而且通常是相对人能够信赖的,这样意思表示的表述内涵就获得独立意义,使之具有创制特定效果意思的作用。另一方面,表意人对其意思表示的瑕疵应负责即存在归责原因。因在社会活动领域不存在无责任的行为,任何人对自己行为给别人产生的不利后果都应承担责任。故表意人在作表示时应有注意义务以维护相对人的信赖。[②] 相对人信赖的保护,是私法自治上自主决定的当然结果及其必要调剂。[③]

然而,依据单一式对意思表示的定义,认为意思表示不是复合形体,而系本质上一体,强调意思表示的效力系以向外生效的意思为准,内在意思不属于意思表示的构成要素,只是将问题由意思表示的要素移到了评价,而非真正彻底解决意思说与表示说的争论,即明确回答意思与表示不一致的意思表示是否仍可拘束表意人。[④] 具体地说:单一式概念强调法效意思应体现为表示效果意思,而非内心效果意思,这不仅反映“表示”这一外部要件当已涵盖表示效果意思,以体现表示行为有表示力或表示价值,而且说明了效果意思这一内在要素已被表示行为所吸收,意味着在意思与表示不一致时,无须将内心效果意思作为意思表示的构成要素加以判断。这是其一。其二,持单一式概念者也认为,行为意思关乎表意人是否自觉而为,是意思自治基本理念最基本要求的体现,在意思表示中确有存在需要,但其应作为表示行为的成立要件,而非意思的内部构成要素。其三,单一式概念还认为表示意识与行为意识不是两个相互独立的意思,表示意识伴有行为意思而呈现,其与

---

① 参见[德]卡尔·拉伦茨:《德国民法通论》(下册),王晓晔等译,法律出版社2003年版,第454~455页。

② 参见[德]卡尔·拉伦茨:《德国民法通论》(下册),王晓晔等译,法律出版社2003年版,第455页。

③ 参见王泽鉴:《民法总则》,北京大学出版社2009年版,第281页。

④ 参见黄立:《民法总则》,中国政法大学出版社2002年版,第232页。

行为意识相结合可表明表示意思具有表示力即存在法律意义,由此成为表示行为的成立要件,而无须再将表示意识作为“意思”这一内部要件的构成要素。无疑,如此理解可淡化复合式概念因区分内外要素而带来的判断难度,如在表示意思与内心意思不一致时,按照复合式概念,必须强调依信赖原则而认定表示意思有效,而在单一式概念下内心意思已不作为意思表示的构成要素,对相对人利益的保护已是题中之意,则无须再强调信赖原则就可直接得出结论。又如对于欠缺表示意识的行为,在复合式概念下对意思表示成立与否的判断极易引发争议,呈现不同结论,但在单一式概念下意思表示唯有成立一种判断。诸如此类,不一一列举。

可其存在的问题是,当依据单一式概念达到简化判断难度的目的后,是否意味着意思表示的效力完全取决于表示的效果意思?亦即是否依据对表示行为的解释确定意思表示成立并约束表意人?答案显然是否定。理由在于,法律创制的规则不能是简单逻辑推演,其更为重要的是需要平衡好各方的利益。也就是说,单一式概念仅关注表示行为的意义,不仅可简化对意思表示成立与否的判断,而且必然倾向于对相对人和交易秩序的维护;但这并不是说完全可置表意人利益而不顾,合理的规范不能仅单方面考虑表意人或相对人的需要,而应致力于公平的均衡。[①] 因此,任何简化判断仍然应顾及各方利益的平衡,以求秩序的安全与稳定。尤其是对于意思与表示不一致的情形,立法或司法的具体运作将不受概念方式的影响,最终单一式概念与复合式概念的折中说做法在众多方面仍会殊途同归,得出相同结论。

(四)意思表示要素欠缺的判断及其救济

如前所述,不同理念对意思表示的构成要素要求不同,但构成要素之争并不能直接影响对意思表示效力的评判。面对情况复杂种类繁多的意思表示瑕疵,不同的判断必然产生不同结果:有的可能直接致意思表示的不成立或无效;有的可能视具体情况而定;也有的可能不影响意思表示的成立和生效但会产生撤销权并引发其他民事责任。但具体判断与救济方式设计,已与不同定义对构成要素的影响相去甚远,重要的是如何合理平衡表意人和相对人的利益,以有效维护交易秩序。具体表现为:

首先,客观上欠缺外部表示的,如某人内心欲立遗嘱,但还未设立即死亡,无论是复合式折中说还是单一式概念皆可因欠缺表示行为而认定意思表示不成立。同样,倘若行为人有外部表示且可能有内心效果意思,但表示内容中没有法效意思的

① 德国《立法理由书》I,106f。参见黄立:《民法总则》,中国政法大学出版社2002年版,第232页。

显露,或者无法通过表示内容确定法效意思的情形,无论何种定义方式也都会认为意思表示不成立。只不过,持复合式折中说者会以内心效果意思无法探求为由而否定之,而持单一式定义者即可直接因欠缺表示行为成立要件而不成立。但诸如此类的意思表示不成立,应不会产生其他民事责任。

其次,针对无内心意思而为表示的情形,应视具体情况而定:

(1)对于无效果意思、表示意识和行为意识,如受催眠而签字,不同概念结论相同,但理由不一:复合式概念下的折中说认为欠缺行为意思而意思表示不成立;单一式概念认为未满足表示行为成立要件而意思表示不成立,亦即在无法对自己行为进行有意识控制的状态下所作表示本身就不属于行为范畴,当然不属于意思表示,①且当事人无须承担任何民事责任。

(2)对于有效果意思和表示意识而无行为意思的表示,如在他人胁迫或欺诈下所签订的合同,即此类情况行为人意志决定虽受他人不法干预有所影响,但仍属有意识行为,基于对侵害表意人意志自由行为的制约,不同概念模式,无论是认为欠缺行为意思,还是不符合表示行为成立要件,通常都认为意思表示依然成立生效,但表意人享有撤销权,②且撤销后无须承担信赖利益的赔偿责任。相反表意人可依缔约过失之债等请求胁迫者或欺诈者承担赔偿责任。只是胁迫相对欺诈而言,表意人意思自由被侵害得更为严重,故对受胁迫而为意思表示的表意人的保护应更周全。③

(3)对于无效果意思但有行为意思和表示意思,如所表达的内容在行为性质、主客体等方面发生错误。如前所述,原则上效果意思无论是复合式概念还是单一式概念都已不再将之作为意思表示的必要构成部分,故欠缺效果意思的意思表示依然可成立,对于内心所想与外部表示不一,属于民法理论上对意思表示错误的处理问题,我国也称重大误解。④ 此种错误属于意思与表示的无意识不符,尽管其可归责性较轻,但这不意味相对人的利益无足轻重,故一般认为错误不当然影响意思

---

① 参见[德]卡尔·拉伦茨:《德国民法通论》(下册),王晓晔等译,法律出版社2003年版,第451页。

② 原《合同法》第52、54条规定与此不一,区分不同情况定其效力。若一方以欺诈、胁迫的手段订立合同,损害国家利益的,为无效;反之,属可撤销。《民法典》第148、150条规定不再以是否损害国家利益为区分,因欺诈、胁迫而实施的民事法律行为均属可撤销。

③ 参见王泽鉴:《民法总则》,北京大学出版社2009年版,第307页。

④ 原《民法通则》第59条、原《合同法》第54条对重大误解有具体规定。最高人民法院《关于贯彻执行〈中华人民共和国民法通则〉若干问题的意见(试行)》第71条规定:"行为人因对行为的性质、对方当事人、标的物的品种、质量、规格和数量等的错误认识,使行为的后果与自己的意思相悖,并造成较大损失的,可以认定为重大误解。"《民法典》第147条对此作了规定。

表示的效力，但原则上应赋予表意人撤销权，同时为保护相对人的合理信赖，要求表意人一旦行使撤销权，就得对相对人信赖利益承担损害赔偿责任。①如此处理的原因一方面在于表意人的表示受自己意志控制，为避免真意与表示不符，其应有较高的注意义务，未尽此义务即具有可归责性；另一方面在于其所作表示会影响相对人的理解和判断，使之产生合理信赖，由此决定相对人的信赖较之行为人的自我意思更具有保护的必要。但对相对人保护需有相应限制，主要表现为：一是相对人请求保护赔偿的范围仅指信赖利益损害，亦即赔偿范围不能超过履行利益；二是相对人应对表意人的错误发生信赖，若相对人没有信赖表示或不应为信赖表示，则表意人无赔偿责任。②

（4）对于无效果意思和表示意识但有行为意思的表示，包括有意识和无意识的欠缺，前者如心里保留和虚伪表示等，③后者如某人误将订购单为贺卡而签名的行为。对于行为人有意识欠缺表示意识的情形，无论是将表示意识作为意思的构成要素，还是将之与行为意思相结合作为表示行为的成立要件，都认为对意思表示的成立生效应有一定影响，但考虑到对相对人利益的保护，以及行为人有意识的表示意思欠缺可归责性要高于无意识欠缺等因素，各国或地区的立法或司法都视具体情形而作不同处理。④一般而言，原则上肯定在相对人有合理信赖时该意思表示可成立并有效，在特殊情况下如相对人明知或应知表意人有欠缺时，可认定该意思表示无效，⑤

① 关于错误的类型和具体处理模式各国规定不一，理论争论也较多，容后讨论。

② 参见［德］卡尔·拉伦茨：《德国民法通论》（下册），王晓晔等译，法律出版社2003年版，第527～528页。

③ 表意人无欲为其意思表示所拘束之意思而为意思表示者谓心里保留；表意人与相对人通谋而为虚伪意思表示者属虚伪表示。二者相同点，均在于表意人不愿受意思表示的效力所约束。若采意思说，应认为无效，但为保护相对人并不当然使之无效，具体处理需根据具体情况而定。参见梅仲协：《民法要义》，中国政法大学出版社1998年版，第108～109页。

④ 《日本民法典》第93、94条。参见渠涛编译：《最新日本民法》，法律出版社2006年版，第25页。我国台湾地区"民法"第86、87条。参见王泽鉴：《民法总则》，北京大学出版社2009年版，第282页。在德国法中将有意识表示意识欠缺的情形分为单方和双方虚伪表示两种，其中第一种区分秘密保留与缺乏认真性的戏谑：前者是行为人将缺乏表示意思秘而不宣，故原则上有效，例外无效；后者是行为人期待相对人知道自己无表示意思则无效。第二种也称通谋虚伪表示，表意人与相对人通谋而为表示，应当无效。《德国民法典》第116、117、118条。参见《德国民法典》，陈卫佐译注，法律出版社2004年版，第33页。我国《民法典》第146条对此有增补，尽管仍不尽如人意，但也是民事立法对意思表示规范完善的表现。

⑤ 虽对于《德国民法典》第116条第2款规定即例外无效，德国学者争议较大，如拉伦茨教授认为，心里保留是表意人对相对人的欺骗，即使相对人知道有保留，仍应对相对人发生效力。而梅迪库斯教授认为，心里保留不当然是反映表意人的恶意，也不当然发生不利于相对人的后果，故只要限制解释依然可按无效处理。参见［德］卡尔·拉伦茨：《德国民法通论》（下册），王晓晔等译，法律出版社2003年版，第495页；［德］迪特尔·梅迪库斯：《德国民法总论》，邵建东译，法律出版社2000年版，第445页。

但这种无效的认定不得对抗善意第三人。[1] 对于无意识的表示意思欠缺的情形，在复合式概念下是理论争议焦点，迄今尚无定论：有的认为意思表示因欠缺表示意识不成立，有的认为为维护交易安全而不必将表示意识作为必要构成要素而否定意思表示的成立，原则上表意人应对其表示行为负责，表意人仅得类推适用意思表示错误的规定撤销其意思表示，并应对相对人的信赖利益损害负赔偿责任。[2] 但在单一式概念下表示意识是纯粹抽象的形体，对于完全不欲为法律行为或欲为完全不同的法律行为，在作评判时无本质区别，故意思表示的存在，不以表示意识的存在为前提，在明示或默示意思表示时也并无分别，意思表示只以外在行为为要件。[3] 亦即欠缺表示意识的意思表示应成立生效，至于表示行为是否存在创制法律效果的目的，以对表示要件的客观解释认定之。也就是说，表意人有意识所为表示，依规范要求其应注意到相对人会作出与之表示不同理解时，表意人的表示就有可归责性，应判断该表示行为成立生效。反之，则无须认定该表示对表意人具有拘束力。[4] 但为平衡表意人和交易安全的关系，持单一式概念者也认为法律应赋予表意人撤销权，由表意人选择是否让该意思表示生效。同样若表意人行使撤销权排除该意思表示的效力，也应对相对人的损失承担赔偿责任。需强调的是，此时对相对人损失承担赔偿责任的理由也必然与复合式概念不同，它不再是依据信赖保护原则，而是用责任原则取代之，信赖保护理所当然被表意人的可归责范围所涵盖。质言之，当意思表示的意义确定可归责于表意人时，表意人就责无旁贷。

总之，意思表示是以达成一定法律后果的意思向外宣示的行为。在考虑表意人意志重要性时，不能忽略人的行为与外在的关系，这意味法律将关注外在表示行为作为准则性规定具有合理性，其导向作用就在于告知表意人应对可归责于自身因素的行为承担不利后果。这与私法自治原则也并不相悖，因为表意人仍然保持自我决定的状态，且应该意识到错误发出意思表示存在具有可归责的风险。但法律确定的规则不能仅停留于判断意思表示成立与否，更重要的是应作出能否对表意人发生拘束力的评价。如此，就无须过于纠缠于意思表示构成要素之争，就得兼

---

① 参见王泽鉴：《民法总则》，北京大学出版社 2009 年版，第 286 页；[德]迪特尔·梅迪库斯：《德国民法总论》，邵建东译，法律出版社 2000 年版，第 450 页。

② 参见王泽鉴：《民法总则》，北京大学出版社 2009 年版，第 267 ~ 268 页。

③ 参见黄立：《民法总则》，中国政法大学出版社 2002 年版，第 235 页。

④ 如前述酒室拍卖案，同样是进场即扬手与他人打招呼的行为，在判断其扬手是否构成表示时应依解释而定，如某人是一明知交易规则且知道别人正在进行拍卖者，则应判断其所为构成表示，反之若某人是一非当地人且不知具体情事者，则其所为不应构成表示。详见[德]卡尔·拉伦茨：《德国民法通论》（下册），王晓晔等译，法律出版社 2003 年版，第 480 ~ 484 页。

顾和平衡相对人和表意人的利益,树立对表意人利益的保护应止于交易安全的理念,依据客观解释合理限制向外生效的意思表示对表意人的拘束力。并在此基础上,对意思与表示不一致的情形准确定位,以合理设计相应救济模式和路径。

二、意思表示的瑕疵

意思表示可因不同原因影响而成为有瑕疵的行为。当意思表示发生瑕疵时,应如何规范并决定其效力是立法和学说所要讨论或解决的重要问题。

(一)意思表示瑕疵的总体分析

1.他域立法与学说简介

考察大陆法系主要代表国家和有关地区的民事法律规定可见,①其在秉承了罗马法对意思表示不真实情形规范的基础上,②作了更加细致的分析和更为系统的理论概括。以《德国民法典》为例,其通过意思表示内部结构分析和必要的法律政策考量,将意思表示瑕疵区分为"心意保留""戏谑表示""虚假行为""错误""恶意欺诈""非法胁迫"等瑕疵情形进行了较为详尽的规定。③ 学者根据瑕疵发生阶段的不同将之分为意思和表示连接上的表示阶段瑕疵与意思形成阶段的瑕疵:前者指表意人决策时是自主的,而在为表示行为时产生的瑕疵。此种瑕疵是因表意人依据不正确的前提所为表示而形成,如表意人没有意识到表示的规范性和关键的意义,或者没有意识到该意思表示具有可归责他的意义,对某些重要事项的表示与其所想追求的内容不同。后者指在表示行为之前的意思形成阶段所存在的瑕疵,亦即在意思形成阶段决策自由就受影响。④ 而在我国台湾地区民法界则将之区分为

① 在英美法系国家,立法也将意思表示不真实视为影响合同生效的重要因素。但因其是以法院对个案审理为基础而形成众多个别规则的规范模式,且在现实中这些个别规则涉及的问题广泛、具体,甚至相互间有冲突,使学者们难以理解并作出一致理论概括,故在此仅介绍大陆法系的有关立法和学说。参见刘守豹:《意思表示瑕疵的比较研究》,载梁慧星主编:《民商法论丛》(第1卷),法律出版社1994年版,第75页。

② 资料显示意思表示瑕疵包括错误、诈欺和胁迫以及虚伪表示和真意保留等,在罗马法上已得到规范和调整。参见周枏:《罗马法原论》(下册),商务印书馆1994年版,第587~590页;[意]彼德罗·彭梵得:《罗马法教科书》,黄风译,中国政法大学出版社1992年版,第70页。

③ 《德国民法典》第116条规定心里保留即心意保留,第117条规定虚伪表示,第118条规定缺乏真意即戏谑表示,第119~121条规定错误及其撤销,第122条规定戏谑表示和错误表意人赔偿后果,第123~124条规定欺诈与胁迫及其撤销期间等。参见《德国民法典》,陈卫佐译注,法律出版社2004年版,第33~35页。其他国家如《日本民法典》第93~96条也有类似规定。参见渠涛编译:《最新日本民法》,法律出版社2006年版,第25页。

④ 参见[德]卡尔·拉伦茨:《德国民法通论》(下册),王晓晔等译,法律出版社2003年版,第493页。

"意思与表示不一致"与"意思表示不自由"两大类。①

具体地说,第一类意思与表示不一致也称非真意的表示。其中又分为表意人明知和不知两种情况。前者指虚伪表示也称故意不一致,包括单方和双方的虚伪表示。单方虚伪表示即心意保留,《德国民法典》又有心意保留与戏谑表示之分;双方虚伪表示即通谋虚伪表示,《德国民法典》又将虚假行为或称隐匿行为等规定在内。对于"心意保留""戏谑表示""虚假行为"等类型,德国学者认为其共性在于:表意人皆发出了某项意思表示,但表意人不想使其表示出来的内容产生法律效力。故被统称为"意思保留"。② 后者指错误也称意外或偶然不一致。所谓错误各国家和地区所定类别不同,理论上也颇具争议,但大多认为唯交易上视作重要者才可构成意思表示的错误(后详述)。对于心意保留的效力,国外或有关地区民法均规定除相对人明知表意人保留真意外,原则上应为有效。③ 而德国对戏谑表示的规定稍有调整,尽管戏谑也属表意人非真意表示,但因表意人认为他人会知道表示缺乏真意,故戏谑表示原则上应为无效(《德国民法典》第118条)。若相对人信其表示为有效者;表意人对相对人因此所受损失应承担赔偿责任,但以意思表示有效时相对人所应得利益额为限,亦即他人享有信赖利益损害赔偿请求权(《德国民法典》第122Ⅰ条第1款),除非他人明知或者他人因(轻微)过失而不知,该请求权将被排除(《德国民法典》第122Ⅱ条第2款),即使表意人基于重大过失预期对方会知其真意也不例外。此外,若表示人认识到他人对自己的戏谑信以为真,那么按照诚信原则他有义务毫不迟延的澄清错误,否则该戏谑表示可按有效认定。④ 如此区分处理的依据是,《德国民法典》第116条中的价值判断,体现了表意人与相对人的利益衡量和分配似更具有合理性。对于通谋虚伪表示的效力,国外民法原则上规定为无效,但不得对抗善意第三人。⑤ 至于隐匿行为是否有效,则应视该行为是否符合法律规

---

① 参见王泽鉴:《民法总则》,北京大学出版社2009年版,第282页。

② [德]迪特尔·梅迪库斯:《德国民法总论》,邵建东译,法律出版社2001年版,第444页。

③ 参见《日本民法典》第93条(渠涛编译:《最新日本民法》,法律出版社2006年版,第25页)、《德国民法典》第116条(《德国民法典》,陈卫佐译注,法律出版社2004年版,第33页),以及我国台湾地区"民法"第86条(参见王泽鉴:《民法总则》,北京大学出版社2009年版,第282页)。

④ 参见[德]汉斯·布洛克斯、沃尔夫·迪特里希·瓦尔克:《德国民法总论》(第33版),张艳译,中国人民大学出版社2012年版,第240~241页。

⑤ 《日本民法典》第94条第2款对此明确规定。参见渠涛编译:《最新日本民法》,法律出版社2006年版,第25页。但《德国民法典》第117条中无规定。参见《德国民法典》,陈卫佐译注,法律出版社2004年版,第33~35页。我国台湾地区"民法"规定同日本,其第87条但书规定,通谋虚伪表示不得以无效对抗善意第三人。参见五南法学研究中心编辑,杨淑文、张丽卿、洪家殷、谢易宏监修:《最新简明六法》,台北,五南图书出版股份有限公司2010年版,二-第16页。

定的要件而定,即适用关于隐藏的法律法律行为规定(《德国民法典》第 117 条第 2 款),如法律规定该隐藏行为有效,即可认定有效,反之则按无效处理。对于错误的效力,各国或有关地区民法规定不尽相同,有的规定为可撤销如德国,有的规定为无效如日本,但日本民法同时也规定,表意人有重大过失的,不得自己主张其无效。第二类指不自由的意思表示包括欺诈和胁迫两种情形。此类意思表示瑕疵的共性在于,其表示不自由的因素系来自他人,而非表意人自身,这也是与意思同表示不一致情形的区别所在。对此类意思表示瑕疵的效力,国外或有关地区民法均规定为可撤销。但毕竟表意人瑕疵表示是他人不法干预的结果,故法律应设不同规范加以处理,如撤销权的除斥期间规定有特殊之处,如欺诈或胁迫自欺诈发现之时或胁迫停止之时起算 1 年内行使,且可准用消灭时效中止和中断有关规定,否则撤销权从意思表示作出时起 10 年届满被排除。① 又如表意人撤销因胁迫而为意思表示后,对善意相对人不承担信赖利益赔偿责任。② 同时,法律也需要考虑欺诈与胁迫各自本身特性,而赋予不同要件和效果。相对而言,胁迫对意思自由的侵害要重于欺诈,故而对因胁迫而为意思表示者的保护也应有所不同。其主要体现为,对于源自第三人的欺诈,唯在相对人明知或应知时,表意人方可撤销,③而对于源自第三人的胁迫,则不问相对人明知与否均可撤销。另有的国家或地区还强调表意人撤销被胁迫而为意思表示,可对抗善意第三人,而受欺诈所为意思表示的撤销,则不能对抗善意第三人。④

总之,大陆法系的立法与民法学说采用类型化模式将意思表示瑕疵区分为不同情形,并规定不同的构成要件和法律效果,目的在于维护和平衡各方利益,以体现兼顾意思与表示的折中主义精神。

---

① 《德国民法典》第 124 条。参见《德国民法典》,陈卫佐译注,法律出版社 2004 年版,第 35 页。

② 相对人本身为胁迫,表意人不负任何赔偿责任自不待言,但胁迫系第三人所为时,善意相对人能否请求信赖利益损害赔偿存在不同观点。肯定说基于表意人应承担第三人胁迫风险的理由,认为可类推适用表意人撤销错误意思表示的规定;否认说基于受胁迫人系处于不自由状态而为意思表示似有优先于善意相对人而受保护必要的理由,认为表意人不应承担信赖利益损害赔偿责任,若善意相对人有损失可依侵权行为的规定请求为胁迫的第三人赔偿。比较而言,否定说更为合理,值得赞同。参见王泽鉴:《民法总则》,北京大学出版社 2009 年版,第 316 页。

③ 《德国民法典》第 123 条第 2 款。参见《德国民法典》,陈卫佐译注,法律出版社 2004 年版,第 35 页。《日本民法典》第 96 条第 2 款。参见渠涛编译:《最新日本民法》,法律出版社 2006 年版,第 25 页。我国台湾地区"民法"第 92 条。参见五南法学研究中心编辑,杨淑文、张丽卿、洪家殷、谢易宏监修:《最新简明六法》,台北,五南图书出版股份有限公司 2010 年版,二 – 第 17 页。

④ 例如,《日本民法典》第 96 条第 2 款,我国台湾地区"民法"第 92 条等均有相同规定。但德国民法无此规定。

2. 我国目前立法现状

与他域立法相比，我国原《民法通则》对意思表示瑕疵的规定过于简单和笼统，[①]有关司法解释以及原《合同法》虽有调整，但都未起到实质性的改观，[②]《民法典》作了相应补救和完善，但效果并不显著。存在的主要问题为：

第一，我国民事立法对意思表示瑕疵的规定不够科学合理，遗漏了相关类型及其具体规定的配套措施。譬如，对日常生活中时常出现的心里保留、隐匿行为等意思与表示不一致的行为均未作规定，《民法典》第146条增补了虚伪表示的规定，但从条文整体来看似乎得不出包括单方心里保留的效力认定，[③]且对相关效力的认定如对第三人的效力如何以及伪装行为的效力如何均语焉不详。另对某些类型虽有所涉及但规定不够全面和合理，如规定了错误即重大误解，但对表示行为错误等较多内容毫无涉及，[④]规定了欺诈和胁迫，但对其能否对抗第三人未加明确。[⑤] 我国立法对意思表示瑕疵规定的缺漏或不全面，导致司法实践中对此类情形的处置及其效力的认定呈现不同结果，严重影响了司法的权威。又如，意思表示的解释规则对于意思表示瑕疵的判断和认定至关重要，但在原《民法通则》中未作规定，尽管原《合同法》和《民法典》对原《民法通则》有所修正，增加了意思表示解释的规定，[⑥]为法官认定某些意思表示效力提供了依据，使之不像以往那样，在真意不明等情形出现时，只能以行为无效简单处理之。但该解释规则是否可适用于合同行为外的意思表示仍有疑问，并且如不在立法中明确具体解释规则和各种解释方式的地位与效力，[⑦]同样也难以淋漓尽致地发挥其作用，相反可能产生不必要的负面效应。

第二，我国民事立法对某些意思表示瑕疵的归类不妥，导致法律行为制度的体

---

① 原《民法通则》关于意思表示瑕疵的规定仅涉及两个条款中三项内容。参见原《民法通则》第58～59条。

② 最高人民法院《关于贯彻执行〈中华人民共和国民法通则〉若干问题的意见(试行)》虽有4个条款涉及意思表示瑕疵的内容，但其意义仅在于对规定行为的界定，而非扩张。原《合同法》第52～54条规定意思表示瑕疵的内容，其中效力方面有所调整，但也未超越原《民法通则》。

③ 尽管单方行为包括有相对人和无相对人两种情形，但在《民法典》第146条中明确的是行为人与相对人虚假意思表示的行为无效，且第2款又涉及的是伪装行为规定，故难以得出单方心里保留的效力如何认定的结果。

④ 《民法典》第147条规定。

⑤ 《民法典》第148～150条对于欺诈和胁迫作了某些完善，如增加了第三人为欺诈的处理以及不再区分损害国家利益均为可撤销行为，但仍未明确撤销可否对抗善意第三人。

⑥ 原《合同法》第125条，《民法典》第142条。

⑦ 《民法典》第142条规定的解释规则，对于统一思路颇有裨益，但依然过于原则。

系混乱。如我国民事立法一度将乘人之危和显失公平二者分开单列，并将乘人之危的行为作为意思表示不真实的一种类型。① 如此将行为原因与结果分别规定，实质上是忽视了显失公平是特定原因所产生的结果。因对导致显失公平结果的原因如欺诈、胁迫、乘人之危和重大误解等，我国立法均已明文规定其效力，若立法同时又单独将显失公平规定为可撤销民事行为，必使理论界产生新的困惑，无法确认此类显失公平行为究竟指何种情形。其实，造成显失公平的原因应有原生式和演变式两种。对于原生式产生显失公平后果的情况，我国立法在法律行为制度已作了规定，但对演变式导致显失公平后果情况，我国立法起初未明确规定。这种原因不是在法律行为成立时已发生，而是在法律行为成立生效后至效力消灭前才产生。而且其性质属当事人意志以外的原因如物价上涨、通货膨胀等，典型例子是情事变更。② 因此，在法律行为制度中就不能也无法对这种情形予以规定。目前《民法典》尽管将乘人之危作为显失公平的原因合二为一，③但仍将它作为意思表示不真实的类型。事实上，乘人之危的行为通常会导致显失公平，即使在某些特殊情况下不产生显失公平的后果，对表意人来说也难归在违背真意的表示之中。因民法已将胁迫与乘人之危进行区别：在胁迫中，表意人陷入恐怖境地，是胁迫人实施违法行为所致；而乘人之危的危难境地不是相对人故意所致，只不过是相对人利用了表意人这种困境而已。这说明表意人对所追求的法律后果是明知的，其所为的表示应是真实意思的显露，而非意思与表示不一致。正因如此，他域多将乘人之危和显失公平相联系称为暴利行为，归在行为内容违背公序良俗的范畴，④而不作为意思表示瑕疵的独立类型。由此也说明，在法律行为制度中，单纯的显失公平行为难以独立存在，也无法将之归于意思表示瑕疵类型。

第三，我国民事立法对某些意思表示瑕疵效力的确定不妥，使立法意图难以实现。其主要表现为一些性质相近的意思与表示不一致的情形在效力上相去甚远。最为典型的是，对于欺诈和胁迫所为的意思表示，在他域通常都认为该意思表示属

---

① 原《民法通则》第 58 条第 1 款第 3 项、第 59 条第 1 款第 2 项。原《合同法》第 54 条。

② 参见彭万林主编：《民法学》，中国政法大学出版社 2002 年修订第 3 版，第 125 页。《民法典》第 533 条有规定。

③ 《民法典》第 151 条。

④ 《德国民法典》第 138 条。参见《德国民法典》，陈卫佐译注，法律出版社 2004 年版，第 42 页。我国台湾地区"民法"第 74 条。参见五南法学研究中心编辑，杨淑文、张丽卿、洪家殷、谢易宏监修：《最新简明六法》，台北，五南图书出版股份有限公司 2010 年版，二 - 第 14 页。

于可撤销范围,[①]但在我国原《民法通则》将其效力规定为无效,[②]由此引发持续的争议。赞成者认为将因欺诈和胁迫所为行为定位无效,显示了法律对此处理的严格和彻底,对制止这些与社会主义社会格格不入的行为更有意义。[③] 反对者认为此类意思表示所产生的后果仅涉及当事人私益,与法律行为内容违法等不能相提并论,立法无须过度干预将之定为无效。而且,对于因欺诈所生的无效行为,表意人有可能受不同因素制约而不知,这必然出现本应无效的行为却堂而皇之地以“有效”面貌存在的情形,使法律制度的严肃性受到影响。另将之绝对定为无效未必能周全地保护处于受害地位的表意人,[④]但此类问题只要将行为效力定为可撤销就可迎刃而解。其实,欺诈和胁迫均具有违法性,将其定为无效法理上并无不当。但将之定为可撤销,实乃民事生活复杂性和民法的私法性使然,在当事人不主动主张其无效时,国家不可能也无必要直接干预,主动确认其无效。[⑤] 折中者认为在经济生活中除私益外还存在国家利益,对于利用合同方式侵吞国有资产或侵害国家利益的情形不将之归入无效,不足以保护国有资产。[⑥] 从而形成区分损害利益不同而将相应民事行为分别规定为无效或可撤销的观点。该主张在原《合同法》制定中被采纳。[⑦] 立法者充分意识到《民法通则》原有规定的不足,不再一概认定因欺诈或胁迫而为的民事行为绝对无效,具体效力视其是否损害国家利益而定,即若损害国家利益为绝对无效,若仅损害当事人利益为可撤销。但如此规定和理解能否从根本上解决立法困惑及其是否具有可操作性仍有疑问。[⑧] 目前经过反复论证,《民法典》的规定终于不再区分是否损害国家利益而异其效力,使这一问题得以解决。不过,

---

① 《德国民法典》第123~124条。参见《德国民法典》,陈卫佐译注,法律出版社2004年版,第35页。《日本民法典》第93条。参见渠涛编译:《最新日本民法》,法律出版社2006年版,第25页。《法国民法典》第1109、1117条。参见《法国民法典》(下册),罗结珍译,法律出版社2005年版,第792、804页。我国台湾地区“民法”第92~93条也有相同规定。参见五南法学研究中心编辑,杨淑文、张丽卿、洪家殷、谢易宏监修:《最新简明六法》,台北,五南图书出版股份有限公司2010年版,二-第17页。

② 原《民法通则》第58条。

③ 参见《法学研究》编辑部编著:《新中国民法学研究综述》,中国社会科学出版社1990年版,第155页。

④ 如甲以欺诈手段与乙签订货物买卖合同,价格对乙不利,但事后市场价格看涨乙反而受益。遇此情形,将欺诈定为无效无疑对乙不利。参见韩世远:《合同法总论》(第二版),法律出版社2008年版,第139页。

⑤ 参见梁慧星:《民法总论》,法律出版社2001年第2版,第179页。

⑥ 参见胡康生主编:《中华人民共和国合同法释义》,法律出版社1999年版,第89~90页。

⑦ 原《合同法》第52、54条。

⑧ 如国家利益如何界定和判断,已有学者认为应将之解释为公共利益。参见梁慧星:《民法总论》,法律出版社2001年第2版,第178页。但如此解释仍未正面回答若受害的表意人不知无效原因存在时如何处理,或者事后因其他因素表意人反而得利时规定无效是否合理等问题。

《民法典》在其他一些近似行为归类及效力方面的处理仍待明确,如在规定虚伪行为无效后,其与恶意通谋行为、[①]脱法行为之间是否重叠,以及恶意串通行为是否需要单立[②]等还需再作斟酌。但讨论这些问题的前提,必须清楚各种行为的基本定位,否则难有针对性。[③]

我国立法中存在各种问题,究其成因主要在于,宏观上,我国民法理论界对意思表示的理论不够重视,以致在立法上未分别考虑意思表示与法律行为的有效条件。这不仅从立法技术上而言,可能因有关意思表示的内容规定过于庞大,导致法律行为制度各个部分比例失衡,而且也可能使人忽略意思表示与法律行为的差别,过度强调法律的干预。微观上,缺少意思表示瑕疵具体类型或规则的深入研究,以致我国立法中呈现规则缺漏或规定变异的现象,影响了意思表示瑕疵判断的完整性和科学性,抑制了私法自治精神的体现。因此,如何针对本国国情,合理借鉴大陆法系的民事立法和民法学说,重塑我国意思表示瑕疵的有关制度或规定,应始终作为立法关注的重点。

(二)瑕疵意思表示具体思考——以错误为例

在日常活动中,人们难免会无意中误认有关事实而发生主观愿望与客观表示不一致的情形。其中,既有将买卖误为赠与而为承诺、将赝品误为真品而高价购买以及将某人误为失散多年的生父扶养等情况,又有在意思表示发出时无意误写或误言某事项,甚至是基于不正确的设想对未来事态作出错误决策。而当网上交易成为一种时尚,此类情况发生概率逐渐递增,此类纠纷处理的难度也随之增强。譬如,2002 年 5 月 6 日,韩某从易趣网上见到某汽车经营公司正在拍卖一辆二手帕萨特轿车。该页网址显示该轿车起拍价为“10 元”。韩某参与竞价并报出 116 元,几小时后,韩某收到从易趣网站发出的电子邮件确认函,确认他以 116 元买下该车并告知联系购车事宜。但当韩某与该公司联系兑车时,对方以交易过程中将 10 万元起拍价误输入为 10 元是技术性错误为由拒绝给付。由此引发国内网上竞拍交易违约第一案。[④] 又如,原告在网站上购买被告某航空公司特价机票时,将 1 月 17 日票

---

① 关于恶意通谋行为的效力,见原《民法通则》第 58 条第 1 款第 4 项,《民法典》第 154 条。

② 参见杨代雄:《恶意串通行为的立法取舍——以恶意串通、脱法行为与通谋虚伪表示的关系为视角》,载《比较法研究》2014 年第 4 期。

③ 其实,恶意通谋行为与通谋虚伪表示完全不同,前者是关于内容违法影响效力的问题,后者才是意思表示瑕疵影响效力的问题,故而二者构成要件也不会相同。清楚这一点,就可知道恶意通谋行为的取舍,关键在于其是否需要单立,是否可依据违反禁止性规定或者公序良俗而否定其效力。

④ 该案最终由浦东法院调解结案。参见《116 元拍得“帕萨特”网上交易第一案》,载《工人日报》2003 年 2 月 15 日。

定为2月17日票,后欲以重大误解请求撤销该购票行为,但一审法院则认为误认机票日期不构成重大误解,而未支持原告的诉请。[①] 以上例子的共性是,都与观念和事实不一致的认定相关,且这类行为的发生,当事人主观上一般并不知晓。对此规范范围和路径的取舍或选择,原本就较之于当事人明知不一致的行为更为复杂和困难。如何在尊重当事人意思自主的原则下,兼顾相对人信赖保护和交易安全,[②] 历来就是各国或有关地区民事立法和理论关注的重点。但遗憾的是,我国理论对此欠缺深入研究,现有立法以及司法解释规定也不尽完善。为此,本书欲就意思表示错误的认定和效力等基本问题加以梳理剖析,以求对我国目前司法统一有所裨益。

1.意思表示错误的认定

意思表示错误也称错误或法律行为错误,在大陆法系民法理论中通常被定义为,是表意人因误认或不知致其表示与其意思(内心追求)偶然的不一致。其主要特点是,表意人的意思表示表里不一(表示与意思不一致);且该不一致是表意人无意为之。[③] 显然,仅就表意人一方的意思表示而生错误应有别于双方意思表示的不合意;而就表意人无意的意思与表示不一致则有别于有意的心中保留和虚伪表示。按理,错误与不知也有不同,不知是正当认识不存在,即欠缺真实观念,而错误不仅无正当认识,而且有积极的谬误认识,即以不真实的观念代替真实观念。但全无正当认识的不知,如表意人知其情事即不为表示者,其效力应与错误相同。[④] 故在有些国家或地区的民法中已将不知归于错误一并规定,且此种做法已被民法理论界所认同。[⑤]

对于现实生活中出现的各种对象与认识有缺陷的情况,一方面不必全盘将之纳入意思表示错误范畴,考虑其效力有无或能否被撤销的问题。另一方面不能亦无法将之一一列举加以全面规范。这是因为,受制于人类有限的认识能力,每个行

① 参见张驰等:《特价机票退款诉讼引出的思考》,载《检察风云》2008年第17期。

② 参见王泽鉴:《民法总则》,北京大学出版社2009年版,第293页。

③ 参见郑玉波:《民法总则》,中国政法大学出版社2003年版,第342~343页。

④ 错误(Error, Erreur, Irrtum),亦称法律行为(Geschäftsirrtum),错误意思表示错误(Erklärungsirrtum),不知(Ignorantia, Nichterkennung, Unwissenheit)。参见史尚宽:《民法总论》,中国政法大学出版社2000年版,第394~395页。

⑤ 《德国民法典》第119条规定"(1)在做出意思表示时,就意思表示的内容发生错误或者根本无意做出包含这一内容的意思表示的人,如须认为表意人在知道事情的状况或者合理地评价情况时就不会做出该意思表示,则可以撤销该意思表示……"《德国民法典》,陈卫佐译注,法律出版社2004年版,第33页。我国台湾地区"民法"第88条第1项也有类似规定。参见郑玉波:《民法总则》,中国政法大学出版社2003年版,第343页。

为人都面临着其观念与现实不相符合的风险,也都无法避免其期待不能成为现实的风险。原则上每个人都须承担其对于有关重要情形的想法不符合现实情况的风险,而不论其对表意人的决策有何等重要,否则法律行为的效力将会受到一种不可承受的不稳定因素的干扰。同时,法律也应对表意人缺乏效果意思或不具备自决性的事实加以关注,①给予并明确相关的救济途径。因此,较理想和稳妥的做法是,区别各种样态或类型,仅对有限的错误意思表示加以重视。具体分析如下:

通常,意思表示自形成至表达完成,在不同阶段会出现不同的错误。在意志形成阶段所产生的错误为动机错误;意志形成后表意人须寻找将该意志以某种能为对方所理解的方式语言或符号,此阶段易产生内容错误;接着是表意人须将决定使用的表示符号为表达,在这一过程中则体现为表示行为错误如误言或误写;以上阶段止于意思表示的发出。在发出至受领人而生效的情形会涉及意思表示的运送,如由他人或传达机构传达,就可能出现传达错误,最后在意思表示到达受领人后还存在的风险是受领人错误的理解。②

以上种种与意思表示有关的错误,各国和有关地区民法规定所关注的形态主要是意思表示内容错误和表示行为错误。前者也称表示意义错误,即表意人对已发出表示的客观意义发生误认;后者也称表达错误,指表意人在表示行为中对词语或符号本身发生误用。③ 在内容错误中应包括同一性错误,指表示所称的或表示所依据受领人理解的意义所涉及的人或物,不同于表意人所指的人或物,④如关于当事人、标的物本身的错误都是典型表现。⑤ 表示内容错误体现了表意人的“误认”,表示行为错误强调的是表意人的“不知”。前者是表意人在表示行为外部形态上与其所欲表达并非不一,仅在其表达涉及对象上反映了与客观表示价值相背离的观念;后者则在外部形态上就与表意人欲表达的内容不一致。⑥ 也就是说,表示内容错误并非表意人全无认识,而是认识不正确,表意人使用了其所欲使用的表示方法,但误认其意义;而表示行为错误属于表意人在毫无认识中使用了所不欲使用的

---

① 参见[德]卡尔·拉伦茨:《德国民法通论》(下册),王晓晔等译,法律出版社 2003 年版,第 503 ~ 504 页。

② 参见[德]迪特尔·梅迪库斯:《德国民法总论》,邵建东译,法律出版社 2000 年版,第 565 ~ 566 页。

③ 参见[德]卡尔·拉伦茨:《德国民法通论》(下册),王晓晔等译,法律出版社 2003 年版,第 504 页。

④ 参见[德]卡尔·拉伦茨:《德国民法通论》(下册),王晓晔等译,法律出版社 2003 年版,第 507 页。

⑤ 同一性错误之所以纳入内容错误范畴,是因为表意人的表示具有一种不同于他自己通过表示所想表达的内容。亦即法律行为的要素人或物等本身与表意人欲追求的不一致,均与意思表示内容有关。

⑥ 参见[德]迪特尔·施瓦布:《民法导论》,郑冲译,法律出版社 2006 年版,第 428 页。

表示方法。[①] 在认识程度上二者虽有差别，但均属表示与意思无意偶然的不一致，由此决定二者效力不应存在不同。在德国理论上有学者将之统称为表示错误。[②]此外，交易性质不同，行为要素也不同。这意味着除人或物外，物的数量、价格等也可作为法律行为要素，[③]由此决定在交易上认为重要的价格、数量、履行地、履行期等意思表示内容，如有错误也可作为表示内容错误。[④]

意思表示的动机是法律行为的间接原因，[⑤]动机错误属于意思表示缘由的错误，即表意人形成意思表示过程中，对决定为某特定内容意思表示的重要事实认识不正确。[⑥] 与表示错误破坏意思完成不同，动机错误在意志形成时业已存在，其破坏的是意思的决策。[⑦] 虽然表意人对某些情形的设想正确与否，对于其发出的表示内容具有重要意义，亦即若表意人具备正确观念，就会作出不同的决定。但动机错误历来不是法律关注的重点，除法律有例外或特别规定外，纯粹动机错误原则上不能被认定为内容错误，尤其是表意人对于事态未来的错误期待更不应成为动摇意思表示效力的事由。譬如，误信某地要改建而购房，虽改建未成，但对购房的意思表示应不生影响。这是表意人依据意思自治原则所应面对的风险，所应承担的自主责任。若当事人要避免该风险，则可将动机作为法律行为的内容，而以附条件法律行为的方式为之尤为可取。若相对人明知表意人动机错误，且依诚实信用原则判断相对人对该动机错误的利用已构成权利滥用，则表意人可主张不受该意思表示的拘束，[⑧]否则仍不能将料事错误或投机失败危险转嫁他人。

传达错误的风险原本应仅发生在以口头形式为意思表示的情形，[⑨]但随着电信时代的到来，通过电子邮件等传达的表示也可能发生错误，故传达错误包括传达人或传达机构的错误。在表示由电子邮件或互联网发送时，传达错误应仅发生在发

---

① 参见王泽鉴：《民法总则》，北京大学出版社 2009 年版，第 297 页。

② 参见[德]卡尔·拉伦茨：《德国民法通论》（下册），王晓晔等译，法律出版社 2003 年版，第 504 页。但德国学者迪特尔·梅迪库斯将表示错误仅指表示行为错误一种。参见[德]迪特尔·梅迪库斯：《德国民法总论》，邵建东译，法律出版社 2000 年版，第 569 页。

③ 参见[日]我妻荣：《我妻荣民法讲义 – Ⅰ – 新订民法总则》，于敏译，中国法制出版社 2008 年版，第 283 页。

④ 参见梁慧星：《民法总论》，法律出版社 2001 年第 2 版，第 175 页。

⑤ 参见郑玉波：《民法总则》，中国政法大学出版社 2003 年版，第 346 页。

⑥ 参见王泽鉴：《民法总则》，北京大学出版社 2009 年版，第 295 页。

⑦ 参见[德]卡尔·拉伦茨：《德国民法通论》（下册），王晓晔等译，法律出版社 2003 年版，第 514 页。

⑧ 如某药剂师明知病人已逝仍出售昂贵药物予不知情的亲友。参见王泽鉴：《民法总则》，北京大学出版社 2010 年版，第 295 页。

⑨ 参见[德]迪特尔·梅迪库斯：《德国民法总论》，邵建东译，法律出版社 2000 年版，第 569 页。

送至到达相对人之间。如果在表示拟定时即发送前错误已形成，则属于表示行为错误；如果在经过接受机构的接口后形成错误，如接受机器运作失误，则表意人因意思表示未到达而不负责任。[①] 传达错误性质上与意思表示内容错误无质的差异，它与表示错误的区别仅在于该意思表示的发出系传达人或机构所为。因此，可类推适用意思表示内容错误的规定来处理。[②] 此外，传达错误可能由传达人故意不遵循表意人要求而形成，对此虽有学者认为不能对表意人发生效力，而应类推适用无权代理的规定，由传达人向善意相对人负赔偿之责。[③] 但考虑到表意人在选任传达人同时，也制造了故意误传的风险。这说明表意人比受领人更能控制传达错误的风险，先由表意人对表示负责并赋予其撤销权应更为合理。[④]

至于受领人错误的理解，其实属于误解。误解与错误本质上并不一致，错误是表意人于意思表示成立时之误，误解系受领人于了解意思表示时之误。误解对于意思表示的效力不生影响。[⑤] 也就是说，误解的本意是表意人对相对人表示内容产生认识上错误，而错误则是表意人已将无意的认识错误向相对人作出表示。基于意思表示的效力需到达相对人才生效的原理，误解是尚未表达的意思，理应不产生法律效力，由此也决定其不应成为民法规范的对象。因此，在受领人对表意人的表示产生误解而本身未作任何表示时，不存在意思表示内容错误。[⑥]

须进一步说明的问题有二。一是性质错误，即对当事人资格或物的性质误认的理解问题。[⑦] 德国民法学界对此争论较为激烈，争论的焦点主要在于，其与同一性错误的关系及其归属问题。[⑧] 诚然，同一性错误与性质错误的区分间或有些困

---

① 参见［德］迪特尔·施瓦布：《民法导论》，郑冲译，法律出版社2006年版，第430页。

② 《德国民法典》第120条。参见《德国民法典》，陈卫佐译注，法律出版社2004年版，第34页。我国最高人民法院《关于贯彻执行〈中华人民共和国民法通则〉若干问题的意见（试行）》第77条规定，也包含此意。

③ 参见王泽鉴：《民法总则》，北京大学出版社2009年版，第300页。

④ 参见［德］迪特尔·梅迪库斯：《德国民法总论》，邵建东译，法律出版社2000年版，第570页。

⑤ 参见史尚宽：《民法总论》，中国政法大学出版社2000年版，第395页。

⑥ 参见［德］迪特尔·梅迪库斯：《德国民法总论》，邵建东译，法律出版社2000年版，第570页。

⑦ 《德国民法典》第119条规定："……（2）关于在交易中被认为重要的人的性格或者物的性质的错误，也视为关于意思表示的内容错误。"《德国民法典》，陈卫佐译注，法律出版社2004年版，第33页。我国台湾地区"民法"第88条第2项也有类似规定。参见五南法学研究中心编，杨淑文、张丽卿、洪家殷、谢易宏监修：《最新简明六法》，台北，五南图书出版股份有限公司2010年版，第二－十六。

⑧ 有的认为二者不能做出区分，有的认为二者虽非常接近但仍可做出原则的区分。参见［德］卡尔·拉伦茨：《德国民法通论》（下册），王晓晔等译，法律出版社2003年版，第507～508页。有的认为二者虽在多数情况下可区别，但认为区分并无必要。参见［德］迪特尔·梅迪库斯：《德国民法总论》，邵建东译，法律出版社2000年版，第580页。

难,但在观念上大多仍可识别,一般在性质错误中意思表示虽涉及真实所指的客体或人,但该客体或人的性质与表意人设想的性质不同,①如在多个应聘者中选任一人为某银行高级职员,但该人却有重大犯罪前科。而同一性错误则仅涉及当事人或物本身,与人或客体的资格或性质无关,并不涉及人的能力是否胜任或者物的使用用途和价值等判断。更重要的是,同一性错误属于意思表示内容错误,而性质错误仅影响表意人发出表示的决定而不涉及表示的过程则属于动机错误。② 动机错误本不应影响意思表示的效力,但法律为了保护表意人的利益特设某些情况,如交易上认为重大者可视为表示内容的错误。而"交易中重大"与其说是一项独立要求,不如说是对法律设想的"性质"一词的意义内涵的解释。一般判断某种性质是否属于"交易重大",应以有关法律行为所追求的典型经济目的为准。但因物的通常价格或其市场价格等是依据供需关系的经济规律而定,属于每个参与市场行为当事人不断从事评价行为的结果,故不能纳入物的性质范围考虑。③ 因此,应慎对与动机错误有关的性质错误,只有在确定某独立具体行为属于交易上重大者,才能视为内容错误。

二是特殊的错误问题包括法律后果错误、签名错误和计算错误三种情况。之所以为特殊,是因为对此难以作出清晰和具体的归类,而只能根据具体情况而定处理方式。(1)关于法律后果错误即表意人对意思表示的效果发生误认,④德国学者卡尔·拉伦茨将之分为直接和非直接法律后果,前者指依意思表示内容直接引起的法律后果,后者指法律对某种法律行为规定的后果。直接法律后果发生的错误属于表示错误,可为撤销,非直接法律后果则作为动机错误,不得为撤销。但卡尔·拉伦茨也认为这一区分不是一种强制的、符合逻辑的必然结论,而是为维护法律稳定性利益对法律后果错误撤销作出的限制性评价。⑤ 因此,这一界限的划定在

---

① 参见[德]迪特尔·梅迪库斯:《德国民法总论》,邵建东译,法律出版社 2000 年版,第 579 页。

② 参见[德]卡尔·拉伦茨:《德国民法通论》(下册),王晓晔等译,法律出版社 2003 年版,第 519 页。

③ 依据德国司法判例人或物的性质,不仅包括涉及人或物事实上特性的情形,如人的年龄、性别、职业、知识和职业能力;物的形状、质量、颜色、气味、化学成分等,还包括那些根据交易观念对人的地位具有影响或对物的使用性或价值具有意义的事实上的法律上的关系,只要这些关系可在一定程度上持续存在,都可被认为是交易上重大者。参见[德]卡尔·拉伦茨:《德国民法通论》(下册),王晓晔等译,法律出版社 2003 年版,第 521 ~ 523 页。

④ 参见王泽鉴:《民法总则》,北京大学出版社 2009 年版,第 300 页。

⑤ 参见[德]卡尔·拉伦茨:《德国民法通论》(下册),王晓晔等译,法律出版社 2003 年版,第 512 ~ 513 页。

具体情况下也往往存有疑虑,亦即这个问题并未得到令人信服的解决。[①] 法律后果的错误究竟定位于表示内容错误还是动机错误,仍应视具体情况而定。(2)关于签名错误即签名于某文件书面发生"错误",[②]指某人在一份未经阅读或者未正确阅读或没有理解的文件上签名,而该文件产生了行为人不想发生的后果。如果签名人未意识到该签名具有法律意义,即其根本不想发出任何法律行为上的意思表示,则应按表示意识欠缺类推适用意思表示错误为撤销;[③]如果签名人意识到该签名具有法律意义,对文件内容有或多或少的想法,应依解释先行规则判断受领人是否知悉签名人的想法,如知悉即以签名人的想法为准,亦即应按"误载无害真意"规则而不得撤销。如在其余情况下,则应根据签名人具体想法或作为而定,一般表意人出于故作大方等原因而作出的签名,即使其未阅读文件,通常都应由其自担签名的风险而不得撤销,除非表意人误为 A 文件为 B 文件而签名者,则可按表示行为错误而撤销。[④] (3)关于计算错误指对于用于决定给付数额的计算基础或过程发生错误。[⑤]德国司法实践中将之分为内部和外部计算错误。[⑥] 对于内部计算错误因致计算结果错误的计算基础不是意思表示内容,仍存在于表意人内心,故原则上应作为动机错误而不得撤销;对于外部计算错误即一方已将计算或计算的基础告知对方,这就属表示错误,表意人有权撤销。[⑦] 但德国学界对实践中的相关判例并不赞同,尤其是对外部计算错误的认定与做法提出了广泛的批评。毕竟不是所有谈判内容(包括计算的基础)都会作为意思表示的内容,如有时一方健谈或者仅为使人相信其出价最便宜等而告知计算基础,此后双方仅就最终价格达成合意,而计算基础却未成为法律行为内容。[⑧] 何况交易价格形成因素本身就错综复杂,不正确的计算可能就是交易的基础。[⑨] 此外,即使在已将某些不同给付表明价格而只是最后总数相加错

---

① 参见[德]迪特尔·梅迪库斯:《德国民法总论》,邵建东译,法律出版社 2000 年版,第 573 页。

② 参见王泽鉴:《民法总则》,北京大学出版社 2009 年版,第 301 页。

③ 参见[德]迪特尔·梅迪库斯:《德国民法总论》,邵建东译,法律出版社 2000 年版,第 455 页;王泽鉴:《民法总则》,北京大学出版社 2009 年版,第 301 页。

④ 参见王泽鉴:《民法总则》,北京大学出版社 2009 年版,第 301 页。

⑤ 参见王泽鉴:《民法总则》,北京大学出版社 2009 年版,第 301 页。

⑥ 参见[德]迪特尔·施瓦布:《民法导论》,郑冲译,法律出版社 2006 年版,第 437 页。我国台湾地区学者将之分为隐藏和公开的计算错误。参见王泽鉴:《民法总则》,北京大学出版社 2009 年版,第 301 页。

⑦ 参见[德]卡尔·拉伦茨:《德国民法通论》(下册),王晓晔等译,法律出版社 2003 年版,第 508 ~ 509 页。

⑧ 参见[德]卡尔·拉伦茨:《德国民法通论》(下册),王晓晔等译,法律出版社 2003 年版,第 510 页。

⑨ 参见[德]迪特尔·梅迪库斯:《德国民法总论》,邵建东译,法律出版社 2000 年版,第 578 页。

误的情况下，也可通过解释先行确定当事人欲求效果，对总数做相应更正。① 因此，计算错误不能作为一种独立的错误范畴，而应视具体案情区别对待。

2. 意思表示错误的效力

对于意思表示错误的效力，依据不同理念将产生不同结果，如采表示主义则错误不应影响意思表示的效力；如采意思主义则错误的意思表示因非表意人的真意而应无效。但这两种主义都失之偏颇，故各国多采折中主义。② 其中，多数国家和地区的民法如德国、瑞士和我国台湾地区等都以表示主义为原则，兼采意思主义，而日本、俄罗斯等民法以意思主义为原则，兼采表示主义。二者的区别在于，前者规定意思表示错误为可撤销的行为，后者则强调意思表示错误是表意人可主张的无效行为。③ 其实，将意思表示错误的效力定位于无效还是可撤销，应属政策考量范畴，无须多加争论，何况日本民法规定的表意人主张无效与绝对无效行为显然不同，似乎更接近于可撤销行为的理念，由此决定对于意思表示错误的效力所应关注的重点在于，撤销权的限制以及撤销后的赔偿问题。

对于意思表示错误的撤销权应加以相应限制，这在各国和有关地区的民法立法及其理论上并无争议。撤销权由作出不正确表示的表意人享有，是否行使是其自由。一旦撤销权人表示撤销，该意思表示效力即被认为自始无效。④ 撤销权性质上属于形成权，为稳定法律关系的需要，各国或有关地区虽在除斥期间长短规定上有所不同，但以除斥期间限制撤销权的行使已成为通例。此外，法律赋予表意人撤销权的前提条件是，错误在主观和客观上都是重要的，前者是强调表意人知道表示具有这种形式或意义不会为之，后者体现为上述结论符合“合理的考虑”。也就是说，无论是表意人还是一个“理智的人”的判断都会得出相同的评价或推断，⑤否则仍不可构成意思表示错误而为撤销。对此也无须赘述。而值得关注或讨论情况

---

① 参见[德]卡尔·拉伦茨：《德国民法通论》(下册)，王晓晔等译，法律出版社 2003 年版，第 510 页。《瑞士债法典》第 24 条规定：“……4. ……合同不因单纯的计算错误而无效，但应当对错误予以更正。”《瑞士债法典》，吴兆祥、石佳友、孙淑妍译，法律出版社 2002 年版，第 5 页。

② 参见胡长清：《中国民法总论》，中国政法大学出版社 1997 年版，第 241～242 页。

③ 《日本民法典》第 95 条规定：“意思表示，在法律行为的要素中有错误时，无效。但表意人有重大过失时，表意人自己不能主张其无效。”渠涛编译：《最新日本民法》，法律出版社 2006 年版，第 25 页。类似规定有《俄罗斯联邦民法典》第 178 条。参见《俄罗斯联邦民法典》，黄道秀、李永军、鄢一美译，中国大百科全书出版社 1999 年版，第 87～88 页。

④ 对此认定时，因在德国或我国台湾地区区分物权行为和债权行为，故其法律效果也应依具体情况而定。参见王泽鉴：《民法总则》，北京大学出版社 2010 年版，第 303 页。

⑤ 参见[德]卡尔·拉伦茨：《德国民法通论》(下册)，王晓晔等译，法律出版社 2003 年版，第 506 页。

有二：

其一，表意人的过失是否应作为限制撤销权的理由？对此，各国和有关地区的立法或观念不尽相同。德国民法未将表意人有过失作为限制撤销权的事由，而日本民法和我国台湾地区的规定则将之作为限制表意人主张无效或排除撤销权的因素。① 比较而言，表意人过失不应限制撤销权的做法更为合理。具体理由是：第一，从各国或有关地区可采用不同做法已证实，是否限制表意人撤销权是利益衡量的结果，而非法律逻辑的必然结果。而对表意人意志和交易安全利益平衡"度"的把握，不仅限于过失是否应为限制表意人撤销权事由的考虑，其在补救路径的确定方面也可得到体现，即在赋予表意人撤销权的同时，要求其向对方为信赖利益赔偿，就是立法对交易安全和秩序的关注。第二，我国台湾地区"民法"虽规定因过失而丧失撤销权，但对该"过失"属重大过失，还是抽象轻过失或具体轻过失认识不同。通常，过失的认定与注意义务规定相关联：重大过失是指显然欠缺一般人应尽的注意义务（客观标准，注意义务轻而过失重）；抽象轻过失是指欠缺善良管理人应注意的义务（客观标准，注意义务重而过失轻）；具体轻过失是指欠缺与处理自己事务应尽的注意义务（主观标准，注意义务轻重应视表意人具体情况而定）。若按重大过失处理，对表意人较宽松，其易获得撤销权，但有损及交易安全之虞；若按抽象轻过失处理，对表意人较苛刻，使其难以获得撤销权，但利于维护交易安全；而按具体轻过失处理，视表意人的具体情况判断，对二者有所调节，但也可能因表意人个人的注意能力差异而影响撤销权的获得与否。② 故而我国台湾地区各种观点也争论不休，理论界大多赞成按抽象轻过失处理，而实务界则倾向依具体轻过失的思路操作。③ 由此也说明如此规定争议颇多，并非良策。何况，意思与表示无意不一致，表意人通常都有过失，而这种过失又是不以相对人知悉为前提，换言之，赋予表意人撤销权是不受相对人知晓与否的影响。重要的是，是否存在表意人意思与表示不一致的情形，是否存在须维护的交易秩序。如果法律给予过严的限制，那么有关意思表示错误规定的意义将难以体现。

其二，是否存在其他限制情况？无疑，答案是肯定的。对此德国学者较有心得。其基本思路是，如法律或法令有特殊规则，则排除民法关于意思表示错误规定

---

① 参见[日]我妻荣：《我妻荣民法讲义－Ⅰ－新订民法总则》，于敏译，中国法制出版社2008年版，第285页。黄立：《民法总则》，中国政法大学出版社2002年版，第307页。

② 参见郑玉波：《民法总则》，中国政法大学出版社2003年版，第348～349页。

③ 参见王泽鉴：《民法总则》，北京大学出版社2009年版，第302页。

的适用；如无特殊规则，则应考虑各种具体因素而对表意人的撤销权做相应限制。[①]常见的因素包括：有风险的行为即错误属于行为人的风险范畴，如债务人的给付能力属于保证人的风险范围，保证人就不得因此撤销其意思表示；对已履行的长期法律关系不得行使溯及既往的撤销权，[②]如对劳动关系只能行使对未来产生效力的终止权；利于表意人或相对人愿意接受表意人内心所欲者，此时依然让表意人主张撤销，既不符民法关于意思表示错误规定的主旨，也有悖于诚实信用原则，故应排除表意人的撤销权。[③] 通信技术或电子处理程序自动生成的错误，这与内部的计算错误一样也不能直接拟制为表示错误而被撤销；[④]双方对主观的行为基础的错误，双方以同样方式对某项构成双方行为基础情形发生错误，该风险应由双方分担，法律应加以特别调整，[⑤]而不能适用意思表示错误而为撤销。这是因为，来自双方的动机错误与单方动机错误有质的区别，如甲为观赏“阅兵大典”向乙承租某房，不料阅兵典礼因地震被取消，双方均以该事实发生或存在作为法律行为的基础，就意味着双方应共担该行为基础丧失的风险。如以动机错误不影响法律行为效力为由，使承租人支付租金显然不公，且即使赋予不利一方撤销权也不尽合理，因其仍须对相对人负信赖利益的赔偿责任。[⑥] 因此，能兼顾双方利益的解决方法是，依诚实信用原则调整当事人的法律关系，即以交易基础障碍为由变更或解除该法律关系。[⑦] 此外，法律规定之间的协调和交易方式的性质等，也应作为排除或限制因素加以考虑。如在买卖等行为中所规定的瑕疵担保责任应优先于错误撤销权适用。[⑧] 又如在现代交易手段多样化的前提下，对于涉及竞争性交易的方式如拍卖或股票的竞价交易等，考虑到稳定交易秩序和安全的重要性，以及撤销此类行为给予相对人补

---

① 参见[德]迪特尔·梅迪库斯：《德国民法总论》，邵建东译，法律出版社2000年版，第588～589页。

② 参见[德]卡尔·拉伦茨：《德国民法通论》(下册)，王晓晔等译，法律出版社2003年版，第529页。

③ 如出卖某车将价金11万元误写为12万元，相对人不知而承诺时，表意人不得因车涨价到13万元，事后反悔而撤销其意思表示；又如将11万元误写为10万元，发现错误后，相对人仍愿意以11万元成交时，参见王泽鉴：《民法总则》，北京大学出版社2009年版，第294页。

④ 参见[德]迪特尔·施瓦布：《民法导论》，郑冲译，法律出版社2006年版，第440页。

⑤ 参见[德]卡尔·拉伦茨：《德国民法通论》(下册)，王晓晔等译，法律出版社2003年版，第534页。

⑥ 参见王泽鉴：《民法总则》，北京大学出版社2009年版，第296页。对此，梅迪库斯有不同看法。参见[德]迪特尔·梅迪库斯：《德国民法总论》，邵建东译，法律出版社2000年版，第587～588页。

⑦ 参见[德]迪特尔·施瓦布：《民法导论》，郑冲译，法律出版社2006年版，第455～456页。

⑧ 参见黄立：《民法总则》，中国政法大学出版社2002年版，第297～298页。

救的难以操作性，也应按撤销止于交易安全的理念限制表意人的撤销权。①

须强调和重申的是，对于意思表示错误的撤销应贯彻解释先行于撤销的原则，唯有被真正认定为法律规定的意思表示错误类型，方可予以撤销。反之，则应排除表意人的撤销权或按其他途径处理。因为只有在表示的关键和规范性意义不同于表意人本身所指意义时，才能被认定为内容错误而影响意思表示的效力。所以在确认内容错误之前，应先对表示作出规范性解释，然后将该解释结果与表意人所指意义进行比较，若表意人和受领人都是在同样意义上理解表示的，则即使该意义不同于表示的一般意义，表意人也不得撤销该表示。② 若表意人表示意义与所指内容显著不同且对此受领人也能清楚意识，则意思表示因未达成合意而无须撤销。③ 若表意人误为表示而相对人系根据其真意而为承诺，则应依"误载（或误言），无害真意"的解释方法认定双方之间不存在错误，也不需要撤销。譬如，甲乙磋商买卖A车，甲传真于乙却表示欲购B车，乙知甲的真意为购A车而为承诺，就应认定双方当事人关于买卖A车意思一致。简言之，意思表示有无错误，应依"解释先行"的规则处理。④

错误的意思表示被撤销后，为兼顾维护相对人的利益和交易安全，使折中主义的立法理念贯彻始终，多数国家或地区民事立法一方面规定被撤销的意思表示自始无效；另一方面也同时规定撤销人（表意人）有赔偿责任，应向对方赔偿因信赖表示有效而遭受的损害。对于该赔偿责任须说明的是，表意人是责任人，其所负的是无过失责任，因该赔偿义务是发生错误人为摆脱其意思表示必须付出的代价；⑤相对人是赔偿请求人，有相对人的意思表示之受领人或者无相对人意思表示的受损害之人均可称为相对人；⑥表意人赔偿的是对方信赖利益（消极利益）损害，该损害

---

① 前述我国上海浦东法院处理一案，最终是调解结案。但若调解不成，笔者认为应限制表意人的撤销权。

② 参见[德]卡尔·拉伦茨：《德国民法通论》（下册），王晓晔等译，法律出版社2003年版，第505页。

③ 如某中学副校长为该校订购"25罗卷"（25Gros Rollen）卫生纸。客观上罗（Gros）的意思为12打。即该副校长订购的数量应为12×12×25＝3600卷，每卷1000张。这一数量大得异乎寻常，且按预算法该价金也几乎无法支付。而该副校长以为罗（Gros）是一种包装方式的称呼，即其意只想订购25卷。参见[德]迪特尔·梅迪库斯：《德国民法总论》，邵建东译，法律出版社2000年版，第568页。

④ 参见王泽鉴：《民法总则》，北京大学出版社2009年版，第293～294页。

⑤ 参见[德]迪特尔·梅迪库斯：《德国民法总论》，邵建东译，法律出版社2000年版，第590页。

⑥ 如表意人甲欲丢A物而误取B物为抛弃，乙以无主物先占而取得B物所有权。甲撤销其意思表示而请求乙返还该物时，应对乙所受信赖损害如搬运费用等负赔偿责任。参见王泽鉴：《民法总则》，北京大学出版社2010年版，第304页。但应注意，我国目前物权法未将先占作为取得所有权的方式。

不得超过履行利益(积极利益),否则赋予表意人有撤销权的立法目的将荡然无存。同时,若受害人知道或应当知道该可撤销原因的,则可考虑免除表意人的损害赔偿义务,①以平衡双方利益。

3. 完善我国有关制度的一点建议

对于意思表示错误,我国原《民法通则》规定为因重大误解而为法律行为,②其意指法律行为的当事人在作出意思表示时,对涉及法律行为法律效果的重要事项存在认识上显著缺陷,在此基础上而实施的法律行为。③ 此种行为效力属于可撤销的行为,与德国等模式相似。但不必讳言,与各国或有关地区的民事立法和理念比较,原《民法通则》对重大误解的规定存在不少问题,且在《民法典》中也不见实质性改变。④ 首先,用语上沿袭了前苏俄的表达,将之作为误解行为。⑤ 但如前所述,严格意义上误解应仅指受领人在了解意思表示时有误,其与错误有质的区别;误解作为尚未表达的意思不应影响意思表示的效力,法律也不必将之作为规范对象。但基于我国目前法律用语习惯延续性等因素,即使维持重大误解的表达方式不变,也应以意思表示错误的基本含义来解释和理解重大误解,以免不必要麻烦。其次,内容上我国民法对重大误解的规定过于简单和疏漏,虽然最高人民法院的相关司法解释作了补充,但依然忽略了表示行为的错误类型,而对意思表示内容的错误也只是列举了某些最常见情形,并用"等"字表述,使法官在具体把握时易生歧义,难定适用依据,对于不少原本可通过"等"外解释(如履行期、履行地等错误)而纳入错误范畴的案件,或者可直接认定为表示行为错误的案件,要么费劲调解,要么不敢支持,导致表意人意志与交易安全两方面利益兼顾失衡,导致相同或相似的案件出现不同裁判结果。因此,在我国相关立法未修改前,应借鉴他国或有关地区的经验,充分把握相关制度的基本理念和精神,通过解释、类推适用等手段以弥补我国立法漏洞,统一司法实践的适用依据。当然,在时机成熟时,为完善我国民法的制度,使

---

① 《德国民法典》第 122 条。参见《德国民法典》,陈卫佐译注,法律出版社 2004 年版,第 34 ~ 35 页。

② 原《民法通则》第 59 条。

③ 参见彭万林主编:《民法学》,中国政法大学出版社 2002 年修订第 3 版,第 123 页。

④ 《民法典》第 147 条关于重大误解的规定非常抽象,没有列举任何错误形态,只是强调基于重大误解而为行为可撤销,另在第 152 条中明确撤销权的除斥期间为 3 个月,即撤销权自当事人已知或应知撤销事由之日起 3 个月不行使而消灭。

⑤ 《苏俄民法典》第 57 条规定,由于误解而实施的法律行为无效。中国社会科学院法学研究所民法教研室编:《苏俄民法典》,中国社会科学出版社 1980 年版,第 21 页。现《俄罗斯民法典》也依然如此称呼。参见《俄罗斯联邦民法典》,黄道秀、李永军、鄢一美译,中国大百科全书出版社 1999 年版,第 87 页。

民法体系更为完整和清晰,修改现有立法势在必行。

三、意思表示的解释

现实社会生活中,受各种因素制约和影响,当事人所为之特定行为是否属于意思表示及其表示内容究竟为何等往往会形成疑问。此类问题的解决就需要通过解释意思表示来理解和判断。这是因为,"解释"就是"理解意义"的意思,而理解意义是判断的前提。由此说明解释既是法学工作者最重要任务之一,①也是法律人必须学习掌握的能力、技巧和艺术,②同时还彰显了法律确定意思表示解释规则的重要性。但我国民事立法原本对意思表示解释关注较少,原《民法通则》中未设明文规定,只是在某些司法解释中略有涉及,以致实务中因解释不当而导致的误判时常出现。尽管之后的民事立法意识到其重要性,已有所改观,在原《合同法》和 2017 年颁布的《民法总则》中相继确定了相应解释规则,③但因有关条款规定过于抽象,理论分析又有所欠缺,仍然会使人们产生认识偏差而影响实务的运作。因此,对意思表示解释规则作相应梳理和分析不容忽视。在此,本书欲在明确意思表示解释基本特性的前提下,分析讨论意思表示解释客体及其方法运用,以求对我国立法和司法的完善有所裨益。

(一)意思表示解释的意义和定位

对意思表示解释的准确理解,既关乎对其基本属性的认知,也牵涉到意思表示解释的目的及对其运作流程的把握,其重要性无须多言。但要达到准确理解之境界,首先取决于能否对意思表示解释有清晰的理解和定位。

1. 意思表示解释的意义

所谓意思表示解释,顾名思义即确定意思表示意义和内容。同样法律行为解释就是明确法律行为意义和内容,而考虑到法律行为内容就是依其构成要素意思表示的内容而定,故不妨将法律行为解释称为意思表示解释。④

意思表示之所以需要解释,根本原因在于语言文字具有多义性,不同的文字词语在不同语境下可能会有不同的含义,使表意人的真实意思被掩盖或在不同当事

---

① 参见[德]迪特尔·梅迪库斯:《德国民法总论》,邵建东译,法律出版社 2000 年版,第 232 页。

② 参见王泽鉴:《民法总则》,北京大学出版社 2010 年版,第 318 页。

③ 原《合同法》第 125 条规定了合同解释规则,第 41 条规定了格式条款的特殊解释规则,原《民法总则》第 142 条区分有无相对人规定相应解释规则。《民法典》仍沿用之。

④ 参见史尚宽:《民法总论》,中国政法大学出版社 2000 年版,第 459 页。

人之间形成不同理解。[①] 当然，其中也不排除表意人自身文化水平所限、法律知识欠缺，甚至是出于规避法律或其他不正当目的，有意或无意地使用不适当的文字词句，致真意不明等情况发生。但无论何种原因所致，一旦某项意思表示在理解上发生疑问，就需要对该意思表示作出解释。具体言之，意思表示解释的任务主要在于解决如下问题：[②]一是明确有无意思表示存在，亦即行为人所用言语、文字或举动是否属于具有表示力的行为。如对他人赠与的要约，相对人仅回答以"感谢盛情"，就需要解释是辞谢还是拜受。二是明确意思表示的内容如何。如究竟表示的属于何种类型的契约，是有名还是无名契约；若是有名又需明确属于何种有名契约，若是无名则需明确究为纯粹无名还是混合契约抑或准混合契约。三是明确意思表示是否合理或有漏洞，如德国民法界所讨论的以旧菜单点菜一例，就涉及以下问题：该旧菜单属于要约还是要约邀请；依旧菜单点菜后，契约双方互相的表示是否合致；在契约成立与不成立两种情形下应如何解决；等等。[③] 此例讨论不仅表明了意思表示解释需要完成的具体任务，而且凸显了有关解释任务对于衡量各方利益以合理分配因不同了解立场所生的不同认知危险的重要性。四是明确当事人之间有无特别意义的特殊关系，若在当事人之间的表示用于特别意义的特殊关系，应以特别意思为解释，如遗嘱人特用"马一匹"之语表示"金一千元"而立遗嘱，则应解释为遗赠"金一千元"而非"马一匹"。归纳之，意思表示解释的任务，就是使那些暧昧或不完全的表示得以明了和完全，使那些不符合法律构成无法或难以适用的表示能合于法律适用。[④] 当然，在意思表示解释时，可以仅是完成一项任务，也可是同时完成数项任务，关键是通过对意思表示的解释，使表示内容得以清晰和确定并在实践中运用合理。

需强调的是，尽管意思表示解释任务的完成需涉及不同问题的处理与解决，但归根结底还是要找出该意思表示究竟具有何种意义，亦即探究当事人于意思表示中所表示的真意，[⑤]这可谓意思表示解释的目的所在。对此，大陆法系众多国家或

---

① 参见[德]卡尔·拉伦茨：《德国民法通论》(下册)，王晓晔等译，法律出版社2003年版，第456页。

② 参见史尚宽：《民法总论》，中国政法大学出版社2000年版，第459～460页；王泽鉴：《民法总则》，北京大学出版社2010年版，第318～319页。

③ 参见[德]迪特尔·梅迪库斯：《德国民法总论》，邵建东译，法律出版社2000年版，第239～240页；[德]卡尔·拉伦茨：《德国民法通论》(下册)，王晓晔等译，法律出版社2003年版，第463页。

④ 参见胡长清：《中国民法总论》，中国政法大学出版社1997年版，第266页。

⑤ 参见梁慧星：《民法总论》，法律出版社2001年第2版，第188页。

地区的民事立法均清晰地表明了这一态度。①

2. 意思表示解释的定位

意思表示解释的基本定位无疑将直接决定解释的客体和方法的适用，而要达到准确定位的目的，关键在于明确意思表示解释自身特性及其与其他事物的关系或区别。具体地说，尚需明确以下三个问题：

(1)关于法律解释与意思表示解释的区别。对于法学工作者而言，解释对象主要是法律和意思表示。② 尽管意思表示解释的思考方法与法律解释相似，需要综合文义、体系、目的等因素，本诸经验法则和诚信原则为判断，并详为论证，落实于个案的检验。③ 但二者仍属不同事物，有着本质差异。一方面，作为抽象概括规范的法律系以不特定多数人为调整对象，而意思表示通常系对特定人为之。这意味着意思表示解释须顾及相对人独特理解的可能性和当事人依该意思表示(法律行为、契约)所欲实现的私法效果，而解释法律则不能进行类似顾及，否则法律可能因个体不同理解发生不同意义而失去普遍约束力。同时，正因法律解释与意思表示解释在规范对象上的差异也使二者在解释方法运用等方面有所不一。有的只能用于意思表示解释而不能用于法律解释，如前述基于特定人间而有特别意义之特别关系时，依其特别意思而为解释的做法；④有的只能用于法律解释而不能用于意思表示解释或者应谨慎适用，如现代法律通常旨在达到某一个目的，这就决定法律目的是最重要的解释标准；而法律行为中当事人往往各自所追求的目的不同，此时目的有时就不能直接决定法律行为内容，或者作为解释标准时就需谨慎适用。又如，法律是整个法律制度的组成部分，在法律各个组成部分的关系中即可产生体系解释标准；而意思表示往往不处在更为广泛的关系之中，至少不处在另一方当事人可资识别的某种关系中，故无法形成系统角度的解释标准，至多在合同的整体关系中(上下条款之间)具有意义。再如，法律具有普遍约束力，若被解释为无效相关秩序会遭严重破坏，而法律行为仅局限特定当事人，即使无效也并非不可承受。由此诸如合宪解释等法律解释规则，在解释法律行为时并不适用或不明显适用。⑤ 另一方

① 如《德国民法典》第133条规定，解释意思表示，必须探究其真意，不得拘泥于词句的字面意义。参见《德国民法典》，陈卫佐译注，法律出版社2004年版，第41页。其他如法国民法、瑞士债法以及我国台湾地区“民法”等都有相似条款规定。

② 参见[德]迪特尔·梅迪库斯：《德国民法总论》，邵建东译，法律出版社2000年版，第232页。

③ 参见王泽鉴：《民法总则》，北京大学出版社2009年版，第322页。

④ 参见胡长清：《中国民法总论》，中国政法大学出版社1997年版，第267页注[1]。

⑤ 参见[德]迪特尔·梅迪库斯：《德国民法总论》，邵建东译，法律出版社2000年版，第232～234页。

面,在民法实务中为适用法律以定法律行为的法律效力,不仅应明确所适用法律的意义,以定逻辑上的大前提,而且需明确受适用的法律行为意义,以定逻辑上的小前提。前者为法律解释问题,后者为意思表示解释问题。[①] 法律解释是一种寻法活动,是对法律的欠缺进行漏洞填补或价值补充,其目的在于探究立法的意图。意思表示解释仅是为了探究当事人的真意,是法官审理具体案件明确适用何种法律的前提。也就是说,只有明确意思表示的具体意义,才能决定其为有效还是无效等,进而明确应适用何种法律。因此,虽然意思表示解释与法律解释对于法律人同样重要,且都是为了正确理解客体而为解释,但仍不能混淆。

(2)关于意思表示解释是事实问题还是法律问题之争。毋庸置疑,意思表示解释的前提是,当事人因对法律行为内容理解不一而引发争议,法院受理案件后即需对意思表示内容进行解释和判断。当然在诉讼中当事人往往也会提出各自不同解释,但最终作为判决事实依据的,是法院的解释即审理该案件法官的解释,亦即意思表示的解释主体应是法院(法官),而非当事人。[②] 那么,法官对意思表示解释是事实问题还是法律问题?对此,学界始终存在争论。[③] 的确,解释意思表示时,需涉及对当事人使用文字、言语或举动以及有无特定交易惯例存在等的探究,这就容易使人将之归为事实认定问题,但仅依证据确定此种事实,仍不足以明确意思表示的内容,唯有在此基础上进行合理判断才能决定行为内容,明确其意义,这意味着意思表示解释本身在于判断,即作出法律上的评价,故其本质上应属于法律问题。[④] 也正是基于意思表示解释常常在很大程度上是事实认定与法律评价交错一起的现象,他域实务中均将其作为第三审上诉的理由,[⑤]而不单纯将之归为事实认定问题。同样,我国大陆的实务基本上也持如此态度,认为意思表示解释既不是任何人均有权实施,也不是孤立的事实认定问题。譬如,实践中经常出现将加工之实以买卖之名来表示、借投资之名表示借贷之实等现象,由此形成了法律行为名与实不符的较为复杂的问题。此处所言的"名"是指法律行为的名称,"实"应指法律行为的内容。通常法律行为的名和实与任何事物的名和实相同,应是约定俗成的,一定的名总是反映具体的实,一定的实也总是通过具体的名表现出来。虽然对事物命名,可视具

---

① 参见史尚宽:《民法总论》,中国政法大学出版社 2000 年版,第 459 页。

② 参见梁慧星:《民法总论》,法律出版社 2001 年第 2 版,第 188 页。

③ 参见王泽鉴:《民法总则》,北京大学出版社 2009 年版,第 329 页。

④ 参见史尚宽:《民法总论》,中国政法大学出版社 2000 年版,第 470 页。

⑤ 参见[德]卡尔·拉伦茨:《德国民法通论》(下册),王晓晔等译,法律出版社 2003 年版,第 354 页;王泽鉴:《民法总则》,北京大学出版社 2009 年版,第 329 页;史尚宽:《民法总论》,中国政法大学出版社 2000 年版,第 470 页。

体事物的特性而有所区别，但一经命名，尤其是该命名被社会公认后，那么事物的名与实就融汇一体，二者相依而密不可分。这意味在常态下法律行为的名与实是对应一致的。但当名与实不相一致时，就会存在究竟是以名来定实还是以实定名的认定问题。无疑，首选的方式是应以行为内容确定其效力。因名与实的关系，就是形式与内容的关系，在二者中处于主导地位的是内容而非形式。故可不必拘泥于名称。但若对法律行为的内容认定也发生困难时，即当某一法律行为的内容既可认定为此类性质又可认定为彼类性质时，通过法律行为的形式探究行为内容就有必要。① 显然，这种探究决不是任由当事人自己解释的结果，而是法律赋予法官解释权的体现；这种探究也不是简单以法律行为的名称决定行为内容的事实认定，而是法官根据意思表示解释规则对表示内容的法律评价。当然，若对意思表示解释不加相应限制，则必将形成司法专横，有碍公正审理。为此，明确意思表示解释客体，规定意思表示解释原则和方法，理应是法官判明和探究当事人真意的重要组成部分。

(3)关于意思表示解释与合同解释的关系。比较大陆法系主要国家或地区的立法可见，其对于解释规则的体例安排和具体做法并不相同，如法国立法无意思表示解释，仅有合同解释，而且其对合同解释的规定共涉及9条，较为细致地区分各种解释方法，②瑞士债务法的规定与法国接近，仅规定了合同解释且解释方法较为简单。③ 又如德国立法则区分意思表示解释和合同解释且体现了不同的解释方法。④而我国台湾地区"民法"虽仅规定意思表示解释且较为单一，但实务中却已将交易习惯和诚实信用原则作为解释准据。⑤ 他域立法的差异主要表现为，规定模式及其

---

① 参见傅鼎生主编：《中国民商法疑难问题研究》，上海教育出版社1997年版，第43页。

② 《法国民法典》第1156～1164条均是契约解释有关，其中包括探求当事人共同本意不得拘泥于文字(第1156条)；一文句有两意时应按发生效力意义解释(第1157条)；一文句有不同意义应按合于契约目的解释(第1158条)；有歧义的文字应按缔约地习惯解释或在未写明时予以补充(第1159～1160条)；契约条款可互为对照统一解释(第1161条)；疑义条款应作利于债务人解释(第1162条)；无论用语如何广义契约内容应按可推知当事人本意事项范围解释(第1163条)；在契约中对某种情形举例说明债务时，不得解释当事人欲以此限制其受约束的义务范围，其他法律上未加表达的各种情形当然仍属债务范围。参见《法国民法典》(下册)，罗结珍译，法律出版社2005年版，第898～901页。

③ 《瑞士债务法》第18条第1款规定，对合同内容和形式解释应考虑当事人真实意思表示，不必注重当事人误解或隐蔽真意所用的不当文字和语句。参见《瑞士债法典》，吴兆祥、石佳友、孙淑妍译，法律出版社2002年版，第4页。

④ 《德国民法典》第133条规定，解释意思表示须探究其真意，不得拘泥于词句的字面意义；第157条规定合同解释须考虑交易习惯和诚实信用原则。参见《德国民法典》，陈卫佐译注，法律出版社2004年版，第41、45页。

⑤ 参见王泽鉴：《民法总则》，北京大学出版社2009年版，第321页。

解释方法多寡等方面。对于规定模式是采单一制还是双轨制,主要是受制于不同的立法体系,如法国或瑞士在其民法中本身就无总则,或无包含统帅各类追求私法效果的法律行为制度,由此当然导致其仅有合同解释而无意思表示解释的规定。对于解释方法是作抽象还是具体规定关键源自于不同的理解,通常认为对合同解释更需运用不同的方法。但关注意思表示解释与合同解释某些解释方法的差异并作出区分立法,并不能割断或改变合同与意思表示的密切关系,毕竟合同也是由意思表示组成,对合同解释不可能与意思表示解释形成本质区别。也正因如此,德国学者通常都将这两条款一同评析,且认为该区分的立法并不成功。[①] 我国原本也仅在原《合同法》中确定解释规则,[②]形式上接近于瑞士债法规定,而在解释方法等采纳上与法、德等国相似。但在《民法典》(原《民法总则》)第142条规定解释规则后,我国立法与司法实践会更接近德国模式。因此,从我国的立法体系编排而言,更应在总则部分规定意思表示解释规则,而非分成两块。因我国长期以来民事立法就采用包含法律行为制度总则的立法体系,这样的编排模式意味着法律行为包括双方和单方,意思表示解释范围不应只单纯统帅合同,也应涵盖遗嘱等单方行为,故只要这种立法模式不变,那么将解释规则规定在法律行为篇章的做法就更为合理。至于解释方法当应一一明确,以便法官根据实际需要而合理运用。

（二）意思表示解释的具体运用

意思表示解释的目的能否实现,依赖并决定了解释的客体和方法,同时,客体和方法正确定位和运用又能使解释趋于规范和合理。因此为使意思表示解释规则正常运作,有必要进一步了解和分析意思表示解释的客体和方法及其运用的制约因素。

1. 意思表示解释的客体和方法

(1)意思表示解释客体或称对象

因受意思主义和表示主义等不同理论影响,对于意思表示解释客体历来存有争议。源自18世纪德国理性法学派的意思主义理论认为,意思表示的实质在于行为人的内心意思,法律行为本身不过是实现行为人意思自治的手段。故意思表示解释的目的仅在于发现或探求行为人的真意即内在意思。该理论在19世纪德国的法律行为学说中居于支配地位。表示主义理论认为,意思表示的解释,重在解释行

---

① 参见[德]迪特尔·梅迪库斯:《德国民法总论》,邵建东译,法律出版社2000年版,第236页。

② 原《合同法》第125条第1款规定:“当事人对合同条款的理解有争议的,应当按照合同所使用的词句、合同的有关条款、合同的目的、交易习惯以及诚实信用原则,确定该条款的真实意思。”

为人所表示出来的意思。表示主义理论是19世纪末德国民法学说争论的产物，强调法律行为的本质不是行为人的内在意思，而是行为人表示的意思。故意思表示的解释原则上采取客观性立场，特别是对于有相对人的意思表示解释，应以相对人足以客观了解的表示内容为准，以保护相对人的信赖利益。相对而言，意思主义与表示主义均有其合理性，这就形成了理论与实践的取舍之难，由此形成了折中主义立场，通常在意思表示解释上采以表示主义为原则，以意思主义为补充。① 也有学者认为按一般解释学意义上的"对象自主性规则"，解释对象独立于解释者之外即主客体分立，在此思维模式下，解释意思表示的目标无非在于发现其"真相"，而学者对"意思"或"表示"的强调，只不过是反映了其认定的代表"真相"（当事人真意）的载体不同。②

其实，意思表示解释客体主要解决的问题是，应以行为人内心意思还是表示意思为对象。解释的客体与目的不同，前者在于说明指向对象为何，后者在于明确该对象所显示的合理意义。比较而言，意思主义认为意思表示解释在于探究表意人内心法效意思的观点，误解了私法自治的真谛，殊不足取。现今通说认为意思表示解释在于探究表示的法效意思，③即意思表示解释的对象为依表示行为所表示于外部的表示上效力意思。而所谓意思表示解释目的即探究表意人真意，其实就是在于明确一般人可认为其表示行为所内含的表意人合理意思，④而探求表示于外部之内心效力意思非解释目的。按此理解，即使意思表示解释所得真意与表意人内部真意不符，也仅发生意思与表示不一致的问题，不能说该解释不当。⑤ 这是因为，意思与表示不一致同意思表示解释规则的运用虽有联系，但二者依然不能相提并论。意思表示解释主要涉及以何为对象来探究当事人的真意；而意思与表示不一致的认定则侧重于以何种原则确定或赋予该意思表示的效力，以兼顾对表意人和交易秩序的保护与双方利益的平衡。换言之，内容上意思与外部表示行为不一致，而法律行为为无效时，为确定法律行为效力也需顾及内心上意思，只不过此时内心意思之存在与否的决定，仅为法律行为解释上附随行为。⑥ 因此，意思表示解释对象只

---

① 参见董安生：《民事法律行为》，中国人民大学出版社2002年版，第173～174页。

② 参见朱庆育：《意思表示解释理论》，中国政法大学出版社2004年版，第270页。

③ 参见胡长清：《中国民法总论》，中国政法大学出版社1997年版，第266页；史尚宽：《民法总论》，中国政法大学出版社2000年版，第460页；[德]卡尔·拉伦茨：《德国民法通论》（下册），王晓晔等译，法律出版社2003年版，第463页。

④ 参见史尚宽：《民法总论》，中国政法大学出版社2000年版，第459页。

⑤ 参见胡长清：《中国民法总论》，中国政法大学出版社1997年版，第266～267页。

⑥ 参见史尚宽：《民法总论》，中国政法大学出版社2000年版，第460～461页。

能是表示本身,其他一切应当加以考虑的情形不是解释对象,而是解释的辅助手段或称解释资料。① 由此也说明区别解释的对象与解释的辅助手段,对于解释确定表示行为的合理性以及解释方法的正确运用等均至关重要。

(2)意思表示解释的方法

基于解释的辅助手段即综合考虑各种事实因素,以确定意思表示的内容,为意思表示解释或称法律行为解释,但欲达到合理解释的效果,就需正确运用相关解释方法。对于意思表示解释方法各国或地区的立法和学说虽有不同见解,但总体趋同。各国对于意思表示或合同的主要解释方法有:②

一是文义解释。意思表示由语言文字构成,欲确定意思表示的含义,必须先了解和确定所用词句的含义。这说明解释意思表示通常须先由文义解释入手。但考虑到解释的目的在于探求当事人的真意,故在进行文义解释时,不应拘泥于当事人所使用的文字。亦即文义解释应服务于当事人为意思表示的目的。

二是整体解释或称体系解释,即将意思表示的各个条款和构成部分作为统一整体作相互解释,以确定各个条款的正确意思。对于意思表示尤其是合同之所以强调参照上下文作整体解释,是因为唯有对各个意思表示作出统一解释,才能达到行为人为意思表示的目的。因此,采用整体解释方法不仅在于理解各个部分的正确意思,更为关键是在于不使各个部分的意思表示形成矛盾或冲突而影响当事人实现为意思表示的目的。

三是目的解释。此处所言目的是行为人意欲追求的私法效果,是当事人真意的核心,是决定意思表示内容的指针,理应是双方当事人共同的目的或者至少是为对方当事人已知或应知的一方当事人的目的。目的解释是指意思表示使用文句若有不同意义时,应采取最适合于意思表示目的的解释。目的解释的结果不仅可验证文义解释、体系解释、习惯解释的结果是否正确,而且也可体现意思表示或法律行为应采有效解释原则的精神。这是因为,当意思表示存在既可解释为有效又可解释为无效而可能影响其效力时,唯有舍弃无效解释,才能达到行为人为意思表示的目的。

四是习惯解释,即意思表示所使用的文字词句有疑义时,应参照当事人的习惯

① 参见[德]卡尔·拉伦茨:《德国民法通论》(下册),王晓晔等译,法律出版社 2003 年版,第 464 页。表现意思表示之表示上效力意思的事实(解释资料),为构成表示内容的一切事实。参见史尚宽:《民法总论》,中国政法大学出版社 2000 年版,第 461 页。

② 参见梁慧星:《民法总论》,法律出版社 2001 年第 2 版,第 189～192 页;史尚宽:《民法总论》,中国政法大学出版社 2000 年版,第 462～469 页。

解释。此处所言习惯指事实上习惯,其包括社会全部的习惯和各行各业各地的习惯。习惯之所以作为解释依据,是因为其具有约束人之行为的功能。运用习惯解释一般应以不违反强制性规定和公序良俗的客观存在为前提,以当事人双方已知或应知且无明确排斥为必要,否则该习惯不能作为解释的依据。另若对习惯是否存在有疑问时,当应由主张习惯存在的当事人负举证责任。

五是任意法规。当事人依私法自治原则,可依合意为异于任意性法规的法律行为。但若当事人就任意法规规定的事项为法律行为而未为不同约定时,则该任意法规当然可适用于该法律行为。亦即可补充或解释该意思表示缺漏或使之合理化,以免意思表示无效或防止当事人之间发生不必要的纠纷。在此意义上,任意法规具有节省当事人劳力之效和便于私法自治的推行和达成之能,故而可作为解释准据。

六是诚信解释,即对意思表示进行解释时,应遵循诚实信用原则。亦即应按公平、合理,符合平衡各方利益的准则解释。诚实信用原则不仅是现代民事立法和司法的基本原则,而且也是指导法院或仲裁庭解释意思表示的基本原则,故而人人在为意思表示或法律行为时均应遵循之,由此也说明意思表示内容有悖诚信原则,不仅可依诚信解释予以修补或否定,而且还可依据诚实信用原则检验其他解释方法运用所得出的结论是否妥当,一旦认定某种解释结论有悖于诚实信用原则,即应不予采纳。

概言之,在对意思表示或法律行为解释时,不应仅单纯地根据词义来推究,而应将当事人意思表示的目的、习惯、任意性规定和诚实信用原则作为分析判断的标准,进行综合考虑。其中,当事人意思表示的目的最为重要,它是确定意思表示效力的根本所在。次之是习惯,即在不能判明当事人意思时,依习惯而定。再次之是任意性规定,只要当事人无特约排除任意性规定,即可依任意性规定解释之。而诚实信用原则应具有统帅地位,对各种解释均具有指导意义。①

2. 意思表示解释运用需关注的问题

解释方法运用的合理与否,不仅需要明确各种解释方法的作用和地位,而且与解释辅助手段的运用密切相关。其中,解释辅助手段的考察需涉及众多事实因素,如表示有无相对人,表示采用形式及其有无形式要求,表示行为有无交易惯例或特殊用法,以及表示地点和时间等。以上各种因素在解释中是否应予以考虑及其考

① 参见胡长清:《中国民法总论》,中国政法大学出版社 1997 年版,第 267 ~ 268 页。

量后对解释形成何种影响程度等，又因意思表示种类和解释层次的差异而有所区别。[①] 鉴于此，在为意思表示解释时需重点关注如下问题：

首先，关于意思表示有无相对人对解释运用的影响。相对而言，有相对人的意思表示是解释关注的重点。[②] 因有相对人的意思表示需要表意人与相对人受领意思表示一致才有决定性意义，故其通常既关乎当事人双方利益的实现，又涉及交易秩序的稳定。对于有相对人的意思表示解释必须合理顾及双方意图。若仅考虑使表意人的表达具有决定意义，则立法关于错误的规定将失去存在意义；反之若仅赋予受领人的理解以决定意义，则将使表意人受到极不公平的待遇。这意味着对有相对人需受领的意思表示解释目的并非在于确定表意人的真实意思，而是旨在查知或得出相对人可理解被称为“规范性的意思”，亦即应依法视为表意人所欲求的意思。[③] 要做到这一点，只有以相对人可能了解的情事为标准来决定其内容。如此一方面要求表意人为意思表示时应顾及相对人了解的可能性，他方面也强调相对人可在了解的基础上尽必要的注意义务去正确理解表意人的意图，否则相对人也具有可归责性，应承担相应责任。而相对人是否明知或可得而知则需要斟酌磋商过程、交易惯例等其他情事。[④] 对于有相对人的意思表示解释另需说明的有以下两点：一是有相对人的意思表示从广义而言包括有特定受领人和不特定多数人受领人（一般公众为受领人）两类，二者在解释的总体上无质的差异，只是后者更注重一般交易规则作为认知或推知表示行为的解释材料。[⑤] 二是对意思表示解释时，一般为人们所理解的词义具有关键意义，此点不仅适用于意思表示词义存在歧义的情形，而且也适用于客观上词义没有歧义的情形，如表意人将 A 表达为 B，而受领人仍能准确认清表意人实际表达意义，则仍应以表意人的表示为准，即采“错误表示不生影响”的解释规则，[⑥]也应是客观和规范解释准则的题中之意。理由是，若双方当

---

① 参见[德]卡尔·拉伦茨：《德国民法通论》（下册），王晓晔等译，法律出版社 2003 年版，第 464～465 页；王泽鉴：《民法总则》，北京大学出版社 2009 年版，第 320 页；史尚宽：《民法总论》，中国政法大学出版社 2000 年版，第 461 页。

② 2017 年颁布的《民法总则》及现在《民法典》对解释规则的规定，也是立足于有无相对人的区别而作不同规定，但细究其文义恰恰没有将此区别对待的缘由有所体现，故只是形似而已。

③ 参见[德]卡尔·拉伦茨：《德国民法通论》（下册），王晓晔等译，法律出版社 2003 年版，第 458 页；[德]迪特尔·梅迪库斯：《德国民法总论》，邵建东译，法律出版社 2000 年版，第 239 页。

④ 参见王泽鉴：《民法总则》，北京大学出版社 2009 年版，第 323 页。

⑤ 参见史尚宽：《民法总论》，中国政法大学出版社 2000 年版，第 461 页；[德]卡尔·拉伦茨：《德国民法通论》（下册），王晓晔等译，法律出版社 2003 年版，第 470 页。

⑥ 参见[德]卡尔·拉伦茨：《德国民法通论》（下册），王晓晔等译，法律出版社 2003 年版，第 459 页。

事人一致认为意思表示应具有另外一种意义,则就没有必要违反当事人的意志,坚持要他们赋予其意思表示以通常的意义。换言之,表意人的真实意思不仅优先于文句所体现的意思,也优先于任何其他形式的解释。① 至于无相对人的意思表示如遗嘱,尽管其实际发生法律效力也须为他人所知晓,但因该意思表示既与一般公众无关,又不必针对受益人发出,且表意人事后改变其意愿受益人也无能为力,故此类意思表示的解释及其效力确定通常应更注重表意人的意思即主观意义的体现,而不需要以该表示的客观和规范意义为准和考虑受益人的信赖利益保护。②

其次,关于习惯或交易惯例在解释中地位和意义。法律所称的交易惯例指某种存在于交易中的行为习惯或语言习俗。③ 交易惯例当应归于习惯范畴。习惯或交易惯例不同于具有法的效果的习惯法,习惯法具有法的效力,与当事人意思无关。除非法律明文规定习惯法可优先于任意规范适用,通常习惯法无改废任意规范的效能。相反,习惯或交易惯例作为解释方式直接作用于当事人意思,且有优先于任意法规适用的可能。④ 在运用交易惯例方式解释时需注意的是:其一,该交易惯例作为一种解释手段原则上仅适用于有相对人的意思表示,且只是确定某种意思表示实际意义或者对该意思表示作规范性解释时应考虑的事实因素。这意味如果特定的交易双方属于同一个交易层次,除有特殊反常的情形外,那么某种为一般交易人知悉的交易惯例所赋予的特定意义就是人们可期待的,即使某表意人不知或忽视该交易惯例也不能改变该交易惯例的地位,亦即表意人必须承认其表示具有交易惯例所反映的意义,当然表意人可因表示错误而撤销其表示。如果特定交易双方不属于同一交易层次,此时只得以受领人理解的可能性为出发点,即以受领人所处层次的一般交易惯例来理解和诠释该意思表示的意义,除非有其他理由表明受领人明知或可得而知表意人的表示不具有此意义。如果交易惯例因地而异,德国司法判例认为一般应以意思表示发出地的惯例为准,即当受领人的居住地与

---

① 参见[德]迪特尔·梅迪库斯:《德国民法总论》,邵建东译,法律出版社 2000 年版,第 243 ~ 244 页。

② 参见[德]卡尔·拉伦茨:《德国民法通论》(下册),王晓晔等译,法律出版社 2003 年版,第 471 页;[德]迪特尔·梅迪库斯:《德国民法总论》,邵建东译,法律出版社 2000 年版,第 237 ~ 238 页;史尚宽:《民法总论》,中国政法大学出版社 2000 年版,第 461 ~ 462 页。

③ 参见[德]卡尔·拉伦茨:《德国民法通论》(下册),王晓晔等译,法律出版社 2003 年版,第 467 页。

④ 参见史尚宽:《民法总论》,中国政法大学出版社 2000 年版,第 465 页。

表示的发出地不在一处，受领人须了解表示地通行惯例。[①] 其二，适用习惯或交易惯例的解释，应以某种习惯或交易惯例实际存在为前提，同时该习惯或交易惯例应不与交易的稳定性相抵触且不得构成滥用行为。换言之，该习惯或交易惯例不能与法律规定和公序良俗相悖。但问题是，法律规定有强制性规定和任意性规定之分，若该交易惯例违反强制性规定，按理可依该法律行为内容违法而使之无效，但认定为无效毕竟不是当事人所愿，故似将之解释为当事人无依该习惯的意思为妥。若该习惯仅违反任意性规定不违反强制性规定，则应区分当事人是否明知而区别对待，当事人明知的习惯或交易惯例应优先于任意规范。因任意规范主要功能在于补充当事人表示时的缺漏事项，如当事人知道有习惯存在时，即可推定其有依习惯决定表示内容的意思，而无适用任意规范的必要。反之，若当事人不知有习惯存在，则应依任意规范以补充其表示内容。[②] 其三，习惯或交易惯例仅是解释手段，本身不具备规范性，故应根据交易性质和对象的不同而有所区别。具体而言，在对特定人之间的专门协议为解释时，习惯或交易惯例作为解释手段的适用可能要退居次要地位，即在特定当事人之间若有事先表达内容或者特殊表达方式等存在时，就不能先考虑交易惯例的适用。相反对典型化的大众交易为解释，即在表示是向不特定人的多数受领人发出时，则可无须考虑某特定受领人理解的可能性，而应以普通交易参与人或表示涉及阶层成员的理解可能性为准。[③]

再次，关于意思表示解释与意思表示形式的关系。在讨论此问题前先要明确的是，只有某些需要具备某种形式的意思表示，才需要重点关注解释与形式要求的关联问题。所谓需要具备形式的意思表示是指法律对某些表意人仅表达自己欲求的意思而欠缺一定形式的意思表示会认定无效的情形。[④] 反之，需要形式的意思表示以外情形，包括不符合形式要求的说明等依然可用作解释的辅助手段，[⑤]而不是解释的对象。由此引出的问题症结在于，如果依据一般意思表示解释原则确定的

① 参见[德]卡尔·拉伦茨：《德国民法通论》(下册)，王晓晔等译，法律出版社2003年版，第468～469页。

② 参见史尚宽：《民法总论》，中国政法大学出版社2000年版，第466～467页。

③ 参见[德]卡尔·拉伦茨：《德国民法通论》(下册)，王晓晔等译，法律出版社2003年版，第469～470页。

④ 《德国民法典》第125条规定，不使用(缺少)法律所规定的形式的法律行为，无效。不使用(缺少)法律行为所定形式，有疑义时，同样导致无效。参见《德国民法典》，陈卫佐译注，法律出版社2004年版，第36页。

⑤ 参见[德]迪特尔·梅迪库斯：《德国民法总论》，邵建东译，法律出版社2000年版，第246页；[德]卡尔·拉伦茨：《德国民法通论》(下册)，王晓晔等译，法律出版社2003年版，第465页。

内容,仅仅在符合形式要求上未达到充分体现,那么该内容的表示能否算满足形式要求？对此,德国学界和实务界有人主张在解释时应适用所谓的“暗示说”,要求表示的主要部分必须体现在规定形式之中,否则该形式就不能涵盖其内容。①这也与解释意思表示不得违反其明白无误的文意即“明白无误规则”相符合。②但“暗示说”的适用在德国实务中并不普遍,主要涉及单方法律行为尤其是遗嘱,在理论界也受到了相应挑战和质疑,如在土地买卖案件中,司法判例坚持认为“错误表示不生影响”原则应无限制地适用。③可见这一问题在德国仍有不同答案,并非有最后的定论。其实,分析具备形式的意思表示的解释,应与法律规定有关形式的目的相结合考察,法律规定多种形式的目的意义,不仅是为警示当事人或者保全证据,而且也为维护公示性对公众带来的信赖或者保护第三人利益的需要,甚至还会涉及保护表意人自身利益的考量,如针对遗嘱问题的解释,有些学者就认为不应采用“暗示说”,而应对被继承人特定语言用法加以重视,因遗嘱继承不存在第三人利益保护问题,更重要的是遗嘱形式的确定主要在于保护被继承人利益,故以表意人内心所欲求的内容为准,同样也能达到确定意思表示内容的解释目的。这也是在德国学界越来越多学者赞成应根据形式的主要目的来解决以上问题的原因所在。④

最后,关于补充性解释的理解。如前所述,意思表示的客体是表示行为本身,其可体现为作为和不作为,前者包括明示和可推断的表示行为,后者指单纯沉默。⑤其中,作为直接表示方式的明示和作为间接表示方式的可推断的表示行为都能发生表意人所欲追求的效果,而纯粹的沉默除在法律规定的特定情形外,通常不能够实现行为人所欲求的法律效果。⑥这意味着对于单纯沉默的表示解释空间不大,通常对其意义的判断应严格按照法律规定或当事人之间的特约进行。⑦相反,对作为的表示方式尤指可推断的表示,在不同解释方法特别是补充性解释运用时,尤其须

---

① 参见[德]卡尔·拉伦茨:《德国民法通论》(下册),王晓晔等译,法律出版社2003年版,第465页。

② 参见[德]迪特尔·梅迪库斯:《德国民法总论》,邵建东译,法律出版社2000年版,第244页。

③ 参见[德]卡尔·拉伦茨:《德国民法通论》(下册),王晓晔等译,法律出版社2003年版,第466页。

④ 参见[德]迪特尔·梅迪库斯:《德国民法总论》,邵建东译,法律出版社2000年版,第245～246页;[德]卡尔·拉伦茨:《德国民法通论》(下册),王晓晔等译,法律出版社2003年版,第467页。

⑤ 参见王泽鉴:《民法总则》,北京大学出版社2009年版,第320页。

⑥ 参见[德]卡尔·拉伦茨:《德国民法通论》(下册),王晓晔等译,法律出版社2003年版,第485页。

⑦ 参见[德]迪特尔·梅迪库斯:《德国民法总论》,邵建东译,法律出版社2000年版,第262～264页。

注意其功能和意义以求其合理性。这是因为,对于意思表示欠缺的内容通常可通过补充解释使之完整,但同时也潜在了改变其原有意义的可能。因此,如何填补意思表示所欠缺的内容(尤其是学术界所称的合同漏洞)就至关重要。补充性解释不同于阐释性解释。尽管这两种解释手段的区别并非泾渭分明,但因其思考方法不同仍有区别意义。补充性解释在于创设客观规范以填补契约漏洞,其探求的是当事人明知契约未规定之时的合理意欲,学说称假设的当事人意思。阐释性解释在于探求当事人的真意或者客观意义。[①] 补充性解释可涉及对表示补充和意思补充两个方面。[②] 前者表意人表示有缺漏时,可通过解释推出其具有该意思,如客人乘上出租车仅告知目的地,即可反映其有支付价金的意思,此时补充性解释与可推断表示虽界限并不清晰,但因法律效果无异,故无区分之必要。后者涉及表意人所欲求内容的补充,情况就显得较为复杂,此时不仅不能将之作为可推断表示处理,而且应明确其与任意规定的区别以准确运用补充性解释。广义而言,任意性规定也具有补充解释的功能,如当事人在订立契约时未涉及其中一方死亡后履行的问题,或者未明确瑕疵担保责任等,则可直接适用任意性规定予以补充,以减轻当事人必须面面俱到地考虑各种复杂情况的负担。但不可否认的是,任意性规定有时也难以穷尽各种可能存在的情形,且就整个契约内容而言当事人也可能存在无意适用任意性规定的意思。由此即引发任意性规范与当事人未经表达的意思或可推测意思的关系如何处理的问题。对此,我国台湾地区民法界存在不同说法:有的认为法院应以客观标准,衡情度理,予以处断;有的认为应考虑法律所定的原则(合同常素)、给付性质、当事人目的及契约订立准备行为的经过等;有的认为应以任意法规,习惯、法理为标准认定之;有的认为应分为适用任意规定和合同补充解释两个不同层次予以处理。[③] 比较分析以上各种观点并结合德国学界的相应观点,正确把握不同解释方法区分层次的做法更为可取。狭义的补充性解释或称实体解释规则是指在某些特殊情形下将某种解释结果视为发生疑问时正确结果的规则。[④] 尽管无论是补充性解释还是补充性法律都具有弥补意思表示缺漏的功能,但二者并不相同。主要体现为:第一,前者不具有公平的内涵,目的仅在于阻止某些法律行为

① 参见王泽鉴:《民法总则》,北京大学出版社 2009 年版,第 326 ~ 327 页。

② 参见[德]迪特尔·梅迪库斯:《德国民法总论》,邵建东译,法律出版社 2000 年版,第 254 ~ 255 页。

③ 参见王泽鉴:《民法总则》,北京大学出版社 2009 年版,第 326 页。

④ 参见[德]卡尔·拉伦茨:《德国民法通论》(下册),王晓晔等译,法律出版社 2003 年版,第 475 页。

因当事人未作任何约定而无效的情形发生;后者是立法者为某种合同的典型利益而设的任意性规定,以达到公平为目标。[①] 第二,前者是以假设当事人意思为前提,法律后果仍归因于私法自治;后者对合同漏洞的补充,则直接归因于法律规定。如此区分的结果是前者(如表意人认识与表示不一致属表示错误)通常可撤销,而后者认识与表示不一致属法律效果错误,应根据具体情况处理,亦即并非当然可撤销。[②] 第三,前者适用的依据是交易惯例和诚信原则等,以此来假定当事人可推测的意思;后者依据具体的任意性规定以适用于相关合同类型。这意味着补充性解释风险远大于补充性法律,稍有不慎就可能使私法自治演变为法官的束缚。基于以上不同,对于补充性解释的适用应有限制,尤其是涉及要以补充性解释改变补充性法律规定时更应谨慎从事。即在通常情形下,应首先以任意性法律规定来弥补当事人约定不完整的漏洞;如出现任意性规定不能适用的例外情形,必须通过法律解释方法说明因该法律行为存在的具体特殊性而不能适用任意性规定的理由,即使不存在具体的任意性补充规定,如果只能以违背当事人意思为代价才能填补合同缺漏,则一般宁可接受该缺漏存在而不加补充。[③] 唯有如此,才能谨防法官武断行事有损意思自治的现象发生。

综上所述,在具有法效意思的表示行为形成后,就应考察并确认它在法律上的关键意义。若对其关键意义有歧义或不同理解时,则需对表示行为加以解释。尽管解释对象本身仅指表示行为,但要使解释得出的结论具有合理性,即对表示意义形成规范和客观的判断,就不能仅单纯地就表示行为作就事论事的评价,而应通过解释的辅助手段考察各种构成表示内容的附随现象和事实,并合理运用解释方法,来推导出决定表示行为的关键意义。否则,意思表示解释或法律行为解释不仅难以达到兼顾当事人利益和稳定社会秩序的目的,反而有可能成为破坏意思自治的工具。

第三节 法律对法律行为内容的要求

法律行为是对合同、遗嘱等具体行为的抽象概括。已成立的法律行为欲达到

---

① 参见[德]迪特尔·梅迪库斯:《德国民法总论》,邵建东译,法律出版社2000年版,第256页。

② 参见[德]卡尔·拉伦茨:《德国民法通论》(下册),王晓晔等译,法律出版社2003年版,第475~476页。

③ 参见[德]迪特尔·梅迪库斯:《德国民法总论》,邵建东译,法律出版社2000年版,第260页。

法律承认的有效程度，须在各个构成要素方面都符合法律规定的基本要求，亦即任何法律行为都应具体考察当事人能力是否适格，意思表示是否真实、有关表示过程是否符合特定形式要求，以及法律行为的内容是否合法、稳妥、确定和可能等。任何一个环节的欠缺或瑕疵都将可能阻却或影响法律行为有效体现。其中，法律行为内容的合法与稳妥判断，即属于法律对有效法律行为内容要求问题。在整个私法领域中，法律行为是实现私法自治的主要工具，①但法律同时要求当事人的意思自由既不能违反法律规定的强制或禁止条款，也不能违反“公序良俗”等基本原则。② 法律对意思自治的如此限制，究竟对法律行为效力有何牵制或影响，不仅涉及如何理解相关法律规定和公序良俗的基本含义，而且关乎法律干预当事人自由意志的程度设计；不仅是理论认识问题，而且与司法实践息息相关。遗憾的是，我国对此不仅在理论方面缺乏系统的研究，而且在实务上尤其是合同效力判断方面也难以对近似或相似案件形成统一裁判。因此，深入思考并明确相关问题至关重要。

一、法律行为内容与强行规范的关系

面对因价值多元而产生的各种错综复杂的民事法律关系，面对各个部门法律之间存在的不同规范目的，民事立法需强调意思自治以体现对人性的关注和重视，但又需用强行规范加以必要干预以防自由意志滥用。同时，为明确各法律部门职责和宗旨，还得合理协调源自不同法律的强行规范以防法律制度的矛盾与冲突。由此民法如何以强行性规范干预法律行为内容的问题就不容回避。

（一）强行规范在法律行为内容中的民法定位

在大陆法系以德国法为代表的民事立法模式中，通常区分不同法律关系对法律行为内容的基本要求有所不同。譬如，针对物权关系、婚姻继承关系等，法律一般强调“类型强制”，即法律规定法律行为内容符合法定要求的行为类型才能有效。亦即当事人只能在法律规定的行为类型中作选择，其协商确定的内容范围，一般是

---

① 参见[德]卡尔·拉伦茨：《德国民法通论》（下册），王晓晔等译，法律出版社 2003 年版，第 426 页。

② 当今所有法律关系都应受公序良俗支配，即公序良俗可考虑为支配整个法律体系的理念，法律行为内容是否符合公序良俗当然也是其组成部分之一。参见[日]我妻荣：《我妻荣民法讲义 - Ⅰ - 新订民法总则》，于敏译，中国法制出版社 2008 年版，第 254 页。我国学者梁慧星教授也认为遵守公序良俗是民法的基本原则，可贯穿于立法和司法始终。参见梁慧星：《民法总论》，法律出版社 2001 年第 2 版，第 47 页。

以对法律规定行为类型规则不作任何或根本性改变为前提,此类法律规定的大部分条款都属强行性规范。针对债法中的合同关系则依"类型自由"处置,法律对法律行为内容通常取决于当事人协商结果,债法的众多条款对当事人无约束性。法律条款大多属于任意性规范。但债法为平衡各种利益尤其是为保护社会弱者也会呈现强行法的内容,而且债法的诚实信用等原则性质上也被认为属于强行性规范。① 这也说明债法中允许当事人协商的自由同样不能逾越其设置的强行性规范这一底线。可见,强行性规范贯穿于整个民法领域,其作用不容忽视,只是在各个部分体现内容多少或强度强弱的不同而已。

鉴于此,以德国民事立法为蓝本的国家或地区均会在民法总则或类似总则中明确规定,法律行为违反法律强制或禁止规定无效。② 理论上,民法的如此规定被统称为概括性强行规范,它可分为强制规定和禁止规定,前者指法律命令应为某种行为的规定,后者指法律命令不为某种行为的规定。③ 应指出的是,民法此处所言违反"法律"应不包括宪法规定,宪法关于人权保护等规定对私法关系不具有直接规范效力,而应通过各个部门法规定的概括性条款实现其价值理念。④ 在法律体系中公法当然为强行法,故而除民法外的其他法律如刑法或行政法等也都包含强制或禁止规定。但民法的任务仅对违反民法强制或禁止规定的行为确定其后果,难以涵盖所有法律的强制或禁止规定。⑤ 这意味着民法明确了违反强制或禁止规定的法律行为无效的理由,并非单纯为制约某种行为成为法律行为的内容,以实现强行法限制意思自由的目的,更重要的是使之成为连接公法与私法的纽带或管道,体现和维护法律秩序或制度的无矛盾性,⑥以实现各个法律部门协调一致规范和调整相应法律关系的功能。

---

① 参见[德]卡尔·拉伦茨:《德国民法通论》(下册),王晓晔等译,法律出版社2003年版,第587页。

② 《德国民法典》第134条规定,除法律另有规定外,违反法定禁止的法律行为无效。参见《德国民法典》,陈卫佐译注,法律出版社2004年版,第41页。《瑞士债法典》第20条第1款规定,含有不能履行合同、违反法律或者违反公序良俗的合同无效。参见《瑞士债法典》,吴兆祥、石佳友、孙淑妍译,法律出版社2002年版,第4页。我国台湾地区"民法"第71条规定,法律行为,违反强制或禁止之规定者,无效,但其规定并不以之为无效者,不在此限。参见五南法学研究中心编辑,杨淑文、张丽卿、洪家殷、谢易宏监修:《最新简明六法》,台北,五南图书出版股份有限公司2010年版,二-第14页。《日本民法典》第91条间接对此作了规定。参见[日]我妻荣:《我妻荣民法讲义-Ⅰ-新订民法总则》,于敏译,中国法制出版社2008年版,第246页。我国《民法通则》第58条以及《民法总则》第153条也有相似规定。

③ 参见史尚宽:《民法总论》,中国政法大学出版社2000年版,第329页。

④ 参见王泽鉴:《民法总则》,北京大学出版社2009年版,第223页。

⑤ 参见[德]迪特尔·施瓦布:《民法导论》,郑冲译,法律出版社2006年版,第467~468页。

⑥ 参见[德]迪特尔·梅迪库斯:《德国民法总论》,邵建东译,法律出版社2000年版,第484页。

然而,在不少国家或地区的民事立法中,除明确强调法律行为因违反法律强制或禁止的概括性规定无效外,对不少法律行为本身效力也设有具体强行规定加以制约,且通常仅表达为"不得"为某种行为,而无直接规定该法律行为无效,①我国立法也不例外。② 这就形成了民法强行的概括规定与限制法律行为效力具体规定的关系如何处理、该强制或禁止规定是否包含直接限制法律行为效力规定等疑问。随之引出的争论是,此等专门规定是否为概括性强行规范所称的禁止规定?某具体法律行为无效的适用依据是概括性规定还是专门限制规定?对此,传统见解持肯定观点,认为违反民法专门的强行规定当属违反概括性规定中所称的禁止规定,其适用依据为概括性规定。但也有学者予以否定。我国台湾地区民法学者王泽鉴先生也认为通说虽倾向于肯定见解,但否定说实具参考价值。其强调此类专门规定旨在直接规定法律行为的效力,以规范私法自治为目的;而禁止规定非在直接规范私法自治,而是在禁止某特定行为,其本身并未规定法律行为效力,法律行为的无效乃取决于概括性规定。亦即违反专门规定是因违反强行规定而无效,而非因这类条文属禁止规定,适用概括性禁止规定而使之无效。故专门规定既为强行规定当可直接作为无效依据,无适用概括性规定的必要。③ 如此分析有一定合理性,但相关理由值得商榷。其实,这些专门规定在文字表达和内容特性上当属强行法,否定其为概括性强行法规定所涵盖,显然不符法律概念体系的逻辑要求。何况,概括性强行规定虽不像专门规定那样,具有明确规范和协调国家干预与意思自治关系的直接效果,但其作为连接公法与私法的纽带也兼具了禁止某种违法行为和限制意思自治的双重作用。这也说明以是否直接规范私法自治为由而否定专门规定不属概括性规定的范畴,有失偏颇且易生理解混乱之后果。

但应注意的是,将专门规定归入概括性规定所指称的禁止规定范围,也不能当然得出应当或可以适用概括性规定的结论。此时实质上形成了规范竞合的状态。在此情形下,必须审查明确该专门规定能否得出该具体行为无效的结果。如果从具体规定的文字表达或宗旨中得不出该行为无效的后果,则因缺乏前提而不能适用概括性规定(判断认定行为效力问题后详述);如果专门的强行规定本身已明确

① 如德国法中明确规定不得事先免除债务人因故意所生的责任(《德国民法典》第276条)。参见[德]迪特尔·梅迪库斯:《德国民法总论》,邵建东译,法律出版社2000年版,第484页。我国台湾地区"民法"也效仿如此做法,如规定未满法定年龄者不得订立婚约(第973条),不得自由创设物权种类(第757条)等。参见黄立:《民法总则》,中国政法大学出版社2002年版,第327~328页。

② 如我国原《物权法》第191条第2款规定:"抵押期间,抵押人未经抵押权人同意,不得转让抵押财产……"。《民法典》第406条对此规定已做修改。

③ 参见王泽鉴:《民法总则》,北京大学出版社2009年版,第222~223页。

或从中可得出该行为无效的后果，则应考虑特别规定优先适用的规则，没有必要适用概括性规定或者以具体规定否定该行为效力后再叠床架屋地适用概括性规定。也就是说，唯有确定民法中没有专门规定行为无效后果且该行为又是违反强行法时，民法规定的概括性条款才有用武之地，据此作为认定某行为无效的适用依据。这也是不少国家或地区在概括性规定中强调法律行为无效应以“法律无其他规定为限”的理由所在。①

（二）关于违反强行法所生效力的认定

如前所述，民法中虽明确无误地规定法律行为违反强行法（包括强制或禁止规定）无效，但此类概括性条款并未具体规定何种情形属于完全无效。亦即概括性强行规定除具有连接公法功能或作为适用依据外，对于判断法律行为的效力几乎不起什么作用，因违反概括性强行规定并不能真正得出具体法律行为无效的结论，具体结论只能通过对禁止规定解释后才可得出。② 而且更为棘手的是，强制或禁止规定既可体现于法律，又可存在于行政规章甚至地方政府的命令之中，并且其均用“不得”或“应当”等字眼予以表述，这就产生了对强制或禁止规定的违反是否都导致法律行为无效的争议。对此类问题，民法理论和实务中观点不一。不同的认识将直接关系到有关条款的适用，甚至将影响对法律行为的效力认定。无疑，考虑到民法中行为性质复杂、法律对其要求和谴责程度并不统一等因素，一味认为违反强行法的行为都自动成为完全无效行为的观点，显然不足取。③ 故而，各国或地区的民法在规定违反强行法行为无效的同时，都明确要求以法律无其他规定为限，或称不以之为无效者不在此限。④ 由此也说明认定某具体法律行为是否无效，一方面需审查法律本身对其效力有无明确规定，另一方面应考虑法律规定的目的。若民法本身有明确规定效力者，即可对照规定的效力以确定其后果，如民法已规定受欺诈行为属于可撤销行为，就无须也不能认定其无效。⑤ 同样，有时在其他法律、行政法

---

① 参见［德］迪特尔·施瓦布：《民法导论》，郑冲译，法律出版社 2006 年版，第 468 页。

② 参见［德］迪特尔·梅迪库斯：《德国民法总论》，邵建东译，法律出版社 2000 年版，第 510 页。

③ 参见［德］卡尔·拉伦茨：《德国民法通论》（下册），王晓晔等译，法律出版社 2003 年版，第 588 页。

④ 我国台湾地区学者史尚宽先生认为，将《德国民法典》第 134 条译为“……但法律另有规定者，不在此限”不妥，应译为“但由其法律另生其他结果者，不在此限”。理由是，原文并不以法律有明文规定为限，如自法律目的观之系生他种效果，并不以之为无效者也包含在内，此点与我国台湾地区“民法”第 71 条规定正同。参见史尚宽：《民法总论》，中国政法大学出版社 2000 年版，第 331 页注［3］。

⑤ 原《合同法》第 52、54 条区分是否损害国家利益而分别规定无效和可撤销两种情形。一般大陆法系国家立法均将之作为可撤销行为。《民法典》不再区分。

规中有明确说法的,也毋庸劳神此问题。[①] 相反,若民法或其他法律、法规未具体规定行为效力,则应根据法律设计该强行法的目的予以认定。[②] 但强行法有效力规定和取缔规定之分。[③] 通常,将以制裁违法者并达否认和防止行为效力为宗旨者,称为效力规定;将以不否定其行为效力为目的者,称为取缔规定。[④] 违反前者的法律行为无效,违反后者的法律行为仍为有效。

相对而言,实务中对法律未确定某行为效力情形的判断,无疑更为困难。首先,其涉及民事法律阻止或谴责此类行为目的是否具有禁止该行为效力意义的判断。有些具体强行法的目的,仅是通过规定当事人只能选择特定的、法律所规定的法律类型和行为类型等建立法律关系尤其是合同关系,以限制私法自治的适用范围,如特定情况下法律限制主体对自己财产或权利的处分自由,或者规定法人代表或财产管理人权限等,故都不属于法律禁止法律行为效力问题。[⑤] 当事人违反这类强制或禁止规定,即使最终无法实际履行合同,也不需否定合同效力。其次,其牵涉不同部门法律规制目的及其能否影响某行为效力的判断。所谓法律规定并不以民法规定为限,其他法律作为公法都是强行法,且与法律行为内容无直接挂钩,此时既需探究立法意图,又得分析该强行规定属性究竟是效力规定还是取缔规定。这是因为,若违反强行法仅给予处罚而认可行为的私法效力,其结果是国家对该效力的实现仍须予以助力,如此势必会存在一批不怕处罚实施违法行为者,故从禁止违法者的目的而言有否定行为效力的必要。但若否定行为私法效果,结果成了承认主张自己签订的契约无效,免除义务者的主张,不仅妨害交易安全,而且会违反当事人的信用,损害公正的结果。[⑥] 由此也使不少学者认为确定某强行法是否为效力规定,或者说明确法律行为是否因违反某强行法而无效的判断标准,极具难度,[⑦] 并在学界中形成"规范性质说""规范对象说""规范重心说""规范目的说"等不同

---

① 例如,2003 年 3 月 1 日起施行的《农村土地承包法》第 55 条规定"承包合同中违背承包方意愿或者违反法律、行政法规有关不得收回、调整承包地等强制性规定的约定无效",即属此种情况。

② 参见王泽鉴:《民法总则》,北京大学出版社 2009 年版,第 223 页。

③ 最高人民法院《关于适用〈中华人民共和国合同法〉若干问题的解释(二)》第 14 条规定:"合同法第五十二条第(五)项规定的'强制性规定',是指效力性强制规定。"而现《民法典》第 153 条规定的内容,语焉不详,易生歧义。

④ 参见史尚宽:《民法总论》,中国政法大学出版社 2000 年版,第 330 页。

⑤ 参见[德]卡尔·拉伦茨:《德国民法通论》(下册),王晓晔等译,法律出版社 2003 年版,第 588 ~ 589 页。

⑥ 参见[日]我妻荣:《我妻荣民法讲义 - Ⅰ - 新订民法总则》,于敏译,中国法制出版社 2008 年版,第 247 页。

⑦ 参见史尚宽:《民法总论》,中国政法大学出版社 2000 年版,第 331 页。

学说。[①] 我国大陆学者对此探讨尚属起步阶段,更无统一见解,[②]以致实务中通常在辨别某强制或禁止规定是取缔还是效力规定时都不陈述理由而依直觉判断。[③] 事实上,判断的依据至关重要,直接关系到否定行为效力的合理与否。比较各说,其各自侧重虽有不同,但却互有关联。其中规范目的是不可忽视的重要因素,其他因素均难以等同观之。可以说,规范性质、层次、对象、重心等都应服务于规范目的,对规范性质等诸多因素的考量和分析乃是把握并获取规范目的的手段和途径。这意味强行法规范的目的是否属效力规定,必须综合各种因素方能探求并确定。[④] 可见与其说对法律行为是否因违反某强行法而无效的判断标准难以确定,不如说各种具体因素对立法意图的影响难以分辨。因此,欲具体探究立法意图对法律行为制约的程度以明确规范属性的判断依据,应重点考虑如下因素:

第一,规范的性质和层次。规范性质尤其在民法中应区别强行法与任意法,前者是划出私法自治的界限,后者是对私法自治的补充。任意法通常不具有否定行为效力的作用,但二者区别只能通过考察该规定宗旨,通过判断其是否允许依个人意思加以排斥的内容来决定,无法揭示一般性原则。且因当事人经济实力均衡丧失从而出现了任意规范强行规范化的倾向,法律将使任意规范具有强行法的立场。[⑤] 同时在强行法中应斟酌其层次,考虑到法律否定法律行为的效力属于对意思自治的干预,当应从严控制。故而,我国有关司法解释强调只能依全国人大及其常委会制定的法律和国务院制定的行政法规作为否定法律行为效力依据的

---

① 具体内容可参见苏永钦:《私法自治中的经济理性》,中国人民大学出版社 2004 年版,第 36 ~ 37 页。

② 参见刘凯湘、夏小雄:《论违反强制性规范的合同效力——历史考察与原因分析》,载《中国法学》2011 年第 1 期;许中缘:《禁止性规范对民事法律行为效力的影响》,载《法学》2010 年第 5 期;孙鹏:《论违反强制性规定行为之效力——兼析〈中华人民共和国合同法〉第 52 条第 5 项的理解与适用》,载《法商研究》2006 年第 5 期。

③ 这一特点在中国大陆和台湾地区的法院都存在。参见苏永钦:《以公法规范控制私法契约——两岸转介条款的比较与操作建议》,载《人大法律评论》2010 年第 1 期。

④ 我国台湾地区学者王泽鉴教授认为,至于何者为取缔规定,何者为效力规定,难免争议,应综合法规意旨,权衡相冲突的利益(法益的种类、交易安全,其所禁止者系针对双方当事人或仅对一方当事人等)加以认定。参见王泽鉴:《民法总则》,北京大学出版社 2010 年版,第 225 页。日本学者我妻荣认为,应分别对管制法规的立法宗旨、对违反行为社会的伦理非难程度、对一般交易的影响、当事人间的信用、公正等进行仔细探讨加以决定。参见[日]我妻荣:《我妻荣民法讲义 - Ⅰ - 新订民法总则》,于敏译,中国法制出版社 2008 年版,第 248 页。

⑤ 参见[日]我妻荣:《我妻荣民法讲义 - Ⅰ - 新订民法总则》,于敏译,中国法制出版社 2008 年版,第 239 ~ 240 页。

理念和精神,[①]值得坚持和推崇。

第二,规范的对象或重心。规范的对象应是交易管制行为,而非单纯的违法行为如违反交通限速规定,或违反不得私入民宅等规定。对于需要管制的交易行为是否应否定其行为效力,又需注意如下方面:首先,须关注强行规定是针对一方还是双方。通常,若强行规定是针对双方当事人,如禁止窝藏赃物、禁止为竞争目的贿赂官员等,其目的均是维护整个社会经济秩序的利益,则应使此类行为归于完全无效。若强行规定仅针对一方,或者只是为保护某一方当事人,则规定法律行为完全无效就可能事与愿违,[②]对此就有必要再结合其他情事或因素予以判断。其次,应考虑交易资质取得与限制的目的。一般法律依特别严格标准限制经营的资质,如烟酒类、金融、采矿等特许经营业务,或者要求在特定场合为交易的,如期货、股票等交易,只要当事人所为行为违反强行规定,就应认定该行为无效。反之,有些违反营业执照制约的行为,如无照接待游客的行为、违反公司竞业禁止规定的行为等,则原则上不构成否定法律行为效力的理由。即便是典当业、经营古物者超越范围经营,[③]证券商违法收受存款或办理放款借款行为,[④]通常也不轻易否定其行为效果。再次,应注意交易时空间的约束。对于经营者在法定休息时违反规定为出售行为,或逾越空间的经营行为如路边设摊,无论其有无营业执照都不能否定其行为效力。因这些买卖不仅多为出售价值不大的物品,而且都是当即履行完毕,故将之定为无效有小题大做之嫌。[⑤] 但若法律对其时空有严格要求者,则另当别论,如不在特定交易场所而为的股票交易等行为就应被认定无效,即使其有交易资质也无济于事。最后,需确定法律行为构成要件是否全部构成禁止,否则也不能以违反强行法规定为由否定该行为效力。譬如,占有他人之物者,构成侵占罪而违反强行法,若他将该物让与善意受让人,此时固然可依无权处分确定该行为无效,但不能以违反侵占罪这一强行规定认定其无效。除非该受让方系恶意,即构成侵占罪的

---

① 我国最高人民法院《关于〈中华人民共和国合同法〉若干问题解释(一)》第4条规定:"合同法实施以后,人民法院确认合同无效,应当以全国人大及其常委会制定的法律和国务院制定的行政法规为依据,不得以地方性法规、行政规章为依据。"

② 参见[德]卡尔·拉伦茨:《德国民法通论》(下册),王晓晔等译,法律出版社2003年版,第591页。

③ 参见[日]我妻荣:《我妻荣民法讲义-Ⅰ-新订民法总则》,于敏译,中国法制出版社2008年版,第248页。

④ 参见王泽鉴:《民法总则》,北京大学出版社2009年版,第224页。

⑤ 参见[德]卡尔·拉伦茨:《德国民法通论》(下册),王晓晔等译,法律出版社2003年版,第592页。

共犯,方可依违反该强行法规定认定其行为无效。① 可见,对一方构成的禁止理由并非当然能适用于他方,在无法证明行为全部构成要件被禁止时,当然就不能据此否定双方法律行为的效力。

另需强调的是,在综合考量各种因素以确定规范目的时,应权衡有关利益,尤其需关注该行为对社会健全和秩序的影响程度,如建筑者的资质有无事关大众的生命安全利益、公务员能否投资经营牵涉对权力寻租的制约以及社会秩序的稳定,故对于诸如此类行为的效力,都应从严控制。一旦涉及即应否定该行为的效力,绝不姑息。即使某些规定按理本身不能作为否定法律行为无效的理由,但如果不以其违法行为无效,难达该规定之目的时,也可使之成为效力规定。如民间借贷行为,若有高利贷,至多是高利贷部分无效,而非全部无效;但若构成非法集资,纵然相对方不存在主观恶意,也应以违反强行法规定,认定该集资行为无效。否则,就无法达到法律设置该强行法规定的目的。

二、法律行为内容与公序良俗的关系

通常认定是否存在违法行为时,法与道德往往一致,但绝非永远完全相同。②自罗马法以来,法律行为的内容既不得违反强行法的规定,也要受到公序良俗的制约。亦即违反公序良俗的法律行为同样也会被认定为无效,这已成为大陆法系各国或地区法制的普遍现象。③ 尽管各国或地区在条文的具体表达上有所不同,有的涉及公序与良俗两方面如法、日等,有的仅规定善良风俗如德国,但并不妨碍将之归为同类。

---

① 参见史尚宽:《民法总论》,中国政法大学出版社 2000 年版,第 332 页。

② 如谋杀行为既违法也违反道德;违章停车违法但并非违反道德;付钱性交违反道德但并不违法。参见[德]迪特尔·梅迪库斯:《德国民法总论》,邵建东译,法律出版社 2000 年版,第 510 页。

③ 《德国民法典》第 138 条。参见《德国民法典》,陈卫佐译注,法律出版社 2004 年版,第 42 页。《法国民法典》第 6 条规定,任何人不得以特别约定违反有关公共秩序和善良风俗之法律。参见《法国民法典》(下册),罗结珍译,法律出版社 2005 年版,第 35 页,另《法国民法典》第 1133 条也有提及。参见《法国民法典》(下册),罗结珍译,法律出版社 2005 年版,第 830 页。《日本民法典》第 90 条。参见渠涛编译:《最新日本民法》,法律出版社 2006 年版,第 24 页。《瑞士债法典》第 20 条。参见《瑞士债法典》,吴兆祥、石佳友、孙淑妍译,法律出版社 2002 年版,第 4 页。我国台湾地区"民法"第 72 条。参见五南法学研究中心编辑,杨淑文、张丽卿、洪家殷、谢易宏监修:《最新简明六法》,台北,五南图书出版股份有限公司 2010 年版,二－第 14 页。我国原《民法通则》第 7 条规定:"民事活动应当尊重社会公德,不得……扰乱社会经济秩序。"此处社会公德和社会经济秩序其实与公序良俗同义。《民法典》第 8 条直接规定从事民事活动不得违背公序良俗。

(一)公序良俗的基本含义

公序良俗词义上包括公共秩序与善良风俗两个方面;所谓公共秩序指国家社会的一般利益,所谓善良风俗指社会一般道德观念。前者侧重于外部秩序建设,后者源自于内部观念要求。但维持善良风俗应符合国家的一般利益,而尊重国家一般利益也是时代道德观念的要求。由此说明公共秩序与善良风俗内容基本一致且在理论上不可能存在显著区别。① 但这并不意味公共秩序与善良风俗性质与内容范围完全一致,也不能当然地以公共秩序来代替善良风俗或者以善良风俗取代公共秩序。此点从德国法仅强调不得违反善良风俗而未涉及公共秩序的规定中也能得到印证。在德国,联邦最高法院至今沿用"所有善良和合理思想的理智感觉"来解释善良风俗。但该解释的缺陷是,"善良和合理思想"本身就需要用一个客观标准来界定。而这一标准理应是现实社会中"占统治地位的道德",亦即为了一个有秩序的共同生活,必须具备的一个最低道德规范。其实这属于一般标准,如此推导的结论是违反善良风俗也就违反了公共秩序。② 但善良风俗从外部法律道德转变为某种有效法律秩序本身所特有的评判标准,毕竟是司法将风俗道德价值具体化的结果,是对伦理中值得推崇的道德价值的认可。而公共秩序关乎公共安全和外部秩序,在伦理学上属于中性概念,并且其原本意义主要使用于所有国际私法领域,被作为外国法在本国适用的界线。③ 故而,维持对善良风俗的现有解释不再使之向公共秩序术语扩展有其合理性,但考虑到公共秩序与善良风俗范围不尽一致,且有相辅相成的作用,将二者并举,实为缜密周到的做法。④

既然公序与良俗有殊途同归的一面,即都是以维护社会国家健全发展为目标,那么凡是阻止这一目标实现的行为都具有反社会的不妥当性,都应被认定无效;既然公序与良俗的实质和目标相同,那么在立法和司法层面上无论将之表达为公序与良俗还是仅显示善良风俗,只要能确定法律行为的内容违反其中一项即可认定无效。但为使法律适用能客观合理,实务中原则上应分别判断其究竟是违反公共秩序还是善良风俗,同时还应注意的是,以此作为判断法律行为无效的依据,不是

① 参见[日]我妻荣:《我妻荣民法讲义－Ⅰ－新订民法总则》,于敏译,中国法制出版社 2008 年版,第 254 页。

② 参见[德]卡尔·拉伦茨:《德国民法通论》(下册),王晓晔等译,法律出版社 2003 年版,第 597 页。

③ 参见[德]卡尔·拉伦茨:《德国民法通论》(下册),王晓晔等译,法律出版社 2003 年版,第 599 页。

④ 参见洪逊欣:《中国民法总则》,第 341 页。转引自王泽鉴:《民法总则》,北京大学出版社 2009 年版,第 232 页。

具体的法律规范,而是属于概括性规定,其存在于法律本身的价值体系(公共秩序),或法律外但与法律密切相连的伦理秩序(善良风俗)。需指出的是,公序良俗并非旨在将法律秩序与道德秩序进行完全的协调统一。理由是,一方面善良风俗只是从道德秩序中截取且在很大程度上被烙上法律印记的那部分,绝非说明法律接受了某种崇高伦理的标准;另一方面也并非旨在使法律秩序广泛地服务于道德秩序的部分。① 其实,将悖于公序良俗法律行为定为无效的真正意义,不是在于为伦理秩序服务,使道德性义务成为法律义务,而在于不使法律行为成为违反伦理的工具。② 亦即不能使违反公序良俗者通过意思自治的渠道而具有法律上的强制性,以达到合理维护和保障私法的自主性的目的。

(二)违反公序良俗的基本形态及其判断

1. 违反公序良俗的基本形态

违反公序良俗的法律行为无效,当属一个需要价值判断和具体化的概括性条款。③ 为使判断合理,有必要就个别案例加以比较作类型化研究。根据学者们有关研究成果,法律行为是否悖于公序良俗的类型,大体取决于如下标准或因素:是否有悖于人伦、是否违反正义观念、是否为剥夺或极端限制他人自由行为、是否为以他人损失而受偶然利益的行为等。④ 据此可呈现的主要形态是:

第一,法律行为内容违反基本伦理包括婚姻家庭和职业等伦理。主要表现为:一是违反亲子夫妻伦理的行为,如夫妻离婚后约定其所生之女与父或母断绝关系,约定母子不同居的契约,⑤夫妻间恐一方日后或有虐待、侮辱他方行为而预立离婚契约、以契约限制一方离婚后在一定期限内不得结婚等。⑥ 二是违反家庭伦理的行为,如父母健在时预立财产分管契约、⑦借腹生子合同或为他人代孕协议等。⑧ 三是违反性之关系伦理的行为。尽管性与道德和法律的关系随着社会价值观念的变

---

① 参见[德]迪特尔·梅迪库斯:《德国民法总论》,邵建东译,法律出版社2000年版,第510~511页。

② 参见王泽鉴:《民法总则》,北京大学出版社2009年版,第231~232页。

③ 参见王泽鉴:《民法总则》,北京大学出版社2009年版,第233页。

④ 有学者在确定行为内容具有反社会性后,再进一步描述其具体样态,如日本学者我妻荣和我国台湾地区学者史尚宽,但更多学者是直接根据相关因素列举类型,如德国学者拉伦茨、梅迪库斯、我国台湾地区学者王泽鉴和大陆学者梁慧星等。此处兼顾二者予以分类。

⑤ 参见[日]我妻荣:《我妻荣民法讲义-Ⅰ-新订民法总则》,于敏译,中国法制出版社2008年版,第255页。

⑥ 参见史尚宽:《民法总论》,中国政法大学出版社2000年版,第336~337页。

⑦ 参见王泽鉴:《民法总则》,北京大学出版社2009年版,第235页。

⑧ 参见[德]迪特尔·梅迪库斯:《德国民法总论》,邵建东译,法律出版社2000年版,第531页。

迁,其究竟在何种情形构成违反善良风俗尚值研究,但通常仍认为以给付金钱而维持不正常性之关系属违背公序良俗的行为。① 四是违反职业道德的行为。这主要是针对自由职业人员如律师、私人医生等,如在德国一个律师向一个非律师许诺给自己介绍顾客即可取得佣金,即属违反善良风俗。之所以道德对此作出否定性评价,是因为不能让不遵守职业道德规则者比遵守竞争规则者获取不正当的优势。②

第二,法律行为内容违反正义或正当观念。主要有:一是法律行为的中心目的本身有反社会性或违反公共秩序,包括赃物、人身等买卖,劝诱犯罪或为其他违法行为如赃物收买之委托、在拍卖或投标之际进行围标约定,③以及以他人损失而受偶然利益的侥幸行为,如未经许可的赌博、彩票行为等。二是因与金钱利益结合而带有反社会性或违反公共秩序,如证人为真实证言而约受金钱利益、公务员行使正当职务而约受报酬等。④ 三是违反经济秩序的行为,如违反外汇管理政策不可自由转让或出质的约定、股东间就自己持有股份的表决权为一定方向行使的约定等。⑤ 四是因附条件而有违反社会性或违反公共秩序,如以放火或不放火为条件赠与金钱的契约等。⑥ 但所附条件应使法律行为全体内容具有反社会性,否则不影响法律行为的内容。另条件与动机不同,动机是未表现的想法,故动机具有反社会性是否使行为无效,应视具体情况而分别判断,如欲为卖淫而租房、为赌博而借贷等,能根据其具体行为本身即可明显认为或明知其法律行为内容带有反社会性或违反公共秩序时,应可认定该行为无效。否则,不能断然认为有反社会性的动机存在而否定行为的效力。⑦

第三,剥夺或极端限制他人自由行为。主要有:一是过度危害他人行为,如向他人供应某种价值微不足道的配件的商人,要求对方将价值大大超过所供产品的机动车辆所有权移转即设定过度担保,或者债权人要求债务人承担为终生或独家

---

① 参见王泽鉴:《民法总则》,北京大学出版社 2009 年版,第 236 页。

② 参见[德]迪特尔·梅迪库斯:《德国民法总论》,邵建东译,法律出版社 2000 年版,第 525 页。

③ 参见[日]我妻荣:《我妻荣民法讲义 - Ⅰ - 新订民法总则》,于敏译,中国法制出版社 2008 年版,第 255 ~ 256 页。

④ 参见史尚宽:《民法总论》,中国政法大学出版社 2000 年版,第 337 ~ 339 页。

⑤ 参见王泽鉴:《民法总则》,北京大学出版社 2009 年版,第 236 页。

⑥ 《瑞士债法典》第 157 条规定,附以促使实施不法不道德的行为或不履行法定责任行为条件的债权无效。参见《瑞士债法典》,吴兆祥、石佳友、孙淑妍译,法律出版社 2002 年版,第 33 页。《日本民法典》也有类似规定。参见渠涛编译:《最新日本民法》,法律出版社 2006 年版,第 33 页。

⑦ 参见史尚宽:《民法总论》,中国政法大学出版社 2000 年版,第 340 ~ 341 页。

服务的义务，[①]或者合伙人约定终身不得任意退伙的合伙契约等。二是定型化契约的危险分配有欠合理，如旅游业者若在定型化旅游契约中附有旅游业者就其代理人或使用人的故意或过失不负责任条款的，应属于无效。其理由就是旅客就旅行中的食宿交通工具之种类、内容、场所、品质等无选择自由。[②] 三是营业自由限制包括不竞业和依同业规约对营业活动限制等情形，此类情况如涉及不正当垄断，且有损于同一营业进步或者消费者利益，也属于违反公序良俗的行为。[③]

对以上分类需要说明的是，首先，违反公序良俗的类型分布极为宽泛，公序良俗所呈现的一般秩序和道德，即便是善良风俗也不再仅限于宗族和家庭生活方面狭义适用，其他领域如商业活动等也可适用。并且，其既可指防止无限制意思自由损害国家或家庭秩序等政治公序的行为，又逐渐渗透于与市场经济活动有关的经济公序行为，更重要的是其功能也已扩张成为保护弱者尤其是消费者和劳动者等个体利益的工具，而不仅停留于指导。[④] 其次，公序良俗均表现为抽象观点，其具体内容随时代变化发展而变迁，难以事先一一列举。[⑤] 其相对模糊的状态不仅说明任何分类均难以穷尽各种可能违反公序良俗的情形，[⑥] 而且也决定各种分类考虑的标准或因素并非绝对或唯一，有时各种因素可同时并存，有时可单独存在，如违背人伦的行为往往也可理解为限制自由意志行为的具体表现。最后，各国或地区立法和司法对于某行为是否构成违反公序良俗及其所生效力如何，也并不一定完全达成共识。如德国将暴利行为作为违反公序良俗的特例，需要同时关注给付显失公平的客观条件和乘对方穷迫、轻率或无经验的主观条件，并确定此类行为无效，[⑦] 而我国民法上不存在暴力行为的单独类型。[⑧] 同样，理论与实务的观点也不会完全趋同。如在德国，某公民自发组织以获取150万马克为条件而放弃对一家煤热发电

① 参见[德]迪特尔·梅迪库斯:《德国民法总论》，邵建东译，法律出版社2000年版，第522～523页。

② 参见王泽鉴:《民法总则》，北京大学出版社2009年版，第234页。

③ 参见[日]我妻荣:《我妻荣民法讲义－Ⅰ－新订民法总则》，于敏译，中国法制出版社2008年版，第262～264页。

④ 参见梁慧星:《民法总论》，法律出版社2001年第2版，第204页。

⑤ 参见[日]我妻荣:《我妻荣民法讲义－Ⅰ－新订民法总则》，于敏译，中国法制出版社2008年版，第254页。

⑥ 参见[德]卡尔·拉伦茨:《德国民法通论》(下册)，王晓晔等译，法律出版社2003年版，第604页。

⑦ 参见《德国民法典》，陈卫佐译注，法律出版社2004年版，第42页。

⑧ 我国原《民法通则》《合同法》将之分为乘人之危和显失公平两种情形，且都属于可变更或可撤销的行为。《民法典》将其合二为一，归类于意思与表示不一致定为可撤销法律行为。

厂建设许可行使法律救济手段的约定,联邦最高法院否定了这一约定违反善良风俗的观点,而学者却认为这一看法难以令人信服。① 又如,我国学者认为在婚姻关系中存在违约金约款有悖公序良俗,②但在司法实践中法院却认为符合合同自愿的原则。③ 也正因如此,这意味着实务中关于是否有违公序良俗的判断,最终都需要且只能是针对个案依靠法官自由裁量来实现。同时说明列举公序良俗在各个领域的基本类型,并非使之直接形成作为间接法源的判例,而仅具有理论指导意义。

2. 违反公序良俗的判断理念

为使司法者在对个案的处理判断时相对有章可循,克服个人主观随意性,排除个人偏见,力求相关评价符合法律精神和社会一般理念。④ 这就要求法官能立足于法律以规范社会生活和实现正义为目的之根本,除观察过去实务与学者评判并思考当今社会思想与制度对此影响外,⑤还应在作具体判断时遵循如下理念:

第一,应明确公序良俗仅指一般利益和秩序范畴。它既不是个人的经验理智总结,也不是严格意义上的伦理学要求,而是这个社会团体共同的信仰或者说绝大多数成员的基本理念,某种意义上就是"占统治地位的道德"。⑥ 无疑,就个体而言,其判断标准可能与社会理念一致,也可能低于或高于一般标准。但法官应根据符合现有法律内在需要的道德标准和价值予以判断。如此不仅能使法律与道德合理衔接,以防过度限制意思自治的负面效应,而且能迎合大众的法感情,达到稳定秩序的目的。因此,在呈现不同判断标准时,符合社会共同信仰的一般理念,占优先适用地位。另须注意的是,通常现实社会中"占统治地位的道德"原则上应与法律内在的伦理原则和价值相一致,但如果二者不一致,那么法律制度内在的伦理原则就应优先考虑。换言之,"占统治地位的道德"只有在与现行法律制度相符合或者对现行法律制度有更好解释时,才能作为判断标准。反之,当"占统治地位的道德"在就某问题的理解上不确定、不清楚或相互矛盾,法院据此无法或难以作出明确判

---

① 参见[德]迪特尔·梅迪库斯:《德国民法总论》,邵建东译,法律出版社2000年版,第529页。

② 参见梁慧星:《民法总论》,法律出版社2001年版,第206页。

③ 东方网2002年8月18日消息:上海闵行区人民法院日前审理一起离婚案时引出案中案,判决违反夫妻双方协议的一方支付违约金人民币30万元。闵行法院认为,原被告之间在自愿基础上订立的协议有效,依照原《婚姻法》第4条的规定,作出以上判决。

④ 参见王泽鉴:《民法总则》,北京大学出版社2009年版,第232页。

⑤ 参见[日]我妻荣:《我妻荣民法讲义-Ⅰ-新订民法总则》,于敏译,中国法制出版社2008年版,第255页。

⑥ 参见[德]卡尔·拉伦茨:《德国民法通论》(下册),王晓晔等译,法律出版社2003年版,第599页。

决,故须优先适用法律制度内在的评判标准就成为当然之理。①

第二,判断的对象是当事人所从事的法律行为内容,而非行为本身。当事人行为与否是意志自由的结果,这意味着即使当事人行为时应被指责,但其从事的法律行为却可能是有效的;反之即便是善意和自愿实施的行为,其内容也未必符合公序良俗的要求,②而对于法律行为内容是否违背公序良俗的判断,不仅应依据行为目的,而且还需兼顾行为的动机和其他情事予以综合判断,因不少行为本身是中性的或者行为目的不能显示其是否有伤风化,而只能通过动机等因素才能得出明确结论。③

第三,公序良俗作为一般秩序或利益,是一种理念的体现,并非具体对应和一成不变。由此决定了其判断标准应当按时代需求而具体分别决定,判断的具体时刻原则上应以法律行为实施或作成之时为准据。这意味着法律行为实施时被认定为违反公序良俗无效者,不会因其后公序良俗观念的变化而复活为有效。④ 如此评判思路的确定,不仅与行为能力欠缺的判断原则一致,而且不会使行为效力处于未定状态而失去安全性和稳定性。但对于遗嘱的判断,考虑到遗嘱人得随时变更其遗嘱,遗嘱人死亡即继承开始时,遗嘱效力才最终确定发生,故遗嘱行为效力的判断时点也应以遗嘱人死亡时为准。⑤

第四,在判断时,通常不以行为人具有违反公序良俗的意识为必要,亦即双方当事人一般不需要知道其行为会被评价为违反公序良俗的事实。这是因为,若将之作为一个要件,则那些置公序良俗不闻不顾者就有发生行为有效的可能。事实上,行为内容是否因违反公序良俗而无效,与当事人知道与否没有直接必然的关系,⑥除非民事立法将之作为某行为的构成要件。⑦

---

① 参见[德]卡尔·拉伦茨:《德国民法通论》(下册),王晓晔等译,法律出版社2003年版,第602页。

② 如在德国,被继承人优先列其情妇为继承人,而不立其兄弟姐妹为继承人的做法是有效的。相反丈夫承诺承担不单独外出业务或娱乐履行的义务,以维护婚姻关系稳定,尽管该行为本身在道德上无可厚非,但法院仍认为这一承诺对丈夫行动自由限制违背婚姻的道德本质,属于违反善良风俗而无效。参见[德]迪特尔·梅迪库斯:《德国民法总论》,邵建东译,法律出版社2000年版,第515页。

③ 如单纯支付金钱行为就是中性,其包含合理与不合理二重性。如结合其意图是为维持与情人同居关系而支付,即可得出违背公序良俗结论。反之,为维持该情人与之分手的生活费就与公序良俗不悖。

④ 参见王泽鉴:《民法总则》,北京大学出版社2009年版,第232~233页。

⑤ 参见[德]迪特尔·梅迪库斯:《德国民法总论》,邵建东译,法律出版社2000年版,第518~519页。

⑥ 参见[德]迪特尔·梅迪库斯:《德国民法总论》,邵建东译,法律出版社2000年版,第517页。

⑦ 如《德国民法典》第138条第2款规定的暴利行为,获取暴利者必须利用了受害者的窘境,此时行为人必须知晓受害方的事实情况,否则不符合暴利行为的构成要件。参见《德国民法典》,陈卫佐译注,法律出版社2004年版,第42页。参见[德]迪特尔·梅迪库斯:《德国民法总论》,邵建东译,法律出版社2000年版,第541~542页。

综上所述,法律为关注和尊重人性,应赋予当事人意思自由,让其通过实施法律行为实现其预期追求的效果,但考虑到行为人相应的生存环境和社会秩序,法律又不得不对当事人意志予以必要限制。而法律对法律行为内容的要求和干预,就是通过强行性规范和公序良俗的概括性规定来实现。如此路径的设计,既要对概括性规定予以正确理解和定位,又得在具体运用时对有关内容作出合理判断和认定。这样,才能使法律对意思自由的干预符合法律制度和体系的宗旨,使相关干预趋于合理且与社会成员所认可的一般理念相吻合。

第四节　法律行为效力的评价

在现有法律行为制度体系中,一个具体法律行为在成立后依法可能呈现为有效、无效、可撤销和效力待定等四种后果状态。民法对于法律行为的有效体现了肯定评价,对于法律行为的无效、可撤销和效力待定则反映了否定评价。但无论法律对法律行为作肯定评价还是否定评价,不可回避的问题是,确定法律行为效力的根源何在?为何在行为效力评价机制中会形成不同的否定类型?各种对行为效力否定的手段能否重复适用?我国立法或司法中某些否定法律行为效力的做法可否纳入法律行为效力评价机制?思考与明确诸如此类的问题,对于全面把握和运用法律行为制度无疑至关重要。

一、对法律行为效力确定根源的考察

以大陆法系德国模式形成的民法理论或相关立法通常认为,[①]成立且符合生效条件的法律行为对当事人具有法律效力,反之该法律行为的效力将受到影响。但对于法律行为效力的确定根源,却始终争论不休。其中对现代民法有重大影响的学说主要有意志效力理论、法定效力理论和信赖效力理论三种。[②] 意志效力理论认为,法律行为效力的根源在于行为人的意志,强调意志具有法律的属性,进而认为行为人的意志具有独立于法律之外的效力,法律仅是对行为人意志的确认而已。这一理论起源于自然法学派,其形成和发展于19世纪初的意思主义,与意思自治盛

① 法律行为制度并非在大陆法系各国立法中被普遍采纳,唯按潘德克顿体系立法的德国模式才有规定。故对法律行为效力评价体系的讨论主要应考虑此平台。

② 参见董安生:《民事法律行为》,中国人民大学出版社2002年版,第46~50页。

行密切相关。法定效力理论认为,法律行为效力的根源在于客观的法律秩序,而非行为人的意志。依行为人的意志而形成的法律关系,之所以能产生效力,是因为法律认可其意志不违反法律和公共秩序。这一理论不仅对大陆法系国家的民事理论和立法起到了推动作用,而且对我国民法理论的形成和完善也产生了重大影响。信赖效力理论认为,法律行为效力本质上指行为人受其所为法律行为中意思表示约束的必要性。当人们基于行为人的意思表示而产生某种信赖,并为之作出安排或准备时,行为人就应遵守法律行为设定的义务,否则就应以信赖保护原则要求行为人承担相应的责任。由此法律行为效力的根源就与依据诚实信用原则而产生的信赖利益相联系。

以上各说,从不同的角度和层面揭示了法律行为效力的根源,反映了学者们试图解释法律行为效力根源的愿望。相对而言,法定效力理论更具说服力。这是因为,意志效力理论确认意思自治必然具有优先地位的观点,否认了以行为人意志所确定的法律关系仍须受法律强制力保障的命题;否认了法律对法律行为其他要素调整的必要性。而信赖效力理论则缺乏普遍性,且有将信赖原则凌驾于公平正义维护之上的嫌疑。因此,均受到较多学者的批评。但应指出的是,我们在肯定或否定某种观点时,应以辩证的态度对待,不能走极端。意思自治原则尽管在民事立法中已有所修正,但其在法律行为制度中的价值仍不可忽视。也就是说,当我们强调由法律制度承认法律行为所生后果是一项必不可少条件的同时,并非单纯认为法律行为所生后果只是法律制度规定的结果,其首要原因还是在于从事法律行为的人正是想通过这种法律行为引起这一法律后果。① 同理,由信赖效力原则所引申的先契约关系的约束、法律应注重社会交易安全保护等观念,也应受到相应重视。

既然法律行为效力的根源在于法定,那么对法律行为效力无论是肯定还是否定,其实质应都属法律评价。对于已成立且符合生效条件的法律行为,法律予以肯定的评价,将之作为有效法律行为,其类型单一明了自不待言。通常,法律对法律行为生效要件规定的最低要求是,参与者的能力适格,意思表示真实,形式和内容符合规范要求。尽管生效要件明确易懂,但对于某个已成立法律行为是否符合生效要件的判断认定,则始终是立法与实务关注的重点,个中问题依然值得深究(详见前述相关章节)。对于欠缺生效条件的法律行为即有瑕疵的行

① 参见[德]卡尔·拉伦茨:《德国民法通论》(下册),王晓晔等译,法律出版社 2003 年版,第 426 页。

为,法律必作否定的评价,但规定的结果却呈多元状态,即表现为无效、可撤销和效力待定。这三种不同程度的否定对当事人的制约效果截然不同,其各自类型与特点也历来是理论界注视的焦点,其中奥妙也需明确。因此,下文将分别就有关内容作进一步阐述。

二、不生效法律行为的类型梳理

若某一法律行为发生了其预定的法律效果,该法律行为就是“生效的”(有效的,wirksam);反之,若没有发生预定的法律效果,就是现行法律制度不承认其效力即“不生效的”(或无效的,unwirksam)。[①] 这种不生效法律行为包括无效、得撤销和效力待定,德国学者以 unwirksamkeit 作为其上位概念。[②] 但在理论上也有将之称为不完全行为[③]或者不真正法律行为,[④]本书在此沿用德国学者的上位概念,即不生效法律行为,这不仅因为法律行为制度起源于德国法,其能准确把握相关用词的基本意义,更关键的是不生效从字义上就能直观显示法律对法律行为效力的评价态度,即对那些欠缺生效要件的法律行为或者说是有瑕疵的法律行为,法律所持态度是从效力上予以否定。

1. 无效行为。所谓法律行为无效是最高等级的“完全无效”,[⑤]指法律行为在法律上自始、确定、当然完全不发生法律效力,反映了法律极端的否定评价。它不问当事人意思如何,不需当事人为主张,也不让当事人补正,只要欠缺有关有效要件,就自法律行为成立时当然、确定和完全不发生当事人所预期追求的法律后果。当事人知其无效而为追认者,只能将之视为重新为法律行为,而非对原有行为的补正;当事人间因对法律效力争执而提起的确认无效之诉,此项判决也只具宣示性

---

① 参见[德]卡尔·拉伦茨:《德国民法通论》(下册),王晓晔等译,法律出版社 2003 年版,第 627 页。

② 梅迪库斯在论述 Unwirksamkeit 的类型时指出,包括无效(Nichtigkeit)、可撤销(Anfechtbarkeit)和效力待定(Schwebende Unwirksamkeit oder Wirksamkeit) Vgl. Meidicus, Allgemeiner Teil des BGB, Muenchen 2006, SS. 194 – 196. 卡尔·拉伦茨使用 Unwirksam,其与 Unwirksamkeit 没有法律含义上的差别,只是词性不同,前者是形容词,后者加名词后缀 – keit,为名词。

③ 参见王泽鉴:《民法总则》,北京大学出版社 2009 年版,第 378 页;史尚宽:《民法总论》,中国政法大学出版社 2000 年版,第 323 ~ 324 页。

④ 即是能够充分法律行为部分要件,却不能充分其全部要件,从而不能当然发生法律行为固有效力的民事行为。……以法律效果分类,分为效力确定型(含无效型和得撤销型)与效力未定型。参见张俊浩主编:《民法学原理》(上册),中国政法大学出版社 2000 年修订第 3 版,第 272 ~ 274 页。

⑤ 参见[德]卡尔·拉伦茨:《德国民法通论》(下册),王晓晔等译,法律出版社 2003 年版,第 628 页。

质,无效本身无待当事人在诉讼上主张,法院应以职权认定之。① 但需说明的是,无效行为只是不发生当事人所欲之效果,但并不妨碍发生法律行为以外的其他效果,如侵权行为请求权、不当得利返还请求权、原物返还请求权或者缔约过失请求权。

无效行为以其内容是否全部具有无效原因为准,可分为全部无效和一部(部分)无效。前者无效原因存在于法律行为内容的全部,后者则仅存于一部。② 全部无效,法律行为内容当然全部不发生效力应无歧义,对一部无效如何把握,则有不同立法例,大致有三种:一是罗马法有"有效部分,不因无效部分而受损伤"的原则;二是英美法以无效原因为条件时则全部无效的判断;三是德、瑞规定一部无效致全部无效为原则。③ 其实这三种立法例并无质的差异,其细微区别在于以何为原则,如德、瑞是以全部无效为原则,而罗马法则以部分有效为原则,至于英美法则考虑无效原因是否属于行为内容的条件。目前我国的现行立法和主流观点通常认为,部分无效者,若除去无效部分不影响有效部分的,其他部分仍然有效,④基本仿自德、瑞。如此规定的目的乃在维护意思自治,即不断然令当事人受无效部分行为内容牵连拘束的做法,通常与当事人意愿相符。而贯彻这一原则的前提是,应限于同一法律行为中,且该行为具有量或质上的可分性。⑤ 倘若对无效部分是否影响有效部分难以明断时,就需根据解释规则探究之。一般若当事人有明确约定可替代者,可以从其约定;若无明确约定者,则应综合法律行为的目的、当事人订约时的真意、交易习惯及其他情形,并根据诚信原则予以斟酌后认定其他部分的效力。⑥ 另无效行为以其效果范围为标准,还有绝对与相对无效之分,前者任何人均得主张,并可对任何人主张之;后仅指不得以无效对抗善意第三人的情形。前者为原则,后者为

---

① 参见王泽鉴:《民法总则》,北京大学出版社 2009 年版,第 380 页。

② 参见郑玉波:《民法总则》,中国政法大学出版社 2003 年版,第 442 ~ 443 页。

③ 参见郑玉波:《民法总则》,中国政法大学出版社 2003 年版,第 444 页。

④ 原《民法通则》第 60 条、原《合同法》第 56 条,《民法典》第 156 条。我国台湾地区"民法"第 111 条规定:"法律行为一部分无效者,全部皆为无效。但除去该部分亦可成立者,则其他部分,仍为有效。"参见五南法学研究中心编辑,杨淑文、张丽卿、洪家殷、谢易宏监修:《最新简明六法》,台北,五南图书出版股份有限公司 2010 年版,二 – 第 20 页。如此表述更清晰地反映了其与德国"原则上否认,例外认可"的相同立法态度。

⑤ 如约定利率超过法定利率的部分,即属于量上可分;法律行为内容有数种不同事项合并而成,其中一项无效者如赠与金钱和鸦片若干,鸦片部分无效就是质的可分。参见郑玉波:《民法总则》,中国政法大学出版社 2003 年版,第 443 页;[德]卡尔・拉伦茨:《德国民法通论》(下册),王晓晔等译,法律出版社 2003 年版,第 632 ~ 638 页。

⑥ 参见王泽鉴:《民法总则》,北京大学出版社 2009 年版,第 387 页。

例外并需限于法律明定。[①] 各国或相关地区的民事立法对此态度不一,[②]我国至今无相对无效的规定。[③]

2. 可撤销行为。所谓可撤销法律行为,也称得撤销的法律行为,[④]指法律赋予当事人享有撤销权,撤销权人行使撤销权,就使该法律行为效力溯及地归于无效。[⑤]一旦法律行为被撤销即自始无效,其后果与无效行为相同,也将发生当事人预期追求外的法律后果。可撤销法律行为与无效行为不同在于,可撤销法律行为业已发生效力,须经撤销才可使之失去效力,视为自始无效,而非自始当然绝对完全无效,故可撤销行为与无效行为一般不会引起混淆。但撤销权行使与否确使其效力处于有效或无效的可能状态,此点与效力待定行为颇为近似,致使学界对可撤销法律行为效力性质的观点不一,有的认为属效力待定,[⑥]有的认为属效力不确定,[⑦]有的认为属不完全效力,[⑧]有的认为

---

① 参见王泽鉴:《民法总则》,北京大学出版社2009年版,第384页。

② 我国台湾地区“民法”第87条规定:“表意人与相对人通谋而为的虚伪意思表示者,其意思表示无效。但不得以其无效对抗善意第三人。”另外可撤销行为在被撤销后原则上也是绝对无效,但有的可为相对无效如因欺诈而为的意思表示,我国台湾地区“民法”第92条第2项规定,撤销不得对抗善意第三人。参见五南法学研究中心编辑,杨淑文、张丽卿、洪家殷、谢易宏监修:《最新简明六法》,台北,五南图书出版股份有限公司2010年版,二-第16~17页。《日本民法典》第94条第2项虚伪表示与第96条第3项关于欺诈的规定,也均有相对效力的规定。参见渠涛编译:《最新日本民法》,法律出版社2006年版,第25页。查《德国民法典》关于虚伪行为(第117条)和欺诈(第123条)的规定,均无相对无效的内容。参见《德国民法典》,陈卫佐译注,法律出版社2004年版,第30、35页。《瑞士债法典》无虚伪行为的规定,在欺诈中也无规定相对效力。参见《瑞士债法典》,吴兆祥、石佳友、孙淑妍译,法律出版社2002年版,第5~6页。但德国立法与理论认为存在处分行为相对无效的情形,即这项行为可能仅仅相对于某个特定人才不生效力,相对于其他一切人则发生效力。如物权法中违反预告登记的处分。参见迪特尔·梅迪库斯:《德国民法总论》,邵建东译,法律出版社2000年版,第375页;[德]卡尔·拉伦茨:《德国民法通论》(下册),王晓晔等译,法律出版社2003年版,第652页以下。

③ 在我国有较长的时间中将可撤销法律行为定为相对无效,以区别绝对无效。参见彭万林主编:《民法学》,中国政法大学出版社2002年版修订第3版,第122页。因此种理解没有反映究竟对谁无效,对谁有效,只是说明其可能会无效,故未真正体现相对无效的意义。继续使用如此概念不仅会影响对可撤销法律行为的性质判断,也易混淆有关概念和类型。

④ 我国台湾地区“民法”常用此说法。

⑤ 参见王泽鉴:《民法总则》,北京大学出版社2009年版,第390页。

⑥ 梁慧星教授曾主张可撤销的民事行为属于效力待定。参见梁慧星:《民法》,四川人民出版社1988年版,第134页。参见王家福主编:《中国民法学·民法债权》,法律出版社1991年版,第331页。

⑦ 我国台湾地区学者胡长清先生认为得撤销行为的效力在于未确定状态。参见胡长清:《中国民法总论》,中国政法大学出版社1997年版,第330页。史尚宽先生也称之为撤销可能状态之法律行为。参见史尚宽:《民法总论》,中国政法大学出版社2000年版,第584页。

⑧ 梁慧星教授现主张可撤销行为属效力不完全的民事行为。参见梁慧星:《民法总论》,法律出版社2001年第2版,第196页。

属附撤销权法定条件的有效法律行为。①

主张效力待定或效力不确定的依据是，可撤销法律行为的效力处于不确定状态。尽管持效力不确定主张者认为，得撤销是效力未确定而有别于效力待定的效力未发生，②但这一区别并不清晰，且难以自圆其说。这是因为，效力待定虽说效力未发生，却可补正，只不过补正与否取决于有权补正者的态度，但就效力从无到有的情形而言，当可归于效力不确定状态。何况，即使认为效力不确定者，依然承认可撤销行为是取决于撤销权行使与否，如撤销权人为撤销，该行为即确定溯及自始为无效；撤销权人为承认③或撤销权因除斥期间经过消灭，则该行为自始为有效。亦即此类行为有转为有效或无效的双重可能。但事实上，可撤销行为的效力在撤销权行使前业已发生，不是处于悬而未决的状态，仅因撤销权的行使，才使之溯及无效。换言之，撤销权的行使是消灭其效力，不是使未决效力得以确定；撤销权的不行使（承认），是使已发生效力得以延续，不是确定其效力。而效力待定行为在将来一定事实发生之前效力从未发生，且其效力最终是否发生取决于有无补正权人实施补正行为。而持效力不确定主张者在肯定撤销权行使前行为生效的前提下，再说其效力不确定存在两可之间，则忽略或否定行为业已存在的效力，难以符合自身逻辑。因此，将可撤销法律行为的效力定为效力待定或者不确定，均难说妥当。

主张效力不完全的依据主要有三：一是此类行为仅对无撤销权方有约束力，而对有撤销权者则无约束力；二是将此类行为定为有效与原《民法通则》的立法体系不符，即按原《民法通则》体系可撤销的行为被规定在无效行为之后，而非有效范畴；三是将此类行为定为有效，还会导致对撤销和解除两个不同概念的混淆，因我国规定解除是针对完全有效的法律行为。④ 这一观点也值得商榷。理由是：首先，其未明确效力不完全的内涵与外延，如此易使概念运用发生混乱——倘若将存在瑕疵的法律行为均定为不完全行为（如前述的不生效行为，也有学者称为不完全行为），则作为上位概念的不完全行为与可撤销行为的不完全行为在定义上无法区别；另即使不存在不完全行为的上位概念，也难以回答其他有瑕疵的行为为何不称

---

① 参见张俊浩主编：《民法学原理》（上册），中国政法大学出版社 2000 年修订第 3 版，第 283 页。但该书中用附有效力解除的法定条件说法有失严谨。参见王利明、崔建远：《合同法新论 · 总则》，中国政法大学出版社 2000 年修订版，第 281 页。同此见解者，参见余延满：《合同法原论》，武汉大学出版社 1999 年版，第 219 页；张谷：《略论合同行为效力》，载《中外法学》2000 年第 2 期。

② 参见胡长清：《中国民法总论》，中国政法大学出版社 1997 年版，第 331 页。

③ 承认得撤销法律行为性质上属于事后追认已发生效力的法律行为，实乃撤销权抛弃。参见王泽鉴：《民法总则》，北京大学出版社 2009 年版，第 392 页。

④ 参见梁慧星：《民法总论》，法律出版社 2001 年第 2 版，第 196 ~ 197 页。

谓不完全行为,而要用无效或效力待定表达之,并且强调可撤销行为与有效行为性质不一,不能像有效行为那样约束双方,那么效力待定也取决于补正权人作为与否,同样也只能约束一方当事人,也处于效力不完全状态。为何不归在效力不完全行为?其次,体系解释固然是民法解释的重要方法之一,但决不是唯一的解释依据。民法中与固有体系相悖的规定比比皆是,如各种例外规定存在就是最好证明。何况我国原《民法通则》的体系本身也并不尽善尽美。故强调与原《民法通则》规定不合,并不构成有力的理由。最后,确定可撤销法律行为的效力如何,与区分解除与撤销两个概念关系不大。在民法中,撤销与解除的确具有不同功能,但并非完全体现在法律行为制度之中。严格地说,撤销是针对法律行为,当法律行为被撤销后,就意味着产生具体法律关系的法律事实不复存在,故该法律关系的约束力应视作自始未发生。而解除是针对业已存在的具体法律关系而设定,法律关系的约束力因解除而消灭,意味着解除本身是一种消灭法律关系的新的法律事实。但若要约业经承诺而成立契约时,撤销权的客体则可以是契约。[①]

与以上观点相比较,认为其属于附撤销权法定条件的有效法律行为的观点更可取。一方面,其与无效行为或效力待定行为不同,可撤销法律行为的效力在行为成立时业已发生,需经撤销始失去效力,视为自始无效,这说明在未行使撤销权或撤销权消灭时,该行为就是有效的,而非行为自始无效或效力尚未发生。另一方面,可撤销法律行为自成立时起所生效力,与有效法律行为并无二致,仅因其行为有瑕疵,法律赋予当事人享有撤销权,并以撤销权人是否行使撤销权及其行使结果来决定法律行为的最终效果。这意味要否定可撤销行为效果,需符合撤销权人行使并实现撤销权这一前提条件。可能有人会问,可撤销法律行为的效力既定位于有效,何不将之归类于效力的肯定状态,却将之归在否定状态呢?简言之,法律行为的有效是产生绝对的效力,不容再被否定或推翻,而可撤销行为的效力则因行为有瑕疵,可在撤销权行使后被否定,并溯及行为开始时无效,故仍应属否定之列。然而,这仅是涉及表层的浅显解释,其深层次的理由则体现在否定行为效力的根据之中。这恰是后文须进一步探讨的问题。

3. 效力待定行为。所谓效力待定法律行为指法律规定特定法律行为的效力发生须经他人同意。同意包括事前和事后;前者为允许,后者为承认。[②] 可见这类行为的特点是,其效力发生与否处于浮动的不确定状态,有待将来他人补正使之效力

---

① 参见王泽鉴:《民法总则》,北京大学出版社 2009 年版,第 391 页。
② 参见王泽鉴:《民法总则》,北京大学出版社 2009 年版,第 396 页。

确定，亦即其存在转变为有效或无效的双重可能性，而决定权通常由享有补正权的第三人掌握。如前所述，效力待定法律行为与无效法律行为的效力，特点各异，性质鲜明，民事立法与理论对其定性无争议，而与可撤销法律行为效力定性较易混淆，应予关注。另需注意的是，效力待定行为与附停止条件法律行为也有所不同，虽停止条件成就前法律行为效力也不确定，但其确定是系于作为条件的不确定事实是否发生，而不取决于补正权人的承认与拒绝。[①] 可见，附停止条件行为依然是意思自治功能的体现，表现为当事人根据自身需要对相关事务的安排，而效力待定行为则是法律对行为人意志的干预与补救，显示了立法者对当事人所为瑕疵行为的态度。

三、不生效行为效力否定依据考证

不难发现，法律对法律行为效力否定所持态度并不相同。对于无效法律行为采极端评价，对于效力待定和可撤销法律行为则有所缓和，存在按有效处理的可能。对此，人们不禁要问如此安排的依据何在？

检索相关文献可见，我国不少学者习惯于先将法律行为分为合法和违法行为，然后再依此考虑不同行为的效力，如将民事行为分为合法和不合法两类，进而说明合法的是有效行为，不合法的是无效行为，[②]更有甚者直接将无效行为定位为违法行为，[③]从而形成根据法律行为违法性程度而定其效力的理念。这一简单认识，不仅未充分揭示法律否定法律行为效力的立法精神，反而会使人混淆行为不生效与行为违法，并从行为违法性特征出发，改变原有违法行为基本意义，破坏民法原有的体系。其实，行为不生效与违法在外观上虽均具有不符合法律规则的特点，但二者毕竟不同。主要表现如下：

第一，行为的内涵和外延不同。传统民法理论上的违法行为并不包含不生效行为，只指法律加于行为人不利益后果的违法或过失行为，包括侵权行为、债务不履行行为和失权行为。[④] 这是因为，法律行为系法律赋予行为人自由创设法律关系的手段，需以尊重行为人意志为前提，不能也不应禁止之，但同时考虑稳定社会秩

① 参见张俊浩主编：《民法学原理》（上册），中国政法大学出版社 2000 年修订第 3 版，第 295 页。

② 参见《法学研究》编辑部编著：《新中国民法学研究综述》，中国社会科学出版社 1990 年版，第 134 页。

③ 这种理念充分反映在原《民法通则》第 54 条规定中。区分法律行为与民事行为，违法民事行为包括无效和可撤销，进而明确其法律后果。参见佟柔主编：《中国民法学 · 民法总则》，中国人民公安大学出版社 1990 年版，第 250 页以下。

④ 参见史尚宽：《民法总论》，中国政法大学出版社 2000 年版，第 303～304 页。

序和保护他人利益的需要也应给予必要限制。这说明法律对法律行为的实施不会直接加以不利益,只有在行为人自治逾越一定范围时才需予以限制。但从广义理解违法行为,将仅指侵犯民事权益依法应承担民事责任的行为,改称为与民事法律相抵触的行为,以涵盖不生效行为,则必有悖于设计法律行为制度的原意。

第二,行为的形式特征不同。违法行为原则上是对法律禁止性规范的直接违反,本质是对法律关系的破坏,其形式特征必然表现为对法定或约定义务的违反;而不生效行为通常因自始不发生效力,由此决定了当事人之间不存在相应的权利和义务。故其形式特征仅是欠缺法定生效要件,是对生效要件的违反,①而不是对权利义务关系的违反。

第三,形成的条件不同。违法行为必然在客观上导致损害后果发生,故应以行为违法性、行为造成实际损害后果、行为与后果间有因果关系为构成要件。而不生效行为本质上是一种意思表示行为,其内容仅涉及表意人设立民事法律关系的意愿,②在其没有具体实施前,一般不会造成任何实际损害的后果,至多使当事人信赖利益受损。

第四,行为后果不同。违法行为一经实施即产生相应民事法律后果,即行为人应承担民事责任。可以说,民法的责任规则实质上就是为制裁违法者而创制。而不生效行为只是对法律行为效力的制约,使之不产生行为人预期追求的法律后果。其不会造成实际损害后果,当然也不产生相应的民事责任。至于法律规定的某些民事责任如赔偿损失、返还原物等,③严格地说这并非是不生效行为自身的民事责任,而是因缔约过失之债或不当得利之债所形成的民事责任。④

基于此,有的学者在批评以行为违法性程度为根据否定法律行为效力的同时,提出了两项效力评价标准:维护社会公共秩序和公平诚信原则;保护有瑕疵意思表示行为人并保障交易安全。⑤ 的确,从国外或相关地区民法典规定的内容来看,法律对法律行为效力的否定评价,基本反映了上述两方面的理念。他们在法律行为

---

① 参见[德]卡尔·拉伦茨:《德国民法通论》(下册),王晓晔等译,法律出版社 2003 年版,第 627 页。

② 参见耿林:《强制规范与合同效力》,中国民主法制出版社 2009 年版,第 338 页。

③ 原《民法通则》第 61 条、原《合同法》第 58 条,《民法典》第 157 条;我国台湾地区"民法"第 113 条均设专门规定。参见五南法学研究中心编辑,杨淑文、张丽卿、洪家殷、谢易宏监修:《最新简明六法》,台北,五南图书出版股份有限公司 2010 年版,二－第 20 页。

④ 参见胡长清:《中国民法总论》,中国政法大学出版社 1997 年版,第 329 页注[1];董安生:《民事法律行为》,中国人民大学出版社 2002 年版,第 104～109 页。

⑤ 参见董安生:《民事法律行为》,中国人民大学出版社 2002 年版,第 94 页。

制度中，通过确定行为能力、意思自治和行为内容不得违反法律和公序良俗等规则，对法律行为的否定状态作相应归类，即将违反强制性法律、社会利益、交易安全和公序良俗的行为，一般定为绝对无效，但目前不少国家或地区民法将违反公序良俗而仅使当事人一方利益受损的行为如暴利行为，规定为可撤销行为。① 而意思表示有瑕疵和意思能力不完全的行为通常定为可撤销或效力待定，如诈欺、胁迫等为可撤销行为，限制行为能力人所为能力之外的行为或无权代理人所为行为等为效力待定行为。② 但透过现象看本质，法律对法律行为效力否定呈多元状态，根本原因是法律干预与意思自治调和的结果，是民事立法由权利本位向权利本位兼顾社会利益发展的必然反映。因此，当法律行为的实施影响到国家或社会利益时，法律就得进行必要干预，即将此类行为定为绝对无效，以保护国家或社会利益以及公序良俗。当法律行为的实施仅涉及私人利益，法律则应将当事人视为能对自己利益作出最佳判断的理性的"经济人"，并通过法律的授权，使之享有决定法律行为最终是否生效的权利，以保留当事人意思自治的空间。

既然对于法律行为效力的否定评价，不是基于行为违法性而是基于有效性，而有效性判断又是法律与意思自治调和的反映，那么法律对不生效行为否定评价呈现多元状态就不足为奇。值得强调的是，在传统理论和有关立法或司法实践中，除明确规定法律行为欠缺有效条件产生不同后果外，还另设一些例外规则，以完善法律行为效力的评价体系。其主要有强制有效和无效行为转换等规则。所谓强制有效，指法律对某些欠缺有效条件的法律行为效力的评价，不是令其归于无效，反而是使之有效的特殊规则。例如，规定限制行为能力人若用诈术使人相信其有行为能力，或者伪称已征得法定代理人同意而为的法律行为应有效。③ 因立法对未成年人保护是考虑其缺乏正常的识别和判断能力，但若其已有使用诈术之能，法律则无保护必要，故强制令其有效，以示制裁并保护相对人。又如，限制行为能力人逾越其能力所为法律行为本应无效，但以绝对无效规则处理对受害人保护较为僵硬，且往往会影响限制行为能力人的利益，故民事立法设计纯获法律利益行为有效的规

---

① 《德国民法典》第 138 条第 2 款规定暴利行为无效，《法国民法典》第 167 条、《瑞士债法典》第 21 条、我国台湾地区"民法"第 74 条规定为可撤销。参见郑玉波：《民法总则》，中国政法大学出版社 2003 年版，第 312 页。

② 限制行为能力人未经允许为单方法律行为依然无效。参见王泽鉴：《民法总则》，北京大学出版社 2009 年版，第 379 页。

③ 我国台湾地区"民法"第 83 条。参见五南法学研究中心编辑，杨淑文、张丽卿、洪家殷、谢易宏监修：《最新简明六法》，台北，五南图书出版股份有限公司 2010 年版，二 - 第 16 页。《日本民法典》第 21 条。参见渠涛编译：《最新日本民法》，法律出版社 2006 年版，第 9 页。

则予以弥补,[①]在我国司法实践中该规则已被扩展于无行为能力人。[②] 所谓无效行为的转换,指某种法律行为无效,若具备他法律行为生效要件的,并按其情形可认为行为人若知其行为无效即欲发生他法律行为效果的,则他法律行为有效。其包括法律上转换和解释上转换两种情况。[③] 按照法律行为无效适用规则,一旦法律行为绝对无效,就必然发生自始确定当然完全无效的后果,绝无补救可能。法律如此强硬干预缺乏弹性的做法,既有不尊重当事人意思之嫌,又有影响交易效率之弊。故在不与公序良俗严重冲突并能推知行为人欲发生他法律行为效力的前提下,进行无效行为转换大有裨益。一方面这与无效行为评价并不矛盾,因无效行为的转换实质上意味着欠缺有效条件的第一行为已不复存在,被转换的第二行为事实上与有效条件相符。转换仅减少重复为法律行为的程序,并非使原有无效行为变为有效。另一方面也体现了对行为人意志的尊重。以上两种规则的存在,充分反映了各国或有关地区民事立法的细致和严密,以及立法者尽力平衡各方利益的用意。[④]

四、与不生效行为评价关联问题的甄别

在明确了法律行为的效力评价体系基本内容后,对相关问题的甄别和解答,不仅能更好地把握法律行为效力的评价体系,而且利于区分不同类型制度设计的目的并准确运用之。

(一)无效行为可否为撤销

我们知道无效行为系确定当然自始不生效力,而可撤销却是溯及消灭行为效力,由此即产生无效行为(或确定不生效力的法律行为)可否再为撤销的问题,对此,通常认为无效行为不得为撤销,究其原因,主要在于一个法律效果不可能两次发生,或两次消灭。但我国台湾地区学者王泽鉴先生认为,法律行为无效时,在法律上仍可再行撤销。理由是,法律基于一定事实赋予特定效果,乃是基于利益衡量或价值判断,不能单以自然因果关系加以理解。无效与撤销均不是消灭某种既有之物,而是产生某种法律效果而已,既然如此,若同一事实具备两个构成要件,一为

① 参见《德国民法典》第107条。《德国民法典》,陈卫佐译注,法律出版社2004年版,第31页。我国台湾地区"民法"第77条但书。参见五南法学研究中心编辑,杨淑文、张丽卿、洪家殷、谢易宏监修:《最新简明六法》,台北,五南图书出版股份有限公司2010年版,二-第15页。

② 最高人民法院《关于贯彻执行〈中华人民共和国民法通则〉若干问题的意见(试行)》第6条。

③ 参见[德]卡尔·拉伦茨:《德国民法通论》(下册),王晓晔等译,法律出版社2003年版,第646页以下;胡长清:《中国民法总论》,中国政法大学出版社1997年版,第328页。

④ 其实《民法典》第486条(原《合同法》第28条)将迟到的承诺作为新要约的规定,也体现了无效行为转换的精神。

无效;一为可撤销,纵其撤销后所生效果与无效相同,最多亦仅是认为其撤销在实际上无必要,而不能认为其撤销在概念上不可能!① 确实,在规范世界中,我们不能单纯服从于逻辑,而应关注各方的利益平衡,并从中寻找促进社会发展和保护当事人权益需要的经验法则,但这并不意味我们应该完全忽略以相关逻辑建立的体系。若将无效与可撤销行为的效力置于法定评价范畴内,就可看到可撤销行为除撤销后的最终效果与无效行为相同外,其他如适用对象、主张人的范围以及构成要件等均不会重叠,尤其是撤销权人是以存在有效行为为前提而享有并可行使撤销权,这与无效行为根本没有撤销对象,存在本质差异。当然,法律在设计规范世界时,鉴于其纷繁复杂的局面无法面面俱到,故权利人拒绝补正待定行为使之无效时,会有同时适用撤销权的需要,②但这只是规范竞合带来的问题,即因规范竞合导致两个形成权(补正权和撤销权)竞合。如此,当权利人选择相关救济模式未达目的时,应允许其动用另一项权利,而非必须重复为之。因此,无效行为不得再为撤销的原则仍需肯定。

(二)如何对待脱法行为

所谓脱法行为,指行为人以其他方法迂回达成强行规范所禁止事项的行为,③亦即行为人欲利用契约自由而达到法律所不允的目的。脱法行为也称规避法律历来是受关注的话题,罗马法的法谚谓:为法律所禁止之行为者,即违反法律;未违反法律之文意而避开法律之意义者,即规避法律。④ 对于脱法行为是否应依法明定为无效?各国或地区的立法态度不一,⑤学界对此也存有不同观点。例如,德国学者拉伦兹认为通行的做法是,规避法律行为可依据《德国民法典》第134条认定其为完全无效。⑥ 但也有学

---

① 参见王泽鉴:《无效法律行为之撤销》,载王泽鉴:《民法学说与判例研究》(第4册),台北,三民书局1994年版,第28~30页。

② 甲限制行为能力人让售小提琴给乙,乙将该提琴出卖给丙,并依让与合意交付,甲的法定代理人丁对甲所定买卖契约和物权行为拒不承认,并发现甲受乙胁迫而让售其琴,丙明知甲胁迫之事,但不知其为限制行为能力人。对此,王泽鉴先生认为,丁拒绝承认只是致行为无效,无法阻止丙善意取得,只有同时适用撤销权,才可认定丙为恶意不能以善意取得而享有琴的所有权。参见王泽鉴:《民法总论》,北京大学出版社2010年版,第395页。

③ 参见史尚宽:《民法总论》,中国政法大学出版社2000年版,第333页。

④ 《学说汇纂》1,3,29,见保罗语。转引自[德]迪特尔·梅迪库斯:《德国民法总论》,邵建东译,法律出版社2000年版,第493页。

⑤ 原《民法通则》第58条第6项规定,以合法形式掩盖非法目的的行为无效。但更多国家对此不作明文规定,我国《民法典》与之趋同。

⑥ 参见[德]卡尔·拉伦茨:《德国民法通论》(下册),王晓晔等译,法律出版社2003年版,第594页。

者则持否定态度,认为脱法行为应是法律解释问题。① 理由是,法律行为是否因脱法无效,应解释法律行为的构成要件及涵盖此项构成要件的规范而定。如立法干涉法官的解释自由,在法律上予以指示,将使若干容许之法律行为,有被宣告为无效之虞。② 这一观点使人们得到的启迪是,基于民事活动多样性和复杂性的特性,法律对行为效力否定类型也不能穷尽。因此,在贯彻凡法律不禁止均属法律允许(合法)的民事立法思想前提下,对于行为是否有效应分别考察:一方面应意识到如果法律意义已通过解释纳入法律之中,则违反行为已经不是规避行为,而是违反"经解释确认的法律"的行为;另一方面应关注某些脱法行为究竟规避何种禁止性法律而定其效力,亦即不是当然认定其无效。通常,对确认违反以保护救济弱体为唯一目的之法规行为为无效的要求甚强,而对确认违反以经济安全为主要目的之法规行为为无效要求甚微,同时需注意如法律禁止结果不问用何手段皆为其所禁止者,其行为无效,反之惟禁止发生其结果之手段者,则为有效。③ 质言之,若能借鉴他域民法理论及其司法实践转变对脱法行为态度,即不是通过法律直接规定脱法行为无效,而是由法官来解释确定其效力有无,则不失为一种平衡各方利益的两全之策。如此也说明对法律行为效力的评价机制并不能完全等同于脱法行为违法性的认定。二者的主要区别在于,效力评价机制体现为法律的明确规定,以显示法律明定性,而脱法行为违法性的认定,则表现为法官的解释,以防止法律过度干预意思自治。

(三)未生效法律行为如何归类

未生效法律行为顾名思义指已成立的法律行为因欠缺法定或约定生效条件而未生效的状态。这种状态在我国的立法和司法实践中早已出现,④它是法律行为成立至生效中的特殊阶段。也就是说,通常法律行为成立就生效,但基于某种特殊需要或原因,有些行为成立后并不当即生效,于是未生效行为作为成立与生效之间的

---

① 弗卢梅(Flume)《德国民法总论》第2卷,§17,5,第350页。转引自[德]迪特尔·梅迪库斯:《德国民法总论》,邵建东译,法律出版社2000年版,第494页。

② 参见王泽鉴:《民法总则》,北京大学出版社2009年版,第227页。

③ 参见史尚宽:《民法总论》,中国政法大学出版社2000年版,第333页。

④ 我国1999年颁布施行的《合同法》第44~46条规定了合同成立但未生效的状态,最高人民法院《关于适用〈中华人民共和国合同法〉若干问题的解释(一)》第9条也规定:"依照合同法第四十四条第二款的规定,法律、行政法规规定合同应当办理批准手续,或者办理批准、登记等手续才生效,在一审法庭辩论终结前当事人仍未办理批准手续的,或者仍未办理批准、登记等手续的,人民法院应当认定该合同未生效;法律、行政法规规定合同应当办理登记手续,但未规定登记后生效的,当事人未办理登记手续不影响合同的效力,合同标的物所有权及其他物权不能转移。"

转承状态就有了存在必要。① 未生效行为样态在现有规定中大致分为两大类：一是须经批准、登记生效的行为；②二是附停止条件或始期的法律行为。相较而言，第二类情形是以附款制约行为效力，是使当事人动机具有法律意义的具体做法，实质上该行为效力发生与否依然取决于行为人意志，而非法定，这显然与前述法律行为效力评价源自法定的逻辑不符，故无须深究之。而第一类情形的行为生效与否，则取决于法定部门的审核批准登记，这种类型的未生效行为唯我国独有，在他域尚无具体规定。对于其能否纳入法律行为效力评价机制的类型，或者说究竟应如何看待这一情形，我国学界看法不同：有的认为属效力待定，③有的认为属法律行为的特殊成立条件，④有的认为是对合同效力的特别限制，⑤有的索性认为未生效概念会导致理论和适用混乱而应予否定。⑥ 其实，以上观点并不完全与法律行为效力评价机制的分析有关，但为说明问题在此一并讨论之。

那么如此情形究竟是否属于行为效力评价范畴？结论是否定的。具体分析如下：首先，就其行为性质而言，因其没发生效力，故不能将之作为有效行为归入肯定评价；在否定评价中，因其可经有关部门批准登记而生效，故不同于无效行为；因其不存在撤销权规定又有别于可撤销行为。唯就其效力取决于有关部门批准登记与否的外观，与效力待定行为近似。这也是司法实践中将之归为效力待定行为的主要理由。但在效力待定行为中，若涉及物权（或其他权利）变动时，合同效力已发生

① 对于法律行为成立与生效是否要予以区别理论上也存争议，但二者区分有理论与现实意义，见前述。

② 依我国法律、法规规定经批准登记的合同大致有如下几类：（1）三资企业相关合同包括：中外合资或合作经营企业合同、外商投资企业股权转让合同、外国或我国港澳台地区企业承包经营合同或者受托经营管理中外合资或合作经营企业合同（参见《中外合资经营企业法》第 3 条，《中外合资经营企业法实施条例》第 14 条，《中外合作经营企业法》第 11 条，《中外合作经营企业法实施细则》第 7 条，《外商投资企业投资者股权变更的若干规定》第 20 ~ 22 条）；（2）国有资产转让合同：包括上市公司国有股权转让合同、企业国有产权转让合同（参见《减持国有股筹集社会保障资金管理暂行办法》）第 15 条，《企业国有产权转让管理暂行办法》第 25、26 条）；（3）划拨土地使用权转让合同（参见《城市房地产管理法》第 40 条）；（4）民办学校设立与变更合同（参见《民办高等学校办学管理若干规定》第 8 条）；（5）技术引进合同（参见原《技术引进合同管理条例》第 4 条，现已经废止）；（6）探矿权、采矿权转让合同（参见《探矿权采矿权转让管理办法》第 3 ~ 8 条。以上类型有些涉及资质要求，有些涉及权利变动，有些可能二者兼而有之。

③ 参见丁新春、殷月蔚：《未生效合同解析》，载中国法院网：http://www.chinacourt.org/article/detail/2004/02/id/105254.shtml，2017 年 12 月 26 日最后访问。此种观点在法院系统较为普遍。

④ 参见李仁玉等：《合同法效力研究》，北京大学出版社 2006 年版，第 117 页。

⑤ 参见韩世远：《合同法总论》，法律出版社 2008 年版，第 133 页。

⑥ 参见孙学致、韩蕊：《特约生效要件成就前合同的效力——未生效合同概念批判之一》，载《当代法学》2011 年第 6 期。

且有效，并不处于待定状态，所谓待定是针对无权处分者而设置，在区分债权行为与物权行为的立法模式中，效力待定行为指向的是物权行为，因处分者有无处分权只是物权行为生效要件，而非约束债权行为生效的要件。尽管我国目前并未区分物权行为与债权行为，但我国物权法上明确应当区分合同效力与物权变动效力，①显然登记不是合同生效要件，而是物权变动要件，由此可见登记无关合同生效与否，这也是不少学者要否定未生效行为的原因之一。② 更重要的是，效力待定行为均以存在有补正权的权利人为前提，而在有些需批准登记的行为中，往往不存在享有补正权的权利人。③ 这也意味着其不能归入效力待定行为。其次，就批准登记行为方式而言，若无关权利变动，则主要涉及当事人的资质管理与控制，此时批准登记势必与合同生效与否有关。应该肯定，为达监管重要行业、保护国有资产的目的，批准登记作为合同审核的要件在我国现阶段仍有其存在的合理性和正当性，这是立法赋予行政职能部门适度干预意思自治的权力。无疑，行政职能部门经审核不批准通过也是一种否定性评价，但这种否定必须在行为成立后才能进行，故将批准登记等作为特殊成立要件与事实不符，与法律规定的运作程序不符，由此也说明不能将之归入行为因欠缺成立要件而不成立之列。同样，如果尚未经过批准登记，也无法反映行政职能部门对此是否欲为干预的意志，亦即不能说已经作出评价，这又与法律行为否定性评价不同。故将之作为特殊形式生效要件较为合理。也就是说，若经有关部门认定符合批准登记要件的，即认为符合生效要件，可纳入肯定评价。反之，若被认定不符批准登记规定的行为，则应根据具体情况而定，有的可作为内容与形式违反法律强制规定而无效，纳入行为无效的否定类型；④有的则可考虑让当事人或法定义务人按照要求补办手续再予审批。⑤ 同时，此类行为既然未生

---

① 参见《民法典》第 215 条规定（原《物权法》第 15 条）。

② 有的学者虽不否定未生效合同的提法，但却强调应区分登记与批准，登记作为公示手段通常与权利变动有关，而批准则与权利变动无关。详见《王利明教授：有关合同无效的几个重大问题》，载 https://www.douban.com/group/topic/89263415/，2016 年 8 月 18 日最后访问。

③ 根据 1997 年 5 月 28 日对外贸易经济合作部、国家工商行政管理局发布的《外商投资企业投资者股权变更的若干规定》的第 2 条和第 9 条、第 10 条的规定（外经贸法发〔1997〕第 267 号），“企业投资者经其他各方投资者同意向其关联企业或其他受让人转让股权；企业应向审批机关报送下列文件……”可见，中外合资股权转让方与他方签订股权转让合同后，是由企业向相关部门提交有关审批文件，此时合同当事人均不是补正权人，法律也没有规定企业是补正权人。

④ 如中外合资企业的外方投资人将股份转让给中方的情形，即使实际履行也无法以履行弥补形式瑕疵，此行为依然应在不批准后作为无效行为处理。

⑤ 如中外合资企业双方当事人在签订合作合同后未审批即履行，或者相关报批文件有缺失，此时即可由其补办手续，而不能断然认定其无效。

效，那么也就不像附停止条件或始期行为那样存在中间效力，[①]进而也不存在擅自解除和阻止或促成条件成就以及期待权被侵害等问题，而是直接以缔约过失责任的构成要件判断之，或者在特殊情形下可考虑是否违反预约或有无侵害其他法律保护的权益。质言之，未生效行为只是行为成立与生效之间的特殊状态或阶段，不能直接纳入行为效力否定评价体系，也不属于独立的效力评价新类型。如此理解并运作，不仅对于确定实务中相关责任承担的请求权基础至关重要，而且也有利于贯彻诚信原则以达保护和鼓励交易有序进行之目的。

综上所述，比较是思维活动的体现，是了解和掌握有关知识的主要渠道，也是发现和解决问题的重要途径。通过比较分析大陆法系主要代表国家和地区民法的行为效力评价体系，不仅了解了他域规定的各种规则价值和运作原理，而且明确了调和法律干预和意思自治冲突以及平衡各方利益的重要性。更重要的是，看到了我国对法律行为效力评价体系尚存不足，其中尤为突出的是，国家对法律行为效力的干预依然过多，且缺乏协调和平衡各方利益的运作机制。德国法学家耶林在《罗马法精神》一书中指出："外国法制的继受与国家无关，仅是合乎目的性及需要的问题而已。如自家所有的同样完善或更佳，自然不必远求。惟若有人以奎宁非长于自己庭院而拒绝使用，则愚蠢之极。"[②]因此，吸取域外有益经验，健全和完善我国的法律行为效力评价体系，既是当务之急，也是今后努力的方向。尽管法律的借鉴并非轻而易举，如何使之与本国的政治、经济、习俗和伦理等相融合，乃是一项艰巨而复杂的工程，但是，只要我国立法坚持法律行为制度与民法体系化的基本理念，这条路即使再险阻也得锲而不舍地走下去。

---

① 法律行为上效力之发生，为条件之意思表示所限制。然此等法律行为上效力之发生……系基于为条件的意思表示之效力意思，因其为条件决定前之效力，称为前效力或中间效力。参见史尚宽：《民法总论》，中国政法大学出版社 2000 年版，第 474 页。在德国也称为即时效力。参见［德］卡尔·拉伦茨：《德国民法通论》（下册），王晓晔等译，法律出版社 2003 年版，第 694 页。

② 转引自王泽鉴：《民法学说与判例研究》（第 2 册），台北，三民书局 1994 年版，第 32 页。

第五章　民事代理制度论

代理是商品经济高度发展的产物。作为一项独立的法律制度,代理至少涉及三方当事人,由此势必在相关规定和运作上会存在其自身特殊性。针对这些特殊性所生的不同理解,势必会形成不同的理论观点和立法模式。本章将就一些主要争议的问题加以梳理和分析。

第一节　民事代理的地位

目前代理制度已是各国或地区民事立法的重要组成部分,但对其形成与定位及其立法模式选择在学界和实务中仍然存在不同理解和选择,故在阐述分析相关问题前,有必要先厘清分析之。

一、代理制度的基本认知

(一)代理的形成与价值

民法中不少制度都可追溯至罗马时代,但代理制度是例外。究其原因,一方面在于罗马法律规定唯家长才有人格,家子和奴隶均是家长手足的延长,且实施法律上行为一般都需当事人亲自到场并严格按照法定形式进行,①另一方面处于萌芽状态的商品经济并也未形成代理制度产生的条件。进入近现代社会后,社会分工日益细化,商品交换日益频繁,商品交易范围和规模亦越来越大,涉及法律行为种类更为纷繁复杂,当事人受主客观因素制约,已难以事必躬亲,假手他人成为必要,②

---

① 参见佟柔主编:《中国民法学·民法总则》,中国人民公安大学出版社 1990 年版,第 257 页。

② 参见王泽鉴:《债法原理》,北京大学出版社 2009 年版,第 212 页。

缘此自德国民法始推出完备的代理规定,[①]现代意义的代理制度应运而生。

尽管立法允许由他人代理本人相关事务,但代理制度依然与私法自治密不可分,其主要价值有二:[②]一是私法自治的扩张,即利用代理制度使完全行为能力人能超越时空、能力等的限制,更加广泛地参加民事活动;二是私法自治的补充,即利用代理制度帮助行为能力欠缺者参加具体民事活动,使行为人的权利能力不虚设。也正是基于代理制度基本价值和功能在现今社会中的不可或缺性,各国或地区相关立法对其都十分重视,将之作为民商事制度的重要组成部分。

有关代理的立法模式,在不同法系或相同法系不同国家或地区稍有不同。在大陆法系大致可分如下类型:一是将之作为法律行为的关联内容,归在法律行为部分予以规定,如德国、日本的民法典等,[③]或者与法律行为并列规定,如《俄罗斯联邦民法典》等,[④]或者规定在法律行为之后。[⑤] 二是将之规定在债法部分,如《瑞士债法典》《意大利民法典》《法国民法典》《阿根廷共和国民法典》等,[⑥]其中法国与阿根廷立法不区分代理与委任。三是将代理分别规定在民法总则与债法通则,如我国台湾地区"民法"。[⑦] 我国有关代理的规定原是在《民法通则》《合同法》中均有所体现,且在《合同法》总则与分则中分别规定不同内容;[⑧]《民法典》颁布之后,有关代理的规定分别规定在总则编和合同编中,[⑨]其在原有基础上有所完善,但有些内容

---

① 参见史尚宽:《民法总论》,中国政法大学出版社2000年版,第511页。

② 参见梁慧星:《民法总论》,法律出版社2001年第2版,第209~210页。

③ 《德国民法典》第三章"法律行为"第五节"代理和意定代理权"第164~181条。参见《德国民法典》,陈卫佐译注,法律出版社2004年版,第47页以下。《日本民法典》第五章"法律行为"第三节"代理"第99~118条。参见渠涛编译:《最新日本民法》,法律出版社2006年版,第26~30页。

④ 第四分编"法律行为与代理"第十章"代理委托书"第182~189条。参见《俄罗斯联邦民法典》,黄道秀、李永军、鄢一美译,中国大百科全书出版社1999年版,第90页以下。

⑤ 第三编"财产法总则"第三章"代理"第60~79条。参见《荷兰民法典》,王卫国主译,中国政法大学出版社2006年版,第28页以下。

⑥ 第一编"总则"第一章"债的发生"第一节"合同之债"第32~40条。参见《瑞士债法典》,吴兆祥、石佳友、孙淑妍译,法律出版社2002年版,第7~9页。第四编"债"第二章"契约总论"第六节"代理"第1387~1400条。参见《意大利民法典》,费安玲等译,中国政法大学出版社2004年版,第334~336页。第十三编"委托"第1984~2009条。参见《法国民法典》(下册),罗结珍译,法律出版社2005年版,第1438页以下。第三编"产生于合同的债"第9题委任。参见《最新阿根廷共和国民法典》,徐涤宇译注,法律出版社2007年版,第410页以下。

⑦ 第一编第四章第五节"代理"第103~110条、第二编第一章"通则"第二款"代理权之授予"第167~171条。参见五南法学研究中心编辑,杨淑文、张丽卿、洪家殷、谢易宏监修:《最新简明六法》,台北,五南图书出版股份有限公司2010年版,二-第18~20、33~34页。

⑧ 原《民法通则》第四章"民事法律行为和代理",第二节"代理"第63、70条;原《合同法》总则第三章"合同的效力"第47~49条、分则第二十一章"委托合同"第400~403条。

⑨ 《民法典》总则编第七章即为代理的规定,合同编的通则与委托合同中也涉及代理的相关规定。

尚需厘清(后详述)。在英美法系中,代理制度的形成与发展,也与商事活动和商品经济的发达密切相关,但限于其无体系化、法典化的民事立法,其有关代理的制度均由单行法规加以规制,且与经纪人制度、信托制度等混杂融为一体,呈现其自身特色。① 无疑,不同立法模式定是受制于不同的立法理念,故需进一步分析之。

(二)代理的基本含义

就学者对代理的定义可见,大致说法有三类:一是认为代理是指代理人于代理权限内,以本人(被代理人)名义向第三人为意思表示或由第三人受意思表示,而对本人直接发生效力的行为。② 二是认为代理是指代理人在代理权限范围内,以被代理人的名义独立与第三人为民事法律行为,由此产生的法律效果直接归属于被代理人的一种法律制度。③ 三是认为代理是代理人以被代理人名义实施的、其法律效果直接归属于被代理人的行为。从行为角度观察,代理是一种行为,即代理人在代理权限内以被代理人的名义同第三人所实施的民事行为。从法律关系角度考察,代理也是一种法律关系。④

之所以对代理理解不同并形成不同立法模式,究其原因主要在于:对待民商事立法的具体态度和有关制度的具体理解不同。大陆法系中以德国为代表的立法,对代理的规范采区别论(the theory of separation),即区别委任(mandate)与授权(authority);前者作为内部关系是委托人与代理人之间的合同,后者作为外部关系为代理人代表委托人与第三人缔约的权源。此说由德国法学家保罗·拉班德(Paul Laband)在1866年发表的《依德国商法典完成法律行为时的代理》论文中首次系统阐述,这一"抽象"区分也被誉为法学上重大发现之一。据此,不仅明确代理关系独

① 参见佟柔主编:《中国民法学·民法总则》,中国人民公安大学出版社1990年版,第259页。

② 参见王泽鉴:《民法总则》,北京大学出版社2009年版,第348页。代理是行为人以他人名义实施法律效果归属于他人的法律行为。参见李开国:《民法基本问题研究》,法律出版社1997年版,第203页;江帆:《代理法律制度研究》,中国法制出版社2000版,第12页。代理是指一方授予他方代理权,他方依代理权与第三方进行法律行为,其行为后果由一方承担。代理是基于扩张主体自治能力,而设计的一种特殊法律行为,是行为人以特定人名义所作的意思表示(法律行为),直接为该特定人和对该特定人发生效力,即法律效果直接归属于特定人。参见龙卫球:《民法总论》,中国法制出版社2001年版,第638页。

③ 参见马俊驹、余延满:《民法原论》,法律出版社1998年版,第283页。法律上代理是指一人代另一人为法律行为,其所产生的法律效果直接归属于所代的另一人,即一种依他人独立行为而使本人直接取得其法律效果之制度。参见梁慧星:《民法总论》,法律出版社2001年第2版,第209页。代理人在代理权范围内,以被代理人的名义或自己的名义独立与第三人为民事行为,由此产生的法律效果直接或间接归属于被代理人的法律制度。参见王利明主编:《民法》,中国人民大学出版社2000年版,第117页。

④ 参见王利明:《民法总则研究》,中国人民大学出版社2003年版,第603页。

立于代理人与委托人之间的委任契约,基于代理权而存在;而且也说明代理权只能根据授权行为而产生,代理人与委托人之间的委托、合伙、雇佣等契约关系,只是授权行为的基础法律关系,与代理形成无直接必然的关联,其所生权利义务不影响因代理行为而在委托人与第三人之间形成的权利义务。亦即通过委任契约规定的对代理人权限的限制,原则上对第三人无拘束力。[①] 英美法系不区分代理与委任合同而形成等同论(the theory of identity),即代理人行为等同于本人的行为,也就是说"通过他人去做的行为视同自己亲自做的一样"。霍姆斯(Holmes)法官把这个规则视为"共同的术语",英美法系以此作为代理的理论基础,表达了拉班德之前欧洲大陆法典编纂中体现的"代理是委任的后果"的思想。学界认为该理论可能源于教会法。[②]

分析区别论与等同论的差异可见。一方面,不同的理念会影响并形成不同的立法模式。采用区别论的国家或地区,基本上都区分委任与授权,最为典型的是德国,其不但明确作区分,而且委任仅是作为合同关系规定于债法中,代理制度则规定在总则编;而采等同论的国家通常没有专门代理制度的规定,除英美法系外,在大陆法系中典型代表是法国民法。其他则可能游移在两者之间但具体侧重不一,如我国台湾地区"民法"更倾向于德国做法,而瑞士债法似乎更侧重于法国法。[③] 同时,若以行为性质定义代理,其前提必有完备的法律行为制度,并考虑到代理实施的行为通常也与法律行为相关。相反,若从法律关系出发定义代理,往往是该法典体系中不存在总则和法律行为制度,在合同所生之债中一般也不明确区分委托与委托合同。而更关注本人、代理人与第三人之间形成的权利义务关系。另一方面,区别论强调代理三方关系中的两个不同侧面,即本人与代理人之间的内部关系,本人和代理人与第三人之间的外部关系;代理权的授予可被视为由本人向第三人所作的单方法律行为;而且对内部关系的限制并不必然地限制外部关系,第三人有权信赖代理的表象,尽管第三人知道,或者有理由知道代理人事实上没有得到授权,或者本人限制了代理人的代理权限,本人也不得通过对代理人授权的限制来减轻自己的责任。如此,较之等同论笼统地把代理人行为视同于本人行为,更能清楚为何代理后果需由本人承担,代理人和本人与第三人进行交易时,授权有无的后果会

---

① 参见[英]施米托夫:《国际贸易法文选》,赵秀文选译,中国大百科全书出版社 1993 年版,第 371 ~ 373 页。

② 参见[英]施米托夫:《国际贸易法文选》,赵秀文选译,中国大百科全书出版社 1993 年版,第 381 ~ 382 页。

③ 参见郑玉波:《民法总则》,中国政法大学出版社 2003 年版,第 398 ~ 399 页。

因何种原因而需本人承担。由此也说明以上表达和立法模式难说存在本质差异，不同定义与立法其实都不否认代理的基本外观，均认为代理是涉及三方当事人存在的一项复杂和独特的法律制度，仅是在强调本人为何需要承担责任的依据认识方面有所不一。

相对而言，从代理行为和代理关系两方面细化考察代理，更符合体系化的立法需要，也能更清楚不同行为所追求的预期目标。这也是我国实务界和理论界最终不论如何定义代理，都会从代理行为与代理关系分析其后果，并且所得结论殊途同归的原因所在。具体地说，就代理行为为基础分析代理，其必须是以被代理人名义在代理权限内独立进行的表意行为，如此代理行为所生法律后果才可直接归于被代理人。我国民法关于代理内容的规定，①就是从代理行为定义代理的适例。就代理法律关系出发考察代理，就会明确代理至少涉及被代理人、代理人和相对人三方。被代理人亦称本人，指被他人使用名义，并最终承担由他人实施表意行为的法律后果者。代理人指以他人名义为他人实施表意行为者。相对人亦称第三人，指与代理人实施表意行为者。并且，在三方当事人中形成内部和外部两方面法律关系，即由被代理人与代理人间的内部关系和代理人与第三人、第三人与被代理人间的外部关系所组成。其中内部关系指代理人与被代理人间代理权形成关系；外部关系包括代理人与第三人实施表意行为关系和第三人与被代理人间的法律后果归属关系。②（如图3所示）进而细化并注重代理要件的构成及其发生，明确并强调因代理行为在本人、代理人和第三人之间所产生的权利义务关系。

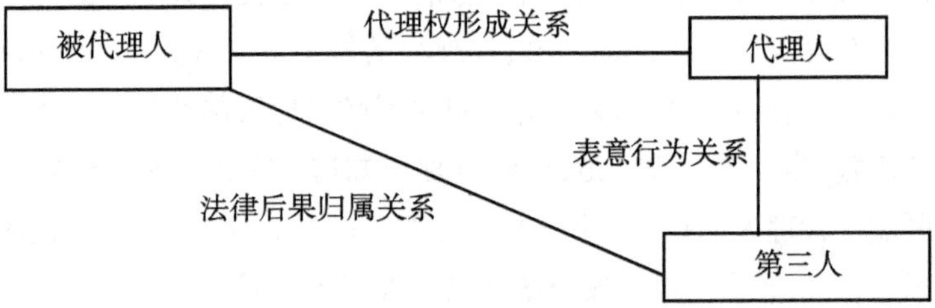

图3　代理的法律关系

① 原《民法通则》第63条第2款规定："代理人在代理权限内，以被代理人的名义实施民事法律行为。被代理人对代理人的代理行为，承担民事责任。"《民法典》第162条规定更直接明了："代理人在代理权限内，以被代理人名义实施的民事法律行为，对被代理人发生效力。"

② 参见彭万林主编：《民法学》，中国政法大学出版社2002年修订第3版，第132页；王泽鉴：《民法总则》，北京大学出版社2009年版，第355页。

（三）将代理分别规定于总则与债法的立法体例再分析

在大陆法系关于代理的立法中存在两种体例：一是将代理规定在民法的总则，二是将代理分别规定于民法的总则和债法（或合同法）。如此做法原因何在、是否妥当，亦是学术界需要关注和研究的问题。在具体分析前需指出的是，民法的总则与债法规定的代理制度所涉内容并不完全重叠。民法的总则通常规定代理一般原则及其各种类型，如法定代理和意定代理，而在债法中只涉及意定代理。如此规定除法国法模式无民法总则、不区分委任与授权等因素外，更关键的是在民法学界不少学者认为代理权授予也是债的发生原因之一，并由此引发争论，故有必要再予分析讨论。

将代理权授予作为债的发生原因之一的论者认为：本人之所以在代理权限内承担代理人所为代理行为的后果，是因为本人的授权行为是债的发生原因，在代理人与本人之间形成债的关系。代理人是权利人，本人为义务人，以本人对于代理行为的容认（不作为）为其标的。并且，同时强调单独行为在法律有规定时作为债的发生原因的也不少见，如设立财团的捐助、票据承兑等，法律有明文规定时授权行为作为债的发生原因无可厚非。① 其实上述说法中，值得关注的唯有一点。因单独行为能发生债的关系，并不说明授权行为就能在代理人与本人之间形成债的关系；法律有规定也不能当然推出其作为债的发生原因不可质疑，即纯从形式立论不具有实质说服力。故只有以形成债的关系三要素来分析判断授权行为能否作为债的发生原因，才是需要讨论的关键所在。

假设授权行为作为债的发生原因，则根据债之相对性规则应在代理人与本人之间形成拘束力。其中又可从两个不同层面分析之：首先，若将代理人作为权利人，即其享有为代理行为的权利，本人负有容认其为代理的义务，权利义务指向的客体是本人的不作为。这一看法从主体客体方面判断应无问题均可成立，亦即反映了特定主体之间的结合，且不作为为标的有立法例支撑。但深入分析债之标的，不作为似乎难以成为本人的义务。因本人授予代理权时，就意味着其应受制约，故与其说它是一项独立的义务，不如说代理权限的反射。② 且从意思表示的内容而言，为自己设立义务似乎不是表意人预期追求的目的。其次，若将代理人作为债务人，即为代理行为是其义务，请求代理人为代理是本人的权利，则也会存在两个问题：一是在主体平等的前提下，单独行为只能为别人设定权利，而不能为别人设定

① 参见郑玉波：《民法债编总论》（修订第2版），中国政法大学出版社2004年版，第63～65页。

② 参见孙森焱：《民法债编总论》（上册），法律出版社2006年版，第77页。

义务,否则有悖地位平等的精神;二是以代理制度构建的通说逻辑是,代理人是基于内部关系即委托合同关系或者雇佣、合伙等关系才产生为本人进行代理行为的义务,而非代理权授予行为。① 缘此也不能推出代理人与本人之间形成债的关系。

由此说明,在民法的总则与债法中分别规定代理,尤其是将之作为债的发生原因显然有欠斟酌,不宜效仿。从体系的整体考虑,代理制度特别是一般原则的规定应是民法的总则规定内容,至于与代理有关的基础法律关系的形成,即相关合同类型,不妨在债法中体现。

二、代理行为的性质与适用

(一)关于代理行为性质不同学说简析

十八九世纪的法典化运动,使代理制度渐被承认和接受,但依私法自治原则,意思表示的效力只能对表意人发生,为何在代理中能对非表意人即被代理人发生,以及委任与代理权授予的关系究竟如何理解,诸如此类问题,自代理制度创立以来一直存在争议且呈现不同观点。此类讨论,实质上就是对代理行为性质的认识问题,现将主要观点简析如下:②

1. 债权移转说为普赫塔(Puchta)等主张。该说认为直接代理与债之本质相矛盾,故将代理人视为缔结契约的当事人,而此行为的结果,唯经由债权让与或债务承担才能移转给被代理人。③

2. 本人行为说为德国法学家萨维尼(Savigny)所倡。该说认为真正从事法律行为的当事人是被代理人(本人),将代理人视为本人的"机关",故法律行为的效果及成立要件(如因意思表示瑕疵而得撤销)均应以本人为准据。④

3. 代理人行为说为温特夏德(Windscheid)所主张。该说认为法律行为实施者为代理人,有关法律行为的要件(如行为能力、意思表示瑕疵之影响),应就代理人决定之。代理虽系代理人的行为,但法律为尊重其效力意思,而使其对本人发生效力。换言之,基于私法自治的思想,本人自行决定的能力,也包括能给他人以权限,为其处理一定事务并对其发生法律上效力。⑤

---

① 参见王泽鉴:《债法原理》,北京大学出版社 2009 年版,第 229 页。

② 参见黄立:《民法总则》,中国政法大学出版社 2002 年版,第 391 ~ 392 页。张俊浩教授主编的《民法学原理》对此亦有重点介绍。参见张俊浩主编:《民法学原理》(上册),中国政法大学出版社 2000 年修订第 3 版,第 311 ~ 313 页。

③ 参见黄立:《民法总则》,中国政法大学出版社 2002 年版,第 392 页。

④ 参见黄立:《民法总则》,中国政法大学出版社 2002 年版,第 392 页。

⑤ 参见黄立:《民法总则》,中国政法大学出版社 2002 年版,第 392 页。

4. 折中说又称共同行为说为德国学者米特斯(Mitteis)所主张。该说认为从事法律行为的效果,因代理人与被代理人共同行为而产生;行为的成立要件,部分应以代理人为准,部分以本人为准,依其参与之程度而划分。①

5. 统一要件说为德国学者穆伦·弗莱茵费尔斯(Mullen-Freienfers)所提出。该说认为代理由代理行为和授权行为共同构成。其中授权行为包含效果意思和表示行为,属完整法律行为;而代理行为欠缺效果意思,不能作为法律行为。代理行为若要成为法律行为须与授权行为相结合。②

在上述有关代理行为性质的观点中,大致可分为两大类:一类是在否定代理制度本身的前提下分析代理行为性质如债权移转说,另一类则是在肯定代理制度本身的前提下探究代理行为的性质如前述后四种观点。

之所以说债权移转说是否定代理制度,不仅因为在罗马法早期时代将代理人作为本人手足的延长,而且还可从其解释代理行为的理由得到证实。具体而言,罗马法时代所形成债的相对性规则,是建立在主体固定和效力特定的基础上,强调债只能在特定相对人之间发生特定效力,直到罗马法后期才渐渐允许主体变更,出现了债的移转,可见若要坚守债的相对性规则,则只能按照债的移转规则来解释代理。同时,这种解释完全是从外部制度来寻找相关理由,而非从本人与代理人之间的内在结构予以分析。因此,这一观点是以完全拒绝、否认显名代理制度为前提,与现有理念相去甚远,当不为现代立法和学界所接受。

相对而言,肯定代理制度下探究代理行为性质的观点较多,逐一分析可见,本人行为说是严格意思主义的产物。他们认为人们之所以受意定法律关系的约束,是因为被其意愿所约束,即他自己直接参与或决定了这一关系的产生。否则,没人能以自己意志让别人受约束。这也是罗马法早期不承认代理的原因所在,如今虽为适应社会需要承认代理制度,但也需考虑尊重“意愿法律关系只能在行为人之间发生”的基本准则,由此可见本人行为说,其实是早期意思说学者追求意思主义的法律思考的结果,其目的在于从法律上将代理拟制构建为一种本人自身的法律行为。③ 另也有学者认为本人行为说显然是为了维护意思自治原则的同一性,不愿割裂行为表意人与行为效果承受人而创立。④ 然而,无论是因何而创设,此说都存在

① 参见黄立:《民法总则》,中国政法大学出版社 2002 年版,第 392 页。

② 参见张俊浩主编:《民法学原理》(上册),中国政法大学出版社 2000 年修订第 3 版,第 312 ~ 313 页。

③ 参见龙卫球:《民法总论》,中国法制出版社 2002 年版,第 568 页。

④ 参见江帆:《代理法律制度研究》,中国法制出版社 2000 年版,第 105 页。

忽略代理制度本身特性且未真正理解意思自治的弊端,因我们既不能抹杀了代理人独立的意思能力,使代理人与使者无法区分,也不能使代理人沦为本人的手足而丧失独立主体地位,更不能忽略代理行为的特性,割裂本人与代理人之间的意思联络去曲解意思自治。故此说未成为通说。共同行为说与"本人行为说"相比,虽强调了代理行为的独立性,将法律行为中的意思表示予以分割,但不仅混淆了授权行为与代理行为的区别,也模糊代理行为的成立要件,导致代理关系的法律后果不清,也无法确定代理有缺陷时的责任,故难被理论界采纳。至于统一要件说,虽然这种观点较好地解释了本人与代理人之间行为的内在构架,解决了意定代理的效果归属问题,在当代也有一定的影响,但似乎难以合理解释法定代理(含指定代理)。同样,本人行为说和共同行为说也不能解决无行为能力人能成为被代理人的问题。反观代理人行为说,不仅看清代理行为是代理人的行为,明确其所生法律后果之所以直接归属于本人,是因为代理人明示本人名义且表明其权限范围内行为旨在使法律效果直接归属于本人的意思,而且也说明只要有相关内在依据(如法律明定),同样可将代理人所为行为的法律后果归属于本人。① 如此解释既与代理制度的创立目的相吻合,也全面阐述不同代理内部构造及其法律后果,遂成通说,也被我国立法所接受。②

(二)代理行为的范围

既然代理的特性是代理人为本人从事相关行为,并在权限范围内将行为效果视同本人自为,那么就意味把握代理行为范围至关重要。对于代理行为的范围,有关立法和理论中存在不同说法。有的表明代理从事的是法律行为;③有的认为代理行为关乎意思表示;④有的强调代理可扩展适用于法律行为以外的其他行为,如申请行为、申报行为和诉讼行为。⑤ 不同观念决定了代理行为范围宽窄不一。

比较而言,将代理行为限定于各种表意行为较为妥当,即主要包括两种表意行为:一是各种法律行为,如签订各种合同等;二是其他具有法律意义的表意行为,如为意思表示和接受意思表示,要约的拒绝、请求债务的履行等。分析如下:

---

① 参见黄立:《民法总则》,中国政法大学出版社 2002 年版,第 393 页。

② 参见梁慧星:《民法总论》,法律出版社 2001 年第 2 版,第 225 ~ 226 页。

③ 原《民法通则》第 63 条第 2 款,《民法典》第 161 条第 1 款。原《苏俄民法典》第 62 条,参见中国社会科学院法学研究所民法研究室编:《苏俄民法典》,中国社会科学出版社 1980 年版,第 23 页。

④ 《德国民法典》第 164 条规定。参见《德国民法典》,陈卫佐译注,法律出版社 2004 年版,第 47 页。我国台湾地区"民法"第 103 条。参见五南法学研究中心编辑,杨淑文、张丽卿、洪家殷、谢易宏监修:《最新简明六法》,台北,五南图书出版股份有限公司 2010 年版,二 - 第 18 页。

⑤ 参见彭万林主编:《民法学》,中国政法大学出版社 2002 年修订第 3 版,第 133 页。

首先,将代理行为定位于法律行为过于狭窄。因法律行为与意思表示不同,诸如要约或承诺等属意思表示范畴,却不能称为法律行为,但要约或承诺等意思表示照样可由代理人为之,又如催告是表意行为,同样不是法律行为,但也能呈现代理人独立意志,亦需纳入代理行为范围。故将代理行为限于代理法律行为,将削弱代理应有的功效。

其次,也不能将代理行为过分扩张至无法体现代理人独立意志的行为。这是因为,代理行为不是本人手足延长,这表明代理行为属于代理人的独立行为,而行为独立性取决于能否显示行为人的独立意志,倘若行为不能反映行为人独立意志,那么通常不能称为代理,这也是区分代理人与使者理由所在。据此分析,那些无法或难以体现行为人意志的行为,即使称为"代理",也不是真正意义上的代理。譬如,代理诉讼本身就涉及不同环节的各方面事务,其中举证就需按举证规则而为,无法体现代理人的自由意志,何况诉讼还涉及法院的介入,所代行行为属公权范畴。① 又如申报税收行为等也需要按照税收法定原则办事,无法体现代理人的意志。至于专利申请等行为原则上也应按法律规定程序予以操作,其实也很难呈现代理人独立意志,故与其说是代理,不如说是代理的准用。

值得指出的有二:第一,有些行为不是表意行为,如合同标的物交付等事实行为,以及办理登记等程序性行为,原本不能适用代理,但考虑到其与法律行为关系密切,为提高效率,通常可由代理人一并代理。这可谓代理的类推适用。② 第二,有些行为不得适用代理。通常两类行为不适用代理:一是违法行为。违法行为不属于私法自治范畴不能适用代理。何况法律设立代理制度的目的,在于使民事主体借助代理制度实现自己的合法权益,而违法行为所生后果有损于国家、社会和他人的利益,行为人自己不能实施,当然也不能通过代理行为来实施。二是按法定和当事人约定或行为性质决定须由本人亲自实施的法律行为或其他表意行为。③ 如以信任为要素的义务履行;以特定主体智能、技术、诀窍、设备等为前提的义务履行;以特定主体的身份为条件的义务履行,如结婚、离婚、收养关系建立或解除、立遗嘱、继承的放弃等。

---

① 梁慧星教授在其所著《民法总论》中,将民法上代理与诉讼法上代理作了区别。参见梁慧星:《民法总论》,法律出版社 2001 年第 2 版,第 222 页。我国台湾地区学者郑玉波先生对此也有相关阐述。参见郑玉波:《民法总则》,中国政法大学出版社 2003 年版,第 407～408 页。

② 参见史尚宽:《民法总论》,中国政法大学出版社 2000 年版,第 513 页;梁慧星:《民法总论》,法律出版社 2001 年第 2 版,第 225 页。

③ 原《民法通则》第 63 条第 3 款,《民法典》第 161 条第 2 款。

第二节　代理制度的适用范围

代理制度的适用范围,是关系到代理类型及其外延的问题。对于代理具体适用于法定和意定代理,学界对此争论不大,至于我国规定的指定代理其实也可纳入法定代理的范畴,①故本节主要讨论隐名代理与复代理的适用问题。

一、关于隐名代理的适用

隐名代理,指享有代理权的代理人,以代理人身份或仅以自己名义与第三人发生表意行为,而该行为法律后果由被代理人承担的代理制度。② 一般而言,隐名代理与显名代理相对应,属于英美法系代理制度的主要分类。在大陆法系的代理制度中,如《德国民法典》《日本民法典》等均强调代理原则上应坚持显名主义,③但理论上往往也为隐名代理留有一定的空间。④ 我国民事立法自成体系,但众多制度的形成受大陆法系影响颇深。就现有民事立法规定的代理制度而言也是以显名为必要;只是在《民法典》合同编中出现了有关隐名代理的规定。⑤ 无疑,代理制度的完善和发达与商品经济的发展密切相关,当商品经济的发展产生新的需要,并对现有代理制度体系形成一定冲击时,尤其是在各国法律文化交流日益频繁,大陆法系和英美法系基于比较法学的作用互相交融的前提下,讨论如何对待隐名代理的问题,对我国代理制度的健全就更具现实意义。以下就隐名代理适用的相关问题分析之。

---

① 《民法典》第163条规定,已经改三分法为二分法,即只规定委托代理与法定代理,而去除指定代理。

② 参见佟柔主编:《中国民法学·民法总则》,中国人民公安大学出版社1990年版,第264页。

③ 《德国民法典》第164条第2款强调,不显示本人名义的意思表示只能对代理人自身发生法律效力。参见《德国民法典》,陈卫佐译注,法律出版社2004年版,第47~48页。《日本民法典》第100条也有相似规定。参见渠涛编译:《最新日本民法》,法律出版社2006年版,第27页。

④ 参见[德]卡尔·拉伦茨:《德国民法通论》(下册),王晓晔等译,法律出版社2003年版,第839~841页;[日]我妻荣:《我妻荣民法讲义-Ⅰ-新订民法总则》,于敏译,中国法制出版社2008年版,第324~325页。我国台湾地区也有如此认识。参见黄立:《民法总则》,中国政法大学出版社2002年版,第405页;王泽鉴:《民法总则》,北京大学出版社2009年版,第357页。

⑤ 原《民法通则》第63条采显名原则,原《合同法》第402条有所改观,《民法典》第925、926条沿用之。

（一）关于适用隐名代理的不同观点简介

对于代理制度能否适用隐名代理，我国理论界目前存在肯定说与否定说两种截然不同的观点。

1.肯定说及其理由

肯定说认为，代理人是否以被代理人名义为代理行为，并不影响一个有效代理的成立，即是否显名不是代理的成立要件。就理论上而言，在英美法系中，隐名代理涉及面非常之广，它不仅包括了大陆法系中的行纪关系等，而且还包括了一切商事或非商事性质的不公开代理人身份的代理关系，如代理商、经纪人等与委托人和第三人所形成的各种民商事法律关系。① 在大陆法系中，代理制度与行纪制度并驾齐驱，各自适用范围泾渭分明。尽管如此，独立且已具规模的行纪制度还远不能将英美法系所言的隐名代理内容全部涵盖。以某人到商店代人购物为例，可发现其有两个特点：一是不公开代理人的身份，直接以自己名义与第三人进行活动，而该行为实质上是为被代理人谋利益。但因未显示本人名义，使之无法按代理规则处理。如所购商品质量有问题，被隐名者就无权直接向商店提出请求，唯有出具权利转移证明后，才享有请求权。事实上，商店对谁为请求并不注重，其关心的只是该质量问题是否应由其承担。二是行为性质是无偿的，属非经营性活动，这又决定了该类行为不具有行纪行为的一般特征，也不能依行纪制度的规则来解决。但若认可隐名代理，此类问题便迎刃而解。就实践而言，如不规定隐名代理，那么当代理人发现代理后果对己有利时，就可能截留利益，被代理人则无法对该利益主张所有权，即使能证明有委托代理关系存在，也无济于事。显然，这既有损于被代理人的利益，也有悖于公平、诚实信用的原则。②

基于此，德国、日本等国也有不少学者认为，代理采严格显名主义规定过于机械。在两国判例学说中已使之具有弹性，并且出现了否定显名主义的主张。其主要理由是，首先在法律效果无论归属于何人对相对人均无任何不利益或加重责任时，显名与否毫无价值；其次若行为人进行的是处分行为，处分行为的效力不以显名为要件，在积极代理为处分行为时，是否显名，效力并无不同；最后若在不是为处分行为的代理中，纵使其法律效果在名义上先归属于名义人，然后再依债权转移或

① 江平教授认为英美法的代理商远比大陆法的代理商更加多样化，立法简单的划分不能满足实际需要。参见江平：《改革开放和民事立法》，载 http://article.chinalawinfo.com/ArticleFullText.aspx?ArticleId=95992&listType=1，2017 年 12 月 27 日最后访问。

② 参见佟柔主编：《中国民法学·民法总则》，中国人民公安大学出版社 1990 年版，第 266～267 页。

债务承担的方式转至本人,亦无烦难之处。总之代理的实质是在于为本人计算,而非以本人的名义。①

持肯定说者进一步认为,也许正是基于对上述理由的考虑,国际私法统一协会在起草《国际货物销售代理公约草案》时,扬弃了大陆法系的代理概念,转而吸取英美法系代理制度的合理因素,在第1条中规定:"当某人——代理人,有权或声称有权代理另一人——本人,与第三人订立国际货物销售合同时,适用本公约。"②尽管该公约还未生效,但参加国颇多,这说明不将显名作为代理的成立要件已不再是英美法系的"专利",隐名代理的概念在大陆法系国家也有一席之地。

2. 否定说及其理由

否定说认为,我国民事立法以大陆法系为蓝本,由此就决定了在代理制度中不能或无必要吸收隐名代理。具体理由是:

首先,在大陆法系中,各种制度的形成均有自身的规则和立法依据,它们之间互相关联、互相制约。如法律行为或意思表示的规则要求行为人或表意人与效果意思承受人一致。代理是法律行为特殊的实现方式,依代理行为统一要件说,代理行为是由被代理人的授权行为与代理人的表示行为共同构成的一个具体完整的法律行为,这说明代理行为的名义人与效果承受人应是同一人。③ 同样,合同相对性规则也是表意人与效果承受人一致性要求的具体表现,它强调合同仅对合同当事人发生约束力。又如,代理制度显名主义的理论基础确定,也是对代理关系各方当事人利益兼顾的结果。就被代理人而言,不仅能使其克服时间、精力、能力等不足带来的麻烦,使意思自治得以扩张,而且可阻却代理人对被代理人利益的截留或损害行为。就代理人而言,其对代理行为产生的利益与不利益均无须承担风险。就第三人而言,其在与代理人发生代理行为时,就可明确法律后果由谁承受,并可直接地关心被代理人的信誉和履约能力等。④ 若规定隐名代理,势必与民法的相应规则发生冲突,使民法的逻辑体系被割裂。

其次,在代理制度与行纪制度相互独立并存的大陆法系中,隐名代理在民事领域中可能存在的范围非常之小。这是因为,在消极代理中,相对人对受意思表示者

① 参见张俊浩主编:《民法学原理》(上册),中国政法大学出版社2000年修订第3版,第303~304页。

② 参见佟柔主编:《中国民法学·民法总则》,中国人民公安大学出版社1990年版,第266~267页。

③ 参见张俊浩主编:《民法学原理》(上册),中国政法大学出版社2000年修订第3版,第312页。

④ 参见高富平主编:《民法学》(第2版),法律出版社2009年版,第223页。

的地位十分明了,已明知其是为谁实施代理行为,故不会发生隐名代理。在积极代理的单方行为中,若代理为有特定相对人的单方行为,其代理行为实施前一般在当事人间已有一定的法律关系存在,代理人为谁进行代理行为显而易见,不存在隐名的可能;若要代为无特定相对人的单方行为,其通常事关行为人的身份或公众利益等,法律不允许代理,当然更谈不上隐名代理。在积极代理的双方行为中,有人身性质的债权,法律明文禁止代理。非人身性质的债权,若是现钱交易,被代理人应对自选代理人的行为负风险责任;仅在产品质量有问题时,被代理人能否直接行使索赔权尚有疑问。在非现钱交易中,若代理人以自己名义与相对人订立合同,并履行致合同消灭的,其情形与现钱交易大致相似;若代理人以自己名义与相对人订立合同未履行完毕的,也会产生被隐名的被代理人能否向相对人请求或履行债务的问题。

倘若在如此之小的范围内承认隐名代理,却以牺牲民法的相应规则、产生对民法体系的不良效应为代价,则绝对是得不偿失的。何况,在现行民法体系与制度中,对不规定隐名代理所产生的问题是有救济措施的,足以弥补该法律空白。具体地说,在当事人间无内部基础关系为前提时,有人授权,他人无必然承受的义务,即委托人只有与受托人建立内部基础关系才可授权,由此才会对受托人产生相应的约束力,若无内部的基础关系而形成的委托代理,该风险理应由委托人自负。这样,当代理人欲截留或损害被代理人利益时,被代理人就可以内部基础关系和授权为依据,请求代理人转移后果。当然若不采纳竞业禁止的规则,仅承认隐名代理,也不能达到维护被代理人利益的目的。至于因商品质量引起的索赔问题,实质上对商店来说由谁索赔无关紧要,且随着产品责任请求权范围的扩大,这一问题已基本得到解决。实在不行,也可采取变通方法,由代理人向被代理人再为授权,使其能直接向商店为请求。①

(二)对不同观点的评析

上述两种观点均利弊并存。肯定说的长处在于:意识到社会的发展必将导致有许多新生事物的出现,现有法律制度若不及时跟上,就可能出现法律空白,使人们缺乏行为的准则,使司法缺乏依据;意识到法律设置某种制度或规则的目的是调整特定社会利益的需要,并立足于社会实际和社会发展和进步的需求,从法律的实用性方面考虑借鉴英美法系中的隐名代理制度。其不足在于,未妥善解决隐名代

① 参见孔祥俊主编:《民商法热点、难点及前沿问题》,人民法院出版社 1996 年版,第 7 ~ 15 页。

理制度与我国现有民法体系规定的制度或规则的协调和冲突问题。这是因为,英美法系的代理制度自成体系,其在规定隐名代理时已作了充分全面的考虑,建立了相应的规则予以配套。譬如,规定被代理人享有介入权,即被代理人只要能证明自己与代理人存在授权关系,就能直接向第三人主张权利或履行义务;第三人享有选择权,即第三人如发现被代理人,就可在被代理人或代理人两者之间选择其一请求履行或为清偿;代理人应负有合同默示担保责任,即代理人在为代理行为时,应当确保被代理人与第三人之间的合同能有效成立,若第三人与被代理人之间的合同不能有效成立,法律推定代理人应承担相应的合同责任。同时,英美法中还规定了代理人的竞业禁止制度等,公平合理地平衡被代理人、代理人和第三人间的利益,以维护交易安全。我们若非全面接受英美法关于隐名代理的一整套内容,而仅取其表面形式,那么规定隐名代理的目的与效果就难以体现。更重要的是,英美法系的民事立法中本无严格的逻辑体例,亦无严谨的合同相对性规则予以约束,故而不会发生规定隐名代理与原有民法体系的制度或规则相冲突的问题。相反,在以大陆法系为立法模式的我国,因存在独立完整的民法体系,故规定隐名代理则必然会与固有的民法体系产生一定的矛盾。因此,直接借鉴并全面引进英美法规定的隐名代理确有一定的难度。

否定说的长处在于,注重理性思维,注重维护民法固有体系的完整与独立,看到了英美法系与大陆法系在价值取向上的区别,看到了隐名代理与我国民法固有体系的矛盾。其不足在于,忽略了社会发展的需要,忽略了建立法律制度或规则的目的。这是因为,就理论层面而言,英美法系中的隐名代理和显名代理与大陆法系中的直接代理和间接代理的两种划分标准是不同的:①前者是以代理的名义为区分标准,注重的是代理人是否表露被代理人的名义;后者是以代理的后果为区分标准,注重的是代理行为的后果由谁直接承受。由此决定了隐名代理与间接代理并不是一回事,二者不能相提并论,互相替代。在大陆法系的民事立法中,因代理制度与行纪制度相互独立,故间接代理仅是理论上的提法而已,实践中无任何价值。而且去掉行纪制度这一块,在民事活动中需要适用隐名代理的情形,正如持否认说者分析的那样,的确不多。但在英美法系中,因不存在固有的民法体系,不存在独立的行纪制度,故其代理制度所规定的隐名代理的适用范围就非常广泛,可涉及民事和商事活动的众多方面。在我国,随着社会经济体制的改革,社会主义市场经济的建立,以及商事活动的不断增加,各种类型的商事主体不断涌现。如果将我们的

① 我国学者一般都将此作为相同类型对待。

视野拓宽,不仅局限于民事代理,就能感觉到现实中要求规定隐名代理的呼声已越来越强烈。根据行为人是否显名和行为后果由谁直接承受两种因素分析我国目前民商活动的常见情形可见:有的是以被代理人的名义为代理行为,且所生后果是由被代理人直接承受的,如常见的民事代理行为;有的是以自己的名义为代理活动,其所生后果是由代理人先承受,然后再转至委托人的,如行纪行为;有的是以代理人的名义为代理活动,而所生后果是由被代理人直接承受,如进出口贸易代理、经纪人制度、监护人为被监护人实施的各种行为和受托去商店购物的行为等;有的是以代理人的名义为代理活动,但所生后果是由代理人直接承受的,如代理商制度。面对民商活动中出现的各种各样新生事物,以及现实生活中日益翻新的实际需求,民法体系中现有的代理制度和行纪制度显然已捉襟见肘,难以应付。之所以如此说,是因为民事活动和商事活动毕竟所遵循的原则稍有不同。在商事活动中,其主体以盈利为目的,具有极其强烈的利己和利益化动机。而商事活动能否取得预期利益,又取决于机会的捕捉、交易频率的提高和资金的周转速度,这又促使商事主体积极追求高效率;利润的追逐往往又伴随着风险,投资量或交易量越大可期待的盈利越高危险也就越大,故商事主体在商事活动中又无不期盼着安全。[①] 因此,立法在规定具体制度或调整方式时,应符合商事活动的特性和客观经济规律,应遵循交易公平、确定、安全、迅捷等基本原则。而英美法规定的隐名代理正符合商事活动迅捷、公平等特殊需要。法律不能对此不闻不问!

由此可见,我国是否在代理制度中借鉴和吸收隐名代理的规定,实际上就是"经验与逻辑"的关系协调问题,即如何处理社会实际需求与民法固有体系关系的问题。对此,美国伟大的法学家霍姆斯曾经说过:"法律的生命始终不是逻辑,而是经验。可感知的时代必要性、盛行的道德理论和政治理论、公共政策的直觉知识(无论是公开宣称的还是无意识的),甚至法官及其同胞所共有的偏见等等,所有这一切在确定支配人们所应依据的规则时,比演绎推理具有更大的作用。法律所体现的乃是一个民族经历的诸多世纪的发展历史,因此不能认为它只包括数学教科书中的规则和定理。"[②]霍姆斯的这段名言,尽管主要是针对英美法系有感而发,但是对于法典化国家的法律适用和法律演进具有同样的启迪作用。因为它精辟地揭示了由经验所支撑的价值思维,是给逻辑思维尤其演绎方法以生命的东西。当然,

---

① 参见傅鼎生主编:《中国民商法疑难问题研究》,上海教育出版社 1998 年版,第 241 页。

② [美]E. 博登海默:《法理学:法律哲学与法律方法》,邓正来译,中国政法大学出版社 1999 年版,第 151 页。

逻辑的完整、严谨同样是不容忽视的，这是由经验应当通过逻辑表现出来并发挥作用所决定的。事实上，无论古今中外，立法者都有两个立足点，即社会实际和理性抽象。每一个法律条文都是针对社会实际问题而设置，每一个法律条文又都是行为规范的高度理性概括的结晶。① 因此，偏废、忽略哪一个方面都不行。就立法实践而言，即使是法典化的国家，如特别注重于逻辑思维、理性抽象的德国，在其民法典中，我们也经常可见众多的例外规定，而这种例外规定其实质是对逻辑思维的背离，而每一次背离，往往是各种利益平衡的结果，往往更接近法律公平和正义的本质。

毋庸置疑，在我国经验与理性始终是立法实践中争论不休的问题。在较长的一段时间内，我们受"只有经验充足之后才能立法""立法不能超前""成熟一个制定一个"的立法指导思想影响，民事立法缺乏系统性和完整性，其所产生的负面效应有目共睹。目前，我们已意识到理性的重要性，逐渐摆脱立法中的旧思路，更加注重立法计划的制定，注重立法内在体系的思考和设计。可以断定，我国民事立法总体上必将沿着法典化道路前进。然而，在从经验走向理性的过程中，在强调制定法功能和追求立法逻辑体系完整和独立的同时，亦不能矫枉过正，一味地固守逻辑体系完整的阵地。这是因为，理性的演绎、推论并非万能，法律毕竟是一种工具，设置的目的主要在于为社会实际需求服务。只要社会发展需要，就有规范的必要。而只有使社会与当事人间的利益，以及当事人间的利益得到公正和公平的保护，法律的调控作用才能得以真正实现。反之，则可能会误入概念法学的迷魂阵，与立法目的相悖。

当然，在立法中我们应以尽可能不损害法律体系的完整性为前提。鉴于此，我国在借鉴英美法系的隐名代理时，可将其规定在民法总则的代理制度中，作为显名原则的例外规定，具体内容则在各单行法规中予以体现，而不应将之直接规定在法典的合同编中，尤其是不能规定在委托合同之中。具体地说，即除在民法中规定显名代理及其例外和行纪制度外，可分别在证券交易法、公司法、消费者权益保护法等单行法规中，根据不同的需要和情形，借鉴英美法系隐名代理制度的内容。譬如在交易证券法中规定经纪人制度，在公司法中规定代理商、竞业禁止等制度或规则，等等。如此考虑的理由是：第一，对于民商立法，我国多数学者的观点是采用民商合一的立法模式，并且认为制定民法典，并不排除其他调整民商法律关系的单行法规的制定，尤其是针对商事领域的单行法规。而且这样确能使我们的立法在引进隐名代

① 参见江平：《罗马法精神在中国的复兴》，载杨振山、[意]斯奇巴尼主编：《罗马法·中国法与民法法典化》，中国政法大学出版社1995年版，第8页。

理制度乃至其他英美法系合理因素时,较好地保持民法固有体系的完整。第二,委托合同是委托人与受托人之间的双方法律行为,只是授权行为的基础法律关系,其效力仅制约合同当事人双方,与代理制度相关但又有质的差异,故将隐名代理规定在合同法中不仅破坏民法的整体性,而且会使原本已经清晰的概念被混淆。

综上所述,我国代理制度是否可适用隐名代理,并非是一个简单的问题,它牵涉到立法观念、法律体系的完整等众多方面,关系到法律目的的实现和法律调控作用的发挥。因此,既要考虑法律的逻辑体系,也要注意到社会实际的需要。唯有如此,我国的法律制度才会不断完善,我国的法治才会进入良性、圆满的运行状态。

二、关于复代理的适用范围

复代理亦称再代理或转委托,指代理人将代理事项的一部或全部转托他人实施,他人以被代理人名义向第三人进行表意行为,被代理人直接承担该行为法律后果的代理。代理人新实施的转托行为称为转委托,受转托者称为复代理人。① 这意味着复代理人是由代理人为处理其权限内行为的全部或一部,以自己名义选任,而非被代理人或由代理人以被代理人名义选任。复代理权是本代理权的延续,不得大于本代理权。② 可见,复代理关系是基于本代理关系产生,但更为复杂。在复代理关系中,被代理人与代理人存在代理权关系,代理人与复代理人间存在转委托关系;被代理人与复代理人间存在代理权关系;复代理人与第三人之间存在表意行为实施关系;第三人与被代理人之间存在法律后果归属关系。对于复代理,在各国或有关地区的民事立法中,存有两种截然不同的态度:一种是将复代理的有关内容明文规定于民法典中,如日本、俄罗斯等;③另一种则是在民法典中不予规定,如德国等。④ 我国现

① 参见高富平主编:《民法学》,法律出版社 2009 年第 2 版,第 233 页。

② 参见张俊浩主编:《民法学原理》(上册),中国政法大学出版社 2000 年修订第 3 版,第 316 ~ 317 页。

③ 《日本民法典》第 104 ~ 107 条规定了意定代理人和法定代理人的复任权,是民事立法中对复代理规定的最为详尽的国家。参见渠涛编译:《最新日本民法》,法律出版社 2006 年版,第 27 ~ 28 页。《俄罗斯联邦民法典》第 187 条规定了转委托。参见《俄罗斯联邦民法典》,黄道秀、李永军、鄢一美译,中国大百科全书出版社 1999 年版,第 93 页;《苏俄民法典》第 68 条也有转委托规定。参见中国社会科学院法学研究所民法研究室编:《苏俄民法典》,中国社会科学出版社 1980 年版,第 25 ~ 26 页。

④ 《德国民法典》第一编"总则"第三章"法律行为"第五节"代理和意定代理权"中无转委托规定。参见《德国民法典》,陈卫佐译注,法律出版社 2004 年版,第 47 ~ 52 页。德国学者认为复代理权(Untervollmacht),也称为多层次代理,委托代理人有无复任权取决于对代理权的解释,故立法不作明文规定。参见[德]卡尔·拉伦茨:《德国民法通论》(下册),王晓晔等译,法律出版社 2003 年版,第 858 页。我国台湾地区"民法"亦同。参见五南法学研究中心编辑,杨淑文、张丽卿、洪家殷、谢易宏监修:《最新简明六法》,台北,五南图书出版股份有限公司 2010 年版,二 - 第 18 ~ 20 页。

行立法仿效前者,在民事立法中对此作了较为详尽的规定。[①] 然而分析相关规定总觉欠妥。为此,就复代理的适用问题略作分析。

关于复代理,我国原《民法通则》与《民法典》的规定内容[②]尽管表达不一,但基本含义一致,都强调在委托代理中仅在两种情况下可实施复任权:一是经被代理人事先同意或事后追认的;二是情况紧急,为了保护被代理人利益的。对于复代理在委托代理中须加以限制适用,并无异议,但值得思考的问题有二:

第一,复代理是否仅适用委托代理?毋须讳言,在我国人们往往被复代理中存在代理人转委托行为的表象所迷惑,进而对复代理的适用范围认识不清,会误认为复代理是委托代理的特殊形式,只有委托代理人才有复任权(代理人享有选任复代理人的权限)。现行立法规定采用转委托的用语和方式,又加深了这种误解。事实上,这样理解不仅缩小了复代理的适用范围,而且也易造成立法混乱的不良后果。依民法理论,在委托代理中,代理人原则上不应享有复任权。[③] 理由是:首先,委托代理是基于被代理人与代理人之间的相互信任而产生,而这种信任感很难存在于被代理人与其他人之间。其次,委托代理权是根据被代理人的意志确定,且权限授予范围往往较小,故对代理人的要求并不很高,只要其有某种能力可完成所委托事务即可胜任。最后,即使代理人自认为不能胜任时也可辞任,让被代理人重新挑选新的代理人。因此,在委托代理中,由代理人选任复代理人应无必要。这也应是大陆法系众多国家或地区不规定委托代理人复任权的原因所在。但随着商品经济的发展,跨地区、跨国界的各类业务往来日益频繁,代理人难防风云之变,若被代理人授予代理人可转委托的权利,转委托就属权限行为,立法也无须也不便干预。于是一些国家的民事立法为更全面地保护被代理人的权益和适应社会发展的需要,在委托代理不允许设置复代理的原则上,增加了例外情况,即取得被代理人的许诺或追认;因不得已的事由而为之。这说明复代理不仅不属于委托代理专有,而且其本身可适用空间也应严格限制。[④]

相反,法定代理人则应享有复任权。这是因为,法定代理人代理权范围往往是比较广泛的,而作为法定代理人的能力,又要受到主客观条件的限制,这可能使代

---

① 原《民法通则》第 68 条,《民法典》第 169 条。

② 《民法典》规定不仅认为可事先同意,且可事后追认。

③ 委托代理人有无复任权,民法未规定,但原则上应不允许,而法定代理人是例外。参见王泽鉴:《民法总则》,北京大学出版社 2009 年版,第 356 页。

④ 可以思考一下,当有事先同意和事后追认方式存在时,法律是否还有必要专门规定转委托?因对为被代理人利益不得已而实施的复代理,其实可纳入事后追认范畴,若本人不愿意追认则有悖情理。若可以纳入,则意味委托代理人行使复任权,就是授权活动,就是权限行为,故无必要由法律专门规定之。

理人处于心有余而力不足的境地。同时,法定代理是基于特定人身关系而产生,法定代理权无须被代理人授予,只要存在特定身份即可依法享有,从而决定了某人一旦成为法定代理人,就不得或难以任意辞任。所以,就法定代理的性质而言,法定代理人具有复任权无可厚非。也正基于此,《日本民法典》第106条明文规定:"法定代理人可由其自己负责选任复代理人。"①尽管我国民事立法对法定代理人复任权未作具体规定,但日常生活中法定代理人需要行使复任权的情况实难避免,②倘若法定代理人不能行使复任权,无疑有悖于事理。因此,为妥善处理诸如此类问题,最高人民法院曾在相关司法解释中体察民情,明确规定"监护人可以将监护职责部分或者全部委托给他人……"③固然,监护与代理属于不同范畴,但是监护人与法定代理人的权利义务往往是一致的,我国民事立法通常认为,无民事行为能力人、限制民事行为能力人的监护人是他们的法定代理人。④ 由此可见,允许监护人转委托,实质上就是赋予法定代理人享有复任权。换言之,复代理应是代理制度中的特殊形式,各种代理人均可在法定范围内行使复任权。⑤ 而我们由于未明确复代理的适用范围,以致将法定代理人的复任权规定于监护制度之中,而未借鉴日本民法将之统一归于代理制度。

第二,委托代理人与法定代理人行使复任权的后果是否相同?明确复代理的适用范围是必要的,但更重要的是要明确代理人在行使复任权后所应承担的责任。虽然强调复代理可适用于各种代理,但毕竟各种代理性质相异,因此当代理人行使复任权后,其须承担的责任理应不同,不能混为一谈。根据民法原理并借鉴国外有关立法,民事立法对各代理人行使复任权后的责任应有所区别:

对于委托代理人来说,除了规定代理人在超出立法允许范围,行使复任权应自负责任外,还应明确规定在合法情况下代理人行使复任权后的责任,即主要是选任和监督的责任,即代理人在选任或监督方面有过失时,应负赔偿之责。如果代理人选任复代理人是由于被代理人的提名,那么代理人的责任应减轻。从国外的立法看,此时只要代理人在明知复代理人不胜任或不诚实时,未怠于通知被代理人或解

---

① 渠涛编译:《最新日本民法》,法律出版社2006年版,第28页。

② 例如,甲妻因病早逝留有一子(未成年),甲因公外出,其子有某些事务需要处理,甲因故不能亲自代理而为,就需要委托他人代劳。

③ 原最高人民法院《关于贯彻执行〈中华人民共和国民法通则〉若干问题的意见(试行)》第22条。

④ 原《民法通则》第14条,《民法典》第23条。

⑤ 同理,指定代理人的职责范围相似于法定代理人,其代理权是由人民法院或指定机关指定,也与被代理人意志无关,因此指定代理人也应享有复任权。

任,即不负责任。① 之所以在给予委托代理人一定范围内可享有复任权的同时,还要其尽到选任和监督的责任,是因为代理人以自己名义所选任的复代理人,仍是被代理人的代理人,而不是代理人的代理人,复代理人所为一切后果,仍由被代理人来承担。况且,委托代理人行使复任权后,并不意味代理权的转让和终止,他还是被代理人的代理人,应继续为维护被代理人的利益尽职尽责——一方面自己继续为代理行为,另一方面监督复代理人,在复代理人不胜任时,对其进行解除。当然,相对而言代理人的责任应略轻于被代理人。

对于法定代理人行使复任权后的责任,因我国立法未明确法定代理人的复任权,故也没有明文规定其法律后果。但最高人民法院司法解释曾对监护人转托监护职责的情形,则有相关责任的规定。其内容是:“因被监护人的侵权行为需要承担民事责任的,应当由监护人承担,但另有约定的除外;被委托人确有过错的,负连带责任。”②该规定表明除特殊情况外,即使监护人将监护职责转委托他人,也还应对被监护人的行为负责。这与国外关于法定代理人行使复任权的归责大同小异,都指出法定代理人或监护人应承担主要责任。稍有不同的是,国外立法是针对复代理人行为后果而加以规定,强调在复代理人的行为致使被代理人受损时,责任应由法定代理人承担,哪怕是代理人对复代理人的选任和监督无过失亦难以推卸,③除非是有不得已的事由选任复代理人时方可减轻责任。④ 而不像我国立法是以被监护人的侵权行为为出发点。显而易见,差异的存在并不改变法定代理人或监护人在转委托他人后的地位和责任,只不过是立法的角度不同而已。因为法定代理是基于血缘、姻亲等特定关系而产生,被代理人一般是无行为能力人、限制行为能力人,法定代理人所负职责的性质是法定义务,所以法定代理人与委托代理人不同,其在行使复任权后的责任相对会更重。这样既能防止法定代理人滥用复任权,也能更切实地保护被代理人的合法权益。

综上所述,我国关于复代理的立法,须充分考虑复代理的具体适用范围,并在各种代理人行使复任权后的归责问题上,作出更具体明确的规定,以使被代理人的

① 《日本民法典》第105条。参见渠涛编译:《最新日本民法》,法律出版社2006年版,第28页;[日]我妻荣:《我妻荣民法讲义-Ⅰ-新订民法总则》,于敏译,中国法制出版社2008年版,第332页。

② 原最高人民法院《关于贯彻执行〈中华人民共和国民法通则〉若干问题的意见(试行)》第22条。

③ 参见[日]我妻荣:《我妻荣民法讲义-Ⅰ-新订民法总则》,于敏译,中国法制出版社2008年版,第333页。

④ 根据《日本民法典》第106条以及第105条第1项的规定,在有不得已事由为选任时,仅就选任及监督向本人负责。参见渠涛编译:《最新日本民法》,法律出版社2006年版,第28页。

合法权益得到妥善有力的保护,使我国民事立法体系更为严谨和完善。①

第三节　无 权 代 理

无权代理,即无代理权人以代理人之名义而为表意行为。其基本特征有二:一是无权代理人为表意行为具有代理行为的表面特征,即以本人名义为表意行为;二是欠缺代理权,包括自始无代理权、逾越代理权范围和代理权终止后的代理。② 无权代理有广义和狭义之分,前者包括狭义无权代理和表见代理,后者仅指狭义无权代理。③ 民法上的无权代理,究其性质不是真正代理,不属代理范畴。但因该行为具备了代理部分法律特征,外观上易认为是代理行为,故为了维护相关当事人利益和交易安全,法律规定无权代理行为一经实施亦产生特定法律后果,并将之归在代理制度中一并调整。本节主要对狭义无权代理和表见代理有关问题加以分析,祈求对我国无权代理制度的构建和完善有所贡献。

一、关于狭义无权代理

狭义无权代理所生效力,尤其在狭义无权代理人的责任定位方面,既是各国或地区民事立法的关注重点,也是民法理论界中讨论的经典论题。在此,本书欲在梳理分析不同立法和学者观点后,能对狭义无权代理人责任形成更为清晰的理解。

---

① 值得说明的是,如果我们能得出委托代理人为复代理就是权限行为的结论,不存在例外处理的需要,那么法定代理人行使复任权即可作为例外直接规定于监护制度或者亲属编之中。

② 尽管学界对无权代理表述有所不同,王利明教授认为是指代理人在从事代理行为时未获得代理权(参见王利明:《民法总则研究》,中国人民大学出版社 2003 年版,第 660 页);龙卫球教授认为无权代理是指缺乏代理权的代理行为(参见龙卫球:《民法总论》,中国法制出版社 2002 年版,第 583 页);李开国教授认为是指行为人无代理权而以他人名义为法律行为,是代理行为其他要件都已具备而只是代理人欠缺代理权的代理(参见李开国:《民法基本问题研究》,法律出版社 1997 年版,第 251 页);王泽鉴教授认为是指无代理权人以代理人之名义为法律行为,要件有三:须为法律行为,须以本人名义,须欠缺代理权(参见王泽鉴:《债法原理》,北京大学出版社 2009 年版,第 235 页),但其内涵与外延基本一致。

③ 参见王泽鉴:《民法总则》,北京大学出版社 2009 年版,第 370 页。无权代理也可以当事人间发生的法律后果不同为标准,分为发生被代理人责任的无权代理和不发生被代理人责任的无权代理,前者称为表见代理,后者称为狭义无权代理。参见高富平主编:《民法学》,法律出版社 2009 年第 2 版,第 235 页。

(一)狭义无权代理效力及立法模式简析

狭义无权代理,按理不应对本人发生任何法律上的拘束力,本人和相对人都不能主张代理的效力。但民法为了维护代理制度的信用,并考虑到无权代理行为未必对本人不利,故将无权代理行为的效力定在不确定状态,按效力待定行为来处理。如此做法,基本得到各国或地区民事立法的认可。① 但对于狭义无权代理基本效力的分析,我国大陆和台湾地区的学界稍有不同。区别在于:我国台湾地区学者通常从不同当事人之间的法律关系着手分析相关效力,如在本人与相对人之间的法律关系中,发生本人追认权或拒绝追认权与相对人催告权和撤回权;在无权代理人与本人之间的法律关系中,可形成无因管理;在无权代理人与相对人之间的法律关系中,即有无权代理人的责任。② 而中国大陆学者往往直接提炼各自的权利义务或责任。③ 一方面考虑我国大陆无权代理规定中通常不涉及无代理权人可依无因管理向本人主张权利的情形,④另一方面也基于我国原《民法通则》第65条第3款和第66条第4款的有关连带责任的规定不尽合理。⑤ 因此,为便于效力比较需要,仅将狭义无权代理的效力归纳为三方面:

1. 本人取得追认权和拒绝追认权。本人对无权代理行为追认(或称承认),使无权代理的不确定效力得以确定,即无权代理人实施的行为对本人发生法律效力。

① 《德国民法典》第177~180条规定了狭义无权代理,参见《德国民法典》,陈卫佐译注,法律出版社2004年版,第50~51页。《日本民法典》第113~117条规定。渠涛编译:《最新日本民法》,法律出版社2006年版,第29~30页。我国台湾地区"民法"第110条(无权代理人的责任)、第170条(无权代理承认)、第171条(相对人催告和撤回权)。参见五南法学研究中心编辑,杨淑文、张丽卿、洪家殷、谢易宏监修:《最新简明六法》,台北,五南图书出版股份有限公司2010年版,二-第20页。

② 参见史尚宽:《民法总论》,中国政法大学出版社2000年版,第556~561页;王泽鉴:《民法总则》,北京大学出版社2009年版,第371~374页。

③ 参见梁慧星:《民法总论》,法律出版社2001年第2版,第229~231页。

④ 例如,行为人无委托为本人处理事务,但管理事务利于本人且不违反其明知或推知意思,此时行为人就其对外履行或赔偿的必要费用,可按无因管理的规定请求本人予以偿还(参见史尚宽:《民法总论》,中国政法大学出版社2000年版,第561页;王泽鉴:《债法原理》,北京大学出版社2009年版,第242页)。这显然与无权代理规定适用依据不一,故我国学界在无权代理效力未提及此内容。但并不意味不可适用无因管理的规定。

⑤ 原《民法通则》第65条第3款规定,委托书授权不明的,被代理人应当向第三人承担民事责任,代理人负连带责任。此条显系从维护交易安全出发,但未顾及本人与代理人的地位差异,对代理人过苛,令其有代人受过之嫌。原《民法通则》第66条第4款规定:"第三人知道行为人没有代理权、超越代理权或者代理权已终止还与行为人实施民事行为给他人造成损害的,由第三人和行为人负连带责任。"但在没有意思联络的前提下直接规定连带责任,不仅有悖侵权责任体系,而且有过度保护本人之嫌。我国2017年颁布的《民法总则》对第一种情形不作规定,对第二种情形,《民法总则》第171条第4款将原《民法通则》中规定的责任形式修改为按照各自过错承担责任。《民法典》沿用之。

本人的追认权性质属于形成权，一经追认，代理行为便溯及至自始有效。追认行为可向行为人或相对人表示。本人的追认应针对无权代理人所为契约行为，对其所为单方法律行为，依民法原理和他域相关规定，原则上不得追认，按无效处理，除非是有相对人的单方法律行为，在相对人表示同意时本人可追认。① 如此规定的原因在于，追认与否的目的是稳定相关法律关系，而在无相对人时就无呈现这一价值的必要。② 追认须在相对人行使撤回权前进行，被撤回行为本人不得再行追认。同样，本人也有权拒绝，在知道无权代理人以其名义为法律行为，或者经相对人催告后明确表示拒绝的，又或者经相对人催告后未作表示的，法律视作拒绝追认，狭义无权代理效力也自始不发生代理效力。

2. 相对人有催告权、撤回权。法律仅规定本人的意思表示能左右无权代理的效力，对相对人必然不利，为平衡本人与相对人的双方利益，法律也应赋予相对人催告权和撤回权。③ 催告权是善意相对人享有的在本人追认无权代理行为之前，请求本人对是否追认作出明确意思表示的权利。撤回权是善意相对人享有的在本人追认代理权前撤回其意思表示的权利。④ 这意味相对人行使撤回权应在本人追认之前。此外，相对人明知行为人是无权代理，仍与其进行法律行为的，仅可行使催告权，不得行使撤回权。

3. 无权代理人的责任。无权代理行为未被追认，造成本人或相对人损失的，无权代理人应承担包括对本人和对相对人两方面的民事责任。⑤ 但前者非狭义无权代理人责任的关注范畴，主要体现为侵权赔偿责任，适用侵权责任法；后者才是真正意义上的狭义无权代理人责任。无权代理人对相对人的责任依据来自于法律的直接规定，而且各国或地区的相关规定差异较大（后详述）。

---

① 参见[德]卡尔·拉伦茨：《德国民法通论》，王晓晔等译，法律出版社2003年版，第873～876页。《德国民法典》第177条规定的追认指向合同，在第180条对单方法律行为作专门规定，有相对人且其同意时，可准用关于合同规定。参见《德国民法典》，陈卫佐译注，法律出版社2004年版，第50～51页。《日本民法典》第113条第2款规定，追认或追认拒绝，非对相对人做出则不能对抗相对人。但相对人已知其事实时，不在此限。参见渠涛编译：《最新日本民法》，法律出版社2006年版，第29页。

② 参见史尚宽：《民法总论》，中国政法大学出版社2000年版，第562页。

③ 参见王泽鉴：《民法总则》，北京大学出版社2009年版，第372页。

④ 学者李锡鹤教授认为："善意相对人行为属意思表示不真实，是表意不真行为之特殊形式。为保护善意相对人利益，本人追认前，善意相对人可决定自己行为不生效，即拒绝表意不真行为生效。……因不享有生效决定权，属于不完全决定权。"李锡鹤：《民法原理论稿》，法律出版社2012年第2版，第901页。

⑤ 参见佟柔主编：《中国民法学·民法总则》，中国人民公安大学出版社1990年版，第293页。

在我国,有关无权代理的效力曾在原《民法通则》和原《合同法》中前后两次规定,①《民法典》又再次涉及,②虽在内容上《民法典》的规定弥补了原有立法规定的不足,但相较他域立法,我国规定依然相对简略抽象,且前后不一易生疑问。主要问题有:第一,没有明确本人追认权的行使方式和对象等,如原《民法通则》第66条规定,"本人知道他人以本人名义实施民事行为而不作否认表示的,视为同意",我国民法界将它称为默示追认,而原《合同法》第48条第2款和《民法典》第171条第2款均规定,相对人可以催告被代理人在1个月或30日内予以追认,被代理人未作表示的,视为拒绝追认,二者文意表述不一。若认为原《民法通则》规定未考虑相对人的催告权,未合理兼顾本人的意志,有对本人利益保护不周之嫌,③以《民法典》规定否定《民法通则》的内容,则需强调追认只能以明示方式进行,默示可作为斟酌表见代理是否构成的因素。反之,应强调追认可有明示和默示两种,但经相对人催告后须以明示方式为之,以消解立法文义不一的局面。又如我国对单方法律行为可否追认也没有明确态度,也反映立法对规定追认权的意义并未真正理解。第二,原《合同法》第48条虽增补了善意相对人的撤销权,且在《民法典》规定中得以延续,但与《德国民法典》第178条、我国台湾地区"民法"第171条采用"撤回权"不同。也许立法者为了强调撤销是对已生效力行为的否定,以维持体系用语一致,④但事实上却推导不出这一结论,因在狭义无权代理中,相对人意思到

---

① 原《民法通则》第66条规定:"没有代理权、超越代理权或者代理权终止后的行为,只有经过被代理人的追认,被代理人才承担民事责任。未经追认的行为,由行为人承担民事责任。本人知道他人以本人名义实施民事行为而不作否认表示的,视为同意。代理人不履行职责而给被代理人造成损害的,应当承担民事责任。代理人和第三人串通,损害被代理人的利益的,由代理人和第三人负连带责任。第三人知道行为人没有代理权、超越代理权或者代理权已终止还与行为人实施民事行为给他人造成损害的,由第三人和行为人负连带责任。"原《合同法》第48条规定:"行为人没有代理权、超越代理权或者代理权终止后以被代理人名义订立的合同,未经被代理人追认,对被代理人不发生效力,由行为人承担责任。相对人可以催告被代理人在一个月内予以追认。被代理人未作表示的,视为拒绝追认。合同被追认之前,善意相对人有撤销的权利。撤销应当以通知的方式作出。"

② 《民法典》第171条规定:"行为人没有代理权、超越代理权或者代理权终止后,仍然实施代理行为,未经被代理人追认的,对被代理人不发生效力。相对人可以催告被代理人自收到通知之日起一个月内予以追认。被代理人未作表示的,视为拒绝追认。行为人实施的行为被追认前,善意相对人有撤销的权利。撤销应当以通知的方式作出。行为人实施的行为未被追认的,善意相对人有权请求行为人履行债务或者就其受到的损害请求行为人赔偿,但是赔偿的范围不得超过被代理人追认时相对人所能获得的利益。相对人知道或者应当知道行为人无权代理的,相对人和行为人按照各自的过错承担责任。"

③ 参见梁慧星:《民法总论》,法律出版社2001年第2版,第230页。

④ 《民法典》第475、476条(原《合同法》第17、18条)规定,撤回是阻却要约效力发生,撤销是否定要约效力。

达“代理人”后,相对人的表意行为对本人并不生效,也就不存在再用意思表示否定原效力的问题,故使用“撤回”当更为恰当。① 第三,关于无权代理人对相对人的法律后果,原《民法通则》与原《合同法》都仅表明“行为人承担(民事)责任”,而对责任构成要件和承担方式,以及损害赔偿下的责任范围和限制等均未作规定。《民法典》虽确定责任承担方式并限定相应赔偿范围,但未见选择相关责任模式的说明理由,也未明确责任构成要件与适用前提条件等,以及如何协调和处理前后规定不一的情况。

检索并比较有关国家或地区关于狭义无权代理的效力可见,其差异主要反映在狭义无权代理人的责任方面,可以说不同立法模式也因此而成。其中较为典型的模式有三种:一是以德国为代表兼顾履行利益与信赖利益保护的立法例,②其特点是,赋予相对人责任方式选择权,同时视无权代理人善意与恶意不同心理状态而就履行利益与信赖利益作区分保护。日本、希腊等国的立法与德国相同。③ 二是以意大利为蓝本的信赖利益保护立法例。④ 其特点是,基于不能要求非表意行为当事人负担履行责任的理念,明确相对人唯一救济方式是损害赔偿,且只能要求赔偿信赖利益损失。瑞士等国与意大利立法例相似。⑤ 三是法国民法所创具有担保属性的立法例。⑥ 其特点是,将狭义无权代理人责任纳入担保责任范畴,但相对人对无代理权状态已知或应知的除外。荷兰民法继承并细化了法国做法,⑦《美国代理法

---

① 后文在分析他域立法时,依然使用撤回权。

② 《德国民法典》第 177 ~ 180 条规定了狭义无权代理,其中第 179 条是关于无权代理人责任的规定。参见《德国民法典》,陈卫佐译注,法律出版社 2004 年版,第 50 ~ 51 页。

③ 参见杨代雄:《民法总论专题》,清华大学出版社 2012 年版,第 260 页。

④ 《意大利民法典》关于无权代理规定主要包括第 1398、1399 条两条。参见《意大利民法典》,费安玲等译,中国政法大学出版社 2004 年版,第 336 页;杨代雄:《民法总论专题》,清华大学出版社 2012 年版,第 258 页。

⑤ 《瑞士债法典》第 39 条。参见《瑞士债法典》,吴兆祥、石佳友、孙淑妍译,法律出版社 2002 年版,第 8 页;佟柔主编:《中国民法学·民法总则》,中国人民公安大学出版社 1990 年版,第 295 页。

⑥ 《法国民法典》第 1997 条规定:“受委托人(委托代理人)以此资格向与其缔结契约的人已充分说明其所享有的权限后,对超出此种权限的事务,不负任何担保责任,但受委托人(委托代理人)自行负担此种责任时,不在此限。”《法国民法典》(下册),罗结珍译,法律出版社 2005 年版,第 1447 页。

⑦ 《荷兰民法典》第 70 条规定:“以代理人身份行事的人,应当向他方当事人保证其具有代理权及权限范围,但是他方当事人知道或应当知道其不具有充分的代理权,或者代理人已经将代理权限范围完全告知他方当事人的除外。”同时在第 76 条第 2 款规定:“在前款所述情形下仍然以本人的名义实施行为的代理人,应当对不知道代理权终止的他方当事人承担损害赔偿责任。但代理人不知道也不应知道其代理权已被终止的情形除外。”参见《荷兰民法典》,王卫国主译,中国政法大学出版社 2006 年版,第 30、32 页。

重述(第三次)》有关规定与其相似。[①] 无疑,责任方式和内容均与对责任性质和构成要件等认识有关。要全面掌握狭义无权代理人责任这一核心内容,就需要重点深入分析之。

(二)狭义无权代理人的责任定性

狭义无权代理人的责任性质,既关乎责任依据的认定,又涉及构成要件的判断与责任方式的选择,其意义不言而喻。但学界对此观点不一,争论颇久。为对其准确定位,有必要探究各学说的产生背景及其存在合理性。相关学说主要有如下几种:

1. 侵权责任说,由德国法学泰斗萨维尼最早提出。[②] 该说认为狭义无权代理人的责任认定,可援引适用“恶意与过失的契约外责任之古罗马法原则”。[③] 也即在代理人因代理权瑕疵,致相对人与被代理人建立合同目的落空时,就意味着以合同为依据的救济路径不复存在,只能另避蹊径。而解读罗马法“恶意与过失的契约外责任”,可推导出过错归责是侵权赔偿责任的一般原则,行为人无代理权而为代理行为有主观过错,若致相对人损害,就应依过错归责原则承担侵权责任。但随着侵权责任原理不断发展和完善,则发现采过错侵权责任说不尽合理。其主要表现为:首先,侵权责任通常发生在事先无任何法律关系的民事主体间,狭义无权代理人与相对人间虽无合同直接约束,但双方毕竟为实现同一目的而有所磋商,故立法对无权代理这种特殊形态的规制,通常置于民法总则的代理制度或者债法有关委托代理的范畴,若适用民法一般侵权责任的规则,难免造成民法体系的混乱。其次,采过错归责侵权责任说,一方面会忽略代理人无过错为无权代理也需承担赔偿责任的类型,如本人授权时有他人不知晓的精神病,代理人为无权代理也要对相对人的损失承担赔偿责任,另一方面也意味着相对人须对狭义无权代理人的过错承担举证责任,这显然不利于相对人权益保护。故现今狭义无权代理人的责任承担,已不再

---

① 《美国代理法重述(第三次)》第6.10条第1款明确规定:“某人如声称代表另一人,与第三人订立合同、作出要与第三人订立合同的意思表示或者财产转让协议,这些行为对声称的被代理人并无约束,但却意味着向第三人提供了默示的授权担保,所以其应当对因违反默示担保给第三人造成的损失承担赔偿责任,赔偿责任包括第三人对本人履行义务的期待利益损失。其意指在第三人本来不会与代理人订立合同的情况下,由于代理人以言语或行为表明自己有权代表被代理人,致使第三人信赖代理人的此种意思表示而与之缔约,那么代理人就对第三人负有保证自己所作意思表示具有真实性的义务。代理人如果违反了这种义务就应当对第三人负责,即使代理人出于善意而误以为自己具有代理权限。”转引自汪渊智:《比较法视野下的代理法律制度》,法律出版社2012年版,第196~197页。

② 参见佟柔主编:《中国民法学·民法总则》,中国人民公安大学出版社1990年版,第293页。

③ 刘春堂:《民商法论集(一)》,台北,辅仁大学法学业书编辑委员会1985年版,第43页。

以无权代理人有过错为必要。最后,损害赔偿的侵权救济通常以损害填补为原则,而在狭义无权代理责任中,无论对信赖利益抑或履行利益的赔偿,均会考虑或倾向于对契约不履行后果的救济。透过现象究其成因,侵权责任说的种种不合理,关键在于没有明晰狭义无权代理人究竟侵害了相对人何种权利,模糊了法律保护的对象是权利还是法益。

2. 契约责任说,由历史法学派学者普赫塔等主张。[①] 该说认为无权代理人为契约当事人,应受契约约束。契约说立足于代理人与相对人实施行为的性质属于法律行为,且对相对人而言满足履行利益的实现是最有力的保护。但不可否认的是,契约说与民法契约理论有冲突。因狭义无权代理人系以代理人身份出现,这说明相对人意思表示的对象应指向代理行为的名义人即被代理人,而非代理人,故在狭义无权代理人与相对人之间难说存在缔约合意,无法以契约法锁来约束之。这也是契约说被绝大多数学者抛弃的原因所在。但在否定契约说时,似乎也无法彻底回避契约。倘若没有契约,何来履行利益的赔偿?亦即完全绕开契约的观点似乎并不明智。

3. 缔约过失责任说,最早由德国学者耶林提出,且时至今日仍得到不少学者的赞成。[②] 该说认为无权代理人与相对人为代理行为时,应对自己是否取得被代理人授权负注意义务,如因过失导致代理行为不成立或无效,则无权代理人应承担缔约过失责任,赔偿相对人因信赖其代理权而生的信赖利益损失。缔约过失说的价值在于,不仅适应司法实践需要,相对扩大了狭义无权代理人责任的范围,[③]更重要的是,为解决狭义无权代理制度中不能诉诸违约或侵权要求损害赔偿的困境,提供了新的救济路径。但缔约过失责任说的问题在于,狭义无权代理人无过错也要承担责任的做法与缔约过失采过错归责的理念背离,而且也不能为赔偿履行利益提供有力依据。

4. 默示担保责任说,由温特夏德等主张。[④] 该说认为狭义无权代理中无权代理人虽以被代理人名义为代理行为,但代理人同时认可其负有担保被代理人履行代理内容的从契约,当主契约不成立时,应由无权代理人负履行之责。亦即代理人为代理行为时有两层意图:一是代理人替被代理人为法律行为,使代理效果直接归属

---

① 参见胡长清:《中国民法总论》,中国政法大学出版社 1997 年版,第 319 页。

② 参见胡长清:《中国民法总论》,中国政法大学出版社 1997 年版,第 320 页;黄立:《民法总则》,中国政法大学出版社 2002 年版,第 419 页。

③ 参见刘春堂:《民商法论集(一)》,台北,辅仁大学法学业书编辑委员会 1985 年版,第 43 页。

④ 参见胡长清:《中国民法总论》,中国政法大学出版社 1997 年版,第 320 页。

于被代理人;二是若代理效果不能归属被代理人,则行为人对法律行为内容自负其责。形成这一效果的依据是,无权代理人与相对人间另有以自己名义所订立的担保本人应受其代理行为拘束的附随契约。① 依此见解,无权代理人所为无权代理行为,即使无过失,也应承担责任,从而扩大了无权代理人的责任范围,达到了保护善意第三人的目的,弥补了缔约过失责任说的不足。但对默示担保能否如此理解,学界始终存在争议。

5. 法律特别责任说,为大陆法系不少学者的支持,在德日学界具有通说地位。② 意指通过法律的特别规定,明确狭义无权代理人对其无权代理行为向相对人承担责任。该说简明扼要地指出了狭义无权代理人承担责任的原因就是法律设定的特别责任,也较清晰地反映了各国立法的现状。但其不足在于,无法明确揭示立法理由之内涵。③ 为此,学者王泽鉴先生在其论著中赋予法律特别责任说以无过失责任与法定担保责任的内涵,在强调无权代理人责任不以无权代理人有过错为要件的同时,指出无过失责任的原因在于法定担保义务,即相对人正当信赖代理人有代理权限,可对本人直接发生代理效果而未发生时,为保护善意相对人,特使无权代理人负赔偿责任。④

分析上述各学说可见,对狭义无权代理人责任性质的认识,是一个逐渐发展的过程,最初往往在原有体系和制度中寻找答案,从而产生了侵权责任说或契约责任说,后来则渐渐在体系外摸索,遂生缔约过失责任说、默示担保责任说和法定特别责任说等,并在具体研究分析时逐渐明晰保护目的和对象,从而达到维护代理制度和民法体系并合理保护第三人利益的最佳境界。比较而言,本书认同法定特别责任说,亦赞成王泽鉴先生无过失责任说和法定担保责任说的基本看法,只是对于法定特别责任说基本内涵欲再作细微探究,以揭示立法的真正意图所在。

法定特别责任说第一层含义在于确定无过失责任。无过失责任表明无论无权代理人主观心态如何,都不能通过证明其无过失而免除其责任。⑤ 但要将早期学说

---

① 参见刘春堂:《民商法论集(一)》,台北,辅仁大学法学业书编辑委员会1985年版,第44~45页。

② 参见胡长清:《中国民法总论》,中国政法大学出版社1997年版,第320页。

③ 对其立法理由认识不一:有以相对人善意为理由;有以交易安全为理由;有以主张担保责任为理由。参见胡长清:《中国民法总论》,中国政法大学出版社1997年版,第320页。

④ 参见王泽鉴:《民法学说与判例研究》(第6册),台北,三民书局1994年版,第3~5页。

⑤ 史尚宽先生认为:"盖代理人之有代理权,应由代理人证明,如代理人不能证明时,即应负责,德、日民法关于此点皆有明文规定(《德国民法典》第179条、《日本民法典》第117条)我民法虽无规定,以举证原则,解释上应相同。"参见史尚宽:《民法总论》,中国政法大学出版社2000年版,第557页。

和实务中的过错归责改为无过失归责，必然会引发有关争论和质疑。① 确实，在超出代理人知晓或判断可能性的情况下，代理人即使非常谨慎小心也难以知晓被代理人无委托权限或能力，譬如，本人授权时有他人不知晓的精神病，或者是被胁迫所为，此时依然归责代理人让其承担责任，似有替人受过之嫌，过于严厉。针对这一疑问，德国学者拉伦茨教授强调，法律令无代理权的代理人对交易相对人的信赖损害负责赔偿。其评价标准在于，为代理活动者总比信代理人所说其具有代理权的人，更应承担这种损害。② 这不仅在于代理人理所当然比相对人更有机会了解被代理人身上各种难以被他人所获知的瑕疵，更重要的是，即使代理人毫不知情，只要身处其位，从维护相对人利益和交易秩序的角度出发，也应令其承担更大的风险，这才是确定狭义无权代理人为无过失责任的关键所在。

法律特别责任说的第二层含义在于法定担保责任。一旦涉及担保，就难以回避默示担保说。通常学者对默示担保说的主要批评是，担保应以主契约成立为前提，但代理行为既不发生效力，主契约就不存在，则无担保其履行从契约可言。③ 这种观点实质是将担保理念仅限定在物权法担保理论中。德国学者迪特尔·梅迪库斯教授指出，所谓担保责任是无过错责任的理由之一，且不限于物权上的担保合同，完全可由意定形成，如生产者为促销产品而向商人承诺某一最低营业额，若未达此营业额，生产者须向商人赔偿既减少的收入，④这类承诺的担保就非基于过错。此观点为担保责任适用于狭义无权代理行为奠定了相应理论基础。另会让人担忧的是，纯属学者拟制的默示担保，能否真正立足并适用于实务。其实，法律特别责任说为消除此疑虑提供了有力支持：一方面说明狭义无权代理人的责任本身须源自民法的直接规定，已非单纯学理拟制；另一方面强调默示担保说是法定担保最好

① 弗卢梅在《法律行为论》一书中指出：在代理权的授予因胁迫而被撤销的情形中，即使代理人不知道胁迫的存在，他也必须依据《德国民法典》第 179 条第 2 款的规定承担责任，这样一来，他事实上不是在为自己的错误承担责任，而是在为与他本人毫不相干的其他人所进行的胁迫承担责任。因此，当代理人无法知道或无法判断代理权的缺陷时，人们应当无视法律的文意及立法者的意图而免除代理人的担保责任。只有当代理人判断失误时（即使代理人对此没有过错），他才应当依据第 179 条第 2 款承担责任。参见［德］维尔纳·弗卢梅：《法律行为论》，迟颖译，法律出版社 2013 年版，第 963 页。

② 参见［德］卡尔·拉伦茨：《德国民法通论》（下册），王晓晔等译，法律出版社 2009 年版，第 878 页。

③ 参见史尚宽：《民法总论》，中国政法大学出版社 2000 年版，第 557 页；胡长清：《中国民法总论》，中国政法大学出版社 1997 年版，第 320 页。

④ 参见［德］迪特尔·梅迪库斯：《德国债务总论》，杜景林、卢谌译，法律出版社 2004 年版，第 267 页。我国台湾地区学者曾世雄先生也指出："法律规定负担保义务或陷他人于信赖之一方，应赔偿他人因担保或信赖与事实不符时所蒙受之不利。"参见曾世雄：《损害赔偿法原理》，中国政法大学出版社 2001 年版，第 12 页。

的注解,也并非完全杜撰。如此解释,既可不过多地冲击民法现有体系,也可为要求狭义无权代理人承担履行责任或赔偿履行利益损失提供理由和依据,更重要的是赋予法律特别责任并揭示其原委,依然是在于维护相对人利益和稳定交易秩序。

由此可见,法定特别责任的特别之处,在于无过失和法定担保两层含义,①强调无过失责任是为维护社会共同利益,并明确个体的主观状态不是其承担责任的构成要件,但无过失本身不足以成为责任的事由或依据,确定无过失责任的依据在于法定担保,②而立法确定担保的真正意图旨在保护交易安全。

(三)狭义无权代理人的责任构成

既然狭义无权代理人责任属于法定特别责任,就必有其自身构成要件,但就狭义无权代理人责任的发生,学界观点不一,有的从构成要件入手,有的从限制角度分析,只强调不承担责任的有关情形。③ 而且学界对构成要件考虑的范围也不一。多的主张七要件:一是须有无权代理的行为;二是须未有本人承认;三是相对人就代理权之欠缺须为善意;四是须相对人未撤回其法律行为;五是须无权代理人为有行为能力人,或为限制行为能力人但经法定代理人同意,又或为限制行为能力人可单独实施的种类;六是无权代理人无须有故意或过失;七是无权代理行为以不符合表见代理为必要。④ 少的主张三要件,但具体要件又有差异。我国学者胡长清认为应包括有无权代理行为、本人未为承认和相对人为善意三方面要件;⑤德国学者弗卢梅则称为责任成立的前提条件,强调除代理人无权、本人未追认外,还要求相对人没撤回。⑥ 另日本学者我妻荣先生考虑六要件;⑦我国学者佟柔教授认为应具备

---

① 参见王泽鉴:《民法总则》,北京大学出版社 2009 年版,第 372 页。

② 无过失本身不足以作为责任依据,现行法中虽无过失也应承担赔偿责任的,可归三类:一是持有特定危险事物而享受利益者;二是在法律例外允许利用他人物品时所致损害者;三是基于法定担保义务者。这三类性质不同,难以提出一项共同积极原则加以说明,特就其消极特征立论,统称为无过失责任。参见王泽鉴:《民法学说与判例研究》(第 6 册),台北,三民书局 1994 年版,第 4 页。

③ 德国学者卡尔·拉伦茨虽不表明相关要素是否属于构成要件,只强调限制因素,但具体内容依然指向某人没有代理权,未被追认,相对人未撤回,相对人是善意,代理人是完全行为能力人或是限制行为能力人经法定代理人同意而为等。参见[德]卡尔·拉伦茨:《德国民法通论》(下册),王晓晔等译,法律出版社 2003 年版,第 877 页。

④ 参见史尚宽:《民法总论》,中国政法大学出版社 2000 年版,第 557 ~ 560 页。

⑤ 参见胡长清:《中国民法总论》,中国政法大学出版社 1997 年版,第 321 页。王泽鉴先生强调两点,但与三要件说基本相同。参见王泽鉴:《债法原理》,北京大学出版社 2009 年版,第 239 页。

⑥ 参见[德]维尔纳·弗卢梅:《法律行为论》,迟颖译,法律出版社 2012 年版,第 957 页。

⑦ 除没明确须以不符合表见代理为要件外,其他与七要件相似。参见[日]我妻荣:《我妻荣民法讲义 - Ⅰ - 新订民法总则》,于敏译,中国法制出版社 2008 年版,第 355 ~ 356 页。

四要件。[①] 针对同一问题,学者们在定性与定量上出现较大分歧,究其原因是对狭义无权代理人责任发生的定位理解不一,亦即未注意责任构成与责任限制的区别。尽管二者最终结论都表现为代理人不承担相应责任,但严格地说其内涵并不相同。责任构成要件是责任发生的前提,通常由法学内在逻辑决定,是法学思维推理的必然结果,各构成要件之间存在必然联系,凡发生责任均需对构成要件逐一认定,符合并充分要件者,责任方可成立;反之则责任不发生。责任限制因素是指责任成立后阻却责任产生的某些主客观特定情况,往往表现为限制或免除责任的事由,通常是法律规定、政策考量、利益平衡等产物,且以特例形式出现,各限制因素之间无必然联系,有时相同责任形式也可能因不同政策考量而出现不同限制因素。[②] 有限制因素存在,即可阻却责任承担。鉴于此,对狭义无权代理的构成要件与限制因素应分别对待,不能混淆。

根据狭义无权代理责任构成内在逻辑,并结合他域立法和学者们的相关观点分析,似应将下列内容作为构成要件:其一,须有无权代理的行为,指以本人的名义但却没获得本人授权,或者超越了本人授权,或者在代理权终止后仍为代理行为。其二,须未有本人承认,即没有被代理人追认,依民法原理狭义无权代理属效力待定状态,代理人尚不确定是否需承担无权代理行为的责任。若本人追认,则无权代理要素得以补全,无权代理便转化为有权代理,代理行为的法律后果当由被代理人承受,无权代理人责任不复存在。因此,唯本人对无权代理拒绝追认,才构成狭义无权代理人承担责任前提。其三,须相对人未撤回其法律行为,相对人撤回意味着法律行为从未生效,也就不存在狭义无权代理人责任。既然关乎责任有无,当应作为责任的构成要件。而且撤回与否是源自相对人的行为,而非本人原因,故应单独认定。[③]

---

① 包括狭义无权代理人应具备相应行为能力、相对人未行使撤回权、狭义无权代理应是合法行为和须第三人为善意且无过失。参见佟柔主编:《中国民法学·民法总则》,中国人民公安大学出版社 1990 年版,第 294~295 页。

② 如侵权或违约责任构成后,当事人可基于免责事由而不用承担责任。在无过错侵权责任中,不同的无过错责任其责任的限制因素就存在不同。如《民法典》在同为高度危险责任的限制因素立法中,第 1237 条规定:“民用核设施发生核事故造成他人损害的,民用核设施的经营者应当承担侵权责任,但能够证明损害是因战争等情形或者受害人故意造成的,不承担责任。”而在第 1238 条规定:“民用航空器造成他人损害的,民用航空器的经营者应当承担侵权责任,但能够证明损害是因受害人故意造成的,不承担责任。”对比可见,前者多了战争这一免责事由,原因在于核损害在受害人人数、损害程度、涉及范围等方面远比民用航空器损害厉害,但其发生概率又远低于民用航空器损害。正是基于如此政策考量和利益平衡,两者虽均适用无过错限额赔偿责任,但免责事由却不同。

③ 可能存在的问题是,将相对人撤回权定为责任构成要件,是否作为前提的相对人善意也便当然成为责任构成要件?分析之,撤回权或撤销权更关注相对人权利对狭义无权代理行为法律效果的影响,而善意与否则是对相对人有无撤回权或者能否行使撤回权的限制。二者着眼点不同,似不应混淆。

除此之外，对其他因素的定位看法不一，则有进一步讨论的必要。

首先，代理人欠缺行为能力能否作为影响狭义无权代理人责任的构成要件？不可否认，无行为能力人因不能代为或代受意思表示而不能成为代理权人，狭义无权代理人责任自始就不成立；但限制行为能力人可经法定代理人同意或者在其行为能力范围内为相应法律行为，故德国立法和众多学者均认为，对限制行为能力人的规定应与无行为能力人不同，其只有经法定代理人同意所为或者依其能力可单独所为者，才负无权代理人责任，反之则不承担责任。[①] 如此目的性限缩狭义无权代理人责任适用范围的理由在于，未成年人利益的保护优于交易秩序，并与法律行为效力认定保持一致。倘若该限制行为能力人明知无代理权，却以违背公序良俗方法侵害相对人利益，虽不适用狭义无权代理人的责任，但可按侵害法益情形负侵权赔偿责任。[②] 据此可说明两点：其一，如此规定与大陆法系国家或地区允许限制行为能力人能担任意定代理权人无关。因在有权的意定代理中，限制行为能力人所为代理行为的法律效果直接归属于本人，未成年人的代理行为属中性行为，[③]同时尊重本人选择并令其负责该选择的法律后果，也符合意思自治的精神。但在无权代理情形下，代理行为后果已不当然归属被代理人，故此时不能再以有权代理的思路或理由来解释有关问题。其二，区分不同情况以确定限制行为能力人有无狭义无权代理人的责任，或者在不能适用狭义无权代理人责任时，以其他补救路径协调处理，恰恰是利益平衡考量的结果，而非事物属性的本身需要。因此，将代理人欠缺行为能力定位于责任限制因素更为妥当。

其次，相对人就代理权欠缺为善意可否列为狭义无权代理人责任的构成要件？本书看法是，在明确无权代理人承担无过错责任的前提下，将相对人善意归为狭义无权代理人责任的构成要件，会增加责任有无的认定步骤而影响司法效率。具体地说，一方面，相对人善意与否属于主观状态的认定和判断，强调保护善意，意在保护相对人的信赖利益。而信赖利益的保护本身是利益衡量判断的结果，而非逻辑演绎使然。同时，保护善意也意味着恶意相对人不予保护。但细究恶意不保护的理由，不是完全取决于是否存在相对人信赖利益损失，而是强调相对人应意识到代理人欠缺代理权可能发生的法律风险，基于私法自治所体现的自己责任精神，可理

---

① 参见[德]卡尔·拉伦茨：《德国民法通论》(下册)，王晓晔等译，法律出版社2003年版，第877页；史尚宽：《民法总论》，中国政法大学出版社2000年版，第559页。

② 参见王泽鉴：《债法原理》，北京大学出版社2009年版，第241页。

③ 不涉及限制行为能力人财产的行为属中性行为，代理行为为中性行为，限制行为能力人可为代理人。参见[德]迪特尔·梅迪库斯：《请求权基础》，陈卫佐等译，法律出版社2012年版，第52页。

解为相对人咎由自取。① 也就是说,善意与恶意的判断因素众多,保护与否理由不一,准确把握并非易事。何况,各国或相关地区对此立法也不一,有的直接规定须相对人为善意,有无过失在所不问,②有的则考虑相对人善意乃非因过失而不知,③这说明相对人主观状态的认定,本身就不统一,属于法律解释范畴,这又增加了认定的难度系数。另一方面,就举证责任分配而言,若以相对人善意为责任构成要件,则通常应由相对人举证,在相对人举证证明自己是善意后,再看无权代理人能否举证证明其不具备善意。相反,若将相对人善意与否作为责任限制因素,则就少了相对人自己举证的环节,而是由无权代理人直接证明相对人是否存在恶意。无疑,如此运作更便于确定狭义无权代理责任。因此,将相对人的善意定为责任的限制因素,而非责任构要件,更利于界定并区分狭义无权代理人责任有无。

最后需讨论的有二:一是未构成表见代理能否作为责任构成要件。是否构成表见代理,看似对于明确狭义无权代理人适用范围至关重要,但这毕竟不是自身责任构成的具体要求和反映。狭义无权代理与表见代理都属无权代理,其共性是均以客观欠缺代理权为前提。但表见代理为达保护交易安全之目的,将本应发生无权代理后果的行为转为按有权代理处理,即立法选择牺牲本人利益,而维护相对人利益,实质是法律行为效果归属的特殊规则。这意味着相对人对行为人有无代理权表象的确信至关重要,相对人是否善意决定了表见代理能否构成。④ 而立法对狭义无权代理的处理态度是,在充分尊重本人意愿前提下,适度保护相对人的利益。既然二者分属不同无权代理类型,法律后果也不同,那自应适用各自责任构成要件以区别,而不能将"未构成表见代理"直接作为责任构成要件来对待。二是狭义无权代理人无须有故意或过失能否作为构成要件。立法要求无权代理人承担无过失赔偿责任,目的在于保护相对人的信任,这说明只要相对人的信任合乎情理,狭义

---

① 参见胡长清:《中国民法总论》,中国政法大学出版社1997年版,第321页。

② 我国台湾地区"民法"第110条。参见五南法学研究中心编辑,杨淑文、张丽卿、洪家殷、谢易宏监修:《最新简明六法》,台北,五南图书出版股份有限公司2010年版,二-第20页。

③ 《德国民法典》第179条第3项规定,另一方知道或应当知道代理权缺乏的,代理人不负责任。代理人是限制行为能力人也不负责任,但代理人经其法定代理人同意而实施行为的除外。参见《德国民法典》,陈卫佐译注,法律出版社2004年版,第50页。《日本民法典》第117条第2项。参见渠涛编译:《最新日本民法》,法律出版社2006年版,第29页。《瑞士债法典》第39条第1项。参见《瑞士债法典》,吴兆祥、石佳友、孙淑妍译,法律出版社2002年版,第8页。

④ 学界在是否要求被代理人对于此类权利表象的产生具有可归责性,以及判断相对人是否构成善意等方面存有争议,如我国学者杨代雄强调:"不必以被代理人有过错作为表见代理的构成要件,只要代理权表象是由其风险范围内的因素造成的即可。"参见杨代雄:《民法总论专题》,清华大学出版社2012年版,第244页。

无权代理人就应承担责任，可见无过失赔偿责任的确立显然是保护善意相对人的反射效应，无须作为构成要件考虑。质言之，未构成表见代理与狭义无权代理人无过失这两方面内容，甚至都不能作为责任有无的限制因素，至多是影响狭义无权代理事实存在与否的因素。

（四）狭义无权代理人责任的承担

狭义无权代理人责任的承担，包括责任承担的方式和责任赔偿范围的确定两方面内容，前者与责任性质的定位密切相关，后者是在相对人采损害赔偿救济手段时，对赔偿依据与范围的确定。对于前者，如前所述各国或地区规定不一，具体做法可大致归为两类：一是法律明定相对人可选择要求狭义无权代理人履行合同或承担损害赔偿，如德国、日本等。① 二是规定由狭义无权代理人直接承担损害赔偿责任，如意大利、瑞士和我国台湾地区等。② 法国与荷兰虽从担保角度入手，但也确定狭义无权代理人的责任为赔偿责任。③ 对于后者，除德国民法依行为人是否明知无权代理区分不同赔偿范围外，④其他各国立法均未明确规定。这意味着深入分析狭义无权代理人的责任承担承担方式和赔偿对象仍有价值。

---

① 《德国民法典》第 179 条第 1 款规定："只要作为代理人订立合同的人不证明其代理权，即有义务按照另一方的选择，向另一方履行或者赔偿损害，但以被代理人拒绝追认合同为限。"参见《德国民法典》，陈卫佐译注，法律出版社 2004 年版，第 50 页。《日本民法典》第 117 条有相似规定，作为他人代理人缔结契约者，如不能证明自己的代理权，且未能得到本人的追认时，服从相对人的选择，或者对相对人履行，或者负损害赔偿责任。参见渠涛编译：《最新日本民法》，法律出版社 2006 年版，第 29 ~ 30 页。

② 《意大利民法典》第 1398 条规定："无权代理或者超越代理权限缔结契约的人，应当对无过失的缔约第三人因相信契约效力所遭受的损失承担赔偿责任。"参见《意大利民法典》，费安玲等译，中国政法大学出版社 2004 年版，第 336 页。《瑞士债法典》第 39 条第 1 款规定："名义上的委托人明示或暗示地拒绝追认的，以代理人名义行为的人应当承担因合同不能成立而造成的一切损失，但其能够证明合同的另一方当事人知道或者应当知道其未经授权的除外。"参见《瑞士债法典》，吴兆祥、石佳友、孙淑妍译，法律出版社 2002 年版，第 8 页。我国台湾地区"民法"第 110 条规定："无代理权人，以他人之代理人名义所为之法律行为，对于善意相对人，负损害赔偿责任。"参见五南法学研究中心编辑，杨淑文、张丽卿、洪家殷、谢易宏监修：《最新简明六法》，台北，五南图书出版股份有限公司 2010 年版，二 - 第 20 页。

③ 对于法国做法，有学者认为也属信赖利益赔偿模式，其引用条款是《法国民法典》第 1120 条。（参见佟柔主编：《中国民法学 · 民法总则》，中国人民公安大学出版社 1990 年版，第 295 页。）但查该条规定似乎是对第三人保证责任的反映，难以对应。与其相关的规定应是《法国民法典》第 1997 条。［参见《法国民法典》（下册），罗结珍译，法律出版社 2005 年版，第 1447 页。］《荷兰民法典》第 76 条第 2 款对此有明确规定。（参见《荷兰民法典》，王卫国主译，中国政法大学出版社 2006 年版，第 32 页。）

④ 《德国民法典》第 179 条第 2 款规定："代理人不知道代理权缺乏的，只有义务赔偿另一方因信赖该项代理权而遭受的损害，但不超过另一方就合同之生效所拥有的利益之额。"参见《德国民法典》，陈卫佐译注，法律出版社 2004 年版，第 50 页。

1. 有无必要赋予相对人选择权及如何选择

如前所述，让无权代理人取得合同当事人地位是德日的做法，其他国家或地区则未将“履行”列为责任的承担方式，这可能受制于对狭义无权代理人责任的不同定性，也可能有简化责任方式兼顾效率价值的考量。但诸如此类理由似乎难以否定以合同履行为救济的重要性。这是因为，履行作为打开法锁的钥匙，是实现缔约双方目的的最佳方式。对相对人来说也不例外，唯请求无权代理人为履行，实现履约目的，才符合其为此行为的初衷。何况，在相对人请求履行无果时，并不妨碍其要求强制履行或赔偿。

需说明的是，在确定无权代理人有合同当事人地位的同时，立法再赋予相对人以选择权，看似矛盾却有其内在合理性。理由是，令无权代理人取代被代理人成为合同一方当事人，并不意味着二者具有同一性，即使是与身份无关的纯粹财产性合同，也不能否认选择交易对方是缔约者决定是否缔约的重要因素。何况，在狭义无权代理中，这种合同当事人地位的取代，相对人纯属被动，从而注定此类合同的履行状态会生障碍，即确实存在无权代理人不能履行的情形。此时，基于合同的性质和双方的实际情况，赋予相对人以选择权，不仅未弱化相对人地位，反而对其保护更为有利。至于相对人选择权的行使，则可适用关于选择之债的规定，相对人（选择权人）一旦向无权代理人作出选择的意思表示，便对其产生拘束力。但不影响相对人在知晓合同不可能履行时要求无权代理人为损害赔偿的权利。① 如此细致周密的保护方式设计，不仅令人知悉赋予相对人选择权的合理性，也让人明白借鉴德国模式的必要性。

2. 狭义无权代理人责任的赔偿范围为何

在狭义无权代理人责任中，依德国民法，相对人有三种情形可适用损害赔偿：一是狭义无权代理人不明知其无代理权，二是狭义无权代理人明知其无代理权而相对人选择损害赔偿，三是狭义无权代理人明知其无代理权而事实履行不能。在第一种情形下，相对人可以主张赔偿信赖利益损失；而在第二种情形下，相对人可以主张赔偿履行利益损失；第三种情形性质上属于第二次给付义务，前提是相对人选择了履行而无权代理人履行不能，故相对人仍可请求赔偿履行利益损失。可见狭义无权代理人责任的赔偿内容，不仅区分信赖利益损失与履行利益损失，而且需依无权代理人对代理权欠缺事实的主观状态而定。若狭义无权代理人知其无代理

① 参见［德］卡尔·拉伦茨：《德国民法通论》（下册），王晓晔等译，法律出版社 2009 年版，第 879 页。

权,则应根据相对人选择,或履行合同,或承担损害赔偿责任,此时相对人的履行利益应纳入保护范围;若狭义无权代理人不知其无代理权,则只需保护相对人的信赖利益,且应以履行利益损失为限,即不得超过相对人因契约有效所得利益的程度。①

之所以要考虑狭义无权代理人主观状态以定赔偿责任范围,是因为明知无代理权人的行为可分两种情形:一是欺诈相对人,即代理人隐瞒自己无代理权事实的目的是蒙骗相对人,而非促成本人与相对人形成法律关系。相对人在获知代理权瑕疵真相后,享有法律赋予的撤销权,在相对人未行使撤销权前,至少可认为其不愿放弃就履行利益损失的救济可能。换言之,以履行合同来满足对方当事人的全部要求,是明知自己无权代理者必须面对的风险。当然前提是这类合同性质是无权代理人能履行的,且其也有能力来履行。② 二是狭义无权代理人的目的是希望相对人与被代理人之间形成法律关系,如非为欺诈的无权代理。此种情形下,虽无法以上述推理得出"无权代理人需以履行合同满足对方"的结论,但可引用法定担保理念得出相同结果,可谓殊途同归。这也符合任何人都应对自己选择负责的基本伦理。但在无权代理人不知其无代理权时,依然强调其需承担履行利益损失的赔偿则过于严苛,此时考虑保护相对人信赖利益的损失,更能体现法律的公平。

但随之带来的问题有二:第一,区分不同的主观状态而赔偿不同利益损失,尤其是不再涉及履行利益损失赔偿时能否将法定特别责任的理念一以贯之?对此需要说明的是,要区分信赖利益与履行利益,关键在于考虑不同利益损害的差别计算因素以定赔偿范围,③而不是以此定其责任属性。其实基于民事关系的复杂性,有关立法或实务中将不同利益损失归于某种赔偿责任形态的做法并不鲜见,如强调赔偿信赖利益损失却不属缔约过失责任。④ 何况,狭义无权代理人的赔偿责任属于无过失责任的特性,也与缔约过失责任要求过错归责不同。第二,若民事立法没有

---

① 参见[德]迪特尔·施瓦布:《民法导论》,郑冲译,法律出版社2006年版,第555页。

② 参见[德]卡尔·拉伦茨:《德国民法通论》(下册),王晓晔等译,法律出版社2009年版,第878页。

③ 涉及法律行为有关责任时,利益损害具有模糊性。这是因为人们可以将致害人引起有效行为的表象看作是损害的原因,此时应予赔偿的损害由对表象的信赖产生,为信赖利益;人们也可以将行为的无效看作是损害的原因,此时应将被害人置于其在行为有效时所处的地位,就属履行利益(参见[德]迪特尔·梅迪库斯:《德国债务总论》,杜景林、卢谌译,法律出版社2004年版,第507页)。履行损害与信赖损害之间的区别对应于赔偿损害不同计算方式(参见[德]迪特尔·施瓦布:《民法导论》,郑冲译,法律出版社2006年版,第422页)。但因限于讨论内容的体系与篇幅,在此对履行利益与信赖利益的损失计算与认定等问题不再展开。

④ 参见黄茂荣:《债务不履行与损害赔偿》,厦门大学出版社2014年版,第193页。

如德国之明文规定时应如何解释与处理?[1] 对此,在理论和实务中存在不同观点,主要见解有四种:一是只能请求赔偿履行利益损失;二是只能请求赔偿信赖利益损失;三是履行利益或信赖利益损失均得主张赔偿,但信赖利益的请求不得大于履行利益;四是区分无权代理人于行为时是否明知其无权代理而定,不知者仅负赔偿信赖利益损失的责任(其额不得超过履行利益损失),明知者应负赔偿履行利益损失的责任。[2] 比较而言,第四种做法顾及了各种情况且更符合特别责任的内涵,本应首选,但若立法无明文规定或规定不明时,直接采此见解,就法学方法论而言,似已超越解释范畴,而进入法律创造阶段,故可退而求其次,采第三种观点。[3]

3. 相对人过错因素对责任范围有无影响

毋庸置疑,对于代理人所为代理行为有无权限等,相对人应有必要审核义务,[4] 若依具体情况令人觉得相对人该对有效授权存在与否予以探询而其却未加注意,则为过失。[5] 相对人一旦有过错往往难以构成善意,而相对人善意与否又是免除无权代理人责任需考虑的因素之一,即可阻却其请求无权代理人承担赔偿责任。由此引出的问题是,相对人存在过错时限制其对狭义无权代理人的索赔权是否合理?相对人过错有无影响无权代理人责任范围的可能?

对于第一问,可结合狭义无权代理人与相对人不同的主观状态来分析。如果相对人明知狭义无权代理人无代理权的事实,则无请求赔偿权;如果相对人有过失尤其是轻过失,而无权代理人是通过欺骗等手段所为,则相对人虽不能依狭义无权代理人责任为由请求赔偿,但可撤销法律行为或者依侵权责任请求赔偿来保护自身利益;[6]但在狭义无权代理人不知其无代理权,有过失相对人除可撤销该法律行为外,则难有信赖利益损失赔偿权,理由是信赖利益的保护并非必然,而是根据各种因素兼顾利益平衡的结果。[7] 可见,立法一方面考虑让狭义无权代理人承担无过失赔偿责任,以充分保护善意相对人;另一方面也在相对人有过错即不构成善意

---

① 如我国立法采用了相对人可选择的做法,但未明确依主观状态确定不同的赔偿对象。

② 参见王泽鉴:《民法总则》,北京大学出版社 2009 年版,第 373 页;汪渊智:《比较法视野下的代理法律制度》,法律出版社 2012 年版,第 192 页。

③ 参见王泽鉴:《民法总则》,北京大学出版社 2009 年版,第 373 页。

④ 正如学者王利明主持起草的《中国民法典建议稿》第 229 条规定的代理行为相对人的审核义务:"代理行为中,相对人对代理人的代理权限有必要的审核义务。审核义务应当依据当事人之间的交易习惯、标的额的大小、查核成本、债务履行的先后顺序、是否存在担保等合理确定。"王焜:《积极的信赖保护权利外观责任研究》,法律出版社 2010 年版,第 195 页。

⑤ 参见[德]迪特尔·施瓦布:《民法导论》,郑冲译,法律出版社 2006 年版,第 519 页。

⑥ 参见史尚宽:《民法总论》,中国政法大学出版社 2000 年版,第 559 页。

⑦ 参见傅鼎生:《不动产善意取得应排除冒名处分之适用》,载《法学》2011 年第 12 期。

时，限制其索赔权，同时考虑或辅助以其他可能的救济手段，以示法律的相对公平，这也是利益平衡的应有之义。①

对于第二问，实质是过失相抵的适用。无疑，当狭义无权代理人可免除责任时，必无过失相抵的适用余地。但若狭义无权代理人应承担责任，而在相对人也有过失且是导致损失扩大时，即使是无过失责任，也可适用过失相抵以限制赔偿范围。这意味无权代理人对相对人过失所致的扩大损失不用赔偿。换言之，特殊情形下过失相抵不可适用于赔偿责任的发生，但可影响赔偿责任的范围。②

综上所述，在代理制度扩张意思自治为交易带来便利的同时，也隐含着发生狭义无权代理影响交易安全的风险，合理规制狭义无权代理行为即成为立法不容回避的课题。但基于无权代理涉及多方当事人，且风险分布不平衡，这就意味着在确定狭义无权代理人责任时，既需考虑各方利益的平衡，又需关注相关保护措施与民法制度及其体系的衔接和调和。通过纵横向比较可见，在狭义无权代理人责任构成与承担上，虽具有代表性国家或地区的相关立法模式各有不同，但追求的价值却渐趋一致，即不断完善对相对人利益的保护以稳定交易秩序。相对而言，德国立法例更为精细，想必这也是我国《民法典》最终选择借鉴的缘由所在。不过，考虑到我国现有规定仍有不明确之处，故在未来司法实务中，不仅要关注责任构成与否的判断，还需严格区分责任限制因素和不同归责事由；不仅要充分尊重相对人的选择权，还需注意区分无权代理人的主观心态分别科以履行利益或信赖利益的损害赔偿，以求适用更为准确和合理。

二、关于表见代理

（一）表见代理的意义和类型

1. 表见代理的意义

表见代理，指无权代理人的代理行为，存在足以使第三人信其有代理权的事由，因而法律使之产生被代理人对第三人负授权责任的无权代理。③ 我国学者对表

① 《德国民法典》第 122 条第 2 款规定："受害人知道或因过失而不知道（应当知道）无效或可撤销的原因的，不发生损害赔偿义务。"（参见《德国民法典》，陈卫佐译注，法律出版社 2004 年版，第 35 页。）该规定即体现了如此意图，而《德国民法典》第 179 条第 3 款对相对人赔偿请求权的限制规定，也应如此理解。参见《德国民法典》，陈卫佐译注，法律出版社 2004 年版，第 50 页。

② 参见王泽鉴：《民法学说与判例研究》（第 5 册），台北，三民书局 1994 年版，第 246 ~ 247 页；郑玉波：《民法债编总论》，中国政法大学出版社 2004 年修订第 2 版，第 236 页。

③ 参见史尚宽：《民法总论》，中国政法大学出版社 2000 年版，第 545 ~ 546 页。

见代理的含义有各种描述,[①]但多数表达与传统理论的认知相同,只是部分学者的理解有所不一,且涉及对表见代理的基本定位。如梁慧星教授认为所谓表见代理,是指本属于无权代理,但因本人与无权代理人之间的关系,具有授予代理权的外观,即所谓外表授权,致相对人信其有代理权而与其为法律行为,法律使发生与有权代理同样的法律效果。[②] 结合梁教授对外表授权的理解属于法律所授予,[③]似可将之定性为有权代理。[④] 比较而言,将表见代理定位为无权代理或称广义无权代理更为合适,理由是,表见代理毕竟不存在本人的实际授权,法律规定按有权代理处理,并非法律替代本人意志予以授权,而是关乎对动态秩序的维护。

既然表见代理属于无权代理,那么非经本人承认,由无权代理人自己承担法律后果,相对人不能以善意信赖代理人有代理权为由,直接主张代理行为对本人发生效力,具有一定的合理性。但是,若代理行为在外观上存在足以使相对人信其有代理权的表征,相对人误信而与其进行法律行为,法律仅尊重本人意志而置相对人利益不顾,也易令人失去同代理人为交易的安全感,从而使代理制度名存实亡。[⑤] 为维护相对人的信赖利益,为维护交易安全和代理制度,就有突破无权代理原有安排转而要求本人直接承担责任的需要,由此表见代理制度应运而生,且得到众多国家或地区立法或司法实践的认可。[⑥]

---

① 如佟柔先生认为是指行为人虽无代理权,但善意相对人客观上有充分的理由相信行为人具有代理权,而与其为民事行为,该民事行为的后果直接由被代理人承担。参见佟柔主编:《中国民法学·民法总则》,中国人民公安大学出版1990年版,第295页。王利明教授认为是指行为人没有代理权、超越代理权或者代理权终止后,以被代理人名义订立合同,相对人有理由相信行为人有代理权的,该代理行为有效。参见王利明:《民法总则研究》,中国人民大学出版社2003年版,第662页。龙卫球教授认为是指相对人因无权代理人与本人之间有一定的关系;而有相当理由,足可信其为代理人而与之所为的无权代理。参见龙卫球:《民法总论》,中国法制出版社2001年版,第666页。朱庆育教授认为,当无权代理人拥有代理权的法律外观,是令人信其有代理权时,被代理人应为此负授权之责,此称为表见代理。参见朱庆育:《民法总论》,北京大学出版社2014年版,第354页。

② 参见梁慧星:《民法总论》,法律出版社2001年第2版,第232页。

③ 参见梁慧星:《中国民法经济法诸问题》,法律出版社1991年版,第101页;梁慧星:《民法总论》,法律出版社2001年第2版,第216页。

④ 除强调外表授权外,另有人认为通过本人默示授权,取得代理人资格,而为有权代理。参见刘心稳主编:《中国民法学研究述评》,中国政法大学出版社1996年版,第267~268页。

⑤ 参见梁慧星:《民法总论》,法律出版社2004年第2版,第232页。

⑥ 《日本民法典》第109、110、112条。(参见渠涛编译:《最新日本民法》,法律出版社2006年版,第28~29页。)法国最高法院民商事庭对表见代理的态度,以及《法国民法典》第2005条。(参见《法国民法典》(下册),罗结珍译,法律出版社2005年版,第1449~1450、1456页。)《德国民法典》第169~173条。(参见《德国民法典》,陈卫佐译注,法律出版社2004年版,第49页。)《瑞士债法典》第36条。(参见《瑞士债法典》,吴兆祥、石佳友、孙淑妍译,法律出版社2002年版,第8页。)我国台湾地区"民法"第107条、第169条。(参见五南法学研究中心编辑,杨淑文、张丽卿、洪家殷、谢易宏监修:《最新简明六法》,台北,五南图书出版股份有限公司2010年版,二-第19页、二-第34页。)

我国也不例外，自原《合同法》首次明确表见代理后，《民法典》又将表见代理有关内容体现在代理制度之中。①

无疑，表见代理是为保护相对人信赖而设计，但这种信赖保护既与狭义无权代理的信赖保护有所区别，也与法律行为制度中所涉及的信赖保护不一。在无权代理中，无论是表见代理还是狭义无权代理，其法律效果均侧重保护相对人，其法理基础既在于维护交易安全，也在于保护相对人的信赖利益。而对信赖利益的保护，表见代理是体现在由本人承担有权代理的效果，狭义无权代理则要求由"代理人"对相对人承担相关责任。当然，相对人赖以保护的前提是善意，即不知或不应知行为人无代理权而为代理行为，否则没有保护必要。在法律行为制度中，相对人受信赖保护的前提是，相对人所理解和受领的意思表示是有效的；表意人对其意思表示的意义形成具有可归责性。若表意人认为其无意为此表示或其表示另有所指，其可以意思表示错误为由而撤销，然后赔偿相对人信赖利益损失以减轻责任。在表见代理中所保护的是，并非单纯考虑权利状态表象始作俑者的可归责性，而更多关注相对人对法律行为发生有效拘束或者某种授权发生并持续的信赖，当这种信赖达到相应程度，通常的结果是按相对人视为发生或继续存在效果来处理，即构成权利表见责任。②

2. 表见代理的基本类型

表见代理的发生原因各异，③但无论成因如何，依各国或地区有关法律规定和司法实务，可将其作类型化分析。在现有民法理论中，主要有三分法与两分法之

---

① 原《合同法》第 49 条规定："行为人没有代理权、超越代理权或者代理权终止后以被代理人名义订立合同，相对人有理由相信行为人有代理权的，该代理行为有效。"《民法典》第 172 条规定："行为人没有代理权、超越代理权或者代理权终止后，仍然实施代理行为，相对人有理由相信行为人有代理权的，代理行为有效。"

② 德国学者卡纳里斯将之区分积极信赖利益与消极信赖利益。参见[德]卡尔·拉伦茨：《德国民法通论》(下册)，王晓晔等译，法律出版社 2009 年版，第 885 ~ 887 页。表见代理是对善意第三人提供积极信赖利益的保护制度。

③ 因被代理人授权不明，使第三人将越权代理行为误信为有权代理而发生的表见代理；因共同代理人中一人或数人未与其他代理人协商，擅自实施代理行为，使第三人信其有单独实施代理行为代理权而发生的表见代理；因代理权被撤销或终止后，被代理人未采取必要措施公示或通知，致第三人不知代理权终止而形成的表见代理；因被代理人内部管理不当，行为人持有证明代理权存在意义的文件，致第三人误信与其交易而发生的表见代理；因被代理人对第三人表示以代理权授予他人，而事实上未授权而产生的表见代理；因被代理人与表见代理人存在特定关系，未向外界公示彼此互为独立主体，致第三人误信而产生的表见代理。参见彭万林主编：《民法学》，中国政法大学出版社 2002 年修订第 3 版，第 142 ~ 143 页。其实我国学者的如此分析，并未真正理解表见代理及其成因，以致在对其成因的分析时，存在两方面问题，一是并不全面，如缺少相对人信赖本人授予代理权的表见代理；二是难以与狭义无权代理作区分，如授权不明并非当然越权代理，即使越权也可构成狭义无权代理，诸如此类，不一一列举。

别。前者将表见代理分为三类，包括授权表示型、权限超越型和权限延续型；[①]后者将之分为两类：一是相对人信赖本人所授予的代理权继续存在的表见代理，二是相对人信赖本人授予代理权的表见代理。[②] 但细究可见二者并无实质冲突，三分法中的后两种完全可归为一类，即体现为相对人信赖本人授权继续存在的表见代理。[③]原则上，不同类型的表见代理，不仅反映了其形成机制或原因的不同，而且将直接关乎具体适用条款的不同。尽管我国民事立法不像其他国家或地区那样，区分不同类型的表见代理分别适用不同条款，但这并不影响对不同类型表见代理作理论阐释，以察其各种细微不同并准确认识与判断之。基于此，按两大类型分述如下：

(1)相对人信赖本人所授予的代理权继续存在的表见代理。其基本特点是，相对人对外观表象的信赖，主要体现在"代理人"对代理权享有或持续享有，包括权限超越型和权限延续型的表见代理。

权限超越型表见代理是指代理权被限制后，相对人仍有理由相信代理人越权所为是未被限制而产生的表见代理。所谓权限限制(或称撤回)，固有意义是本人对代理人应有或已有的代理权加以限制。一般法定代理当由法律规定限制，意定代理自可由本人意思表示限制。可细究的是，意定代理可否法定限制？法定代理可否意定限制？有学者认为，前者仅存在于代理人资格由意思表示发生，代理权由法律规定限制的情形，如经理权的限制；后者虽有肯定与否定之争，但考虑到法定代理中本人的意思表示，尚需法定代理人为之，不能独立而为，应以否定说为妥。[④]另权限自始受限制，则属于明确代理权范围，[⑤]难说限制。由此也说明，唯嗣后加以限制，才会因权限前后不一而可能使相对人产生合理信赖。

权限延续型的表见代理是指代理权消灭后，存在令相对人相信代理权延续的假象而发生的表见代理。通常指代理人一度拥有有效代理权而后丧失的情形。至于自始无代理权、代理权自始无效或被撤销者，则均可归于授权表示型表见代理处理。代理权的丧失原因及其是全部还是部分丧失，在所不问。这是因

---

① 参见张俊浩主编：《民法学原理》，中国政法大学出版社2000年修订第3版，第328页。

② 参见王泽鉴：《债法原理》，北京大学出版社2009年版，第245页。

③ 我国台湾地区学者史尚宽先生也将之分为三类：表示以代理权授予他人，或知他人表示为其代理人而不为反对之表示者(第169条)；代理权之限制及第三人非因过失而不知者(第107条)；代理权之撤回或消灭后，代理人为代理行为，第三人非因过失而不知者(准用第107条)。史尚宽：《民法总论》，中国政法大学出版社2000年版，第546页。

④ 参见郑玉波：《民法总则》，中国政法大学出版社2003年版，第426~427页。

⑤ 我国台湾地区学者刘得宽先生认为，限制作扩张解释包括自始和嗣后限制，而王泽鉴先生持反对意见。参见王泽鉴：《债法原理》，北京大学出版社2009年版，第246~247页。

为，代理权一部丧失（或称一部撤回），就其丧失部分为代理行为，自代理权消灭部分观之，是代理权消灭后的代理；自现存代理权而言，则为越权代理。①

值得说明的是，对于相对人信赖所授予代理权继续存在的类型能否适用表见代理，民法理论界并非完全达成共识，尚有肯定说与否定说之争。肯定说从表见代理设计目的出发进行分析，强调为调节本人利益与交易安全，在本人与无权代理人之间，只要客观上足以使第三人相信无权代理人有代理权特殊关系，即可发生与有权代理类似的效果。否定说则从行为成立情形分析，认为表见代理的成立须有本人自己行为，包括表示以代理权授予他人，或知他人表示为其代理人而不反对的表示，而不仅仅在于对第三人的效果与表见代理相同。② 这一争论，表面上是不同法条规范不同行为而形成的差异所致，但实质上是关乎表见代理构成要件的认识与判断，即此类行为是否真正形成或具有外观权利表象。譬如，只有本人授予代理权后再加限制或撤回，或者代理权消灭后代理人仍继续持有授权证书为代理行为，如此情形只能说明代理人实施无权代理行为，但难谓有令相对人信赖权利外观表征的继续存在，其与狭义无权代理毫无区别可言。因此，这类表见代理的形成，关键在于要有使相对人正当信赖代理权继续存在的权利外观表征，从比较法上观之，其应表现为：一是外部授权而内部限制或撤回，或者外部授权而代理权消灭后未为通知；二是代理人向第三人提示本人交付的授权证书，亦即为防止代理人滥用代理权，立法通常要求代理人在提示授权证书后交回本人，但只要向第三人提示本人授权证书，当会使相对人信赖代理权存在。③ 唯有如此限制性解释，由本人承担有权代理的后果才具有合理性，对相对人的保护才有必要。同时，也可区别于狭义无权代理，明晰各自的适用范围。④

（2）相对人信赖本人授予代理权的表见代理，亦称授权表示型表见代理，指以自己行为表示将代理权授予他人（也称表示行为授权），或者知道他人表示为其代理人而不作否认表示，以使相对人有理由相信行为人有代理权的表见代理。对此，我国台湾地区"民法"与日本民法均有明文规定的一般条款；⑤德国民法中虽没有专

---

① 参见史尚宽：《民法总论》，中国政法大学出版社 2000 年版，第 552 页。

② 参见王泽鉴：《债法原理》，北京大学出版社 2009 年版，第 248 页。

③ 《德国民法典》第 170 ~ 172 条（参见《德国民法典》，陈卫佐译注，法律出版社 2004 年版，第 49 页）、《日本民法典》第 110、112 条（参见渠涛编译：《最新日本民法》，法律出版社 2006 年版，第 28 ~ 29 页）。参见[德]卡尔·拉伦茨：《德国民法通论》（下册），王晓晔等译，法律出版社 2009 年版，第 895 ~ 896 页。

④ 但在如此限制的前提下，此类表见代理的情形似乎已接近或可归类于对本人授权信赖的类型。

⑤ 我国台湾地区"民法"第 169 条（参见五南法学研究中心编辑，杨淑文、张丽卿、洪家殷、谢易宏监修：《最新简明六法》，台北，五南图书出版股份有限公司 2010 年版，二 - 第 34 页）、《日本民法典》第 109 条（参见渠涛编译：《最新日本民法》，法律出版社 2006 年版，第 28 页）。

门规定这一抽象类型，但实务和原理上讨论的对外错误公开内部授权和容忍委托代理权，①即属于此类表见代理。与前一类型表见代理不同，其不是对"代理人"享有或持续享有代理权的信赖，而是着重体现为对本人所谓授权的信赖，具体包括表示行为授权和容忍委托代理权两种情形。详述如下：

第一种表示行为授权的表见代理，无疑与授权有无及其是否有效相关。在委托代理关系中，代理权授予的常见方式有外部授予和内部授予两种。前者指本人向相对人表明谁是代理人及其权限；后者是本人向代理人表示代理权限范围。除此之外，现实中还存在向外部告知的内部授权，即将内部授权事实公诸于外部。如果确有授权的事实，则无表见代理适用的余地；相反，如果无授权事实存在，但在表面上有令人信以为有代理权的外观，如对外直接宣称某人是自己的代理人而无实际授权的情形，则应使本人按表见代理承担责任。至于何种外观足以使第三人形成合理信赖，则属于要件判断问题，真正影响表见代理可否适用的是对外部告知内部授权的定性。对此，德国学界看法不一。一种观点认为公开行为并非意思表示，不是内部授权外的外部授权，②公开只具有使人或使公众知悉的意义；另一种观点认为公开包含加强业已进行内部授权的意义。③ 尽管存在不同的理解，但在处理将内部代理权对外告知错误时，包括内部授权无效或根本没有授权的情形，各方都认为应保护相对人的利益，只是理由不一。如果认为是对内部授权的加强，即可认为即使内部授权不存在亦可按外部授权处置，即无适用表见代理的需要；如果认为仅是作为知悉，则意味法律因公开人以可归责方式制造了外部授权的表象而创立代理权，即应适用表见代理。④ 这一观点被多数学者所认可。当然，要使错误通知发生利于相对人的效力，相对人也应处于善意状态。需指出的是，公开虽非意思表示，但属于准法律行为，应可依据法律使之具有意思表示的作用，以防给未成年人或行为能力有缺陷者带来不利。有疑问的是，对于错误通知能否类推适用因胁迫或欺诈等有关撤销规定来排除其效果？虽对此德国学界也存在争论，但通说认为，若不允许撤销就意味着错误通知中第三人的地位优于外部授权第三人，形成这一差别待遇没有理由，故应一视同仁均可被撤销。⑤

---

① 参见[德]迪特尔·梅迪库斯：《德国民法总论》，邵建东译，法律出版社2000年版，第717～719页；[德]卡尔·拉伦茨：《德国民法通论》(下册)，王晓晔等译，法律出版社2009年版，第887～895页。

② 参见[德]迪特尔·梅迪库斯：《德国民法总论》，邵建东译，法律出版社2000年版，第708页。

③ 参见[德]维尔纳·弗卢梅：《法律行为论》，迟颖译，法律出版社2013年版，第983页。

④ 参见[德]卡尔·拉伦茨：《德国民法通论》(下册)，王晓晔等译，法律出版社2009年版，第888页。

⑤ 参见[德]迪特尔·梅迪库斯：《德国民法总论》，邵建东译，法律出版社2000年版，第718页。但拉伦茨教授认为须区分是通知还是公开告示，公开告示关乎法律对社会交往的充分保护，应不允许撤销。参见[德]卡尔·拉伦茨：《德国民法通论》(下册)，王晓晔等译，法律出版社2009年版，第889页。

第二种容忍委托代理权的表见代理,顾名思义是指某人在知悉他人以其代理人身份出现而不加干预,使相对人足以相信其有代理权的情形。① 我国学界在解释原《民法通则》第66条,即"本人知道他人以本人名义实施民事行为而不作否认表示的,视为同意"的规定内容时,形成不同的理解,有的认为这是拟制的追认,②也有的认为属于容忍委托代理型的表见代理。③ 显然,容忍委托代理权不是对代理人授权的容忍,而是对无内外部授权且本人可干预却不干预所形成授予代理权表象的称谓。其强调的是,本人在知悉时能干预而不干预的可归责性;其关注的是,可否对有所信赖的相对人予以保护,而非对本人意志的拟制。缘此,与其将之视作默示追认方式,不如将之作为表见代理的特殊类型。④ 值得讨论的是由此引发的另一个问题,即若本人并不知悉有人以代理人身份为代理,但只要其尽了谨慎注意义务也可发现此情况,能否也按容忍委托代理权对待?德国法院判决与部分学说称之为表见代理权,⑤认为其也与容忍委托代理权一样,发生表见授权后果责任,即相对人可要求本人承担授权责任。⑥ 但德国不少学者对此表示反对,他们认为在这种情形下对有无归责的判断是非常困难的,故不能要求本人承担表见授权后果,至多是承担信赖损害赔偿责任。⑦

表见代理的类型如上所述,但需进一步明确的问题有二:

其一,各类表见代理的适用范围。相对而言,授权表示型表见代理与授权有无相关,仅适用于委托代理,应无歧义。而对于相对人信赖本人所授予的代理权继续存在的表见代理的适用范围问题,有关国家或地区实务和理论观点并不一致,在日本解释上倾向于不限于意定代理,法定代理亦可适用之,⑧而我国台湾地区民法学界则认为,此类表见代理不适用于法定代理。⑨ 这一争论不仅涉及对表见代理构成要件的判断,而且关乎未成年人或受监护人与交易秩序不同利益保护的平衡。这是因

---

① 参见[德]卡尔·拉伦茨:《德国民法通论》(下册),王晓晔等译,法律出版社2009年版,第892页。

② 参见彭万林主编:《民法学》,中国政法大学出版社2002年修订第3版,第141页。

③ 参见龙卫球:《民法总论》,中国法制出版社2001年版,第669页。

④ 原《民法总则》和《民法典》对于无权代理的规定,均已删除拟制追认的内容,这似乎说明我国立法者也倾向于将此类情形作为表见代理处理。

⑤ 德国学界与实务有表见代理权 Anscheinsvollmach 与容忍委托代理权 Duldungsvollmacht 之分。

⑥ [德]迪特尔·施瓦布:《民法导论》,郑冲译,法律出版社2006年版,第546页。

⑦ [德]卡尔·拉伦茨:《德国民法通论》(下册),王晓晔等译,法律出版社2009年版,第893~894页。

⑧ 参见[日]我妻荣:《我妻荣民法讲义-Ⅰ-新订民法总则》,于敏译,中国法制出版社2008年版,第347~349页。

⑨ 参见史尚宽:《民法总论》,中国政法大学出版社2000年版,第549页;王泽鉴:《债法原理》,北京大学出版社2009年版,第254页。

为,如果单纯考虑是否以本人过失为必要,那么在本人无能力时,出于对本人的保护就应限制适用,反之若不需要考虑本人过失与否时,就无限制的必要。同样,若仅关注可否引起相对人正当信赖时,就应不加限制,反之还需兼顾本人的利益,就得加以限制。因此,仅就表见代理的构成要件判断而确定适用与否的结论,过于轻率简单似不足取。合理的取舍,唯有通过充分考量不同利益保护的必要性而定。本着保护未成年人利益优于交易秩序的一贯理念,宜采否定说排斥对法定代理的适用为妥。

其二,表见代理的适用与无因性理论的关系。在委托代理关系中,本人向代理人授权通常伴有委托、合伙和雇佣等基础法律关系,那么作为授权行为原因的基础关系不成立、无效或被撤销是否影响授权行为的效力?这就是所谓授权行为是否具有无因性的问题。倘若按照无因性理论,即基础关系不成立、无效或被撤销不影响授权行为的效力,则在本人与代理人关系终止时,由授权行为产生的代理权并不当然消灭,可见采无因性理论也可达到保护相对人和交易秩序的目的。随之引发的思考是,其与表见代理的设计有无冲突或可否替代?对此,先得明确的是,授权行为应具有独立性,这不仅在于其可完全离开基础法律关系而独立存在,[①]而且也在于其功能与行为性质同基础法律关系的不同。按区分说,授权行为属于单方法律行为,实施目的在于确立代理权限,基础法律关系的形成通常基于双方法律行为,实施目的在于奠定授权基础。故而二者不能混淆。但这并不意味独立性必然采无因性理论,民法理论界存在无因说、有因说和折中说之争便是例证。[②] 同时需说明的是,在代理关系中,至少涉及三方当事人,具体措施设计往往是合理兼顾本人、代理人与相对人三方利益的结果。具体地说,一方面基础法律关系终止并非当然消灭代理权。譬如,当第三人欲与代理人(被授权人)签约时,可能不知本人与代理人之间的基础关系已经消灭,而此时不考虑保护善意第三人似有不妥。同理,在代理人也不知其代理权因内部基础关系终止而消灭时,不分事由要求其承担无权代理后果也不合情理。此时,立法可考虑在本人死亡或辞去委托终止基础关系时,代理行为继续有效,代理权不受基础法律关系消灭的影响。[③] 另一方面对善意第三人的保护,无因性理论并非是最佳和唯一选择,而可采表见代理来保护善意相对人

---

① 现实中也存在无基础关系下的授权,如基于社交行为。参见梁慧星:《民法总论》,法律出版社2001年第2版,第219页。

② 参见胡长清:《中国民法总论》,中国政法大学出版社1997年版,第306页。

③ 对于本人死亡而终止基础关系的情形,也可解释为基础关系继续存在,代理权也继续存在,以维护受托人的利益。参见[德]迪特尔·梅迪库斯:《德国民法总论》,邵建东译,法律出版社2000年版,第713页。

的信赖利益。理由是:首先现实中存在根本无基础关系和授权行为的无权代理,在此情形下,相对人的信赖同样需要保护,而无因性理论无用武之地,如对外错误告知授权;其次法律规定不能对当事人意志过度干预,在法律没有明确究竟是否体现无因性时,如当事人明确约定代理权受基础关系制约,则难以再采无因说,即以约定明确采用因说,则可排除无因说;①最后基础法律关系与授权行为相伴随的理解,也更符合生活常理,在有关国家或地区的立法表达时也有所反映。② 因此,尽管无因性理论有利于对交易秩序和相对人利益的维护,也可能与表见代理制度设计有所重叠,但毕竟各自要件与适用范围不一,应不存在相互替代的问题,更无冲突的可能,二者完全可共存,亦可在各自领域发挥其作用。

(二)表见代理的构成要件

表见代理的构成要件是表见代理制度的核心所在,不同的要件构成也事关不同价值观念的选择和司法导向。

对于表见代理的构成要件,我国学界看法不一,尤其是在合同法起草过程中各种争论此起彼伏,由此形成了一元论和多元论,以及单一要件、双重要件和折中要件说等多种观点。③ 但其中真正的争论在于,表见代理构成要件是采单一要件说还

① 王泽鉴教授尽管肯定无因说,但强调除当事人另有意思表示外。参见王泽鉴:《民法总则》,北京大学出版社 2009 年版,第 368 页。

② 《德国民法典》第 168 条规定,意定代理权消灭,依照授予意定代理权的基础法律关系予以确定。参见《德国民法典》,陈卫佐译注,法律出版社 2004 年版,第 48 页。我国台湾地区"民法"第 108 条第 1 项规定,代理权之消灭,依其所由授予之法律关系定之。参见五南法学研究中心编辑,杨淑文、张丽卿、洪家殷、谢易宏监修:《最新简明六法》,台北,五南图书出版股份有限公司 2010 年版,二 - 第 19 页。这也是我国台湾地区采有因说学者的立论依据。

③ 有的认为应包括五个方面:(1)无权代理人并没有获得本人的授权;(2)第三人有合理的理由相信权利外观,即能够使第三人有合理的理由相信无权代理人已经获得了授权;(3)相对人主观上是善意的;(4)相对人必须是无过失的;(5)无权代理行为的发生与本人有关。参见王利明:《民法总则研究》,中国人民大学出版社 2003 年版,第 663 ~ 677 页。有的认为须符合四要件:(1)须代理人无代理权;(2)须该无权代理人有被授予代理权之外表或假象,即所谓外表授权;(3)须相对人有正当理由信赖该无权代理人有代理权;(4)相对人基于此信赖而与该无权代理人成立法律行为。参见梁慧星:《民法总论》,法律出版社 2001 年第 2 版,第 233 ~ 235 页。也有学者认为表见代理四要件应包括:(1)欠缺代理权;(2)具有代理权之法律外观;(3)代理之法律外观归因于被代理人;(4)第三人善意信赖法律外观。参见朱庆育:《民法总论》,北京大学出版社 2014 年版,第 359 ~ 361 页。有的认为,表见代理在构成上除满足无权代理的要件外,还应符合以下特别要件:(1)本人在外观上有值得第三人信赖授予代理权的事实;(2)本人有行为能力;(3)本人具有可归责性;(4)相对人须值得保护,即相对人应为善意者。参见龙卫球:《民法总论》,中国法制出版社 2001 年版,第 666 ~ 669 页。有的认为,表见代理的特殊构成要件包括:(1)客观上须有使第三人相信代理人有代理权的情形,即表见事实;(2)第三人须为善意且无过失,即第三人不知无权代理人的代理行为欠缺代理权,而且第三人的这种不知情不能归咎于他的疏忽或懈怠。参见汪泽:《表见代理若干问题研究》,载梁慧星主编:《民商法论丛》(第 8 卷),法律出版社 1997 年版,第 12 ~ 16 页。

是双重要件说。所谓单一要件说认为，表见代理的成立主观上只要求相对人无过失地信赖代理人享有代理权，或者说相对人有充分的理由相信代理人有代理权，不要求被代理人有过失。① 所谓双重要件说认为，表见代理主观方面有两个特别成立要件，一是被代理人的过失行为使相对人确信代理人有代理权，二是相对人不知也不应知代理人无代理权，即当时有充分理由相信代理人有代理权。② 两种学说的主要分歧，在于本人过错是否应作为表见代理的构成要件。

1999 年我国《合同法》制定后，对其所规定的表见代理，我国民法学者一般认为是采单一要件说，③但相关讨论并未因此结束，不少学者依然想通过解释得出该《合同法》实质是采双重要件说的结论。他们解释的路径主要有二：一是强调该《合同法》只是确定第三人相信代理人有代理权的理由，没有仅关注善意第三人的信赖且无过失，且司法实务对于第三人“有理由”的判断，往往基于本人对无权代理的发生有过失和本人与无权代理人之间存在特殊关系作为认定的基本事实依据。④ 二是通过对该《合同法》第 48 条规定的狭义无权代理进行分析，在被代理人追认无权代理之前，善意相对人有撤销的权利。这意味着相对人善意不一定构成表见代理，也并非是表见代理和狭义无权代理的本质区别。亦即从该《合同法》第 48 条和第 49 条两条联合推论，可以发现该《合同法》认为表见代理应以被代理人有过错为构成要件。⑤ 此外，还有不少学者尝试改进双重要件说。有的认为从文义、历史、比较法的角度解释，均可确定本人归责性的要件地位。同时指出本人的归责性并不限于本人过错，它有强弱之分，本人惹起代理权外观、过错、制造外观的必要性程度、风险分配等因素影响归责性程度。表见代理是否成立应对本人的归责性与相对人信赖的合理性综合考量而定，较弱的归责性与较高的信赖合理性相结合，或者较强的

---

① 参见章戈：《论表见代理及其适用》，载《法学研究》1987 年第 6 期。

② 参见尹田：《论表见代理》，载《政治与法律》1988 年第 6 期。

③ 原《合同法》第 49 条规定：“行为人没有代理权、超越代理权或者代理权终止后以被代理人名义订立合同，相对人有理由相信行为人有代理权的，该代理行为有效。”在原《合同法》制定过程中，一种观点认为本人对第三人误信无权代理人有代理权的客观事实应有过错，才承担相应民事责任，否则，对本人未免过于苛刻。另一种观点认为设立表见代理的目的在于维护交易安全，其最重要的特征是相对人有正当理由相信行为人有代理权，至于本人是否有过错关系不大。1999 年制定的《合同法》采纳后一种意见。参见胡康生主编：《中华人民共和国合同法释义》，法律出版社 1999 年版，第 85 页。

④ 参见尹田：《我国新合同法中的表见代理制度评析》，载《现代法学》2000 年第 5 期。

⑤ 参见孙鹏：《表见代理构成要件新论——以被代理人过错问题为中心》，载《云南大学学报》（法学版）2004 年第 1 期，但孙鹏立法论方面持单一要件说，解释论方面采双重要件说。

归责性与较低的信赖合理性相结合，均可成立表见代理。① 有的则认为表见代理不必以被代理人有过错作为构成要件，只要代理权表象是由其风险范围内的因素所造成即可。② 更有学者综合法秩序内在价值、权利外观责任的可归责性，以及各种表见代理类型中本人的可归责性等，强调应确立被代理人可归责性为构成要件，进而明确风险归责原则应作为被代理人可归责性的判断原则并加以具体化运用。③ 这些观点可称为“新双重要件说”。学界的不同观点也影响着司法实务，以致有的不考虑被代理人过错，有的则考虑被代理人过错。④ 为此，最高人民法院也曾在有关司法解释中专门强调要正确把握法律构成要件，稳妥认定表见代理行为，其虽未将被代理人可归责性作为表见代理独立构成要件，但在提及需要考虑的多种因素中，却涉及并体现了被代理人的因素。⑤ 另《中华人民共和国民法总则（第三次审议稿）》第176条规定的表见代理构成中，也明确要考虑被代理人的因素，⑥但《民法典》第172条却删除了列举情形，继续延续了原《合同法》第49条规定的基本含义。⑦ 如此，表见代理构成究竟应否考虑被代理人的可归责性令人无法回避，有待进一步讨论明确。

从比较法角度而言，他域立法通常会区分不同类型而规定不同的构成要件，但

---

① 参见叶金强：《表见代理构成中的本人归责性要件——方法论角度的再思考》，载《法律科学》（西北政法大学学报）2010年第5期。

② 参见杨代雄：《表见代理的特别构成要件》，载《法学》2013年第2期。

③ 参见朱虎：《表见代理中的被代理人可归责性》，载《法学研究》2017年第2期。

④ 参见从最高人民法院关于“中国银行合肥市某某分理处与安徽合肥某某房地产有限责任公司等借款、抵押担保合同纠纷上诉案”的判决看，被代理人的过错并非表见代理的构成要件。参见最高人民法院（2000）经终字第220号民事判决书。而在广东省广州市黄埔区人民法院对“李某与广州市某某农村信用合作社联合社存款纠纷案”中却以被代理人的过错为构成要件之一。参见广州市黄浦区人民法院（2004）黄民一初字第492号民事判决书。

⑤ 最高人民法院《关于当前形势下审理民商事合同纠纷案件若干问题的指导意见》（法发〔2009〕40号）第14条规定：“人民法院在判断合同相对人主观上是否属于善意且无过失时，应当结合合同缔结与履行过程中的各种因素综合判断合同相对人是否尽到合理注意义务，此外还要考虑合同的缔结时间、以谁的名义签字、是否盖有相关印章及印章真伪、标的物的交付方式与地点、购买的材料、租赁的器材、所借款项的用途、建筑单位是否知道项目经理的行为、是否参与合同履行等各种因素，作出综合分析判断。”其中，“建筑单位是否知道项目经理的行为”直接体现了本人因素。

⑥ 《中华人民共和国民法总则（草案）（三次审议稿）》第176条规定：“行为人没有代理权、超越代理权或者代理权终止后，仍然实施代理行为，相对人有理由相信行为人有代理权的，代理行为有效，但是有下列情形之一的除外：（一）行为人伪造他人的公章、合同书或者授权委托书等，假冒他人的名义实施民事法律行为的；（二）被代理人的公章、合同书或者授权委托书等遗失、被盗，或者与行为人特定的职务关系已经终止，并且已经以合理方式公告或者通知，相对人应当知悉的；（三）法律规定的其他情形。”

⑦ 《民法典》第172条规定：“行为人没有代理权、超越代理权或者代理权终止后，仍然实施代理行为，相对人有理由相信行为人有代理权的，代理行为有效。”

均未直接明确本人的可归责性(过错)为特殊构成要件。[①] 同样,民法理论界对此也一直存在争议。日本的传统理论以交易安全作为表见代理的制度基础,认为客观上存在代理权外观,即应保护无过失信赖该外观的第三人,故不强调本人的归责性。这也称为交易安全说。[②] 但晚近民法理论认为存在表见法理——以作出违反真实的外观这种归责性为前提,保护有正当信赖的第三人。这也被称为表见法理说。据此,表见代理就需由代理权外观的存在、对外观的正当信赖以及外观作出的归责性(被代理人的过错)三方面构成。[③] 我国台湾地区民法学界关于本人对代理权表象的产生是否须有过错,见解也不一。[④] 而在德国,其民法典第170~173条确立权利表象原则,不少学者也认为权利的表象往往是应本人因素而发生,进而提出了可归责于本人,[⑤]但他们也意识到可归责于本人并不等同于过错归责。对归责性考虑的角度主要涉及三方面因素:一是过错归责,即考虑被代理人对代理权外观产生是否具有过错;二是诱因归责,即考虑代理权外观产生是否与被代理人存在关联;三是风险归责,即是否属于被代理人应承担的风险范围。[⑥]

仔细分析民法学界对表见代理构成要件的讨论可见,其并非毫无共识,只是在某些方面存在争论而已。具体地说,多数学者均认为必须从主观与客观两方面来判断表见代理是否构成,且对于客观要件均强调须符合代理外观表象,即其除欠缺代理权外,必须具

---

① 对于相对人信赖所授予代理权继续存在的表见代理类型,基本要件有二,一是代理权限制及撤回;二是相对人于行为时为善意且无过失。对于相对人信赖本人授予代理权的表见代理类型,基本要件亦有二:一是须以自己行为表示以代理权授予他人或知他人为其代理人而不为反对表示;二是须相对人非明知或可得而知行为人无代理权。参见王泽鉴:《债法原理》,北京大学出版社2010年版,第250~252页。《日本民法典》第109、110、112条规定了各种类型的表见代理。参见渠涛编译:《最新日本民法》,法律出版社2006年版,第28~29页。

② 参见[日]我妻荣:《我妻荣民法讲义-Ⅰ-新订民法总则》,于敏译,中国法制出版社2008年版,第339页。

③ 参见[日]山本敬三:《民法讲义Ⅰ:总则》,解亘译,北京大学出版社2004年版,第266页。

④ 有学者认为授权表示型表见代理即我国台湾地区"民法"第169条规定的第一种情形的成立不以本人有过失为必要——我国台湾地区法院有些判例亦采这种见解;容忍型表见代理即我国台湾地区"民法"第169条规定的第二种情形的成立要求本人主观上有过错。参见史尚宽:《债法总论》,中国政法大学出版社2000年版,第50~51页。也有学者认为此种表见代理的成立要求本人具有可归责性,对第一种情形本人就防止行为人以其代理人身份为法律行为欠缺一般注意;对第二种情形本人因明知而不为阻止而负责。参见黄立:《民法总则》,中国政法大学出版社2002年版,第411页。对于我国台湾地区"民法"第107条规定的越权型和代理权消灭后的表见代理的成立,学者在解释要件时未要求本人有过错。参见史尚宽:《民法总论》,中国政法大学出版社2000年版,第548~553页。

⑤ 参见[德]卡尔·拉伦茨:《德国民法通论》(下册),王晓晔等译,法律出版社2009年版,第887~896页。

⑥ 当然不排除综合考量所有因素。参见杨代雄:《表见代理的特别构成要件》,载《法学》2013年第2期;朱虎:《表见代理中的被代理人可归责性》,载《法学研究》2017年第2期。

备代理的基本法律特征。同时,对于主观要件也明确相对人必须为善意无过失。缘此,对于表见代理构成要件的命题,真正需讨论的是:表见代理的构成中是否应考虑被代理人的因素?如应考虑,则应考虑何种因素以及如何将之归入表见代理的判断?

在回答有关问题前,先得明确或澄清以下两点:其一,民法对于表见代理构成,要求相对人信赖的产生与被代理人之间具有某种关联性并无疑义,有争论的是能否将本人可归责性作为特殊构成要件,这与仅考虑和外观表象的发生有关联性的理解不同。① 所谓二要件说是将引发外观表象的本人因素作为主观构成要件对待,而非仅从客观关联考虑。亦即强调表见代理的构成,除存在权利表象事实的客观要件外,还要求考虑该权利表象事实可归责于本人和相对人善意无过失两方面主观构成要件,否则不成立权利外观责任。其二,一要件说尤其将之绝对化后确有不足。一般认为,单纯强调相对人的信赖保护,不顾表见代理的成因多为本人原因所致的事实,显然与社会基本生活常态相悖;只是考虑相对人的信赖,全然不顾意思自治,则与私法自治的基本精神不符,且难以真正明确为何要求非意思表示主体的本人来承担法律后果;无条件地维护相对人的信赖,不论此种信赖产生与被代理人之间是否存在关联性,将会在某些情形中使无辜的被代理人承受不应有的不利益。简言之,绝对一要件说在法价值上难以正当化。

然而,否定绝对的一要件说,并非当然意味着应采二要件说,即将被代理人(本人)因素直接作为特殊的构成要件。理由是,从归责性的因素考虑,诱因本身在因果关系中就难以把握,何种因素能成为诱因存在不确定性,一旦失控就会沦为结果归责,而结果责任在早期侵权责任中缺乏道德伦理上的可责难性,往往难以构成正当;近现代的结果责任,往往是从风险与利益关系及其控制防范出发,注重对后果的分配和分担,并不是伦理正当性的证成,在此意义上难说具有可归责性。而过错无疑是最常见的归责原则,但以过错归责,不仅可能因对过错的认识不一而使相对人利益保护受阻,②更关键

① 王利明教授认为,将被代理人具有过错作为表见代理构成要件不妥,因为,如果采用这一要件,被代理人就会千方百计地证明自己没有过错从而阻碍表见代理的成立,这显然会使设立表见代理制度的宗旨和目的落空,不利于保护具有合理信赖的第三人。基于此,不应以被代理人的过错作为表见代理的构成要件,不过,表见代理的成立仍应当以代理权外观的形成与被代理人具有关联性为要件,即要求代理权外观是因为被代理人的某种行为(不论是否有过错)引起的。参见王利明:《民法总则研究》,中国人民大学出版社 2003 年版,第 674 ~ 675 页。

② 如学者均认为代理权表象的产生至少在客观上都是由本人的某种行为(作为或不作为)所引发,但本人未将代理权限制向第三人为妥善公示或者未将代理权已消灭事实及时的通知第三人,是否属于本人过失,我国学者观点不一。有的认为属于过失,参见杨代雄:《表见代理的特别构成要件》,载《法学》2013 年第 2 期。有的则不认为属于过错,参见朱庆育:《民法总论》,北京大学出版社 2013 年版,第 356 页。

的是可能增加相对人的证明责任令表见代理难以构成。故而,即使赞成将本人因素作为特殊要件考虑的学者也认为,诱因归责等同于结果责任,而结果责任并非现代民法中真正意义上的归责原则,信赖责任若采结果责任,等于放弃“可归责性”要件,使之丧失正当基础。同时,信赖责任也不应普遍采过错归责,过错归责通常只适用“基于伦理必要性而发生的信赖责任”,其他信赖责任尤其是权利表象责任不应以此归责,而应采利于交易安全且符合权利表象责任特殊目的的风险原则。①

那么风险原则是否符合归责特性能成为特殊构成要件?值得肯定的是,风险因素的考量利于使本人与相对人之间实现价值平衡,②但这似乎难以将之作为构成要件的有力理由。这是因为,一方面从实体权利义务关系分析,风险原则与归责的基本特性也并不完全吻合。归责不仅仅是要求道德上具有可责难性,还在于责任指向的特定性,这往往取决于自身的过错或义务违反。而风险因素则关乎各方当事人的利益,其如何分配依然需要考虑风险由谁引起,谁易控制以及谁控制更为公平等因素,③但凡是需要结合各种因素考虑而定的事物,就意味着存在不确定性,而构成要件严格意义上本应是事物本质属性的反映,不应存在不确定性或者至少具有相对可控的稳定性。否则,犹如过错归责,势必会增加认定和判断的难度,使表见代理难以构成。另一方面,就举证责任的分配而言,若将风险原则作为归责性的特殊构成要件,则举证责任当由相对人完成,这意味着相对人不仅要证明风险归本人引起或控制,而且还要证明自己善意无过错,亦即导致相对人举证内容增多、举证难度增加,而举证的困难势必会影响对相对人和交易秩序的保护。因此,将风险控制作为归责性要件并非良策。

其实,不将风险原则作为表见代理的独立构成要件,也不是说完全忽视此因素。相对合理的做法是,将之纳入相对人善意且无过失要件中加以考察。换言之,主观要件仍采一要件即相对人善意且无过失,而对相对人善意且无过失认定和判

---

① 参见 Vgl. Claus-Wilhelm Canaris, Die Vertrauenshaftung im deutschen Privatrecht, C. H. Beck'sche Verlagsbuchhandlung, Miinchen, 1981(Nachdruck), SS. 473, 481。转引自杨代雄:《表见代理的特别构成要件》,载《法学》2013 年第 2 期。

② 从“利益—价值”衡量来看,在无权代理情形中,对本人有利因素是其未授权,即该法律行为不在其自由意志范围内,对相对人有利因素是其对代理权具有正当信赖。权衡之下,相对人的价值分量略轻,因与信赖相比,自由在法价值体系中处于更重要的位置。为使双方的价值分量保持平衡,要么加重相对人的价值分量,要么减轻本人的价值分量。但相对人的价值分量已无上升空间,因其已是善意,没法做得更好。唯一可做的是减轻本人的价值分量,即认定被代理人存在某种负面因素。参见杨代雄:《表见代理的特别构成要件》,载《法学》2013 年第 2 期。

③ 参见杨代雄:《表见代理的特别构成要件》,载《法学》2013 年第 2 期。

断的重点在于相对人无过失，亦即从举证责任的分配来说，相对人关键在于举证证明自己无过失，而非善意与否，如相对人无法举证证明自己无过失，不仅可认定其存在过错，而且可认定其不构成善意。而本人若要否定表见代理，应举证证明其不属于善意，即重点是举证否定相对人无过失。如此构造，不仅避免了将风险因素引入表见代理构成要件带来的不确定性，而且也符合现代民法对主观过错认定以客观要素判断的做法；不仅解决了有关善意与否的举证责任分配中保持各个制度一致性的问题，而且也符合现代举证责任的分配与转换的规则和理念；①不仅巧妙地规避了立法难点，而且也为统一司法从解释学上找到了一条出路。

总之，法院在适用法律认定表见代理时，主要需考察存在外观表象和相对人善意无过失的主客观两方面要件。其中对主观要件的判断是重中之重，其关键在于相对人有无过失，而在具体认定时，应当结合各种因素，包括风险由谁引起或最易控制等，以确定相对人是否尽到合理注意义务，使各方利益得以充分兼顾和平衡，使表见代理制度的效用得到合理有序的发挥。

（三）表见代理的效力

对于表见代理产生何种效力，理论上有不同观点：一是肯定相对人选择权，即由第三人自由选择主张表见代理或放弃主张表见代理按狭义无权代理处理。② 这种观点的形成原因，主要在于他域不同类型的表见代理由不同条款规制，如对于相对人信赖本人所授予的代理权继续存在的表见代理，通常规定不得以代理权消灭对抗善意第三人，而对于相对人信赖本人授予代理权的表见代理，则往往强调本人负授权人责任。③ 受此影响，对于前者易引发不同理解和解释，即认为所谓不得对抗，指相对人可享受有权代理的效力，也不妨抛弃有权代理的地位承认其为无权代理，进而撤回其法律行为。④ 二是可要求本人和表见代理人承担连带责任，认为因

① 众多学者通常认为相对人“善意”与否应由本人举证证明，这可与善意取得制度保持一致。相对人只需证明存在代理权表象，一方面满足表见代理的客观要件，另一方面可暂时推定其当时处于善意状态。被代理人为否定该善意状态，必须提出证据证明相对人有过错。参见杨代雄：《表见代理的特别构成要件》，载《法学》2013 年第 2 期；朱虎：《表见代理中的被代理人可归责性》，载《法学研究》2017 年第 2 期。

② 参见佟柔主编：《中国民法学 · 民法总则》，中国人民公安大学出版社 1990 年版，第 300 页；彭万林主编：《民法学》，中国政法大学出版社 2002 年修订第 3 版，第 143 页。

③ 我国台湾地区“民法”第 107 条与第 169 条表达不一。参见五南法学研究中心编辑，杨淑文、张丽卿、洪家殷、谢易宏监修：《最新简明六法》，台北，五南图书出版股份有限公司 2010 年版，二－第 19、34 页。

④ 参见史尚宽：《民法总论》，法律出版社 2000 年版，第 554 页。

相对人即可向本人主张有权代理的效力,又可向表见代理人主张无权代理效力,故本人与表见代理人实际上已经处于对相对人承担连带责任的地位。本人向相对人承担责任后,可向表见代理人追偿,追偿多少视双方过错程度而定。[①] 换言之,此种观点不仅认为相对人可有选择权,更重要的是注意到外观表象的形成,通常是本人与代理人均有过错所致。三是不应让无权代理人负此项责任,仅按有权代理处理等。[②] 认为表见代理一旦构成,将代理行为的法律后果直接归属于本人,交易目的就已达成,衡诸代理制度规范功能和当事人利益,似无相对人得向无代理权人请求损害赔偿的必要。

比较而言,第三种观点更值得认同,这也是我国和他域立法采用的做法。理由是:首先,在表见代理中,法律加重本人的责任,可直接实现交易目的,利于维护交易安全和社会秩序。所谓选择权,其实是主张事实的认定,亦即一旦主张表见代理,法官依职权判断构成表见代理,即应由本人按有权代理承担后果。反之,表见代理事实不构成,则相对人可另考虑主张狭义无权代理。其次,就履行而言,过错与否原则上不应对合同履行构成影响,因合同法按严格责任归责。即使相对人请求指向损害赔偿,本人与代理人的过错,也往往不是构成连带责任基础的意思联络(共同过错),至多是存在客观牵连的不真正连带责任。再则,产生与有权代理相同的效力,由本人承担表见代理的法律后果,并不排斥其向无权代理人追偿。如本人与表见代理人均有过错的,应按双方的过错程度分担损失。此外,特殊情形下,若本人对相对人形成事实上的不能请求履行,则为保护交易安全,相对人可例外请求无权代理人承担损害赔偿之责。[③]

---

① 李开国先生还认为,尽管国外立法没有此规定,但我国《民法通则》第65条第3款以及最高人民法院《关于在审理经济合同纠纷案件中具体适用〈经济合同法〉的若干问题的解答》(已于2000年被废止)规定了两种表见代理连带责任,是对表见代理立法的发展,符合表见代理的情理,值得赞赏。参见李开国:《民法基本问题研究》,法律出版社1990年版,第260~261页。

② 参见龙卫球:《民法总论》,中国法制出版社2001年版,第669页。

③ 参见王泽鉴:《债法原理》,北京大学出版社2009年版,第248页。

第六章　诉讼时效制度论

时效,指一定的事实状态持续存在一定期间后,即发生一定法律后果的法律制度。尽管民法有关制度的建立均是围绕确立和保护民事权利而展开,且按一般原则,权利有排除事实状态的效力。但法律却赋予时效制度具有反其道而行之的效力,以持续经过一定期限的事实状态推翻原有的权利。时效制度在民事立法体系中的独特性亦由此体现。对于时效,我国目前仅规定了诉讼时效(指权利人在一定期间不行使权利,即丧失依诉讼程序保护其权利的可能性的民事法律制度),①而未像大陆法系中众多国家或地区那样,建立一个包括消灭时效和取得时效在内的统一的时效制度,对此已可引出不少值得思考的问题。然而,鉴于我国诉讼时效制度规定过于疏漏,人们在实践中适用时效规定易发生理解差异的具体情况,充分地研究我国现有诉讼时效制度所存在问题显得更为迫切和重要。本章欲结合司法实践中的相关问题,从理论层面对我国诉讼时效制度的完善作深入分析。

第一节　诉讼时效概说

诉讼时效制度源远流长,但人们对它的存在理由和基本内容,看似清晰,实则不然。这就需要在全面了解其整体面貌后,给予其准确的认识及定位,以使其效用得以充分发挥。

一、诉讼时效的意义

对于涉及权利得丧的时效制度,近现代各国或地区民法虽在适用范围宽窄和效力强弱等方面的规定不尽相同,但均认同其存在的合理性。

---

① 在大陆法系各国或地区多称为消灭时效,而我国称为诉讼时效。本章将之作为相同制度一并讨论。

追本溯源地考察时效制度可见，其形成于罗马法时代且取得时效早于消灭时效出现。具体地说，罗马对所有权纠纷处理时强调的原则是，“任何人只能向他人转让属于他自己的权利”（Nemo plus iuris in alium transferre potest quam ipse haberet），①这意味着欲证明自己所有权合法，就须证明前手所有权正当；但前手还有前手，由此已呈证明之难。随着商品经济发展，交易和迁徙频繁，取证问题更为突出。为此取得时效应运而生，出卖人只要证明自己在1年或2年中持续占有某物，即认为他为该物的合法所有人，而不论其前手的权利是否正当。帝政后期，战乱频繁，田园荒芜，为安定人民生活，取得时效从便利证明所有权的手段演变为一种尊重持续事实状态和保护社会经济秩序的制度。② 这是因为，法律如不保护这种永续持久平和的状态，而允许他人有朝一日任意推翻，不仅可能会使占有人失去生活依靠引发不必要纠纷，而且占有人一旦心存物被追夺危险的顾虑就会影响其对物的爱护、改良与流通而阻碍生产力发展。何况，现实生活中非所有人长期占有他人之物而不受指责者实不多见，少数人因自己长时间怠于行使权利致权利不受保护也是咎由自取。③ 与取得时效相同，罗马法学家认为权利者通过诉讼维权无可厚非，但对诉权不加限制，听任当事人纠缠不休永久拖延，也不利于维护良好的社会秩序，且债务人在清偿后须长时间保留收据也将过度增加其负担。何况，债权人长期不行使权利可视为有抛弃权利的意思，法律对权利睡眠者也无保护的必要。④ 归纳之，在罗马法时代，消灭时效虽未与取得时效同步产生，但有着一致的存在理由，主要表现为对永续状态的保护和避免举证的困难两方面的功能，且最终目的是在于维护社会财富的合理利用以及整个社会秩序的稳定。

时代在前进，人类在进步，罗马法时代形成的不少制度都有质的变动，但其所确认的时效基础和理由却流传至今，依然得到近现代立法者和民法理论界的认同。不过，现有民法学界对时效存在理由的理解，似乎更注重时效功能的具体描述。譬如，我国台湾地区学者通常均区分取得时效和消灭时效来作更为具体的细致阐述，⑤进而认

① [意]彼德罗·彭梵得：《罗马法教科书》，黄风译，中国政法大学出版社1996年版，第209页。

② 参见周枏：《罗马法原论》（上册），商务印书馆1996年版，第319页。

③ 参见周枏：《罗马法原论》（上册），商务印书馆1996年版，第320页。

④ 参见周枏：《罗马法原论》（下册），商务印书馆1996年版，第851页。

⑤ 如我国台湾地区学者王泽鉴认为，取得时效功能在于，为促使原权利人善尽积极利用其财产的社会责任，并尊重长期占有的既存秩序，以增进公共利益而设，并使所有权的状态，得以从速确定。参见王泽鉴：《民法物权》，北京大学出版社2010年版，第134～135页。消灭时效存在的理由有四：一是保护债务人，避免因时日久远，举证困难，致遭受不利益；二是尊重现存秩序，维护法律平和；三是权利上之睡眠者不值得保护；四是简化法律关系，减轻法院负担，降低交易成本。参见王泽鉴：《民法总则》，北京大学出版社2010年版，第410页。

为时效存在理由对不同时效的影响有程度强弱之殊,取得时效受尊重久已继续事实状态的理由影响较强,而消灭时效尤其是短期债权短期时效则受便于举证的理由影响较深,并指出这是将取得时效和消灭时效分编规定的重要理由之一。① 德国学者在分析消灭时效功能时也重点关注举证便利的需要。② 同样,我国立法虽未认可取得时效,但对诉讼时效的存在意义,民法学界通常归纳为三方面:保护交易安全和社会经济秩序、促使权利人及时行使权利及提高人民法院的办案质量和效率。③

毋庸置疑,现今学者对时效制度存在基础及其理由的具体阐述并无不当。但有两点值得注意:一是细分说明时效存在理由,既不能成为混淆具体功能的因素,也不能成为掌握时效存在最终目的的障碍。事实上,尊重久已形成并持续存在的事实状态,目的是维护业已形成的各种法律关系,稳定民事流转秩序,保护交易安全和社会经济秩序。这是因为,权利不行使和占有的事实状态一旦持续存在,就易在外观上被作为合法事物信赖和接受,并在此基础上建立新的各种法律关系,成为社会经济秩序一部分。因此,时效制度的设立与公益有关。同样,要求权利人及时行使权利,不仅是法律迫使权利人增强责任心对社会负责,而且也是避免举证困难和提高办案质量的具体要求,其实质是强调效率和节约成本,促进民事流转关系的开展和社会财富的充分利用,目的还是出于维护社会利益。由此可得出的结论是,时效制度的存在实乃衡平社会利益和个人利益的结果,稳定社会经济秩序是时效制度合理存在的根本理由,是民法将时效制度纳入强制性规范范畴以干预权利人的权利行使自由的真正动因。对权利睡眠者不予保护或纳入限制范畴,不是否认权利人的意志自由,而是该自由已影响和妨碍公益,构成权利滥用。二是时效的目的和意义并不是没有问题,④其确定"事实胜于权利"的后果值得推敲,若不在时效制度中设置相关补救路径则有失公允。这是因为,时效引起的权利得失效果,不仅有时会造成个人道德的牺牲,而且也将使社会利益和个人利益处于失衡状态。对此反思,为调和法律干预和个人意志,从中排除不道德因素,以及正确确定并维护

---

① 参见史尚宽:《民法总论》,中国政法大学出版社2000年版,第623~624页。

② 参见[德]迪特尔·梅迪库斯:《德国民法总论》,邵建东译,法律出版社2000年版,第91~92页;[德]卡尔·拉伦茨:《德国民法通论》(上册),王晓晔等译,法律出版社2003年版,第334~335页。

③ 参见彭万林主编:《民法学》,法律出版社2002年修订第3版,第146页;参见梁慧星:《民法总论》,法律出版社2001年第2版,第237~238页。

④ 参见[德]卡尔·拉伦茨:《德国民法通论》(上册),王晓晔等译,法律出版社2003年版,第334页。

持续性事实状态的应有推定力以真实反映权利状态,①在时效制度中设置阻止时效效果发生的法则,如时效援引、抛弃、起算、中断和中止等意义重大,同时也是设立和完善时效制度以及正确理解时效存在理由的关键所在。

二、诉讼时效的性质

诉讼时效的性质涉及两方面的判断:一是就其对民事法律关系效果的作用而言,即作为法律事实的性质认定;二是法律对时效期间的态度即规范本身性质的确定。

对于前者,多数民法论著都将时效列入法律事实的事件范畴,有的进一步将之归为自然事实中的自然状态。② 显然,不论是将它直接称为事件还是细分为自然状态,反映的共同理念是,时效期间经过致使权利变动不依当事人意志而转移。但对此苏联有学者认为,将期限称为事件而列入法律事实范畴,③就自觉或不自觉地造成两种不准确性。其一,可能误认有法律意义的不是期限本身,而是"期限或时间届满"。实质上期限或时间届满和期限开始乃至于期限本身都有法律意义。其二,把时间或期间无条件地与法律上期限等同,并以时间流逝客观上不依人们意志转移为由,公开承认或者默认法律上期限同样不依人们意志为转移,意味着认定法律期限与哲学上的时间概念本质相同,都是客观的。结果是,法律上现象和物质世界各种规律一样也永存不变。事实上,法律上期限作为时间概念是与物质世界客观规律性质不同的独立概念,就其来源而言是意志产物,即某一时间作为法律上期限开始或届满是由人规定的,但同时服从"时间流逝不依人们意志为转移"的客观法则。因此,法律上期限具有双重性,不能列入事件或行为,是一种特殊的法律事实。④ 上述观点的合理性,在于提醒人们注意任何事实产生法律效果均是法律规范作用的结果,但进而将期限作为特殊法律事实则缺乏说服力。这关键在于其忽略

---

① 参见[日]四宫和夫:《日本民法总则》,唐晖、钱孟珊译,台北,五南图书出版股份有限公司1995年版,第303页。

② 参见彭万林主编:《民法学》,中国政法大学出版社2002年修订第3版,第145页。梁慧星:《民法总论》,法律出版社2001年第2版,第237页。

③ 虽然期限也是表达时间的概念,但期限与期间不同。前者仅对时间开始或终止作单方面考察,故实质是时间计算,如某一时间开始计算为始期,某一时间停止计算为终期,而并未指示时间的长短。后者是从始期和终期两方面反映时间经过。时效经过不会仅注意其届满而忽略其开始之时,故应属期间,而非期限。

④ 参见[苏]格里巴诺夫、科尔涅耶夫编:《苏联民法》(上册),中国社会科学院法学研究所民法经济法研究室译,法律出版社1984年版,第240~242页。

了客观事实与法律要件的关系。民事法律关系变动或法律效果发生是一定事实关系以法律要件为原因所生的结果。[①] 这说明法律效果发生与否并不单纯取决于有无事实存在,更关注一定事实是否具备完成法律要件。质言之,客观事实只有符合法律规范层面的要求,才能真正成为发生法律效果的原因(法律事实)。而法律规范会视不同法律效果而设定法律要件,其中一个或数个事实的存在和完备,都可能使法律要件完成而生法律效果。但即使一个客观事实存在就能引发法律关系变动,也不能将客观事实与法律事实等同,否则会得出法律事实不经法律要件媒介即生法律效果的结论。由此可见,期间作为法律事实中的事件而生法律效果,也应符合规范层面要求(法律要件),而规范必是立法者意志的反映,这与事件本身不含有当事人意志,非同一命题。况且,时效制度是为尊重持续存在的事实状态而设置,其权利得丧的法律后果的发生与某事实状态经过特定时间(期间)息息相关。亦即时效要发生法律效果,除有不依当事人意志为转移的时间经过外,还须与继续不行使权利的状态相结合,作为其成立要素。这也是将诉讼时效定为法律事实中自然状态的理由所在。可以说,一定权利义务关系能改变某事实状态,是法律赋予权利的效力;而一定事实状态能改变某权利义务关系,则是法律认可该事实状态经过一定期间的结果。因此,时效作为事件的同时,也是一种法律要件。[②]

对于后者,各国或有关地区的立法都将时效纳入强行性或半强行性规定的范畴。[③] 民事立法有任意性规范和强制性规范之分:前者是允许当事人自由选择的规定,反映了私法自治的精神;后者是限制或禁止当事人自由选择的规定,体现了国家为维护公共秩序的必要干预。诉讼时效制度是对权利人权利行使的限制,本质是一种私权对公共利益的牺牲和让渡,强调必须依法律规定进行,主要包括时效期间不得任意变动、时效利益不得预先放弃和时效客体及其中断或中止原因不得任意变更等具体内容。[④] 对此定位理论界并无争议,且在众多国家或地区的立法中也得到充分印证。但毕竟诉讼时效制度是对私权的一种干涉,由此决定各国或地区的立法或理论在设计诉讼时效相关制度时,都将私权维护和经济秩序安全稳定以及公平与效率等因素的兼顾,作为重点考量内容并在此基础上合理取舍,使法律能

---

① 参见史尚宽:《民法总论》,中国政法大学出版社 2000 年版,第 297 页。

② 参见史尚宽:《民法总论》,中国政法大学出版社 2000 年版,第 623 页;张俊浩主编:《民法学原理》,中国政法大学出版社 2000 年修订第 3 版,第 339 页。

③ 参见王泽鉴:《民法总则》,北京大学出版社 2009 年版,第 410 ~ 411 页。

④ 参见《法国民法典》(下册),罗结珍译,法律出版社 2005 年版,第 1578 页;史尚宽:《民法总论》,中国政法大学出版社 2000 年版,第 624 页。

稳妥地调整权利人与义务人、个人权利与社会经济秩序之间的关系，使各种利益得到平衡且最大限度地缓冲各种不同价值的碰撞。显然，不同价值取向必然会影响诉讼时效强行性规范的干预度，进而在整个制度设计的具体内容上呈现不同的规范标准和要求。相对而言，我国原有立法规定对此尚付阙如，唯司法实践中因需解决具体问题而不断推出相关司法解释，但也因理论研究的薄弱和局限，有关解释依然缺乏系统性和全面性，影响了具体运作。2017 年颁布的《民法总则》明确规定："诉讼时效的期间、计算方法以及中止、中断事由由法律规定，当事人约定无效。当事人对诉讼时效利益的预先放弃无效。"①但采取如此相对刚性的立法态度是否可行，得结合时效制度的存在价值，对其强制性规范中的缓冲机制作进一步分析。在此主要涉及三方面问题（其他问题容后详述）：

一是关于时效期间能否增减。诉讼时效期间属于法定期间，但该法定期间是否具有弹性，亦即能否根据当事人或法官的意志改变法律规定使之延长或缩短？对此，各国或有关地区的立法呈现不同状态，理论界也众说纷纭。归纳之，大致有四种观点：观点一认为时效期间可缩短不能延长。因时效期间加长固有害公益，但减短则于公益无碍，且不违反时效制度精神，故应认为有效。德国民法采此说，《德国民法典》原第 225 条规定：法律行为不得排除或加重时效；允许减轻时效，特别是缩短时效期间。②尽管该条现已被删除，但在 202 条的规定中仍体现了这一精神。③ 日本民法虽无明文但判例学说等多持此见解。④ 观点二认为时效期间不得加长和减短。因时效期间是强制性规定，加长与减短均有害公益，非有特别明文不得加长或减短。瑞士债务法等采此说，《瑞士债法典》第 129 条规定：本章所规定的诉讼期间不得由当事人协议变更。⑤ 我国台湾地区"民法"（第 147 条）不仅采此说，且强调依类推适用及时效精神立论时效要件的变更等亦应限制。⑥ 观点三认为时效期间不得协议变更但法院有权延长，即时效期间届满有特殊情况等正当理由的，可允许法院延长时效期间。俄

① 原《民法总则》第 197 条，《民法典》沿用之。

② 参见《德国民法典》，郑冲、贾红梅译，法律出版社 1999 年版，第 45 页。

③ 参见《德国民法典》，陈卫佐译注，法律出版社 2004 年版，第 58、64 页。因第 202 条第 1 款规定因故意引起责任的情况下，不得以法律行为减轻消灭时效。故根据反对解释不在此限内可减短时效期间。

④ 参见史尚宽：《民法总论》，中国政法大学出版社 2000 年版，第 624 页。

⑤ 参见《瑞士债法典》，吴兆祥、石佳友、孙淑妍译，法律出版社 2002 年版，第 28 页。1964 年《苏俄民法典》第 80 条规定"不允许根据双方协议变更诉讼时效的期限及其计算方法"，与之相似。因其未涉及延长规定，故与俄罗斯民法稍有不同。参见中国社会科学院法学研究所民法研究室编：《苏俄民法典》，中国社会科学出版社 1980 年版，第 29 页。

⑥ 参见胡长清：《中国民法总论》，中国政法大学出版社 1997 年版，第 382 页。

罗斯民法采此说。《俄罗斯联邦民法典》规定，当事人双方协议变更诉讼时效期间及其计算办法者无效（第198条），同时又强调原告有正当理由如重病、无助、不识字等致使时效期间过期的，法官有权延长时效期间保护原告权利（第205条）。[①] 观点四区分不同时效期间而定能否加长，即认为长期时效期间不得加长，短期时效期间则可于长期时效期间范围内酌量加长，[②]德国学者迪特尔·梅迪库斯在其著作中也提及，除法律明文规定当事人可依协议延长时效期间的情况外，通常延长时效期间是无效的，即使是例外情况也不得超过30年的时效期间。[③] 现德国民法也兼顾此点。[④] 我国原《民法通则》中仅有关于延长的规定（第137条），未涉及协议延长或缩短的效力规定，而我国有关司法解释却认同瑞士等做法，明确"当事人违反法律规定，约定延长或者缩短诉讼时效期间……人民法院不予认可"。[⑤]《民法典》有关规定一方面允许特殊情况下，法院可根据权利人申请延长诉讼时效期间，[⑥]另一方面明确禁止当事人的相关延长或缩短的约定。此类立法模式与俄罗斯民事立法相同。

对于以上各说和有关立法例，学术界并未形成过多争论，仅某些学者有自身倾向性观点，如我国台湾地区学者胡长清先生赞成德国做法，认为加重时效要件，足使权利证明愈加困难，固不应许可。然如减轻时效要件则不但于公益无碍，且足以发扬时效制度的精神，实无不应许可的理由。[⑦] 其实，之所以学界未形成激烈争论，是因为各学说和立法例并无质的差异，区别仅于量上限制不一。换言之，各方并不否定对于时效期间属强行性规定，都强调当事人不得任意变更法定时效期间的精神，仅在量上对当事人意志规定或限定的态度宽严紧松不同而已。有的除依法律特别规定可允许延长外，严格地限制当事人意志；[⑧]有的仅认可法院可依职权决定

---

① 《俄罗斯联邦民法典》第205条等。参见《俄罗斯联邦民法典》，黄道秀、李永军、鄢一美译，中国大百科全书出版社1999年版，第97、99页。1922年《苏俄民法》也有此规定。参见史尚宽：《民法总论》，中国政法大学出版社2000年版，第624页校者注。

② 此说为Dernburg、Wachter等主张，《苏俄民法典》（第49条）采此说。参见胡长清：《中国民法总论》，中国政法大学出版社1997年版，第381页。《苏俄民法》应是1922年，因1964年《苏俄民法典》第80条规定的内容与此不同，且第49条的规定也不是关于诉讼时效。

③ 参见[德]迪特尔·梅迪库斯：《德国民法总论》，邵建东译，法律出版社2000年版，第93页。

④ 《德国民法典》第202条第2款规定不得超出30年时效期间，以法律行为加重消灭时效，也体现该精神。参见《德国民法典》，陈卫佐译注，法律出版社2004年版，第58页。

⑤ 最高人民法院《关于审理民事案件适用诉讼时效制度若干问题的规定》（法释〔2008〕11号）第2条。

⑥ 《民法典》第188条第2款，延续《民法通则》的做法允许法院延长。

⑦ 参见胡长清：《中国民法总论》，中国政法大学出版社1997年版，第382页注[1]。

⑧ 我国台湾地区"保险法"第54条第1项规定："本法之强制规定，不得以契约变更之，但有利于被保险人利益者，不在此限。"以此意旨，人寿保险公司以特约延长保险金之请求权时效，系有利于被保险人，且不违背公序良俗，应认为有效。参见王泽鉴：《民法总则》，北京大学出版社2009年版，第411页。

时效期间的适度延长；有的法律直接给予当事人一定限度的意志自由；有的甚至认为当事人以协议变更时效的情形若能解释为法律行为效力，则可使之生减短时效的相同结果。[①] 如此种种模式的存在与民法基本精神和理念并无冲突，反而是法律区分公法与私法所致。这是因为，公法领域的规范都属于强制性，强调国家干预而不允私人意志的体现。同时该强制性规定更为刚性，通常应无当事人意志的回旋余地。[②] 而私法领域允许任意性规范与强制性规范并存，强调私法自治但并不完全排斥国家对当事人意志适度和必要的干预，且该强制性规范的干预力度强弱可视具体情况而定：有的完全不允许私人意思的加入如成年及结婚年龄，有的则对私人意思加入与否留有选择余地，如物权法定原则除以强制性规范固定种类和内容外，往往允许当事人在期限和权利处分等方面体现其意志自由。[③] 因此，究竟从严还是从宽以强制性规范约束时效期间，不能以好坏来评价，而是基于国情、政策等因素判断选择的结果。在我国，考虑到法官素质参差不齐和当事人整体法律意识的不足和匮乏，采对当事人意志从严限制的态度，要求不得以协议方式延长或缩短时效期间，并给予法官特殊情况下延长时效期间的权力予以适当弥补，应属符合我国国情的较为合理的选择。须指出的是，延长时效期间实质上是对时效中止或中断等规定的补充，[④]因现实生活纷繁复杂，法律无法面面俱到地顾及各种状况，为兼顾和妥善保护权利人利益，故特设延长时效的措施。但其要求法官必须在特殊情况下依职权独立决定，亦即既不能根据当事人的意志或要求行事，也不能任意而为。由此也说明法官延长时效权力源自其职权，而与法律或司法解释对当事人意志的限制不相矛盾，同时也意味着法官行使延长职权时必须事出有因，即应限于“特殊情况”的范围。按理，职权行为范围应由法律明定，但考虑到法律难以对“特殊情况”一一明定的客观原因，以及我国现有法律也未像俄罗斯民法那样对特殊情况有所列举的具体情况，因此，建议在司法实践中对“特殊情况”应从严控制：一方面应强

---

① 例如，债权人甲对于债务人乙表示债权 1 年间不不为行使，其债权归于消灭。则可认为附停止条件债务免除之意思表示，然此效果发生，系基于法律行为，而非基于时效。参见史尚宽：《民法总论》，中国政法大学出版社 2000 年版，第 624 页。

② 刑法中法官依量刑幅度而作出的判决，是法官职权行为的结果，而非当事人意志的体现。而允许当事人和解的刑事案件，一般均属自诉或可公诉可自诉的案件。同样行政法中允许体现当事人意志的情形也应有法律明确规定为依据，否则不能以当事人意志改变法律的规定。

③ 即在近现代物权法中除限制物权的形成自由外，仍保留一定程度自由形成空间。例如，地上权的期限、建筑物的补偿、担保范围，尤其是在权利的处分，包括物权让与及其方式和抛弃等，当事人都有相应自由。参见王泽鉴：《民法物权》，北京大学出版社 2009 年版，第 114 ~ 115 页。

④ 时效中止、中断与延长不同。延长是在时效完成或期间届满而为，时效中止、中断则是在时效期间进行中发生；延长原因源自特殊情况，而中止、中断原因有法律明定。

调准予延长时效须以当事人意志外的客观情形为正当事由，如患重病、邮政差错、当事人居住在与我国无外交关系国家等；①另一方面应明确延长时效须经法院院长或审委会的批准，以防法官滥用延长时效权力而有悖时效制度的设定宗旨。

二是关于时效的援用。诉讼时效期间届满所生直接效力，即债务人享有时效利益可拒绝给付，而拒绝给付必然导致权利人的相关权利受到制约。可见，诉讼时效的援用及其如何援用等，关乎当事人之间的利益平衡和相互之间紧张关系的缓解，意义不容忽视。

对于时效的援用，各国或有关地区的立法和理论存在两种不同做法。一种是认为时效的援用应由当事人自己决定，其中又可细分为两类：一是从诉讼时效的效力推出时效届满是产生一种技术意义的抗辩权，权利行使与否当然取决于当事人的意志；②二是民法典明文规定时效应由当事人自己援用，法院不得依此作出裁判。③ 这两类做法结果相同，但意义不一：第一类将之归入民事权利中的抗辩权，抗辩与否属权利行使问题；第二类仅将之作为援用手段，体现为程序上要求而非实体权利的行使。法院依当事人的申请，才可援用时效作为裁判依据。另一种是强调法院不论当事人申请与否都可直接援用时效。④ 在我国，因原《民法通则》对时效的援用无明文规定，同时对时效效力涉及的权利性质也不明确，故在司法实践中存在两种对立观点：一是认为法院可依职权直接适用时效，二是除有当事人提出申请外法院不能依职权主动适用时效。⑤ 不必讳言，我国因受苏联民法理念的影响，事实上法院直接依职权适用诉讼时效制度的做法，在较长时间中颇为流行且占据主导地位。但近来随着对诉讼时效客体和效力研究的深入，明确了诉讼时效届满实质上赋予了当事人抗辩权，同时也明确了时效制度虽属强行性规定，但仍存在与当事人意思调和的余地。既然如此，权利行使与否应由当事人自行判断，法院既无提示

---

① 参见佟柔主编：《中国民法学·民法总则》，中国人民公安大学出版社1990年版，第327页。

② 参见[德]迪特尔·梅迪库斯：《德国民法总论》，邵建东译，法律出版社2000年版，第102页。

③ 《日本民法典》第145条(参见渠涛编译：《最新日本民法》，法律出版社2006年版，第35页)、《法国民法典》第2223条等(参见《法国民法典》(下册)，罗结珍译，法律出版社2005年版，第1579页)、《瑞士债法典》第142条(参见《瑞士债法典》，吴兆祥、石佳友、孙淑妍译，法律出版社2002年版，第30页)。

④ 1964年《苏俄民法典》第82条规定法院、仲裁署或公断法庭，不论当事人声请与否，均应适用诉讼时效。参见中国社会科学院法学研究所民法研究室编：《苏俄民法典》，中国社会科学出版社1980年版，第29页。现《俄罗斯联邦民法典》第199条第2款规定，法院仅根据争议一方当事人在法院作出裁判之前提出的申请适用诉讼时效。参见《俄罗斯联邦民法典》，黄道秀、李永军、鄢一美译，中国大百科全书出版社1999年版，第97页。故现俄罗斯民法规定与法国、日本等民法规定相似。

⑤ 参见张卫平：《民事诉讼法》，法律出版社2004年版，第274页。

说明的必要,更无主动适用的权力。否则,在当事人未主张实体权利并就其展开辩论时,法院即依职权主动适用时效,将破坏法院中立地位,进而可能影响其公正裁判。因此,我国最高人民法院有关司法解释明定:"当事人未提出诉讼时效抗辩,人民法院不应对诉讼时效问题进行释明及主动适用诉讼时效的规定进行裁判。"①我国司法实践的做法实质上是借鉴德国模式而形成的,强调时效的援用是行使抗辩权的结果。这是因为,只有将时效援用作为抗辩权的行使,将行使与否的决定权归于当事人,才能真正使法院职权行为与之相脱离,才能让法院对时效援用不予释明的做法成为现实。这一司法实践的做法也得到了立法认可,《民法典》第 193 条明确"人民法院不得主动适用诉讼时效的规定"。

目前在时效援用上,尽管我国立法和实务做法与不少国家或地区的观点已逐渐趋同,但因有关规定或相关解释过于简略,故在时效援用者及其效力、援用场所、时间等方面仍存在不同见解。具体表现为:

第一,时效援用的主体范围。② 时效期间届满后,债务人自然可援用时效完成拒绝给付,但其他受到直接或间接的影响的人,如连带债务人、保证人、物上保证人等能否援用时效以及一人援用时效对其他可援用者效力确定等问题就无法回避。对此,大陆法系各国或地区规定及其用语不同。德国和我国台湾地区规定"债务人"或"义务人"可作为援用主体(抗辩权主体),③法国民法中也有明确规定,但强调对于时效完成有利益的任何人均可援用时效,即使债务人抛弃时效;④而日本民法则无明文规定,仅是判例将时效援用者的范围限于依时效直接取得权利或者免除义务者,学说也曾支持该观点。⑤ 比较而言,德国等虽明定范围狭窄,但理论中并不反对对时效援用主体作扩张解释。⑥ 法国虽不用扩大解释时效援用主体,但因其以概括性语言明定范围,故具体适用时依然需明确援用者是否时效利益享有者。

---

① 最高人民法院《关于审理民事案件适用诉讼时效制度若干问题的规定》(法释〔2008〕11 号)第 3 条。

② 因大陆法系各国家和地区时效制度针对的客体和效力不同,在德国和我国台湾地区可称抗辩权行使主体,但法国和日本等时效届满并不产生抗辩权,故在此使用援用主体的概念。

③ 《德国民法典》原第 222 条规定:"时效完成后,义务人有权拒绝给付。"参见《德国民法典》,郑冲、贾红梅译,法律出版社 1999 年版,第 44 页。我国台湾地区"民法"第 145 条使用"债务人"这一表述,史尚宽先生认为应与《德国民法典》具有相同意义。参见史尚宽:《民法总论》,中国政法大学出版社 2000 年版,第 700 页。

④ 《法国民法典》第 2225 条。参见《法国民法典》(下册),罗结珍译,法律出版社 2005 年版,第 1580 页。

⑤ 参见[日]我妻荣:《我妻荣民法讲义 - Ⅰ - 新订民法总则》,于敏译,中国法制出版社 2008 年版,第 412 页。

⑥ 参见史尚宽:《民法总论》,中国政法大学出版社 2000 年版,第 702 页。

不过,法、德等国在具体运作时不会过多地发生日本司法中存在的问题。因日本判例所谓“直接”的范围本身并不明确,而且将范围限制过窄也与时效援用宗旨不符,易引起不必要纷争。譬如,日本判例认为物上保证人、对抵押不动产的第三取得者以及从表见继承人或从为诈害债权债务人处取得财产利益的受益人都不得援用时效。而日本不少学者认为将这些人定为直接当事人并无不当,否则不仅因“直接”边界更加模糊而徒增不确定性,而且可能使各制度无法衔接而形成冲突或造成作用的削减。① 须强调的是,无论是扩大解释还是具体确定均受制于其他制度的具体规定和要求。通常,各国或有关地区基于继承人是被继承人的权利义务的概括承受者,保证人等有关法律已赋予其享有主债务人所有可主张的抗辩权,对认可继承人、保证人和连带保证人等作为时效援用主体毫无争议。但对物上保证人等能否为时效援用主体则有不同看法,如我国台湾地区认为担保物权的行使具有相对独立性,不受从随主原则的制约,故赋予其抗辩权无实益。② 而法、日等国则认为主债权时效届满应导致担保权利消灭,物上保证人等可作为时效的援用主体。鉴于我国目前立法和司法实践中无明确规定援用主体的实际情况,在具体运作时应以扩张解释方式确定援用主体的范围,但在解释时尤其需要关注我国民事立法与他国规定存在不同的情形,如依我国物权立法的规定,抵押权人在主债权诉讼时效期间未行使抵押权的,人民法院对抵押权不予保护,③故物上保证人(提供抵押物的第三人)可像主债务人一样援用时效予以抗辩。同理,依我国合同立法的规定,从为诈害债权债务人处取得财产利益的受益人等,根据我国目前规定也应允许其作为时效援用主体。④

至于一人援用时效是否应有涉他效力的问题,基于时效制度是法律规定与当事人意思调和的结果,时效援用取决于当事人意志并不违反时效宗旨和强行性规定,故原则上时效援用效力应是相对的,即可援用者为多数时,一人援用与否对他人不生效力。但连带债务人一人诉讼时效已完成者,他债务人就该债务人应分担部分应有拒绝给付的抗辩权,即有涉他效力以体现公平与效率的兼顾。

第二,时效援用的场所和时间。时效援用场所的确定受制于援用方法的性质认定,如时效援用是诉讼法上攻击防御的方法,则唯在诉讼中援用,才有约束裁判

① 参见[日]我妻荣:《我妻荣民法讲义-Ⅰ-新订民法总则》,于敏译,中国法制出版社2008年版,第413~415页。

② 参见我国台湾地区“民法”第145条第1项规定:“以抵押权、质权或留置权担保之请求权,虽经时效消灭,债权人仍得就其抵押物、质物或留置物取偿。”参见史尚宽:《民法总论》,中国政法大学出版社2000年版,第700页。

③ 参见《民法典》第419条(原《物权法》第202条)。

④ 参见《民法典》第539条(原《合同法》第74条)。

的效力；例如，时效援用是确定时效效力的意思表示，则诉讼内外应均可援用。[①] 对此，日本判例倾向于前者，因作为一种诉讼上对抗方法，不在诉讼中援用，无法使法律关系的效果得到确定，何况时效利益还可放弃。而德国、我国台湾地区等更赞成后者。因时效效力使当事人产生抗辩权，作为权利行使方式，诉讼外援用同样也具有确定法律关系的效果。不过，当事人在诉讼中应主张其在诉讼外已为时效抗辩，否则有时可视为时效利益的抛弃。[②]

就时效诉讼上援用的时间而言，在大陆法系国家中通常分事实审和法律审并采三审终审的模式，第一审、第二审均为事实审，第三审为法律审。尽管各国或地区立法或理论界对时效援用的定性有不同认识，但无论是作为诉讼法上防御方法还是实体法上权利义务关系的确定行为，一般均认为诉讼上援用时效应限于事实审，在法律审不得再行主张。[③] 因时效援用有停止请求权行使的效力，何况当事人是否援用时效非法律适用问题，仅反映其是否欲以时效规定予以对抗的意志，故在口头辩论终结前即应援用时效。考虑到债务人的拒绝给付与时效届满相关联，由此决定未表明时效届满原因的单纯抗辩不能认定为抗辩权行使。[④] 换言之，以其他与时效届满或完成无关的理由为抗辩，应不能认定为时效的援用。与此相关的问题是，当以时效效力消灭的权利被裁判承认后甚至被赋予强制执行时，能否重新援用时效？对此，日本判例曾有不同做法，原采只要不放弃时效利益援用则权利不丧失的理论，但后改为时效须在口头辩论终结前援用。当然前提是，此时诉讼时效应已完成。原因在于，时效制度是兼顾客观事实状态与当事人意志来决定权利存否，权利存否在裁判构成争议时，在判决中就应将时效效力一并考虑。故即使当事人不知时效完成，为维护时效制度的宗旨也不能让当事人重新援用时效。[⑤] 亦即罹于时效的权利因债务人未援用，其即应受法院确定判决的既判力拘束。例如，以裁判为执行名义时，时效的完成又是在诉讼辩论终结后，则可主张异议之诉为补救。[⑥]

---

① 参见[日]我妻荣：《我妻荣民法讲义－Ⅰ－新订民法总则》，于敏译，中国法制出版社2008年版，第415页。

② 参见史尚宽：《民法总论》，中国政法大学出版社2000年版，第702页。

③ 参见王泽鉴：《民法总则》，北京大学出版社2009年版，第431页；[日]我妻荣：《我妻荣民法讲义－Ⅰ－新订民法总则》，于敏译，中国法制出版社2008年版，第416页。

④ 参见史尚宽：《民法总论》，中国政法大学出版社2000年版，第703～704页。

⑤ 参见[日]我妻荣：《新订民法总则》，于敏译，中国法制出版社2008年版，第417～418页。

⑥ 参见史尚宽：《民法总论》，中国政法大学出版社2000年版，第702页。我国台湾地区"强制执行法"第14条。参见五南法学研究中心编辑，杨淑文、张丽卿、洪家殷、谢易宏监修：《最新简明六法》，台北，五南图书出版股份有限公司2010年版，四－第146页。

然而,在我国目前的诉讼制度中,既没有强制性要求被告对原告的一审请求给予答辩;又未区分事实审和法律审,且采二审终审,同时还强调在上诉审中对当事人有新证据证明的事实也应予以审理。因此,在我国实践中,对一审中不援用时效抗辩而在二审中提出的,除基于新证据能证明对方请求权已过诉讼时效期间的情形外,法院原则上不予支持。[①] 无疑,我国现有做法仅是权宜之计,随着我国法治建设的完善,尤其是对上诉审的设计和定性等一一明了,[②]各法律之间的协调就将更为圆满。在此基础上再具体确定援用时效的时间节点将更为清晰。但就目前来说,法院应审慎认定"新证据",以防有悖于最高人民法院规定的证据规则,使司法效率受到影响;同时也应明确如依明示或默示方式可确认当事人已为放弃时效利益者,即不允许其在上诉审中再为时效援用,以杜绝出尔反尔有悖于诚实信用原则的行为发生。

第三,时效援用的撤回。对于当事人援用时效可否撤回的问题,理论上也有不同观点。若将援用时效作为诉讼上防御方法,则"援用可撤回说"应无争议。究其原因在于,援用作为诉讼上的防御方法理应由时效利益的享有者任意决定,援用后再为撤回乃是其自由取舍的结果;且援用与否仅是权利得丧的事实主张,诉讼上无禁止撤回的理由。[③] 但将时效援用作为确定时效效力的体现,即出现分歧。一种观点认为从时效制度的精神出发否定援用撤回是当然的。日本民法界不少学者持该观点。[④] 原因在于,依日本民法规定援用时效的后果是导致权利本体消灭,届时债务人再为清偿,权利人因无受领权即构成非债清偿,故当事人一旦援用就使时效效力得以确定,而时效效力确定必然无撤回余地。另一种观点认为时效效力仅发生抗辩权,而抗辩权作为特种权利原则上仅有停止请求权行使的效力,且诉讼内外都可行使,而在诉讼外已为此抗辩援引,亦不失为诉讼法上抗辩,故应解释为仍得撤回。[⑤] 可见,出现分歧是各国或地区规定的时效效力不同所致。因此,在我国司法实践中,只要主张时效效力是发生抗辩权,仅阻碍请求权的行使,并认同债务人拒

---

① 原最高人民法院《关于审理民事案件适用诉讼时效制度若干问题的规定》(法释〔2008〕11 号)第 4 条规定:"当事人在一审期间未提出诉讼时效抗辩,在二审期间提出的,人民法院不予支持,但其基于新的证据能够证明对方当事人的请求权已过诉讼时效期间的情形除外。当事人未按照前款规定提出诉讼时效抗辩,以诉讼时效期间届满为由申请再审或者提出再审抗辩的,人民法院不予支持。"

② 这涉及民事诉讼法上诉审的设计。在复审制、续审制和事后复审制等各说中应如何选择以及上诉审的性质是侧重于权利救济还是纠错,都应一一斟酌。参见张卫平:《民事诉讼法》,法律出版社 2004 年版,第 304 ~ 305 页。

③ 参见史尚宽:《民法总论》,中国政法大学出版社 2000 年版,第 703 页。

④ 参见[日]我妻荣:《我妻荣民法讲义 - Ⅰ - 新订民法总则》,于敏译,中国法制出版社 2008 年版,第 418 页。

⑤ 参见史尚宽:《民法总论》,中国政法大学出版社 2000 年版,第 703 页。

绝给付后再为给付亦不构成非债清偿，那么讨论援用时效是否可撤回的问题就无实际意义。

三是关于时效利益的放弃。诉讼时效利益能否抛弃应视各种情况而定。时效完成前，当事人欲抛弃将来进行或完成的时效利益，属于预先抛弃。对此众多国家或地区都认为其有悖时效制度的宗旨而明文禁止，①我国《民法典》规定和司法实践具体做法也持相同观点。② 理由是：一方面此时未生时效利益不存在放弃与否的问题；他方面如允许预先抛弃时效利益，不仅使时效制度等同虚设而有害公益，而且债权人也可利用其优势地位促使债务人为承诺以减弱时效制度的效用。③ 因此，时效进行前的抛弃，应无效。但时效进行中，如仅对经过的时效期间为抛弃，可视同承认而认定为有效。④ 时效完成后，众多国家或地区的立法均无明文规定可抛弃，但依民法原理和对预先抛弃禁止的反对解释应允许抛弃，亦即对时效完成后时效利益的抛弃应有效。通常所谓时效利益放弃或称抛弃即指此而言。⑤ 这是因为，时效制度在某种程度上造成了“法律”与“道德”的紧张关系，⑥在时效完成后由当事人自己判断时效利益的取舍，不仅可调和社会性立场与个人意思，而且也不存在时效完成前放弃的弊端。⑦ 但在认可时效利益可抛弃时，有三方面问题值得进一步关注。

首先，涉及时效利益抛弃的性质认定。时效利益抛弃的性质当属债务人不受时效利益的意思表示。至于该意思表示的性质为何，学界观点不一：有的认为是债务人将已取得权利赠与原权利人；有的认为是对已消灭债务为承认，属新债发生；

---

① 《德国民法典》原第 225 条等（参见《德国民法典》，郑冲、贾红梅译，法律出版社 1999 年版，第 45 页），但现该条已被删除（参见《德国民法典》，陈卫佐译注，法律出版社 2004 年版，第 64 页）；《日本民法典》第 146 条（参见渠涛编译：《最新日本民法》，法律出版社 2006 年版，第 35 页）；《法国民法典》第 2220 条等（参见《法国民法典》（下册），罗结珍译，法律出版社 2005 年版，第 1578 页）；《瑞士债法典》第 141 条（参见《瑞士债法典》，吴兆祥、石佳友、孙淑妍译，法律出版社 2002 年版，第 30 页）；我国台湾地区“民法”第 147 条后段（参见五南法学研究中心编辑，杨淑文、张丽卿、洪家殷、谢易宏监修：《最新简明六法》，台北，五南图书出版股份有限公司 2010 年版，二－第 26 页）。

② 《民法典》第 197 条第 2 款。最高人民法院曾在《关于审理民事案件适用诉讼时效制度若干问题的规定》（法释〔2008〕11 号）第 2 条规定：“当事人违反法律规定……预先放弃诉讼时效利益的，人民法院不予认可。”

③ 参见胡长清：《中国民法总论》，中国政法大学出版社 1997 年版，第 382 页。

④ 参见史尚宽：《民法总论》，中国政法大学出版社 2000 年版，第 710 页。

⑤ 参见胡长清：《中国民法总论》，中国政法大学出版社 1997 年版，第 382 页。

⑥ 参见王泽鉴：《民法总则》，北京大学出版社 2009 年版，第 430～431 页。

⑦ 参见［日］我妻荣：《我妻荣民法讲义－Ⅰ－新订民法总则》，于敏译，中国法制出版社 2008 年版，第 419 页。

有的认为是对时效利益的单方处分。[①] 以上各说中，单方处分说为现今通说。但应注意的是，不能混淆行为性质和行为内容性质。从行为性质来说，以上各说都应归入法律行为范畴，区别仅在于是单方行为还是双方行为，而从行为内容性质而言，就涉及该时效利益放弃是赠与权利还是新债发生，抑或其他内容。据此分析，"赠与说"虽有合理性，但能否将之作为权利赠与尚值得推敲。因时效届满虽未致债务人取得具体有名的权利，但毕竟确定了债务人处分时效利益的地位，时效利益放弃与否完全可由债务人凭己愿而定。故时效利益的抛弃实质上就是对拒绝履行抗辩权的抛弃。[②] 相反，"新债发生说"的意思与抛弃意思截然不同，任何解释方法也无法将负担债务纳入抛弃意思之内。同时，抛弃时效利益的意思表示虽不妨依契约为之，但其不以对方同意为必要，只需向相对人为表示即可，性质上理应定为单方法律行为。而无论是赠与还是发生新债负担，常态是以契约形式为之，属双方法律行为。鉴于此，抛弃时效利益的意思表示不仅是有相对人的单独行为，且属于处分行为，亦即将不接受时效利益的意思解释为对权利处分较为适当。既然抛弃时效利益是意思表示，当应依意思表示或法律行为的规则处理。考虑到该行为属于法律行为中的处分行为，即应以债务人具备处分能力或资格为前提，否则处分无效。如时效利益享有者为多数人，除法律明文规定外，一人为抛弃，对他人无影响；共同共有中未征得全体共有人同意，抛弃应无效。[③] 此意思表示可依明示或默示的方法在诉讼内外进行，但应以当事人知道时效完成为前提。[④] 不过依默示方法为抛弃则涉及意思表示解释和认定的问题。对此，基于经验法则和诚信原则，只要债务人无时效利益的保留表示或者有特别证据表明其不知时效完成，一般将时效完成后的承认或担保推定为知道时效完成后而为，属于默示的抛弃时效利益。[⑤]

其次，应注意与相关制度的区别和协调。时效利益抛弃从狭义理解仅指时效完成后的时效利益抛弃，不应包括预先或时效进行中的抛弃。而在就时效届满采抗辩权发生说的国家或地区，时效完成后的抛弃同于时效抗辩权的放弃。但作为抗辩权的放弃应与抗辩权的不行使有所区别。抛弃抗辩权属权利的消灭，意味丧失时效利益，不得再为抗辩，而不行使则并不必然推导为权利放弃，不发生权利消

① 参见胡长清：《中国民法总论》，中国政法大学出版社1997年版，第382～383页。

② 参见史尚宽：《民法总论》，中国政法大学出版社2000年版，第711页。

③ 参见王泽鉴：《民法总则》，北京大学出版社2009年版，第432～433页。

④ 参见史尚宽：《民法总论》，中国政法大学出版社2000年版，第711页。《法国民法典》第2221条有明文规定。参见《法国民法典》（下册），罗结珍译，法律出版社2005年版，第1579页。

⑤ 参见［日］我妻荣：《我妻荣民法讲义－Ⅰ－新订民法总则》，于敏译，中国法制出版社2008年版，第419～421页。

灭的结果。只要权利还有行使可能，当事人依然可为抗辩权行使。[①] 同时，时效利益抛弃与承认不同。在时效进行中债务人的承认，性质上属观念通知发生时效中断效力；而抛弃属单方法律行为，涉及时效利益消灭。在时效完成后的承认，无特别证据说明保留时效利益，一般应作为默示放弃抗辩权。此外，债务人即使不知时效完成而为清偿，该清偿虽不能认为是时效利益抛弃，但权利人的受偿因实体权利未消灭仍应得到保护。[②]

最后，牵涉对契约承认的把握。民法原理和有关国家的规定中认为时效期间完成或届满后，当事人之间为契约承认的，债务人仍需为给付。[③] 作为法律行为的契约承认与作为观念通知的时效中断事由之承认在性质和效力上存在不同，自不待言。但时效完成后的契约承认与时效利益的抛弃之间的差异值得重视。虽然从结果上二者均导致债务人丧失时效利益，但依然不能混为一谈。在行为性质方面，契约承认是双方就义务发生的负担行为，对于该承认是否为新债务负担的意思表示而生效力，《德国民法典》第 781 条明文规定为有新债务负担的债务承认，[④]而时效利益的抛弃属于单方处分权利的行为。在适用前提和形式方面，契约承认以有负担义务意思存在为必要且通常应采书面形式，[⑤]但不以债务人是否知道时效完成为条件。而时效利益抛弃以债务人已知或应知时效完成为前提，可见，如债务人不知时效完成但以契约表明债务负担的，可直接适用契约承认来处理；如债务人知道时效完成仍以契约承认的，当然也可推导出存在抛弃抗辩权的意思，此时适用时效利益抛弃和契约承认应均无障碍，可任意选择；如不知时效完成且无明确负担义务的契约承认，但能从中推导出即使罹于时效期间也承认债务的意思，则可作为默示抛弃时效利益；如不知时效完成且无契约承认，也无法推出默示放弃时效利益，则应支持当事人的抗辩。不容否认，如果对相关制度不作界定并加以区别，必然会影响对具体情形的判断。譬如，诉讼时效届满后义务人为承认而未履行又反悔的，应

① 参见史尚宽：《民法总论》，中国政法大学出版社 2000 年版，第 711 ~712 页。

② 即使在日本，只要当事人未援用时效制度要求享有时效利益，也应得出如此结果。参见[日]我妻荣：《我妻荣民法讲义 - Ⅰ - 新订民法总则》，于敏译，中国法制出版社 2008 年版，第 420 页。

③ 《德国民法典》第 214 条第 2 款规定："为满足已完成消灭时效的请求权而给付的一切，即使是在不知道请求权已经完成消灭时效的情况下给付的，也不得请求返还。债务人的符合合同规定的承认以及提供的担保，亦同"。参见《德国民法典》，陈卫佐译注，法律出版社 2004 年版，第 63 页。

④ 参见《德国民法典》，陈卫佐译注，法律出版社 2004 年版，第 256 页。我国台湾地区"民法"虽无规定，但依其第 737 条规定，得依和解为债务承认。史尚宽先生认为此类承认应解释当事人不妨依合意，自由创设债务。参见史尚宽：《民法总论》，中国政法大学出版社 2000 年版，第 671 页。

⑤ 参见史尚宽：《民法总论》，中国政法大学出版社 2000 年版，第 709 页。

如何处理？对此判断即涉及同意作为承认的解释问题。按我国最高人民法院有关司法解释的规定，时效届满后当事人一方向对方当事人作出同意履行义务的意思表示，又以时效期间届满为由抗辩的，人民法院不予支持。[①] 该规定似乎不分债务人一方同意还是双方契约承认，均不得再以时效完成或届满为由为拒绝给付抗辩，但如此扩大解释不仅混淆了契约承认与时效利益抛弃，而且也有悖于诉讼时效设立的宗旨。因此，针对不同情况分别处理应是较为合理的选择。具体地说，在能证明或推定该单方同意中包含明示或默示放弃时效利益的表示，即作为时效利益抛弃处理。相反，若不知时效届满且无法确认有单方时效利益抛弃意思的，法院应仅限于存在契约承认时可对债务人的抗辩不予支持。如此运作，可有效兼顾权利人和义务人之间的利益。其实，我国司法实践原有操作也正是基于此思路。[②]

总之，对于基于维持公共秩序的公益而设置的诉讼时效强制性规范，不能从刚性角度绝对地限制权利人的意志，而应根据本国国情选择有关缓冲机制，以兼顾各种利益的平衡，进而平稳合理地实现诉讼时效制度的宗旨。

三、诉讼时效与近似制度的区别

（一）与除斥期间的区别

除斥期间或称预定期间，指法律对某种权利预定的存续期间。[③] 预定期间届满，当然发生该项权利消灭的法律后果。除斥期间与诉讼时效一样均是民法关于时间的规定，不仅具有强制性规范的特性，而且也具有稳定法律关系和限制权利行使的功效。但二者不能混淆，[④]其主要区别如下：

1. 立法精神不同。除斥期间是为维护原有秩序而设置，而消灭时效的目的则在于维持新建立的秩序。[⑤] 也就是说，权利人在除斥期间经过前行使权利就变更原有法律关系，反之，原有法律关系就得到稳定。而权利人在消灭时效经过前行使权利，原法律关系得到维护，否则保护的是与原有法律关系相对立的新法律关系。

---

① 原最高人民法院《关于审理民事案件适用诉讼时效制度若干问题的规定》（法释〔2008〕11号）第22条。

② 我国最高人民法院曾针对四川省高级人民法院的请示，在《关于超过诉讼时效期间当事人达成的还款协议是否应当受法律保护问题的批复》（法复〔1997〕4号）中指出："根据《中华人民共和国民法通则》第九十条规定的精神，对超过诉讼时效期间，当事人双方就原债务达成还款协议的，应当依法予以保护。"

③ 参见胡长清：《中国民法总论》，中国政法大学出版社1997年版，第353页。

④ 我国《民法总则》第199条所涉及的权利存续期间实为除斥期间，故不能适用诉讼时效的相关规定。

⑤ 参见王泽鉴：《民法总则》，北京大学出版社2009年版，第411页。

2. 性质与计算不同。除斥期间为不变期间，是规定权利存续的固定时间，其权利自始即有存续期间的限制，期间经过要件得到满足，权利就当然归于消灭。该性质决定其自权利成立时起计算，且不能因中止、中断和延长等事由而有所变动。而诉讼时效须考虑一定事实状态和时间经过两个要件，事实状态的判断受外部因素制约，时效期间以权利人能行使权利之时起算，且可能因中止和中断等事由发生变化。①

3. 适用客体不同。除斥期间适用于形成权如撤销权、解除权等。虽然并非所有的形成权都有除斥期间加以限制，但现有法律规定的客体都是无关请求权的权利。而诉讼时效的客体则为请求权。同样也不是所有的请求权都受时效规范（详见诉讼时效客体部分）。②

4. 效力不同。除斥期间届满权利即当然消灭，权利人无行使权利的依据，义务人也不得抛弃期间届满带来的利益。当事人即使不援用，法院也应依职权适用。而诉讼时效期间届满，仅发生义务人的抗辩权，对于当事人放弃时效利益或不援用，法院不得依职权适用。③

（二）与权利失效的区别

权利失效（Verwirkung）不是制定法的产物，而是德国法学界和司法判例根据信赖保护思想而创设的制度。④ 如权利人长期不行使或主张权利包括请求权、形成权和抗辩权等，依特别情事使义务人合理相信权利人不再行使其权利，这种权利则可能失效。⑤ 虽然民法对权利行使已有时效和除斥期间作为限制，但因众多国家或地区规定的普通时效期间较长且仅适用于请求权，除斥期间仅针对形成权而且也不适用于所有的形成权，而权利失效实质上就是行为人"前后行为矛盾"的结果，是违背诚实信用原则的具体表现。因此，另创权利失效制度非常必要且有意义，它以诚实信用基本原则为基础，可弥补时效和除斥期间制度的不足，以适应交易的需要。

对于权利失效，应考虑的要件包括时间因素和情事因素。前者指权利人在相当期间不行使权利；后者指依情事义务人产生合理信赖认为权利不再被主张，⑥但

---

① 参见胡长清：《中国民法总论》，中国政法大学出版社1997年版，第353～354页。

② 参见王泽鉴：《民法总则》，北京大学出版社2009年版，第411页。

③ 参见王泽鉴：《民法总则》，北京大学出版社2009年版，第412页。

④ 参见[德]迪特尔·施瓦布：《民法导论》，郑冲译，法律出版社2006年版，第182页。

⑤ 参见[德]卡尔·拉伦茨：《德国民法通论》（上册），王晓晔等译，法律出版社2003年版，第309～310页。

⑥ 参见[德]迪特尔·施瓦布：《民法导论》，郑冲译，法律出版社2006年版，第182页。

真正有决定意义的不是时间的经过,也不是当事人的不作为,而是权利人行为所引起义务人对权利人不再行使权利的信赖。[①] 至于义务人信赖存在与否,则须根据诚实信用原则,综合权利性质、法律行为种类、当事人间关系、经济社会状态及其他主客观因素定之。[②] 可见,构成权利失效的基本要件是:第一,有权利在相当期限内不行使的事实;第二,足以使义务人正当信赖权利人不要求其履行;第三,权利再为行使有悖诚信原则。[③]

依据权利失效的适用前提分析,诉讼时效与其区别主要表现为:

第一,要件不同。时效制度是事实状态存续经过法定期间使外界产生信赖;而权利失效制度是经过相当期限依诚信原则判断义务人是否产生合理信赖。对于时效期间均由法律直接规定,且具有强制性或半强制性,而权利失效的期间长短并无确定规定,而是依诚实信用原则对具体情事综合判断的结果。

第二,客体不同。权利失效可针对整个法律领域,无论私法、公法、诉讼法;无论请求权、形成权和抗辩权均有适用余地。[④] 而诉讼时效的客体为请求权,且并非所有请求权都能成为诉讼时效的客体。

第三,援用主体不同。通常认为诉讼时效届满,债务人发生抗辩权,其援用的结果导致请求权消灭或受限制,亦即诉讼时效的效力最终取决于债务人是否援用时效;而权利失效不仅是对滥用权利行为的限制,且是权利结束的原因,德国通说认为义务人可主张权利消灭的抗辩。至于权利失效法律效果最终是否发生,则取决于法官依据诚实信用原则的判断。若义务人主张权利失效应对其要件负举证责任,即使义务人未提出,法院也应依职权审究。[⑤]

此外,权利失效与除斥期间在适用对象,要件等方面也存在不同。在此不再赘述。

---

① 参见[德]卡尔·拉伦茨:《德国民法通论》(上册),王晓晔等译,法律出版社 2003 年版,第 310 页。

② 参见王泽鉴:《民法总则》,北京大学出版社 2009 年版,第 445 页。

③ 依照德国联邦最高法院的判例(《新法学周刊》2002 年刊第 669 ~ 670 页;2003 年刊第 128、842 页),(权利)失效的前提是:(1)权利人在一段时间中未主张其权利,尽管他能够这样做;(2)义务人(或其他当事人)得从权利人的行为中依客观判断认为,他不必再对(权利人会)行使权利加以考虑;(3)义务人事实上确实根据权利将不会被行使而调整了自己的行为;(4)嗣后对权利提出主张的行为与诚实信用不符。参见[德]迪特尔·施瓦布:《民法导论》,郑冲译,法律出版社 2006 年版,第 183 页。

④ 参见王泽鉴:《民法总则》,北京大学出版社 2009 年版,第 445 页。

⑤ 参见王泽鉴:《民法总则》,北京大学出版社 2009 年版,第 446 页;[德]卡尔·拉伦茨:《德国民法通论》(上册),王晓晔等译,法律出版社 2003 年版,第 312 页。

第二节　诉讼时效的客体及其适用范围

诉讼时效的客体即一定事实状态因时间经过的作用而致丧失的某种权利。确定诉讼时效的客体及其范围,无论对立法还是司法均有重大意义,其不仅关系到诉讼时效制度体系构筑的完整性,而且还涉及对当事人权利保护的合理性。遗憾的是,诉讼时效的客体究竟为何种权利,其适用范围如何,在我国原《民法通则》中未明确规定,理论界对此观点也不尽相同,为此,有必要对各国家、地区立法和理论主要观点加以梳理。

一、诉讼时效的客体

诉讼时效的客体与其效力密切相关。客体是从静态层面分析某种事物的具体指向或目标,效力是从动态角度说明某种事物所产生的法律效果。缘此,要确定诉讼时效客体的性质,必须先明确诉讼时效届满所生效果是消灭何种权利。依各国或地区的立法例和相关民法理论,主要观点有三种:

一是诉权消灭说,即时效届满诉权消灭,而实体权利不消灭。以诉权性质不同,又可分为起诉权与胜诉权两种。前者由德国学者萨维尼所主张,指时效期间届满,当事人的起诉权或称程序意义上的诉权即丧失,但权利本体依然存在。据此债权人对已过时效的债权不得向法院提起诉讼,但并不排除债务人自愿履行义务。这也是罗马法消灭时效的本旨,①《法国民法典》、1922 年的《苏俄民法典》均采用这一主张。② 英美法原则上也将起诉权作为时效的客体。③ 后者由苏联主张,指时效期间届满权利人便丧失了胜诉权或称实体意义上诉权。④ 亦即权利人虽还能向法

---

① 参见梁慧星:《民法总论》,法律出版社 2001 年第 2 版,第 240 页。

② "一切诉讼,无论是对物权诉讼或对人诉讼,时效期间均为 30 年,主张此种时效的人无须提出一项权利证书,他人亦不得对其提出该人系出于恶意而为抗辩。"《法国民法典》第 2262 条。参见《法国民法典》(下册),罗结珍译,法律出版社 2005 年版,第 1602 页。1922 年的《苏俄民法典》第 44 条规定,起诉权逾法律规定期间而消灭。参见梁慧星:《民法总论》,法律出版社 2001 年第 2 版,第 240 页。

③ 参见史尚宽:《民法总论》,中国政法大学出版社 2000 年版,第 628 页。

④ 参见[苏]格里巴诺夫、科尔涅耶夫编:《苏联民法》(上册),中国社会科学院法学研究所民法经济法研究室译,法律出版社 1984 年,第 256 页。1964 年《苏俄民法典》规定,诉讼时效届满法院仍应受理诉讼(第 81 条),诉讼时效在起诉前过期,是拒绝应诉的理由(第 87 条)。但诉讼时效届满后,债务人履行义务的,即使是其履行义务时不知道时效期间已过,也无权请求返还(第 89 条第 1 款)。参见中国社会科学院法学研究所民法研究室编:《苏俄民法典》,中国社会科学出版社 1980 年版,第 29、31 页。《匈牙利民法典》第 325 条规定:时效完成的请求权,不能在法院强制执行。参见梁慧星:《民法总论》,法律出版社 2001 年第 2 版,第 240 页。

院起诉,但其请求法院依法强制义务人履行义务的权利丧失。与起诉权消灭相似的是,尽管权利人请求法院强制执行行使遭受侵犯权利的可能性随着时效届满而丧失,但权利人仍可接受义务人的自愿履行,且不构成不当得利。理论上将因诉权消灭不能请求法院强制执行的债称为自然债,权利人享有的得不到法律强制力保护的权利称为"裸体权利"。

二是实体权利消灭说,由德国学者温特夏德所主张,即时效期间届满当事人的实体权利归于消灭,权利人无权再接受义务人履行义务。① 也就是说,时效期间届满后当事人原有的民事权利不再存在。由此决定权利人在时效期间届满后再接受义务人履行的,将构成不当得利,义务人可以请求返还。《日本民法典》是这一主张的代表。②

三是抗辩权发生说,由德国学者欧特曼所主张,即时效届满实体权利和诉权均不消灭,仅发生义务人依时效规定拒绝履行义务的抗辩权。抗辩权是否行使,由义务人针对权利人的请求自己决定。如果权利人行使请求权,义务人自动履行义务,视为抛弃抗辩权,该履行为有效。③《德国民法典》等持此说。④

我国原《民法通则》的诉讼时效规定中并未明述其效力,但依有关规定的内容,即"向人民法院请求保护民事权利的诉讼时效"以及"超过诉讼时效期间,当事人自愿履行义务的,不受诉讼时效限制",⑤学者梁慧星认为我国采诉权消灭主义。其他不少学者在对我国诉讼时效制度作理论分析时,也强调时效完成后,权利人向法院起诉要求保护权利的,法院将以丧失诉权为由驳回起诉,且诉权消灭后,权利人仍可不通过法院向义务人主张该自然权利,义务人也可自愿履行,法律不加干预,从而得出我国采诉权消灭说的结论,再进一步将诉权分为起诉权和胜诉权。考虑我国诉讼时效完成后,权利人仍可请求法院发动诉讼程序以便查明诉讼时效是否完

---

① 参见梁慧星:《民法总论》,法律出版社 2001 年第 2 版,第 240 页。

② 《日本民法典》第 167 条规定:"1. 债权因十年间不行使而消灭。2. 债权或所有权以外的财产权,因二十年间不行使而消灭。"第 173 条规定:"下列债权,因二年不行使而消灭:……"参见渠涛编译:《最新日本民法》,法律出版社 2006 年版,第 39 ~ 40 页。

③ 参见梁慧星:《民法总论》,法律出版社 2001 年第 2 版,第 241 页。

④ 《德国民法典》第 194 条规定:"向他人请求作为或不作为的权利(请求权),受消灭时效的制约……"第 214 条规定:"消灭时效完成后,债务人有拒绝给付的权利……"参见《德国民法典》,陈卫佐译注,法律出版社 2004 年版,第 55、63 页。即请求权并非因消灭时效当然消灭,而是体现债务人因此享有抗辩权。我国台湾地区"民法"消灭时效从德国和瑞士。参见胡长清:《中国民法总论》,中国政法大学出版社 1997 年版,第 355 页。梁慧星先生认为 1964 年《苏俄民法典》也采抗辩权发生说,其依据是《苏俄民法典》第 87 条规定。参见梁慧星:《民法总论》,法律出版社 2001 年第 2 版,第 241 页。

⑤ 原《民法通则》第 135、138 条等。

成的事实,以及权利人有无正当理由可在时效期间不为权利行使等,就此认为我国系采胜诉权消灭说。① 不过,在我国现有立法和司法实践中相应观点已开始转向,改诉权消灭说为抗辩权发生说,亦即倾向于将请求权作为诉讼时效客体。②

在上述立法例和各种理论观点中,诉权消灭说和权利本体消灭说均不尽合理。具体分析如下:

就诉权消灭说中的起诉权消灭而言,其指在时效期间届满后,使属实体法范畴的时效制度产生消灭程序意义上权利(起诉权)的结果。古代罗马法诸法合一,实体法与程序法不分,出现如此安排尚情有可原,在现代泾渭分明的立法体系中,使时效制度不涉及实体法内容,却发生程序法后果,令程序法上起诉权的得失不基于程序法而本之于实体法,实乃本末倒置,是立法逻辑上的欠缺。③ 何况,近现代民法通常均规定了时效期间完成的障碍如中止、中断或延长等内容,或者强调时效应由时效利益享有者援用的制度。但按起诉权消灭就意味着当事人无法诉至法院,即当事人起诉至法院,法院可依时效期间届满而拒绝受理,从而实质上决定了权利人已无机会阐述中止、中断或其他合法理由,义务人也无须自己援用时效制度。④ 因此采起诉权消灭说,必与现有时效制度体系和内容形成冲突。按胜诉权消灭说,法院虽应受理当事人的起诉,且须查明有无阻碍时效届满的事由,与时效制度的其他规定不会形成矛盾,但其仍名不副实。这是因为,一方面,时效期间届满仅是说明权利人请求法院强制义务人履行义务的权利有丧失的可能性,而非实际丧失。换言之,时效期间届满后并非法院绝对不保护权利人的权利,如权利人有正当事由或义务人放弃时效利益,权利人还可实现自己的权利。而胜诉权的提法则易生歧义,似乎是“胜”的权利消灭,仿佛权利人只要在时效期间届满前为诉讼上请求就会胜诉。其实当事人起诉后胜诉与否亦非肯定,最终取决于法院的审定。另一方面,胜诉权消灭与请求权消灭无实质区别。因时效期间届满既不阻碍权利人向人民法院

① 参见彭万林主编:《民法学》,中国政法大学出版社2002年修订第3版,第151页。

② 原最高人民法院《关于审理民事案件适用诉讼时效制度若干问题的规定》(法释〔2008〕11号)第1条规定:“当事人可以对债权请求权提出诉讼时效抗辩,但对下列债权请求权提出诉讼时效抗辩的,人民法院不予支持:……”《民法典》第196条也明确哪些请求权不适用诉讼时效规定,以此推论应得出我国现有立法和司法实践是将请求权作为时效客体。

③ 参见傅鼎生主编:《中国民商法疑难问题研究》,上海教育出版社1998年版,第63页。

④ 不过,以往在我国当诉讼时效期间届满后,法院查明当事人无正当理由,就可主动援用诉讼时效裁定驳回起诉,不再审理。这就使当事人的实体权利失去了请求的可能。参见王利明、郭明瑞、方流芳:《民法新论》,中国政法大学出版社1988年版,第578页。其实,如此做法并非依据法律规定,即使我国原《民法通则》也无法院可直接援用时效的规定;如此做法是来自观念的影响,且在早期并不鲜见。

起诉,又不影响义务人自愿履行义务,仅使权利人丧失请求法院强制义务人履行义务的权利,故权利本体并未消灭,只是消灭了保障权利本体的请求权。由此说明无论是起诉权还是胜诉权均不能成为或真正作为诉讼时效的客体。何况双重诉权的理论在诉讼法理论界也受到了质疑,已不再是我国通说。①

诉讼时效期间届满后当事人的实体权利全部归于消灭也不妥当。不妥之一是,尽管实体权利全部因时效而消灭,从时效利益的归属而言最为明确,其明白无误地表明了时效利益应归属于债务人。亦即在时效期间届满后,债务人履行义务便无法律上的依据,若权利人接受义务人履行就属不当得利。但如此立法不仅僵硬地将法律与道德绝对区分且完全割裂,而且忽略了当事人的主观意愿,杜绝了义务人于时效期间届满后履行义务的合法性,过分地突出了法律干预,对权利人未免过于苛刻。的确,时效制度是以一定的事实状态为基础,但在民法这一私的领域中不能完全忽略民事主体的意志,尊重当事人意志应始终放在首要位置。债务人不愿接受时效利益,于时效届满后继续履行义务未尝不可。为弥补这一不足,《日本民法典》在规定除非当事人援用时效,法院不得根据时效进行裁判的同时,又强调时效利益的受益人可在时效期间届满后放弃时效利益,②且判例和学说都认为“不知时效已经完成,仍不断进行偿还或以书面请求延期的,可作放弃论”,③以缓和矛盾冲突。不妥之二是,实体权利因时效期间届满而全部消灭,会发生权利归属处于“真空”状态的情形,即在权利人的权利因时效消灭时,相对义务人却不能因此同步取得权利。于是,原有物权所指的客体便无归属。除法律明定时效期间届满后能产生反射效力(不仅令权利人丧失权利,而且使时效利益受益人基于原所有人丧失所有权的同一事实而能取得该物权),或时效制度仅限于债权外,不可能解决权利本体消灭所带来权利归属“真空”问题。④

相对而言,在关于时效制度的诸学说中,抗辩权发生说最为合理。这种立法主张避免了诉权消灭说与权利本体消灭说所存在的缺陷,充分尊重了当事人的意志,体现了民法私法自治的精神。具体地说,按抗辩权发生说,不仅在诉讼时效期间届满后,权利人仍享有起诉权,可诉至法院,由法院审理权利人是否有正当事由阻碍

① 双重诉权说使原本应统一的诉权成为时空上可分的诉权,使原本无须区别或联系的事物须加以区别或联系。参见张卫平:《民事诉讼法》,法律出版社 2004 年版,第 32 页。

② 《日本民法典》第 145、155 条。参见渠涛编译:《最新日本民法》,法律出版社 2006 年版,第 35 页。

③ 参见周枏主编:《外国法学译丛 · 民法》,知识出版社 1981 年版,第 85 页。

④ 参见傅鼎生主编:《中国民商法疑难问题研究》,上海教育出版社 1998 年版,第 64 页。

时效期间进行,而且表明在时效期间届满后,即使无正当事由阻碍时效期间进行,义务人是否享有时效利益取决于其意志,法院不能主动援用时效规定,也不能依职权驳回权利人的请求。若义务人不行使抗辩权,而继续自愿履行义务,权利人有权接受,立法并不认为其所受领利益为无法律根据的不当得利。相反,义务人依抗辩权拒绝履行义务,法院应不支持权利人的主张。而且,采抗辩权发生说还可附带解决近代民法否定"自然债务""裸体权利"提法的问题。因为抗辩权发生说仅在于说明义务人对权利人行使权利的防御,而非否定权利的本身存在。所以义务人行使抗辩权的前提是认可权利人享有权利,只不过义务人有法定的对抗事由而已。

对于抗辩权发生说,不少学者认为就是请求权消灭说。其依据是《德国民法典》第194条规定,即要求他人作为或不作为的权利——请求权因时效而消灭。但我国台湾学者梅仲协认为,按德国民法因权利而生的请求权,不因时效而消灭,消灭时效的完成,仅促使义务人取得抗辩权,得拒绝其应为的给付,而同时权利人的请求权即减损其力量,此徵诸《德国民法典》第222条规定,自属无疑。故德国民法"时效"一语,在法律上的意义,解释为"请求权于一定期间内不行使,而减损其力量"最为适当。进而他指出,我国台湾地区"民法"既然完全仿照德国民法,而总则第六章章名定为"消灭时效"不妥,似应删去"消灭"二字,较符合条文内容。因时效的完成并不使权利人的权利或请求权归于消灭。① 此种提法值得商榷。的确,债权通常是通过权利人为请求,由义务人协助而使利益现实化。但这并不意味债权的实现都得通过请求,事实上权利人不请求,义务人自己履行的情况实务中也屡见不鲜。由此说明债权行使的关键是强调义务人为协助,而不是请求。这是由债权作为对人权、相对权的性质所决定的。此外,请求权虽非因消灭时效完成而消灭,但义务人一旦依法律规定行使抗辩权,权利人的请求权就应随之消灭。因为时效制度中的抗辩权属永久性的抗辩权,即其效力在于永久地阻止请求权,它不同于那些暂时阻止请求权效力的一时性抗辩权。尽管就表面形式而言权利人还可为请求,但该请求因义务人永久的抗辩已使之无相应义务。况且依程序法"一事不再理"的原则,对判决或裁定已经发生法律效力的案件,当事人也不能再次起诉,故权利人此时所为请求名为请求权,实为行动自由权。基于此,将抗辩权发生说理解为请求权消灭并无不可。但应注意的是,请求权消灭实质上仅是行使抗辩权的反射效应,只涉及实体权利的部分权能,如债权的请求权消灭后受领权还在,且抗辩的功能主

---

① 参见梅仲协:《民法要义》,中国政法大学出版社1998年版,第154页。另应说明的是《德国民法典》第219~225条已被删除。参见《德国民法典》,陈卫佐译注,法律出版社2004年版,第64页。

要是阻止权利人为请求,而非否认权利存在,故该抗辩不应归于权利否认之抗辩,依然是抗辩权行使的结果。

既然时效期间届满后所生效力可理解为请求权消灭,那么将诉讼时效的客体定为民事实体权利内容的组成部分——请求权,就是顺理成章的,现我国理论界和实务界对此已基本形成共识。①

所谓请求权,是主体请求他人为或不为一定行为的权利,它仅是民事权利的一部。其实,民事权利大多包含两方面内容:一是强调权利人在法定范围有权根据自己的愿望为一定行为,学理上称为"行动权"。就绝对权而言,权利本体一般表现为对权利客体的支配,如占有、使用、收益、处分等;就相对权而言,权利本体一般表现为权利人对义务人所作给付的受领权,如接受债的履行等。二是反映请求义务人为或不为一定行为的权利,此种权利学理上称为"请求权"。就绝对权而言,请求权主要表现为请求义务人不为一定行为,即不干涉权利人行使权利,使权利处于圆满状态。如请求义务人不妨碍权利人对所有物进行支配,一旦权利本体被侵害,请求权的功能就在于补救,如请求恢复原状、返还原物等。就相对权而言,请求权不仅表现为对权利圆满状态的维护,而且体现为实现权利的功能需要,即通过请求特定义务人履行义务,如请求交付、支付、提供服务等而实现权利。因此,为保障权利处于圆满状态,使"行动权"顺利行使,就必须辅助于请求义务人为或不为一定行为的权利。②

虽然这两方面内容关系密切,是构成一个完整权利不可或缺的组成部分,但二者地位显然不同。其中,"行动权"为主,属权利本体(基础权利),是权利所含利益价值的根本反映。请求权为辅,具有辅助性和救济性,是由权利本体不可侵性而衍生的一种权能,用以维护权利本体圆满状态或者实现具体权利,使权利遭侵害时可得到补救。由此说明,"行动权"即权利本体是权利存在的根基,离开行动权,权利人的权利不复存在,请求权便为无源之水、无本之木,失去存在价值。相反,离开请求权,尽管权利残缺不全,圆满实施状态受影响,但权利人行使权利和义务人履行义务的法律依据依然存在。因此,行动权作为权利本体,虽需请求权帮助使之处于圆满实施状态,但并不依附于请求权,从而决定行动权可不依请求权为基础而独立存在。而请求权则须依附权利本体,权利人有请求权便可保障本权圆满实现,当诉

---

① 参见梁慧星:《民法总论》,法律出版社2001年第2版,第243页;张俊浩主编:《民法学原理》(上册),中国政法大学出版社2000年修订第3版,第348页。另可参见最高人民法院《关于审理民事案件适用诉讼时效制度若干问题的规定》第1条以及我国《民法典》第196条。

② 参见傅鼎生主编:《中国民商法疑难问题研究》,上海教育出版社1998年版,第65页。

讼外的请求(非经诉讼程序要求义务人履行义务)无法使义务人履行义务时,权利人可为诉讼上请求,请求法院依诉讼程序强制义务人履行义务;权利人无请求权,其只能基于义务人放弃时效利益而为自愿履行。无疑,将请求权定为诉讼时效客体的立法模式,均会同时规定诉讼时效届满既不影响权利人向法院起诉,又不影响义务人自愿履行义务。

二、诉讼时效的适用范围及其限制

(一)诉讼时效的适用范围

首先,请求权为诉讼时效客体,意味着请求权以外的权利不得适用诉讼时效。民法原理中,涉及请求权的权利分类是以权利效用为区分标准,与之相对应有支配权、形成权、抗辩权。(1)支配权指权利人得直接支配其标的物,且具有排他性的权利。物权为支配权的典型,其他如知识产权等亦有支配权的属性。① 法律之所以将支配权排斥于时效客体范围之外,是因为支配权的行使无须他人介入,权利人可直接支配标的物,即其是否获得权利所含利益均取决于自己意志,不论时间长短,都与社会经济秩序无关。因此,除知识产权出于推动社会进步的考虑,不能给权利人太强垄断,需另定权利存续期间外,物权尤指所有权为永续的权利,无期间限制。(2)形成权指权利人依自己单方意思表示,使自己与他人间的法律关系发生变动的权利,如解除权、撤销权、追认权、抛弃权等。形成权作为一种特殊权利,特点在于该权利实现仅凭权利人单方法律行为即可,无特定或不特定义务人,更谈不上是否须基于义务人的作为或不作为,故它不能成为诉讼时效的客体。但应注意的是,形成权与请求权关系密切,形成权的行使常常构成主张请求权的前提条件。另因形成权行使涉及并将改变权利人与他人间的法律关系,故为促使权利人尽快行使其权利,解决权利义务不稳定的状态,民法对形成权多预先规定存续期间,即除斥期间。(3)抗辩权指权利人用以对抗他人请求权的权利,如同时履行抗辩权、不安抗辩权、先诉抗辩权等。抗辩权的作用在于防御而非进攻,该权利行使必以请求权存在为前提。这意味着一旦有人行使请求权,抗辩权享有者就须及时对抗,否则就说明其放弃抗辩权。基于抗辩权与请求权的对立性,决定了抗辩权的行使应及时,不存在适用诉讼时效期间的必要。

---

① 人身权原本也有支配权的属性,但在强调当事人主体地位平等的今天,相互尊重已替代了支配。任何人都不能支配他人的人身和行为。但人身权存续期间往往与人的生存相关联,不仅无须时间限制,而且应仍可作为对世权,具有排他性。

其次,民事权利中的请求权包括绝对权与相对权中的请求权。其中相对权中的请求权即债权请求权,包括:基于合同债权的请求权,如履行请求权、损害赔偿、违约金、利息请求权等;基于侵权行为的请求权,如侵害所有权、限制物权、债权、继承权、知识产权中的财产权而产生的损害赔偿请求权等;基于无因管理的请求权,如必要费用请求权、损害赔偿请求权;基于不当得利的请求权,如不当得利返还请求权;其他债权请求权,如防卫过当、避险过当的赔偿请求权。① 其能作为诉讼时效客体的原因在于,债权欠缺公示性,有人违约或侵权,若权利人不积极行使权利,客观上易使外界难以认知,以致影响在一定事实状态下形成的新的法律关系的稳定。故根据诉讼时效的立法理由,债权请求权能作为诉讼时效客体应无疑义。但绝对权中的请求权,即物权请求权(亦称物上请求权),能否作为诉讼时效客体?理论上对此有争论,各国和相关地区立法例的规定也不尽相同。(后详述)

在具体规范和适用诉讼时效时,另应注意的问题有三:

第一,关于恢复原状和物权确认请求权的地位及其时效的适用问题。在传统民法中物上请求权不包括恢复原状,我国理论界对此存有争议。恢复原状狭义理解指回复被侵害权利原来状态,如物的返还或毁坏物的修理;广义理解包括狭义理解及用非货币等价物填补损害。② 中国人民大学的物权法草案建议稿将恢复原状请求权列入"物权请求权"一节中,并在其后说明中从广义定义。③ 但也有学者认为恢复原状是债权请求权而非物上请求权。④ 本书赞成后者观点。理由有三:其一,物上请求权是物权效力的体现,以物的完整存在为前提,针对妨害而非损害。妨害是对物正常行使权利的阻碍或对物权客体的侵犯,损害则已造成物的实体不完整。物的妨害排除后,物仍然保持原有形态,而物有损害处于整体不完整的状态,则不可能再使之处于原状态,只能对物以价值填补或实物修补等方式来弥补。故妨害与物上请求权相对应,损害与债权请求权相对应。其二,恢复原状从广义理解势必与其他物上请求权有重叠之嫌,如将之仅理解为修理,而排除物的返还和以他物替换,则任何修理后的恢复状态要与原物相同都不可能,故恢复原状只是损害赔偿的

① 参见梁慧星:《民法总论》,法律出版社 2001 年第 2 版,第 243 页。

② 参见梁慧星主编:《中国物权法研究》,法律出版社 1998 年版,第 93 页。

③ 物权人的财产被他人非法侵占并遭到损坏时,如果能够修理或替换,则物权人有权要求加害人通过修理、替换等方式,恢复财产原来的状态;如果不能够修理和替换,物权人有权请求法院责令加害人通过损害赔偿以代替恢复原状。参见王利明主编:《中国物权法草案建议稿及说明》,中国法制出版社 2001 年版,第 215 页。

④ 参见侯利宏:《论物上请求权》,载梁慧星主编:《民商法论丛》(第 6 卷),法律出版社 1997 年版,第 714 ~ 715 页。

一种特殊方式,对物的修理、替换其实是一种变相的赔偿。其三,不少立法例也将恢复原状请求权规定在民法债编,被定性为债权请求权。[①] 我国现行合同立法也将修理、重作、调换作为违约责任的一种形态,归于债权请求权。因此,恢复原状请求权虽是物权保护方法,但性质上属债权请求权,且可作为诉讼时效的客体。

另须说明的是,我国的物权立法未将物上请求权单列,而直接称为"物权的保护"。[②] 但这不是将物上请求权与物权保护画等号。物权的保护包括物权和债权等手段,前者体现为物上请求权,后者则表现为损害赔偿、恢复原状等债权请求权。[③] 无论采用物权还是债权保护方法,其前提是物权归属确定,故确认物权请求权是物权的独立保护方法,也是明确权利归属的前提,但其不是一项独立的物上请求权。[④] 传统民法中也无将确认物权请求权列入物上请求权范畴的先例。[⑤] 因此,唯有动产原物返还请求权和债权请求权有成为时效客体的可能,而确认物权请求权等则只能作为物权保护方法,不能成为时效的客体。

第二,关于无效民事行为诉讼时效的适用问题。无效民事行为指不具备法定生效要件,自始不能产生当事人预期法律效果的民事行为。根据我国民事立法相关规定,因无效民事行为取得财产的,应返还给对方,过错方应赔偿对方由此遭受的损失。可见能涉及无效民事行为的诉讼请求主要是返还财产和赔偿损失两项。由于我国目前有关物权立法未采物权行为无因性理论,从而决定当无效民事行为发生后,财产占有人的占有无疑应属非法占有,财产所有人无论是根据物上请求权还是不当得利返还请求权,均可请求返还财产。如果非法占有人无法返还财产,财产所有人也可依缔约过失之债请求赔偿损失。因此,民事行为无效或被撤销而发生的请求权皆能作为诉讼时效的客体。但问题是诉讼时效期间应从何时起算?对此理论界和实务中颇有争议,主要观点有三:一是该合同自始无效,诉讼时效期间从无效民事行为发生时起算。因无效民事行为法律已明定,当事人自行为发生时

---

① 《德国民法典》第249条。参见《德国民法典》,陈卫佐译注,法律出版社2004年版,第75页。我国台湾地区"民法"第213条也如此规定。参见五南法学研究中心编辑,杨淑文、张丽卿、洪家殷、谢易宏监修:《最新简明六法》,台北,五南图书出版股份有限公司2010年版,二－第41页。

② 《民法典》物权编第三章"物权的保护"。

③ 但如在物上请求权的标题下,将损害赔偿请求权归入其中则有悖逻辑。参见梁慧星主编:《中国物权法草案建议稿》,社会科学文献出版社2000年版,第2210～2211页。

④ 参见王利明:《物权法研究》,中国人民大学出版社2003年版,第109页。

⑤ 依物上请求权本身逻辑分析,它是物权遭侵害后的救济手段,这意味着物权人享有物权的事实已确定;而物权须确认是在物权归属有争议时发生,如果物权本身的归属存在争议,那么就谈不上物上请求权的运用,自然不能将请求确认物权列入物上请求权。何况,物权确认请求权只能向国家司法机关主张,而不像其他物上请求权那样可直接向相对人主张,其性质不属给付之诉,而是确认之诉。

就应明知,并应对所为行为能否产生预期效果和得到法律保护有准确判断。二是该合同虽自始无效,但诉讼时效期间应从义务人不履行时起算。因交付财产方善意地相信他方届期会履行,在此之前其处于不明知状态,由此决定诉讼时效期间不能起算。三是该合同虽自始无效,但诉讼时效期间应从该民事行为被确认无效时起算。因无效民事行为效力的判断本身在法律上就常有争议,不能苛求民事主体在设立民事行为便应知道行为是否有效。① 不难发现,上述观点有质的差异,按不同观点操作将产生截然不同的结果。事实上,第二种观点或第三种观点虽强调无效民事行为自始无效,但计算诉讼时效时却往往忽略此点。如第二种观点就有否定民事行为效力不包括履行期约定之嫌;而按第三种观点则忽视当事人请求权自行为无效时即已发生,并非自确认无效后发生。相对而言,第一种观点较为合理,但认定时应关注权利人何时可以行使权利。也就是说,原则上行为无效即应从无效民事行为发生时计算诉讼时效期间。但考虑到民法调整的法律关系复杂性以及对法律行为效力判断的艰难性,特殊情况下可由法官依诚实信用原则视具体情形自由裁量而定,判断权利人是否应知权利被侵害,以法院确认民事行为无效的判决生效之日作为时效期间的起算点具有合理性。

须强调的是,实务中当事人可能先提确认之诉请求确认某民事行为无效,再提给付之诉请求财产返还或损害赔偿,也可能直接提起给付之诉。如当事人仅为确认之诉,则法院只能确认行为是否无效。而对于无效民事行为的确认,不适用诉讼时效的规定。因确认之诉目的在于明确权利义务的归属或法律关系产生依据是否合法,假定当事人对权利归属或法律关系形成依据有疑问,则难以要求给付,故确认之诉与诉讼时效客体请求权尚无关联。如当事人直接提起给付之诉,则法院既要确认民事行为是否无效,又要明确双方的给付内容和范围。因行为效力如何是确定给付与否以及给付内容的逻辑前提,当事人请求返还财产或赔偿损失的本身,也理应包含了其要求确认行为效力的意思。既然此时已与返还财产或损害赔偿的请求权相关,那么适用诉讼时效的规定理所当然。只不过此处请求权的依据不是基于无效民事行为,而是基于物上请求权或不当得利之债或缔约过失之债。除物上请求权外,其他如不当得利返还请求权或因缔约过失而产生的损害赔偿请求权作为诉讼时效的客体均无争议。此外,有人将法院对无效民事行为的确认,理解为确认权并将其归类于民事形成权,进而强调其不能作为诉讼时效的客体,②实乃理

① 参见张斌、卢文道:《关于诉讼时效制度的几个问题》,载《法学》1999 年第 2 期。

② 参见张斌、卢文道:《关于诉讼时效制度的几个问题》,载《法学》1999 年第 2 期。

论上的误解。确认之诉作为公力救济方式,要求法官依职权确认权利归属或民事行为的效力,属公权范畴,体现了国家干预,应不受任何期间限制,它与属私权范畴的各种具体民事权利不能混为一谈。至于可撤销民事行为,我国民法规定了撤销权行使的除斥期间,这是立法平衡私法自治与国家干预,留给撤销权人体现自己意志的空间。撤销权行使与否以及民事行为是否被撤销,结局完全不同。若法律对撤销权存续期间不加限制,将不利于稳定法律关系。又因撤销权行使取决于撤销权人单方意志,属形成权,故撤销权行使应受除斥期间制约。然而一旦民事行为被撤销,其效力溯及行为成立之时,从而当事人也能享有物上请求权、不当得利请求权和因缔约过失而产生的赔偿请求权。这些请求权适用时效制度的具体运作与对无效民事行为的特殊处理相同。因权利人难以把握民事行为是否被撤销,故诉讼时效期间从民事行为被撤销之日起算更符合时效期间的计算规则。①

第三,关于从权利的诉讼时效适用问题。诉讼时效的客体当应包括伴随一定法律关系存在的从权利。从权利对于主权利来说具有从属性,原则上从权利与主权利具有共同的法律命运,主权利因时效而丧失诉讼保护,则从权利也同其命运。从权利的请求权与主权利请求权的关系,也不例外。《德国民法典》第 217 条规定,从给付请求权的消灭实效随其附属的主请求权而消灭,即使其规定的时效未完成亦应如此。② 因而基于主权利而产生的从权利也是时效客体。例如,本金债权时效届满,关于利息的从债也随之失去诉讼保护。当然因时效并不消灭权利本体,故时效届满后债权人依然享有从债权,义务人履行从债务的也不得以时效期间已过为由而请求返还。比如,债务人在时效届满后继续履行返还利息义务的,不认为无法律依据。

但主债权时效届满后效力能否涉及担保权?我国原《民法通则》对此未加规定,理论与实务上有肯定与否定两说。前者关注担保权的从属性,认为依从随主原则,诉讼时效期间届满担保权应丧失诉讼保护。但因时效届满权利本体尚存,如保证债务人继续履行义务的,权利人仍可接受;抵押权、质权、留置权等担保物权的权利人也可就抵押物、质物、留置物取偿。③ 后者侧重担保权的相对独立性,认为诉讼

---

① 原最高人民法院《关于审理民事案件适用诉讼时效制度若干问题的规定》(法释〔2008〕11 号)第 7 条规定:"享有撤销权的当事人一方请求撤销合同的,应适用合同法第五十五条关于一年除斥期间的规定。对方当事人对撤销合同请求权提出诉讼时效抗辩的,人民法院不予支持。合同被撤销,返还财产、赔偿损失请求权的诉讼时效期间从合同被撤销之日起计算。"

② 参见《德国民法典》,陈卫佐译注,法律出版社 2004 年版,第 64 页。

③ 参见傅鼎生主编:《中国民商法疑难问题研究》,上海教育出版社 1998 年版,第 67 页。

时效届满不涉及担保权。[①] 我国有关物权立法似乎偏向肯定说，而原担保法司法解释则偏向否定说。[②] 其实，在法律未明确规定时，按肯定说处理未尝不可，但考虑到担保权的特殊性，更合理的做法是法律应有例外规定。如我国台湾地区“民法”第145条第1款规定：“以抵押权、质权或留置权担保的请求权，虽经时效消灭，债权人仍得就其抵押物、质物或留置物取偿。”如修理钟表的报酬请求权的时效期间届满，但债权人仍可对其所留置的钟表拍卖取偿。《德国民法典》第216条第1款也有类似规定。[③] 法律如此规定的原因，不仅在于担保物权须受物权法定原则制约，更重要的是担保物权作为支配权，属对物的权利，权利人基于登记或占有产生的公示效力而信赖抵押物、质物、留置物的现实存在，即使不及时行使外观上也不易使人产生误解。故为确实保障担保物权，体现物权优于普通债权的立法精神，应有别于债权而不受时效效力制约。但该例外规定仍应再设例外，即对利息或其他定期给付的未清偿部分的请求权经时效消灭者，不适用，如《德国民法典》第216条第3款、我国台湾地区“民法”第145条第2款。这是因为利息请求权仍属债权，应按从权利与主权利共命运的原则处理。而定期给付请求权则立法通常有短期时效的规定，若让时效效力涉及它，则与立法规定短期时效的精神背道而驰。因此，民事立法应设例外之例外予以限制。[④] 显然，立法如此规定不仅将使担保物权具有规避时效的作用，而且会影响担保人的利益。不可否认任何制度的选择都有利弊，只要规则明确，当事人就应了解法律风险，接受不利后果，法律规定只能做到相对公平。不过，若担保物权人在主债权消灭或不受保护后长期不行使担保物权，不仅会增加物权担保人不必要的负担，而且也导致法律关系变得模糊不清。鉴于此，法律应规定除去有关担保物权的路径，即或者采用公示催告程序由法院作除权判决，[⑤]或者

---

① 参见梁慧星：《民法总论》，法律出版社2001年第2版，第242页。

② 《民法典》第419条（原《物权法》第202条）规定：“抵押权人应当在主债权诉讼时效期间行使抵押权；未行使的，人民法院不予支持。”原最高人民法院《关于适用〈中华人民共和国担保法〉若干问题的解释》（法释〔2000〕44号）第12条第2款规定：“担保物权所担保的债权的诉讼时效结束后，担保权人在诉讼时效结束后的二年内行使担保物权的，人民法院应当予以支持。”严格地说，我国物权立法和以上司法解释的有关规定并非对诉讼时效效力能否涉及担保权的规定，物权立法规定的“不予支持”并不意味抵押权消灭。

③ 《德国民法典》，陈卫佐译注，法律出版社2004年版，第64页。

④ 参见胡长清：《中国民法总论》，中国政法大学出版社1997年版，第380～381页。

⑤ 《德国民法典》第1170、1171条规定可供借鉴。参见《德国民法典》，陈卫佐译注，法律出版社2004年版，第64页。

准用除斥期间消灭该担保物权。[①] 关于担保权中的保证，虽性质上为从债，但我国担保法已规定，保证人可通过约定或法律推定的保证期间限制自己的责任，故也不应作为诉讼时效的客体。[②]

（二）诉讼时效适用范围的限制

将诉讼时效的客体定为请求权，并不是说所有的请求权均可适用诉讼时效。各国一般都会根据自己的国情及其请求权所涉及的内容作相应的限制。如《德国民法典》规定，对旨在恢复符合亲属法状态的请求权、对取消共有关系的请求权及相邻法上请求权等不适用时效（《德国民法典》第 194 条第 2 款、第 758 条、第 924 条）。[③]《法国民法典》规定，不属于商事交易之内的物，不得适用有关时效的规定（《德国民法典》第 2226 条）。[④]《苏俄民法典》规定，侵害人身权而生之请求、有关返还被集体所有制组织、社会团体和个人非法占有的国家财产的请求，以及存款人支取在国家劳动储蓄所和苏联国家银行中存款的请求等，均不适用诉讼时效（《苏俄民法典》第 90 条）。[⑤] 我国《民法典》也规定四类不适用诉讼时效的请求权：停止侵害、排除妨碍、消除危险的请求权；不动产物权和登记的动产物权原物返还请求权；支付抚养费、赡养费或者扶养费的请求权；其他依法不得适用诉讼时效的请求权。[⑥] 借鉴国外规定，结合本国具体情况，从理论上归纳和分析，我国立法对下列请求权能否作为诉讼时效客体得加以斟酌，以完善具体限制规定：

1. 因侵害某些人身权如名誉权、肖像权、姓名权（含著作权中的署名权）等产生的请求权，或者旨在恢复符合亲属法状态的请求权包括夫妇同居、夫妻财产关系和父母子女关系的恢复请求权等，不能作为诉讼时效的客体。这些与人身权有关的请求权，或者与特定主体的资格或人身密不可分，或者有关于善良风俗的道德义务，[⑦]若因期间经过得不到法律保护，民事主体的资格就会丧失或有所欠缺，法律的规定就会与伦理相悖。况且这种侵权行为始终不会在外观上被人们认可，而旨在

---

① 我国台湾地区“民法”第 880 条规定，5 年期间不实行其抵押权者，其抵押权消灭。这属物权因除斥期间经过消灭的例外规定。参见谢在权：《民法物权法论》（下册），中国政法大学出版社 1999 年版，第 682 页。

② 参见裘石、季嘉林：《保证期间二题》，载《法学》2000 年第 8 期。

③ 参见《德国民法典》，陈卫佐译注，法律出版社 2004 年版，第 56、251、290 ~ 291 页。

④ 参见《法国民法典》（下册），罗结珍译，法律出版社 2005 年版，第 1580 页。

⑤ 参见中国社会科学院法学研究所民法研究室编：《苏俄民法典》，中国社会科学出版社 1980 年版，第 31 页。

⑥ 《民法典》第 196 条。

⑦ 参见史尚宽：《民法总论》，中国政法大学出版社 2000 年版，第 632 页。

恢复亲属关系的请求权则不偏重财产关系。因此,即便权利人怠于行使权利,也不因时效而丧失法律的保护。但对因人身权被侵害而生的损害赔偿请求权仍应适用诉讼时效。

至于抚养费、赡养费或者扶养费的请求权,亦即既往义务人应给付的具有浓厚人身属性扶养费追索权能否为诉讼时效的客体,理论上观点不一。有的认为抚养费、赡养费或者扶养费的请求权不能作为诉讼时效的客体。① 它蕴含着道义上对需抚养、赡养或者扶养等的弱者群体倾斜保护的考量。有的认为既往扶养费的如期给付请求权虽属人身权,但它财产权色彩浓厚,应为诉讼时效的客体。② 而我国《民法典》第196条第3项明确规定该请求权不适用诉讼时效规定。但二者相较,将抚养费、赡养费的既往给付请求权作为时效客体的做法更符合诉讼时效制度设置的精神。理由是:抚养或赡养费请求权涉及特定的相对人,此种请求非纯粹身份关系,关乎财产性质,与债权请求权并无质的区别,权利人有权利而在法定期间不行使,外观上同样会使人相信当事人不存在此项权利。而且法律仅是对当事人行为的最低要求,不能将它与道德标准相提并论。有人可能会问,被抚养人或被赡养人无钱生活而为借贷,该抚养费或赡养费的请求权是否应适用时效?回答是肯定的。这是因为,有人借钱给被抚养人或被赡养人,不是时效中止或中断的法定事由,不会影响时效期间的计算。何况,法律在设计行为模式时,已对其合理性和科学性作过思考,行为人应遵循法律来保护和实现自己的权利。当需抚养或赡养的人未得到抚养费或赡养费时,其就应向有义务支付抚养费或赡养费的人为请求,这是法律设置的最佳途径。若其不向义务人为请求,舍近取远向他人为借贷,法律应无保护的必要。至于出借人,他与被抚养人或被赡养人之间因有借贷合同关系存在,故借贷人届时不履行还款义务时,出借人可基于借贷合同向其请求。若借贷人无能力偿还,出借人是否可请求有抚养或赡养义务的人履行呢?为提倡人与人间互相帮助的传统美德,应让出借人享有请求权,但此项请求权基础是无因管理所生之债,而非借贷关系。同样,管理人(出借人)在行使无因管理之债请求权时,也应受相应时效期间的约束。

2. 物上请求权中的不作为请求权和排除妨碍请求权不得作为时效客体(后详述)。至于原物返还请求权可否作为诉讼时效客体,理论与各国或地区立法争论较

---

① 参见梁慧星:《民法总论》,法律出版社1996年版,第243页。但梁慧星先生现已改变观点。参见梁慧星:《民法总论》,法律出版社2001年第2版,第244页。

② 参见傅鼎生主编:《中国民商法疑难问题研究》,上海教育出版社1998年版,第67~68页;王泽鉴:《民法总论》,北京大学出版社2009年版,第416页。

大，做法不一。具体表现为：德国法强调只有未登记的物权所产生的原物返还请求权才有适用诉讼时效的余地。① 我国台湾地区与德国法立场基本一致，②认为物权请求权应与债权请求权一视同仁，且立法在将请求权定为时效客体时，并未区分其产生依据。③ 在法国，物上请求权以诉权形式表现，并可因适用诉讼时效的规定而减损其效力，但该规定不适用于不动产被侵夺时所有权人的返还请求之诉权。④ 日本的实务及学说都认为物上请求权不因时效而消灭。⑤ 此外，也有不少国家明确规定物上请求权不适用诉讼时效而消灭。⑥ 虽各国和有关地区的法律和判例对此都有定论，但这不妨碍学术界对此争论。我国目前主要存在否定、肯定和折中三说。⑦ 本书基本认同折中说，即能适用诉讼时效的物权请求权，只是动产返还财产请求权，且需要建立取得时效制度与之配套。其总体理由是，某动产一旦被他人占有（无论是非法还是合法占有）即随之显露相应的公示效力，若权利人不及时行使权利，即便是他人非法占有，外观上人们仍可基于占有的效力而相信其是权利人。

---

① 《德国民法典》第197条第1款规定，基于所有权和其他物权产生的返还原物请求权，因30年不行使而罹于消灭时效，法律另有规定除外。对第197条的解释认为，该30年时效并不适用于源于绝对权利的不作为请求权和排除妨害请求权。此外，第898条规定，第894条至第896条所规定的请求权（指变更错误登记请求权），不因超过时效而消灭。第902条第1款规定，由已登记的权利产生的请求权，不受消灭时效的制约。参见［德］迪特尔·梅迪库斯：《德国民法总论》，邵建东译，法律出版社2000年版，第91页；朱岩编译：《德国新债法——条文及官方解释》，法律出版社2003年版，第20页。

② 参见王泽鉴：《民法总论》，北京大学出版社2009年版，第414页。

③ 参见胡长清：《中国民法总论》，中国政法大学出版社1997年版，第355～356页。

④ 法国民法规定用益权、地役权因时效而消灭（《法国民法典》第617条第4款、第706条）。第2262条规定，一切物权或债权的诉权，均经30年时效而消灭。但对2262条是否适用于所有权有争论。法国司法实务认为，为避免国家所有权的不适当扩大（所有人的诉权消灭而占有人未获得财产所有权，该财产应属于无主财产而收归国家），至少对不动产所有权返还之诉权，不应适用消灭时效。但法国不少学者认为，消灭时效被排除是所有权绝对性的恣意夸张。况且在《法国民法典》上（第311－7条规定），连有关身份的诉权都可适用30年时效，而不动产请求返还的诉权竟然可不受时效的约束是不可思议的。参见尹田：《物权法理论评析与思考》，中国人民大学出版社2004年版，第173～175页。

⑤ 参见梁慧星主编：《中国物权法研究》，法律出版社1998年版，第101页。

⑥ 如《意大利民法典》第948条规定，“返还所有物之诉不因时效而消灭，但是，基于时效取得所有权的情况不在此限。”《意大利民法典》，费安玲、丁玫译，中国政法大学出版社1997版，第263页。

⑦ （1）否定说主要理由是：一是物权既不因时效而消灭，物上请求权亦不能因时效而消灭；二是物上请求权为时效客体必会发生变态物权；三是有第三人侵占物而重新计算时效期间，与社会一般观念相悖。（2）肯定说主要理由是：一是物上请求权属请求权范畴，且当物权被侵害或有被侵害之虞时所产生的以特定人一定作为或不作为为内容的请求权相对独立；二是物权人也应依诚实信用而妥善及时行使物上请求权，其符合时效制度的宗旨；三是物上请求权消灭后，所有人保有物权仍有意义。（3）折中说实际上是对肯定说的修正。该说强调在物权请求权中能适用诉讼时效的只是返还原物（动产）请求权。参见黄立：《民法总则》，中国政法大学出版社2002年版，第456页；梁慧星主编：《中国物权法研究》，法律出版社1998年版，第102页；尹田：《物权法理论评析与思考》，中国人民大学出版社2004年版，第172页。我国原有立法和司法实践对此基本否定。

具体而言:[1]第一,物上请求权既不是一种完全独立的财产权利,也非某种民事权利所特有。其存在和行使虽受制于基础权利,但性质上是权利效用的表现,是实体权利一项权能具有附属性功能。作为保护物权正常行使的救济权,可体现与物权不同的特性,具有相对独立性,同时因受物权影响在功能和效果等方面又有别于债权请求权,但不改变其请求权特性,故存在作为诉讼时效客体的可能。第二,在传统民法三种类型的物上请求权中,仅有未经登记的动产原物返还请求权能为诉讼时效客体,其他物上请求权不能为诉讼时效客体。因动产以占有和移转占有(交付)为物权享有和变动的公示方法,若他人无权占有动产而物权人长期不行使原物返还请求权,则随着时间推移第三人易误信无权占有人是物主而与之发生法律关系,届时再允许物权人基于物上请求权恢复对物的支配,对第三人不利且会影响社会秩序的稳定。相反,不动产以登记为物权变动的公示方式(包括动产登记对抗模式),交易时当事人应关注登记簿记载。只要登记簿记载与实际占有不符,占有人是否为真物主就存疑问,而且登记簿记载的权利人不改变,再长的期间经过也不会使人对无权占有人产生信赖。故为避免民法各项制度的自相矛盾,为维护登记制度的权威性,在承认物上请求权是诉讼时效客体的国家,也都将已登记不动产或动产形成的原物返还请求权排除在外。[2] 第三,取得时效在督促权利人积极行使权利等方面确与诉讼时效作用相同,但毕竟有别于诉讼时效制度,各自功能不能替代。[3]若诉讼时效期间届满的同时,也是取得时效期间届满即产生取得所有权的效果,则意味着诉讼时效不仅消灭请求权,而且应消灭所有权。尽管对此仍可解释为所有权并非因诉讼时效期间届满而消灭,而是因占有人取得时效期间届满而消灭,但二者重叠势必改变诉讼时效效果。亦即无权占有人一旦取得权利,就意味着无权占有人自愿返还而原权利人依然可接受的情况不复存在。这无疑与整个诉讼时效的体系和理论相悖。事实上,以请求权为诉讼时效客体的设计模式,必生权利人无法支配的现象。与其称之为"变态"或"空洞"物权,不如解释为占有等权能与权利人分离,占有人因此取得对物上请求权的抗辩权。若义务人自愿返还原物,物权人就有接受的权源。若诉讼时效届满后,有第三人侵害物之占有,物权人得请求恢复对物的支配权;如义务人未返还而是继续占有该物,可依占有制度保护其权利,至取

---

① 详见张驰、黄鑫:《物上请求权与诉讼时效关系论》,载《法学》2006年第9期。

② 《德国民法典》第902条第1款规定:"由已登记的权利产生的请求权,不受消灭时效的制约。"《德国民法典》,陈卫佐译注,法律出版社2004年版,第286页。但如不动产登记制度不完善或登记仅作为物权变动的对抗要件,基于未登记不动产产生的物上请求权应有适用诉讼时效的可能。

③ 我国虽至今未规定取得时效,但不妨碍从理论层面讨论时效制度的衔接和安排。

得时效期间届满而使义务人取得该物所有权，真正确定权利归属。总之，对于原物返还请求权能否为诉讼时效客体的问题，应在对其正确定性后甄别其类型和个性，并结合时效制度体系和宗旨作出科学合理选择，既不能依物上请求权与物权不可分割的逻辑断然加以否认，也不能不分具体类型和事由或忽视时效制度体系整体评价而轻易作出适用与否的结论。《民法典》第196条仅强调不动产和经登记动产原物返还请求权不适用诉讼时效，这说明我国立法也已经改原来的全盘否定为有条件的适用，即采折中说。

3. 与一定的事实关系或法律关系相始终的请求权。其包括两方面内容：一是因相邻关系而产生的请求权如妨害排除请求权等。因不动产相邻关系而产生的请求权与相邻关系始终相伴，而相邻关系是基于客观和特定的事实关系，为缓和共同生活和生产关系冲突而对所有权的扩张或限制，并不是独立于所有权以外的一种权利。只要所有权或占有权不丧失，那么纵使权利人长期不行使该请求权，也不会令人产生任何不当信赖。故为维护社会秩序安定，这类请求权应长久存在，不得作为诉讼时效的客体。二是因共有关系而产生的请求权如共有物的分割请求权。共有关系基于共同的生活和劳动而产生，共有人间具有共同的目的和特定的信任关系，共有物的分割请求权实质上是与共有法律关系相始终，当事人不应受时效的压力而被迫取消共有关系。况且，一般在共有关系存续期间，共有人也无法行使共有物的分割请求权。分析共有物分割请求权的性质可见，其名为请求权，实属行动自由权。① 因当共有人之一要行使共有物的分割请求权时，事实上无确定的给付义务人；唯有在共有关系经协商或法院判决解体后，其才能行使真正的请求权。因此，为维护共有关系稳定，这类请求权也不能作为诉讼时效的客体。

应注意的是，只有妨害形成于两个相互毗邻的不动产所有人（包括占有人或使用人）之间，才可以不动产相互毗邻客观事实的继续存在为由，因其在外观上不会使人认为这种妨害具有合法性而否定时效的适用。在其他妨害情形，则因考虑不同情况，依不同理由而否定时效适用。譬如，若在两个不相邻的不动产权利人之间形成妨害，则是整体规划与私权协调问题，不属民法规范范畴，故不能适用诉讼时效规定。若设邻地利用权等他物权，则因此类与不动产相关的他物权也须经登记才能生效或具有对抗力，故不会误认使用人就是物主（但仅设定债权负担则有适用

---

① 有的认为其性质为形成权的一种。参见王泽鉴：《民法总则》，北京大学出版社2009年版，第415页。

诉讼时效的可能)。若妨害形成不是在不动产相邻人之间发生,则因妨害行为(不是妨害状态)仍在持续。根据妨害行为与妨害状态间的关系可分为一次性妨害(如邻人树木倒在他人庭院)和持续性妨害(如持续地使噪音、粉尘等影响邻人)。就后者而言,妨害状态与行为一直持续,诉讼时效的起算点即一直更新,以致时效规定已成为不必要。就前者而言,树木倒落是一次完成并不延续,而妨害状态却在持续。此时不能以时效无法起算为否定时效适用的理由,而应以庭院所有人一直不主张妨害排除请求权不会使人产生外观信赖为由来否定时效的适用。因树木在他人院内只能被认为归庭院所有人,那么庭院主人如何处置均与他人无关。应注意的是,庭院主人若自己排除即要产生相关费用,这属庭院主人的损失可要求邻人承担,但应作为债权请求权而适用诉讼时效。因此,确定物上请求权为时效客体的国家也不将排除妨害请求权列入时效适用范围。至于妨害防止请求权本质上与妨害排除请求权并无差异,只是前者仅针对存在可能发生的危险而已。既然是尚未发生的危险则必绵延不绝,非到“危险”变为“现实”而不止,也不存在如妨害排除请求权中妨害行为与妨害状态是否分离的问题。由此决定妨害防止请求权也不应罹于消灭时效。

4. 基于有关公共政策而应限制的其他请求权。譬如,因储蓄关系而产生的请求权。储蓄是合同关系,由此产生的请求权属债权请求权,当无疑义。但储蓄能使资金被合理使用,对个人、企业和国家均有利,且储户与银行之间,储户处于弱者地位。鉴于此,为保护储户的利益,鼓励人们将闲散资金储入银行,不能将储户提款请求权作为诉讼时效的客体。同样,因国债、金融或企业债券等发生的本息请求权,以及基于投资关系而发生的利益分配请求权等也不能作为时效的客体。[①] 又如,因侵害国家财产所有权而产生的赔偿请求权等,尽管就性质而言,其与普通侵权相同,但国家是抽象的民事主体,对国家财产的管理并不可能全部落实到位。因此,为保护国家利益,未经授权给自然人、法人或其他组织经营、管理的国家财产的所有权被侵害而产生的请求权,也不能作为诉讼时效的客体。[②]

---

① 原最高人民法院《关于审理民事案件适用诉讼时效制度若干问题的规定》(法释〔2008〕11号)第1条规定的不能作为时效客体的债权请求权包括:“……(一)支付存款本金及利息请求权;(二)兑付国债、金融债券以及向不特定对象发行的企业债券本息请求权;(三)基于投资关系产生的缴付出资请求权;(四)其他依法不适用诉讼时效规定的债权请求权。”

② 参见原最高人民法院《关于贯彻执行〈中华人民共和国民法通则〉若干问题的意见(试行)》第170条。

第三节 诉讼时效的期间与起算

诉讼时效期间的长短安排及其起算，涉及当事人权益保护与社会秩序稳定，关乎强制性规范的限定范围。故而，各国或地区的诉讼时效制度均将之作为重点内容加以规范。

一、诉讼时效期间

（一）诉讼时效期间概述

由于诉讼时效期间属于强制性或半强制性规定，故各国或有关地区对于诉讼时效期间都有具体规定，通常将之分为一般和特殊时效期间。前者由民事基本法规定，除法律有特别规定外可普遍适用各种民事法律关系，也称普通诉讼时效期间。后者由法律特别规定仅适用于某些特定民事法律关系，可在民法典或有关单行法规中加以规定。整体观之，一般诉讼时效期间虽已渐渐缩短，但通常仍长于特殊时效期间，如法国规定为30年，日本规定债权为10年，债权以外的其他财产权为20年，我国台湾地区为15年。① 故二者又分别被称为长期和短期时效期间。② 不过如此称谓在有些国家已难以继续，如德国民法原规定普通时效期间为30年，在2002年改为3年，同时德国依然在某些方面保留30年的长期诉讼时效期间的规定。③ 此外，对于特殊时效期间各国或地区都针对不同情形明确具体适用范围，其中名目繁多且期间长短也不一，短的仅为6个月，长的可达5年，④但其共性是，这

---

① 《法国民法典》第2262条。参见《法国民法典》（下册），罗结珍译，法律出版社2005年版，第1603页。《日本民法典》第167条。参见渠涛编译：《最新日本民法》，法律出版社2006年版，第39～40页。我国台湾地区“民法”第125条。参见五南法学研究中心编辑，杨淑文、张丽卿、洪家殷、谢易宏监修：《最新简明六法》，台北，五南图书出版股份有限公司2010年版，二－第22页。

② 参见王泽鉴：《民法总则》，北京大学出版社2009年版，第417～418页。

③ 参见《德国民法典》，陈卫佐译注，法律出版社2004年版，第56～57页。

④ 如法国民法规定，科学与艺术教师有关按月授课所得酬金的诉讼、旅馆经营与餐饮经营者因其提供住宿与饮食发生的诉讼，时效期间为6个月。执达员对其送达文书与执行任务应得工资的诉讼、寄宿学校教师对学生及其他教师寄宿费以及学徒费用产生的费用，时效期间为1年；医生、外科医生、牙医、助产士和医药师对其门诊、手术、或药品的诉讼，商人对其销售给非商人的个人商品诉讼的时效期间为2年。工资、永久定期金与终身定期金以及抚养费、房屋与土地租金、借贷款项的利息的时效期间为5年。参见《法国民法典》第2271、2272、2277条。参见《法国民法典》（下册），罗结珍译，法律出版社2005年版，第1612～1616页。

些法律关系属于交易频繁宜速履行或者事实易变应速取证的情形，因此，法律有必要设立特殊诉讼时效期间以督促权利人及时行使权利，尽快稳定现有秩序。

相对而言，我国之前规定的一般诉讼时效期间较短，只有 2 年。[①] 如此规定虽有促使权利人尽快行使权利以达加速社会经济流转目的之利，但也有对权利人保护不周而有悖传统道德和社会正义之弊，故有学者提出应适当延长诉讼时效期间的建议。[②] 这在《民法典》中也得到了呼应——将 2 年诉讼时效期间改为 3 年。[③] 但法律之间的协调不容忽视。在具体适用时，考虑这一改动在原《民法总则》生效时业已形成，故可采用以《民法总则》的生效日为分界，以往的时效期间按《民法通则》处理，之后发生的（含时效期间未届满的情形）按《民法总则》处理。之后发生的应包括时效中断后重新起算的诉讼时效期间。最高人民法院在 2018 年就此作了具体解释：根据新法优于旧法的原则，适用《民法总则》的规定，明确《民法总则》施行之日，诉讼时效期间尚未满《民法通则》规定的 2 年或者 1 年，当事人主张适用《民法总则》关于 3 年诉讼时效期间规定的，人民法院应予支持；《民法总则》施行前，《民法通则》规定的 2 年或者 1 年诉讼时效期间已经届满，当事人主张适用《民法总则》关于 3 年诉讼时效期间规定的，人民法院不予支持。对于《民法总则》施行之日，《民法通则》规定的诉讼时效期间尚未届满的情形，根据"前后交叉用新法"的适用原则，强调《民法总则》施行之日，诉讼时效期间尚未满《民法通则》规定的 2 年或者 1 年，当事人主张适用《民法总则》关于 3 年诉讼时效期间规定的，人民法院应予支持。[④] 该司法解释不仅基本尊重了立法本意，而且符合法的溯及力需遵循"实体从旧、程序从新"原则的法理；不仅更好地保护债权人合法权益，而且有利于交易秩序的稳定和诚信社会的建设。

另须说明和关注的有二：一是因我国原《民法通则》规定的一般时效期间较短，故特殊时效期间存在长于或短于一般时效期间的情况，其中又可分为短期或长期诉讼时效。前者如原《民法通则》规定，身体受到伤害要求赔偿的、出售不合格的商品未声明的、延付或者拒付租金的、寄存财物被丢失或者损毁的等，诉讼时效期间均为 1 年；《海商法》第 257 条规定就海上货物运输向承运人要求赔偿的请求权，时

---

① 原《民法通则》第 135 条规定："向人民法院请求保护民事权利的诉讼时效期间为二年，法律另有规定的除外。"

② 参见梁慧星：《民法总论》，法律出版社 2001 年第 2 版，第 246 页。

③ 《民法典》第 188 条第 1 款规定："向人民法院请求保护民事权利的诉讼时效期间为三年。法律另有规定的，依照其规定。"

④ 原《关于适用〈中华人民共和国民法总则〉诉讼时效制度若干问题的解释》（2018 年 7 月 2 日由最高人民法院审判委员会第 1744 次会议通过，自 2018 年 7 月 23 日起施行）。

效期间为1年。后者如《民法典》第594条(原《合同法》第129条)规定,国际货物买卖合同和技术进口合同争议的诉讼时效期间为4年;《环境保护法》第66条规定提起环境损害赔偿诉讼的时效期间为3年。另原《民法通则》规定的短期诉讼时效期间有的已被以后颁布施行的单行法修正,如《产品质量法》第45条规定因产品存在缺陷造成损害要求赔偿的诉讼时效期间为2年。对此,应按特别法优于普通法、新法优于旧法的适用规则对待,将短于或长于一般时效期间的类型依然称为特殊时效期间。但《民法典》将一般时效期间规定为3年后,那些为3年时效期间的类型是否仍作为特殊诉讼时效期间,就应在以后立法完善中考虑是否还需适当调整期间长度以充分保护当事人的权益,否则无须单立。二是在《民法典》中未提到特殊诉讼时效期间,对此应如何理解?对于特殊诉讼时效期间应从两方面理解:一方面是其他法律规定的特殊诉讼时效期间,这基于《民法典》第188条强调"法律另有规定的,依照其规定",只要这些法律规定本身未终止效力,都应按特别法优于普通法的规则处理,亦即应认可所有单行法规规定的特殊诉讼时效期间。另一方面是在对原《民法通则》第136条规定的特殊诉讼时效期间的处理上,确实会产生分歧:①第一种解释是原《民法总则》未作规定,即是对原《民法通则》规定的特殊诉讼时效期间否定;第二种解释是原《民法总则》未作规定是法律的漏洞,应完全保留原《民法通则》1年诉讼时效期间的规定;第三种解释是原《民法总则》未作规定是认为第136条规定需要重新整合,即有的不能按照1年诉讼时效期间处理,如对人身伤害的损害赔偿,有的已经被新法替代,如产品质量致损害发生情形,有的可考虑在合同法中具体规定并保留原有短期诉讼时效期间,如租金请求权和寄存财物丢失会毁损赔偿请求权。相对而言,第三种解释符合立法目的和体系化安排,但最高人民法院司法解释似采第一种观点,即明确原《民法通则》所规定的1年短期时效均不再支持。② 至于原《民法总则》与其他特别法的协调问题,此次最高人民法院解释并未给予答案。考虑到特别法的设计目的必有其特殊性,从谨慎角度而言,这类问题由立法部门作出明文规定应是更好的解决途径。

(二)我国所定20年诉讼时效期间的性质

我国原《民法通则》第137条规定,从权利被侵害之日起超过20年的,人民法

① 同样这一问题也是在2017年《民法总则》生效时就引发,且会影响《民法典》的实施。

② 原《关于适用〈中华人民共和国民法总则〉诉讼时效制度问题的解释》第1条规定:"民法总则施行后诉讼时效期间开始计算的,应当适用民法总则第一百八十八条关于三年诉讼时效期间的规定。当事人主张适用民法通则关于二年或者一年诉讼时效期间规定的,人民法院不予支持。"

院不予保护。《民法典》第188条第2款有相同规定,二者内容一致,不会形成矛盾和冲突。但我国原《继承法》也曾规定,自继承开始起超过20年的,不得再提起诉讼。[①] 民法立法的两个20年期间,不仅自身在适用范围、起算点和法律后果等方面均不同,[②]而且与一般诉讼时效和特殊诉讼时效在期间的起算点和性质等方面也有区别。[③] 由此引发我国学界对20年期间的性质关注,且至今解释不一。大致有如下几种观点:一是认为《民法通则》等规定的20年期间均属最长诉讼时效期间。[④]民法同时规定2年普通诉讼时效期间和20年最长诉讼时效期间属于双重时效期间规定,[⑤]其意义在于明确各自适用范围、期间起算和法律后果等方面不同。二是认为原《民法通则》等规定的20年期间均属除斥期间。因该期间目的在于弥补适用诉讼时效可能出现的问题,即诉讼时效期间可能因权利人不知权利被侵害而拖得过久,以致影响法律关系的稳定。而且,期间均从当事人权利客观发生时起算,不像诉讼时效期间从权利人主观上已知或应知权利被侵害时起算,且不适用时效的中止、中断,尽管可延长,但条文本意是人民法院有权延长的期间并不包括限制诉讼时效的20年固定期间,否则该规定失去意义。同时原《民法通则》用"人民法院不予保护"的表述也易使人误认该期间是诉讼时效。[⑥] 三是认为原《民法通则》等规定的20年期间,在起算点和产生的法律效力等方面存有差异,故原《民法通则》规定的20年期间属诉讼时效期间,原《继承法》规定的20年期间属除斥期间。[⑦] 四是认为原《民法通则》规定的20年期间既不是除斥期间,也不是诉讼时效期间,而是权利最长保护期限,设置该期间的目的在于克服诉讼时效制度可能导致的无限期保护权利的缺点。因20年期间不是权利存续期间,与除斥期间的旨趣不同。且

---

① 《继承法》第8条。2021年1月1日起施行的《民法典》对此并未提及,但究竟是否抑或遗漏尚待进一步明确。

② 我国民法的两个20年期间规定有如下区别:适用范围原《民法通则》规定普遍适用于民事权利保护的请求,原《继承法》规定仅适用于因继承权纠纷提起的诉讼;原《民法通则》的期间自权利被侵害之日起算,原《继承法》的期间自继承开始之日起算;原《民法通则》的规定适用延长,原《继承法》的规定不适用延长;原《民法通则》的规定发生胜诉权消灭的法律后果,原《继承法》的规定发生起诉权消灭的法律后果。对此是否需要协调取决于立法者的意志,即要么按后法优于前法或者新法优于旧法,否定继承法规定效力;要么按特别法优于普通法的适用规则,认可继承法的效力。

③ 20年期间自权利被侵害之日起算,一般或特殊期间自权利人知道或应当知道权利被侵害之日起算;20年期间不因中止、中断而有所变动,但为防止民事权利因不可归责于权利人的特殊事由而罹于时效,可适用延长规定,一般或特殊期间可因中止、中断、延长而有所变动。

④ 参见王利明、郭明瑞、方流芳:《民法新论》,中国政法大学出版社1988年版,第564页。

⑤ 参见梁慧星:《民法总论》,法律出版社2001年第2版,第246页。

⑥ 参见佟柔主编:《中国民法学·民法总则》,中国人民公安大学出版社1990年版,第321页。

⑦ 参见王利明、郭明瑞、方流芳:《民法新论》,中国政法大学出版社1988年版,第564页。

除斥期间一般较短，以 20 年期间限制权利行使未免违背除斥期间的性质。另 20 年期间届满后，权利人接受义务人自愿履行并不构成不当得利。同时，又因其起算点与诉讼时效期间不同，也不适用中止、中断的规定，故也不能称为诉讼时效期间。①

以上观点充分地意识到我国原《民法通则》等规定的 20 年期间的特殊性，也力求根据相关民法原理对此定性，但似乎均难以驳倒相反观点。其实原《民法通则》等规定 20 年期间兼有诉讼时效期间和除斥期间两方面的特点，②其目的在于补充诉讼时效期间的不足，将之定性为权利人主张权利的最长期限，较为合理。

首先，从民法规定期间的原理分析，难以得出该 20 年期间性质上就是诉讼时效期间或除斥期间的结论。无论诉讼时效期间还是除斥期间，都是民法上关于时间的规定，其共同目的主要是稳定民事法律关系。但因民事法律关系纷繁复杂，千变万化，仅用单一期间规定约束无法包揽无遗。譬如，诉讼时效制度既不能适用于所有的民事权利（如形成权等就不能作为诉讼时效客体），又因可以中止和中断而难以解决某种民事法律关系处于久悬不决的状态。因此，各国家和地区民事立法中通常均在规定诉讼时效期间的同时，另定除斥期间以补诉讼时效期间之不足。法律关于除斥期间规定虽散见于各相关条文而不像诉讼时效制度那样有统一规定，但二者在价值定位、适用范围和客体、期间的弹性和起算点等方面的差异则在民法理论界得到认同。显然，我国民法规定的 20 年期间，在期间不变和起算点方面同于除斥期间而有别于诉讼时效期间。但也不能以非此即彼的思维方式，将它断然地归为除斥期间。因 20 年期间届满最终消灭的依然是请求权，而非全部实体权利。另相对而言民法规定的除斥期间均较短，否则难以达到稳定民事法律关系的目的。故 20 年期间的规定在期间长短、客体和效果方面又同于诉讼时效期间而有别于除斥期间。由此可得出的初步结论是，法律规定的权利保护期间并非只有诉讼时效期间和除斥期间两种。

其次，从法律规定期间的类别分析，最长权利保护期间的观点与诉讼时效期间有同语反复之嫌。法律赋予期间具有法律意义，并针对不同的权利体现不同价值功能，目的在于稳定民事法律关系，使法律调整有的放矢。有学者根据期间在民法

① 参见彭万林主编：《民法学》，中国政法大学出版社 2002 年修订第 3 版，第 147 页。

② 原《继承法》规定的 20 年期间虽在内容表述上与原《民法通则》有所区别，但应无质的差异。在起算点方面，继承法规定是从继承开始时起算，即反映其是以权利客观上发生为起算点；在法律效力方面，继承法规定“超过二十年的，不得再提起诉讼”，不少学者认为该条本意应是超过 20 年的，人民法院不予保护，因其是否有延长可能，不经受理无法明了，故起诉权消灭难以成立。退而言之，即使起诉权消灭，也并不意味着当事人的实体权利已不复存在。参见佟柔主编：《中国民法学·民法总则》，中国人民公安大学出版社 1990 年版，第 321 页。基于此，本书不作进一步区分，而是一并讨论 20 年期间性质。

中的作用将之分为三类,即实现民事权利的期间、保护民事权利的期间和履行民事义务的期间。[①] 其中,实现和保护民事权利的期间由法律明定,而履行民事义务的期间一般由合同约定,与20年期间定性关系不大,在此不赘。所谓实现民事权利的期间,主要包括法定的某种民事权利有效期间(如发明专利权的有效期为20年)和存续期间[如撤销权人行使撤销权的权利存续期间(除斥期间)通常为1年]。前者仅是界定权利人享有权利的时间,除法律另有规定外不以权利人是否行使权利而有所改变;后者是法律赋予权利人行使权利以改变某一法律关系的时间,权利人是否在法定期间行使权利所生结果截然不同。所谓保护民事权利期间又可分请求、仲裁和诉讼时效期间三种情况,[②]这三种期间因受理部门不同,故在适用程序和处理后果等方面也不同。但这类期间的共性是都与权利人行使或主张权利息息相关。此种分类与其说是依期间作用不同,不如说是体现了期间形态和内容的区别。这是因为,法定权利有效或存续期间的目的都在于保护民事主体享有的权利,均可称保护期间。而法定期间的作用主要在于明确维护何种法律关系。如规定权利有效期间,无论权利人在法定期间是否行使权利,法律仅维护一个法律关系,不涉及新旧法律关系的变动;规定除斥期间或诉讼时效期间,均与权利人是否行使权利相关且涉及新旧两个法律关系,权利人未在法定期间行使权利,除斥期间届满法律维护原法律关系,诉讼时效期间届满法律维护新法律关系。但分析不同法定期间至少有两点收获:一是明了期间的各种内容和形态及其作用是对权利的保护,各类期间与权利保护期间是属种关系,故将20年作为权利最长保护期间是同语反复;二是促使人们进一步思考权利的存续、行使和保护等相互关系以认清法定20年期间的性质。

其实,法律兼取某些期间的特点设定20年的期间,既是稳定民事法律关系的需要,也是弥补现有期间规定不足的需要。通常,法律赋予主体的权利是通过权利人为行使而实现,只有当权利行使受阻或被侵害时才有保护的必要。而理论上对权利行使却有广义和狭义两种不同的理解。狭义理解,权利行使仅指具体实现权利内容的行为,与权利的处分和主张相区别(详见前述权利行使章节)。一般主张权

---

① 参见江平、张佩霖编著:《民法教程》,中国政法大学出版社1986年版。第112~113页。

② 请求期间即一方通过非讼程序向对方提出赔偿要求的期间,如原《铁路货物运输规程》规定:"承运人同托运人或收货人相互间要求赔偿或退补费用的有效期间为180日,但要求承运人支付违约金的有效期间为60日。"仲裁期间即当事人通过仲裁程序向仲裁机关提出要求保护民事权利的有效期间。如原《经济合同法》第43条规定:"经济合同争议申请仲裁的期限为二年,自当事人知道或者应当知道其权利被侵害之日起计算。"诉讼时效期间即权利人依诉讼程序向人民法院请求保护民事权利的有效期间。如原《民法通则》规定的普通诉讼时效期间为二年,自权利人知道或应当知道权利被侵害之日起算。

利者应有行为能力,而权利的行使则视权利的性质而定;权利的主张均以积极行为方式表达,而权利的行使还可以消极行为方式进行。更重要的是,狭义权利行使仅是为了实现权利的内容,这就决定了权利人在行使权利时,不但明知自己享有权利,而且该权利应不存在任何妨碍或妨碍之虞。这意味着一旦权利人行使权利就能取得权利所含的利益,达到权利实现的目的。而权利的主张则肯定发生在权利归属不明或行使权利存有妨碍或有妨碍之虞时。质言之,权利主张与权利行使虽有关联,但无必然因果联系。通常权利人主张权利时,客观上应以权利归属不明或权利行使受阻为要件,主观上应以权利人明知为要件。唯有如此,权利人才能向相对人或人民法院作出维护自己权利的行为。否则,权利主张无从谈起。因此,虽然将权利的主张理解为权利人积极行使请求权的行为并不为过,但毕竟二者在众多方面存有不同,故不能仍沿用相同的保护期间。应当说,民法中对当事人是否行使或主张权利有重大影响的期间,即权利人可能因未在法定期间行使权利而丧失权利的期间,常见的是诉讼时效期间和除斥期间,但并不仅限于这两类。诉讼时效期间在某种意义上就是权利人积极行使请求权的有效期间,它是针对权利人可以行使权利而不行使的状态而设定。法律要求权利人应积极地行使或主张自己享有的权利。倘若权利人怠于行使权利,那么在诉讼时效期间届满后,就会产生一定事实状态推翻原有权利的后果,权利人的权利就得不到法律的保护。也就是说在确定具体法律关系时,取决于权利人是否在法定期间积极行使或主张权利。但诉讼时效期间的起算更注重的是,权利人是否应知或已知自己的权利被侵害。事实上,在特定情况下权利人对自己是否享有权利以及该权利是否被侵害并不必然明知。如果此类情形还是适用诉讼时效期间,那么时间就可能拖得过久,民事法律关系久悬不决的状态就难以解决。为克服诉讼时效制度的这一缺陷,民事立法就有必要另设权利人主张权利的最长期间加以补救,即当权利发生后,不论权利人是否明知权利被侵害,只要权利人未在法定期间主张权利(请求权),该权利就无法得到公力救济的保护。除斥期间一般是在法律关系形成后,法律给予权利人以行使某种权利而使原有法律关系得以改变的机会。故此类期间的客体是形成权,如权利人在权利存续期间不行使该权利,权利(形成权)本身就归于消灭而原有法律关系仍然存在。但在除斥期间中权利人可行使的权利不存在被侵害的情况,更谈不上权利人是否明知权利被侵害,只不过是法律为了尽快确定某种权利义务关系是否须改变而已。由此决定了此类权利的行使期间是从权利发生时起算,且均较短。虽然权利最长主张期间也可视作权利存续期间。但除了前述关于 20 年期间不属于除斥期间的理由外,还应注意到权利最长主张期间的客体是请求权,而非形成权,二者存续权利的性质完全不同;进而也说明权利存续期间与除斥期间不能等同,二者应属逻辑上的交叉关系,而非属种关系。可见,为稳定民事法律关系,将权利最长主张期间作为一种独立的法定期间单列,并与除斥期间协同弥补诉讼时效期间的不足是完全必要的。

另须说明的是,20年的期间与其将它称为权利最长主张期间,不如说是权利最长主张期限。这是因为期间与期限在理论上不尽相同。“期间是从始期和终期两方面综合考虑时间的经过或运动;期限只是对时间开始或终止作单方面考察,期限届至,民事法律关系或生效、或消灭。所以,期限的意义在于计算期间的开始或结束,即法律效力的有无,而不在于指示时间的长短。”①据此分析原《民法通则》等规定的20年时间可见,其根本不顾权利人是否明知权利存在,是否了解权利被侵害的事实,也不考虑权利人是否要行使权利,只要20年届满,法律对该权利就不予保护。显然,我国民法对20年时间的规定,只注重权利至何时不受法律保护的这一结果,对时间长短的指示并不在乎。何况,如果权利人不知权利是否存在或权利被侵害的事实,那么即便是法律规定有向权利人指示时间长短的意图,也是无法实现的。

综上所述,权利人自享有权利始至最终实现权利止,在不同的阶段的确会出现不同的情况,法律分门别类地规定各种期间的约束和保护权利人,对于维护民事法律关系的稳定无疑是至关重要的,对一般和特殊诉讼时效期间具有补充作用。

二、诉讼时效的起算

诉讼时效期间的起算又称诉讼时效期间的始期,是时效期间计算的关键点。诉讼时效以权利人能行使权利而不行使的事实状态为基础,这就决定了诉讼时效期间也应从这一事实状态出现之日开始计算。期间开始为起算进行,期间届满为时效完成。我国原《民法通则》规定,除最长诉讼时效外,诉讼时效期间从权利人知道或应当知道权利被侵害之日起算。《民法典》在此基础上加以完善提出,自权利人知道或应当知道权利受到损害及义务人之日起计算。② 所谓知道,即某一事实已经被感知。所谓应当知道,即客观上存在知道的条件和可能,由于权利人主观过错而不知道,权利人不知但应知某一事实的,法律推定其知道。但按此规定起算时效期间对权利人保护不利。因权利人知道权利被侵害,但不知或难以确定侵权人时仍难以行使权利,故不应将“权利人知道权利被侵害”之时作为时效期间开始计算

① 佟柔主编:《中国民法学·民法总则》,中国人民公安大学出版社1990年版,第301页。
② 《民法典》第188条第2款。

的时点。更为合理的规定是,诉讼时效期间应自权利人可行使权利之日即义务人确定之日起算。有权利可行使而不行使,会生权利不存在的外观,但如有权利人法律上不得行使的事实,仍使请求权罹于时效而受影响,未免有失公允。[①]

然而,自权利人可行使权利之日起算仅是原则性的规定。鉴于民事法律关系性质的不同,诉讼时效期间起算点的确定也应不同。根据现有理论和立法,通常对如下请求权行使的时效起算点的确定并无争议:有履行期限的请求权,以期限届至为起算时间,因为在期限届至前该请求权行使存在法律上障碍。附停止条件或始期的请求权,以该条件成就或期限届至时为起算时间,因此时该权利属于不可行使的期待权。至于附解除条件或终期的请求权则因效力已发生则不存在行使问题,而至解除条件成就或终期届满致法律行为效力丧失时,可能发生原物返还或违约等其他请求权时效期间起算的问题。以不作为为内容的请求权,自义务人违背义务即作为之时起算。因侵害人身而发生的损害赔偿请求权,伤害明显的,从受伤害之日起算;伤害不明显而未能及时发现的,自伤势确诊之日起算。其他损害赔偿请求权,自权利人已知或应知其权利被侵害及侵权人为谁时起算。因违约行为而发生的各种请求权,自违约行为成立之时,即债务不履行起算。其他法定之债如不当得利或无因管理之债的请求权,从此类债发生之日起算。对于因债务不履行而生的赔偿请求权,时效期间的起算理论上有两种观点:一是依债权同一说,认为此请求权仅为原债权的变形,并非新债权,故其时效起算应与原债权保持同一,亦即应以债权成立护期限届满时起算;二是债务不履行说,认为该请求权是对债务不履行的救济手段,只有在债务不履行时始发生损害赔偿请求权,故时效期间应自债务不履行时起算。二者相较后者更为合理。[②] 物上请求权中原物返还请求权,即在立法或司法允许此类请求权作为时效客体时,以该财产或利益被非法占有时或者合法占有的依据消灭时起算。另为保护未成年人的权益,也兼顾其认知能力的不足,我国《民法典》还明确规定,无民事行为能力人或限制民事行为能力人对其法定代理人请求权的诉讼时效期间,自该法定代理终止之日起算;未成年人遭受性侵害的损害赔偿请求权的诉讼时效期间,自受害人年满18周岁之日起计算。[③]

无疑,对于时效期间起算,更须关注的是理论与立法存在争议的情形,主要涉及两方面:

---

① 参见史尚宽:《民法总论》,中国政法大学出版社2000年版,第634页。

② 参见张俊浩主编:《民法学原理》,中国政法大学出版社2000年修订第3版,第359~360页。

③ 《民法典》第190~191条,但将之作为特殊起算还是时效中止事由,理论上看法不一。

第一,关于无履行期限请求权的时效期间起算问题。无履行期包括履行期未定和不确定两种情况,其应从何时起算时效期间,立法和理论存在不同观点。有的认为应自权利成立之日起算;[①]有的认为应自权利人主张权利时起算;[②]有的认为应自主张后宽限期或优惠期届满后起算。[③] 以上不同观点主要可归为权利成立时起算和权利主张宽限期届满时起算之争。比较而言,前者立足于权利可行使而不行使,强调不定期或不确定期限请求权的行使,在我国并无法律上障碍。因根据我国有关合同立法规定,履行期限不明确的,债权人只要给对方必要的准备期限即可随时要求履行。[④] 故权利成立之时即进入履行期,且该请求权行使不应受到任何阻碍。后者侧重于权利人已知或应知权利受侵害的前提条件,认为在权利人主张权利或主张后宽限期届满前,权利人不能确定权利是否被侵害。因此从权利成立时起算与我国原《民法通则》从权利人知道或应当知道权利被侵害时开始起算的规定相悖。我国有关司法解释也主张此观点。[⑤] 如此解释,虽与我国原《民法通则》规定相符,但与设立时效的宗旨相悖。因权利人若长期不主张权利,则无法起算时效期间,此类原本应适用普通时效期间的权利,最终将转化为仅受20年最长期间的制约。故单纯强调文义而忽略时效制度精神的解释难以令人信服,由此也说明将权利成立时作为未定期限或履行期不明请求权的时效期间起算点更为可取。

第二,关于分期履行时效期间的起算问题。对于分期履行的时效期间起算在我国理论界和实务界争议较为激烈,众说纷纭。但大致可归为两类:一是分期履行债务的时效期间应分别计算。[⑥] 该观点认为可将各期债务分成数个债而生数个请

---

① 我国台湾地区学者多主张此观点。参见史尚宽:《民法总论》,中国政法大学出版社2000年版,第637页;胡长清:《中国民法总论》,中国政法大学出版社1997年版,第360页;王泽鉴:《民法总则》,北京大学出版社2009年版,第421页。我国大陆地区赞成者不多,参见张俊浩主编:《民法学原理》,中国政法大学出版社2000年修订第3版,第359页。

② 参见梁慧星:《民法总论》,法律出版社2001年第2版,第247页;梁书文、回沪明、杨振山主编:《民法通则及配套规定新释新解》,人民法院出版社1996年版,第1039页。

③ 参见佟柔主编:《中国民法学·民法总则》,中国人民公安大学出版社1990年版,第322页;高富平主编:《民法学》,法律出版社2009年第2版,第256页;黄名述、黄维惠主编:《民法学》,中国检察出版社2002年版,第156页。

④ 《民法典》第511条(原《合同法》第62条)。

⑤ 原最高人民法院《关于审理民事案件适用诉讼时效制度若干问题的规定》(法释〔2008〕11号)第6条规定:"未约定履行期限的合同,依照合同法第六十一条、第六十二条的规定,可以确定履行期限的,诉讼时效期间从履行期限届满之日起计算;不能确定履行期限的,诉讼时效期间从债权人要求债务人履行义务的宽限期届满之日起计算,但债务人在债权人第一次向其主张权利之时明确表示不履行义务的,诉讼时效期间从债务人明确表示不履行义务之日起计算。"

⑥ 参见胡志超:《诉讼时效实务研究》,载万鄂湘主编:《民商法理论与审判实务研究》,人民法院出版社2004年版,第14页。

求权,任何一期债务未如期履行的,该债务履行期限届满时即开始计算诉讼时效。二是分期履行债务的时效期间应整体计算,[1]该观点认为任何一期债务未如期履行的不能起算时效期间,应将各期债务视为不可分割整体,时效期间应自最后一期债务履行期间届满时起算。我国司法实践倾向采此观点,[2]《民法典》也予以认可。[3]其实,这两种观点都失之偏颇,究其原因在于,对分期履行债务的情况未作准确定位。实践中分期履行存在于不同合同类型,涉及情形也不一,如买卖合同中的分期付款、借款合同中分期还款、租赁合同中分期支付租金等,由此决定在时效期间起算上也应针对不同情况而定,否则将以偏概全,难以兼顾权利人的利益和时效宗旨的体现。具体地说,主要应关注两点:首先,应确定该债务是否因继续性契约而发生。所谓继续性契约指契约内容,非一次给付可完成,而是继续地实现。其基本特色系时间因素在债的履行上具有重要地位,总给付内容系于应为给付的时间长度。其包括固有和供给的继续性契约,前者如雇佣、合伙、租赁、使用借贷和寄托等,后者如瓦斯、自来水、报纸或鲜乳等供给。此类一定时间的给付具有某种程度经济上及法律上的独立性,不是总给付的部分,而是在履行当时所负的债务。[4] 此点有别于分期付款买卖中分期履行。分期付款买卖的给付总额自始已确定,每期给付仅是部分给付。可见,分期付款买卖不属于继续性契约,一期给付迟延仅是部分未清偿,未构成整体不履行,并不意味着时效期间可以起算,除非当事人约定一期给付迟延即可请求全部给付或者未给付金额达法定比例出卖人可请求买受人支付全部款项。[5] 也正是基于此,一些国家或地区的规定区别定期给付债权与分期给付债权,对定期给付债权规定特别的短期时效期间,[6]认为定期给付债权为数个各自独

---

① 参见北京市高级人民法院民事审判二庭编:《合同法疑难案例判解》(2002 年卷),法律出版社 2003 年版,第 446 页。"在借款、买卖等合同中,当事人约定分期履行合同债务的,诉讼时效应当从最后一笔债务履行期限届满之次日起开始计算。"

② 原最高人民法院《关于审理民事案件适用诉讼时效制度若干问题的规定》(法释〔2008〕11 号)第 5 条:"当事人约定同一债务分期履行的,诉讼时效期间从最后一期履行期限届满之日起计算。"

③ 《民法典》第 189 条规定:"当事人约定同一债务分期履行的,诉讼时效期间自最后一期履行期限届满之日起计算。"

④ 参见王泽鉴:《债法原理》,北京大学出版社 2009 年版,第 103 ~ 104 页。

⑤ 我国关于分期付款买卖合同的规定,买受人未支付到期价款的金额达到全部价款的 1/5,出卖人可以请求买受人支付全部价款或者解除合同。可参见《民法典》第 634 条(原《合同法》第 167 条)。

⑥ 《瑞士债法典》第 131 条第 1 款规定,对终身定期金或者类似定期津贴,全部债务的诉讼时效自第一笔终身定期金债务到期之日起算。参见《瑞士债法典》,吴兆祥、石佳友、孙淑妍译,法律出版社 2002 年版,第 28 页。我国台湾地区"民法"第 126 条规定,利息、红利、租金、赡养费、退休费及其他 1 年或不及 1 年定期给付债权,其各期给付请求权,因 5 年间不行使而消灭。

立的债权,而分期给付债权是一个独立债权。① 其次,对于继续性契约原则上也应区分“个别给付”与“整体契约”加以处理,即对个别给付违反,可根据相关规定确定权利人如何行使权利,对整个契约仅能终止契约,而不溯及已为给付的效力以免法律关系趋于复杂化。② 因此应关注具体情况而确定时效期间的起算。以租赁合同为例,只有给付内容涉及租金时,才能将之归为定期给付债权,依个别债权起算时效期间,且通常还得适用特别时效期间。③ 否则,即使与租赁合同有关,如租赁物的返还等,并不反映相隔一定期间继续为给付的特征,也不能按照个别债权起算时效期间,而应从租赁合同终止或消灭时起算时效期间,且应按普通时效期间(而非特别时效期间)起算。④

另须注意的是,当最长诉讼时效期间与一般或特殊诉讼时效期间重叠的时效期间起算问题,即权利被侵害事实在 18 年至 20 年间被获知时,是按最长诉讼时效自权利被侵害之日起算,还是按一般或特殊诉讼时效自权利人已知或应知时起算。若按前者时效期间不会超过 20 年,若按后者则可能超过 20 年。对此,根据最长诉讼时效是对一般和特殊诉讼时效限制的精神,应按前者起算。

第四节　诉讼时效的障碍

诉讼时效的障碍顾名思义,指时效进行中,因一定事实的发生或存在阻碍时效期间的继续计算。理论上和域外立法例中可细分为三种,即时效中断、中止和不完成。我国台湾地区学者史尚宽先生将消灭时效中止和不完成统称为时效停止,即时效进行(包括开始进行及进行中)或完成,因一定事由一时休止。前者是时效进行的停止;后者为时效完成的停止。⑤ 我国目前规定诉讼时效障碍仅包括诉讼时效中止和中断两种情况。二者相同之处在于,时效中止和中断都有阻碍时效继续进行的事实出现,且仅适用于一般和特殊诉讼时效,不适用于最长诉讼时效。二者不同之处在于,时效中断事由均为人的行为,体现了主体行使权利的意愿属根本性障

① 参见王泽鉴:《民法总则》,北京大学出版社 2009 年版,第 418 页。

② 参见王泽鉴:《债法原理》,北京大学出版社 2009 年版,第 105 页。

③ 我国虽未区分定期给付债权等,但原《民法通则》第 136 条对租金延付或者拒付的,也规定了 1 年特别时效期间。

④ 参见王泽鉴:《民法总则》,北京大学出版社 2009 年版,第 418 页。

⑤ 参见史尚宽:《民法总论》,中国政法大学出版社 2000 年版,第 685 页。

碍,而时效中止事由多为客观现象,反映了权利人无法或不便行使权利属暂时性障碍,由此也决定了二者事由的性质范围、产生效力的时点以及效力等不同。对此逐一分析之。

一、诉讼时效的中止

(一)诉讼时效中止事由的范围

诉讼时效中止,是指在诉讼时效进行中,因发生法定事由而使权利人无法行使请求权,暂时停止计算时效期间,待停止计算的事由消除后,继续计算时效期间。可见,中止作为诉讼时效期间完成的障碍,仅使诉讼时效期间计算处于暂停状态,故学理上又称为时效完成的停止或暂停或称时效的不完成。① 时效停止制度起源于罗马法。中世纪法学家倡导的“对于不得为诉讼之人时效不进行”的观点亦为寺院法所支持。由此逐渐形成共识,凡法律或事实上致使不能或不便提起诉讼的情事,均应成为停止事由。② 当代各国或地区民事立法在时效制度中基本体现了这一法则,强调时效期间起算是以权利人可行使权利而不行使或已知或应知权利被侵害为前提,如在时效进行中的某一时间内,出现了权利人无法或不便行使权利的客观事由,应停止时效期间计算,否则有损权利人利益而产生不公平的结果。但各国或有关地区规定的中止事由范围不尽相同。总体上,关于时效中止事由的规定,有的采列举主义,即在法典中将可能导致权利人无法或不便行使的各种客观事由一一列举,并明定具体事由的效力,如德国、日本等,有的采概括或折中主义,即将时效中止事由作抽象概括性规定,或者将主要的或常见的内容予以列举,再辅以概括性规定,如我国原《民法通则》。③ 单就立法技术而言,列举式使人一目了然,便于具体适用,但难免挂一漏万。而概括式虽能涵盖现在和将来所发生的各种情况,但在具体适用中对法官的要求较高,法官稍有扩大即可能使权利人的利益受到损害。可见单纯的列举或概括各自利弊显著,故民事立法通常采列举和概括相结合的折中式,以平衡各方利益。然而,具体至诉讼时效中止事由的规定,考虑其特殊性似应采列举式为妥。这是因为,我国审判官队伍参差不齐,更重要的是诉讼时效制度

---

① 我国台湾地区多用时效完成的停止或时效不完成。其实时效进行中出现一定情形阻碍其进行,就效力而言意味时效完成停止或时效不完成,其与目前我们所使用的中止无质的差异。但时效不完成更具象地体现其效力。另广义上时效中止包括进行中停止和完成的停止,二者在停止效力的发生和计算方面仍有不同。详见诉讼时效中止的计算和效力认定的部分。

② 参见史尚宽:《民法总论》,中国政法大学出版社 2000 年版,第 686 页注[1]。

③ 原《民法通则》第 139 条规定“因不可抗力或者其他障碍不能行使请求权的,诉讼时效中止”。

规定均偏向强制性规范，对法官的解释或当事人意志的体现都应有所限制，由此决定概括式或过于概括的立法模式难以适用。事实上，我国原《民法通则》施行不久，最高人民法院在《关于贯彻执行〈中华人民共和国民法通则〉若干问题的意见（试行）》中指出："在诉讼时效期间的最后六个月内，权利被侵害的无民事行为能力人，限制行为能力人没有法定代理人，或者法定代理人死亡、丧失代理权，或者法定代理人本人丧失行为能力的，可以认定为因其他障碍不能行使请求权，适用诉讼时效中止。"接着，最高人民法院的有关司法解释也将过于概括的规定具体化。[①]《民法典》第194条基本延续司法解释的模式，其规定："在诉讼时效期间的最后六个月内，因下列障碍，不能行使请求权的，诉讼时效中止：（一）不可抗力；（二）无民事行为能力人或者限制民事行为能力人没有法定代理人，或者法定代理人死亡、丧失民事行为能力、丧失代理权；（三）继承开始后未确定继承人或者遗产管理人；（四）权利人被义务人或者其他人控制；（五）其他导致权利人不能行使请求权的障碍。自中止时效的原因消除之日起满六个月，诉讼时效期间届满。"即便如此，我国实践中发生的相应问题仍得不到妥善解决，关键在于我国规定的中止事由范围及其效力远不及国外或有关地区的规定合理。现就各国或地区规定的主要中止事由比较分析如下：[②]

1. 不可避的事变，包括自然灾害和人的活动。前者为自然事变，其客观阻碍性毋庸置疑，如地震、洪水、台风等；后者是人为的事由，但属外部袭来事变而非人的主观原因所致，如战争、罢工、瘟疫等。我国规定为不可抗力，显然缩小了相应范围。[③] 出现不可避的事变时，不仅使权利人在客观上无法或不便在法定时效期间行使请求权，而且即使权利人主观上要求行使权利亦无济于事。因此中止时效期间

---

① 原最高人民法院《关于审理民事案件适用诉讼时效制度若干问题的规定》（法释〔2008〕11号）第20条规定："有下列情形之一的，应当认定为民法通则第一百三十九条规定的'其他障碍'，诉讼时效中止：（一）权利被侵害的无民事行为能力人、限制民事行为能力人没有法定代理人，或者法定代理人死亡、丧失代理权、丧失行为能力；（二）继承开始后未确定继承人或者遗产管理人；（三）权利人被义务人或者其他人控制无法主张权利；（四）其他导致权利人不能主张权利的客观情形。"

② 2002年《德国债法现代化法》生效后，《德国民法典》第212条将时效中断改为时效重新开始，缩小重新开始的事由，即仅包括承认与执行行为的实施与申请。同时将原有的中断事由如起诉，以及和起诉具有同一效力的权利主张行为均改为中止事由。参见朱岩编译：《德国新债法：条文及官方解释》，法律出版社2003年版，第11页。

③ 因不可抗力为通常事变，反映的均是客观状态，唯有对其作扩张解释才能将来自于人为外部因素涵盖。如此规定似可将我国《民法典》规定的"（四）权利人被义务人或者其他人控制"纳入不可避事变，而无须单立。

的计算完全必要。各国或有关地区的立法都将之作为停止事由。① 应注意的是，如果虽有不可避的事变发生，但并不因此影响权利人行使权利，即未造成权利人不能起诉或请求的，则不能适用诉讼时效中止的规定。概言之，不可避事变为中止事由的构成要件有二：一是须在时效期间终止前有不可避的事变发生或继续存在；二是须因不可避的事变致使不能为中断时效的行为。

2. 权利人是无民事行为能力或限制行为能力人，且法定代理人未确定或丧失行为能力、丧失代理权。法律若要求无行为能力人或限制行为能力人自己行使权利或为中断时效行为，则强人所难。因此，在无行为能力人或限制行为能力人的法定代理人确定前，应中止时效计算。各国或有关地区的立法对此无歧义。② 但将此作为中止事由应具备两要件：一须是无行为能力人或限制行为能力人的权利；二须在时效中止前无法定代理人。若有法定代理人，即使法定代理人因生病等不可为代理亦不能因此中止时效计算，因法定代理人可转托他人为权利行使。

3. 继承开始后未确定继承人或遗产管理人。继承开始后，确定继承人或选定遗产管理人均需要相应的时日。在继承开始后，继承人或遗产管理人未确定前，就会形成被继承人生前享有权利无法行使的局面。同样，被继承人生前所欠债务，债权人亦应无请求或起诉的对象，无法为中断时效的行为。因此，该事实理应作为中止事由，各国或有关地区的立法也均认可该中止事由。③ 其阻碍时效期间计算的要件有三：一是须有继承的开始，且有继承财产的存在。若被继承人无任何财产，即使继承开始亦无中止时效的必要。二是继承人或遗产管理人没有确定。三是就因

---

① 《德国民法典》第206条（《德国民法典》，陈卫佐译注，法律出版社2004年版，第60页）；《日本民法典》第161条（渠涛编译：《最新日本民法》，法律出版社2006年版，第38页）；法国虽未明定，但在具体实践中认为遇到不可抗力应停止时效［《法国民法典》（下册），罗结珍译，法律出版社2005年版，第1599页］；我国台湾地区“民法”第139条（五南法学研究中心编辑，杨淑文、张丽卿、洪家殷、谢易宏监修：《最新简明六法》，台北，五南图书出版股份有限公司2010年版，二－第24～25页）。

② 《德国民法典》第210条（《德国民法典》，陈卫佐译注，法律出版社2004年版，第62页）；《日本民法典》第158条第1款（渠涛编译：《最新日本民法》，法律出版社2006年版，第37页）；《法国民法典》第2252条［《法国民法典》（下册），罗结珍译，法律出版社2005年版，第1600页］；我国台湾地区“民法”第141条（五南法学研究中心编辑，杨淑文、张丽卿、洪家殷、谢易宏监修：《最新简明六法》，台北，五南图书出版股份有限公司2010年版，二－第25页）。

③ 《德国民法典》第211条（《德国民法典》，陈卫佐译注，法律出版社2004年版，第62页）；《法国民法典》第2258条［《法国民法典》（下册），罗结珍译，法律出版社2005年版，第1602页］；《日本民法典》第160条（渠涛编译：《最新日本民法》，法律出版社2006年版，第37页）；《瑞士民法典》第586条（《瑞士民法典》，殷生根译，法律出版社1987年版，第154页）；我国台湾地区“民法”第140条（五南法学研究中心编辑，杨淑文、张丽卿、洪家殷、谢易宏监修：《最新简明六法》，台北，五南图书出版股份有限公司2010年版，二－第25页）。

继承财产而发生的权利，他人或遗产归属人有享有时效利益的必要。

4. 当事人间有家庭关系存在。这类事由包括两种情况，即无行为能力人或限制行为能力人与法定监护人的关系和婚姻关系的存在。[①] 无行为能力人或限制行为能力人与法定监护人的关系存续期间，一方面在他们相互间要行使权利缺乏前提，另一方面即使可行使权利，往往也会因其存在一定血缘关系而受阻碍。同理，在婚姻关系存续期间，一方若要向他方为请求或起诉等中断时效行为定有顾虑，而在双方互相信赖之时，又往往忽略权利的行使。因此将之作为中止事由合情合理。[②] 应指出的是，国外在对无行为能力人或限制行为能力人与法定监护人间形成权利的规定上有所不同，[③]《德国民法典》采相互主义，即认为父母与子女及监护关系存续期间，其相互间的请求权可适用时效停止的规定。而日本和瑞士等国的民法典只采单向保护主义，即认为只能是单方地保护服从权力之人，也就是说父母或监护人对无行为能力人或限制行为能力人的权力不能适用时效中止的规定。二者相比，相互保护主义逻辑上显得更为完整严谨，而单向保护主义体现了对弱者利益的重视，更为务实。将家庭原因作为中止事由应符合两方面的要件：一是须是基于亲权或监护关系、婚姻关系而发生的一方对他方的权利。二是此类家庭关系尚未消灭。若这类关系已不复存在如判决离婚后所生的损害赔偿权，就不能适用时效中止。对此，我国《民法典》中未将它作为中止事由，但就无行为能力人或限制行为能力人对其法定代理人请求权的诉讼时效期间起算点作了特别规定，强调在法定代理权终止时起算（第 190 条），这尽管也达到保护未成年人权益的目的，但似乎安排上有违体系。

5. 其他原因。譬如有正当理由的给付延期，《德国民法典》规定消灭时效因给付延期或义务人由于其他原因暂时有权拒绝给付而停止进行。[④] 原《苏俄民法典》也有类似规定，即由于苏联部长会议或苏联部长会议决定延期履行义务（延期执

---

① 对无行为能力人或限制行为能力人可设定亲权、监护、保佐或照管制度。因此，在无行为能力人或限制行为能力人与亲权人、监护人、保佐人或照管人之间，都可存在此类事由而阻碍时效完成。我国目前仅采监护制度。

② 《德国民法典》第 207 条（《德国民法典》，陈卫佐译注，法律出版社 2004 年版，第 61 页）；《日本民法典》第 158 条第 2 款和第 159 条（渠涛编译：《最新日本民法》，法律出版社 2006 年版，第 37 页）；《法国民法典》第 2253 条规定时效在夫妻之间停止进行［《法国民法典》（下册），罗结珍译，法律出版社 2005 年版，第 1601 页］；《瑞士债法典》第 134 条（《瑞士债法典》，吴兆祥、石佳友、孙淑妍译，法律出版社 2002 年版，第 28 页）；我国台湾地区"民法"第 142、143 条（五南法学研究中心编辑，杨淑文、张丽卿、洪家殷、谢易宏监修：《最新简明六法》，台北，五南图书出版股份有限公司 2010 年版，二 – 第 25 页）。

③ 参见史尚宽：《民法总论》，中国政法大学出版社 2000 年版，第 695 页。

④ 《德国民法典》第 205 条。参见《德国民法典》，陈卫佐译注，法律出版社 2004 年版，第 60 页。

行),时效中止。又如原《苏俄民法典》还规定,如果原告或被告正在处于战争状态的苏联武装部队中服役,诉讼时效中止。① 这些原因作为中止事由,其特点在于更注重体现国家的意志,而不像前述其他原因,基本上反映了法律对一些客观阻碍权利人行使权利事实的认可。也正是鉴于此,《德国民法典》曾将此称为法律上的原因而有别于事实上和家庭等方面的原因。②

以上中止事由除第五类外,在大陆法系的主要代表国家中都有较为详尽的规定。相对而言,我国有关立法或司法解释要么有所疏漏,要么不尽合理,另我国具体适用时效中止时,也往往缺乏对相关要件的关注。因此,借鉴国外或有关地区的立法,完善我国诉讼时效中止事由及其适用,势在必行。

(二)诉讼时效中止的起算及效力认定

诉讼时效的中止是时效的进行(含开始进行和进行中)或完成前,因一定事由的出现而暂停。广义上时效的停止包括时效进行的停止和时效完成的停止(或称时效的不完成)两类。各国或地区立法所持理念不同,就使时效中止发生期间和效力认定等规定也不尽相同。

1.关于诉讼时效中止的发生时间。时效中止自何时发生阻碍时效进行的效力,各国或地区有不同的解决方式。有的国家,如日本,仅规定时效不完成,其不但明确何种事由可阻碍时效进行,而且根据不同事由明确妨碍事由消灭后须经过的法定期间。譬如,因天灾或其他不能避免的事变致不能中断时效时,规定自妨碍消灭之时起2周内时效不完成;其余事由包括未成年人未确定法定代理人、无能力对父母或监护人的权利、夫妻一方对他方的权利、继承开始后继承人或遗产管理人未确定等,均规定为在该妨碍事由消灭之时起6个月内时效不完成。③ 可见,时效停止是在时效完成之际存在一定事由,在该事由存在期间和该事由消灭后的法定期间内,妨碍时效的完成。换言之,只有在时效期间的最后阶段有一定事由存在,才能中止时效的进行,而不应是在时效开始起算的任何阶段。原《苏俄民法典》也有类似规定,其内容为"诉讼时效期限只有在本条所列举的情况于时效期限的最后六个月内发生或继续存在时方可中止,如果该时效期限不足六个月,则可在整个时效

---

① 《苏俄民法典》第85条。参见中国社会科学院法学研究所民法研究室编:《苏俄民法典》,中国社会科学出版社1980年版,第30页。

② 参见《德国民法典》,郑冲、贾红梅译,法律出版社1999年版,第40页。

③ 参见渠涛编译:《最新日本民法》,法律出版社2006年版,第37~38页。

期限内中止”。[①] 这种不承认时效进行停止的规定,应当说与消灭时效的立法宗旨较为吻合,但对权利人要求较严。有的国家如法国、瑞士等只规定时效进行的停止,认为不论时效期间长短,在时效进行的开始和进行中间,只要有法定事由阻碍,就应使时效期间暂停。[②] 这种规定侧重于对权利人利益的保护,但其不考虑时效期间的长短,对一些期间较长的时效,也规定可在时效进行的开始适用中止规定,则给人有多此一举的感觉。有的国家如德国,则采广义的观点,针对不同情况分别规定消灭时效的停止进行(Fortlaufshemmung)和消灭时效的不完成(Ablufshemmung)。前者指消灭时效在某一段时间内不进行;后者指时效本身可继续进行,但不在某个特定时间之前届满。[③] 二者的区别在于,前者只要在时效开始进行中的任何阶段出现相关事由,都可将事由存在的时间不计入时效期间,而后者只有在有关事由出现法律规定的特定期间才能阻碍时效的完成。譬如,其对延期给付或义务人由于其他原因暂时有权拒绝给付的法律上原因,以及夫妻婚姻关系存续等家庭原因,就规定在时效进行中的任何时间都可中止;而对不可避事变(不可抗力)、无行为能力人或限制行为能力人失去法定代理人、继承开始后继承人或遗产管理人未确定等,则规定该事由在时效期间届满前 6 个月内存在方可阻碍时效完成。[④] 这种区别对待的做法,不仅表现了法律调整的细致和精确,而且反映了立法技术的高明以及法律的公正性。

我国原《民法通则》第 139 条规定:“在诉讼时效期间的最后六个月内,因不可抗力或者其他障碍不能行使请求权的,诉讼时效中止。”《民法典》也如此规定。[⑤] 该规定内容接近于《日本民法典》规定。但在《民法通则》颁布施行前,我国理论界有争论,虽多数学者认为诉讼时效中止仅发生在诉讼时效期间的最后阶段,但也有学者认为在时效进行的任何阶段,只要有法定事由出现就可中止时效进行。[⑥] 相对而言,在我国立法对家庭原因等为中止事由欠缺规定的前提下,将中止时效的时间

---

① 参见中国社会科学院法学研究所民法研究室编:《苏俄民法典》,中国社会科学出版社 1980 年版,第 30 页。

② 参见《法国民法典》和《瑞士民法典》的有关规定,其均未明确相关事由在何时存在以及消灭后多长时间可阻碍时效完成。

③ 参见[德]迪特尔·梅迪库斯:《德国民法总论》,邵建东译,法律出版社 2000 年版,第 100 ~ 101 页。

④ 参见《德国民法典》,陈卫佐译注,法律出版社 2004 年版,第 60 ~ 62 页。

⑤ 《民法典》第 194 条规定:“在诉讼时效期间的最后六个月内,因下列障碍,不能行使请求权的,诉讼时效中止……”

⑥ 参见王利明、郭明瑞、方流芳:《民法新论》(上),中国政法大学出版社 1988 年版,第 568 页。

定在最后6个月内发生并无不当。理由是,如此规定既符合诉讼时效制度立法宗旨,又不影响权利人在中止事由消灭后为权利行使。但若将基于家庭原因等情况也纳入中止事由范围,则另当别论。这是因为,此类事由更多地是考虑权利人不便行使权利这一因素,而不像不可抗力或权利人因其他障碍无法行使权利,是以权利人主观上欲行使权利而客观上暂时不能,或者是以权利人暂时客观上根本无法行使权利的标准来衡量。因此,决不能将两类事由相提并论。从完善时效中止制度而言,依不同中止事由而定时效中止发生时间的德国模式,更值得借鉴和效仿。

2. 关于诉讼时效中止效力的认定。诉讼时效中止的法律效力体现为诉讼时效中止事由发生前的时效期间仍然有效,中止事由消灭后诉讼时效期间继续进行。但在具体认定和计算上,应区别时效进行停止和时效不完成。对于时效进行停止,仅须关注在时效进行中有无相关停止事由出现,如存在婚姻关系等,则配偶之间请求权的消灭时效就停止。时效停止的期间不计入时效期间。对于时效不完成,则应注意有关中止事由何时出现方可阻碍时效完成,大致又有两种做法:一种是规定在中止事由消灭后,再经过剩余的时效期间,这样将停止事由前后的期间合算,即为时效期间。《日本民法典》即是如此。这种做法能促使权利人及时、迅速地行使权利。另一种是规定在中止事由消灭后,须经过法定的特别时间。这样合算中止事由前后的期间,就与时效期间并不一致。原《苏俄民法典》规定,因法定事由中止时效的,都可将剩余期限延长为6个月,如果诉讼时效不足6个月,则延长到诉讼时效的期限。① 现《俄罗斯联邦民法典》第202条也是如此规定。② 这种规定可保障权利人在中止事由消除后,有足够时间行使权利。

我国原《民法通则》规定,从中止时效的原因消除之日起,诉讼时效期间继续计算。这说明我国的规定与日本等国相同,即诉讼时效中止效力只是将在诉讼时效期间最后6个月内发生时效中止事由的时间除去,而将中止前后的诉讼时效期间合算。但在原《民法通则》颁布施行前,我国大多数学者观点却与苏联一致。对此理论界仍有争论。有的认为,因我国规定的诉讼时效期间较短,且中止事由是客观原因,当事人不能恶意促成,故从保护权利人并给予其充分机会行使权利的立场出

---

① 参见中国社会科学院法学研究所民法研究室编:《苏俄民法典》,中国社会科学出版社1980年版,第30页。

② 参见《俄罗斯联邦民法典》,黄道秀、李永军、鄢一美译,中国大百科全书出版社1999年版,第99页。在郑冲、贾红梅翻译的《德国民法典》第206、207条中,有未完成的时效期间少于6个月者,应延长为6个月的内容。参见《德国民法典》,郑冲、贾红梅译,法律出版社1999年版,第41页。但陈卫佐译注的《德国民法典》第210、211条无此说法。参见《德国民法典》,陈卫佐译注,法律出版社2004年版,第62页。

发，在修订民法时，有必要考虑采取将剩余时效期间延长至法定特别期间的做法。① 也有的认为，中止时效，旨在给权利人以中断时效的时间和条件，如权利人不充分利用该机会来行使请求权，则诉讼时效就得完成，无须再延长。②《民法典》改变原《民法通则》规定而采《俄罗斯民法典》的做法。③

其实，如不就各个国家(地区)时效制度的整个立法体系作全面分析，不考虑目前行使权利的途径如何，仅就某一条款判断是非，是片面和缺乏说服力的。通常，各国(地区)立法在对某一事物作具体规定时，都会注意其利弊并对该规定不足方面加以弥补。譬如，苏联或俄罗斯民法典等规定中止事由消除后，应补足权利人6个月行使权利的期间，这与其时效制度中未规定请求为中断事由有关。因权利人须中断时效，除义务人承认外就得为起诉，而起诉需要时间准备。故给足权利人6个月行使权利的时间与其时效立法体系相一致。同样，日本民法典规定时效中止事由消除后只能在剩余时效期间内行使请求权，也是与其时效制度规定请求为中断事由有关。因权利人为请求后就能产生相对的中断效力，即要求权利人请求后6个月内就得为起诉，不得反复为请求，否则不再发生中断效力。故权利人在中止事由消除后只要为请求，就等于赢得6个月准备起诉的时间。可见，各国规定虽不同，但殊途同归。依我国原《民法通则》规定，若中止事由发生在时效期间即将届满之际，则权利人在该事由消除后只能在剩余时效期间内行使请求权，即便是只有几天或几小时，也不能延长。表面上如此规定似乎不近情理，但实质上却更符合诉讼时效促使权利人及时行使权利的目的，也与我国诉讼时效立法体系基本一致。这是因为，在中止事由发生前，权利人在时效开始进行时应有足够时间行使权利，若其可行使权利而不行使，亦即可为中断时效行为而不为，则权利人应承担由此所生后果。况且整个诉讼时效期间并未因中止而缩短。此外，我国亦规定请求为中断事由，且有绝对中断效力，即具有反复中断时效的效力，足以保证权利人充分行使权利的时间。因此，仅就我国现有立法状况，规定中止事由消除后仅在剩余期间行使请求权而不予延长的做法，并无不妥。另需指出的是，在《民法典》规定改变原有做法后，应注意协调处理与原《民法通则》的关系，将二者稳妥衔接。④

---

① 参见佟柔主编：《中国民法学·民法总则》，中国人民公安大学出版社1990年版，第324页。

② 参见王利明、郭明瑞、方流芳：《民法新论》(上)，中国政法大学出版社1988年版，第569页。

③ 《民法典》第194条规定："……自中止时效的原因消除之日起满六个月，诉讼时效期间届满。"

④ 同样衔接点应定在原《民法总则》生效时，即在原《民法总则》生效前，应按原《民法通则》旧法规定做，在原《民法总则》生效后则按新法规定做，不足6个月的，应补足6个月，以保护权利人。同时应明确原《民法总则》施行之日，中止时效的原因尚未消除的，应当适用原《民法总则》关于诉讼时效中止的规定。

二、诉讼时效的中断

诉讼时效中断指在诉讼时效期间进行中，因发生法定事由，使已进行的时效期间全归于无效，时效期间重新开始计算的法律制度。诉讼时效期间进行中，出现权利主张或义务承认等法定事由，已稳定了业已存在的法律关系，为保护权利人的利益，使之产生阻碍时效进行的效力不容置疑。但我国学界对中断事由范围及其效力的认识，与域外理论界相差甚远，仍有深入阐释的必要。

（一）诉讼时效中断的法定事由

各国或有关地区对诉讼时效中断事由的规定不尽相同，尤其是与我国原《民法通则》规定比较差异更大。现经过司法解释和《民法典》的不断充实，[①]有关中断事由的规定越来越与他域规定趋同。现结合各国或地区有关规定对业已存在的各中断事由介绍说明之。[②]

1. 请求。亦称催告，指权利人向义务人发出请求履行义务的意思通知。请求是权利人主张权利的积极行为，说明权利人未怠于行使权利，本应阻碍时效的进行，但请求毕竟与起诉、仲裁和庭外调解等不同。请求仅是权利人向义务人提出，并无第三方参加；而起诉、仲裁等不仅由第三方介入且多具有司法或准司法属性。由此决定了请求是权利人行使权利制约力最弱的方式。其可否阻碍消灭时效完成的问题，就令人无法回避。对此存在两种截然不同的立法：一是法国、瑞士、俄罗斯等国民法典，将能产生中断效力的请求限于裁判上的请求如起诉等；[③]二是日本民法典和我国台湾地区"民法"则认可裁判外的请求为中断事由。[④] 我国学界也存在

① 原最高人民法院《关于审理民事案件适用诉讼时效制度若干问题的规定》（法释〔2008〕11 号）第 10 ~ 19 条规定；我国《民法典》第 195 条规定。

② 2002 年《德国债法现代化法》生效后，《德国民法典》把时效中断更改为时效的重新开始，于第 212 条规定了时效重新开始的事由；同时将原有多数时效中断事由如起诉和与起诉具有同一效力的权利主张行为等改为时效中止事由。故在此涉及的德国民法规定内容，仅为体系安排需要将之归于中断事由讨论。而对德国立法重大变动的利弊则有待时间检验。

③ 《法国民法典》第 2244 ~ 2248 条[《法国民法典》（下册），罗结珍译，法律出版社 2005 年版，第 1590 ~ 1598 页]；《瑞士债法典》第 135 条（《瑞士债法典》，吴兆祥、石佳友、孙淑妍译，法律出版社 2002 年版，第 29 页）；《俄罗斯联邦民法典》第 203 条（《俄罗斯联邦民法典》，黄道秀、李永军、鄢一美译，中国大百科全书出版社 1999 年版，第 99 页）；《苏俄民法典》第 86 条也如此规定（中国社会科学院法学研究所民法研究室编：《苏俄民法典》，中国社会科学出版社 1980 年版，第 30 页）；《德国民法典》第 204 条将之作为停止事由（《德国民法典》，陈卫佐译注，法律出版社 2004 年版，第 59 ~ 60 页）。

④ 《日本民法典》第 147 条（渠涛编译：《最新日本民法》，法律出版社 2006 年版，第 35 页）；我国台湾地区"民法"第 129 条（五南法学研究中心编辑，杨淑文、张丽卿、洪家殷、谢易宏监修：《最新简明六法》，台北，五南图书出版股份有限公司 2010 年版，二 - 第 23 页）。

肯定和否定两说。肯定者认为，权利人为请求，已消除了不行使权利的状态，且当事人间的财产纠纷绝大部分可通过协商解决，不必动辄兴讼。另认可请求为中断事由并不排斥权利人起诉。否定者认为，设立消灭时效目的在于及早了结当事人间的财产关系，允许请求为中断事由，就会形成反复请求的局面，使民事法律关系久悬不决而有悖诉讼时效宗旨。[①] 我国民事立法明确规定，请求为中断事由。[②]

按理，我国民事立法明确规定请求为中断事由后，似无探讨的必要。但从实践中反馈的信息分析，我国将请求作为中断的消极作用显露无遗。具体地说：首先，削弱了消灭时效的立法意义。企业间三角债、连环债成因复杂，但其中部分本可通过诉讼得到迅速及时的解决。可因立法赋予请求有过强的中断效力，故较多债权人鉴于各自原因宁可三番五次地派人催讨，也不愿涉讼。这样，一方面权利人每次请求后须留下有关证明以备将来主张时效中断之用，另一方面权利人之权利却未真正实现，社会经济秩序也未得到最终稳定。这一切与诉讼时效制度立法理由格格不入。其次，使违法者逃避责任有了可乘之机而直接影响社会稳定。权利人权利得不到实现又不愿起诉的现象令人困惑，此处无意细究个中成因。但因自己有以权谋私或与他方恶意同谋、中饱私囊等违法行为，而怕起诉后被法院查实的，恐怕为数不少。故立法允许请求反复中断消灭时效进行，必然给此类人提供逃避责任的可能。因为一旦职代会、工会、财务和审计等部门提出质疑，他们可以已催讨而对方未还为由予以搪塞。时间一久要查实就相当困难，且在证据不足时还可说成是正常经营亏损。最后，易使民事纠纷的矛盾激化。在私下讨债过程中，已发生催讨无果后，采用非法手段如胁迫、非法扣押等来实现自己权利的情况，或者出现拔拳相斗的场面。应澄清的是，如此令人担忧的现象出现，不能完全归咎于请求为中断事由本身。确切地说，是我国立法赋予其具有反复中断诉讼时效达 20 年之久的效力使然。为解决这一问题，不妨借鉴日本的民事立法，[③]考虑请求效力的薄弱应加以必要限制，给予相对中断效力，即规定在请求后的法定期间内（6 个月）不起

---

① 参见全国法院干部业余法律大学民法教研组编写：《中国民法讲义》（内部刊物），1986 年版，第 174 页。

② 我国原《民法通则》第 140 条。《民法典》第 195 条规定："……（一）权利人向义务人提出履行请求……"

③ 《日本民法典》第 153 条规定："催告，非在六个月内做出裁判上请求……不发生时效中断的效力。"（渠涛编译：《最新日本民法》，法律出版社 2006 年版，第 36 页）；我国台湾地区"民法"第 130 条（五南法学研究中心编辑，杨淑文、张丽卿、洪家殷、谢易宏监修：《最新简明六法》，台北，五南图书出版股份有限公司 2010 年版，二－第 23 页）。

诉视为时效不中断。[①] 如此既可满足权利人行使权利的愿望和习惯做法，同时为其起诉提供必要准备时间，又不会因时效期间过于延长而有悖时效制度的设立目的。

请求作为中断事由，应由权利人及其代理人向债务人或代理人为表示，如向第三人为表示是否对债务人发生中断效力，应视第三人与债的关系以及法律具体规定而定。请求的方式上除法律有特别规定外，不以要式为必要，但为便于举证应以挂号信等方式为之。[②] 若为部分请求应对全部债权发生中断效力。[③] 此外，有些主张权利存在的事由应与请求具有同一中断效力，[④]包括：债权人为抵销的意思表示；同时履行抗辩；基于对留置权或质权担保物返还的拒绝；选择债权的选择、种类债权的特定和债权内容的变更。[⑤] 尽管这类行为性质各异，但其均说明债权人对债务人主张债权存在，故应有中断时效的效力，同时应考虑到这类行为效力较弱而仅赋予其与请求相同的中断效力。

2. 承认。承认指应受时效利益的义务人向权利人表示认可其权利存在或愿履行义务的行为。承认性质上属表示行为中的观念通知，[⑥]而非意思表示。因承认产生中断时效的效果取决于法律规定，不是源于义务人的意思追求。承认作为义务

---

① 参见[日]我妻荣：《我妻荣民法讲义 - Ⅰ - 新订民法总则》，于敏译，中国法制出版社 2008 年版，第 430 页。

② 原最高人民法院《关于审理民事案件适用诉讼时效制度若干问题的规定》（法释〔2008〕11 号）第 10 条规定："具有下列情形之一的，应当认定为民法通则第一百四十条规定的'当事人一方提出要求'，产生诉讼时效中断的效力：（一）当事人一方直接向对方当事人送交主张权利文书，对方当事人在文书上签字、盖章或者虽未签字、盖章但能够以其他方式证明该文书到达对方当事人的；（二）当事人一方以发送信件或者数据电文方式主张权利，信件或者数据电文到达或者应当到达对方当事人的；（三）当事人一方为金融机构，依照法律规定或者当事人约定从对方当事人账户中扣收欠款本息的；（四）当事人一方下落不明，对方当事人在国家级或者下落不明的当事人一方住所地的省级有影响的媒体上刊登具有主张权利内容的公告的，但法律和司法解释另有特别规定的，适用其规定。前款第（一）项情形中，对方当事人为法人或者其他组织的，签收人可以是其法定代表人、主要负责人、负责收发信件的部门或者被授权主体；对方当事人为自然人的，签收人可以是自然人本人、同住的具有完全行为能力的亲属或者被授权主体。"

③ 虽有人认为部分请求应对请求部分发生中断效力，但自时效是关于证据制度的立场，一部请求，不妨使其为全部债权补充的中断事由。参见史尚宽：《民法总论》，中国政法大学出版社 2000 年版，第 652 页。最高人民法院《关于审理民事案件适用诉讼时效制度若干问题的规定》（法释〔2008〕11 号）第 11 条规定："权利人对同一债权中的部分债权主张权利，诉讼时效中断的效力及于剩余债权，但权利人明确表示放弃剩余债权的情形除外。"

④ 我国有关司法解释将诉讼中抵销设为与起诉具有同一效力的做法值得商榷[原最高人民法院《关于审理民事案件适用诉讼时效制度若干问题的规定》（法释〔2008〕11 号）第 13 条第 8 项]。抵销作为债权人所为意思表示无论是否在诉讼中提出，均体现权利人行使权利，应有中断效力。而且我国将请求作为单独中断事由，故应认为其与起诉具有同一效力。

⑤ 参见史尚宽：《民法总论》，中国政法大学出版社 2000 年版，第 652 页。

⑥ 参见史尚宽：《民法总论》，中国政法大学出版社 2000 年版，第 670 页。

人对一定事实的自觉表示,应无创设债务的效力,亦即义务人为承认但事实上无债务或债务已消灭,也不会使之因承认而负有债务。承认原则上须向权利人(所有人、债权人)及其代理人进行,但若以公告或其他方式如发表资产负债表或年度决算报告等也可认为是债务承认。① 且承认表示的方式法律并无限制,口头、书面或者以推定的方式如一部清偿、支付利息、提供担保和请求缓期清偿等进行均无不可。② 既然承认表明了义务人对权利人享有权利的认同,那么即使权利人不再积极主张权利,此时双方权利义务关系也已再次处在确定状态,已进行的时效期间就无继续维持的必要。鉴于此,众多国家或地区的立法都将承认列为中断事由,③我国也不例外。④ 唯有苏联为了防止公有制组织违反信贷纪律,相互提供商业贷款,在民法中规定公有制组织之间承认义务不能中断时效。1964 年《苏俄民法典》第 86 条第 2 款规定:"在一方为公民或双方均为公民的争议中,诉讼时效期间还可以因债务人实施证明他承认债务的行为而中断。"⑤苏联将承认的中断效力限于自然人(公民)范围,实是国情、体制以及宏观调控的需要而无否认承认本身的中断时效的功能。现俄罗斯民法已不再作此区分,确认承认为中断时效的事由。⑥ 承认唯有在诉讼时效进行时才能发生中断效力,时效开始前无所谓承认与否,时效完成后不存在承认,如义务人明知时效完成仍为承认,则意味着对时效利益的抛弃。

问题是在诉讼时效届满后,义务人为承认而未履行,后又反悔的应如何处理?对此应视具体情况而定。首先,法院不能断然将之作为新债发生来受理并支持权利人的请求。理由是:承认性质上是表示知悉债权存在的观念通知,非负担新债

---

① 参见史尚宽:《民法总论》,中国政法大学出版社 2000 年版,第 671 页。

② 原最高人民法院《关于审理民事案件适用诉讼时效制度若干问题的规定》(法释〔2008〕11 号)第 16 条:"义务人作出分期履行、部分履行、提供担保、请求延期履行、制定清偿债务计划等承诺或者行为的,应当认定为民法通则第一百四十条规定的当事人一方'同意履行义务'。"义务人对部分义务承认,中断时效的效力及于全部义务。这是因为义务人在为部分清偿时,等于已认诺当事人间权利义务关系的存在。但如义务人为清偿时未表明是部分履行,即属部分承认还是消灭法律关系意思不明,故不能直接按部分承认对待,应视相关证据而定。

③ 《法国民法典》第 2248 条[《法国民法典》(下册),罗结珍译,法律出版社 2005 年版,第 1596 页];《日本民法典》第 147 条(渠涛编译:《最新日本民法》,法律出版社 2006 年版,第 35 页);《瑞士债法典》第 135 条(《瑞士债法典》,吴兆祥、石佳友、孙淑妍译,法律出版社 2002 年版,第 29 页);我国台湾地区"民法"第 129 条(我国《民法通则》第 140 条有此规定);《德国民法典》第 212 条将之作为时效的重新起算事由(参见《德国民法典》,陈卫佐译注,法律出版社 2004 年版,第 63 页)。

④ 我国原《民法通则》第 140 条,《民法典》第 195 条。

⑤ 参见中国社会科学院法学研究所民法研究室编:《苏俄民法典》,中国社会科学出版社 1980 年版,第 30 页。

⑥ 参见《俄罗斯联邦民法典》,黄道秀、李永军、鄢一美译,中国大百科全书出版社 1999 年版,第 99 页。

务。前者属表“知”行为源自义务人单方行为，仅是对某种客观事实存在的表示；后者属表“意”行为取决于当事人双方合意。若时效届满后当事人就原债务达成还款协议的，可解释为新债形成，①并依该约定的履行期起算时效期间。这是因为，债务人的主体地位不受时效制度影响，时效期间进行及其届满后，债务人均可依自身需求与他人（包括原债权人）发生各种新债关系。何况，作为强制性规范的时效制度原则上不允许当事人任意设定或改变。法律仅强调诉讼时效进行中的承认能发生中断效力。诉讼时效进行前的“承认”是对权利义务关系无实际价值的重申；诉讼时效届满后义务人的履行则是对时效利益放弃。若有约定认为时效届满后的承认产生中断效力，原则上该约定应无效。其次，也不能将之简单地视为时效利益的放弃。因时效利益放弃是一种意思表示，时效利益享有者有无放弃属意思表示的解释问题，②故不仅应关注意思表示者是否有此行为能力，而且还应明确该表示有无放弃时效利益的确定意愿，而判断有无放弃时效利益意思则应与设立时效制度的立法理由一并考虑。虽然义务人在时效届满后同意履行而不实际履行义务时，法院已无查证之困，但一旦保护原权利人，就可能威胁和损害依某种事实状态而建立法律关系的主体的利益，从而影响新法律关系的稳定。因此，既不能将时效届满后的承认或履行直接理解为新债务产生，也不能混淆承认与时效利益的放弃。具体处理路径是，时效届满后，若有证据证明义务人有放弃时效利益的意思表示（明示或默示），而非单纯地承认债务，无论义务人是否实际履行，均应支持权利人以防出尔反尔等有违诚信的行为泛滥；若义务人同意并已履行义务的，该“自愿履行”视为时效利益的放弃，义务人翻悔的法院应不予支持，但这是我国诉讼时效规定时效期间届满后，仅发生请求权（胜诉权）消灭的后果和允许当事人自行处分时效利益所致，与时效中断无关；③若义务人承认但未实际履行又翻悔的，又无法确认义务人有确定放弃时效利益的意思表示存在，则不存在时效利益的放弃，法院应不支持权利人的请求。

3. 起诉。起诉指因时效而受不利益的当事人向人民法院提起诉讼以行使权利的行为。起诉是权利人行使权利最确实、最有效的方法。起诉原指民事诉讼，④认

---

① 对于承认是否为新债务负担的意思表示而生效力。详见前述关于时效利益的放弃。

② 参见［日］我妻荣：《我妻荣民法讲义－Ⅰ－新订民法总则》，于敏译，中国法制出版社2008年版，第419页。

③ 我国原《民法通则》第138条规定“超过诉讼时效期间，当事人自愿履行的，不受诉讼时效限制”；最高人民法院《关于贯彻执行〈中华人民共和国民法通则〉若干问题的意见》第171条规定“过了诉讼时效期间，义务人履行义务后，又以超过诉讼时效为由翻悔的，不予支持”。

④ 参见史尚宽：《民法总论》，中国政法大学出版社2000年版，第657页。

为行政诉讼直接目的在于请求变更或撤消行政行为，故不生中断效力。但在新宪治理念影响下，当事人提起行政诉讼只要涉及或影响私权，应同样具有中断效力。① 依有关司法解释规定，我国目前司法实践中的做法是，只要涉及请求保护民事权利就应有中断效力，而不论其是否属于民事诉讼。② 就民事诉讼而言，其种类不论是给付之诉，还是确认或形成之诉；其形式不论是本诉还是反诉或附带民事诉讼，只要权利人依诉讼程序请求人民法院保护其民事权利，均应作为权利人主张权利的表现而生时效中断的效力。各国或有关地区立法对此已形成共识。③

须讨论的是，权利人起诉后又自动撤诉的，诉讼时效是否中断？对此我国理论和实践中存有肯定和否定两种观点：前者认为起诉已表明权利人未放弃也没怠于行使权利的事实，不应以撤诉否定起诉对时效的中断效果；后者认为撤诉表明权利人否定了其对权利的行使故不能发生起诉的中断时效法律后果。④ 本书赞成否定说。具体地说，肯定说忽略或混淆了作为程序意义上的请求与作为时效客体的请求权间的质的差异。时效客体的请求权是实体权利的组成部分，是使权利本体处于圆满状态的一种补充，意味着权利本体受侵害时，权利人可依因权利本体不可侵性而衍生的请求权能予以补救。这也正是各国立法将时效制度规定于实体法而非程序法的理由所在。起诉从程序意义上可理解为当事人希望法院介入，并依法定程序处理某一纠纷的愿望表露。至于该当事人的实体权利是否存在，能否得到法律支持，起诉时无法确认，唯经审理裁判后才有确定答复，才真正反映了权利人行

---

① 参见我妻荣：《我妻荣民法讲义－Ⅰ－新订民法总则》，于敏译，中国法制出版社2008年版，第427页。

② 原最高人民法院《关于审理民事案件适用诉讼时效制度若干问题的规定》（法释〔2008〕11号）第15条规定："权利人向公安机关、人民检察院、人民法院报案或者控告，请求保护其民事权利的，诉讼时效从其报案或者控告之日起中断。上述机关决定不立案、撤销案件、不起诉的，诉讼时效期间从权利人知道或者应当知道不立案、撤销案件或者不起诉之日起重新计算；刑事案件进入审理阶段，诉讼时效期间从刑事裁判文书生效之日起重新计算。"

③ 《法国民法典》第2244条［《法国民法典》（下册），罗结珍译，法律出版社2005年版，第1590页］；《日本民法典》第147条（渠涛编译：《最新日本民法》，法律出版社2006年版，第35页）；《瑞士债法典》第135条（《瑞士债法典》，吴兆祥、石佳友、孙淑妍译，法律出版社2002年版，第29页）；我国台湾地区"民法"第129条（五南法学研究中心编辑，杨淑文、张丽卿、洪家殷、谢易宏监修：《最新简明六法》，台北，五南图书出版股份有限公司2010年版，二－第23页）；我国《民法通则》第140条、《民法总则》第195条有此规定。日本民法上请求包括裁判上请求。另起诉可包括确认或形成之诉，并非指确认权或形成权为诉讼时效客体，其客体仍为请求权，故确认或形成之诉的提起，中断的仍是请求权的时效计算。参见［日］我妻荣：《我妻荣民法讲义－Ⅰ－新订民法总则》，于敏译，中国法制出版社2008年版，第424～426页。《德国民法典》第204条现将之规定为停止事由。参见《德国民法典》，陈卫佐译注，法律出版社2004年版，第59页。

④ 参见张俊浩主编：《民法学原理》，中国政法大学出版社2000年修订第3版，第365页。

使权利的事实。但权利人无论以何种理由起诉后又自动撤诉的,均表明其否认了作为时效客体请求权的行使,放弃了请求法院依法对某实体权利进行裁判保护。既然权利人主观上已不希望法院依法保护其实体权利,那么再使之发生起诉的中断后果就显得毫无意义。同理,如当事人起诉后,法院不予受理或受理后裁定驳回的,业已表明权利人希望法院介入的愿望被否定,也不能发生起诉所应有的法律后果。因此,在规定起诉为中断事由的国家或地区,基本上均同时规定诉的驳回或撤回不发生中断的效力。① 但考虑到当事人撤诉,或法院不受理、裁定驳回起诉原因的复杂性,为保护当事人的权利,体现法律的公正,法律应规定相关补救措施以资平衡。我国司法实践中强调裁定不予受理或驳回起诉的案件,原告再起诉(符合起诉条件)法院应受理,以及当事人撤诉或法院按撤诉处理后,当事人以同一诉讼请求再次起诉的,法院应予受理的做法,②正是法律为顾全当事人权益而作出的努力。

那么诉状副本已由法院送达被告,当事人却自动撤诉或被法院裁定驳回的,可否产生时效中断的效力呢? 此时,法院虽未作审理判决,但义务人已知悉权利人行使权利的事实。对此也有两种做法。凡将裁判外请求作为中断事由的国家或地区,如日本、我国台湾地区等,其诉状副本如已送达被告手中,则可解释为依请求产生中断时效的效力。③ 凡规定裁判外请求不作为中断事由的国家,如德国、法国等,其为使权利人不因形式之欠缺而丧失中断的利益,就规定在诉之撤回或因非本案判决而被驳回后,于一定期间内再提起诉讼时,则溯及前次起诉之时发生起诉中断时效效力,反之则不发生任何中断效力。④ 根据我国民事立法现状,应借鉴参照日本等的做法,即当诉状副本已送达义务人的,不妨碍发生因请求中断时效的效力,以保证立法逻辑的前后统一和完整。

4. 与起诉具有同一效力的事由。对起诉不应作广义解释,不能将依督促程序

---

① 《法国民法典》第 2247 条[《法国民法典》(下册),罗结珍译,法律出版社 2005 年版,第 1595 页];《日本民法典》第 149 条(渠涛编译:《最新日本民法》,法律出版社 2006 年版,第 36 页);我国台湾地区"民法"第 131 条。

② 《关于适用〈中华人民共和国民事诉讼法〉若干问题的意见》(法发〔1992〕22 号,现已废止)第 142、144 条。2007 年《民事诉讼法》修正案对此未涉及。最高人民法院《关于适用〈中华人民共和国民事诉讼法〉的解释》(法释〔2015〕5 号)第 214 条规定,原告撤诉或者人民法院按撤诉处理后,原告以同一诉讼请求再次起诉的,人民法院应予受理。故该做法仍可适用,体现了原有精神。

③ [日]我妻荣:《我妻荣民法讲义 - Ⅰ - 新订民法总则》,于敏译,中国法制出版社 2008 年版,第 428 页;史尚宽:《民法总论》,中国政法大学出版社 2000 年版,第 659 页。

④ 《法国民法典》第 2247 条[《法国民法典》(下册),罗结珍译,法律出版社 2005 年版,第 1595 ~ 1596 页];《瑞士债法典》第 139 条(《瑞士债法典》,吴兆祥、石佳友、孙淑妍译,法律出版社 2002 年版,第 30 页)。

送达支付令、向法院申请执行、申报破产债权以及申请调解或仲裁等与起诉混为一谈。虽然权利人向法院申请支付令等行为实质上均体现权利人未置自身权利而不理,足以消除权利人不行使权利的静止状态,但这些行为在受理部门、程序、处理权限以及随之引发时效期间的重新计算等方面均难以与起诉相提并论。为使权利人充分明了其行为所生中断效力的强弱,须将之分门别类单独加以规定。这在理论界中无歧见,各国或有关地区立法虽在范围和表达上有所不一,但也都单独规定为中断事由。[①] 遗憾的是,我国原有立法对此未予重视,在原《民法通则》中只字未提。显然,如此做法不仅忽视权利人行使权利的表现,与法律设立时效制度宗旨背道而驰,而且使性质相同的行为不能发生同一法律后果而有悖于民法平等、公平等原则,损害当事人权益,进而影响法律的权威和司法公正。无疑,随着我国民事立法逐渐完善,将与起诉具有同一效力的事由列为中断事由已经纳入议事日程,[②]《民法典》第195条对其作了概括性规定,即与起诉或仲裁具有同等效力的其他情形也具有中断时效的效力。但将与起诉有同一效力的中断事由规定于实体法中并非易事,考虑到此类事由涉及较多权利行使方式或特别程序且多为民事诉讼法所规定等因素,故在立法和司法中应关注其特殊性,一方面不能望文生义地将它与起诉等同,也不能混淆各类行为自身内容,另一方面因其涉及实体法与程序法的配套和协调,应注意与相关法律规定保持一致。具体分析如下:

(1)依督促程序送达支付令。督促程序是法院根据债权人申请发出支付令,债务人在法定期间不提出异议,支付令即生效并由此获得执行名义的一种司法保护

---

① 《法国民法典》第2244、2245条将支付命令和和解传唤等为中断事由。参见《法国民法典》(下册),罗结珍译,法律出版社2005年版,第1590~1594页。《瑞士债法典》第135条将声请破产程序、和解传唤、申请仲裁等作为中断事由。参见《瑞士债法典》,吴兆祥、石佳友、孙淑妍译,法律出版社2002年版,第29页。《日本民法典》第150、151、152、154条将支付督促、和解和调停申请,参加破产程序,扣押、假扣押、假处分等作为中断事由。参见渠涛编译:《最新日本民法》,法律出版社2006年版,第36页。我国台湾地区"民法"第129条依督促程序声请发支付令、声请调解或提付仲裁、申报和解债权或破产债权、告知诉讼、开始执行或声请强制执行为与起诉具有同一效力的中断事由。参见五南法学研究中心编辑,杨淑文、张丽卿、洪家殷、谢易宏监修:《最新简明六法》,台北,五南图书出版股份有限公司2010年版,二-第23页。《德国民法典》第204条现将支付命令、和解传唤、支付不能以及扣押、假扣押、假处分等均为时效停止的事由。参见《德国民法典》,陈卫佐译注,法律出版社2004年版,第60页。

② 原最高人民法院《关于审理民事案件适用诉讼时效制度若干问题的规定》(法释〔2008〕11号)第13条规定:"下列事项之一,人民法院应当认定与提起诉讼具有同等诉讼时效中断的效力:(一)申请仲裁;(二)申请支付令;(三)申请破产、申报破产债权;(四)为主张权利而申请宣告义务人失踪或死亡;(五)申请诉前财产保全、诉前临时禁令等诉前措施;(六)申请强制执行;(七)申请追加当事人或者被通知参加诉讼;(八)在诉讼中主张抵销;(九)其他与提起诉讼具有同等诉讼时效中断效力的事项。"

程序。我国民事诉讼法规定的内容主要包括两方面:[①]一是支付令的申请,即债权人对以给付金钱、有价证券为内容的债权,在其与债务人没有其他债务纠纷和支付令能送达债务人的前提条件下,可向法院申请支付令;二是支付令执行的申请,即对合法生效的支付令,债权人可申请执行以保障权利的实现。可见,无论是申请支付令还是支付令执行申请,均反映了权利人欲借助法院权威和法律强制力以迅速实现权利的愿望,也说明权利人已在行使权利,故赋予其中断效力理所当然。但送达支付令于何时发生中断效力?学术界看法不一。有的将它与起诉同视,解释为于申请之时发生中断效力;有的认为支付令以送达为要件,应理解为在送达时发生中断效力;也有的强调因申请发生中断的效力,因不送达而丧失其溯及效力;还有的主张中断效力虽因送达而发生,但其效力溯及于申请之时。[②] 上述第一种观点有可能因债务人住所不明等理由使支付令无法送达而违背申请支付令的法定条件。第二种观点有忽视权利人申请为权利行使之嫌疑,况且若俟送达于相对人才生中断效力,有时可能因法院办理手续等延误致时效届满而损害债权人利益。第三种观点因支付令不能送达照样会使中断效力丧失,故权利人提出申请时无法确定时效是否中断而对权利人不利,且时效期间计算也过于麻烦。第四种观点既可避免权利人因计算失误而影响权利实现,又能防止因法院延误而使权利人受不测损害的情况发生,既把权利人申请支付令认作权利行使的表现,又符合民事诉讼法关于支付令申请的规定条件,可谓两全其美,值得我国立法参照。

(2)依破产还债程序报明破产债权。我国1991年颁布实施的《民事诉讼法》第十九章规定了"企业法人破产还债程序",但在2007年对《民事诉讼法》进行修正时,基于2006年颁布的《企业破产法》已对破产还债程序作出统一规定,且适用于全部企业而将此章删去。随着社会发展,社会保障机制的逐渐完善,破产还债程序的适用已不囿于原《企业破产法》规定的范围。[③] 依我国现有立法规定,当某一企业法人因严重亏损,无力清偿到期债务时,债权人或债务人本身均可依法申请破产还债。一旦该申请被人民法院裁定受理时,各债权人就应在法定期间内向人民法院指定的管理人报明债权。[④] 无疑,债权人报明债权的行为就是一种行使权利的表现,当应产生中断效力。但在规定时有两点值得思考:一是债权人为破产宣告申请可否产生中断效力?破产宣告申请性质上既不是参加破产程序也不是起诉,但其

① 《民事诉讼法》(2013年1月1日施行)第214~217条。

② 参见史尚宽:《民法总论》,中国政法大学出版社2000年版,第659页。

③ 1986年《企业破产法》仅适用于全民所有制企业,而现《企业破产法》已突破该限制。

④ 《企业破产法》第45、46、48条。

与报明破产债权密不可分，尤其是债权人以债务人为相对人的破产申请，往往已表现时效要素事实状态的否定，故应有中断时效的效力。① 不过，在具体把握和处理中还应注意三点：其一，破产宣告申请中断的效力唯至破产申请确定时继续存在，而非至破产程序终了时存在。故当破产申请确定受理后，债权人应再报明破产债权以继续中断时效，若债权人不报明破产债权或者破产宣告申请撤回或被驳回，则不发生或继续发生中断效力。② 其二，对债权人报明破产债权为中断事由应有限制，即当债权人报明破产债权撤回或被驳回时应视为不中断。③ 但债务人已明知债权人为报明破产债权的，不妨因请求产生中断效力。因请求是我国民事立法一直规定的中断事由，且法院裁定债权人不能加入破产，对实体债权并无确定之力，故只要债务人已知债权人报明破产债权应可同请求一样产生中断效力。其三，申报债权后法院宣告破产的裁定被撤销的，基于申报债权有中断效力是行使权利所致，而非源自法院的裁定，故中断效力不因法院宣告破产的裁定被撤销而丧失，但撤销后诉讼时效中断的效力应归于消灭，时效期间应重新开始计算。④ 二是债权人逾期申报债权可否产生中断效力？对此民法理论界存在两种观点，一种是主张逾期申报债权不得中断时效；另一种是主张不妨将它认作请求行为，得在破产程序终结后6个月内另行起诉以维持中断效力。⑤ 对此我国民法在中断时效中无明确规定，但从我国原《民事诉讼法》和《企业破产法》将逾期未报债权视为放弃债权的规定分析，⑥我国似采第一种观点。因逾期未申报债权既然被视作权利放弃，那么实体权利不存在也就无产生中断效力的必要。其实，立法对于逾期申报债权无须阻止或否定。这是因为：一方面迟报仅影响分配程序即不得就破产财产按既定程序受清偿，但不失为申报债权。故我国《破产法》已否认逾期申报债权为权利放弃的观点。⑦ 另进入破产程序后，除企业法人等被清算归于消灭的情况外，仍存在破产财产未全部分完的可能，或者破产企业经整顿复苏或被他方归并等情形，只要债权人

---

① 参见史尚宽：《民法总论》，中国政法大学出版社2000年版，第662页。
② 参见史尚宽：《民法总论》，中国政法大学出版社2000年版，第663页。
③ 《日本民法典》第152条。参见渠涛编译：《最新日本民法》，法律出版社2006年版，第36页。
④ 参见史尚宽：《民法总论》，中国政法大学出版社2000年版，第664页。
⑤ 参见史尚宽：《民法总论》，中国政法大学出版社2000年版，第663页。
⑥ 1986年《企业破产法（试行）》第9条第2款，1991年《民事诉讼法》第200条第2款。
⑦ 2006年发布、2007年施行的《企业破产法》第56条规定："在人民法院确定的债权申报期限内，债权人未申报债权的，可以在破产财产最后分配前补充申报；但是，此前已进行的分配，不再对其补充分配。为审查和确认补充申报债权的费用，由补充申报人承担。债权人未依照本法规定申报债权的，不得依照本法规定的程序行使权利。"

无免除债权的意思表示,其债权就不会因逾期申报而丧失。另一方面时效是因破产债权申报而中断,而不是以破产债权的确定为必要。① 缘此,逾期申报债权产生中断效力,时效自破产程序终结时重新起算的做法,更为合理。

(3)因申请强制执行或执行行为开始。所谓强制执行是执行组织依法定程序运用国家力量对负有义务的当事人采取的法定措施,它是基于已生效的判决、裁定或其他可供执行的法律文书而进行。尽管它不是权利实现的必经程序,但毕竟是一种独立程序,是权利人实现权利的方式和表现,且在众多方面都需适用。② 不过,即使是已生效的判决、裁定或其他须执行的法律文书,也并非在执行中就能使权利人的权利得以圆满实现。因此,为避免诉讼时效期间在强制执行终结前届满,将强制执行作为独立的中断事由尤为重要。如果申请执行不是单独中断事由,则经判决生效后时效中断效力难以维持,重新计算时效期间缺乏依据,可能使权利人的请求权因时效期间届满而无法实现。但我国将申请强制执行作为中断事由,就应关注实体法和程序法的协调统一。我国《民事诉讼法》规定申请执行的期间为 2 年;申请执行时效的中止、中断,适用法律有关诉讼时效中止、中断的规定。③ 该规定涉及的申请强制执行期限已与民法规定的时效期间统一,如此防止了法律相关功能在自相矛盾中被削弱。④ 欠缺的是,我国有关司法解释和诉讼法虽均将申请强制执行作为中断事由,但在民法实体法中却很长时间内未得到充分体现,直到 2008 年最高人民法院的有关司法解释出台才得以修正。

所谓开始执行行为系指依职权所为之行为,包括诉讼保全(假扣押和假处分)和先行给付或称先予执行(假执行)。此类行为虽不是以起诉或判决为前提,但也反映了权利人实现权利的愿望,并且作为民事诉讼特殊制度确有保护当事人权益

---

① 参见史尚宽:《民法总论》,中国政法大学出版社 2000 年版,第 664 页。

② 2007 年修正的《民事诉讼法》第 201 条规定,人民法院制作的生效判决书、裁定书和调解书可予执行外,其他还包括已生效的支付令、仲裁机关的裁决书、经公证的具有强制执行效力债权证书等均可直接进入执行程序。2013 年 1 月 1 日施行的我国《民事诉讼法》对此有更为细化的规定,但基本内容不变。参见《民事诉讼法》第 224、234、236 ~ 238 条。

③ 2007 年经修正的《民事诉讼法》第 215 条第 1 款,2013 年 1 月 1 日施行的《民事诉讼法》延续此规定。但现应考虑修改以符合《民法典》的相关规定。

④ 1991 年的《民事诉讼法》第 219 条对申请强制执行期限的规定是"双方或一方当事人是公民的为一年,双方是法人或者其他组织的为六个月",而《民法通则》规定的普通诉讼时效期间是 2 年,特殊诉讼时效期间为 1 年。如此权利人的请求权在诉讼时效期间届满前,就可能受到执行期限的阻却。现行《民事诉讼法》已修正这一问题。

的应急功效,故各国或有关地区立法大多将其单列为中断事由,①学者观点也趋同。但在细节上即对先予执行是否应包括在开始执行行为之内,某些国家的民事立法和理论界的观点大相径庭。如《日本民法典》第147条规定仅列举扣押、假扣押和假处分,未及于假执行,而德国则将假执行包括在开始执行行为之内。产生如此差异的原因主要在于认识和相关法律规定不同。② 虽然先予执行是在法院审理后确定判决前所为,与诉讼保全(假扣押、假处分)可在法院审理前进行不同,但就诉讼中止和终结的效力而言,我国民事诉讼法规定也有不同,在诉讼中止时,中止事由消除后即恢复诉讼,诉讼中止时所为行为效力依然存在,而诉讼终结时当事人所为诉讼行为的效力不复存在,如同未起诉,因此,我国立法若将开始执行作为单独中断事由,应根据对诉讼终结的理解而定。因为,当事人起诉后即可中断时效且该中断效力在起诉终结前有持续中断效力,而诉讼中止本身不否定诉讼的效力故也应保持其中断效力。③ 但当诉讼终结时,如认为诉讼终结视为未起诉,则有将先予执行作为单独中断事由的必要。反之,如认为法院裁定终结前也发生起诉中断效力的,则可仿效日本做法,以免诉讼时效的计算过于烦琐。

对于申请强制执行的中断效力应从申请时发生无疑义,但对开始执行应自何时发生中断效力则众说纷纭,有的认为应自权利人申请之时,有的认为主张于执行机关执行之时,也有的认为是因执行行为开始而溯及于债权人申请之时。④ 但通说则以执行机关执行之时为准,且其中断效力在移于本执行程序以前,应持续存在。理由是,这类行为虽有当事人申请,但性质属职权行为体现了法院意志,亦即当事人申请唯有经

① 《德国民法典》原第209条规定为中断事由。参见《德国民法典》,郑冲、贾红梅译,法律出版社1999年版,第41~42页。但现《德国民法典》第204、212条规定为时效的停止和时效的重新起算,而非中断事由。参见《德国民法典》,陈卫佐译注,法律出版社2004年版,第59~61页。《日本民法典》第147条(渠涛编译:《最新日本民法》,法律出版社2006年版,第35页);我国台湾地区"民法"第136条(五南法学研究中心编辑,杨淑文、张丽卿、洪家殷、谢易宏监修:《最新简明六法》,台北,五南图书出版股份有限公司2010年版,二-第24页)。

② 在日本因假执行须在诉讼中才可申请,此时当事人请求权已因起诉而中断。另按《日本民事诉讼法》第222条第2款规定,诉讼程序的中止是停止期间进行的原因,而非使时效中断效力消灭,故无必要将假执行单列为中断事由。但根据德国原规定,执行行为不以基于确定判决和可视同确定判决者为限,且其在规定消灭时效因起诉而中断者在确定判决或以其他方式终结以前继续中断的同时,又强调诉讼因协议或不进行诉讼而休止时,中断以当事人或法院进行最终诉讼行为之时而终止,中断终止后新开始的时效因当事人的继续进行诉讼行为视同起诉方式而中断。既然因起诉而生时效的中断可因其他原因而终结,且通常认为依此情形不生中断之效,那么就有以开始假执行行为为独立中断事由的必要,否则将影响债权人享受中断时效之利益。参见史尚宽:《民法总论》,中国政法大学出版社2000年版,第666页注[2]。

③ 参见张卫平:《民事诉讼法》,法律出版社2004年版,第295页。

④ 参见史尚宽:《民法总论》,中国政法大学出版社2000年版,第668页。

法院认可并作出相应裁定后方有结果。况且先予执行前时效可根据起诉而中断，不必在申请时再为中断，故通说更具说服力。当然，对该中断事由也应给予必要限制。一般认为，因权利人的申请欠缺法律要件被撤销或权利人自行撤回或被裁定驳回的，均不发生中断效力。[①] 但债务人提供担保而撤销诉讼保全，或当事人和利害关系人对执行程序、方法提出异议，或执行时查明该财产非债务人所有的，则不影响中断的效力。

（4）告知诉讼与和解传唤。告知诉讼或称告知参加、通知第三人参加，即当事人依民事诉讼法的规定，能在诉讼过程中，将诉讼告知于因自己败诉而有法律上利益关系的第三人，使其参加诉讼。[②] 告知诉讼通常以告知人对于第三人的请求权与告知人败诉有连带关系始发生中断时效的效力。[③] 例如，买受人自出卖人处所得的标的物被他人追索，则买受人可依其所享有的标的物瑕疵担保请求权向出卖人告知诉讼，在买受人败诉时，其对出卖人的瑕疵担保请求权的时效就因此而中断。可见，将告知诉讼作为中断事由，对诉讼中可能败诉但有权向第三人追索的当事人极其有益。告知诉讼一般均要求告知人以书面形式向法院提出，由法院送达第三人，故将之作为中断事由，其中断效力的发生不无疑问。但一般认为告知诉讼的中断效力自告知送达溯及于提出时发生，并且该中断效力自诉讼因判决确定或其他方法终结前继续存在。

和解传唤，即起诉前一方当事人申请传唤他方当事人试行和解。对此，学者认为和解传唤应不以法院调解为限，其他组织如仲裁委员会、调解委员会依法试行和解亦应包括在内，且传唤到场或自行到场均可适用和解。[④] 尽管如此解释混淆了法院调解与其他组织调解效力的差异，但就能产生中断效力而言则具有共性。因自当事人为传唤申请时已说明其具有着手行使权利的意思。故多数国家均规定和解传唤为中断事由，且自申请传唤时即生中断效力。[⑤]

---

① 《日本民法典》第 154 条（渠涛编译：《最新日本民法》，法律出版社 2006 年版，第 36 页）；我国台湾地区“民法”136 条。《德国民法典》第 212 条将之作为重新起算事由。参见《德国民法典》，陈卫佐译注，法律出版社 2004 年版，第 62 页。

② 参见史尚宽：《民法总论》，中国政法大学出版社 2000 年版，第 664 页。

③ 我国台湾地区“民法”第 129 条。参见五南法学研究中心编辑，杨淑文、张丽卿、洪家殷、谢易宏监修：《最新简明六法》，台北，五南图书出版股份有限公司 2010 年版，二 – 第 23 页。《德国民法典》第 204 条将之作为停止事由。参见《德国民法典》，陈卫佐译注，法律出版社 2004 年版，第 60 页。

④ 参见史尚宽：《民法总论》，中国政法大学出版社 2000 年版，第 660 页。

⑤ 《法国民法典》第 2245 条［《法国民法典》（下册），罗结珍译，法律出版社 2005 年版，第 1594 页］；《瑞士债法典》第 135 条（《瑞士债法典》，吴兆祥、石佳友、孙淑妍译，法律出版社 2002 年版，第 29 页）；《日本民法典》第 151 条（渠涛编译：《最新日本民法》，法律出版社 2006 年版，第 36 页）；我国台湾地区“民法”第 129 条（五南法学研究中心编辑，杨淑文、张丽卿、洪家殷、谢易宏监修：《最新简明六法》，台北，五南图书出版股份有限公司 2010 年版，二 – 第 23 页）。《德国民法典》第 204 条将之作为停止事由。参见《德国民法典》，陈卫佐译注，法律出版社 2004 年版，第 59 ~ 60 页。

须指出的是,在我国并无告知诉讼、和解传唤的规定,但告知诉讼与我国民事诉讼法关于无独立请求权的第三人之规定相似,而和解传唤则与司法实践中曾出现过的经济纠纷调解中心及当事人愿意先行调解的做法接近。[①] 至于以后立法是否应予规定,应根据我国的现状视具体情况而定,原则上对于告知诉讼有补充规定的需要,因其关系到对第三人的追偿;对于和解传唤限于我国无法院诉前调解的做法则无必要规定,但若当事人愿意事先调解则另当别论。此外,基于仲裁机关本身属于准司法机关,对当事人向其申请仲裁的争议事项有直接裁决权,且其生效裁决可直接要求人民法院予以执行,故将申请仲裁作为中断事由应无问题。对于人民调解委员会等的调解,我国司法机关在有关解释中也已认可其中断效力。[②] 尽管人民调解委员会等调解受其本身性质限制,决定了其所做调解结果不带有司法的裁决效力,但人民调解委员会等第三方介入后就可直接证明权利人未怠于行使权利,以免举证困难。因此,不论是提请仲裁还是请求调解作为中断事由应无异议。

(二)诉讼时效中断的法律效力及其重新计算

1. 关于诉讼时效中断的法律效力

诉讼时效的中断可发生在时效期间的任何阶段。诉讼时效中断的效力是,已经过时效期间归于无效。时效中断的效力范围涉及物与人两方面。物的范围取决于受时效中断效力的权利是否可分,如不可分,无论中断事由就其全部或部分发生,均就全部发生中断效力。反之就其部分发生中断事由时,仅就其部分发生中断效力。人的范围又因自然中断还是法定中断而有所不同,前者发生绝对效力即对任何人都生效力,后者原则上发生相对效力即仅以当事人、承续人、受让人之间为限始生效力。[③] 以上分类在《法国民法典》体现得最为全面,[④]而其他国家立法更为关注对法定中断的规范。在法定中断中涉及对时与对人的两方面效力,前者涉及中断事由延续期间和重新计算,后者关系到在当事人为多数时,其中一人的中断效

① 《民事诉讼法》第122条规定,当事人起诉到人民法院的民事纠纷,适宜调解的,先行调解,但当事人拒绝调解的除外。

② 原最高人民法院《关于贯彻执行〈中华人民共和国民法通则〉若干问题的意见(试行)》第174条。最高人民法院《关于审理民事案件适用诉讼时效制度若干问题的规定》(法释〔2008〕11号)第14条:"权利人向人民调解委员会以及其他依法有权解决相关民事纠纷的国家机关、事业单位、社会团体等社会组织提出保护相应民事权利的请求,诉讼时效从提出请求之日起中断。"

③ 参见史尚宽:《民法总论》,中国政法大学出版社2000年版,第676页。

④ 《法国民法典》第2242、2243、2249、2250条。参见《法国民法典》(下册),罗结珍译,法律出版社2005年版,第1590、1598页。

力有无涉他效力。[①] 本书在此主要讨论法定中断对时的效力。但我国实践中已开始关注对人的效力,且主要规定的是其例外情况。譬如,有关司法解释规定,对于连带债权人或连带债务人中的一人发生诉讼时效中断效力的事由,应当认定对其他连带债权人或连带债务人也发生诉讼时效中断的效力。又如债权人提起代位权诉讼的,对债权人的债权和债务人的债权均生时效中断效力。[②] 诸如此类,反映了法定中断在对人的效力方面,是以相对效力为原则而以绝对效力为例外。

2. 关于时效中断对时的效力

时效中断使已经过时效期间归于无效,中断事由存续期间时效不进行,中断事由终止时重新计算时效期间。此即所谓时效中断对时的效力。无疑,对时的效力是时效中断后的引申问题,它在纷繁复杂的民事法律中所处地位并不起眼,我国现行民事立法规定近于空白,[③]理论界亦未予以足够重视,如我国原《民法通则》第140条规定:"从中断时起,诉讼时效期间重新计算"。但该"中断时"是指中断事由"发生时"还是"结束时",从条文本身难得其解,[④]而多数国家或地区的立法都明确应从中断事由终结时重新计算。[⑤]《民法典》也关注此点,强调"有关程序终结时

---

① 参见王泽鉴:《民法总则》,北京大学出版社2009年版,第425~426页。我国台湾地区"民法"第137条规定对时的效力,第138条规定对人的效力。《日本民法典》第148条规定对人的效力,体现为相对效力。参见渠涛编译:《最新日本民法》,法律出版社2006年版,第35页。《瑞士债法典》第136条关注的是对人的绝对效力。参见《瑞士债法典》,吴兆祥、石佳友、孙淑妍译,法律出版社2002年版,第29页。

② 原最高人民法院《关于审理民事案件适用诉讼时效制度若干问题的规定》(法释〔2008〕11号)第17条规定:"对于连带债权人中的一人发生诉讼时效中断效力的事由,应当认定对其他连带债权人也发生诉讼时效中断的效力。对于连带债务人中的一人发生诉讼时效中断效力的事由,应当认定对其他连带债务人也发生诉讼时效中断的效力。"第18条规定:"债权人提起代位权诉讼的,应当认定对债权人的债权和债务人的债权均发生诉讼时效中断的效力。"第19条规定:"债权转让的,应当认定诉讼时效从债权转让通知到达债务人之日起中断。债务承担情形下,构成原债务人对债务承认的,应当认定诉讼时效从债务承担意思表示到达债权人之日起中断。"

③ 在2017年颁布的我国《民法总则》和现有《民法典》中都没有关于如何重新计算的相关规定。

④ 原最高人民法院《关于审理民事案件适用诉讼时效制度若干问题的规定》(法释〔2008〕11号)第12条规定:"当事人一方向人民法院提交起诉状或者口头起诉的,诉讼时效从提交起诉状或者口头起诉之日起中断。"该规定也未明确起诉的中断效力范围。

⑤ 《德国民法典》原第217条规定,新的时效自中断终止后重新开始计算。参见《德国民法典》,郑冲、贾红梅译,法律出版社1999年版,第44页。现《德国民法典》在第212条规定消灭时效重新计算。参见《德国民法典》,陈卫佐译注,法律出版社2004年版,第62~63页。《日本民法典》第157条(渠涛编译:《最新日本民法》,法律出版社2006年版,第37页);我国台湾地区"民法"第137条(五南法学研究中心编辑,杨淑文、张丽卿、洪家殷、谢易宏监修:《最新简明六法》,台北,五南图书出版股份有限公司2010年版,二-第24页)。

起，诉讼时效期间重新起算”。[①] 如此规定的意义，不仅是为诉讼时效重新计算构筑了基本框架，而且为区分、确定各种中断事由引起的诉讼时效重新起算点奠定了基础，同时也促使人们去关注各种中断事由的性质及其制约力强弱对时效重新计算的影响。因诉讼时效重新起算点的确定，既涉及实体法和程序法的协调，关系到当事人权利得失，也时常成为实务中原被告相争的焦点，故为完善我国相关立法，有必要依据上述性质不一的中断事由加以区别规范。其中需要斟酌的因素不仅涉及各中断事由的重新计算点的确定，而且包括各中断事由有无持续中断效力，以及是否应重新计算和重新计算的时效期间多长等问题。

(1)关于各中断事由的重新计算

中断事由的性质不同决定了其对义务人的制约效力的强弱，致使对中断事由的终结认定应有所区别。具体分析如下：

其一，诉讼时效因请求和承认中断后的重新计算。请求作为意思通知是权利人一方主张权利意愿的表露；承认作为观念通知则是义务人一方意志的体现。二者虽是迥然相异的中断事由，但在对义务人缺乏相应制约力上极为相似。故而，因请求或承认而中断时效的，除要求权利人承担举证责任外，应确定其无持续中断时效的效力。亦即该事由产生中断效力同时，就意味着中断事由终止应立即重新起算诉讼时效期间，相对人有无反应或是否答复则在所不问。具体而言，若权利人为请求的，自请求之日起重新计算时效期间。以书面形式请求的，以到达时为准；以口头形式请求的，于义务人了解时为准。若义务人承认的，诉讼时效期间也是自权利人了解或承认到达权利人处时重新开始计算。同理，与请求具有相同效力的其他主张权利的行为，也无持续中断的效力。值得注意的是，权利人或义务人因请求或承认引起双方重新协调应不在此限。重新协调与单纯的请求或承认不同，它已变一方行为为双方行为，故应视双方协商结果而定。若协商不成义务人表示拒绝履行的，诉讼时效则应从拒绝时重新计算。在谈判过程中，可认为有继续或反复的承认中断效力。[②] 若义务人经协商同意履行的，则等于双方变更协议，其权利义务又处于稳定状态，诉讼时效起算的条件未形成。故有履行新期限的，时效从新期限届满时重新计算；无新期限的，应视为不定期，自协议成立生效时重新计算。

其二，诉讼时效因起诉中断后的重新计算。起诉作为中断事由必须包括权利人起诉和法院受理诉讼两方面，如法院不予受理或受理后裁定驳回，抑或当事人自

① 《民法典》第195条。

② 参见史尚宽：《民法总论》，中国政法大学出版社2000年版，第680页。

行撤诉，则不能引起诉讼时效中断。而一个案件自起诉至审结须经过一段时间，因此起诉后诉讼时效是从起诉时还是法院裁判生效时重新计算的问题，就令人无法回避。尽管在我国以往民事立法中无现成答案，但从理论上分析将起诉时作为时效期间重新起算点不能成立。理由是：首先，在起诉时，完全存在诉讼被裁定驳回或最终被判败诉的可能。在对当事人有无实体权利、权利能否受法律保护甚至诉讼时效是否中断无法确定的情形下，即认定中断事由终了并重新起算时效期间，既违背诉讼时效制度基本原理，也无法自圆其说。其次，起诉作为诉讼程序的一环，只不过是当事人实现权利的开始，在诉讼各阶段，当事人为得到法院支持而不懈地努力，均是行使和实现权利的体现，理应产生阻碍时效期间计算的效果，否则会出现权利人正在行使权利而时效期间却未中断的自相矛盾的局面。最后，依我国《民事诉讼法》关于审限的规定，适用普通程序的案件应在 6 个月内审结，有特殊需要的，经本院院长批准可延长 6 个月，若仍无法审结的，报上级法院批准后还可延长。[①] 照此推断，一些错综复杂的民事纠纷，最终审结的期限完全可能超过原《民法通则》规定的普通或特殊时效期间。假如从起诉时重新起算时效期间，那么若干年后法院就可因时效期间届满裁定驳回起诉而不必审理此案。鉴于此，我国借鉴各国或有关地区的立法，[②]在确认起诉的中断效力时区别于请求或承认，使之自起诉至审结时具有持续中断时效的效力。亦即因起诉中断诉讼时效的，诉讼时效期间应从法院调解或裁判生效之日起重新计算。

其三，诉讼时效因与起诉具有同一效力的事由中断后的重新计算。对此，我国民事立法和司法解释均无明文规定。但既然将此作为中断事由，就应关注其中断后时效期间的重新计算。否则，不仅影响立法体系的完整性，而且也将使司法欠缺依据。须注意的是，对此类事由程序终了的认定决不能混同于起诉。这是因为，其与起诉具有同一效力，无非指它们对义务人的制约力与起诉相同，能产生持续中断时效的效力。而作为民事诉讼法规定的专门程序或方式均存在自身特殊性，只有正确界定各类程序自何时终了，才能达到准确重新计算诉讼时效期间的目的。

首先，关于依督促程序送达支付令时效期间的重新计算。申请支付令因有法

---

① 2007 年修正的《民事诉讼法》第 135 条规定："人民法院适用普通程序审理的案件，应当在立案之日起六个月内审结。有特殊情况需要延长的，由本院院长批准，可以延长六个月；还需要延长的，报请上级人民法院批准。"2013 年 1 月 1 日施行的我国《民事诉讼法》第 149 条作了相同规定。

② 《日本民法典》第 157 条第 2 款（渠涛编译：《最新日本民法》，法律出版社 2006 年版，第 37 页）；《瑞士债法典》第 137 条第 2 款（《瑞士债法典》，吴兆祥、石佳友、孙淑妍译，法律出版社 2002 年版，第 29 页）；我国台湾地区"民法"第 137 条 2 款（五南法学研究中心编辑，杨淑文、张丽卿、洪家殷、谢易宏监修：《最新简明六法》，台北，五南图书出版股份有限公司 2010 年版，二 – 第 24 页）。

院介入而其功效自然有别于裁判外请求,因此一旦支付令送达于债务人,其中断效力自支付令申请始至该督促程序终结时止持续保持当无异议。问题是,何时可确定该督促程序已终结?根据我国《民事诉讼法》的规定,①督促程序终结原因有二:一是债务人在法定期间不提出异议又不履行支付令;二是人民法院收到债务人提出的书面异议而裁定终结督促程序,使支付令失效转为诉讼程序,除申请方不愿意诉讼外。② 之所以如此说,是因为前者已可作为合法生效的支付令直接进入执行程序,即债权人可向人民法院申请执行,后者则是因我国对支付令的规定采有限制的异议制所致。换言之,我国并不认为债务人提出书面异议可直接变督促程序为诉讼程序,③而是强调支付令自行失效时申请人未明确否定可转为诉讼程序,反之支付令即失效且不允许当事人反复申请支付令。换言之,支付令失效时,申请者的补救途径要么是事先不表示反对转为诉讼,要么是事后另行起诉。这意味着直接转为诉讼者,无须重新起算时效期间,相反不直接转为诉讼的,则应重新起算时效期间。因此,因督促程序而中断时效者,应注意认定督促程序终结后不同情形,考虑是否得重新计算时效期间。当然,如支付令由当事人自行撤回或被法院裁定驳回时,意味着当事人需法院介入的愿望已不存在或无法实现,故不发生中断效力,也不再涉及时效期间的重新计算。

其次,关于报明破产债权时效期间的重新计算。一旦进入破产还债程序,债务人必已陷入资产不足以清偿全部债务或者明显缺乏清偿能力的境地,通常可能出现两种情况:一是进入破产清算程序,依债权人会议通过的分配方案处理;二是债务人重整或与债权人达成和解协议。对于前者,《企业破产法》规定,破产财产分配完毕包括无财产可供分配,由管理人提请人民法院裁定终结破产程序,并持法院的裁定向破产人的原登记机关办理注销登记。④ 由此说明在这种情况下已无重新起算时效期间的可能和必要。对于后者又有两种可能,如重整计划被批准通过或达成和解协议,则法院应当终结重整或破产程序并予以公告,届时时效期间自重整计划确定的清偿期或该破产程序终结时重新计算。如重整计划未通过或有法院可裁定终结重整的情形,或者未达成和解协议,则法院均可宣告其破产,通过清算了结债权债务,此时与直接就破产财产分配同理,应不再发生诉讼时效期间重新计算的

---

① 2013年1月1日施行的《民事诉讼法》第214~217条。

② 2013年1月1日施行的《民事诉讼法》第217条。

③ 我国台湾地区"民事诉讼法"规定在合法期间提出书面异议则可变为诉讼或调解程序。参见史尚宽:《民法总论》,中国政法大学出版社2000年版,第680页。

④ 《企业破产法》第120、121条。

问题。[①] 概言之，报明破产债权发生中断效力后，并不必然产生诉讼时效期间重新计算的问题，至于何时产生该问题应视具体情况而定。

再次，关于提请仲裁的时效期间重新计算。提请仲裁有准司法机关介入，能为中断事由当无歧义。但我国民事立法和司法解释对该中断事由的重新起算点未作规定。从国外或有关地区的规范来看，有的规定仲裁后不存在时效期间的重新计算。若对仲裁不服当事人应在法定期限诉至法院，否则不发生中断效力。[②] 有的认为提请仲裁程序终结时效期间重新计算。[③] 就我国立法现状而言，我国民事诉讼法已明文规定，当事人对合同纠纷自愿达成书面仲裁协议向仲裁机构申请仲裁的，不得向人民法院起诉，只能向仲裁机构申请仲裁。裁决后，一方当事人不履行的，对方当事人可向人民法院申请执行。[④] 为尊重当事人的意志，尽快解决纠纷以稳定民事法律关系，赋予仲裁与法院判决具有同一效力未尚不可。但须注意的是，一方面立法已规定按仲裁处理，除仲裁协议无效或仲裁程序有问题外最终不得诉至法院，另一方面仲裁机构与法院以及仲裁期限与诉讼时效期间的性质毕竟有别，[⑤]这就决定如不明确仲裁可准用诉讼时效，就意味着仲裁期限届满无法产生与时效期间届满相同的后果。因此，为避免各法律自相矛盾与冲突，就须明确提请仲裁作为与起诉具有同一效力的事由可准用诉讼时效的有关条文，并确定诉讼时效自仲裁程序终了时重新起算，使之自申请至仲裁结束时具有持续中断时效的效力。[⑥]

最后，其他与起诉具有同一效力的事由中断后的重新计算问题。其总体上应坚持自行为方式或程序终结后考虑重新计算的原则，然后可根据具体情况确定各自是否需要重新计算以及如何计算。具体地说，如因申请强制执行而中断时效，则从各申请执行行为终结开始中断时效，而因执行行为开始中断时效的，应以裁判生效时为时效期间重新起算点。这是法院确定本执行依据的时点，是变“假”为“真”

---

① 《企业破产法》第八、九章。

② 《德国民法典》第 204 条第 1 款第 12 项。参见《德国民法典》，陈卫佐译注，法律出版社 2004 年版，第 60 页。

③ 我国台湾地区“民法”第 137 条。参见五南法学研究中心编辑，杨淑文、张丽卿、洪家殷、谢易宏监修：《最新简明六法》，台北，五南图书出版股份有限公司 2010 年版，二 - 第 24 页。

④ 我国《民事诉讼法》第 124、237 条有相关规定。

⑤ 1993 年《经济合同法》规定，经济合同争议申请仲裁的期限为 2 年。尽管原《合同法》第 129 条规定“因其他合同争议提起诉讼或者申请仲裁的期限，依照有关法律的规定”，但其所谓的“依照有关法律的规定”究竟是何意？是仅指期限的计算按照有关法律，还是包括重新计算以及其产生的效力均依照有关法律，不甚明了。

⑥ 我国《民法典》第 195 条规定已将起诉与仲裁作为同一中断事由，这意味着亦可在重新起算时效期间时一视同仁。

的分界线。如因告知诉讼而中断时效的，则诉讼时效期间因自该诉讼判决确定或以其他方式终结后重新计算。如将和解传唤作为独立中断事由，则应依和解内容而定，和解协议规定期限的，期限届满时重新计算；和解协议未定期限的，自和解协议成立时重新计算。① 如因诉讼中请求抵销而中断时效，则因权利义务关系归于消灭而无须再重新计算时效期间。

其四，诉讼时效因调解中断后的重新计算。法院外调解与法院调解性质有别。该诉讼时效期间的重新计算与调解成败密切相关。据此，我国最高人民法院有关司法解释规定："权利人向人民调解委员会或者有关单位提出保护民事权利的请求，从提出请求时起，诉讼时效中断。经调处达不成协议的，诉讼时效期间即重新起算；如调处达成协议，义务人未按协议所定期限履行义务的，诉讼时效期间应从期限届满时重新起算。"②可见，司法解释对法院外调解的态度是：一方面在权利人请求至调解过程中，应具有持续中断时效的效力；另一方面是将诉讼时效期间的重新起算日十分明确地固定于调处成败之后，并视其结果而定。如调处失败的，诉讼时效期间即重新起算，若调处达成协议的，义务人未按协议所定期限履行义务的，诉讼时效期间应从期限届满时重新起算。

(2)关于重新计算的时效期间及其效力的维持

诉讼时效重新起算后，随着时间推移，权利人为避免请求权在重新起算的时效期间届满时丧失，就须在每次时效完成前，依法再中断时效，以维持中断的效力。这就涉及各中断事由重新起算的时效完成期限和效力维持两方面的问题。毋须违言，我国民事立法和理论界对此类问题关注甚少，仅在有关司法解释中给予请求和承认以绝对的中断效力。③ 其实，该内容作为诉讼时效中断的组成部分同样不得小视。亦即依该司法解释规定，除起诉外，请求、承认可反复中断时效，且次数上无禁止。但对赋予请求、承认以反复中断效力是否妥当，以及各中断事由重新起算的时效期间自何时完成等，均未涉及。

其一，各中断事由重新起算时效期间的确定，即一事由致诉讼时效中断后，重新起算的时效期间有多长？对此，若不加细查，则极易认为重新起算的时效期间与原时效期间相同。但分析一些国家或地区民事立法并结合我国立法现状，结论并

① 另一观点是自权利人主张权利时重新计算。详见诉讼时效期间起算部分的讨论。

② 最高人民法院《关于贯彻执行〈中华人民共和国民法通则〉若干问题的意见(试行)》第174条。

③ 原最高人民法院《关于贯彻执行〈中华人民共和国民法通则〉若干问题的意见(试行)》第173条规定："诉讼时效因权利人主张权利或者义务人同意履行义务而中断后，权利人在新的诉讼时效期间内，再次主张权利或者义务人再次同意履行义务的，可以认定为诉讼时效再次中断。"

非如此简单。确定时效中断后重新计算的时效期间长短,首先取决于时效中断后有无必要重新计算时效期间,如当事人间的权利义务关系已归于消灭,就无重新计算时效期间的必要,从而也就无须规定重新计算的时效期间。例如,报明破产债权为中断事由,结果债务人最终因破产清算完毕而注销主体登记,债务人的主体资格不复存在,请求权也无具体对象,当然不需要再重新计算时效期间。其次才应考虑重新计算时效期间的长短。对此各国或地区观念并不一致。有的是按原时效期间重新计算,如在我国对请求、承认等中断事由的规定,这是因为考虑到当事人的原有权利义务及其法律后果等,均未受到外界任何力量的影响。有的由法律专门规定重新计算的时效期间,如《日本民法典》规定,请求中断时效的,权利人必须在6个月为起诉,实质上也就说明请求作为中断事由,其重新起算的时效期间为6个月。而在各中断事由重新起算时效期限的认定中,最有争论的是关于判决生效后重新计算的时效期间的确定。有的认为短期时效因起诉中断时,应变为长期时效。因设立短期时效在于防止证据不明确,现既依判决确定,则权利应生同样的效力。有的认为权利性质决定了时效长短,判决仅是对原有权利的承认,并无改变权利的性质,故无变短期时效为长期时效之理。① 不同的立法思想产生了不同的规定,各国家(地区)立法中主要有两种做法:一是在民法典等实体法中明文规定时效因起诉中断后重新起算的时效期间,且不论原先是适用短期时效还是长期时效,如《日本民法典》《瑞士债法典》规定为10年。② 二是在民事法规中不予规定,而是通过民事诉讼法或申请执行法规定的申请执行期限来制约。其中大致又可分三小类:第一类是规定申请执行期限与普通诉讼时效期间相同。如苏联将执行期限称为执行时效,规定于民事诉讼法中,并与《苏俄民法典》中规定的公民3年、法人1年的普通

---

① 参见史尚宽:《民法总论》,中国政法大学出版社2000年版,第683~684页。

② 《日本民法典》第174条之二第1款规定:"依据确定判决确定的权利,即使有短于十年的时效期间的规定存在,其时效期间亦为十年。关于依据裁判上的和解、调停等与确定判决具有同一效力的权利确定的程序,亦同。"参见渠涛编译:《最新日本民法》,法律出版社2006年版,第40~41页。《瑞士债法典》第137条第2款(《瑞士债法典》,吴兆祥、石佳友、孙淑妍译,法律出版社2002年版,第29页)。《德国民法典》原第218条第1款规定,以确定判决确认的请求权,即使该权利本身适用短期时效的规定,在判决后仍适用30年的时效规定。因可执行的和解或可执行的证书而产生的请求权,以及因破产程序确定的请求权成为可执行时,亦同。参见《德国民法典》,郑冲、贾红梅译,法律出版社1999年版,第44页。但现《德国民法典》已将30年普通时效期间改为3年,且第218条也已被删除。对于确定判决后的时效期间计算,其第204条第2款规定,在有既判力的裁判或者已经开始的程序以其他方式终结后,第1款所规定的停止状况经过6个月而结束。因双方当事人不进行程序,致使程序处于休止状态的,以双方当事人、法院或者其他处理程序的机构最终的程序行为代替程序的终结。当事人中的一方继续进行程序的,重新开始停止。参见《德国民法典》,陈卫佐译注,法律出版社2004年版,第60页。

时效期间相一致(第78条)。[①] 第二类是规定申请执行期限短于普通时效期间,而长于或等于特殊时效期间。如我国台湾地区“申请执行法”所规定执行期限为5年,其“民法”规定的普通时效期间为15年,特殊时效期间则在5年或5年以下,但同时明确申请执行是单独的中断事由。[②] 第三类是规定申请执行期限短于普通诉讼时效期间,甚至是短于特殊时效期间。如我国1991年《民事诉讼法》第219条规定“双方或者一方当事人是公民的为一年,双方是法人或者其他组织的为六个月”,而原《民法通则》规定的普通时效期间为2年,特殊时效期间为1年。比较而言,日本等规定在立法体系和逻辑结构等方面较科学、严谨。这是因为,诉讼时效制度涉及的是当事人实体权利,而实体权利由实体法来规定顺理成章。当然,出于健全法制和维护法律尊严之目的,充分发挥程序法保障实体法内容实现的作用,在一定条件下以程序法规定的执行期限制约权利人未尝不可,事实上同一权利受几种法律规定制约并不鲜见。问题是,不能只求局部划一而忽略实体法与程序法的相互协调及其法条间的配套。否则,就像我国原有关法律,不仅限制和缩短了权利人行使权利的时间,而且等于时效期间重新起算后无再中断时效的必要,实体权利因程序规定不复存在,更谈不上时效的在重新计算期间。我国《民事诉讼法》虽已将申请执行期限修改为2年,且可适用诉讼时效中止、中断的规定,[③]但仍存在的问题是,我国有不少特殊时效期间长于普通时效期间,实体法与程序法的不协调并未根治。并且,在法治的进程中实体法也难免修改,如《民法典》就规定诉讼时效期间为3年。基于此,考虑到我国普通诉讼时效期间不长的特点,应采取以相关实体法规定法院确定判决后重新计算的时效期间的做法,以维护时效制度的完整和正常运行。

其二,诉讼时效效力的维持。诉讼时效中断事由不止一种,且有的事由可反复出现。一事由终了,他事由出现,诉讼时效仍有中断可能。只有在中断事由不再出现时,重新起算的时效期间才会完成。为维持时效的中断效力,权利人就须重视各事由的衔接。但相关事由中断效力的衔接无疑应取决于民事立法的具体规定,而立法的好坏则决定了其具体运作的成败。

首先,关于请求、承认中断效力的维持。时效因请求和承认中断后,是否可反复请求或承认以阻碍时效进行,各国或有关地区的立法态度不一。在我国请求和

---

① 参见中国社会科学院法学研究所民法研究室编:《苏俄民法典》,中国社会科学出版社1980年版,第28页。

② 参见王泽鉴:《民法总则》,北京大学出版社2009年版,第425~426页。

③ 参见我国《民事诉讼法》第239条规定。

承认有绝对中断效力，依我国有关规定和司法解释，其反复中断最长可达20年。[①] 而其他认可请求和承认为中断事由的国家或地区，则区分请求与承认，仅给予请求相对中断效力，即请求后如6个月内不为起诉则视为不中断。二者相较，我国现有做法不妥。这是因为，承认虽对义务人也缺乏相应的约束力，但毕竟是来自义务人的行为，并不妨碍权利人为维护自己权利主动出击。而请求则不同，若义务人否认权利人的请求或无履行诚意，权利人却一味迁就，经过相当时间仍不起诉，则难以说明其有非实现自身权利不可的决心，而法律一再给予保护未免太牵强，也不利于稳定社会经济秩序。因此，为消除请求为中断事由的消极因素，[②]应借鉴国外或有关地区的经验，改赋予请求以绝对中断时效的效力为相对中断效力。

其次，关于起诉中断效力的维持。起诉作为中断事由不存在反复中断效力，起诉后至裁判生效前具有持续中断的效力。若义务人不履行已生效裁决，则权利人实现权利的唯一途径就是申请执行。申请强制执行能使权利实现自不待言，若执行全部或部分无效果，则申请执行作为中断事由可衔接起诉的中断效力，继续保障实体权利不因时效而消灭。至于申请执行中断时效后中断效力的维持，有两种常见做法：一是向债权人发放债权凭证且允许其有反复中断效力，如我国台湾地区，[③]即当权利人在执行期间申请执行无果时，规定由执行法院向债权人发放债权凭证使执行程序终了，重新计算时效期间，至该时效期间届满前，债权人为保证权利实现可继续申请领取债权凭证，周而复始，直至从债务人处受清偿或按法定其他方式了结原债的关系为止。二是申请强制执行中断时效后，即使执行无果也不再重新计算时效期间，如我国大陆。我国《民事诉讼法》规定，权利人在执行期间除执行中止或终结情形外，人民法院依法采取执行措施后，被执行人（债务人）仍不能偿还债务的，应当继续履行义务。债权人发现被执行人有其他财产的，可随时请求法院执行而不受执行期限的制约。[④] 我国现行规定似乎对权利人已作保障，但实质上忽略了实体法与程序法的关系。其实，程序法规定应以实体法内容存在为前提，否则其将成为空洞的具文。试想倘若实体权利已不复存在又如何执行呢？因此，可借鉴

① 根据我国《民法典》有关规定可确定其反复中断的累计时效期间应不得超过20年的最长权利主张期限。

② 有关消极因素见请求为中断事由部分。

③ 我国台湾地区"强制执行法"第27条。参见五南法学研究中心编辑，杨淑文、张丽卿、洪家殷、谢易宏监修：《最新简明六法》，台北，五南图书出版股份有限公司2010年版，四-第150页。

④ 《民事诉讼法》第254条规定："人民法院采取本法第二百四十二条、第二百四十三条、第二百四十四条规定的执行措施后，被执行人仍不能偿还债务的，应当继续履行义务。债权人发现被执行人有其他财产的，可以随时请求人民法院执行。"

我国台湾地区的做法,法院裁决生效后意味着起诉中断效力终结,时效期间重新计算;权利人申请执行又再中断时效重新起算时效期间。如执行无果,权利人可向法院申请领取债权凭证以保护权利,且可反复中断时效重新计算时效期间,直至权利实现。唯有将实体法与程序法协调配套,才能保障权利人权益不受影响。

最后,关于法院外调解和与起诉具有同一效力等中断效力的维持,应视各事由的具体情况而定:有的可类似于请求,如申请破产等应无持续中断效力;有的可与起诉相近,如仲裁、调解等;有的应另行规定,如告知第三人参加诉讼等;有的则应明确不必重新起算,如诉讼中抵销等。

后　记

若干年前就开始编写此书,但一方面因自己颇为懒散,写作进展不快,另一方面也因民法内容纷繁复杂,不少看法尚需斟酌。直至今日,经过不懈努力,总算如愿以偿地脱稿了。这不仅完成了退休前自己的既定目标和任务,也了却了多年来的未了心愿。

这本书基本上按民法教科书中的民法总则体例编写,仅仅是民法理论体系中的一个组成部分,且并非是民法总则内容的全部。书中内容,是就具体问题的分析与思考,也是从制度和体系层面的阐释和评价,而非对我国现有规定的简单介绍或释义。所有篇章,力求做到言之有物,言之有理,使民法理论与司法实践紧密结合;力求体系同一、思维同一,凡需兼顾其他利益而有违自身逻辑时,定会给出相应理由或解释。

这本书尽管不是我研习民法理论所有成果的反映,但也大致呈现了本人三十多年来研习民法的成长过程,书中不少内容曾发表于不同的专业刊物上,展现了本人不同时期对民法总则相关问题的梳理和甄别,以及对有关争议的看法和感悟。可以说,既是个人对民法总则基本问题的研究回顾总结,也是对自己长年研习生涯的一个交代。

这本书在写作时,正逢《中华人民共和国民法总则》颁布施行,又值我国民法典制定颁布,为与之呼应,书中通过各种方式对原有文章作了相应调整和弥补,但多少仍会影响原有写作体系。另写作中为避免内容的某些重复,书中存在“容后详述”或“详见前述”等提示,亦会些许影响阅读。在此敬请谅解!

写作是一件令人煎熬的事,也是一件令人兴奋的事。当写完最后一字时,当激情过去之后,感觉的不是轻松愉悦,更多是诚惶诚恐。确实,民法博大精深,涉及日常生活的方方面面,自己所学只是摸到冰山的一角,越研习越觉得心中无底,不少部分的所言仍不尽如人意,不少内容的所思需进一步完善。但丑媳妇总要见公婆,好坏优劣任由评说。只希望:一切付出能引发共鸣,对读者思考相关问题有所启迪;一切努力能达到预期,对民法建设和完善有所裨益!

张　驰

2020 年 5 月

图书在版编目(CIP)数据

民法总则专论 / 张驰著. -- 北京 : 法律出版社,
2021
ISBN 978 -7 -5197 -3164 -9

Ⅰ. ①民… Ⅱ. ①张… Ⅲ. ①民法-总则-研究-中
国 Ⅳ. ①D923.14

中国版本图书馆 CIP 数据核字(2020)第 270943 号

民法总则专论
MINFA ZONGZE ZHUANLUN

张 驰 著

策划编辑 何 敏
责任编辑 何 敏
装帧设计 汪奇峰

出版 法律出版社
总发行 中国法律图书有限公司
经销 新华书店
印刷 北京虎彩文化传播有限公司
责任校对 王晓萍
责任印制 张建伟

编辑统筹 法律出版社总编室
开本 710 毫米×1000 毫米 1/16
印张 23.75
字数 405 千
版本 2021 年 3 月第 1 版
印次 2021 年 3 月第 1 次印刷

法律出版社/北京市丰台区莲花池西里 7 号(100073)
网址/www.lawpress.com.cn
投稿邮箱/info@lawpress.com.cn
举报维权邮箱/jbwq@lawpress.com.cn
销售热线/400-660-8393
咨询电话/010-63939796

中国法律图书有限公司/北京市丰台区莲花池西里 7 号(100073)
全国各地中法图分、子公司销售电话:
统一销售客服/400-660-8393/6393
第一法律书店/010-83938432/8433
西安分公司/029-85330678
重庆分公司/023-67453036
上海分公司/021-62071639/1636
深圳分公司/0755-83072995

书号:ISBN 978-7-5197-3164-9
定价:98.00 元
(如有缺页或倒装,中国法律图书有限公司负责退换)